Staehelin/Jaeger   Ägypten-Bilder

ORBIS BIBLICUS ET ORIENTALIS

Im Auftrag des Biblischen Instituts
der Universität Freiburg Schweiz,
des Ägyptologischen Seminars der Universität Basel,
des Instituts für Vorderasiatische Archäologie
und Altorientalische Sprachen der Universität Bern
und der Schweizerischen Gesellschaft
für Orientalische Altertumswissenschaft

herausgegeben von
Othmar Keel und Christoph Uehlinger

Zur Herausgeberin und zum Herausgeber:

Elisabeth Staehelin ist Ägyptologin. Nach Studien in Basel und Heidelberg promovierte sie 1965 bei Prof. Dr. Siegfried Morenz mit einer Dissertation «Untersuchungen zur ägyptischen Tracht im Alten Reich», Berlin 1966. Ab 1965 Assistentin und ab 1968 Wissenschaftliche Mitarbeiterin am Ägyptologischen Seminar der Universität Basel.
Publikationen: «Aegyptens heilige Pillendreher», Basel 1982; Mitverfasserin und Mitherausgeberin (mit Erik Hornung) von «Studien zum Sedfest», Genf 1974, «Skarabäen und andere Siegelamulette aus Basler Sammlungen», Mainz 1976, «Sethos – ein Pharaonengrab», Basel 1991; verschiedene Artikel in wissenschaftlichen Sammelbänden und Zeitschriften, im Lexikon der Ägyptologie und im Schweizer Lexikon sowie Beiträge zu mehreren Ausstellungskatalogen.

Bertrand Jaeger, Ägyptologe; studierte Ägyptologie, Hethitologie, vorderasiatische Archäologie und klassische Archäologie in Freiburg i.Ü. und Basel und promovierte 1978 in Basel bei Prof. Dr. E. Hornung; anschliessend wissenschaftlicher Mitarbeiter am Ägyptologischen Seminar Basel. Weiterbildung in Paris (Collège de France und Ecole Pratique des Hautes Etudes, bei Prof. Dr. J. Leclant) und Mitarbeit am Projekt von O. Keel, «Corpus der Stempelsiegel-Amulette aus Palästina/Israel». Seit 1987 Secrétaire de Rédaction am Lexicon Iconographicum Mythologiae Classicae (LIMC), Basel. Parallel dazu Forschungstätigkeit und Beteiligung an Kongressen und Kolloquien auf dem Gebiet der Ägyptologie und der Ägypten-Rezeption; seit 1985 Arbeit an einer grösseren Untersuchung über «La redécouverte de l'Egypte antique par l'Italie de l'Antiquité tardive au XXᵉ siècle».
Hauptpublikationen: Essai de classification et datation des scarabées Menkhéperrê, OBO Series Archaeologica 2, Freiburg/Göttingen 1982; Les scarabées à noms royaux du Museo Civico Archeologico de Bologna, Cataloghi delle Collezioni del Museo Civico Archeologico di Bologna 10, Bologna 1993; La Loggia delle Muse nel Palazzo Te e la reviviscenza dell'Egitto antico nel Rinascimento in: Mantova e l'Antico Egitto: da Giulio Romano a Giuseppe Acerbi. Atti del Convegno di Studi Mantova 23–24 maggio 1992, Firenze 1994; mehrere Aufsätze auf dem Gebiet der Ägyptologie und der Ägypten-Rezeption.

Orbis Biblicus et Orientalis   150

Elisabeth Staehelin
Bertrand Jaeger (Hrsg.)

Ägypten-Bilder

Akten des «Symposions zur Ägypten-Rezeption»,
Augst bei Basel, vom 9.–11. September 1993

unter Mitarbeit von
Thomas Hofmeier und Thomas Schneider

Universitätsverlag Freiburg Schweiz
Vandenhoeck & Ruprecht Göttingen

Die Deutsche Bibliothek – CIP-Einheitsaufnahme

Ägypten-Bilder: Akten des «Symposions zur Ägypten-Rezeption»,
Augst (bei Basel), vom 9. bis 11. September 1993 / Elisabeth Staehelin;
Bertrand Jaeger (Hrsg.). Unter Mitarbeit von Thomas Hofmeier und Thomas Schneider. –
Freiburg, Schweiz: Univ.-Verl.; Göttingen: Vandenhoeck und Ruprecht, 1997.
  (Orbis biblicus et orientalis; 150)
  ISBN 3-7278-1079-3 (Univ.-Verl.)
  ISBN 3-525-53786-7 (Vandenhoeck und Ruprecht).

Gedruckt mit Unterstützung der Freiwilligen Akademischen Gesellschaft Basel

Graphische Gestaltung von Daniel Dall'Agnolo

Die Druckvorlagen wurden von den Herausgebern
als reprofertige Dokumente zur Verfügung gestellt

© 1997 by Universitätsverlag Freiburg Schweiz
   Vandenhoeck & Ruprecht Göttingen

Paulusdruckerei Freiburg Schweiz

ISBN 3-7278-1079-3 (Universitätsverlag)
ISBN 3-525-53786-7 (Vandenhoeck & Ruprecht)

INHALTSVERZEICHNIS

VORWORT

Festschriften sind allzusehr Routine geworden. Da überdies die Abneigung unseres Jubilars gegen dieses Genus bekannt ist, wollten wir uns etwas anderes einfallen lassen, um ihn zu seinem 60. Geburtstag am 28. Januar 1993 zu ehren.

Mit jahreszeitlicher Verschiebung fand deshalb vom 9. bis 11. September 1993 in Augst, bei Basel, ein Symposion zu Ehren von Erik Hornung statt – mit einem Kreis von Teilnehmern, die ihm nicht nur wissenschaftlich, sondern auch menschlich besonders verbunden sind. Schon aus praktischen und finanziellen Gründen mußte dieser Kreis recht klein gehalten werden. In der Villa Castelen können nicht mehr als ein Dutzend Teilnehmer untergebracht werden, aber dafür herrscht, anders als in einem Hotel, eine ganz private Atmosphäre. Dazu erlaubte es der damals gerade fertiggestellte Hörsaal, unsere Hauptfachstudenten und langjährigen Hörer zu den Veranstaltungen mit einzuladen. Zudem hat ein klein gehaltenes Symposion den Vorteil, dem wissenschaftlichen Austausch und dem persönlichen Gespräch förderlicher zu sein als eine größere Tagung.

Als Thema wurde aus den weiten Interessengebieten des Jubilars die Ägypten-Rezeption ausgewählt, die ihn in den letzten Jahren zunehmend beschäftigt und zugleich eine Basler Tradition darstellt. Schon sein Vorgänger Siegfried Morenz hat sich damit intensiv auseinandergesetzt und sein Werk *Die Begegnung Europas mit Ägypten* während seiner Basler Jahre geschrieben.

Eine Tagung mit dem Thema *Das Bild Ägyptens im Mittelalter und in der Renaissance*, die unter Erik Hornungs Leitung im Sommer 1986 in Basel stattfand, hat unter fast gleichem Titel ebenfalls in einem Band der Reihe *Orbis Biblicus et Orientalis* (Bd.95, 1990) ihren Niederschlag gefunden.

Am Ende des Symposions entschlossen sich die Teilnehmer unter dem Eindruck des Erlebten, die überarbeiteten Vorträge in einem Sammelband zu publizieren. Othmar Keel stellte dafür spontan die bewährte Reihe *Orbis Biblicus et Orientalis* zur Verfügung, und damit der Band nicht sekundär doch noch zu einer "Festschrift" wird, versprach uns Erik Hornung einen eigenen Beitrag zur Sache, der im Anschluß an die Symposions-Beiträge hier abgedruckt wird; in einer ersten Fassung wurde diese Standortbestimmung einer "Ägyptosophie" am 1. Juli 1995 auf der Ägyptologenkonferenz (SÄK) in München vorgetragen, deren Leitthema wiederum die Ägypten-Rezeption bildete.

Damit drängte es sich auf, von der alphabetischen Abfolge der Autoren abzusehen und die Vorträge in anderer Anordnung abzudrucken. Wir glaubten, daß es besser sei, die Themen möglichst in chronologischer Reihenfolge zu bringen. Die Entscheidung fiel zwar manchmal nicht leicht und war nicht immer eindeutig zu fällen, da es in verschiedenen Artikeln zeitliche Überschneidungen gibt. Doch hoffen wir, eine einigermaßen sinnvolle Ordnung gefunden zu haben, umso mehr, als darin die verschiedenen zeitlichen Schwerpunkte der Ägypten-Rezeption vertreten sind, angefangen vom Altertum mit dem Alten Testament und der griechisch-römischen Antike über Renaissance und Barock und wiederum dem 18. und 19. bis zu unserem Jahrhundert. Dabei ist uns bewußt, daß aus dem riesigen Gebiet der Ägypten-Rezeption nur ein winziger Ausschnitt erfaßt ist, der jedoch erstaunlich viele Facetten des Themas spiegelt.

Ein weiterer Beitrag zur modernen Ägypten-Rezeption, der unverzichtbar zum Symposion in Augst dazugehörte, hier aber nicht eingeschlossen werden kann, soll wenigstens Erwähnung finden. Als krönendes Finale wurde uns am letzten Abend (11.9.1993) die Schweizer Erstaufführung des wenige Tage zuvor in Freiburg i. Br. uraufgeführten Melodrams *Der redekundige Bauer* zu Gehör gebracht. Es handelt sich dabei um eine Komposition von Hans-Peter Müller-Kieling für einen Sprecher und sechs Solo-Instrumente auf den von Erik Hornung übersetzten und 1978 in den *Meisterwerken altägyptischer Dichtung* publizierten Text. Dieses Werk schließt sich schön an eine Arbeit von Rudolf Jaggi an, der für die Eröffnung der Basler Sethos-Ausstellung im Dezember 1991 einen Hornung'schen Text aus der Übertragung der "Sonnenlitanei" in Musik gesetzt hatte.

Der Titel unseres Bandes geht auf eine Anregung von Aleida Assmann zurück. Zur Zitierweise sei angemerkt, dass die Abkürzungen des *Lexikons der Ägyptologie* Verwendung gefunden haben. Spezielle Abkürzungen darüber hinaus sind in den einzelnen Artikeln besonders vermerkt.

Noch einige Worte zum Tagungsort: Der Augster Boden ist ein geschichtsträchtiger Grund. Hier erhob sich einstmals die *Colonia Apollinaris **Augusta** Emerita **Raurica***, wie ihr ganzer Name lautete. Zwar läßt sich da kein Isis-Kult wie im nicht allzuweit entfernten Baden *Aquae Helveticae* nachweisen. Doch existieren in den Museen von Basel und Augst verschiedene ägyptische Bronzen, die angeblich in Augst gefunden wurden. Das ist zwar nicht ausdrücklich belegt, hat aber eine gewisse Wahrscheinlichkeit, weil sie sich bereits um die Mitte des vorigen Jahrhunderts in lokalen Privatsammlungen befunden haben. Ein kleiner Skarabäus aus türkisblauer Glasfritte ist überdies erst 1981 der Augster Erde entschlüpft.

Weil diese Tatsache auf eine wie auch immer geartete Begegnung mit dem alten Ägypten hindeutet, war es sinnvoll, die Tagung auf antikem Boden, ja sogar in der Nachbarschaft des römischen Theaters, zu veranstalten. Die Villa Castelen, mit ihrem schönen Ambiente, liegt direkt daneben, und wir sind der *Römerstiftung Dr.René Clavel* und besonders Frau Antoinette Frey-Clavel und ihrem inzwischen verstorbenen Gatten dankbar, daß wir unser Symposion

dort abhalten durften. Frau Anne-Marie Gunzinger von der Stiftung sorgte außerdem unermüdlich für unser Wohl.
Einen Unterstützungsbeitrag für die Tagung verdanken wir der Schweizerischen Akademie der Geisteswissenschaften. Ein besonderer Dank geht an Prof. Othmar Keel, der dies vermittelt hat. Die Freiwillige Akademische Gesellschaft Basel hat uns mit einem Druckkostenzuschuß unterstützt, wofür wir ihr und besonders Prof. Peter Blome dankbar sind. Und schließlich danken wir Daniel Dall'Agnolo dafür, daß er das Layout dieser Publikation so sorgfältig hergestellt hat.

Basel, im November 1995

Elisabeth Staehelin und Bertrand Jaeger

JAN ASSMANN

EXODUS UND AMARNA
DER MYTHOS DER "AUSSÄTZIGEN" ALS VERDRÄNGTE ERINNERUNG
DER ATON-RELIGION

Ein Kapitel der Ägypten-Rezeption, das ERIK HORNUNG ganz besondere
Aufhellung verdankt, ist die Frage des Monotheismus.[1]

Wie Hornung gezeigt hat, hat sich seit Champollion und bis in unsere Tage
die Vorstellung eines altägyptischen Monotheismus erhalten. Diesem von
Hornung aufgearbeiteten und widerlegten innerägyptologischen Kapitel der
Ägypten-Rezeption läßt sich ein außerägyptologisches an die Seite stellen.
Es geht im Grunde bis auf die Antike zurück. Darin lassen sich zwei Hauptrich-
tungen unterscheiden. Die eine Richtung hält den Monotheismus in Ägypten
für eine Religion der Eingeweihten und Weisen, die aus verschiedenen
Gründen geheim gehalten werden mußte, die andere hält ihn für eine revolu-
tionäre Bewegung, die zwar in Ägypten entstand, dort aber ebensowenig
Zukunft wie Vergangenheit hatte und daher einem anderen Volke, dem
hebräischen, gewissermaßen übertragen wurde. Exponenten der einen
Richtung sind etwa Plutarch und Jamblich, Exponenten der anderen Manetho
und Strabo. Unter den neueren Autoren würde man für die eine Richtung
Friedrich Schiller nennen, der in seinem Vortrag "Die Sendung Moses"[2] den
Monotheismus als die Geheimlehre der ägyptischen Weisen darstellt,[3] und
für die andere Sigmund Freud, der in seinem Buch "Der Mann Moses und die

---

[1] E. Hornung, *Der Eine und die Vielen. Altägyptische Gottesvorstellungen*, Darmstadt 1971;
ders., "Monotheismus im pharaonischen Ägypten", in: O. Keel (Hrsg.), *Monotheismus im
Alten Israel und seiner Umwelt* (Biblische Beiträge 14), Fribourg 1980, S. 83-97; ders.,
"Die Anfänge von Monotheismus und Trinität in Ägypten", in: K. Rahner (Hrsg.), *Der
eine Gott und der dreieine Gott. Das Gottesverständnis bei Christen, Juden und Muslimen*,
Katholische Akademie Freiburg 1983, S. 48-66.

[2] Auf diesen Text wies mich mein Freund Wolf-Daniel Hartwich hin, dem ich auch für die
Überlassung seines noch unpublizierten Manuskripts "Bibelkritik bei Schiller, Heine, Freud
und Thomas Mann" zu Dank verpflichtet bin.

[3] F. von Schiller, *Sämmtliche Werke* X, Stuttgart 1836, S. 468-500; *Sämtliche Werke*, hg. v.
H. Koopmann, München 1968, S. 737-757. Zuerst erschienen im 10. Heft der *Thalia*.
Schiller referiert eine Schrift von K.L. Reinhold (1753-1825), der im Jahre 1788 unter
dem Pseudonym Br. Decius in Leipzig eine Schrift mit dem Titel *Die Hebräischen Mysterien oder die älteste religiöse Freimaurerey. In 2 Vorlesungen* veröffentlicht hatte. Reinhold fußt seinerseits auf W. Warburton, *The Divine Legation of Moses demonstrated on the
principle of a religious deism, from the omission of a doctrine of a future state of reward
and punishment in the Jewish dispensation*, London 1742 und John Spencer, *De legibus
Hebraeorum ritualibus, et earum rationibus libri 3*, Leers 1686.

monotheistische Religion" aus Moses einen Anhänger des revolutionären Monotheismus des Echnaton von Amarna macht und ihn mit seiner in Ägypten verfemten und verfolgten Lehre nach Palästina auswandern läßt.[4] Freud fußt ersichtlich auf Manetho und Strabo (und wahrscheinlich auch Schiller[5]), für die Moses ebenfalls ein Ägypter ist. Aber Manetho und Strabo wußten nichts von Echnaton. Dieser Name war ja aus den Königslisten gestrichen worden. Die Denkmäler der Amarnazeit waren niedergerissen und die Erinnerung an diese Episode gründlich ausgelöscht worden. Erst die moderne ägyptologische Forschung hat diese jahrtausendelang verschüttete bzw. verdrängte Erinnerung wieder ans Licht geholt.[6] Die antiken Autoren geben keine Erklärung an für das unvermittelte Aufkommen einer religiösen Revolution in Ägypten. Es ist reizvoll, diese Überlieferung einmal nicht, wie bisher, ausschließlich im Hinblick auf die jüdische Überlieferung zu interpretieren, sondern auch mit dem zu konfrontieren, was sich aus heutiger Sicht über die religiöse Revolution des Echnaton rekonstruieren läßt.

Zunächst aber sei diese Überlieferung kurz referiert. Es handelt sich um einen Mythos, der bei zahlreichen griechisch und lateinisch schreibenden Historikern der Antike begegnet und der – vor allem in der Fassung, die Manetho, Lysimachos und Tacitus ihm geben – so etwas wie den Urtext des Antijudaismus darstellt.[7] Viele Symbole und semantische Komponenten dieser Geschichte sind noch heute virulent.[8] Daher besteht ein nicht nur histori-

---

[4]   S. Freud, *Der Mann Moses und die monotheistische Religion*, Gesammelte Werke XVI (1939) = Bibliothek Suhrkamp 132, Frankfurt 1964; B. Stemberger, "Der Mann Moses in Freuds Gesamtwerk", *Kairos* 16, 1974, 161-251; I. Gubrich-Simitis, *Freuds Moses-Studie als Tagtraum* (Die Sigmund-Freud-Vorlesungen Bd. 3), Weinheim 1991; Y.H. Yerushalmi, *Freuds Moses: Endliches und unendliches Judentum*, Berlin 1992.

[5]   E. Blum, "Über Sigmund Freuds: Der Mann Moses und die monotheistische Religion", *Psyche* 10, 1956/57, 367-90, rechnet damit, daß S. Freud Schillers Text gekannt hat, obwohl er ihn nicht erwähnt (S. 375).

[6]   Zur Entdeckungsgeschichte der Amarna-Religion vgl. E. Hornung, "The Rediscovery of Akhenaten and His Place in Religion", *JARCE* 29, 1992, 43-49.

[7]   Die Quellen sind bequem zusammengestellt von M. Stern, *Greek and Latin Authors on Jews and Judaism*, 3 Bde., Jerusalem 1974-1984. Vgl. R.W. Garson, "The Jews in Classical Literature", *Prudentia* 3, 1971, 99-109; B. Wardy, "Jewish Religion in Pagan Literature during the late Republic and Early Empire", in: *ANRW* II 19.1 (1979), S. 592-644, sowie von ägyptologischer Seite D.B. Redford, *Pharaonic King-lists, Annals and Day-Books. A Contribution to the Study of the Egyptian Sense of History*, Mississauga 1986, S. 276-296; ders., *Egypt, Canaan and Israel in Ancient Times*, Princeton 1992, S. 408-422 und J. Yoyotte, "L'Egypte ancienne et les origines de l'antijudaisme", *RHR* 163, 1963, 133-143.

[8]   Vgl. J.G. Gager, *The Origins of Anti-Semitism*, New York/Oxford 1983; J.L. Daniel, "Anti-Semitism in the Hellenistic Period", *JBL* 98, 1979, 45-65; A. Kasher, *The Jews in Hellenistic and Roman Egypt: the Struggle for Equal Rights*, Tübingen 1985.

sches Interesse daran, sie in ihrem Zustandekommen und ihrer Entfaltung zu durchleuchten, zu analysieren und dadurch in ihrer Bösartigkeit zu dekonstruieren. Wir haben es hier geradezu mit einem Schulbeispiel dafür zu tun, welche verhängnisvolle Rolle religiöse Motive bei der Konstruktion von Feindbildern spielen können.

Die Geschichte begegnet in den Quellen in sehr verschiedenen Fassungen. Die Quellen hängen also fast durchweg nicht (oder nicht ausschließlich) voneinander ab, sondern beruhen zumindest daneben auch auf mündlich kursierenden Überlieferungen, in denen eine in ihrem narrativen Kerngerüst identische Geschichte in verschiedenen Beleuchtungen erzählt wird, und zwar aus projüdischer und aus antijüdischer, ägyptischer Sicht. Die weitaus elaborierteste und scheinbar am krassesten antijüdische Version bietet Manetho, ein ägyptischer Priester aus Sebennytos, der unter Ptolemaios II. in der 1.Hälfte des 3. Jh.v.Chr. eine Geschichte Ägyptens schrieb.[9] Sein Werk ist als ganzes verloren und existiert nur noch in Exzerpten und Zitaten, vor allem bei den an Chronologie interessierten Kirchenvätern und bei Josephus Flavius, der an jüdischer Geschichte interessiert war und in seiner Streitschrift *Contra Apionem* Zeugnisse paganer Schriftsteller über die Juden zusammengestellt hat. Mit dieser Schrift verfolgt Josephus zwei Ziele. Zum einen will er das hohe Alter des jüdischen Volkes beweisen, zum anderen die Verleumdungen widerlegen, die von ägyptischen Autoren und besonders Apion gegen die Juden vorgetragen wurden. Diesen beiden Zielen entsprechen die beiden langen Exzerpte aus Manethos *Aigyptiaka*, die Josephus Flavius gibt. Das erste (*Contra Apionem* I, 73-105)[10] dient der chronologischen Argumentation und bezieht sich auf die Vertreibung der Hyksos, die von Josephus wie allgemein üblich mit der biblischen Exodus-Überlieferung identifiziert wird. Von den Hyksos sagt Manetho (nach Josephus), sie seien Menschen von obskurer Abstammung (ἄνθρωποι τὸ γένος ἄσημοι) und hätten Ägypten ohne Schwertstreich überrannt und eingenommen. Sie hätten Ägypten aufs grausamste zerstört, die Städte verbrannt, die Tempel niedergerissen, die Bevölkerung teils niedergemetzelt, teils versklavt. Im Folgenden zählt Manetho die bekannten sechs Großen Hyksos-Könige mit ihren Regierungszeiten auf. 511 Jahre hätten die Hyksos über Ägypten geherrscht, bis sich schließlich die Könige der Thebais gegen die Hyksos empört hätten. In Awaris hätten sich die Hyksos verschanzt. Nach langer erfolgloser Belagerung hätte ihnen König "Thummosis" freien Abzug in ein Land ihrer Wahl zugesichert. Die Hyksos seien daraufhin, 240'000 Menschen an der Zahl, mit all ihrer Habe nach Syrien gezogen, hätten sich aber aus Furcht vor den Assyrern in dem heute Judaea

---

[9] Ich benutze die Ausgabe der Loeb Classical Library, die W.G. Waddell besorgt hat: *Manetho*, Cambridge (Mass.), 1940.

[10] M. Stern, a.a.O. (Anm.7), I, Nr. 19-20, S. 66-77.

genannten Land niedergelassen und die Stadt Jerusalem gegründet. Dieser letzte Zusatz stellt die Verbindung zu den Juden her, woraus Josephus Flavius mit Recht folgerte, daß die Hyksos mit den Juden ("uns") und ihre Vertreibung mit dem Exodus gleichzusetzen sind. Zwar paßte ihm die Tatsache schlecht ins Konzept, daß hier die Juden als Herrscher über Ägypten auftreten, während sie doch seiner Überlieferung zufolge als Gefangene im ägyptischen Dienst-haus gelitten haben sollten. Aber für diesen Widerspruch bietet sich eine Lösung an. In einer anderen Kopie, sagt Josephus und meint damit wohl einen anderen Abschnitt des manethonischen Werks, findet sich eine ganz andere Etymologie des Wortes Hyksos als die allgemein anerkannte, derzufolge die Komponente 'hyk' auf ägyptisch *ḥqʾ* "Herrscher" zurückgeht. Die zweite Etymologie sieht darin das ägyptische Wort *ḥʾq* "Gefangener" und erklärt das Kompositum als "gefangene Hirten" (σώς = *Šʾsw*, kopt. ϣⲱⲥ "Hirte"; in Wirk-lichkeit geht die griechische Bezeichnung ὑκσώς auf äg. *ḥqʾ ḫʾswt* zurück). Josephus Flavius gibt dieser Etymologie natürlich den Vorzug.[11] Manethos Darstellung verbindet die "kanonische" ägyptische Überlieferung über die Hyksos mit dem, was ihm über Hekataios von Abdera und andere Quellen über den Exodus der Juden bekannt geworden sein mochte.

Das zweite Exzerpt aus Manetho (I, 228-252)[12] eröffnet die Reihe der schwe-ren Verleumdungen gegen die Juden, die Josephus widerlegen will. Hier wird Manetho also nicht als Zeuge angeführt, sondern als Gegner bekämpft. Diese Passage bezieht sich auf einen anderen Bericht von einer anderen Vertreibung. Josephus sieht darin lediglich eine Variante zur ersten Geschichte von der Vertreibung der Hyksos, und zwar eine bösartige, antijüdische Variante, die dieselbe Geschichte unter einem dezidiert judenfeindlichen Blickwinkel erzählt. Diese zweite Vertreibungsgeschichte gibt den Mythos wieder, mit dem wir uns befassen wollen. Es erscheint mir unzweifelhaft, daß Josephus sich irrt, wenn er meint, Manetho erzähle diese Geschichte als Variante zur Vertrei-bung der Hyksos. Aus dem Text geht vielmehr in aller Deutlichkeit hervor, daß Manethos Geschichte sich auf eine andere Vertreibung bezieht, die meh-rere hundert Jahre nach der Vertreibung der Hyksos spielt. Aber schon bei (Pseudo-)Manetho gehen die beiden Geschichten von den beiden Vertreibun-gen insofern ineinander über, als sie beide mit der jüdischen Exodus-Geschichte verknüpft werden (wobei allerdings alles dafür spricht, daß diese

[11] Manetho, 82-83: Wadell a.a.O. (Anm. 9), S. 82-85.
[12] Stern, a.a.O. (Anm. 7), I Nr. 21, S. 78-86; E. Meyer, *Geschichte des Altertums*, Nachdruck Darmstadt 1953, Bd. II.1, S. 420-6; D.B. Redford, *Pharaonic King-Lists, Annals and Day-Books. A Contribution to the Study of the Egyptian Sense of History,* Mississauga 1986, S. 282f.; D. Mendels, "The Polemical Character of Manetho's Aegyptiaca", in: H. Verdin/ G. Schepens/E. de Keyser (Hrsg.), *Purposes of History* (Studia Hellenistica 30), 1990, S. 91-110 (Hinweis Th. Schneider).

Verknüpfung sekundär, postmanethonisch und möglicherweise erst josephisch ist [13]). Die traditionelle und Josephus Flavius' eigene Deutung dieses Problems geht dahin, diese beiden Exodus-Erzählungen als Varianten ein und desselben Ereignisses einzustufen. Josephus Flavius zufolge soll bereits Manetho selbst die zweite Fassung gegenüber der ersten durch den Hinweis abgesetzt haben, sie beruhe auf mündlicher Überlieferung: μυθευόμενα καὶ λεγόμενα. Daraus wird geschlossen, die Hyksos-Version folge den Königslisten, Annalen und anderen offiziellen Schriftquellen (ἐκ τῶν ἱερῶν γραμμάτων, "nach den heiligen Schriften" sagt Josephus, der sich diese Quellen offenbar nach dem Vorbild des hebräischen Kanons vorstellt), die zweite dagegen mündlichen Volkslegenden, wie sie ja auch bei Herodot eine Rolle spielen. In der neueren Forschung wird die zweite Version meist als pseudo-manethonisch eingestuft, und zwar aus dem unverkennbaren Interesse heraus, Manetho von den unverblümten antijüdischen Tendenzen zu distanzieren, die diesen zweiten Exodus-Bericht charakterisieren.

Doch hören wir zunächst diesen Bericht. König Amenophis, so heißt es, habe den Wunsch geäußert, die Götter zu schauen. Josephus Flavius hält diesen König für fiktiv, weil Manetho bei ihm nicht wie sonst seine Regierungszeit angibt. Manetho ordnet ihn nach Ramses II. ein, so daß er meist mit Merenptah identifiziert wird. Es handelt sich aber zweifellos um Amenophis III., denn er wendet sich an seinen Ratgeber Amenophis, Sohn des Hapu. Dieser antwortet ihm, er würde die Götter schauen, wenn er zuvor das Land von den Aussätzigen gereinigt habe.[14] Der König läßt daraufhin alle Aussätzigen, 80'000 an der Zahl, zusammentreiben und in den Steinbrüchen der Ostwüste einsetzen, darunter auch eine Reihe gebildeter Priester. Den Amenophis, Sohn des Hapu, ergreift jedoch die Furcht vor dem Zorn der Götter über dieses an den Kranken begangene Unrecht. Er sieht voraus, daß die Aussätzigen Hilfe von auswärts

---

[13] Vgl. die sorgfältige Analyse der Überlieferung bei R. Krauss, *Das Ende der Amarnazeit* (HÄB 7), Hildesheim 1978, S. 204 ff. Krauss unterscheidet Pseudo-Manetho 1 (PsM1) als Autor der Osarsiph-Erzählung von PsM2, dem Autor der Hyksos-Erzählung, der die Osarsiph-Erzählung des PsM1 überarbeitete, um sie mit der Hyksos-Erzählung verbinden zu können (S. 214-9). Allerdings trägt Krauss der evidenten Rolle mündlicher Überlieferung in dieser Rekonstruktion nicht genügend Rechnung. Die "Osarsiph-Erzählung" existierte nicht nur als literarisches Werk eines Autors PsM1, sondern kursierte "herrenlos" (ἀδεσπότως) in der mündlichen Überlieferung.

[14] Darin könnte ein ägyptisches Motiv stecken. Das 125. Totenbuch-Kapitel, das sog. negative Sündenbekenntnis, ist überschrieben: "Das Antlitz der Götter schauen. Den NN von allen Sünden befreien, die er begangen hat." Wer die Götter schauen wollte, mußte Schuld und Befleckung loswerden. Natürlich ist im Totenbuch kaum an Aussatz gedacht, sondern an Verstöße, wie sie im negativen Bekenntnis bestritten werden. Aber Krankheit und Schuld bilden einen assoziativen Zusammenhang.

bekommen und für 13 Jahre in Ägypten herrschen würden, wagt aber nicht, dem König diese Prophezeiung selbst zu überbringen, schreibt alles auf und nimmt sich das Leben.[15] Die Aussätzigen erreichen zunächst vom König, sich in der verlassenen Hyksos-Hauptstadt Awaris als Lepra-Kolonie einrichten zu dürfen. Dort wählen sie sich einen Priester namens Osarsiph ('Οσάρσηφος bzw. 'Οσαρσίφ) zum Führer.[16] Dieser gibt ihnen Gesetze, die alles vorschreiben, was in Ägypten verboten und alles verbieten, was in Ägypten vorgeschrieben ist. Das erste Verbot gilt den Göttern: sie dürfen nicht angebetet (μήτε προσκυνεῖν θεούς) und ihre Nahrungstabus dürfen nicht beachtet werden. Das zweite verbietet den Umgang mit allen, die nicht zur eigenen Gruppe gehören (συνάπτεσθαι δὲ μηδενὶ πλὴν τῶν συνομωμοσμένων), also das Prinzip der "ἀμιξία".[17] Alle Gebote und Verbote stehen in vollständigem Gegensatz zur ägyptischen Sitte. Osarsiph läßt die Stadt befestigen und zum Krieg gegen Amenophis rüsten. Eine Gesandtschaft wird nach Jerusalem entsandt, um den vertriebenen Hyksos ein Bündnis gegen Ägypten anzubieten, worauf diese bereitwillig eingehen. Pharao Amenophis erinnert sich der Prophezeiung und wandert mit sämtlichen aus allen Landesteilen zusammengetriebenen heiligen Tieren nach Äthiopien aus. Vorher gibt er noch Anweisung, die Götterbilder sorgfältig zu verstecken. Der äthiopische König nimmt

[15] Diese Episode erinnert an das *Töpferorakel*, in dem ja auch Amenophis III. als Protagonist auftritt, vgl. L. Kakosy, *Acta Or* 19, 1966, 345; L. Koenen, *ZPE* 2, 1968, 178ff.; J.W.B. Barns, *Or* 46, 1977, 31ff.; Redford, a.a.O. (Anm. 12), S. 284-6. Bezeichnenderweise erscheint bei Lysimachos und Tacitus Bokchoris in der Rolle des Königs: auch er ist in der spätägyptischen Überlieferung mit einem Orakel verbunden (dem *Orakel des Lammes*), vgl. Kakosy, ibid., S. 344f.; Redford, ibid., S. 286 (mit weiterer Literatur). In beiden Orakeln, die deutlich in der Tradition des Neferti stehen, geht es um die Prophezeiung einer Fremdherrschaft bis zur schließlichen Ankunft eines messianischen Heilskönigs. Vgl. zu diesen Texten Verf., *Stein und Zeit*, München 1991, S. 276-78.

[16] Der Name wird seit J. Krall, *Studien zur Geschichte des Alten Ägypten II*, (SAWW 105),Wien 1884, S. 413f. als "Osiris-Sepa" erklärt. Chairemon verwendet die Namensform Peteseph, die nur als Pꜣdj-šp; erklärbar ist. Thomas Mann verdanken wir bekanntlich die hübsche Deutung des Namens als "Osiris Joseph", d.h. als "Joseph in der Unterwelt". Die Deutung des ersten Elements als "Osiris" bringt schon Josephus, *Contra Apionem* I,26, §250 (ἀπὸ τοῦ ἐν Ἡλιουπόλει θεοῦ Ὀσίρεως). Vgl. Krauss, a.a.O. (Anm. 13), S. 213, Anm. 1.

[17] Diese beiden Verbote bilden den Kern des antiken Antijudaismus: die Juden sind 1. Atheisten und 2. Misanthropen (z.B. Apollonius Molon, bei Josephus *Contra Apionem* II, 148: ὡς ἀθέους καὶ μισανθρώπους. Stern, a.a.O. (Anm. 7) I, S. 154f.). Selbst in den positiven Darstellungen, die Atheismus durch Monotheismus ersetzen (wie bei Hekataios von Abdera), bleibt der zweite Punkt, die Menschen- (d.h. Fremden)feindlichkeit bestehen. Bei Diodor, *Bibl. Hist.* xxxiv-xxxv, 1,3 heißt es von Moses, er habe den Juden ihre menschenfeindlichen und gesetzlosen Sitten gegeben (τὰ μισάνθρωπα καὶ παράνομα ἔθη), Stern, ibid. I, S. 182.

die Ägypter für 13 Jahre bei sich auf. Während dieser Zeit herrschen die Aussätzigen zusammen mit den Jerusalemitanern über Ägypten in einer Weise, daß den Ägyptern die Hyksosherrschaft noch als ein Goldenes Zeitalter vorkommt. Denn nicht nur werden die Städte verbrannt, die Tempel zerstört und die Götterbilder vernichtet, es werden auch die Sanktuare in Küchen umgewandelt und die heiligen Tiere am Spieß gebraten. Osarsiph, der Anführer, nimmt den Namen Moses an. Schließlich jedoch gehen Amenophis und sein Enkel Ramses von Äthiopien aus mit vereinten Kräften gegen die Aussätzigen und ihre Verbündeten vor und werfen sie aus dem Lande. Soweit die manethonische Fassung der Geschichte nach dem Exzerpt bei Josephus Flavius. Wir wollen sie Fassung A nennen. Die hier geschilderten Vorgänge lassen sich in 5 Hauptepisoden einteilen:

1. Die Ausgangssituation der Unsichtbarkeit der Götter, die dem Wunsch des Königs Amenophis, die Götter zu schauen, zugrundeliegt, und der Rat und die Prophezeiung des weisen Amenophis.
2. Die Maßnahme des Königs zur Abwendung der Ausgangssituation: Konzentration und Zwangsarbeit der Aussätzigen.
3. Die Einrichtung einer Kolonie der Miaroi mit eigener Gesetzgebung, unter Führung von Osarsiph-Moses. Im Mittelpunkt dieser Gesetzgebung stehen die Verbote, die Götter anzubeten (Idolatrie, hier: Atheismus) und mit Andersgläubigen zu verkehren (Amixia).
4. Der Krieg der mit den Jerusalemer Hyksos verbündeten Miaroi und ihre dreizehnjährige Schreckensherrschaft über Ägypten, als von den Göttern verhängte Strafe für die vom König ergriffenen Maßnahmen.
5. Die Befreiung Ägyptens und die Vertreibung der Miaroi.

Wenn wir uns nun der Fassung B zuwenden, die dieselbe Geschichte in projüdischer Sicht erzählt, müssen wir eine große Verarmung an narrativen Details konstatieren. Die älteste und wichtigste Wiedergabe der Geschichte findet sich bei Hekataios von Abdera. Auch die Werke des Hekataios sind uns nur in Exzerpten erhalten, die diesmal Diodorus Siculus verdankt werden.[18] Bei Hekataios nehmen die Ereignisse ihren Ausgang von einer Pest, die in Ägypten wütet. Die Ägypter schließen daraus, daß die Götter erzürnt sind über die vielen Fremden, die in Ägypten wohnen und fremde Kulte und Sitten eingeführt haben. Sie beschließen daraufhin, die Fremden zu vertreiben. Wie und woher diese Fremden nach Ägypten gekommen sind, wird nicht erzählt und ist offenbar kein Problem; sie waren einfach da. Die Vertriebenen grün-

---

[18] Hekataios von Abdera, *Aigyptiaka*, apud Diodor, *Bibl. Hist.* XL, 3. F.R. Walton, *Diodorus of Sicily* Bd. XII (Loeb Classical Library) Cambridge 1967, S. 280f.; D.B. Redford, a.a.O. (Anm. 12), S. 281f.

deten Kolonien teils in Griechenland, teils in Palästina. Anführer der einen waren Danaos und Kadmos, die anderen führte Moses, der Gründer und Gesetzgeber der Jerusalemer Kolonie. Er verbietet die Götterbilder, "weil Gott keine menschliche Gestalt besitzt; der Himmel allein, der die Erde umfaßt, sei Gott und Herr des Ganzen."[19]

In dieser Darstellung werden die Hauptepisoden der Geschichte auf drei reduziert:

1. Die Ausgangssituation einer Notlage, die hier in einer in Ägypten wütenden Seuche, vermutlich der Pest, besteht. Hier sind also nicht die Vertriebenen, sondern die Ägypter die Kranken. Dem Wunsch, die Götter zu schauen, entspricht bei Hekataios der Wunsch, die Götter zu versöhnen. Dem Rat des weisen Amenophis, die Aussätzigen zu vertreiben, entspricht hier das Orakel, die Fremden zu vertreiben.

2. Die Vertreibung der Fremden: dieser Abschnitt der Geschichte wird mit der ägyptischen Hyksos-Überlieferung kontaminiert.

3. Die Einrichtung einer Kolonie mit eigener Gesetzgebung. Dieses Motiv wird gegenüber Manetho erweitert. Während Manetho nämlich verschweigt, daß die Miaroi Monotheisten sind und aus diesem Grunde alle Kultbilder und heiligen Tiere verfolgen, wird bei Hekataios vor allem ihr religiöses Bekenntnis hervorgehoben und dafür ihr Ikonoklasmus verschwiegen. Aber auch sie verwerfen die Kultbilder: ἄγαλμα δὲ θεῶν τὸ σύνολον οὐ κατεσκεύασε διὰ τὸ μὴ νομίζειν ἀνθρωπόμορφον εἶναι τὸν θεόν, ἀλλὰ τὸν περιέχοντα τὴν γῆν οὐρανὸν μόνον εἶναι θεὸν καὶ τῶν ὅλων κύριον "Götterbilder ließ er jedoch nicht herstellen, weil er glaubte, daß Gott keine menschliche Gestalt habe, sondern vielmehr der die Erde umfassende Himmel allein göttlich sei und Herr über Alles".[20]

Monotheismus und Ikonoklasmus gehören zusammen als die positive und die negative Seite derselben Religion. Manetho, der die Geschichte aus ägyptischer Sicht erzählt, zeigt nur die negative Seite, während die positive implizit bleibt; Hekataios, der sie aus jüdischer Sicht darstellt, spricht nur von der positiven und verschweigt die negative.

Bei Strabon erfährt die Geschichte in der Fassung B eine weitere narrative Verarmung.[21] Hier ist von einer Ausgangssituation in Form einer Notlage,

---

[19] Vgl. M. Stern, a.a.O. (Anm. 7), I, S. 20-44. Auch Tacitus charakterisiert den jüdischen Gottesbegriff als monotheistisch und anikonisch: "Aegyptii pleraque animalia effigiesque compositas venerantur, Iudaei mente sola unumque numen intellegunt: profanos, qui deum imagines mortalibus materiis in species hominum effingant; summum illud et aeternum neque imitabile neque interiturum" (*Historiae*, V, § 5.4 [Stern, ibid. II, S. 19 und 26]).

[20] Stern, ibid. I, Nr. 11 (4), S. 26

[21] Strabon von Amaseia, *Geographica* XVI, 2:34-46, Stern, ibid. I, Nr. 115, S. 294-311.

eines Mangels, der die Dinge ins Rollen bringt, nicht mehr die Rede. Die Dinge nehmen ihren Ausgang mit einer religiösen, und zwar monotheistischen Revolution. Ein ägyptischer Priester namens Moses verläßt Ägypten aus Unzufriedenheit mit den dortigen Verhältnissen (δυσχεράνας τὰ καθεστῶτα, womit die traditionelle Religion gemeint ist: daß "die Ägypter Gott in Bildern von Tieren darstellen") und wandert mit vielen Gleichgesinnten nach Judaea aus. Seine Lehre besteht in der Erkenntnis, daß "jenes Eine Wesen Gott sei, welches uns alle und Erde und Meer umfaßt, welches wir Himmel und Erde und Natur der Dinge nennen" (εἴη γὰρ ἓν τοῦτο μόνον θεὸς τὸ περιέχον ἡμᾶς ἅπαντας καὶ γῆν καὶ θάλατταν, ὃ καλοῦμεν οὐρανὸν καὶ κόσμον καὶ τὴν τῶν ὄντων φύσιν). Diese Gottheit könne kein Bild wiedergeben. "Man müsse vielmehr alles Bildnismachen unterlassen und die Gottheit verehren ohne Bildnis".[22] Worauf es allein ankommt, um Gott nahe zu kommen, sei, "tugendhaft und in Gerechtigkeit zu leben".[23] Übrigens seien die Hebräer später von der reinen Lehre abgefallen und hätten abergläubische Sitten entwickelt wie Speiseverbote, Beschneidung und andere Gesetze.

Diese Fassung ist besonders deswegen interessant, weil sie fast schon der Form entspricht, in der sie 2000 Jahre später bei Sigmund Freud erscheint.[24] Freud jedoch sieht, was weder Strabon noch Hekataios noch Manetho wissen konnten, und was erst die archäologische Forschung des 19. und 20. Jahrhunderts wieder ans Licht gebracht hat: daß im Ägypten jener Zeit tatsächlich eine monotheistische Revolution herrschte, die das Land für ein bis zwei Jahrzehnte im Griff hatte. Er kann den Namen des Königs Echnaton in diese Überlieferung hineinbringen und damit höchstwahrscheinlich eine verschüttete Erinnerung wiederaufdecken, die ihrer Entstehung zugrundeliegt. Im Übrigen kann man Freuds psychohistorische Erzählung des Exodus durchaus als eine weitere Variante dieses Mythos verbuchen.

Wichtig sind Strabons und Freuds Fassungen vor allem deswegen, weil es sich bei ihnen um eine ägyptische Religion handelt, die Moses den Hebräern bringt, und zwar nicht um die traditionelle, sondern um eine neue, revolutionäre

---

[22] Strabon argumentiert hier auf der Linie einer auch sonst vertretenen Theologie, derzufolge der Kosmos der wahre Tempel der Gottheit ist. Das ist ein Argument gegen den Bildkult, der am Sinn des biblischen Bilderverbots vollkommen vorbeigeht. Dort geht es um die Treue zu dem Einen; Bilder sind gleichbedeutend mit "anderen Göttern". Hier geht es um die Unangemessenheit einer Verkürzung des Umfassenden und Unsinnlichen (der das All durchwaltende Logos ist nur dem Verstande, nicht den Sinnen erfaßbar) auf das konkrete Kultobjekt. Vgl. hierzu auch J. Amir, "Die Begegnung des biblischen und des philosophischen Monotheismus als Grundthema des jüdischen Hellenismus", *Evangelische Theologie* 38, 1978, 2-19, spez. S. 7.

[23] Strabon, *Geographica* XVI, 2:35; *Strabons Erdbeschreibung*, übers. von Ch. G. Großkurd, Berlin/ Stettin 1833, Bd. III, S. 264f.; M. Stern, a.a.O. (Anm. 7) I, S. 261-315, spez. 294f. (35).

Religion, die in Ägypten selbst nicht durchzusetzen ist. Genau in diesem Punkt entsprechen sich die Freudsche und die Strabonsche Darstellung.

Die Ansicht, daß Moses den Juden eine ägyptische Religion brachte, findet sich auch bei Apion, einem ägyptischen Autor, der ansonsten als Ägypter mehr der Fassung A verpflichtet ist. Auch für Apion ist Moses ein Ägypter aus Heliopolis, der die Juden aus Ägypten herausgeführt hat. In Jerusalem angekommen, "blieb er den Sitten seines Landes verpflichtet und errichtete hypaithrale (ungedeckte) Gebetshäuser in verschiedenen Teilen der Stadt, alle nach Osten ausgerichtet, weil das die Orientierung in Heliopolis sei. Anstelle der Obelisken errichtete er Pfeiler, unterhalb derer sich ein Schiffsmodell befand. Der von der Statue auf dieses Bassin geworfene Schatten beschrieb einen Kreis analog dem Lauf der Sonne am Himmel".[25]

Bei den übrigen, meist ägyptischen Historikern griechischer Sprache, die auf diesen Mythos Bezug nehmen, haben wir es mit verkürzten Mischformen zu tun, die Elemente von A und B kombinieren. Bei Lysimachos[26], einem Autor, dessen besonders polemischer Exodus-Bericht frühestens um 200 v. Chr. entstanden ist[27], ist es eine Hungersnot, die den König Bokchoris dazu bringt, das Orakel zu befragen. Er empfängt die Weisung, die Tempel von den "unreinen und unfrommen" (ἀνάγνων καὶ δυσσεβῶν) Menschen zu reinigen, die sich in ihnen eingenistet hätten. Gemeint sind die Juden, die in dieser Zeit, von Aussatz und anderen Krankheiten befallen, in den Tempeln Zuflucht gesucht hätten. Bokchoris befiehlt daraufhin, die Aussätzigen zu ertränken und die anderen in die Wüste zu treiben. Wir haben also wie bei Hekataios eine Notlage der Ägypter, die den Stein ins Rollen bringt: eine Hungersnot. Aber wie bei Manetho sind die Fremden, die daraufhin vertrieben werden, die Träger der ansteckenden Krankheit, die sogar bei Lysimachos (wie später bei Tacitus und Schiller[28]) stark in den Vordergrund gestellt wird.

---

[24] Wie K. Reinhardt, *Poseidonios über Ursprung und Entartung* (Orient und Antike 6) Heidelberg 1928, festgestellt hat, basiert Strabon hier auf Poseidonios, cf. Stern, a.a.O. (Anm. 7), I, S. 264 und 267.

[25] Stern, a.a.O. (Anm. 7), I, Nr. 164. Bei Polemon von Ilium heißt es, unter der Regierung des Apis, Sohn des Phoroneus, sei ein Teil des ägyptischen Heeres vertrieben worden und habe sich in Syro-Palästina angesiedelt (Stern, ibid. I, Nr. 29, S. 103; Redford, a.a.O. (Anm. 12), S. 283f.).

[26] Lysimachos, *Aegyptiaca*, apud Josephus, *Contra Apionem* I, 304-311; Stern, a.a.O. (Anm. 7), I, Nr. 158, S. 383-386.

[27] Zur Datierung vgl. Gudemann, RE Bd. XIV.1, 1928, Sp. 32 ff. (s.v. Lysimachos 20); Krauss, a.a.O. (Anm. 13), S. 218 f.

[28] Das Motiv des Aussatzes spielt bei Schiller eine große Rolle. Er erklärt ihn als eine infolge jahrhundertelanger Unterdrückung und Verelendung bei den Hebräern endemisch gewordene Seuche und verweist auf die entsprechenden Abschnitte des mosaischen Gesetzes (z.B. Lev 13f.).

Sie versammeln sich um einen "gewissen Moses", der sie aus dem Land herausführt und ihnen vorschreibt, "niemandem wohlzuwollen (μήτε ἀνθρώπων τινὶ εὐνοήσειν: das Misanthropie- und Amixia-Klischee) und alle Tempel und Altäre zu zerstören (θεῶν τε ναοὺς καὶ βωμούς, [...], ἀνατρέπειν: das Atheismus-Klischee)".[29] Bokchoris ist genau wie Amenophis ein König, der in der spätzeitlichen Überlieferung mit Prophezeiungen verbunden wird: Amenophis mit der *Prophezeiung des Töpfers* und Bokchoris mit der *Prophezeiung des Lammes*.[30] Aus diesen Varianten der Geschichte wird deutlich, daß wir es hier mit den typischen Erscheinungsformen der mündlichen Überlieferung zu tun haben. Die Geschichte gewinnt und verändert ihre Form anhand typischer, formelhafter Figuren. Typisch sind die Personen: Amenophis, Bokchoris, sowie die Erzählfiguren: Mangelsituation, Befragung eines Orakels oder eines Weisen, Ausbruch des Unheils und Wende zum Guten.

Eine etwas abweichende Darstellung derselben Geschichte gibt Chairemon.[31] Hier erscheint Isis dem König Amenophis in einer Traumoffenbarung[32] und tadelt ihn für die Zerstörung eines Tempels in Kriegszeiten. Der priesterliche Schreiber Phritibantes (= der Oberste des Tempels[33]) gibt ihm den Rat, die Göttin durch eine "Säuberung" Ägyptens von den Aussätzigen zu besänftigen. Daraufhin treibt der König 250'000 Aussätzige zusammen und verbannt sie aus dem Land. Ihre Anführer waren Moses und Joseph, mit ägyptischem Namen Tisithen und Peteseph. In Pelusium stoßen 380'000 Auswanderer zu ihnen, denen König Amenophis die Ausreise verweigert hat. Zusammen erobern sie Ägypten, der König muß nach Nubien fliehen und erst seinem

---

[29] Stern, a.a.O. (Anm. 7), I, S. 383.

[30] Vgl. zu diesen Prophezeiungen Verf., *Stein und Zeit*, München 1991, S. 276-278. Es handelt sich um Texte einer Widerstandsliteratur, die sich in Ägypten unter den Bedingungen der persischen und griechischen Fremdherrschaft in demotischer (*Orakel des Lammes, Demotische Chronik*) und griechischer Sprache (*Töpferorakel*) entwickelte. Bei Ptolemaeus von Mendes ist "Amosis" der König, unter dem der Auszug (poreia) der Juden aus Ägypten unter Moses stattfand, womit nur Ahmose als Vertreiber der Hyksos gemeint sein kann; apud Tatianus, *Oratio ad Graecos*, xxxviii, und apud Clemens Alexandrinus, *Stromata* I, 21: 101: 5, Stern, a.a.O. (Anm. 7), I, Nr. 157a/b, S. 380f. Auf Ptolemaeus beruft sich auch Apion, der den Exodus ebenfalls unter Ahmose datiert.

[31] Chaeremon, *Aegyptiaca Historia*, apud Josephus, *Contra Apionem* I, 288-292, Stern, a.a.O. (Anm. 7), I, Nr. 178, S. 419-421; Redford, a.a.O. (Anm. 12), S. 287f. Zu Chairemon vgl. P.W. van der Horst, *Chaeremon. Egyptian Priest and Philosopher* (EPRO 101) Leiden 1984, bes. S. 8f. und 49f.

[32] Zum Traummotiv vgl. H.J. Thissen, *Studien zum Raphiadekret*, Meisenheim am Glan 1966, S. 52f.; A. Spalinger, *ZÄS* 105, 1978, 144f. mit Anm. 18 u. 22; Redford, a.a.O. (Anm. 12), S. 288, Anm. 99.

[33] *P꜐ ḥrj-tp ḥwt-nṯr*, vgl. Redford, ibid. S. 287, Anm. 98.

Sohn und Nachfolger Ramses gelingt es, die "Juden" nach Syrien zu vertreiben und Ägypten zurückzuerobern.

Zuletzt gibt Tacitus in seinen Historiae V, 3-5, eine Zusammenfassung des Exodus-Mythos, die verschiedene Fassungen kombiniert.[34] In Ägypten herrscht eine Seuche, die körperliche Mißbildungen zur Folge hat. König Bokchoris befragt das Orakel und erfährt, er müsse das Land "reinigen" und diese Rasse (genus) in andere Länder bringen, da sie den Göttern verhaßt sei (ut invisum deis). Den in die Wüste getriebenen Juden erweist sich Moses als Führer, bringt sie nach Palästina und gründet Jerusalem. Um seinen Einfluß für immer zu festigen, gibt Moses dem Volk eine neue Religion, die allen anderen Religionen entgegengesetzt ist (*novos ritus contrariosque ceteris mortalibus indidit*): "die Juden erachten alles als profan, was uns heilig ist; andererseits erlauben sie alles, was bei uns tabu ist" (*profana illic omnia quae apud nos sacra, rursum concessa apud illos quae nobis incesta*). In den Tempel weihen sie die Statue eines Esels und opfern ihm einen Widder, "anscheinend um Ammon zu verspotten". Desgleichen opfern sie einen Stier, "weil die Ägypter den Apis verehren." Bei Tacitus ist die kontradistinktive Mythenbildung an ihrem Gipfel angelangt. Alles, was der eine tut, wird als blasphemische Inversion dessen dargestellt, was dem anderen gilt.

Diesen späteren Kurzfassungen und der Fassung B ist gemeinsam, daß sie den Mythos mit dem Exodus der Juden aus Ägypten identifizieren. Das gilt auch für Josephus, der Manethos Wiedergabe in diesem Sinne liest. Manetho ist der einzige, der strikt zwischen zwei Exodoi unterscheidet. Der eine ist eine Affäre von mehreren hundert Jahren, der andere eine Sache von dreizehn Jahren. Beim ersten Mal fällt Ägypten in die Hand fremder Invasoren, das zweite Mal ergreifen einheimische Rebellen die Herrschaft. Beim ersten Mal ist von Religion nicht viel die Rede; lediglich die Brandschatzung der Tempel wird erwähnt in einer Reihe mit sonstigen Zerstörungen. Das zweite Mal steht der religiöse Konflikt im Mittelpunkt. Schon der Anlaß ist religiöser Natur: der Wunsch des Königs Amenophis, die Götter zu schauen. Dieses Motiv kommt nur bei Manetho vor; es bildet ein zweites Merkmal, das seinen Bericht von den anderen Versionen des Mythos unterscheidet. Der Wunsch, die Götter zu schauen, der bei Manetho die Dinge in Gang bringt, ist merkwürdig genug. Einerseits kann man natürlich darauf hinweisen, daß nach ägyptischer Vorstellung die Götter in ihrer "wahren Gestalt" verborgen sind und vom Menschen allenfalls nach dem Tode im Jenseits von Angesicht zu Angesicht

---

[34] Stern, a.a.O. (Anm. 7), II, Nr. 281, S. 17-63. A.M.A. Hospers-Jansen, *Tacitus over de Joden*, Groningen 1949; Redford, ibid., S. 289. H. Heinen, "Ägyptische Grundlagen des antiken Antijudaismus. Zum Judenexkurs des Tacitus, Historien V 2-13", *Trierer Theologische Zeitschrift* 101, 1992, 124-149 (Hinweis E. Winter).

geschaut werden können[35]. Andererseits ist aber "das Schauen Gottes" ein Element des täglichen Kultbildrituals, und man würde normalerweise annehmen, daß ein König den Wunsch, die Götter zu schauen, leicht durch einen Besuch der Tempel hätte befriedigen können. Natürlich gewährten die Kultbilder den Anblick der Götter; das war ihre Hauptaufgabe. Hinter dem Wunsch des Königs muß eine Mangelsituation stehen: die Götter halten sich offenbar verborgen und verweigern ihren Anblick, die Kultbilder sind verschwunden, die normale kultische Inszenierung und Institutionalisierung des göttlichen Anblicks ist blockiert. Hier wird offenbar bereits vorausgesetzt, was sich dann als Folge der Rebellion der Aussätzigen wirklich einstellt: die Zerstörung der Kultbilder und die Schließung der Kulte. Denn die Rebellion der Aussätzigen richtet sich in erster Linie gegen die Götter. Ihr Kult wird verboten, ihre Speisetabus werden systematisch durchbrochen. Amenophis bringt als erstes die Götterbilder und die heiligen Tiere in Sicherheit. Die Grausamkeiten der vandalistischen Rebellen betreffen vor allem die Tempel, Kultbilder und heiligen Tiere, also die Sichtbarkeit der traditionellen Götterwelt. Ich möchte daher die bei Manetho vorausgesetzte Notsituation als eine Zeit der Gottesferne verstehen, wie sie der Ägypter in einer seit der 18.Dyn. belegten Metapher als "Finsternis am Tage" beschreibt. Die Götter sind unsichtbar geworden, d.h. sie haben sich von Ägypten abgewandt.[36] Daraus wird bei Manetho die anscheinend völlig aus der Luft gegriffene Caprice des Königs, die Götter sehen zu wollen, so wie sein "Vorgänger" Horus.

Ich komme zur Fassung C, zur biblischen Darstellung des Exodus. Hier haben wir es mit einem Überlieferungskreis eigener Ausprägung zu tun, in den unser Mythos lediglich als ein Element unter vielen eingearbeitet wurde. Ich konzentriere mich daher auf diejenigen Motive, die offensichtlich zu unserem Mythos gehören. Es sind drei:

- Kolonie, Konzentration und Zwangsarbeit
- Notlage
- Auszug.

---

[35] TT 50: R. Hari, *La tombe thébaine du père divin Neferhotep (TT 50)*, Genève 1985, S. 14, Tf. IV, Zeilen 3-4 des zweiten Liedes:

nṯr nb šms.k ḏr wn.k

ʿq.k jrtj jm.sn

"Jedem Gott, dem du zu Lebzeiten gefolgt bist,

trittst du jetzt von Angesicht zu Angesicht gegenüber."

[36] Ähnlich Krauss, a.a.O. (Anm. 13), S. 220f. Krauss sieht in der "Abwendung der Götter" ein allen Fassungen gemeinsames Motiv. Auch bei A (Manethos Osarsiph-Erzählung) liegt, genau wie bei B (Hekataios etc.), der Grund der Abwendung der Götter in der Anwesenheit der ihnen verhaßten "Aussätzigen" (=Fremden), die daher vertrieben werden müssen. Die Abwendung der Götter äußert sich bei Manetho (A) in deren Unsichtbarkeit, bei B (Hekataios, Lysimachos usw.) in Pest, Hungersnot und anderen Notlagen.

Die ersten beiden Motive werden jedoch verdoppelt:

1. Die Notlage erscheint in zweifacher Form, zuerst als Notlage der Kinder Israels, dann als Notlage der von den Plagen geschlagenen Ägypter. Die Notlage der Kinder Israels unter den Bedingungen der verschärften Zwangsarbeit ist es, die die Geschehnisse in Gang bringt, indem sie ihren Wunsch nach Auswanderung schürt. Die Not der Ägypter verursacht zwar nicht die Vertreibung, aber doch die Freilassung der Israeliten, die dann aber gleichwohl verfolgt werden – ein Widerspruch, der darauf hindeuten könnte, daß das Vertreibungsmotiv älter ist und hier aus naheliegenden Gründen in das Festhaltungsmotiv invertiert wurde.

2. Die Kolonie erscheint zuerst als Ansiedlung der Kinder Israels in Gosen, und zwar wie bei Manetho in der verschärften Form eines Arbeits- und Konzentrationslagers, sodann als Volksgründung im Anschluß an die Gesetzesoffenbarung auf dem Sinai und die Gesetzgebung des Moses.

Vor allem aber geht es hier nicht um Vertriebene, sondern um gegen ihren Willen Festgehaltene. Sie sind nicht die Objekte einer Vertreibung, sondern die Subjekte ihrer eigenen Befreiung. Übrigens kommen auch bei Chairemon, wie wir oben gesehen haben, gegen ihren Willen festgehaltene Auswanderungswillige vor, mit denen sich die Vertriebenen verbünden.

Der um die Zeitenwende schreibende Historiker Pompeius Trogus gibt einen sehr detaillierten Bericht des Exodus-Berichts, der die biblische Fassung mit dem ägyptischen Mythos kombiniert.[37] Hier erscheint Moses als Sohn des Joseph. Die Ägypter, von Aussatz und anderen Übeln geplagt, vertrieben ihn, durch ein Orakel gewarnt, zusammen mit anderen Aussätzigen aus Ägypten, damit die Krankheit sich nicht weiter verbreite. Moses entführte die heiligen Geräte der Ägypter, die ihm nachsetzten, aber durch einen Sturm zur Umkehr gezwungen wurden. Nach siebentägiger Wanderung in Palästina angekommen, setzte Moses den siebenten Tag als Feiertag fest. Im Gedanken daran, daß sie aus Furcht vor weiterer Ansteckung aus Ägypten vertrieben worden waren, verbot Moses den Umgang mit Fremden, woraus sich allmählich ein religiöses Verbot entwickelte.

Fassungen A und C gemeinsam ist das Motiv der Konzentrationslager und der Zwangsarbeit, die (das ist immerhin bemerkenswert) auch in der ägyptischen Version als schändlich eingestuft wird, zieht sie doch den Zorn der Götter nach sich und die furchtbare Strafe einer dreizehnjährigen Verwüstung. Von diesem Motiv ist in Fassung B dagegen nicht die Rede.

Fassung C ist das genaue Gegenstück zu der von Manetho referierten Version. Wie bei Manetho die zu Aussätzigen abgestempelten Juden, so kommen hier

---

[37] Pompeius Trogus, *Historiae Philippicae*, apud Iustinus, *Hist. Phil.*, Libri xxxvi Epitoma, 1:9-3:9, Stern, a.a.O. (Anm. 7), I, Nr. 137, S. 334-342.

die zu gottlosen Folterknechten und Menschenschindern gemachten Ägypter schlecht weg. Beide Fassungen sind von Haß diktiert bzw. begünstigen eine xenophobe Affektmodellierung. Die vom Exodusmythos geprägte jüdische Xenophobie sieht im Ägypter den Tyrannen, Unterdrücker, Zauberer und Götzendiener, die vom Mythos der Aussätzigen geprägte ägyptische Xenophobie sieht im Fremden den Tabuverletzer, Tempelschänder, den Zerstörer von Gottesnähe, Reinheit und "Volksgesundheit". Es ist die ägyptische Fassung, deren Semantik aufgrund ihrer hohen Aktualität unser besonderes Interesse verdient. Fast alle Motive des späteren Antisemitismus sind hier bereits vorgeprägt. Wie kommt es zur Entstehung eines solchen Mythos?

Amos Funkenstein hat Manethos Version der Geschichte als ein typisches Beispiel dessen eingestuft, was er "counter-history" nennt.[38] Darunter versteht er eine polemische Form von Geschichtsschreibung, die eine vorgegebene Geschichte auf den Kopf stellt in der Absicht, die auf sie gegründete Identität und ihre Ansprüche zu destruieren. Er geht davon aus, daß Manetho die biblische Version, also Fassung C, gekannt und bewußt invertiert hat. Es würde sich in diesem Fall geradezu um ein klassisches Beispiel interkultureller Intertextualität handeln. Ich halte das für unwahrscheinlich. Natürlich kann Manetho die biblische Version gekannt haben; er war ja Zeitgenosse des Septuaginta-Projekts. Andererseits springt aber in die Augen, daß die Verbindung der von ihm wiedergegebenen Geschichte zu den Juden höchst marginal und beiläufig ist. Sie hängt eigentlich nur an der Glosse, die den ägyptischen Priester Osarsiph mit Moses identifiziert, und diese Glosse ist höchst wahrscheinlich erst sekundär in den Text eingedrungen und geht möglicherweise auf Josephus' eigenes Konto. Man ist sich allgemein einig, daß Manetho hier eine ägyptische Vorlage wiedergibt. Es ist daher viel wahrscheinlicher, die Ursprünge dieser Vorlage in einer ägyptischen Vertreibungsgeschichte und nicht in der jüdischen Exodus-Tradition zu suchen. Diese "Vorlage", der Mythos der Aussätzigen, ist keine literarische Komposition, sondern eine volkstümliche, in vielen verschiedenen Fassungen und daher ausschließlich mündlich kursierende Legende. Manetho fügt sie als solche – μυθευόμενα καὶ λεγόμενα – in seine Darstellung ein, so wie ja auch Herodot seine Geschichtsschreibung mit Volkslegenden anreichert, die er referiert, aber nicht notwendigerweise assertiert: ὑπὲρ ὧν δ' ὁ Μάνεθως οὐκ ἐκ τῶν παρ' Αἰγυπτίοις γραμμάτων, ἀλλ' ὡς αὐτὸς ὡμολόγηκεν ἐκ τῶν ἀδεσπότως μυθολογουμένων προστέθεικεν, ὕστερον ἐξελέγξω κατὰ μέρος ἀποδεικνὺς τὴν ἀπίθανον αὐτοῦ ψευδολογίαν: "seine darüberhinausgehenden Behauptungen, die Manetho, wie er selbst zugibt, nicht aus den schriftlichen ägyptischen

---

[38] A. Funkenstein, *Perceptions of Jewish History*, Berkeley 1993, S. 36-38.

Quellen, sondern aus anonymen Legenden beibringt, werde ich später im Detail widerlegen und ihre Lügenhaftigkeit aufzeigen."[39]
Der Mythos kann durchaus älter sein als die biblische Fassung. Meine These ist, daß er auf die Erfahrung der Amarnazeit zurückgeht.[40] Es erscheint mir plausibel, daß in ihm die Erinnerung an eine schwere traumatische Erschütterung zurückkehrt. Dafür käme natürlich die Erfahrung der Hyksoszeit sehr wohl in Betracht. Dagegen spricht aber das Faktum, daß Manetho die beiden Vertreibungsgeschichten deutlich voneinander unterscheidet. Die Semantik der zweiten Geschichte ist in seiner Wiedergabe auch deutlich von der Hyksoserzählung abgesetzt. Es geht hier eindeutig um einen primär religiösen Konflikt, und das gilt für die Hyksosgeschichte nicht. Zu einer traumatischen Erschütterung gehört schließlich, daß Verdrängung im Spiel ist und nicht einfach Vergessen. Von einem Trauma spricht man in der Gedächtnisforschung, wenn es sich um Erfahrungen handelt, die sich aufgrund ihrer Schmerzlichkeit der Erinnerung sperren. Sie müssen verdrängt werden, sind aber gerade im Zustand der Latenz besonders virulent. Die Amarnazeit ist ein klassisches Beispiel kollektiver Verdrängung. Durch das systematische Totschweigen dieser Periode, die doch für immerhin 20 Jahre das ganze Land auf den Kopf gestellt hatte, ist die Erinnerung daran gewissermaßen ortlos geworden. Eine verdrängte Erinnerung kann viele verschiedene historische Ereignisse in sich aufnehmen, die als Wiederholung der traumatischen Situation erfahren werden. So hat man z.B. bei der Geschichte der Aussätzigen nicht nur an die Hyksos, sondern auch an die Konflikte beim Übergang von der 19. zur 20. Dynastie gedacht, wie sie im historischen Abschnitt des Großen Papyrus Harris und in der Sethnacht-Stele aus Elephantine geschildert werden; dort ist ja tatsächlich von einer syrischen Einmischung die Rede.[41] Andere haben die Rebellion des

---

[39] Josephus, *Contra Apionem* I, 105; Stern a.a.O. (Anm. 7) I, S. 75.

[40] Ich greife damit eine These wieder auf, die bereits E. Meyer - worauf mich E. Hornung hinwies - in seiner *Aegyptischen Chronologie* (APAW 1904), Berlin, S. 92-95, vertreten hat. Auch D.B. Redford, "The Hyksos Invasion in History and Tradition", Or 39, 1970, 1-51 führt die "Geschichte der Aussätzigen" auf die Amarnazeit zurück, ebenso in *King-Lists* (Anm. 7), S. 293. Redford geht sogar so weit, Details der Sage mit konkreten Details der Amarna-Zeit zu identifizieren: die Steinbruch-Arbeiten und die exzessive Bautätigkeit Amenophis' III. und IV., der zu Steinbrucharbeiten "in die Wüste geschickte" Hohepriester des Amun May, die Konzentration in der Wüste und der Auszug nach Amarna, die 13 Jahre, die die Aussätzigen in Ägypten herrschen und die Zeit, die Echnaton in der neuen Hauptstadt verbringt, die Ansetzung der ganzen Geschichte unter Amenophis III. Redford kommt zu demselben Schluß, den auch ich für unausweichlich halte: "what the tale does prove is that the Amarna debacle, with all its characters and events, had not been lost to the collective memory of Egypt, but had survived in some form" (ibid., S. 294).

[41] Pap. Harris I, 75, 2-7: W. Erichsen (Ed.), *Papyrus Harris I*, (BAe V), Brüssel 1933, S. 91; R.O. Faulkner, *Egypt: From the inception of the nineteenth dynasty to the death of*

Hohenpriesters Amenophis am Ende der 20. Dynastie angeführt.[42] Alle diese
Ereignisse können die Geschichte der Aussätzigen angereichert haben.
Besonders aber gehört die assyrische Zerstörung Thebens in diesen Zusammenhang, vor allem der Topos von der Verschleppung der Götterbilder, der ja
auch in assyrischen und babylonischen Quellen eine Rolle spielt[43], sowie der
Perser-Einfall und die Grausamkeiten gegen die heiligen Tiere durch Kambyses
und Artaxerxes III.[44] Die Angstvorstellung furchtbaren, die Götter für immer
vertreibenden Religionsfrevels heftet sich an die Fremden und kann dies umso
eher, als der eigentliche Grund und Auslöser, die Gestalt des Ketzers Echnaton,
verdrängt und vergessen worden ist. Durch diese Verdrängung hat sich eine
Leerstelle gebildet, eine "Latenz" oder "Krypta", wie die Psychologen sagen.
Aus dieser Krypta heraus bleibt die Erinnerung an die Amarnazeit
produktiv. Zuletzt hat sich dieser Erinnerungskomplex auch noch mit den
Erfahrungen angereichert, die die Ägypter mit den im Lande siedelnden Juden
machten, wobei der Elephantine-Konflikt dem Topos von der Schlachtung
der heiligen Tiere neue Nahrung gab. Auch der ikonoklastische Impuls des
jüdischen Monotheismus paßte in die Semantik der Geschichte. Der Kern
dieser Geschichte aber ist durch einen innerägyptischen religiösen Konflikt
geprägt, und der findet seine einleuchtendste Erklärung, wenn man ihn auf
das ikonoklastische Trauma der Amarnazeit zurückführt.
Allerdings stellt sich die Frage, ob denn die Amarnazeit für die Ägypter eine
derart traumatische Erfahrung bedeutet haben kann. Echnaton war ja ein
legitimer Herrscher. Wer sollte unter der von ihm eingeführten Religion des

---

Ramesses III, CAH[3] II,2 ch. XXIII, Cambridge 1975, S. 243f. Zum Charakter der Topik
als "Chaos-Beschreibung" vgl. Verf., *Stein und Zeit*, München 1991, S. 280f. Zur
Elephantine-Stele vgl. D. Bidoli, "Stele des Königs Sethnacht", *MDAIK* 28, 1972, 193-
200, sowie R. Drenkhahn, *Die Elephantine-Stele des Sethnacht und ihr historischer Hintergrund* (ÄgAbh 36), Wiesbaden 1980. E.A. Knauf, *Midian. Untersuchungen zur Geschichte Palästinas und Nordarabiens am Ende des 2. Jt. v. Chr.*, Wiesbaden 1988, S.
135ff. und J.C. de Moor, *The Rise of Yahwism*, Löwen 1990, S. 136-151, identifizieren
Moses mit dem Usurpator Beja-Bay.

[42]   P. Montet, *Le drame d'Avaris*, Paris 1941, S. 158. 175. 178. 183ff.

[43]   H.J. Thissen, *Studien zum Raphiadekret*, Meisenheim am Glan 1966, S. 59f.; C. Onasch,
AfP 24-25, 1976, 141f., mit Anm. 35. Um die Verschleppung und Heimholung der Götterbilder geht es im *Orakel des Lammes*. Zur assyrischen Politik der Deportation von Götter-
bildern vgl. Th. Podella, *Ṣôm-Fasten. Kollektive Trauer um den verborgenen Gott im Alten Testament*, (AOAT 224), Neukirchen-Vluyn 1989, S. 40ff.

[44]   Zur Kambyses-Überlieferung in Ägypten vgl. R. Merkelbach, *Numen* 6, 1959, 154ff.;
A.T. Olmstead, *A History of the Persian Empire*, Chicago 1948, S. 89ff., sowie jetzt auch
G. Burkard, "Literarische Tradition und historische Realität. Die persische Eroberung
Ägyptens am Beispiel Elephantine", *ZÄS* 121, 1994, 93-106.

Lichts zu leiden gehabt haben, mit Ausnahme natürlich der Gruppe der Amuns-
und sonstigen Priester, die durch Echnatons religiöse Umwälzung ihre
Pfründen verloren haben? Im Grunde bedeutete die Revolution Echnatons,
so wird gern argumentiert, nur die längst überfällige Entmachtung einer Ka-
ste, die durch die ungeheuren Stiftungen der Thutmosiden ohnehin viel zu
reich und mächtig geworden war. Manche stellen sich gar vor, daß Echnatons
Reformen eine Erleichterung für das Volk bedeutet hätten, dem nun ein viel
natürlicherer, allgemeinerer und gewissermaßen demokratischer Zugang zu
den religiösen Heilsgütern eröffnet worden sei als in der traditionellen, von
den Priestern verwalteten Religion.

Nichts ist meines Erachtens unzutreffender. Ich will hier gar nicht näher
ausführen, was für einen Schock die Schließung der Tempel und die Diskon-
tinuierung der Kulte bedeutet haben muß in einer Gesellschaft, für die der
Fortbestand der Welt von der rituellen Präzision der heiligen Handlungen
abhing. Das Bewußtsein einer katastrophischen, möglicherweise nie wieder
gutzumachenden schuldhaften Zerstörung der Weltordnung muß sich allen
Bewohnern des Landes mitgeteilt haben. Einiges von diesem Bewußtsein
klingt in den knappen Andeutungen an, mit denen die Restaurationsstele
Tutanchamuns auf die Zeitstimmung eingeht:

> Die [...] waren im Begriff, auseinanderzufallen,
> ihre Heiligtümer waren im Begriff, zu verfallen,
> sie waren Schutthügel geworden,
> bewachsen mit Disteln.
> Ihre Sanktuarien waren, als seien sie nie gewesen,
> ihre Tempelanlagen waren ein Fußweg.
> Das Land war von Krankheit (*znj-mnt*) befallen,
> die Götter hatten diesem Land den Rücken gekehrt.
> Wenn man Soldaten nach Syrien schickte,
> um die Grenzen Ägyptens zu erweitern,
> dann hatten sie keinen Erfolg.
> Wenn man einen Gott anrief, um ihn um etwas zu bitten,
> dann kam er nicht;
> wenn man eine Göttin anbetete, ebenso,
> dann kam sie nicht.
> Ihre Herzen waren schwach geworden in ihren Leibern,
> denn 'sie' hatten das Geschaffene zerstört.[45]

Dabei ist der Satz "das ganze Land machte eine schwere Krankheit durch"
besonders wichtig, denn Krankheit ist ein Leitmotiv unseres Mythos. Dabei
ist der metaphorische Charakter des Begriffs für Krankheit, der hier verwen-

---

[45] Urk IV 2027,5-20.

det wird, offenkundig; er kommt in gleicher Bedeutung auch in literarischen Texten vor und gehört zur Topik der Chaos-Beschreibung.[46] Ich will aber auf diese auf der Hand liegenden und vielbehandelten Aspekte der Amarna-Erfahrung hier nicht weiter eingehen, sondern mich auf einen Gesichtspunkt beschränken, der bisher wenig berücksichtigt wurde: auf die Frage, was es für die breite Masse bedeutet haben muß, daß die großen Götterfeste nicht mehr gefeiert wurden.[47] Für den einzelnen waren die Feste die Gelegenheit, wo er "Gott schauen" durfte, und die von Posener edierten Gebetsostraka aus Schech Abd el Gurna beweisen am Beispiel des Talfests, daß sich schon in der Zeit Thutmosis' III. und Amenophis' II. im Rahmen solcher Feste Formen der persönlichen Frömmigkeit entwickelten, in denen einzelne mit Gebeten um Errettung und sonstigen Anliegen sich an die Gottheit wenden konnten. Die Feste vermittelten den Menschen aber nicht nur Gottesnähe, sondern auch das Bewußtsein sozialer Zugehörigkeit. Aus den biographischen Inschriften und vielen anderen Quellen wissen wir, daß sich der Ägypter nicht als Mitglied eines Volkes, sondern einer Stadt empfand. Die Stadt war es, zu der man gehörte und in der man begraben werden wollte. Zu einer Stadt zu gehören bedeutete aber in erster Linie die Zugehörigkeit zum Stadtgott als dem Herrn dieser Stadt. Und diese Zugehörigkeit formte und festigte sich als Mitglied der Festgemeinschaft dieses Gottes. Das Entscheidende an dieser Zugehörigkeit durch Festgemeinschaft ist, daß sie über den Tod hinaus andauert. So heißt es im 183. Kapitel des Totenbuchs:

Ich bin heute aus der Stadt meines Gottes gekommen: Memphis.
Sie ist der wahre aller schönen Gaue in diesem Land.
[...]
Selig, wer Gerechtigkeit übt für den Gott in ihr!
Er gibt dem ein Alter, der sie für ihn tut,
das Werden zu einem Grabherrn,
dies zu erreichen in einem schönen Begräbnis,
eine Beisetzung im Heiligen Bezirk.[48]

---

[46] Verf., *Stein und Zeit*, München 1991, S. 259-287. Wobei man allerdings nicht vergessen sollte, daß der ganze Vordere Orient, das Hethiterreich und Ägypten zu dieser Zeit von einer schweren Pestepidemie befallen waren, die, von ägyptischen Gefangenen eingeschleppt, 20 Jahre lang bei den Hethitern wütete. Auch D.B. Redford, *Or* 39, 1970, 44 ff., verbindet das Krankheitsmotiv (Aussatz, Pest etc.) mit der Seuche, die den vorderen Orient im Anschluß an die Amarnazeit heimsuchte.

[47] Die folgenden Überlegungen habe ich ausführlicher dargestellt in meinem Aufsatz "Ocular desire in a time of darkness. Urban festivals and divine visibility in Ancient Egypt", in: *Torat ha-Adam. Yearbook for Religious Anthropology* 1, 1994, 13-30.

[48] Vgl. Verf., *Ägypten – Theologie und Frömmigkeit einer frühen Hochkultur*, Stuttgart 1984, ²1991, S. 28.

In Memphis gilt Ptah, in Theben Amun, und in anderen Städten gelten die jeweiligen Stadtgötter als Herren des Begräbnisses. Daher gilt der Stadtgott, wie es eine späte Weisheitslehre formuliert, als

"derjenige, von dem Tod und Leben seiner Bürger abhängen".[49]

Die Zugehörigkeit zur Stadt und zum Stadtgott, wie sie in den Festen gestiftet und erneuert wird, ist für den einzelnen eine Frage von Leben und Tod, und zwar hier und im Jenseits. Wenn man sich das klar macht, beginnt man zu ermessen, was die Abschaffung dieser Feste und die Absetzung der Stadtgötter für den einzelnen bedeutet haben muß. In Gestalt eines umfangreichen Graffitos, das der Schreiber Pawah, ein Angestellter am Totentempel des Semenchkare, im Grabe des Pairi Nr.139 angebracht hat, ist uns sogar ein Klagepsalm erhalten, wie er in der Zeit der Verfolgung in Theben kursiert haben muß. Dieser Text beginnt mit den Worten: "Mein Herz sehnt sich danach, dich zu sehen" und hat die Sehnsucht nach dem Anblick des im Fest erscheinenden Gottes zum Thema. Ich möchte auf all das hier nicht näher eingehen, sondern nur den Versuch machen, in einigen kurzen Andeutungen einen Eindruck davon zu vermitteln, wie die Amarnazeit von den meisten erlebt und erinnert worden sein muß. Die Erinnerung an die Amarnazeit, wie sie in den ersten Generationen der Zeitzeugen und ihrer Nachkommen lebendig gewesen sein muß, hat man sich als eine Erinnerung an Zerstörung, Bildersturm, Verfolgung, Unterdrückung und Gottlosigkeit zu denken, eine Zeit der Gottlosigkeit, der "Finsternis am Tage". Diese Erinnerung, so müssen wir folgern, fand jedoch in den symbolischen Formen kultureller Objektivationen keinen Ausdruck, sie wurde nicht aus dem "kommunikativen" ins "kulturelle Gedächtnis" überführt und ging mit den Zeitzeugen unter. Es scheint mir unverkennbar, daß Manethos Text von dieser verdrängten, d.h. nicht mehr lokalisierbaren Erinnerung an die Amarnazeit geprägt ist. Wir haben es hier nicht nur mit einer traumatischen Erfahrung, sondern auch mit dem Prozeß einer kulturellen Verdrängung zu tun, eines absichtsvollen und geradezu gewalttätigen Vergessens. Die Liquidation der Amarna-Religion begann bereits unter Tutanchamun. Der erste Schritt war die Wiederzulassung der verbotenen Kulte, die Restaurierung und Rekonsekration der geschlossenen Tempel und ihre Neuausstattung mit Priestern, Opfergaben und Pfründen. Der zweite Schritt, der spätestens unter Haremhab einsetzte, war die Entfernung aller sichtbaren Denkmäler und Spuren der Amarnazeit, vor allem das Riesenprojekt der Tempeldemontage mit der Wiederverwendung von Hunderttausenden von Talatat als Füllmaterial in Pylonen und sonstigen Bauten, wo

---

[49] pInsinger 28,4; M. Lichtheim, *Ancient Egyptian Literature* III, Berkeley 1980, S. 207; dies., *Egyptian Wisdom Literature in the International Context. A Study of Demotic Instructions* (OBO 52), 1983, S. 162f.

kein Auge sie mehr sehen konnte. Gleichzeitig wurden die Zerstörungen der Amarnazeit, so gut es ging, restauriert. Jede Erinnerung an die Amarnazeit sollte ausgelöscht werden. Nicht einmal als Ketzer ist Echnaton in Erinnerung geblieben. Von der einen Erwähnung des "Feindes von Achetaton" in der Mes-Inschrift dürfen wir hier absehen. Sie ließ sich in einem rein juristischen Kontext offenbar nicht vermeiden. Aus den Königslisten, dem Instrument der offiziellen Chronologie, wurden die Namen der Amarnakönige gestrichen und ihre Regierungszeit Amenophis III. und Haremhab zugeschrieben. Dieses Faktum der offiziell verordneten Verdrängung eines ganzen Zeitabschnitts aus der kollektiven Erinnerung ist schon als solches höchst bemerkenswert. Nachdem die Erinnerung ausgelöscht wurde, wurde – so kann man mit Orwell fortfahren – auch noch die Tatsache der Auslöschung getilgt. Aus der Zerstörung der Denkmäler und der Vernichtung des Andenkens wurde in der sich allmählich bildenden Legende die Vertreibung der Ketzer, und aus den Ketzern wurden die Aussätzigen. Das ist die Krankheit des Landes, von der die Restaurationsstele des Tutanchamun spricht. Die zentrale Semantik blieb jedoch erhalten. Die Aussätzigen herrschten als Bilderstürmer und Tempelschänder in Ägypten, nicht ihre Krankheit, sondern ihre antireligiöse, atheistische Haltung ist der eigentliche Affront.

Was zu dieser Deutung nicht zu passen scheint, ist die Tatsache, daß Manetho den Aussätzigen keinerlei positive religiöse Konzeption unterstellt. Er schildert sie lediglich als Bilderstürmer und Tempelschänder, also als Gegner und Zerstörer der traditionellen Religion. Darin unterscheidet sich seine Fassung des Mythos von der Version B, die aus projüdischer Sicht den monotheistischen Glauben in diese Leerstelle einträgt. Vermutlich gehörte aber der positive Gehalt der Amarnareligion zusammen mit dem Namen ihres Stifters zum Komplex des Verdrängten und Vergessenen. Wir beurteilen die Amarna-Religion nach dem Großen Hymnus und einer Handvoll kleinerer Texte, denen wir die bekannten Grundzüge eines kosmischen Monotheismus des Licht- und Zeitgottes Aton entnehmen. Diese Texte waren den Ägyptern der späteren Jahrhunderte unbekannt, und man mag sich fragen, wie viele der Zeitgenossen Echnatons sie gekannt haben. Was jedoch alle Zeitgenossen von der Amarna-Religion mitbekommen haben, war ihre negative Seite: die Schließung der Tempel, die Einstellung der Feste, das Verbot der Kulte, die Zerstörung der Bilder und Inschriften. Vergessen wir schließlich nicht, daß auch gegen den jüdischen und christlichen Monotheismus in der Antike der Vorwurf des Atheismus erhoben wurde. Auch an diesen revolutionären Monotheismen empfand man den kritischen, intoleranten Impuls, die Negation der anderen Götter, als das Entscheidende, und nicht die Positivierung der Einheit Gottes.

Der vergessene Monotheismus der Amarnareligion bildete, ebenso wie der Name ihres Stifters, eine Leerstelle, in die später der jüdische Monotheismus und der Name des Moses eindringen konnten. Dadurch sind einerseits jüdische Motive in die Amarnageschichte eingeflossen, und hat sich andererseits die in dieser Geschichte gefaßte Antiamarna-Polemik ins Antijüdische verkehrt. Im Licht dieser Ursprünge erweist sich jedoch die polemische Tendenz der manethonischen Geschichte als antimonotheistisch und nicht als antisemitisch.[50] Die Geschichte bezieht ihre polemische Dynamik aus dem Abscheu gegen die als Aussätzige, Atheisten und Vandalen angeprangerten religiösen Rebellen, aber nicht aus einem ethnisch motivierten Abscheu gegen die Juden.

Wenn man den Ursprung dieser Überlieferung in der Amarna-Erfahrung erkennt, dann versteht man den spezifisch religiösen Akzent des spätägyptischen Fremdenhasses. Dahinter steht die Erfahrung des Religionsfrevels. Im Fremden und Feind fürchtet man den Zerstörer der Tempel, den Vernichter der Götterbilder, den Mörder der Heiligen Tiere. Dieses Feindbild wird sogar in die Götterwelt projiziert, und zwar auf den Gott Seth.

Im Mythos verschanzen sich die Fremden bzw. Aussätzigen in Awaris, der Stadt des Seth und Hauptstadt der Hyksos. Sie sind Anhänger des Seth, mit dem in graeco-aegyptischen Quellen der jüdische Gott Jahwe gleichgesetzt wird. Dessen griechischer Name Iao lautet in ägyptischen Ohren wie das Wort für "Esel", das Tier des Seth.[51] Schon in einem ramessidischen Papyrus heißt es übrigens von den Hyksos, sie hätten keinen Gott und keine Göttin verehrt außer Seth, seien also Monotheisten gewesen:

> König Apophis aber machte sich den Seth zum Herrn.
> Er diente keinem Gott im ganzen Lande außer dem Seth.[52]

In der Ramessidenzeit wurde Seth jedoch als großer Gott verehrt, der dem Sonnengott bei der Inganghaltung der Welt beisteht. Jetzt, in der Spätzeit, wandelt sich Seth zu einem Teufel mit asiatischen Zügen. Der Fremde

---

[50] Vgl. hierzu J. Yoyotte, a.a.O. (Anm. 7).

[51] Bei verschiedenen Historikern stößt man auf die Behauptung, bei der Plünderung des Tempels von Jerusalem durch Antiochus Epiphanes sei ein goldener Eselskopf entdeckt worden: Mnaseas von Patara, apud Josephus, *Contra Apionem* II, 112-114, Stern, a.a.O. (Anm. 7), I, Nr. 28, S. 99f.; Poseidonios und Apollonius Molon, apud Josephus, *Contra Apionem*, II, 79-80. 89. 91-96, Stern, ibid. I, Nr. 44, S. 145-7 und Nr. 48, S. 152-4. Diodor spricht in diesem Zusammenhang von einer Statue des Moses, auf einem Esel reitend (*Bibl. Hist.* xxxiv-xxxv,1:3, Stern, a.a.O. (Anm. 7), I, S. 182.). Vgl. B.H. Stricker, "Asinarii", *OMRO* 46, 1965,52-75; J. Yoyotte, "Sources grecques et religion égyptienne tardive: l'âne dans les croyances égyptiennes", *AnnEPHE* Vᵉ sect. 77, 1969-70, 185-91; H. Heinen, a.a.O. (Anm. 34), S. 128-132.

[52] pSallier I, 1,2-3: A.H. Gardiner, *Late-Egyptian Stories*, (BAe I), Brüssel 1932, S. 85; H. Goedicke, *The Quarrel of Apophis and Seqenenre'*, San Antonio 1986, S. 10f.

erscheint als Teufel, der Teufel als Fremder. Seth erhält den Beinamen "der Meder" und verkörpert auf götterweltlicher Ebene den Typus des Religions-frevlers. Er droht von Asien aus in Ägypten einzudringen und die heiligen Tiere zu schlachten, die Kultgeheimnisse zu entblößen, die Tabus zu verletzen, kurz: alles das zu tun, was die Geschichte von den Aussätzigen bzw. Fremden berichtet. Seth und seine Bande setzen die Tempel in Brand, schlachten die heiligen Tiere, essen die verbotenen Speisen, vernichten die Kultbilder, verwüsten alles religiöse Leben, bis sie endgültig aus Ägypten vertrieben werden. Plutarch führt im 31. Kapitel seiner Schrift *De Iside et Osiride* eine Quelle an, derzufolge Seth der Stammvater der Juden ist. Nach seiner Vertreibung aus Ägypten habe er sich sieben Tage auf der Flucht befunden und dann, in Sicherheit, die Söhne Hierosolyma und Juda gezeugt. In dieser Variante hat die Legende von der Vertreibung der Fremden ihren knappsten und im eigentlichen Sinne mythischen Ausdruck gefunden.

In diesem Mythos müssen wir einen Reflex spätägyptischer Mentalität unter den Bedingungen der Fremdherrschaft erblicken. Interessant ist in diesem Zusammenhang die Inschrift des Udjahorresnet, der sich beim Perserkönig Kambyses darüber beklagt, daß sich "Fremde" *(ḫ3stjw)* im Tempel der Neith zu Sais niedergelassen hätten, und der sich die königliche Erlaubnis erwirkt, diese Fremden zu vertreiben und "zu veranlassen, daß der Tempel der Neith in all seiner Wirksamkeit wiederhergestellt wird, wie er früher war."[53] Von ähnlichen Mißständen berichten auch andere Inschriften. In späten Kulttexten stößt man auch gelegentlich auf die Vorschrift, keine Ausländer ins Heilig-tum eintreten und geheimen Riten beiwohnen zu lassen.[54] Das späte Ägypten wird dezidiert fremdenfeindlich, und diese Xenophobie trägt religiöse Züge. In späteren Texten erscheinen die Ausländer als Rebellen, "die für die Götter eine Verunreinigung darstellen".[55]

In den Krypten des Hathor-Tempels in Dendara ist expressis verbis davon die Rede, daß Ausländer hier keinen Zutritt haben:

Der versteckte Ort der Mächtigen im Sistrenhaus
für den Fall daß die Zerstörer in Ägypten eindringen.

[53] G. Posener, *La première domination perse en Egypte* (BdE 11), Le Caire 1936, S. 14 ff. Für eine Parallele verweist Posener auf die Statue des Djedhor, *ASAE* 18, 1918, 145.

[54] p Salt 825, VII.5: *nn ʿq ʿ3mw jr.f nn m33.f sw* "der Asiat soll nicht dahin eintreten und soll es nicht sehen". Für weitere Belege siehe Ph. Derchain, *Le papyrus Salt 825 (B.M. 10051), rituel pour la conservation de la vie en Egypte* (Mémoires de l'académie Royale de Belgique, Classe des Lettres 58, fasc. 1 a/b), Brüssel 1965, vol. I, S. 168 n. 83.

[55] Auf der Pithomstele berichtet Ptolemaios II. von der Rückführung der von den als Religions-frevler dargestellten Persern verschleppten Götterbilder. Vgl. H.J. Thissen, *Studien zum Raphiadekret*, Meisenheim am Glan 1966, S. 59f.

Die Asiaten (ʿ3mw) treten dort nicht ein,
die Beduinen (š3sw) beschädigen ihn nicht,
die Profanen gehen dort nicht herum.
Wer immer einen Zauber (?) dagegen rezitiert,
die Milch der Sachmet sei in seinem Leib.[56]

Der Ort, dessen Geheimnis verborgen ist,
für den Fall, daß die Asiaten in die Festung eindringen.
Die Phöniker nähern sich ihm nicht,
die Ägäer (h3w-nbwt) treten nicht ein,
die Sandläufer gehen dort nicht herum.
Ein Zauberer vollzieht dort nicht seine Riten.
Seine Tore öffnen sich keinem Unbefugten.[57]

Die Fremden sind verhaßt, weil sie die von den Göttern verbotenen Tabus verletzen[58] und nicht nach der gottgewollten Landessitte leben. Sie profanieren in der Imagination der Ägypter die Heiligkeit ihres Landes. Es handelt sich um einen massenpsychologischen Komplex, dessen Genese man letztlich bis auf das Trauma der Amarnazeit zurückführen kann und der sich in den Jahrhunderten der Eroberungen und Fremdherrschaften, von den Assyrern bis zu den Griechen, mit vielen Motiven angereichert hat.

Dieser Komplex trägt nicht nur allgemein fremdenfeindliche, sondern auch ausgeprägt antisemitische (d.h. antijüdische) Züge.[59] Diese ergeben sich aus der von den Juden selbst vorgenommenen Gleichsetzung des ägyptischen Mythos von der Vertreibung der Aussätzigen, der vermutlich auf die Erfahrung der Amarnazeit zurückgeht, mit der jüdischen Exodus-Überlieferung. Dadurch entsteht das scheußliche Bild vom Juden als Religionsfrevler, als Teufelsverbündetem, als Ritualmörder und Fremdkörper, den es zu eliminieren gilt, um in Heiligkeit, Reinheit und Gottesnähe leben zu können. Viele Komponenten des modernen Antisemitismus sind hier bereits greifbar sowie politische Angstmotive wie die "fünfte Kolonne" und der "Staat im Staat". Daher erscheint es besonders wichtig, diesen Komplex durch Aufhellung seiner Genese zu dekonstruieren.

---

[56] Nach R. Giveon, *Les Bédouins Shosou des documents égyptiens*, Leiden 1971, S. 168f.

[57] Giveon, ibid., S. 170f.

[58] Auf dem Naos von El-Arish wird in der Sprache des Mythos von einem verheerenden Einfall der "Söhne des Apophis" und ihrer Horden erzählt, die sich vor allem als Tempelschänder und Tabuverletzer aufführen. Vgl. zu diesem Text G. Goyon, *Kêmi* 6, 1936, 1ff.; U. Luft, *Beiträge zur Historisierung der Götterwelt und der Mythenschreibung*, (StudAeg IV) Budapest 1978, S. 219ff.; Redford, a.a.O. (Anm. 12), S. 277-9.

[59] Vgl. hierzu J. Yoyotte, a.a.O (Anm. 7).

KONRAD VON RABENAU

INDUCTIO IN TENTATIONEM – JOSEPH IN ÄGYPTEN

Die biblische Josephsgeschichte ist ein geprägtes und eigentümliches Zeugnis israelitischer Erzählkunst und zugleich das Dokument einer bedeutenden Wirkung Ägyptens auf eine andere religiöse und politische Kultur und deshalb Gegenstand gemeinsamer Bemühungen von Ägyptologen und Alttestamentlern. Ich wage es daher, im Kreise derer, die zu Ehren von Erik Hornung der Wirkungsgeschichte Ägyptens nachgegangen sind, zu prüfen, aus welchen historischen Bedingungen die Erzählung erwachsen ist, wie ihre Darstellungsweisen und ihr Inhalt mit der Eigenart früher historischer Überlieferungen Israels zusammengehören und welche Zusammenhänge, Gemeinsamkeiten und Unterschiede mit ägyptischer Literatur sich erkennen lassen.

Dafür habe ich fünf Abschnitte vorgesehen:

I.   einen Prolog, der über persönliche Impulse für die Beschäftigung mit dem Erzählmotiv der Versuchung, Tentatio, berichtet;

II. meine Position hinsichtlich der Entstehung und Tendenz der Josephsgeschichte;

III. fünf Argumente für Gemeinsamkeiten der Erzählung mit Grundzügen der älteren israelitischen Geschichtsüberlieferung und ihrem von mir vermuteten Anliegen;

IV. eine Überlegung zum Verhältnis der Josephserzählung zur ägyptischen Literatur;

V.   einen Epilog mit einer kurzen Antwort auf die im Prolog berührten theologischen Fragen.

I. PROLOG

Die Bedeutung des in diesem Aufsatz behandelten Themas hat sich mir schrittweise an drei Stationen meiner Biographie gezeigt.

Zu der Zeit, in der ich Konfirmandenunterricht hatte, wurde der Kleine Katechismus Martin Luthers noch vollständig behandelt und auswendig gelernt. An einer Stelle spricht Luther von einer Diskrepanz zwischen dem Text des Vaterunsers und seiner eigenen Auslegung der letzten Bitte. Im Text heißt es: "Führe uns nicht in Versuchung (Ne nos inducas in tentationem)."

Luther aber erklärt: "Gott versucht zwar niemand, aber wir bitten in diesem Gebet, daß uns Gott wolle behüten und erhalten, auf daß uns der Teufel, die

Welt und unser Fleisch nicht betrüge und verführe in Mißglauben, Verzweiflung und andere große Schande und Laster, und ob wir damit angefochten würden, daß wir doch endlich gewinnen und den Sieg behalten." Er stützt sich dabei auf den Jakobusbrief (1, 13-14): "Niemand sage, wenn er versucht wird, daß er von Gott versucht werde. Denn Gott kann nicht versucht werden zum Bösen, und er selbst versucht niemand. Sondern ein jeglicher wird versucht, wenn er von seiner eigenen Lust gereizt und gelockt wird." Die Frage nach der Tentatio und nach dem Gesamtverständnis von Gottes Tun wurde also schon früh geweckt.

Mein erster Umgang mit Literatur war bestimmt von Schriftstellern, die sich grundsätzlich gegen den Nationalsozialismus entschieden hatten. Ich las mit besonderer Beteiligung Jochen Kleppers "Vater", von Reinhold Schneider "Las Casas vor Karl V.", von Erik Hornungs baltischem Landsmann Werner Bergengruen "Am Himmel wie auf Erden" und besonders fasziniert seinen 1935 erschienenen Roman "Der Großtyrann und das Gericht". Heute sehe ich, daß alle genannten Bücher von der Notwendigkeit und den Grenzen politischer Macht handeln. Sie sind geschrieben im Angesicht einer Machtausübung in Deutschland, die sich im Einklang mit dem Naturprozeß und göttlicher Vorsehung wähnte, das endgültige Heil versprach und sich deshalb anmaßte, ohne jede äußere und innere Begrenzung handeln zu dürfen. Im "Großtyrann" stellt Bergengruen den Idealtypus eines absoluten Herrschers dar, der in gottgleicher Weise erproben will, ob die Ergebenheit seiner Getreuen und seiner übrigen Untertanen echt sei. Er täuscht einen ungeklärten Mordfall vor und führt sie damit auf unterschiedliche Weise in Versuchung. Alle erliegen ihr aus Angst und Irrtum, bis der einzige, der nicht strauchelte, sich, obwohl unschuldig, selbst bezichtigt und so den Versucher erkennen läßt, daß gerade er der schwersten Versuchung erlegen ist und seine Macht mißbraucht hat. Vergebung und Nachsicht lösen die Verwirrung. So machte damals Bergengruen anschaulich, wie politische Pädagogik mit den Grundfragen von Religion und Ethik zusammenhängt.

Am Anfang meiner eigenen Lehrtätigkeit als Alttestamentler bin ich durch die Thesen meines Lehrers Gerhard von Rad, der die Josephsgeschichte als eine Exemplifizierung israelitischer Weisheit verstanden hat, dazu angeregt worden, den von ihm noch nicht berücksichtigten politischen und pädagogischen Elementen der Erzählung nachzugehen.

II. Entstehung und Tendenz der Josephsgeschichte

Ich referiere in Kürze meine etwa 1964 auf einer Gedenkveranstaltung für den Semitisten Carl Brockelmann in Halle und 1968 in dem von Siegfried Morenz in Leipzig veranstalteten Forschungsseminar vorgetragenen Thesen.

Da mir vor allem daran liegt, die politische Komponente der Erzählung und ihr Konzept einer theologischen Pädagogik herauszuarbeiten, verzichte ich auf eine eingehende Auseinandersetzung mit der neueren Literatur und ihren abweichenden Thesen zur literarkritischen Beurteilung der Erzählung und zu ihrer Entstehungszeit. Die wichtigsten Titel sind in dem Kommentar von Claus Westermann zu finden.

1. Die Josephsgeschichte ist eine frei geschaffene literarische Erfindung und geht nicht von einer greifbaren historischen Person aus. Historische Erinnerungen haften wohl an den Stämmen Ephraim und Manasse, nicht aber an dem Namen Joseph, der nur benutzt wurde, um eine gewisse Zusammengehörigkeit dieser beiden Stämme auszudrücken. Die Erzählung ist auch nicht von vorgegebenen Sagen abhängig wie die Sagenkränze um Abraham und Jakob, die keine enge und schlüssige Abfolge von Ereignissen darzustellen erlauben. Sie besteht vielmehr aus einzelnen Szenen, die zwar in sich abgerundet sind, aber immer als Teile auf ein größeres Ganzes bezogen bleiben. Hermann Gunkel hat dafür zur Unterscheidung von den Sagenkränzen den Begriff der Novelle gewählt. Die größte Verwandtschaft hat die Josephserzählung in dieser Hinsicht mit der sogenannten Thronnachfolgegeschichte Davids (2. Sam 7 – 1. Kg 2) und dem Buche Ruth.

2. Die Josephsgeschichte verbindet wichtige politische Anliegen mit dem Ziel der Weisheitsliteratur, das rechte Verhalten des Menschen auf seinem unsicheren und bedrohten Wege zu demonstrieren:

- Die von Joseph in Ägypten eingeführte Vorratswirtschaft wird als ein Mittel dargestellt, Hungersnot abzuwenden (Gen 47, 13-26).
- Die Überwindung des Bruderzwistes durch Joseph als eine überragende und von Gott legitimierte Persönlichkeit, durch sein Verhalten und seine Worte, soll die Institution des Königtums in Israel als Mittel zur Überwindung der Zusammenhanglosigkeit und des Streits der israelitischen Stämme darstellen. Zugleich wird damit auch angedeutet, wie Konflikte innerhalb einer Dynastie zu lösen sind.
- Die Institutionen und Gebräuche des ägyptischen Hofes sind vermutlich nicht zweckfrei dargestellt, sondern es sollte ihre Übernahme in Israel gerechtfertigt werden, wobei mit Einschränkungen und Adaptionen zu rechnen ist, die für Israel notwendig waren. Zu nennen sind: Joseph als leitender Staatsbeamter, als Wesir (Gen 41, 40-44), weitere Hofämter (Gen 40,1), Investitur (Gen 41, 42-43), Tischsitten bei Hofe (Gen 43, 31-34), Transport im Reisewagen (Gen 41, 43; 45, 19.27), Begräbnissitten mit Einbalsamierung und einer Trauerzeit von 70 Tagen (Gen 50, 2-3.26).
- Die zeremonielle Begegnung zwischen Jakob und dem Pharao veranschaulicht symbolisch einen Akt gegenseitiger Anerkennung der beiden Kulturen (Gen 47, 7-10).

3. Diese politischen Anliegen lassen sich unter den bisher erwogenen zeitlichen Ansätzen für die Entstehung der Erzählung am besten mit Berichten vom Aufbau des israelitischen Königtums unter David und noch stärker unter seinem Sohn Salomo (ca. 965-926) im 1. Buch der Könige verbinden. Dafür sprechen die folgenden Gesichtspunkte:

- Salomo treibt, der Vorratswirtschaft Josephs entsprechend, Staatshandel (1. Kg 9, 26-28; 10, 11-12. 26-29). Er legt im Rahmen einer Gaueinteilung des Landes (1. Kg 4, 7-19) zentrale Festungen und Städte mit Kornspeichern an (1. Kg 5, 8; 9, 19; 10, 26). Er führt auch Fronarbeit ein (1. Kg 5, 27-30; 9, 15-23) – zunächst wohl nur für die unterworfenen Kanaanäer, dann auch für die Israeliten – und fordert vermutlich regelmäßige Naturalabgaben (1. Kg 5, 25).

- Für David und Salomo war es entscheidend, die Stämme Israels unter der eigenen Führung zu einen und besonders die Kluft zwischen Israel, den Nordstämmen und dem Südstamm Juda zu überwinden. Beide Könige mußten deutlich machen, daß ein Stämmebund als Notgemeinschaft nicht ausreichte für die politischen Aufgaben der Gegenwart, sondern es eines von Gott legitimierten und durch Tugend und Weisheit bewährten Herrschers bedurfte. Dem entsprechen die göttliche Legitimation Josephs in seinem Traumgesicht (Gen 37, 7-9) und sein erfolgreiches Bemühen, die Brüder zu solidarischem Verhalten zu erziehen.

- Der Aufbau des königlichen Beamtentums unter David (2. Sam 8, 16-18; 20, 23-26) und Salomo (1. Kg 4, 2-19) ist, wie die Forschung gezeigt hat, nach ägyptischem Vorbild erfolgt. Aus Ägypten hat man auch Inthronisation, Huldigung und Thron (1. Kg 1, 38-40; 1. Chr 29, 23-24; 1. Kg 10, 18-20) übernommen. Selbst die Einrichtung und Versorgung der opulenten Hoftafel (1. Kg 5, 2-3; 10, 5.21) wird ausdrücklich erwähnt und könnte der Rechtfertigung bedurft haben. Auch der Kriegswagen ist ägyptischer Import. Ein Wagen wird zunächst von Davids Sohn Absalom (2. Sam 15, 1), dann unter Salomo ausdrücklich als Kriegswagen benutzt (1. Kg 5, 6-8; 10, 25-29; vgl. 1. Sam 8, 11 und Deut 17,16). Leider sind die königlichen Begräbnissitten in den Berichten über Davids und Salomos Tod nicht beschrieben worden. Eine Verbindung zu Ägypten, auf die mich Karl-Heinz Priese aufmerksam gemacht hat, ergibt sich aber aus ihrem Begräbnisort im Palastbezirk (1. Kg 2, 10; 11, 43) und damit in unmittelbarer Nähe des Tempelareals. Noch Hesekiel (43, 7. 9) polemisiert gegen diese fremde Sitte, die in Ägypten von den Libyerkönigen der 22. Dynastie im 10. Jahrhundert v. Chr eingeführt wurde, als sie sich innerhalb der Tempelmauern von Tanis bestatten ließen.

- Der Staatsakt der Begegnung zwischen Jakob und Pharao (Gen 47, 7-9) könnte den Zweck haben, Salomos ägyptische Heirat (1. Kg 9, 16. 24), vermutlich mit einer Tochter des Libyerkönigs Siamun, und seine allgemeine Anlehnung an ägyptische Zivilisation zu legitimieren. Die Josephsgeschichte folgt damit dem Beispiel der Erzählung vom Zusammentreffen Abrahams mit dem jebusitischen König von Jerusalem, Melchisedek (Gen 14, 18-24), die vermutlich aus davidischer Geschichtsschreibung stammt und den politischen und kulturellen Ausgleich zwischen den Israeliten und der Jebusiterstadt Jerusalem unter David erläutern und begründen sollte.

Gegen meine zeitliche Ansetzung der Josephsgeschichte könnte man einwenden, daß auch andere israelitische und judäische Könige, z.B. Jerobeam I., Beziehungen zu Ägypten unterhielten. Doch nirgends verdichten sich die Übereinstimmungen so wie in der Zeit der ersten beiden Könige in Israel, und zu keiner späteren Zeit bedurften sie so sehr der Erläuterung und Begründung. Seit meinen ersten Überlegungen haben auch andere Forscher wie Frank Crüsemann und Claus Westermann die frühe Datierung vertreten und teilweise ähnliche Argumente für sie angeführt.

Mich hat seinerzeit die freundliche Aufnahme meiner Ansichten durch Siegfried Morenz ermutigt. Er regte an, auch den Tanz Davids vor der Bundeslade (2. Sam 6, 14-16) mit dem Kulttanz des Pharao in Verbindung zu bringen, den inzwischen Erik Hornung in seinem Aufsatz "Pharao ludens" genauer behandelt hat. Das kontinuierliche Gespräch mit Morenz' Nachfolgerin Elke Blumenthal hat bewirkt, daß ich trotz anderer Pflichten und Neigungen die Josephsgeschichte nicht aus den Augen verloren habe und nun, von ihr beraten, die Frage nach ihren narrativen Grundstrukturen und den Vergleich mit der ägyptischen Literatur behandeln will.

III. GRUNDZÜGE ISRAELITISCHER GESCHICHTSÜBERLIEFERUNG IN DER JOSEPHSGESCHICHTE

Im dritten Teil zeige ich unter fünf thematischen Gesichtspunkten Gemeinsamkeiten der Josephsgeschichte mit der älteren israelitischen Geschichtsüberlieferung auf und stelle ihre besonderen Beziehungen zu der Geschichtsüberlieferung der davidisch-salomonischen Zeit dar.

1. GÖTTLICHE ZUSAGE – PROMISSIO

Die Erzählung von Joseph und seinen Brüdern teilt die Eigenart der meisten israelitischen Sagen und Berichte von Abraham bis Salomo, eine göttliche Verheißung zum Ausgangspunkt und zur Grundlage zu machen. Gott gibt den Patriarchen, später Mose und Josua, den Richtern und den ersten Königen, Zusagen, deren Erfüllung die Substanz der Erzählung bildet. Das beruht auf der generellen Voraussetzung, daß weder das Heranwachsen zu einer Familie, zu Stämmen und zum Volksganzen noch der Besitz eines eigenen unbestrittenen Landes, noch die Sicherheit vor Feinden durch charismatische Führung sich von selbst verstehen. Das gleiche gilt von einer königlichen Herrschaft mit dynastischer Kontinuität, für die Israel keine naturhaft mythische Legitimation besitzt. Immer wird eine Zeit vorausgesetzt und beschrieben, in der es kein Israel, kein ihm zugehöriges Land, keinen König und keine Dynastie gab. Die Identität Israels beruht darauf, daß sich die Verheißung verwirklicht. Deshalb sind die auf seine Begründung bezogenen Texte mit innerer Notwendigkeit genetisch und erzählerisch.

Die Josephsgeschichte behandelt nicht das Verheißungsthema der Volkwerdung und Landnahme, sondern die Zusage konstanter Herrschaft, wie Josephs Träume an ihrem Anfang (Gen 37, 6-11) anzeigen. Das ist im Ablauf der Gesamtgeschichte Israels ein überraschender Vorgriff, hat aber eine Entsprechung in dem Segen Jakobs, der auf Judas Herrschaft über Israel vorausweist (Gen 49, 9-10). Erst eine sekundäre Einfügung in die Josephsgeschichte, in der Jakob durch eine Gottesoffenbarung die Erlaubnis erhält, nach Ägypten zu ziehen (Gen 46, 1-5a), erwähnt die beiden vorausgegangenen Verheißungen. Das Thema der gottgemäßen Herrschaft läßt einen Zusammenhang mit der davidisch-salomonischen Zeit vermuten.

2. GÖTTLICHE FÜHRUNG – CONDUCTIO

Daß sich die Verheißungen schnell und problemlos erfüllen, ist in den israelitischen Geschichtsüberlieferungen selten. Selbst der Übergang über den Jordan (Jos 3-4), bei dem die Israeliten im Zuge der Landnahme eine göttliche Anordnung widerspruchs- und widerstandslos befolgen, wird als umständliche kultische Begehung geschildert, um zu zeigen, welche Hindernisse dennoch überwunden werden müssen. Große Schwierigkeiten stehen aber der Erfüllung der verheißenen Volksvermehrung und Landnahme in den Patriarchenerzählungen entgegen: Die Patriarchenfrauen sind unfruchtbar (Gen 15; 17; 18, 9-15; 25, 21; 29, 31-30, 24), für einen Landfremden ist es schwierig, eine Braut zu finden (Gen 24; 28, 1-2; 29, 1-30), die eigene Frau gerät in der Fremde in Gefahr (Gen 12, 10-20; 20, 1-18; 26, 1-11), Weideland und Brunnenwasser werden streitig gemacht (Gen 13, 6-7; 21, 22-34; 26, 12-33), für ein Familiengrab fehlt das Land (Gen 23, 1-19). Diese Hemmnisse werden zwar durch göttlichen Eingriff oder göttliche Hilfe überwunden, doch nicht ohne daß Menschen dabei reagieren und wirken. Darin besteht der Reichtum und der Reiz der Geschichten.

Auch der Joseph verheißene Aufstieg wird behindert, und zwar durch die Brüder, die ihn für anmaßend halten und ihm die Stellung beim Vater neiden

(Gen 37, 1-36), und von der abgewiesenen Frau des Potiphar, die ihn ins Gefängnis bringt (Gen 39, 1-20).

Dem entspricht, daß in der angenommenen Entstehungszeit der Geschichte das davidische Königtum zwar schon begründet, aber als Institution noch durchaus umstritten war, wie die Aufstände gegen David und Salomo (z.B. 2. Sam 15, 1-19. 31; 1 Kg 11, 14-28. 40) zeigen. So findet der schnelle Aufstieg Josephs in der überraschenden Bestellung Salomos zu Davids Nachfolger (1 Kg 1-2) eine Parallele.

Was in anderen Erzählungen Israels angelegt ist, wird in der Josephsgeschichte begrifflich und theologisch summiert. Aber im Unterschied zu ihnen ist Gottes Führung gegen alle Widerstände hier nicht nur Gegenstand der Erzählung, sondern wird auch ausdrücklich benannt. Joseph deutet sein Geschick als göttliche Sendung (Gen 45, 7), obwohl es doch von seinen Brüdern, dem Ismaeliter und ägyptischen Beamten bestimmt worden war, und er deutet seine Erhebung als Gottes Setzung (Gen 45, 8), obwohl ihn der Pharao erwählt und eingesetzt hatte. So kann er am Ende das Fazit ziehen: "Ihr beabsichtigtet, es böse mit mir zu machen, aber Gott beabsichtigte, es gut zu machen" (Gen 50,20).

3. GÖTTLICHE ERZIEHUNG – EDUCATIO

Wenn der Mensch am Anfang seines Weges versagt und sich mit Schuld belädt, dann besteht göttliche Führung nicht mehr nur darin, ihn zu begleiten, Hemmnisse und Gefahren zu überwinden, sondern den Menschen erst zu einem geeigneten Empfänger der Verheißung zu formen.

Der Zyklus der Jakobssagen (Gen 27-33) schildert einen Erziehungsprozeß dieser Art. Nachdem Jakob seinen älteren Bruder Esau übervorteilt und gekränkt hat, muß er fliehen, sich in der Fremde bewähren und seinerseits Übervorteilung und Kränkung hinnehmen, ehe er zurückkehren und sich mit Esau versöhnen kann. Ähnlich ist die sogenannte Thronnachfolgegeschichte Davids (2. Sam 7 – 1. Kg 2) angelegt. Sie beginnt mit dem Ehebruch und indirekten Mord Davids und führt über Abfall, Mord und Aufstände zu einer gesicherten Thronfolge. David muß dadurch Buße und Demut lernen. Auch die Spruchweisheit kennt einen von Gott verordneten Lernprozeß, spricht aber selten so ausdrücklich von ihm wie in Prov 15, 33: "Die Furcht des Herrn ist Zucht, die zur Weisheit führt, und ehe man zu Ehren kommt, muß man Demut lernen."

In der Josephsgeschichte fehlt eine so ausdrückliche Motivierung, doch sind die Erniedrigungen, denen der Held ausgesetzt wird, zweifellos in diesem Sinne zu verstehen. Auch für ihn könnte gelten, was der Hebräerbrief (5, 8) von Jesus sagt: "Er lernte aus dem, was er litt, Gehorsam" – eine Übereinstimmung, welche die typologische Deutung der Gestalt Josephs als eines alttestamentlichen Gegenbildes Jesu vermutlich beeinflußt hat.

4. GÖTTLICHE ERPROBUNG UND VERSUCHUNG – TENTATIO

Göttliche Erziehung wird dann zur Erprobung oder Versuchung, wenn den Forderungen und Herausforderungen Gottes kein menschliches Verschulden vorausgegangen ist.

So erhält Abraham den Befehl, in die Fremde zu ziehen, und wird damit auf Gehorsam geprüft (Gen 12, 1-4). Die an ihn und auch an seine Frau Sara gerichtete Verheißung einer zahllosen Nachkommenschaft ist angesichts des Alters und der Unfruchtbarkeit Saras eine Erprobung seines Glaubens und seines Zutrauens zu dieser Verheißung (Gen 15, 6; 17, 17-19; 18, 12-15). Daß Gott aber gegen die Zusage Isaak von Abraham als ein Erstgeburtsopfer zurückfordert, wird von der Erzählung selbst ausdrücklich als Versuchung bezeichnet. Abraham soll auf Gottes Stimme hören (Gen 22, 1-19), obwohl dieser gebietet, was im Widerspruch zu seinem früheren Wort steht.

Als literarisches Zeugnis außerhalb der Geschichtsüberlieferung hat das Buch Hiob die göttliche Erprobung, ihre Hintergründe, Absichten und Wirkungen zum Hauptthema gemacht und damit ein generelles Exempel für die Beziehung von Gott und Mensch vorgestellt.

Von der Erprobung Josephs durch Gott wird in der Josephsgeschichte nicht unmittelbar gesprochen. Doch daß auch sein Herz im Sinne des Weisheitsspruches: "Wie der Tiegel das Silber und der Ofen das Gold, so prüft der Herr die Herzen" (Prov 17, 3) auf die Probe gestellt werden soll, zeigt sich an der ihm zuteil gewordenen Verheißung, die sich von der an seinen Vater ergangenen unterscheidet. Jakob wird in der Traumvision von der Himmelsleiter göttlicher Beistand in der Fremde unmittelbar zugesagt (Gen 28, 10-22). Von Joseph sagt der Erzähler zweimal ausdrücklich (Gen 39, 3-5. 21-23), daß er im Ausland von Gott gefördert und begünstigt wird, doch er selbst weiß davon nichts und muß ein Wechselbad von Glück und Unglück, den Aufstieg zum Hausverwalter und die Verwahrung im Gefängnis, erleben, um Demut zu lernen. Deshalb nimmt er prophetische Vollmacht nicht für sich in Anspruch: "Das steht nicht bei mir. Gott wird jedoch dem Pharao Gutes verkünden" (Gen 41, 16). Es bleibt vielmehr dem ägyptischen König überlassen, sie festzustellen: "Wie können wir einen Mann finden, in dem der Geist Gottes ist wie in diesem? [...] Weil dir Gott dies alles kundgetan hat, ist keiner so verständig und weise wie du" (Gen 41, 38-39).

Die Erziehung zur Demut, die der Erzähler darstellt, erschließt auch die Bedeutung der Träume am Anfang der Geschichte, die Joseph zur Herrschaft bestimmen (Gen 37, 5-11). Eindeutig sind sie nur, wenn man auf die ablehnende Wirkung des Vaters und der Brüder sieht, denn sie erfüllen sich nicht im Wortlaut und nicht in dem wohl von Joseph erwarteten Sinn. Einerseits wird er nicht König, sondern nur Statthalter in Ägypten. Zum anderen müssen sich zwar am Ende die Brüder vor ihm verneigen, die Eltern jedoch nicht, im

Gegenteil: Er zieht seinem Vater Jakob entgegen und umarmt ihn (Gen 46, 29). Offenbar enthalten die Träume für Joseph unausgesprochen die Aufgabe, behutsam und demütig mit ihnen umzugehen und nicht durch naives Erzählen die Aufmerksamkeit auf sich zu lenken. Doch genau das tut er und zieht sich deshalb den Tadel des Vaters und Neid und Haß der Brüder zu. Sein Versagen bestimmt den weiteren Gang der Handlung, indem er erzogen werden und sich bewähren muß, um der Zusage der Traumvisionen würdig zu werden.

Die zweite Erprobung geht von der Frau des Potiphar aus (Gen 39, 1-18). Aus Treue zu seinem ägyptischen Herrn und dem für ihn auch in der Fremde verbindlichen Gebot versagt Joseph sich ihr und setzt Stellung und weiteren Aufstieg aufs Spiel. So besteht er die Prüfung, und auch wenn sein Weg ihn zunächst ins Gefängnis führt, deutet sich indirekt die zukünftige Erfüllung der Verheißung bereits an.

Versteht man die Geschichte von Josephs Träumen und ihrer Verwirklichung als eine Geschichte der Prüfungen seines Herzens, so stellt sich innerhalb der Königsüberlieferung Salomos Traum in Gibeon (1. Kg 3, 1-16) als gewisse Entsprechung ein. Gott gewährt dem jungen König einen entscheidenden Wunsch, und dieser trifft die richtige Wahl. Er wünscht sich nicht langes Leben, Reichtum und Sieg, sondern ein hörendes Herz, zieht also allen irdischen Gütern die Übereinstimmung mit Gottes Willen vor. Die Methapher vom "hörenden Herzen", die in Ägypten private Frömmigkeit bezeichnet, charakterisiert hier die typisch israelitische persönliche Gottesnähe des Königs.

5. Menschliches Erproben – Tentatio per hominem

Ganz außergewöhnlich innerhalb des Alten Testamentes ist nach meiner Sicht der Teil der Josephsgeschichte, in dem der Held es wagt, das an ihm geschehene Erziehen und Erproben durch Gott zu limitieren. In einem komplizierten Versteckspiel bringt er die Brüder dazu, daß sie ihre Schuld eingestehen, ihn preisgegeben zu haben, und gleichzeitig lehrt er sie solidarisches Verhalten (Gen 42-45). Bei der ersten Begegnung mit den Brüdern, die nach Ägypten gekommen sind, um Getreide zu kaufen, beschuldigt sie Joseph der Spionage, fordert als Wahrheitsbeweis für die Auskünfte, die sie geben, den nicht mitgezogenen jüngsten Sohn Jakobs, Benjamin, zu sehen, und behält Simon als Unterpfand für die Rückkehr gefangen zurück. Ruben und Juda aber stellen sich dem Vater als Bürgen für Benjamin, damit dieser dem vor allen anderen geliebten Jüngsten die Reise erlaubt. Zu dieser Bürgschaft muß Juda stehen, als Joseph Benjamin, den er vorher auffällig bevorzugt hat, fälschlich beschuldigt, seinen goldenen Becher gestohlen zu haben, und ihn tatsächlich durch eigene Manipulation überführt. In diesem heiklen Verwirrspiel von Beschuldigungen, Begünstigungen und fingierter Anklage erreicht Joseph sein Ziel. Die Brüder erinnern sich an ihre Unbarmherzigkeit und die Schuld ihm gegenüber (Gen 42, 21-22) und beweisen, daß sich ihr Verhalten geändert hat. Um nicht noch einmal den Vater in seiner besonderen Zuneigung zu verletzen, bietet sich Juda als Stellvertreter an. Die Brüder haben die Probe bestanden (Gen 44, 1-34).

Von königlicher Willkür, die keiner Begründung bedarf – und hier vielleicht nicht zufällig an dem ägyptischen Herrscher demonstriert ist – wird Josephs Verhalten zu seinen Brüdern behutsam abgehoben. Der Pharao begnadigt den Obermundschenk, den Oberbäcker aber läßt er aufhängen (Gen 40, 20-22). Joseph dagegen verzichtet auf Strafe und setzt die Brüder stattdessen einem Erziehungsprozeß aus, der gelingt. Als sie aber nach dem Tode des Vaters und ohne dessen ideellen Schutz erwarten, daß die Bestrafung nachgeholt wird (Gen 50, 15-21), macht Joseph allen weiteren Befürchtungen und Schuldgefühlen ein Ende und bekennt sich unter Hinweis auf die ihm auferlegten Prüfungen als Werkzeug göttlichen Heilshandelns an seinem Volk. Er konnte zwar die Brüder durch seine Vorsorge erhalten, doch sein Wirken findet durch Gottes Wirken an ihm selbst Grenze und Maß: "Bin ich nicht unter Gott?" (Gen 50,19, in Luthers Übersetzung: "Stehe ich nicht an Gottes Statt?"), und dies ist auch das letzte Wort über sein pädagogisches Handeln als Versucher an Gottes Stelle.

Wenn Joseph, wie ich vermute, das Idealbild eines Herrschers verkörpert, dann werden auch seine Gefühlsäußerungen nicht absichtslos wiedergegeben. Sein lautes und anhaltendes Weinen (Gen 42, 24; 45, 2. 14-15; 46, 29) zeigt zuerst, daß er die ungewöhnliche Probe aus Liebe zu den Seinen vollzieht, doch ist nicht auszuschließen, daß auch Zusammenhänge mit Davids intensiv geschilderten Emotionen, vor allem beim Tod seines Freundes Jonathan (2. Sam 1, 17-27) und dem seines Sohnes Absalom (2. Sam 19, 1), bestehen. Neben dem Heldentum des Herrschers sollte vielleicht auch seine menschliche Verwundbarkeit die für Israel neuartige Institution des Königtums annehmbarer machen.

Josephs großzügiger abschließender Gnadenakt steht jedoch in einem auffälligen Gegensatz zum Ende der Thronnachfolgegeschichte Davids. Salomo läßt nicht nur zwei Frevler hinrichten, die David ungestraft gelassen hatte – Joab, den Feldhauptmann, und Simei, der David auf der Flucht verfluchte (1. Kg 2, 28-46) –, sondern aus fragwürdigem Anlaß auch seinen Halbbruder Adonja (1. Kg 2, 19-25). Wenn die Josephsgeschichte in der Zeit Salomos und zur Rechtfertigung seines Königtums entstanden ist, dann bestätigt sie seine Politik und sein Handeln an dieser Stelle nicht, sondern kritisiert sie, und das mit gewichtigen theologischen Gründen.

Daß man in Israel um das Problem der Verhaltensveränderung eines Königs gerungen hat, beweisen die beiden Erzählungen, in denen David fingierte Rechtsfälle vorgelegt werden, einmal von dem Propheten Nathan (2. Sam 12), dann von der Frau aus Thekoa (2. Sam 14). Er soll durch die Beurteilung fremder Schicksale dazu bewogen werden, sein eigenes Verhalten zu ändern. Die Entsprechung zur Josephsgeschichte liegt in der planmäßigen, tiefgreifenden Beeinflussung des Gewissens und Handelns. Ihre Besonderheit besteht aber darin, daß hier die Veränderung nicht durch einen einmaligen Akt, sondern durch eine Serie von Vorgängen, einen Erziehungsprozeß, herbeigeführt wird.

IV. JOSEPHSGESCHICHTE UND ÄGYPTISCHE LITERATUR

Da Ägypten der fast ausschließliche Schauplatz der Josephsgeschichte ist, hat sich die vergleichende Forschung zunächst den Namen, Gegenständen, Sitten und politischen Voraussetzungen zugewendet, die in ihr vorkommen. Der literarische Vergleich konzentrierte sich auf das Erzählmotiv der Verführung im Hause Potiphars. Die von mir vertretene Auffassung von der Entstehung und dem Sinn der Erzählung fordert aber dazu heraus, weiter zu fragen, wie in den beiden kulturellen Traditionen Literatur dazu benutzt wurde, politische, ethische und religiöse Anliegen vorzutragen.

Politische Erkenntnisse und Tendenzen findet man im Alten Testament vornehmlich in Sagen und historische Erzählungen eingekleidet, die anschaulich machen, wie es zu Entscheidungen und Handlungen kam und welche Folgen daraus entstanden; die Maximen des Handelns müssen meist aus dem Geschehen abgeleitet werden oder sind an versteckter Stelle formuliert. Die ägyptische Literatur dagegen, die aus der Krise der 1. Zwischenzeit entstanden ist, stellt in unmittelbarem Nachklang die politischen und religiösen Notstände zunächst in den großen Werken der Klagedichtung – Klagen des Bauern, Mahnworte des Ipu-wer, Gespräch des sogenannten Lebensmüden mit seinem Ba – dar und deutet, explizit vor allem in der politischen Prophezeiung des Neferti, Lösungswege aus der Katastrophe an. Auch in Weisheitslehren wird das Erlebte verarbeitet und in Handlungsanweisungen für die Zeitgenossen umgesetzt. Dabei nehmen in dieser Zeit das Königtum, das Verhalten seiner Vertreter und die Stellung des Einzelnen zu der Institution eine zentrale Stellung ein. Bei den beiden Lehren von Königen für Könige – Lehre für Merikare, Lehre des Amenemhet – wird der geschichtliche Zusammenhang noch reflektiert, aber in den Lehren fiktiver Verfasser des Alten Reiches und besonders in der Loyalistischen Lehre und der Lehre eines Mannes für seinen Sohn werden nur noch die Positionen vermittelt, die sich daraus ergeben haben. Es dürfte mit der unterschiedlichen religiösen Begründung des Königtums zusammenhängen, daß seine Position auf dem Boden Israels in Erzählungen, in der ägyptischen Literatur vorzugsweise in der Gattung der Lehren verhandelt wird.

Über die unmittelbare Wirkung auf die Zeitgenossen hinaus wuchs der Literatur auf beiden Seiten eine fortdauernde pädagogische Funktion zu. Bei den

Lehren lag sie schon in der Herkunft der Gattung aus der Beamtenerziehung begründet, aber auch die Einzelschöpfungen der ägyptischen Spruchdichtung des Mittleren Reiches sind zu einem erheblichen Teil in den Schulen des Neuen Reiches tradiert worden. Auch in Israel läßt sich die Erhaltung des Textgutes am ehesten daraus erklären, daß es im Unterricht benutzt wurde. Doch war der Erzählmodus besser für die Weitergabe an breitere Kreise geeignet, die vermutlich wie beispielsweise bei der Pessach-Haggada als geregeltes Erzählen von grundlegenden Ereignissen der eigenen Geschichte zu festlichen Gelegenheiten vorzustellen ist.

Gerade im ägyptischen Neuen Reich, das die ältere literarische Tradition der Auseinandersetzungsliteratur mit Gott und Königtum pflegte, hat die Individualisierung persönlicher Verantwortung einen so hohen Grad erreicht, daß auf der Basis des ordnenden, Recht setzenden und schaffenden Willens Gottes eine Konvergenz zu israelitischem Gedankengut entstand, wie die Übernahme von Sprüchen des Weisheitslehrers Amenemope aus dem ausgehenden 2. Jahrtausend in einen Teil der Sprüche Salomos, vermutlich im 8. Jahrhundert v. Chr. erkennen läßt. Allerdings ist überraschend, daß die wenig später als die Lehre konzipierte Josephsgeschichte in ihren entscheidenden Voraussetzungen und Aussagen mitunter gerade mit solchen Sentenzen des Amenemope übereinstimmt, die nicht in die Sprüche Salomos eingegangen sind. Der Läuterung, der Joseph unterzogen wird, entspricht es, wenn Amenemope sich der Aufgabe stellt, beim Hören seiner Worte zu bewirken, "daß sein Herz in seinen Schrein eintritt, als eines, das ihn vom Bösen wegsteuert" (1, 9-10). Der Schrein des Menschen umfaßt Geist, Gemüt, Persönlichkeit und ist in der Weise Sitz des Göttlichen, daß es Einfluß auf sein Tun ausüben kann.

Auch Josephs Versöhnung mit seinen feindlichen Brüdern kann einer gesinnungsverwandten Äußerung Amenemopes zugeordnet werden, die später auch in die Sprüche Salomos aufgenommen worden ist. Im Blick auf den geschlagenen Feind empfiehlt der Ägypter: "Laß uns den Bösen über (den Fluß) setzen; wir wollen nicht wie er tun. Richte ihn auf, gib ihm deine Hand, überlasse ihn den Armen Gottes. Fülle seinen Leib mit Brot von dir, daß er satt werde und weine" (5, 1-6)."Überlasse ihn den Armen Gottes" könnte in diesem Zusammenhang bedeuten, daß, wovon der vorhergehende Vers spricht, Urteil und Strafe der Gottheit anheimgestellt werden, so daß die Wohltaten an dem Feind deren Urteil nicht vorgreifen. Das entspricht dem Widerhall des Textes in Prov. 25, 21-22: "Hungert dein Feind, so speise ihn mit Brot, dürstet ihn, so tränke ihn mit Wasser, denn du wirst feurige Kohlen auf sein Haupt sammeln, und der Herr wird's dir vergelten."

Auch das Hauptmotiv der Josephsgeschichte, die zielgerichtete göttliche Führung, hat eine Parallele bei Amenemope dort, wo er Gott den Piloten und Steuermann nennt, der Zungen und Herzen der Menschen wie Steuerruder

Joseph in Ägypten

führt, damit sie nicht nach Erfolg, sondern nach der Festigkeit des Herzens streben (19, 22-20, 6).

In seiner intensiven Gottergebenheit steht Amenemope einzig innerhalb der ägyptischen Tradition da. Auf ganz andere Weise ist aber auch die Jahrhunderte ältere literarische Autobiographie des Sinuhe singulär, die beschreibt, wie der Held seine religiös-kulturelle Identität trotz weitgehender Assimilation im Ausland – und zwar in Palästina – bewahren kann und in dieser Thematik der Josephsgeschichte verwandt ist. Übereinstimmung besteht auch in der Anlage des Ganzen. Den Anfang bildet jeweils ein dunkles Ereignis: bei Joseph der Verkauf in die Sklaverei, bei Sinuhe die Flucht als mutmaßlicher und jedenfalls unfreiwilliger Mitwisser einer Verschwörung gegen den König. Beiden gelingt in der Fremde ein erstaunlicher Aufstieg. Joseph wird Wesir des ägyptischen Königs, Sinuhe Vertrauter eines Scheichs seines Gastlandes. Bei beiden bleiben Gefährdungen nicht aus. Der zu Unrecht bezichtigte Joseph wird ins Gefängnis geworfen, Sinuhe muß ein lebensbedrohendes Duell mit einem neidischen Rivalen bestehen. Gemeinsam ist auch der alles heilende Schluß, doch erlebt nur Sinuhe die Rückkehr in das Land seiner Sehnsucht, während sich Josephs Leben dadurch erfüllt, daß er sich mit den Brüdern versöhnt, den Vater nach Ägypten holen und die Seinen dort versorgen kann. Aber auch hier fehlt das für Sinuhe ausschlaggebende Motiv eines Begräbnisses in heimatlicher Erde nicht. Im Zeitrahmen der Erzählung wird allerdings nur der tote Jakob in einem feierlichen Trauerzug in das Familiengrab nach Palästina geleitet, jedoch ordnet Joseph an, daß Gleiches dereinst auch mit seinem Leichnam zu geschehen habe (Gen 50, 25-26). Bedeutungsvoller noch als dieses Festhalten an den normativen Werten der eigenen Kultur bei aller Eingewöhnung in die jeweils andere, bedeutungsvoller auch als die beträchtlichen Unterschiede und Übereinstimmungen in Einzelheiten – so die für beide Seiten ungewöhnlichen Schilderungen der physischen und psychischen Befindlichkeiten der Helden – ist der theologische Ansatz der Erzählungen. Denn nicht nur Josephs wechselvolle Schicksale und Handlungen werden von Gott gelenkt, auch Sinuhe führt seine Flucht, den Sieg im Zweikampf und die Begnadigung durch den Pharao auf einen göttlichen Plan zurück. Von Erziehung und innerer Entwicklung ist freilich bei ihm nichts zu spüren, und der Plan des sein Leben gestaltenden Gottes ist kein Heilsplan, sondern Herausforderung für den Protagonisten, sich so zu bewähren, daß sein Weg zu seinem Ausgangspunkt und damit ins Gleichgewicht der ägyptischen Weltordnung zurückgeführt werden kann.

Die Gemeinsamkeiten der beiden Exildichtungen sind gerade wegen ihrer kulturtypischen Verschiedenheit erstaunlich. Demgegenüber tritt die Frage zurück, ob Israel den mittelägyptischen Text kannte, der noch im Neuen Reich, also in zeitlicher Nähe zum frühisraelitischen Königtum, in zahlreichen Handschriften präsent war, und also die Josephsgeschichte unter seinem Eindruck abgefaßt wurde, oder ob verwandte Anliegen unabhängig voneinander ähnliche literarische Ausprägungen hervorgebracht haben.

Im Unterschied zu der auch im Sinne ihrer Vorbildgattung, der Beamtenbiographie, in sich ruhenden Sinuheerzählung ist die Josephsgeschichte wahrscheinlich von vornherein für eine bereits vorhandene geschichtstheologische Überlieferung konzipiert worden und in deren Zusammenhang so zu verstehen, daß es auch in ihr um das Heranwachsen der Stämme zu einem Volk und um das Ziel der Landnahme in Palästina geht.

Weitgehend unbestritten ist dagegen, daß der Verführungsversuch der Frau des Potiphar unmittelbar von der bis in Einzelheiten verwandten Episode beeinflußt ist, mit der die neuägyptische Erzählung von den zwei Brüdern beginnt. Doch die Geschehnisse, die sich aus der Standhaftigkeit der beiden Hauptpersonen entwickeln und zu einem guten Ende führen, sind grundverschieden. Bata, dem ägyptischen Jüngling, nachdem er verfolgt und gerettet, die Verführerin und Verleumderin aber getötet worden war, hatte der Sonnengott Re eine Gefährtin in seiner selbstgewählten syrischen Einsamkeit erschaffen. Sie wird ihm aber von Pharao entrissen und trachtet ihm nun nach dem Leben, und nur durch wunderbare Verwandlungen entgeht er ihren Nachstellungen. Schließlich wird es so gefügt, daß sie den inzwischen Getöteten wiedergebären muß, so daß er Königssohn wird und später zum König aufsteigt, während sein älterer Bruder, der ihn einst als vermeintlichen Ehebrecher verfolgt, ihm aber später das Leben gerettet hatte, nach langer Regierung seine Nachfolge antritt.

Joseph dagegen, nach der unverschuldet erlittenen Erniedrigung äußerlich nicht weiter bedroht, erlangt dank eigener Leistung die Würde eines Wesirs beim Pharao, doch wird ihm eine letzte ethische Bewährung abverlangt, als die Brüder, die ihn seinerzeit verkauft hatten, in seine Hand gegeben sind. Mehr noch als Sinuhe verharrt Bata in seiner Rolle. Der ägyptische Held ist festgelegt. Er kann versucht werden, doch er wird nicht erzogen und macht keine Entwicklung durch. Aber auch bei der Brüdergeschichte ist nicht auszuschließen, daß die vielen mythischen und märchenhaften Motive des zweiten Teils mit der theologischen Ansicht aneinandergereiht wurden, die gottgeschaffene böse Frau als Werkzeug in einem göttlichen Heilsplan und Batas Leiden als Stufen zu seiner Thronerhebung zu erweisen.

V. Epilog

Am Ende dieser literaturgeschichtlichen Ausführungen kehre ich zu den im Vorwort aus eigenem Erleben formulierten Fragen nach der Bedeutung der politischen Macht und nach der göttlichen Versuchung zurück.

Die Josephsgeschichte bejaht die Ausübung von Macht, indem sie zeigt, wie ein befähigter, seiner Verantwortung bewußt gewordener Mensch für eine große Gemeinschaft Hilfe, ja Rettung sein kann. Sie begrenzt aber die Herrschaft dort, wo sie zu Willkür oder Rache mißbraucht wird. Bergengruens "Der Großtyrann und das Gericht" hat eine ähnliche Tendenz. Vermutlich entstanden, als demokratische Wahlen zu einer Akklamation für die Machtübernahme Adolf Hitlers verkehrt werden sollten, stellt sich das Buch einer Hybris entgegen, die ein ganzes Volk zum Vertrauen zwingen und erziehen will. Bergengruen wie seine Gesinnungsgenossen der "Inneren Emigration" sind aber nicht einem anarchistischen Denken verfallen, wie es sich gegenwärtig in der politischen Diskussion ausbreitet. Sie hielten Macht für notwendig, um Recht und Frieden zu wahren und der allgemeinen Wohlfahrt zu dienen.

Ebensowenig wie das prinzipielle Recht von Macht kann man aus der Sicht der Josephsgeschichte göttliches Erproben und Versuchen bestreiten, wie es Luthers auf dem Jakobusbrief beruhende Erklärung des Vaterunsers nahelegt. Sie macht vielmehr anschaulich, daß Gott den Menschen nicht nur für selbständige Entscheidungen in allen Lebensbereichen freigibt, sondern ihn dadurch formt, daß er Krisen zuläßt oder herbeiführt, in denen nach den Grundlagen des Handelns und dem Mut zum Standhalten gefragt wird.

Ich kann das, was in Kirche und Staat in Deutschland während der Diktatur des Nationalsozialismus und auch später in der realsozialistischen Zeit der DDR an Bewährung gefordert wurde, nicht ohne eine Theologie der Versuchung verstehen. Die Geschichte des Jesus von Nazareth, der in seinen Anfängen durch die Fragen des Satans versucht, am Ende in Gethsemane unmittelbar von Gott auf seinen Gehorsam zum Tode geprüft wurde, zeigt, daß Gottes Versuchung bis zum äußersten gehen kann und gerade seinen Auserwählten nicht schont.

Der Jakobusbrief wird dadurch bestätigt, daß solche Versuchung weder in der Josephsgeschichte noch bei Jesus auf den Sieg des Bösen und den Untergang des Menschen gerichtet ist: "Gott kann nicht versucht werden zum Bösen, und er selbst versucht niemand" – zum Bösen, ist sinngemäß hinzuzufügen.

Mit dem Bekenntnis zu Gottes Recht zu versuchen und mit dem gerade in der Versuchung festgehaltenen Vertrauen auf seine Güte und seinen Heilswillen muß sich aber angesichts der unerhörten Belastung, die sie für den schwachen Menschen bedeutet, die Bitte des Vaterunsers verbinden, vor der äußersten Herausforderung bewahrt zu bleiben.

Zitierte Sekundärliteratur zur Josephsgeschichte

F. Crüsemann
Der Widerstand gegen das Königtum. Die antiköniglichen Texte des Alten Testaments und der Kampf um den frühen israelitischen Staat (Wissenschaftliche Monographien zum Alten und Neuen Testament 49) Neukirchen-Vluyn 1978.

G. v. Rad
Das erste Buch Mose – Genesis (Das Alte Testament Deutsch 2/4) 9. überarb. Aufl., Göttingen 1972.

C. Westermann
Genesis (Bibl. Kommentar – Altes Testament 1/3) 2. Aufl., Neukirchen-Vluyn 1992.

Benutzte Sekundärliteratur zur ägyptischen Literatur

E. Blumenthal (Hrsg.)
Altägyptische Reiseerzählungen (Reclams Universal-Bibliothek 928), 2. veränd. Aufl., Leipzig 1984.

E. Blumenthal
Die Erzählung des Sinuhe (Texte aus der Umwelt des Alten Testaments 3/5), Gütersloh 1995, S. 884-911.

"Mut-em-enet und die ägyptischen Frauen", in: *Thomas Mann Jahrbuch* 6, 1993, S. 181-203.

I. Grumach
Untersuchungen zur Lebenslehre des Amenope (MÄS 23) Berlin 1972.

S. T. Hollis
The Ancient Egyptian "Tale of Two Brothers". The Oldest Fairy Tale in the World, Norman/London 1990.

E. Hornung
"Pharao ludens", in: *Eranos 1982*. Jahrbuch vol. 51, Frankfurt 1983, S. 479-516.

I. Shirun-Grumach
Die Lehre des Amenemope (Texte aus der Umwelt des Alten Testaments 3/2) Gütersloh 1991, S. 222-250.

OTHMAR KEEL

DIE REZEPTION ÄGYPTISCHER BILDER ALS DOKUMENTE DER BIBLISCHEN EREIGNISGESCHICHTE (HISTORIE) IM 19. JAHRHUNDERT

Die unter dem Einfluß des Hellenismus im 1. Jh.u.Z. etwa von Flavius Josephus eindrücklich betriebene historisch-historisierende Betrachtung der jüdischen Bibel[1] hat sich in der Antike nicht durchgesetzt. Die jüdische Auslegung der Folgezeit sah die Bibel vor allem als Weisung, Tora, und ihre narrativen Teile als Beispiele für deren Einhaltung oder Nicht-Einhaltung. Die christliche sah sie primär als Prophetie auf Jesus Christus hin.

Erst die Bibelkritik der Aufklärung hat die historischen Aspekte der biblischen Bücher wieder in den Vordergrund gerückt, weil sie über weite Strecken eine historische Kritik war. Es sei hier nur an den Streit um die Rolle und Stellung Moses erinnert. Der historische Zugang der bibelkritischen Aufklärung hat auch jene, die primär am geistlichen Gehalt der Schrift interessiert waren, gezwungen, sich aus apologetischen Gründen mit der Historie zu beschäftigen. Einen Höhepunkt ereichte diese Auseinandersetzung um die Jahrhundertwende im Bibel-Babel-Streit.[2] In den ersten zwei Dritteln des 20. Jh. hat dieses Interesse dann breiteste Kreise erreicht. Das zeigt am deutlichsten der Welterfolg von Werner Kellers Buch "Und die Bibel hat doch recht. Forscher beweisen die historische Wahrheit".[3] Keller versteht das "Rechthaben" der Bibel bekanntlich sehr eng im Sinne der Tatsächlichkeit der von ihr überlieferten "Ereignisse".[4]

---

[1] Vgl. dazu O. Keel, "Antike Statuen als historische Monumente für biblische Gestalten", in: A. Kessler/Th. Ricklin/G. Wurst (Hrsg.), *Peregrina Curiositas. Eine Reise durch den orbis antiquus. Zu Ehren von Dirk van Damme* (Novum Testamentum et Orbis Antiquus 27), Freiburg/Göttingen 1994, S. 155.

[2] Vgl. dazu R.G. Lehmann, *Friedrich Delitzsch und der Babel-Bibel-Streit* (OBO 133), Freiburg/Göttingen 1994.

[3] Erste Ausgabe 1955, revidierte Neuausgabe 1978. Die Weltauflage (Übersetzung in 22 Sprachen), einschliesslich der deutschen, liegt laut Mitteilung des Econ-Verlags vom 9. 5. 1986 bei zehn Millionen.

[4] Vgl. H.H. Schmid, *Die Steine und das Wort. Fug und Unfug biblischer Archäologie*, Zürich 1975, S. 19-22.

Keller steht mit dieser grob historisierenden, unsachgemäßen Betrachtungsweise nicht allein, sondern ist nur der Exponent eines breiten Trends. Die von
ihm ausgewählten Bilder besitzen in biblischen Sachbüchern des 19. und
20. Jh. eine nahezu kanonische Geltung, und ihre mehr oder weniger direkt
historisierende Interpretation reicht in die Zeit zurück, da diese Bilder entdeckt
wurden. Was die Verwendung altägyptischer Bilder betrifft, so hängen die
Bibliker in ihrer historisierenden Interpretation im wesentlichen von den
Ägyptologen ab. Die wichtigsten drei dieser altägyptischen Bilder[5] sollen hier
kurz diskutiert werden.

I. Die Darstellung der Aamu (ꜥ3mw) im Grab Chnumhoteps II. (Grab Nr. 3) in Beni Hassan (Zeit Amenemhets II. – Sesostris' II.)

Kaum ein altägyptisches Bild[6] ist im 20. Jh. von Alttestamentlern so häufig
benützt worden wie die Darstellung der Aamu (ꜥ3mw) im Grab Chnumhoteps II.
in Beni Hassan. Meist diente es dazu, die Ankunft Abrahams (Genesis 12),
seltener die Jakobs und seiner Söhne (Genesis 46) in Ägypten zu illustrieren.
Selbstverständlich benützt auch Keller das Bild und kommentiert es wie folgt:
"Ein Stück Malerei aus einem Grabe von Beni Hassan in Ägypten vermittelt
uns ein lebendiges und anschauliches Bild davon, wie wir uns den Patriarchen-
vater (gemeint ist Abraham) und seine Sippe auf ihrer Wanderung ins Land
der Pharaonen vorstellen dürfen."[7] "Als er die ägyptische Grenze erreichte,
muß sich eine ähnliche Szene abgespielt haben. Denn genau wie bei dem
Fürsten Chnumhotep wurden an allen Grenzforts die Personalien der Fremden
aufgenommen."[8] "Der Künstler [...] hat die 'Sandbewohner' mit einer Sorgfalt dargestellt, die sich auch der kleinsten Besonderheit liebevoll annahm.
Das lebensnahe und ungemein eindrucksvolle Gemälde mutet an wie eine
Farbphotographie."[9] Von "vorstellen dürfen" über "muß sich [...] abgespielt
haben" bis "Farbphotographie" suggeriert der Kommentar, ohne es direkt zu
sagen, in dem Bild eine Art historisches Dokument zu sehen. So hat sich das

[5]   Zu vorderasiatischen Bildwerken, die eine ähnliche Rolle gespielt haben und bis heute
      spielen, vgl. O. Keel, "Iconography and the Bible", in: D.N. Freedman (ed.), *The Anchor
      Bible Dictionary* III, New York 1992, S. 359f; O. Keel/Ch. Uehlinger, "Der Assyrerkönig
      Salmanassar III. und Jehu von Israel auf dem Schwarzen Obelisken aus Nimrud", *Zeit-
      schrift für Katholische Theologie* 116, 1994, 391-420.
[6]   Zur Bibliographie vgl. B. Porter/R.L.B. Moss, *Topographical Bibliography of Ancient
      Egyptian Hieroglyphic Texts, Reliefs, and Paintings* IV. *Lower and Middle Egypt*, Oxford
      1934, S. 146.
[7]   W. Keller, *Und die Bibel hat doch recht in Bildern*, Wien/Düsseldorf 1963, S. 44 f.
[8]   Keller, a.a.O. (Anm. 3), S. 83.
[9]   Ebd. S. 82.

Fig. 1: Beni Hassan, Darstellung der Aamu, nach Wilkinson

also zugetragen! Zu dieser nahezu kanonischen Stellung des Bildes im 20. Jh.
steht die zögerliche Rezeption durch die Bibelwissenschaft im 19. Jh. in bemer-
kenswertem Kontrast.
Die berühmte Szene ist wohl zuerst vom Engländer John Gardner Wilkinson
aufgenommen worden (Fig. 1), der 1821 nach Ägypten gekommen war und
dort 13 Jahre arbeitete.[10] Zuerst publiziert, und zwar farbig, wurde die Szene
1832 in Rosellinis "Monumenti dell'Egitto e della Nubia I. Monumenti storici"
auf zweieinhalb Tafeln auf fünf Register verteilt.[11] Rosellini hat die Asiatengruppe und die zwei ägyptischen Beamten mit einer sehr kurzen, allgemeinen

---

[10] Zu diesem bedeutenden Pionier vgl. jetzt: J. Thompson, *Sir John Gardner Wilkinson and
his Circle*, Austin 1992. Schon 1798 hatte die napoleonische Expedition das Grab teilweise
aufgenommen. Einzelne Szenen daraus sind im Tafelband IV der *Description* wiedergegeben. Vgl. E.F. Jomard et al., *Description de l'Egypte ou Recueil des observations et des
recherches qui ont été faites en Egypte pendant l'expédition de l'armée française*, 24 Bände Text und 12 Bände Tafeln, Paris 1809-1813; 2. Auflage: 26 Bände Text und 12 Bände
Tafeln, Paris 1820-1830 (ich zitiere nach der 2. Auflage), IV, pls. 64-68 = Ch.C. Gillipsie/
M. Dewachter, *Monuments de l'Egypte. L'édition impériale de 1809*, [Paris] 1988, IV,
pls. 64-68. Die Asiatengruppe ist nicht darunter. Champollion beklagt sich in einem Brief
vom 5.11.1828, Jomard hätte die Gräber von Beni Hassan entsetzlich unterschätzt
(H. Hartleben, *Lettres de Champollion le Jeune*, 2 vols., Paris 1909, II, S. 130).

[11] I. Rosellini, *Monumenti dell'Egitto e della Nubia* I. *Monumenti storici* (fünf Bände Text
erschienen in Pisa zwischen 1838 und 1840, der Tafelband Pisa 1832, ebd. Tav. 26-28).

und doch falschen Legende versehen: "Stranieri fatti prigioni e condotti da uno scriba, sotto il regno di *Osortasen* II della dinastia XVII"[12]. Da die Fremden nicht nur nicht gefesselt sind, sondern sogar mit ihren Waffen daherkommen, hätte Rosellini sehen können, daß es sich nicht um Gefangene handeln kann. Aus naheliegenden Gründen läßt keine Zivilisation Gefangenen ihre Waffen. Was hat Rosellini zu seiner eklatanten Fehlbezeichnung verleitet? Wahrscheinlich hat er der Beischrift vertraut und dem Bild sein Recht nicht widerfahren lassen.[13] In dieser wird *ʿmw* mit der Hieroglyphe A13, dem knienden Gefangenen, dessen Hände auf den Rücken gebunden sind, determiniert. Diesem Determinativ ist aber nicht viel Gewicht beizumessen. Wie andere Kulturen hat auch die ägyptische Fremde leicht als Feinde qualifiziert und so z.B. Wörter für "Asiaten" wie *ʿmw* und *št.tjw* routinemäßig mit dem Determinativ "Feind" versehen. In dessen Darstellung als gefesseltem Gefangenen manifestiert sich die Angst vor Ausländischem und das etwas forcierte Gefühl eigener Überlegenheit.

Auch Wilkinson bezeichnet die "strangers" als "captives". In seinem 1835 erschienen Werk "Topography of Thebes and General View of Egypt", einer Art Vorläufer der berühmten "Manners and Customs" von 1837, diskutiert er lange die Existenz von Denkmälern, die den Aufenthalt der Hebräer in Ägypten dokumentieren, und kommt zum Schluß: "nor do I know of any sculptures which refer to the Jews, except those of their conqueror Sheshonk. It would indeed be an interesting fact to discover any thing relating to their residence in Egypt, but it is in Lower Egypt, rather than at Thebes, that these hopes are likely to be realized. The 'strangers' at Beni Hassan have a better claim than any I have seen; and if, as I imagine, the arrivals of Joseph and of his brethren date in the reign of Osirtesen, when these grottoes were sculptured, those figures may be looked upon with more than common interest."[14] In einer ersten Fußnote zu diesem Abschnitt gibt Wilkinson der Hoffnung Ausdruck, der ägyptische Name Josephs und der seiner Frau könnten in einem der Gräber von Beni Hassan gefunden werden. In einer zweiten Fußnote schränkt er diese Hoffnung aber ein, wenn er sagt: "The hieroglyphs denote them as 'strangers' (shemmo) and captives, which, with the number 37 following this word, will not agree with the [number of] family of Joseph [70; vgl. Gen 46,26f und Ex 1,5], or the consideration in which they were held in Egypt; we must therefore, I fear, relinquish this pleasing idea, and rank them among the

---

[12] Die Bildlegenden finden sich bei Rosellini nicht unten am jeweiligen Bild, sondern am Anfang jedes Tafelbandes.

[13] Vgl. O. Keel, *Das Recht der Bilder gesehen zu werden. Drei Fallstudien zur Methode der Interpretation altorientalischer Bilder* (OBO 122), Freiburg/Göttingen 1992.

[14] J.G. Wilkinson, *Topography of Thebes and General View of Egypt*, London 1835, S. 25f.

ordinary captives of the Egyptians."[15] Alles, was Wilkinson hier sagt, bezieht sich auf die Beischrift und nicht auf das Bild. Im Bild haben wir keine Gefangenen, sie werden respektvoll behandelt, und ihre Zahl ist 15. Aber Wilkinson hat das Bild wie viele andere, sobald es mit einem Text in Konkurrenz trat, nicht als eigenständigen Zeugen ernst genommen. Die zweite Fußnote Wilkinsons schließt mit der Bemerkung: "Mons. Champollion considers them *Greeks.*"[16]

Champollion hat seine Meinung zuerst in einem Brief aus Beni Hassan vom 5. 11. 1828 an seinen Bruder Champollion-Figeac geäußert. Seine Briefe wurden gleich nach ihrer Ankunft nach und nach in "Le Moniteur" veröffentlicht.[17] Erst 1868 hat sie Champollion-Figeac integral publiziert. Wilkinson muß der Brief aus der vorläufigen Veröffentlichung bekannt gewesen sein, es sei denn, Champollions Ansicht sei ihm mündlich zugetragen worden. In dem Brief verbreitet sich Champollion zuerst über die Säulen und Kapitelle "de l'hypogée d'un chef administrateur des terres orientales de l'Heptanomide, nommé *Nébôthph*". Vom dorischen Stil der Säulen beeindruckt, datiert er das Grab ins 9. Jh., in die Zeit der Herrschaft Osortasens, den er als 2. König der 23. (tanitischen) Dynastie bezeichnet. Nachdem er die wunderbaren Tier- und Vogeldarstellungen gerühmt hat, die ebenso gut aus irgendeinem modernen naturhistorischen Werk stammen könnten, fährt er fort: "C'est dans ce même hypogée que j'ai trouvé un tableau du plus haut intérêt. Il représente quinze prisonniers, hommes, femmes ou enfants, pris par un des fils de *Nébôthph*, et présentés à ce chef par un scribe royal, qui offre en même temps une feuille de papyrus, sur laquelle est relatée la date de la prise, et le nombre des captifs, qu'était de trente-sept. Ces captifs, grands et d'une physiognomie toute particulière, à nez aquilin pour la plupart, étaient blancs comparativement aux Égyptiens, puisqu'on a peint leurs chairs en jaune-roux pour imiter ce que nous nommons la *couleur de chair*. Les hommes et femmes sont habillés d'étoffes très riches, peintes (surtout celles des femmes) comme le sont les tuniques des dames grecques sur les vases grecs du vieux style: la tunique, la coiffure et la chaussure des femmes captives peintes à *Béni-Hassan* ressemblent à celles des grecques des vieux vases [...] Les hommes captifs, à barbe pointue, sont armés d'arcs et de lances, et l'un d'entre eux tient en main une *lyre grecque* de vieux style. Sont-ce des Grecs? Je le crois fermement, mais des Grecs ioniens, ou un peuple d'Asie-Mineure, voisin des colonies ioniennes et participant de leurs moeurs et de leurs habitudes: des Grecs du

---

[15] Ebd. S. 26 Fußnote 2.
[16] Ebd.
[17] R. Lebeau, *J.-F. Champollion. Lettres et journaux écrits pendant le voyage d'Egypte*, Paris 1986, S. XXI.

IXe siècle avant J.-C., peints avec fidélité par des mains égyptiennes. J'ai fait copier ce long tableau en couleur avec une rigeur de janséniste: pas un coup de pinceau qui ne soit dans l'original."[18]

Die Deutung als Griechen kann insofern nicht erstaunen, als schon die "Description de l'Egypte" die Bibel als Referenzsystem für Ägypten völlig ignoriert und nahezu ausschließlich klassische Autoren zu Wort kommen läßt.

Wilkinson zeigt sich von der griechischen Interpretation Champollions wenig beeindruckt. In seinem 1837 erstmals erschienenen Standardwerk "The Manners and Customs of the Ancient Egyptians" kommt er im Rahmen seiner Darstellung der ägyptischen Musikinstrumente ganz unvermittelt auf die jüdische Leier zu sprechen, die sechs oder neun Saiten usw. hätte und fährt dann fort "and if, when we become better acquainted with the interpretation of hieroglyphics, the 'strangers' at Beni Hassan should prove to be the arrival of Jacob's family in Egypt, we may examine the Jewish lyre drawn by an Egyptian artist. That this event took place about the period when the inmate of the tomb lived, is heighly probable; at least, if I am correct in considering Osirtasen I. to be the Pharaoh the patron of Joseph; and it remains for us to decide whether the disagreement in the number of persons here introduced, thirty-seven being written over them in hieroglyphics, is a sufficient objection to their identity."[19] In einer Fußnote nimmt Wilkinson seine in der zweiten Fußnote von 1835 geäußerten Bedenken weitgehend zurück. Dabei macht er die zutreffende Bemerkung: "The contemptuous expression (scil. «captives») common to the Egyptians speaking of foreigners might account for the use of this word. Those presented by Joseph to Pharao were only five (cf. Gen 47,2); and the person seated here is not the king."[20] Dann fährt er fort: "It will not be

---

[18] Hartleben, a.a.O. (Anm. 10), II, S. 133. In dem 1845 erschienen vierten Band der "Monuments" wird diese Beschreibung in verkürzter Form als Legende zu den Taf. 361 und 362 geboten. Zur Datierung aber wird nun neu gesagt, das Bild nenne auf dem Papyrus, den der Schreiber dem Grabherrn überreicht, das Jahr 6 der Herrschaft des Königs Osortasen "de la XVIe dynastie, dix siècles avant la guerre de Troie". Champollion hat das Grab im Vergleich zum Brief von 1828 also um gut 1000 Jahre zurückdatiert. Die Konsequenz, daß das für "Griechen" unmöglich früh ist, wird nicht gezogen oder jedenfalls nicht formuliert.

[19] J.G. Wilkinson, *The Manners and Customs of the Ancient Egyptians including their Private Life, Government, Laws, Arts, Manufactures, Religion, and Early History; derived from a Comparison of the Paintings, Sculptures, and Monuments still existing with the Accounts of Ancient Authors*, 6 vols., London 1837, II, S. 296. Das Bild ist auf der dieser Seite gegenüberliegenden Pl. XIV in Strichzeichnung reproduziert. 1878 erschien ebenfalls in London eine dreibändige, von S. Birch besorgte und teilweise ergänzte Ausgabe dieses Werkes. In dieser Ausgabe findet sich das Bild, jetzt koloriert, im Band I auf Taf. 12 gegenüber von S. 480.

[20] Ebd.

foreign to the present subject to introduce those figures, which are curious, if only considered as illustrative of ancient customs at that early epoch, and which will be looked upon with unbounded interest should they ever be found to refer to the Jews."[21] Es folgt eine sehr sachliche Beschreibung der Gruppe.[22] In puncto "Bärte" wird vermerkt: "All the men have beards, contrary to the custom of the Egyptians, but very general in the East at that period, and noticed as a pecularity of foreign uncivilised nations throughout their sculptures." Wilkinson ist sich bewußt, daß eine im strengen Sinne historische Deutung nur aufgrund von Beischriften möglich wäre. Bilder können keine Namen und Daten wiedergeben, und "Geschichte ohne Namen und Daten" ist Zivilisations- oder Kulturgeschichte, nicht Ereignisgeschichte, d.h. Historie im traditionellen Sinne.

Rosellinis Nivellierung des Bildes, Champollions Griechen-Interpretation und Wilkinsons Zögern sind wohl die Gründe, warum das Bild von den Alt-testamentlern anfänglich kaum berücksichtigt worden ist. Ludwig Philippson (1811-1889), der erste Alttestamentler, der die gesamte hebräische Bibel konsequent mit altägyptischen Bildern illustrierte und von dem gleich noch zu reden sein wird (vgl. Anm. 59 und 60), hat das Bild weder in dem 1844 erschienenen Band zum Pentateuch noch in einem späteren Band seiner Bibel-ausgabe reproduziert. Eine der m. W. ersten Rezeptionen des Bildes durch die alttestamentliche Wissenschaft findet sich in dem 1846 in London erschienenen Werk von William Osburn[23] "Ancient Egypt, her Testimony to the Truth of the Bible" (Fig. 2, S. 58). Er datiert das Grab Chnumhoteps (er liest den Namen "Pihrai") in die Zeit Osortasens I., der nach der Abydos-Liste acht Königsherrschaften vor dem Beginn der 18. Dynastie regiert hätte. Mit der 18. Dynastie hätte die Unterdrückung Israels begonnen. "So that without going into niceties, which are not needful to our present enquiry, we may safely assume that Osortasen's reign belongs to the times of Abraham or thereabouts."[24] Osburn bringt die Gruppe dann aber weder mit der Wande-rung Abrahams (Genesis 12) noch mit der Jakobs und seiner Söhne nach Ägypten (Genesis 46) in Beziehung. Er weiß, daß die Gruppe in der Beischrift

---

[21] Ebd. S. 296f.

[22] Die revidierte Ausgabe von 1878: I S. 479f (und Pl. XII, nun koloriert) wiederholt wörtlich das 1837 Gesagte. Einzig am Schluss auf S. 480 fügt der Herausgeber dieser Fassung, S. Birch, in Anm. 3 hinzu: "The scene represented is the bringing of the cosmetic or *kohl* for the eyes by a tribe of the *Aamu* or Semitic people by the royal scribe Neferhetep [...] the name of the Heqa or Hyk, the ruler of the land, was Ab-sha, or Ab-shen." Dabei verweist er auf H. Brugsch, *Histoire d'Egypte*, Leipzig 1859, S. 63.

[23] Osburn war Archäologe und Historiker (vgl. W.R. Dawson/E.P. Uphill, Who was who in Egyptology, London 1972, S. 219).

[24] W. Osburn, *Ancient Egypt, her Testimony to the Truth of the Bible*, London 1846, S. 37.

Fig. 2: Beni Hassan, Darstellung der Aamu nach Osburn

als "producers of stibium" bezeichnet wird. Er behauptet dann: "Two Egyptians of high rank conduct them into the presence of Pharao."[25] Das muß er aus der respektvollen Haltung der Beamten geschlossen haben. Rosellini, Wilkinson und Champollion geben nur einen Ausschnitt, so daß man nicht sieht, auf wen sich der Zug zubewegt. Wilkinson hat zwar schon 1837 in einer Fußnote vermerkt, daß es sich nicht um den König handle, aber erst Richard Lepsius hat in seinen zwischen 1849 und 1859 erschienenen "Denkmäler aus Aegypten und Aethiopien" in Abteilung II Band IV Bl. 131-132 die ganze einschlägige (Nord-)Wand des Grabes veröffentlicht, so daß man sieht, daß der Zug sich

[25] Ebd.

nicht auf den Pharao, sondern auf den Grabherrn zubewegt (Taf. 1).[26] Den Namen des Fürsten *jbš?* liest Osburn als *jb(w)sj* und identifiziert diesen mit *ha-jᵉbûsî*, dem drittgenannten Nachkommen Kanaans, des Sohnes Hams in der genealogischen Tafel Genesis 10,15f. "So that, without entering at all into the various conjectures which have been hazarded as to the nation to which these captives belonged, we at once adopt the plain indication of the text, and assume that it represents the tribe or clan of the Jebusites, who, subdued by the prowess of Pihrai, had sent an embassy to Egypt to solicit peace."[27] Er beschreibt dann das Bild im Detail und bemerkt u.a., daß in der Josephserzählung die Esel bei der Durchquerung des nördlichen Sinai eine ähnliche Rolle spielen wie auf diesem Bild (vgl. Gen 42,28 u.o.). Vor allem insistiert Osburn aber auf der Eigenart der Kleidung, die von allem, was wir aus Ägypten kennen, ganz verschieden, aber mit dem, was frühe Erzählungen der Bibel berichten, identisch sei (Gen 37,3; Jos 7,21). Ganz allgemein schließt er: "we find them to have been a civilised race, to all appearance as much so as the Egyptians, though their dress, arms and usages, were widely different."[28] Mit der Bemerkung von der "civilised race" hat Osburn die Darstellung zweifellos richtig charakterisiert und ist dem Bild im Gegensatz zu Rosellini, Champollion und Wilkinson, der sich mit der Zeit allerdings korrigiert hat, besser gerecht geworden. Wenn man die Tendenz der Ägypter zur eher negativen Charakterisierung von Fremden beachtet, muß die respektvolle Behandlung der Gruppe von Beni Hassan erstaunen: Nicht nur sind es keine Feinde (Waffen!), sondern auch keine Bittflehende, als welche Asiaten und andere Ausländer gerne charakterisiert werden (siehe nur unten Fig. 3). Die Leute zeigen keinerlei besondere Ehrerbietungsgesten vor dem Gaufürsten, sie bringen keineswegs üppige Geschenke bzw. Tribut. Der Steinbock und die Gazelle charakterisieren eher ihren Herkunftsbereich und sind im Hinblick auf den Gaufürsten als eine Art Begrüßungsgeschenke zu verstehen. Das in der Beischrift erwähnte Antimon weist auf ihre ökonomische Bedeutung hin, die Leier und der Umstand, daß sie Frauen und Kinder in die Mitte nehmen, auf ihre Kultiviertheit. Kurzum, sie stehen den Ägyptern in der Umgebung des Gaufürsten in nichts nach.

Als historischer Beweis für die Existenz der Patriarchen war das Bild nicht zu verwenden, da die zunehmend sicherere Entzifferung der Hieroglyphen Wilkinsons Hoffnung nicht erfüllte. Dem rabiat traditionalistischen und integralistischen, aber ungeheuer fleißigen Fulcran Vigouroux diente es in seinem apologetischen Werk "La Bible et les découvertes modernes" gerade

---

[26] Bl. 133 veröffentlicht die beiden ägyptischen Beamten und die Asiatengruppe, die bereits bei Rosellini und Champollion zu sehen sind, wie diese farbig.

[27] Osburn, a.a.O. (Anm. 24), S. 39f.

[28] Ebd. S. 42.

noch dazu zu beweisen, daß der Empfang eines Nomadenschechs wie Abraham durch den Pharao nicht unmöglich gewesen sei, wie das die historisch-kritische Schule behauptete.[29] Bei seiner Beweisführung übersah Vigouroux allerdings, daß die Gruppe nicht dem Pharao, sondern nur einem Gaufürsten präsentiert wird, was man zu seiner Zeit hätte wissen können (vgl. Taf. 1). Der von Osburn zu Recht hervorgehobene exotische und zugleich respektvolle Zug des Bildes dürfte der Grund gewesen sein, warum es in der 2. Hälfte des 19. und im 20. Jahrhundert so gerne benützt wurde, die Ankunft Abrahams oder der Söhne Jakobs in Ägypten zu illustrieren.

Mit der Wanderung *Abrahams* nach Ägypten bringt es z.b. der Ägyptologe Georg Ebers in dem erstmals 1874 erschienenen, von E.C.A. Riehm herausgegebenen, "Handwörterbuch des Biblischen Altertums für gebildete Bibelleser"[30] in Beziehung. "In der 12. Dynastie sehen wir semitische Familien auch in Oberägypten Einlaß begehren. Sie nahen mit Geschenken dem Gouverneur, in dessen Grabe zu Benihasan wir den semitischen Häuptling Abscha mit Begleitern, Frauen und Kindern abgebildet finden. Sie kamen nach Ägypten wie Abraham mit Sarai, und es ist nicht unmöglich, daß sich der Bericht von diesem ersten in der Bibel erwähnten Besuche des Nilthals auf dieselbe Wanderungsschicht bezieht, welche den Abscha in das Pharaonenland führte."

Die biblische Erzählung von Abraham in Ägypten zeigt allerdings einen Ahnherrn, der vom Hunger getrieben nach Ägypten kommt und aus Angst lügt, und ägyptische Beamte, die vor allem an seiner Habe interessiert sind (Gen 12,10-20). Viel näher als das Beni Hassan-Bild steht dieser Geschichte inhaltlich und zeitlich ein Relief aus dem memphitischen Grab Haremhabs (1322-1295; Fig. 3).[31] Es zeigt Asiaten und andere Fremde, die nach Ägypten kommen, um in einer Hungersnot am Leben zu bleiben, sich vor den ägypti-

---

[29] Vier Bände, Paris 1877-1882, hier: I, S. 341-343.

[30] Hier nach der von F. Baethgen herausgegebenen 2. Auflage zitiert: Bielefeld und Leipzig 1893 und 1894, I, S. 54. Die erste Auflage erschien 1884. Zur Verknüpfung des Bildes mit der Wanderung Abrahams noch im 20. Jh. vgl. z.B. das einflussreiche, weit verbreitete Werk von L.H. Grollenberg, *Bildatlas zur Bibel*, Gütersloh 1957, S. 38: "Die bunten Gewänder (man mag an den bunten Rock Josephs denken), die Bewaffnung der Männer mit Bogen und Pfeilen, Speer und Knüppel, die achtsaitige Leier, die der vorletzte spielt, das Schuhwerk, die Wassersäcke, das Gepäck der Esel, all diese Einzelheiten vermögen uns das Bild Abrahams und seiner Familie lebhaft und anschaulich zu machen."

[31] G.Th. Martin, *The Memphite Tomb of Ḥoremḥeb, Commander-in-Chief of Tut'ankhamūn, I. The Reliefs, Inscriptions, and Commentary* (Egypt Exploration Society Memoir 55), London 1989, S. 94-97, Pl. 110A-115; Th. Staubli, *Das Image der Nomaden im Alten Israel und in der Ikonographie seiner sesshaften Nachbarn* (OBO 107), Freiburg Schweiz/ Göttingen 1991, S. 44-47 mit Abb. 30.

Fig. 3: Relief aus dem memphitischen Grab Haremhabs

schen Beamten in extremer Form demütigen, indem sie sich – wie die Schreiber
der Amaranabriefe literarisch[32] – vor diesen auf den Bauch und auf den Rücken
legen. Im Haremhab-Bild wird, wie im aufmerksam gelesenen biblischen Text
übrigens auch, deutlich, daß Asylsuchende dieser Art bestenfalls über eine
Kette von Beamten mit dem Pharao in Kontakt kamen. Allerdings dürfen
auch hier die "emblematischen" Züge nicht übersehen werden. So sind unter
den bittflehenden Kanaanäern, die auf Bauch und Rücken liegen, zwei Libyer
mit Seitenlocken zu sehen, und auch ein Schasu-Nomade (rechts außen
stehend) und ein Nubier (links von ihm) sind dabei. Die ganzen Nachbar-
völker Ägyptens sind hier also – völlig unrealistisch – zu einer einzigen Gruppe
vereint. Die Situation (Rolle) des Zufluchtsuchens ist aber sehr gut charakterisiert.
Wilkinson und viele andere haben das Beni Hassan-Bild weniger mit Abraham
als mit dem Zug der *Söhne Jakobs* nach Ägypten in Beziehung gebracht
(Gen 42-47).[33] In dieser novellenartigen Erzählung kommen Jakob und seine
Söhne aufgrund der von Joseph vermittelten Einladung als Gäste Pharaos
nach Ägypten und sind von daher in einer besseren Situation als der um Asyl
flehende Abraham der Erzählung von Gen 12. Der Unterschied zum Beni
Hassan-Bild aber ist der, daß die Söhne Jakobs in der Josephgeschichte sehr
betont als Kleinviehhirten (רעי צאן) bzw. als Viehbesitzer (אנשי מקנה) bzw.

[32] J. A. Knudtzon, *Die El-Amarna-Tafeln. Mit Einleitung und Erläuterungen*, Leipzig 1915,
Nachdruck Aalen 1964, Nr. 64, 4-7; 65, 4-6.
[33] So z.B. auch B. Mazar/M. Avi-Yonah/A. Malamat (eds.), *Illustrated World of the Bible
Library*, New York 1958, I, S. 114f; J. B. Pritchard (ed.), *The Times Atlas of the Bible*,
London 1987, S. 36f illustriert mit dem Beni Hassan-Bild das Kapitel "The Sale of Joseph
and his Entry into Egypt".

potentielle Viehaufseher (שׂרי מקנה) dargestellt (Gen 46,32-47,6) und deshalb am östlichen Rande Ägyptens in Goschen (Gen 45,10; 46,28f.34; 47,1.4.6.27) bzw. bei Ramses (Gen 47,11) angesiedelt werden, da die Ägypter Kleinviehzüchter verachten (Gen 46,34; vgl. 43,32). Bei den Asiaten von Beni Hassan fehlt dieser Zug ganz. Nichts weist darauf hin, daß es sich um Viehzüchter handelt. Sucht man in der ägyptischen Ikonographie nach Parallelen zu den vom Hunger bedrohten viehzüchtenden Söhnen Jakobs, liegen die Bilder ausgemergelter Viehhirten nomadischer, evtl. asiatischer, Herkunft, wie wir sie in Gräbern des Mittleren Reiches in Meir mehrmals dargestellt finden[34], näher als die Asiaten von Beni Hassan.

Gelegentlich wird die Ansicht vertreten, es handle sich bei der fremden Gruppe um eine *Handelskarawane*.[35] Dagegen spricht aber nicht nur das Fehlen von Packtieren mit typischen Handelsgütern, sondern auch die Präsenz der Frauen und Kinder. Letztere wäre höchstens für Nomaden denkbar, welche sich in der Regel mit ihrem ganzen Clan bewegen. Grund für diese Einordnung ist die Erwähnung von Antimon in der Beischrift.

Das Bild zeigt, daß wir es weder mit Asylsuchenden (Abraham), noch mit Kleinviehzüchtern (Söhne Jakobs), noch mit Handelsleuten, sondern mit einer Gruppe zu tun haben, deren Mitglieder als Jäger (Wurfholz, Bogen, Speer, Steinbock, Gazelle), Kupferschmiede bzw. Bergbauspezialisten (Blasebalg?) und Musikanten (Leier) ihr Leben verdienten und die als Gruppe umherzieht (Frauen und Kinder). Diese Kombination von Tätigkeiten und diese Lebensweise erinnert an die der Keniter in Genesis 4,20-22 und die der modernen Solubba oder Sleib.[36]

Die Beischriften der Malerei in Beni Hassan können diese allgemeine Charakterisierung nun noch historisch einengen und präzisieren. Diejenigen bei einzelnen Personen haben individuell identifizierenden Charakter. Sie bestimmen den vordersten Beamten mit dem Protokoll als den "Schreiber des

---

[34] Th. Staubli, a.a.O. (Anm. 31), S. 26-30 und Abb. 7-14

[35] H. Gressmann, *Altorientalische Texte und Bilder zum Alten Testament*, Tübingen 1909, Abb. 249f, gibt dem Bild die Legende "Eine semitische Handelskarawane". Ebenso unreflektiert bezeichnet L. Klebs die Dargestellten als "Handelsleute" (*Die Reliefs und Malereien des Mittleren Reiches* [Abhandlungen der Heidelberger Akademie der Wissenschaften. Phil.-Hist. Klasse 6], Heidelberg 1922, S. 162f). W.F. Albright bringt die Darstellung von Beni Hassan, wenn auch mit Vorbehalten, mit der von C.H. Gordon begründeten Vorstellung von Abraham als Karawanenführer zusammen ("Abraham the Hebrew. A New Archaeological Interpretation", *BASOR* 163, 1961, 36-54, bes. 42).

[36] So anscheinend als erster W.F. Albright, *Archaeology and the Religion of Israel. The Ayer Lectures of the Colgate-Rochester Divinity School 1941*, Baltimore 1946, S. 98 und die Anm. auf S. 199f; R. de Vaux, *Die hebräischen Patriarchen und die modernen Entdeckungen*, Düsseldorf 1961, S. 62. Zum wohl misslungenen Versuch, die Blasbälge als Kupferbarren zu deuten, siehe Staubli, a.a.O. (Anm. 31) S. 31f, Anm. 109.

königlichen Dokuments (= Staatsschreiber), Neferhotep", den zweiten als den "Aufseher der Jäger, Cheti". Die obligatorische Präsenz des ersteren bei der Einführung von Fremden vor den Gaufürsten ist leicht einzusehen. Der zweite gehört vielleicht hierhin, weil er für die in den oberen Registern dargestellten Jäger in der Wüste bei Beni Hassan, von wo die Fremden (u.a. auch Jäger) vermutlich herkamen, verantwortlich war.[37] Der vorderste Fremde schließlich wird ebenfalls namentlich identifiziert als "Herrscher eines Fremdlandes, Ab(i)scha(i)" (ḥqʾ-ḫʾśt Jb-šʾ).[38]

Über der ganzen Szene steht eine weitere, längere Beischrift: "Kommen in bezug auf das Bringen von schwarzer Augenschminke" bezieht sich auf die beiden Ägypter und rechtfertigt deren Erscheinen vor dem Gaufürsten. "Er bringt 37 ʿʾmw" bezieht sich am ehesten auf den fremden Stammesfürsten, der einige Mitglieder seines Clans nach Beni Hassan gebracht hat. Es handelt sich dabei also um Aamu, "Asiaten". Das Dokument in der Hand des Staatschreibers gibt in offizieller Aktensprache noch präzisere Angaben. Es datiert das Ereignis ins 6. Jahr Sesostris' II. (d.h. 1839/38 v.u.Z.) und sagt, daß die 37 Aamu "in bezug auf schwarze Augenschminke" aus dem Fremdland šw-t gekommen seien.

Die Grabmalerei verdeutlicht damit sehr schön die verschiedenen Eigenleistungen von Bild und Text: Das Bild betont den gesellschaftlichen Status der Gruppe und ihr respektables Verhältnis zu den Ägyptern, gibt also v.a. sozial- und kulturgeschichtliche Informationen. Die Beischrift bietet Zahlen, Daten, Namen, d.h. die ereignisspezifischen historischen Details. Trotz dieser doppelten Information bleiben die einmalige Situation, die genauen Umstände und Gründe des Zusammentreffens der Aamu mit Chnumhotep ziemlich im Dunkeln. Denn der Schlüsselsatz, "Kommen in bezug auf das Bringen von schwarzer Augenschminke" (ʾjjt ḥr ʾjnt mśḏmt) in der Überschrift bzw. "Aamu, die vorgeführt wurden in bezug auf (ḥr) schwarze Augenschminke" im Protokoll läßt verschiedenste Interpretationen zu. Goedicke vermutet, die Aamu seien als Bergbauspezialisten aus dem Sinai von Chnumhotep angeheuert worden, um für ihn in Ägypten nach Fundstellen für Augenschminke, welche aus einer natürlichen Blei-Schwefel-Verbindung gewonnen wurde, zu prospektieren und mit ihrer Kompetenz den Abbau des Rohstoffs zu unterstützen.[39] In der Tat deutet die Präsenz von Frauen und Kindern darauf hin, daß die Aamu für einen längeren Aufenthalt nach Ägypten gekommen sind. Ließ

---

[37] Zu den ägyptischen Beamten vgl. D. Kessler, "Die Asiatenkarawane von Beni Hassan", *SAK* 14, 1987, 147-165.

[38] Zum Namen vgl. Th. Schneider in: O. Keel, *Studien zu den Stempelsiegeln aus Palästina/ Israel IV* (OBO 135), Freiburg/Göttingen 1994, S. 235-240; M. Görg, "Zum Personennamen ʾBfi", *Biblische Notizen* 73, 1994, 9-12.

[39] H. Goedicke, "Abi-Sha(i)'s Representation in Beni Hasan", *JARCE* 21, 1984, 203-210.

Chnumhotep sie deshalb so respektvoll behandeln und darstellen, weil er auf sie als Geschäftspartner und Experten angewiesen war? Leider sagen das weder das Bild noch der Text so genau.

Aber nachdem das Bild in Beni Hassan als quasi-historisches Bild einmal die Köpfe und Herzen erobert hat, ist es nicht mehr wegzubringen, zumal der würdevolle Schech in Beni Hassan der gängigen Vorstellung vom ehrwürdigen Patriarchen eher entspricht als die würdelos auf dem Bauch und auf dem Rücken liegenden Asiaten des Haremhab-Reliefs. Der "Gott der kleinen Leute" ist nicht jedermanns Sache. Keller bringt das Haremhab-Relief auch und zwar mit der Legende: "Eine Szene, wie sie sich vor Joseph abgespielt haben mag"![40] Weniger Bedenken hat man mit dem "Gott der kleinen Leute" nur dann, wenn diese eindeutig als grausam Unterdrückte erscheinen, ohne durch eigenes Zutun etwas von ihrer Würde preisgeben zu müssen, wie in der im folgenden diskutierten Geschichte.

II. Die Ziegelherstellung im Grab Rechmires (Grab Nr. 100) in 'Abd el-Qurna (Theben-West) aus der Zeit Thutmosis' III. und Amenophis' II. und das Bild vom Sonnengott als Hüter der vier Menschenarten im Grabe Sethos' I. im Tal der Könige

Viel stärker als das Bild der Asiaten aus Beni Hassan hat im 19. Jh. das Bild von der Ziegelherstellung im Grabe Rechmires (vgl. Fig. 4) die Bibelkundigen beschäftigt.[41] W. Keller sagt dazu: "Das Bild ist eine eindrucksvolle Illustration zu den Bibelworten: *«Und die Ägypter zwangen die Kinder Israel zum Dienst mit Unbarmherzigkeit und machten ihnen das Leben sauer mit schwerer Arbeit in Ton und Ziegeln»* (Ex 1,13f)."[42] Es gibt kaum ein Realienbuch zur Bibel, in dem es nicht erscheint.

Der Franzose Frédéric Cailliaud (1787-1869)[43] dürfte der erste gewesen sein, der es aufgenommen und 1831 in seinem monumentalen Werk "Recherches sur les arts et métiers et usage de la vie civile et domestique des anciens peuples de l'Egypte, de la Nubie et de l'Ethiopie, suivies de détails sur les moeurs des peuples modernes de ces contrées" publiziert hat.[44] Wenig später, nämlich 1834, hat es Rosellini in seinen "Monumenti dell'Egitto e della Nubia

---

[40] Keller, a.a.O. (Anm. 7), S. 73.
[41] B. Porter/R.L.B. Moss/E.W. Burney, *Topographical Bibliography of Ancient Egyptian Hieroglyphic Texts, Reliefs, and Paintings I. The Theban Necropolis. Part 1. Private Tombs*, Oxford 1960, S. 211f.
[42] A.a.O. (Anm. 3), S. 122; a.a.O. (Anm. 7), S. 90.
[43] Vgl. Dawson/Uphill, a.a.O. (Anm. 23), S. 50.
[44] Nantes 1831-1837; Tafelband I, pl. 9A.

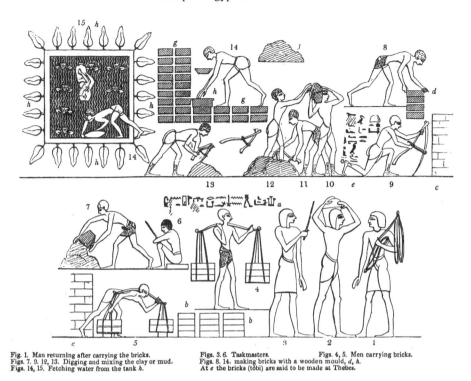

Fig. 1. Man returning after carrying the bricks.
Figs. 7. 9. 12. 13. Digging and mixing the clay or mud.
Figs. 14, 15. Fetching water from the tank *h*.

Figs. 3. 6. Taskmasters.   Figs. 4, 5. Men carrying bricks.
Figs. 8. 14. making bricks with a wooden mould, *d*, *h*.
At *e* the bricks (tôbi) are said to be made at Thebes.

Fig. 4: Ziegelherstellung im Grabe Rechmires, nach Wilkinson

II. Monumenti civili" farbig abgebildet und mit der Legende versehen: "Gli
ebrei che fabbricano i mattoni".[45] In seinem ausführlichen Begleittext zu den
Tafeln hat Rosellini dem Bild 16 Seiten Kommentar gewidmet.[46] Er bezeichnet seinen Inhalt als "uno dei più importanti soggetti figurati nelle tombe
egizie [...]".[47] Rosellini, der von 1824 an am Atheneum in Pisa auch Hebräisch
doziert hat[48], diskutiert ausführlich die einschlägigen alttestamentlichen Texte
in Ex 1 und 5, insistiert im Gegensatz zu anderen Autoren darauf, daß *l*ᵉ*benā*
den ungebrannten, nicht den durch Hitze geröteten Ziegel meine, und daß
Stroh nicht als Brennmaterial verwendet, sondern den Ziegeln als Binde-
material beigemischt worden sei. Er weist darauf hin, daß auf dem Bild im

---

[45] Tafelband, Pisa 1834, Tav. 49; Band II/2 der drei dazugehörigen Textbände ist ebenfalls
      1834 erschienen.
[46] Ebd. S. 254-270.
[47] Ebd. S. 254f.
[48] Vgl. A. Vivian, "Ippolito Rosellini et l'insegnamento dell'Ebraico", in: *Atti di Convegno
      'Ippolito Rosellini': Passato e Presente di una Disciplina*, Pisa 1982, S. 11-20.

Gegensatz zu den Töpferwerkstätten kein Brennofen zu sehen ist. Aufgrund der Inschriften stellt er fest, daß das Grab zur Zeit Thutmosis' IV. (gemeint ist der III.) entstanden sei. Da er die Einwanderung der Hebräer auf 1929 v.u.Z festsetzt, im Pharao, der Joseph nicht mehr kannte (Ex 1,8), Amenophis I. sieht, der 1823 die 18. Dynastie begründet hätte, Thutmosis IV. (III.) aber 1740 den Thron bestiegen habe, dauerte die Unterdrückung zur Zeit, da das Bild gemalt worden ist, bereits 83 Jahre.[49] Aufgrund der Farbe, der Physiognomie und des Bartes der Nicht-Ägypter besteht für Rosellini kein Zweifel, daß es sich bei den Dargestellten tatsächlich um Juden handle.[50] "Le chose dichiarate nel presente paragrafo [...] dimostrano quanto i monumenti originali d'Egitto giovino a confermare i racconti di Mosè, circa alla dimora degl'Israeliti sulle sponde del Nilo. La Storia mosaica, anche considerata come opera di umano ingegno, e non avuto riguardo alla divina assistenza che ne guidò lo scrittore, ha in sè tutti i caratteri di veracità, et in tutto si conforma agli uomini e ai tempi dei quali ragiona." [51] Solange Rosellini im Realienkundlichen bleibt, ist er gut. Sobald er historisch wird, verfängt seine Argumentation nicht mehr.

Schon Wilkinson hat, ohne Rosellinis Namen zu nennen, dessen Position kritisiert. Er findet das Bild zwar auch hochinteressant, und niemand könne es ohne das Gefühl größten Interesses anschauen. Er weist aber darauf hin, daß die Beischrift ausdrücklich sage, daß es sich (was Rosellini auch gesehen hat) um einen Bau in Theben (Oberägypten) handle (Fig. 4). Die Israeliten seien aber, wie die Bibel wisse, mit der gleichen Arbeit im Delta beschäftigt gewesen. Da in Ägypten außer den Tempelhäusern und den Gräbern alles aus luftgetrockneten Lehmziegeln hergestellt worden sei, hätte es ungeheure Mengen davon gebraucht. Besonders Thutmosis III., den Wilkinson für den Pharao des Auszugs hält, hätte unabsehbare Scharen von Kriegsgefangenen dazu verwendet, diese herzustellen. Typisch jüdische Züge seien nicht festzustellen; die Ägypter hätten alle Bewohner Syrien-Palästinas gleich dargestellt.[52] Das Gewicht dieser Argumentation scheint bis zu Keller gewirkt zu haben, wenn er das Bild verhältnismäßig nüchtern nur als "eindrucksvolle Illustration zu den Bibelworten" in Ex 1,13f beschreibt.[53]

Von Wilkinsons Argumentation unberührt zeigt sich ein 1841 in London von der Religious Tract Society anonym herausgegebenes Werk mit dem Titel "The Antiquities of Egypt with a Particular Notice of those that Illustrate the

---

[49] A.a.O. (Anm. 45), II/2 S. 260-270.
[50] Ebd. S. 255.
[51] Ebd. S. 265.
[52] Wilkinson, a.a.O. (Anm. 19, Ausgabe von 1837), II, S. 96-100, die Abbildung auf S. 99; in der Ausgabe von 1878: I, S. 342-345, Abbildung auf S. 344.
[53] A.a.O. (Anm. 3, Ausgabe 1978), S. 122.

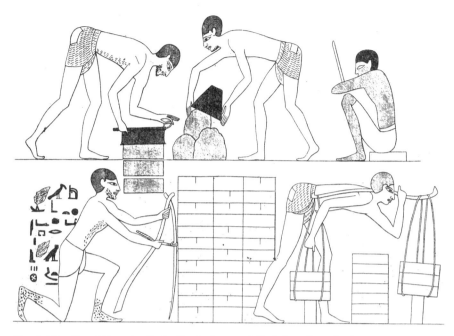

Fig. 5: Ziegelherstellung im Grabe Rechmires, nach Religious Tract Society

Sacred Scriptures". Das Buch enthält das Bild aus dem Grab des Rechmire als große Ausfalttafel (Ausschnitt Fig. 5)[54], die, wie der Text sagt[55], aus Rosellini übernommen ist. Aus Rosellini stammt auch die Deutung. Nachdem der Autor die Pracht und Größe Ägyptens unter Amenophis (Moeris) geschildert hat, statuiert er: "But amid all these details of the greatness and magnificence of Egypt, the Christian's heart will still be with the people of God: and he will naturally inquire, What evidence do the monuments afford of the state of Egypt at this period, of the descendants and lineage of Joseph [...]"[56] Der Autor antwortet mit Ex 1,13f "and as an unanswerable proof of this, we refer to the annexed design, which is copied from the tomb of [...] Rek-sharé, the chief architect of the temples and palaces of Thebes, under Pharao Moeris. Never, perhaps, has so striking a pictorial comment as this upon the sacred text been before recovered. The physiognomy of the Jews it is impossible to mistake; and the splashes of clay with which their bodies are

---

[54] Religious Tract Society, *The Antiquities of Egypt with a Particular Notice of those that Illustrate the Sacred Scriptures*, London 1841, gegenüber der S. 220.
[55] Ebd. S. 223.
[56] Ebd. S. 220.

covered, the air of close and intense labour that is conveyed by the grouping on the left side of the picture, and above all, the Egyptian taskmaster seated with his heavy baton, whose remorseless blows would doubtless visit the least relaxation of the slaves he was driving from their wearisome and toilsome task of making bricks and spreading them to dry in the burning sun of Egypt, give a vivid impression of the exactitude of the Scripture [...]".[57] Der Autor findet im Bild rechts sogar noch einen Beweis für das in Ex 5,6-14 geschilderte Prozedere, nach dem selbst die israelitischen Aufseher gezwungen worden seien, beim Werk mit Hand anzulegen. Das Buch der Religious Tract Society scheint die Argumente Wilkinsons gegen eine Identifizierung der Ziegelmacher mit den Israeliten einfach zu ignorieren. Das ist aber kaum der Fall. Es ist wahrscheinlich, daß die Behauptung: "The physiognomy of the Jews it is impossible to mistake" eine Entgegnung auf Wilkinsons Feststellung ist, die Ägypter hätten alle Asiaten gleich dargestellt. Und gegen die Feststellung Wilkinsons, die Israeliten seien im Delta und nicht in Oberägypten eingesetzt worden, könnte die Auslegung der Beischrift "Gefangene, die von seiner Majestät herbeigebracht worden sind" mit "gang of Israelites which are here represented, had been marched up from Goshen" gerichtet sein.[58]

Der schon erwähnte Rabbiner Ludwig Philippson, der durch zahlreiche Unternehmen die traditionelle jüdische Religion mit den modernen Wissenschaften zu verbinden und zu versöhnen suchte[59], publizierte zwischen 1839 und 1854 in drei großen Bänden eine hebräische Bibel mit deutscher Übersetzung und Kommentar, die er bzw. sein Verleger mit zahlreichen Bildern illustrierte, vor allem mit altägyptischen.[60] Als 1839 das erste Faszikel erschien, hatten die Grabungen in Assyrien noch nicht begonnen. Philippson sieht im Fehlen bedeutenderer mesopotamischer Bildwerke (er kennt erst einige Rollsiegel) aber nicht ein vorläufiges Grabungs- und Forschungsdefizit, sondern eine Erfüllung der Prophetie von Jes 21,9, daß Babels Götzen zu Staub zerschmettert würden.[61] Die Dominanz der ägyptischen Bilder in der Philippson-Bibel hatte wissenschafts- und kulturgeschichtlich bedeutsame Folgen.[62]

---

[57] Ebd. S. 221f.

[58] Ebd. S. 221.

[59] *Encyclopaedia Judaica* 13, Jerusalem 1972, S. 396f.

[60] L. Philippson, *Die Jsraelitische Bibel. Enthaltend den Heiligen Urtext, die deutsche Übertragung, die allgemeine ausführliche Erläuterung mit mehr als 500 englischen Holzschnitten. 1. Teil. Die fünf Bücher Mosche; 2. Teil. Die Propheten; 3. Teil. Die heiligen Schriften*, Leipzig 1844, 1848, 1859. Zum Anteil des Verlegers an der Illustration vgl. Th. Pfrimmer, *Freud lecteur de la Bible* (Philosophie d'aujourd'hui), Paris 1982, S. 220-223.

[61] Ebd. II, S. 783.

[62] Die Philippson-Bibel war u.a. die Familienbibel der Freuds, in der der junge Sigmund Freud häufig blätterte und las (Pfrimmer, a.a.O. [Anm. 60], S. 220-223. 268. 276. 372f).

Fig. 6: Grab Sethos' I., Gruppe der Asiaten, nach Philippson

Wie der Autor des Buches der Religious Tract Society hat auch Philippson die Identifizierung der Arbeiter auf dem Ziegelmacher-Bild mit den Israeliten verteidigt. Auch er übernimmt das Bild und seine Deutung von Rosellini. Den älteren Argumenten fügt er ein weiteres hinzu: "Die Physiognomie und Hautfarbe der Sklaven ist ganz übereinstimmend mit einem Gemälde aus geschichtlicher Zeit, welches gefangene Juden unter Necho vorstellt ."[63] Was meint Philippson damit? Einen Ausschnitt aus diesem "Gemälde" bringt er im dritten, 1854 erschienen Band seines Werkes, um den in 2 Chr 35,20-25 erwähnten Feldzug Pharao Nechos im Jahre 609 v.u.Z. nach Palästina-Syrien zu illustrieren (Fig. 6).[64] Die "Prozession jüdischer Geiseln vor Necho", die er da abbildet, stammt aus einem großen Grab im Tal der Könige, das der Kraftmensch, Abenteurer und "Ingenieur" Giovanni Battista Belzoni am

Die einseitige ägyptische Illustration dürfte einer der Gründe sein, warum Freud, die israe-litisch-jüdische Religion in wesentlichen Punkten von der ägyptischen herleitete, so etwa den von ihm noch für mosaisch gehaltenen Monotheismus von dem Echnatons.

[63]   Philippson, a.a.O. (Anm. 60), I, S. 324.
[64]   Ebd. III, S. 1173.

17. Oktober 1817 entdeckt hatte.[65] Eine langgestreckte Darstellung (Taf. 4) zeigt je vier Vertreter von vier verschiedenen Menschentypen, die von einem falkenköpfigen Gott gehütet werden.[66] Eine Vierergruppe ist eindeutig negroid, eine besteht eindeutig aus Ägyptern, die andren zwei Gruppen interpretierte Belzoni als Juden und Perser.[67] Belzoni hatte nämlich einige Inschriften aus dem Grab an Dr. Thomas Young in London geschickt, der seit 1814 eine Kopie des dreisprachigen Steins von Rosette besaß und sich um die Entzifferung der Hieroglyphen bemühte.[68] Young hatte Belzoni mitgeteilt, daß er in diesen Inschriften den Namen Nechos (II., 610-595 v.u.Z.) und den seines Sohnes Psammetich (II., 595-589) habe entziffern können. Mit Befriedigung teilte Belzoni seinen Lesern mit: "It is the first time that hieroglyphics have been explained with such accuracy."[69] Weiter macht er darauf aufmerksam, daß Necho Jerusalem und Babylon erobert[70] (was beides so nicht stimmt) und sein Sohn Psammetich Krieg gegen Äthiopien geführt hätte. Dann fährt er fort: "What can be more clear than the above procession? The people of the three nations are distinctly seen. The Persians, the Jews, and the Ethiopians, come in, followed by some captive Egyptians, as if returning into their country, guarded by a protecting deity."[71] Der Grund, warum man bei den Ägyptern annehmen muß, daß sie Gefangene gewesen sind, liegt nach Belzoni im Umstand, daß sie allen Schmuckes beraubt sind, der zur Zierde und dazu diente, den einen vom andren zu unterscheiden. Die Juden sind nach Belzoni deutlich an ihrer Physiognomie und Hautfarbe zu erkennen,[72] die Äthiopen

---

[65] G. Belzoni, *Narrative of the Operations and Recent Discoveries within the Pyramids, Temples, Tombs, and Excavations, in Egypt and Nubia; and of a Journey to the Coast of the Red Sea, in search of the ancient Berenice; and another to the Oasis of Jupiter Ammon*, London 1820, ³1822, S. 375f; deutsch: G. Belzoni, *Entdeckungsreisen in Ägypten 1815-1819. In den Pyramiden, Tempeln und Gräbern am Nil. Mit einer Geschichte der Ägyptenreisen seit dem 16. Jahrhundert von Ingrid Nowel*, Köln 1982, S. 144 und 161.

[66] Bibliographie bei B. Porter/R.L.B. Moss/E.W. Burney, *Topographical Bibliography of Ancient Egyptian Hieroglyphic Texts, Reliefs, and Paintings I. The Theban Necropolis. Part 2. Royal Tombs and Smaller Cemeteries*, Oxford 1964, S. 537.

[67] Zu diesem Bild vgl. Belzoni, a.a.O. (Anm. 65, dt. Ausgabe), S. 160 oben (Nubier und Libyer, von Belzoni als Äthiopier und Perser gedeutet) und S. 162 (Asiaten und Ägypter, von Belzoni als Juden und Ägypter gedeutet).

[68] Dawson/Uphill, a.a.O. (Anm. 23), S. 312ff.

[69] Belzoni, a.a.O. (Anm. 65), S. 375 (englisch) und S. 144 (deutsch).

[70] Ebd. S. 375f bzw. 144 und 161. Necho II. besiegte 609 v. Chr. den judäischen König Joschija bei Megiddo. Von einer Eroberung Jerusalems durch Necho wissen wir nichts. Noch weniger hat er Babylon erobert. Er wurde im Gegenteil 605 bei Karkemisch am Eufrat von den Babyloniern unter Nebukadnezzar II. geschlagen.

[71] Ebd. S. 376 bzw. S. 161.

[72] Ebd. Als "Captive Jews" erscheinen die vier Asiaten aus Belzonis Grab u.a. auch in F.A. Cox, *Biblical Antiquities*, London 1852, S. 132.

an ihrer Farbe und ihrem Schmuck und die Perser an ihrer wohlbekannten Tracht, wie man sie so häufig in den ägyptischen Schlachtdarstellungen sieht. Da er nie Gelegenheit zum Studium gehabt hatte, waren Belzonis Geschichtskenntnisse, auch am damaligen Stand gemessen, dürftig. Dennoch versteht man nicht, warum er Necho aus Babylonien Perser nach Hause bringen läßt. In Wirklichkeit handelt es sich allerdings weder um Perser noch um Babylonier, sondern um Libyer, und das Grab ist, wie schon Rosellini und seine Zeitgenossen festgestellt haben, nicht das Nechos oder Psammetichs, sondern erheblich älter. Es handelt sich nämlich um das berühmte Grab Sethos' I.[73] Als 1854 Philippsons dritter Band seiner Bibel erschien, war das schon mindestens 20 Jahre bekannt. Trotz alledem hat Philippson Belzonis Deutung und Datierung der Darstellung übernommen, da sie seinen Interessen entgegenkamen. Das erstaunt insofern, als die Asiaten im Grab des Rechmire von denen im Grab Sethos' I. recht verschieden sind, was sich ohne alle ägyptologische Fachkenntnisse feststellen läßt. Während die im Grab Rechmires einen kurzen Stoppelbart und kurzes Haar tragen (vgl. Fig. 5), fallen die im Grab Sethos' I. durch ihr üppiges Haupthaar auf (Fig. 6). Die Arbeiter im Grab des Rechmire haben kurze, weiße oder gefleckte Schurze, die im Grabe Sethos' I. bunt gewobene, bestickte und mit Troddeln geschmückte.[74] Einzig dort, wo Belzoni von (angeblich entzifferten) Inschriften und historischen Überlegungen unbeeinflußt war, hat er das Richtige getroffen: Hinter den Ägyptern steht eine schützende Gottheit (vgl. Taf. 4). Sie hütet, als Hirte auf einen Stab gelehnt, allerdings nicht nur die Ägypter, sondern die vier Menschengruppen, die für die alten Ägypter die Menschheit darstellen. Wenn man sich vom Drang, historische Darstellungen zu finden (was in einem ägyptischen Königsgrab sowieso ganz unangebracht ist), befreit hat, dann kann das Bild erst seinen hohen Wert als religionsgeschichtliches Zeugnis entfalten. "Daß alle Völker, sogar die Feinde Ägyptens, im Jenseits vertreten sind, deutet das Pfortenbuch mit der bekannten 30. Szene der «vier Menschenrassen» an; dort stehen neben vier Ägyptern, dem «Vieh des Re», je vier Asiaten, Nubier und Libyer in ihrer charakteristischen Tracht. Auch sie werden umsorgt und geschützt, erhalten einen Platz im Totenreich, und am Anfang des gleichen Buches wird betont, daß alle Wesen zum «verborgenen Platz» hinab müssen, neben Menschen und Göttern «alles Vieh und alles Gewürm». Die Szene mit den Menschenrassen gehört zu kosmopolitischen Anwandlungen, die eigentlich nur im Umkreis der Amarnazeit und der «Verbrüderung» mit den Hethitern

---

[73] Zur Geschichte des Grabes vgl. jetzt E. Hornung/E. Staehelin, *Sethos – ein Pharaonengrab*, Basel 1991, S. 7-12.

[74] Zu den Troddeln und ihrer Beziehung zu den Quasten (ציצית) von Numeri 15,38f vgl. F. Vigouroux, *Dictionnaire de la Bible II*, Paris 1899, col. 2397.

unter Ramses II. möglich waren und bald einer neuen Fremdenfeindlichkeit weichen mußten."[75]

Eine einseitig und eng historisierende Betrachtungsweise hat die Bibliker bis heute in der Regel daran gehindert, dieses schöne Zeugnis eines theologischen Universalismus zu würdigen. Das oben (Anm. 33) schon erwähnte, von namhaften israelischen Biblikern herausgegebene Werk "Illustrated World of the Bible Library" vermag in dem Bild nur gerade die Absicht zu erkennen, die große Ausdehnung des ägyptischen Reiches zu demonstrieren, das aus vier Territorien bestand: Ägypten, Nubien, Libyen und Kanaan, welche in Gen 10,6 als Söhne Hams zu einer Gruppe zusammengefaßt werden.[76] Der hütende Gott wird mit keinem Wort erwähnt. J.B. Pritchard läßt ihn in seinen "Ancient Near Eastern Pictures. Relating to the Old Testament" ganz weg und illustriert mit einem kleinen Ausschnitt aus dem Bild "Peoples and their dress".[77]

Nach Philippson scheint kein Alttestamentler mehr ernsthaft den Versuch gemacht zu haben, die Ziegelhersteller aus dem Grab des Rechmire mit den Israeliten in Ägypten identifizieren zu wollen. Das Bild dient im realienkundlichen Sinne sachgemäß dazu, die Herstellung luftgetrockneter Lehmziegel zu illustrieren.

III. PHARAO SCHESCHONQ UND REHABEAM, DER KÖNIG VON JUDA, AM BUBASTIDENPORTAL IN KARNAK

Trotz aller Anstrengungen von Leuten wie Wilkinson, Rosellini und Philippson scheiterte der Versuch, Bilddokumente zu finden, die den Ereignissen und Gestalten der biblischen Überlieferung zur Frühgeschichte Israels die Greifbarkeit historischer Größen verliehen hätten. Selbst ein so traditionalistischer Gelehrter wie F. Vigouroux muß das eingestehen, wenn er in seinem Werk "La Bible et les découvertes modernes" von 1882 schreibt: "In der Geschichte der Patriarchen und des Exodus haben uns die ägyptische und assyrische Epigraphie die Mittel geliefert, unsere Heiligen Bücher zu kontrollieren, indem sie uns zeigten, daß diese letzteren die Sitten und Bräuche dieser Epoche getreulich widerspiegelten".[78] Mehr nicht!

Glücklicher glaubten Vigouroux und andere im Hinblick auf die israelitische Königszeit zu sein. Schon a priori war anzunehmen, daß Könige größere Chance besaßen, in historischen Bildwerken einen Platz zu finden, als irgendein Nomadenschech oder eine Gruppe von Fremdarbeitern.

[75] E. Hornung, *Tal der Könige. Die Ruhestätte der Pharaonen*, Zürich/München 1982, S. 139; vgl. O. Keel, *Die Welt der altorientalischen Bildsymbolik und das Alte Testament. Am Beispiel der Psalmen*, Zürich/Neukirchen ²1977, S. 343 zu Abb. 494.

[76] B. Mazar et al., a.a.O. (Anm. 33), I, S. 38f.

[77] Princeton 1954, Abb. 6.

[78] IV, S. 4, Paris 1882.

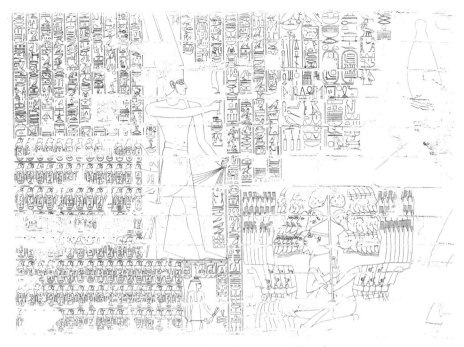

Fig. 7: Relief König Scheschonqs I. am Bubastidenportal in Karnak

Rechts vom Bubastidenportal in Karnak, das nach Bubastis, der Deltaresidenz der 22. (libyschen) Dynastie (944-716 v.u.Z.) benannt wird, befindet sich ein großes Relief (Fig. 7).[79] Scheschonq I. (944-923 v.u.Z.) hat es zum Dank für die Hilfe der Gottheit, zur Abwehr aller bösen Mächte vom heiligen Bereich und zur ruhmvollen Erinnerung an seinen (undatierten) Palästinafeldzug anbringen lassen, der die alte Vorherrschaft in Palästina neu etablieren sollte.

Dieser Feldzug wird im Alten Testament kurz erwähnt: "Im fünften Jahre des Königs Rehabeam (des Sohnes Salomos) zog Schischak (= Scheschonq), der König von Ägypten, gegen Jerusalem. Er nahm die Schätze des Hauses Jahwes und die Schätze des Hauses des Königs, alles nahm er. Er nahm auch alle goldenen Schilde, die Salomo gemacht hatte" (1 Kön 14,25f; vgl. 2 Chr 12,9).[80]

---

[79] B. Porter/R.L.B. Moss/E.W. Burney, *Topographical Bibliography of Ancient Egyptian Hieroglyphic Texts, Reliefs, and Paintings II. Theban Temples*, Oxford 1972, S. 35; G.R. Hughes et al., *The Epigraphic Survey. Reliefs and Inscriptions at Karnak. III: The Bubastite Portal* (OIP 74), Chicago 1954.

[80] Vgl. G.W. Ahlström, "Pharaoh Shoshenq's Campaign to Palestine", in: A. Lemaire/B. Otzen (eds.), *History and Tradition of Early Israel: Studies Presented to Eduard Nielsen* (Vetus Testamentum Supplementum 50), Leiden 1993, S. 1-16.

Die Datierung des Feldzugs ist trotz der biblischen Angabe schwierig. Entweder muß er ganz gegen Ende der Regierungszeit Scheschonqs angesetzt werden, oder er fällt noch in die Regierungszeit Salomos. Ahlström datiert ihn ins Jahr 926 v.u.Z. Obwohl am Bubastidenportal nun endlich eines der so sehr gesuchten Zeugnisse für die Historizität einer biblischen Nachricht zu finden war, hatte es weder die Aufmerksamkeit Wilkinsons noch die anderer Reisender und Forscher auf sich gezogen.

Der Grund dafür dürfte sein, daß das Bild einem Schema folgt, das sich über Sesostris I. (Taf. 2 und 3) am Anfang des 2. Jahrtausends[81] bis in die Zeit der Reichsgründung zurückverfolgen läßt. Schon die Narmerpalette (um 3000 v.u.z.) zeigt auf einer Seite einen Gott in Falkengestalt, der dem König einen Feind zuführt, dessen Leib aus einem Stück Land gebildet wird. Der König schlägt diesen Feind vor der Gottheit (barfuß) nieder. Da es eigentlich die Gottheit ist, die den Feind besiegt hat, gehört der Besiegte ihr (vgl. auch 1 Sam 15,33). Das Schema findet sich in der Version, in der es auch am Bubastidenportal erscheint, noch viele Male auf den Pylonen der thebanischen Tempel und anderweitig.[82]

Die stereotype Darstellung weckte bei den frühen Ägyptenforschern keine Assoziationen zu einmaligen historischen Ereignissen. Erst der Entzifferer der Hieroglyphen, J.-F. Champollion, und sein ebenfalls schriftkundiger Begleiter, I. Rosellini, lenkten die Aufmerksamkeit auf dieses Bild. In einem Brief vom 24. November 1828 beschreibt Champollion einen Besuch in Karnak: "Dans ce palais merveilleux, j'ai contemplé les *portraits* de la plupart des vieux Pharaons connus par leurs grandes actions, et ce sont des *portraits* véritables. Représentés cent fois dans les bas-reliefs des murs intérieurs et extérieurs, chacun conserve une physiognomie propre et qui n'a aucun rapport avec celle de ces prédécesseurs ou successeurs. Là, dans ces tableaux colossaux, d'une sculpture véritablement grande et toute héroïque, plus parfaite qu'on ne peut le croire en Europe, on voit *Mandouéi* combattant les peuples ennemis de l'Égypte, et rentrant en triomphateur dans sa patrie; plus loin les campagnes de Rhamsès-Sésostris; ailleurs *Sésonchis* traînant aux pieds de la Trinité thébaine (Ammon, Mouth et Khons) les chefs de plus de trente nations

---

[81] Rosellini a.a.O. (Anm. 10), Tav. 25 (Archäologisches Museum Florenz Inv. Nr. 2540-A = Taf. 3); vgl. dazu C. Obsomer, "Les lignes 8 à 24 de la stèle de Mentouhotep (Florence 2540) érigée à Bouhen en l'an 18 de Sésostris Ier", *GM* 130, 1992, 57-74.

[82] So z.B. auf dem siebten und dem achten Pylon in Karnak (Thutmosis III. und Amenophis II., 15. Jh.) und auf dem ersten Pylon in Medinet Habu (Ramses III., 12. Jh. v.u.Z.). Vgl. E.S. Hall, *The Pharao smites his Enemies. A Comparative Study* (MÄS 44), München/ Berlin 1986; S. Schoske, *Das Erschlagen der Feinde: Ikonographie und Stilistik der Feindvernichtung im alten Ägypten*, Diss. Heidelberg 1982; UMI Dissertation Services, Ann Arbor Michigan 1994.

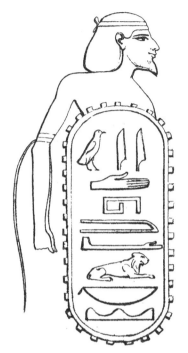
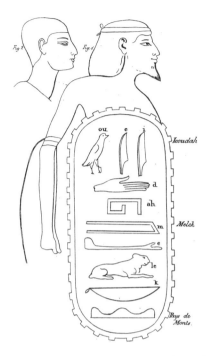

Fig. 8.1: Der Name jad-hamelek, nach Champollion

Fig. 8.2: Der Name jad-hamelek, nach Wiseman

vaincues, parmi lesquelles j'ai retrouvé, comme cela devait être, en toute lettre, *Ioudahamalek, le royaume des Juifs* ou *de Juda* (Fig. 8,1). C'est là un commentaire à joindre au chapitre XIV du *premier livre des Rois*, qui raconte en effet l'arrivée de *Sésonchis* à Jérusalem et ses succès: ainsi l'identité que nous avons établie entre le *Scheschonk* Égyptien, le *Sésonchis* de Manéthon et le *Sésac* שׁישׁק ou *Schéschôk* de la Bible est confirmée de la manière la plus satisfaisante (pl. V)."[83] Champollion ist diesmal nicht ganz genau. Die über 30 Anführer schleppt Scheschonq nicht vor die Triade, sondern nur vor Amon und die Göttin, die Theben personifiziert. Außerdem tragen diese Anführer keine Namen. Die Namen stehen in den Mauerringen, die den Leib der 150 Personifikationen von Städten und Ländern bilden, die der Gott Amon dem König zuführt. Champollion selber scheint mindestens die zweite Aussage wieder zurückgenommen zu haben. Weder hebt er in den (allerdings erst postum erschienenen) "Monuments de l'Egypte et de la Nubie" den entspre-

---

[83] Hartleben, a.a.O. (Anm. 10), II, S. 161; Lebeau, a.a.O. (Anm. 17), S. 161.

chenden Mauerring besonders hervor[84], wie Rosellini das in seinen 1832 erschienen "Monumenti storici" gemacht hat[85], noch gibt er in den "Notices descriptives" einen Identifizierungsvorschlag zu Nr. 29 wie bei den vorausgehenden Nummern (24: Beth Horon; 25: *'jtm*; 26: *'jlwn*; 27: Mageddo *mgdw*; 28: Odollam)".[86] Auf Champollion-Figeac dürfte diese kritischere Haltung kaum zurückgehen, denn dieser hat noch 1839 in seinem Werk "Egypte ancienne" den Brief seines jüngeren Bruders vom 24. Nov. 1828 fast wörtlich wiedergegeben (ohne ihn zu zitieren) und ist sogar noch einen Schritt weiter gegangen, indem er vermutet, wir könnten hier ein Porträt Rehabeams, des Davidenkels, vor uns haben, wenn er sagt: "D'après la fidélité de physiognomie que les Egyptiens apportaient dans la représentation des peuples étrangers, cette figure du royaume de Juda peut être considérée comme un type de la physiognomie du peuple juif au Xe siècle avant l'ère chrétienne, et peut-être comme un portrait de Roboam lui-même." [87] Damit hat sich Champollion-Figeac der Interpretation genähert, die Rosellini vorgeschlagen hat, als er seiner Tafel zum Scheschonq-Relief den Titel gab: "Il re di Giuda prigione del Faraone Sciscionk (Sesac). Iscrizioni e nomi di popoli che si trovano superstiti sopra un muro dell'edifizio di Karnac, che rappresentava le vittorie di quel Faraone."[88] Mit dieser Bildlegende und mit der Isolierung und Vergrößerung des einschlägigen Mauerrings auf seiner Tafel 148 hat er einem der rund 150 Namen der Liste, von denen ca. 120 so erhalten sind, daß sie gedeutet werden können, eine ganz zentrale und spezielle Bedeutung gegeben. In den Erklärungen zu den "Monumenti storici" hat Rosellini die Büste des einschlägigen Mauerrings als physiognomisch genaues Porträt des judäischen Königs Roboam (Rehabeam) deklariert.[89] Das Interesse an der Physiognomie war typisch für die zweite des 18. und die erste Hälfte des 19. Jahrhunderts.[90] Das Stichwort fällt nicht nur bei Ägyptologen, sondern auch bei frühen Assyriologen, so etwa bei A.H. Layard.[91]

[84] Paris 1845, III pl. 284.
[85] A.a.O. (Anm. 11), Tav. 148A.
[86] Paris 1889, II, S. 114.
[87] Paris 1839, S. 151.
[88] A.a.O. (Anm. 11), Tav. 148A.
[89] Ebd. I/4, S. 149ff.
[90] Vgl. das berühmte Werk von J.C. Lavater, *Physiognomische Fragmente zur Beförderung der Menschenkenntnis und Menschenliebe*, 4 Bde., Leipzig und Winterthur 1775-1777, ²1834.
[91] Layard behauptet z.B. von den Gefangenen auf dem Lachisch-Relief aus Ninive, daß sie zweifellos Juden darstellen "their physiognomy was strikingly indicated in the sculptures" (*Discoveries in the Ruins of Niniveh and Babylon*, London 1853, S. 153). Meint er damit, die Darstellungen seien so realistisch, daß sie die Vorbilder getreu wiedergeben müssten, oder meint er eine Physiognomie, die man im 19. Jh. als typisch jüdisch ansah, oder will er

Am konsequentesten hat die Annahme, wir hätten hier ein physiognomisch getreues Porträt des judäischen Königs Rehabeam vor uns, Nicholas P.S. Wiseman (1802-1865) aufgegriffen. Wiseman, der spätere Erzbischof von Westminster und Kardinal[92], hat in Rom eine orientalistische Ausbildung genossen. In zwölf Vorträgen, die er in Rom gehalten hat und die 1836 auf englisch und 1837 auf französisch publiziert wurden, beschäftigte er sich mit den Beziehungen zwischen den modernen Wissenschaften und der geoffenbarten Religion.[93] Wiseman ist gut informiert. Er kennt die Forschungen Wilkinsons, Rosellinis, der beiden Brüder Champollion und vieler weniger bedeutender Geister. In seinem achten Vortrag diskutiert er die Konkordanz der ägyptischen und der biblischen Chronologie.[94] Schon da kommt er kurz auf die Scheschonq-Inschrift zu sprechen.[95] Ausführlicher diskutiert er diese in seinem neunten Vortrag. Sie ist für ihn "une des confirmations les plus frappantes de l'Histoire sacrée qu'on ait découvertes jusqu'ici".[96] Wiseman resümiert zuerst 1 Kön 14,24 (= 1 Chr 12,2) und schildert dann das Relief, das er allerdings als "peinture" bezeichnet. Er unterscheidet zwischen denjenigen Asiaten, die Scheschonq niederschlägt, und denen, die nur gefangen herbeigeführt werden. "D'après la promesse qui lui avait été faite[97], le roi de Juda devait se trouver dans le deuxième groupe, et c'est là qu'il nous faut le chercher. Aussi entre les rois captifs, nous en trouvons un dont la physionomie est parfaitement juive, ainsi que le remarque Rosellini. Il ne nous a pas encore donné la copie de ce monument, quoiqu'il en ait fourni la légende.[98] Mais, afin que vous puissiez juger combien l'exterieur de ce personnage est peu

---

sagen, daß Judäer auch auf anderen Bildern ähnlich charakterisiert würden wie auf den Lachisch-Reliefs, und daß die Assyrer so zwischen der Darstellung der Judäer und der anderer Völker unterschieden hätten? Wahrscheinlich meint Layard das letztere. Seine Ausführungen sind aber nicht eindeutig. Die Benutzung dieses Modeworts kann auch ganz einfach ein Hinweis auf die Qualität und Bedeutung der Bilder sein.

[92] Zur Person vgl. G. Biemer, in: J. Höfer/K. Rahner (Hrsg.), *Lexikon für Theologie und Kirche* 10, Freiburg i.Br. 1965, Sp.1188f.

[93] *On the Connection between Science and Revealed Religion*, London 1836; *Discours sur les rapports entre la science et la religion révélée*, 2 vols., Paris 1837. Im folgenden wird nach der mir zugänglichen französischen Ausgabe zitiert.

[94] Ebd. II, S. 59-113.

[95] Ebd. S. 97.

[96] Ebd. S. 159.

[97] Wiseman denkt hier wohl an die auf Rehabeam zugeschnittene Verheißung in 2 Chr 12,6f (Hinweis von Ch. Uehlinger) und nicht an die generelle Verheißung für die Daviddynastie in 2 Sam 7.

[98] A.a.O. (Anm. 11), I/2, S. 79. Daß Rosellini die Kopie des Denkmals noch nicht geliefert habe, stimmt nicht, denn der Tafelband zu den "Monumenti storici" ist schon 1832 erschienen. Die Abbildungen zum Bubastidenportal finden sich auf den Tav. 147,4 und 148.

égyptien et combien il est hébraïque, j'ai fait copier exactement cette figure pour vous, d'après la gravure publiée à Paris par Champollion (pl. 3 = Fig. 8,1).[99] Le profil avec la barbe est entièrement juif; et pour rendre ceci plus frappant, j'ai placé à côté une tête d'Egyptien (Fig. 8,2) tout à fait dans le caractère du type de cette nation." Er kommt dann auf die Mauerringe zu sprechen und stellt die ganz und gar unzutreffende Behauptung auf: "La plupart, sinon tous les boucliers, sont tellement effacés, qu'on ne peut plus rien y lire, excepté sur celui où se trouve notre figure juive [...]" Er liest die Inschrift *Jeoud Hamelek* und schließt daraus: "Il nous est clairement démontré que c'est le roi de Juda qui fut traité comme nous le dit l'Ecriture, et réduit en servitude par Shishak [...] Certes nous pouvons dire qu'aucun monument découvert jusqu'à ce jour n'a donné une nouvelle preuve aussi convaincante de l'authenticité de l'Histoire sainte. Je terminerai mes observations en remarquant que Paravey[100] trouve une ressemblance frappante entre le visage du roi de Juda et le type reconnu de la figure de notre Sauveur, notamment dans la partie inférieure; et il existait ainsi une ressemblance de famille entre l'ancêtre et le descendant."[101]

Der als "König von Juda" gelesene Name wird seit W.M. Müller[102] in der Regel als *j(jw)d-hm(')r(w)k* hebr. *jad-hammäläk* "Hand (bzw. Stele, Macht-zeichen) des Königs" (vgl. 1 Sam 15,21; vgl. 2 Sam 18,18) verstanden und in der Nähe von Megiddo gesucht.[103]

Die Euphorie der ersten Generation hat bei der Mehrzahl der Alttestamentler bald einer nüchterneren Betrachtungsweise Platz gemacht. Im einflußreichen "Handwörterbuch des Biblischen Altertums für gebildete Bibelleser" von E.C.A. Riehm[104] finden sich alle drei hier diskutierten Bilder, das Beni Hassan Bild sogar farbig. Die Kommentare sind recht sachlich. Das ist nicht verwun-

---

[99] Hartleben, a.a.O. (Anm. 10), II, pl. V gegenüber von S. 162.

[100] Charles Hippolyte Paravey (1821-1868) war ein französischer Beamter und Amateur-Ägyptologe, der allerhand Zusammenhänge zwischen ägyptischen Monumenten und der Bibel herzustellen suchte (Dawson/Uphill, a.a.O. (Anm. 23), S. 221).

[101] Wiseman, a.a.O. (Anm. 93), S. 160-162. Die Stammbäume Jesu in Matthäus (1,16) und Lukas (3,23) sind Stammbäume Josephs nicht Marias. Da nach kirchlicher Lehre Jesus nicht der leibliche Sohn Josephs war, kann er ihm keine Familienähnlichkeit verdanken. Dass Maria aus dem Hause Davids stamme, ist weder in Lukas 1,27 noch Römer 1,3 noch Apostelgeschichte 3,20 deutlich gesagt, wenn dies auch von Kirchenschriftstellern schon früh angenommen worden ist (Justin, Apologie 1,32; Dialog 43, 100, 120).

[102] *Asien und Europa nach altägyptischen Denkmälern*, Leipzig 1893, S. 166ff.

[103] Vgl. J. Simons, *Handbook for the Study of Egyptian Topographical Lists Relating to Western Asia*, Leiden 1937, S. 96; Y. Aharoni, *The Land of the Bible. A Historical Geography*, London 1967, S. 285; Sh. Ahituv, *Canaanite Toponyms in Ancient Egyptian Documents*, Jerusalem/Leiden 1984, S. 197.

[104] A.a.O. (Anm. 30).

derlich, da der Ägyptologe G. Ebers[105] verantwortlich zeichnet. Der Kommentar zum Beni Hassan Bild wurde oben schon zitiert."[106] Das Ziegelmacherbild trägt die Legende "Ziegel knetende Zwangsarbeiter" und unter denen, die Ziegel tragen, steht "Ziegelwägung".[107] Unter dem Mauerring vom Bubastidenportal steht "Aus der Liste der von Sisak eroberten Städte".[108] In diesem Falle hält Ebers in seinem Kommentar allerdings insofern noch an einer älteren Position fest, als er nicht mit W.M. Müller *jad-hamelek* lesen will, sondern festhält, daß der Name "Judha-Mālek, das königliche Juda (nicht: der König von Juda)" gelesen werden könne.

Die Rezeption der drei ägyptischen Bilder durch die Alttestamentler des 19. Jahrhunderts (und teilweise auch des 20.) zeigt, daß manche frühe Ägyptologen selber detaillierte Kenntnisse des Alten Testaments besaßen und vor der Entzifferung der Hieroglyphen dessen Texte benützten, die ägyptischen Bilder besser zu verstehen (J.G. Wilkinson) bzw. die ägyptischen Zeugnisse zur Bestätigung biblischer Aussagen einsetzten (I. Rosellini). Die Einsichten der Fachägyptologen wurden von den Alttestamentlern in der Regel dankbar aufgenommen. Nur am Rande erlagen sie in popularisierenden Werken gelegentlich apologetischen Impulsen, indem sie die Aussagen der Fachleute leicht zu ihren Gunsten vergröberten oder verzerrten (Wiseman, Philippson, Vigouroux). Gerne überließ man aber in Lexiken u.ä. Werken schon im letzten Jh. Fachägyptologen das Wort (vgl. Ebers in Riehm). Für eine solchen Zusammenarbeit im Dienste der Sache war auch Erik Hornung immer bereit, wofür ihm hier gedankt sei.

---

[105] Dawson/Uphill, a.a.O. (Anm. 23), S. 94.
[106] A.a.O. (Anm. 30), I, S. 54.
[107] Ebd. I, S. 50.
[108] Ebd. II, S. 1520.

REINHOLD MERKELBACH

ÄGYPTISCHE DEUTUNG GRIECHISCHER MYTHEN

Der Kult der Isis hat in Pompei eine bedeutende Rolle gespielt. Es gab ein recht großes Isisheiligtum mit einem Tempel und mehrere private Kultstätten. Man hat geschätzt, daß etwa 10 Prozent der Bevölkerung an den Zeremonien der ägyptischen Götter teilnahmen, und bei den Gemeinderatswahlen waren die *Isiaci* ein beachtlicher Faktor. Einer der an die Wand gemalten Werbetexte lautet:

"Alle Isisanhänger wählen den Cn. Helvius Sabinus zum Aedil",[1]

ein anderer:

"Den Cuspius Pansa wählt sein Klient Popidius Natalis mit den Isis-anhängern zum Aedil".[2]

Ich will die Aufmerksamkeit auf eine Seite des Isiskultes lenken, der man bisher noch kaum Beachtung geschenkt hat:
Es gibt in Pompei eine ganze Reihe Wandbilder mit griechischen Mythen, welche auf den ersten Blick nichts mit Ägypten, Isis oder Sarapis zu tun haben, aber wenn man sich alles näher überlegt, stellt man fest, daß solche Zusammen-hänge bestanden haben.
Es wird am besten sein, an einem Beispiel zu zeigen, von welcher Art diese Zusammenhänge sind. Nach dem ägyptischen Mythos ist Osiris im Wasser des steigenden Nils ertrunken. Weil die Nilflut dem Land Segen brachte, war der Wassertod des Gottes ein Segen für Ägypten, und so hat man den ertrun-kenen Osiris "den Gesegneten" genannt, *Hesies*. Diese Bezeichnung, "der Gesegnete", ist auf alle Menschen übertragen worden, welche ertrunken sind. Sie waren selber zu Osiris geworden und durften auf ein glückliches Los im Jenseits hoffen. Nun gibt es Ertrunkene auch in der griechischen Mythologie, und einige von ihnen sind in Beziehung zu Osiris gesetzt worden.
Hinter dem Haus des Octavius Quartio in Pompei befindet sich ein großer Garten, und dieser Garten enthält eine Nilanlage en miniature. Zu dieser Anlage gehört ein Brunnenhaus, und rechts und links des Brunnens sieht man zwei Fresken mit Ertrunkenen: Links Narziss, der sich im Wasser spiegelt und ertrinken wird, und rechts Pyramos und Thisbe, die nach ihrem Tod in Flüsse verwandelt worden sind (Taf. 5).

---

[1]   H. Dessau, *Inscriptiones Latinae selectae*, Berlin 1892-1916, 6420b; L. Vidman, *Sylloge inscriptionum religionis Isiacae et Sarapiacae*, Berlin 1969, 487.

[2]   Dessau, ibid. 6419f; Vidman, ibid. 488.

In dem vorliegenden Zusammenhang, in einer Nilanlage und bei einem Brunnenhaus ist klar, daß auf den Wassertod des Osiris angespielt wird. Man hat den Mythen von Narziss und von Pyramos und Thisbe einen ägyptischen Sinn unterlegt. Es gibt eine Reihe von weiteren griechischen Mythen, bei denen ähnlich verfahren wurde. Mit einer solchen Interpretation betreten wir ein Gebiet, auf dem man sich nur mit Vorsicht bewegen darf. Der sich im Wasser spiegelnde Narziss ist in Pompei in über 40 Gemälden abgebildet. Man darf ägyptisierende Deutungen dieser Bilder nur dann vorschlagen, wenn sich aus anderen Funden klar ergibt, daß Isis, Sarapis und Harpokrates in dem betreffenden Haus eine Rolle gespielt haben.

Ich werde daher zunächst sieben Gebäude und Villen zu Pompei und in der Umgebung besprechen, in welchen ägyptischer Einfluß klar kenntlich ist, und werde erst danach zu den Mythen übergehen, welche in diesen Gebäuden dargestellt sind.

I 1 ISISTEMPEL

Es hat in Pompei ein recht großes Isisheiligtum gegeben, aus dessen Räumen viele Fresken und andere Darstellungen erhalten sind. Wenn in diesem Heiligtum ein griechischer Mythos abgebildet wird (z.B. Narziss), dann darf man annehmen, daß der Mythos in Beziehung zur Isisreligion gesetzt worden ist.

I 2 HAUS DES OCTAVIUS QUARTIO (II 2,2)

Die Nilanlage im Haus des Octavius Quartio wurde schon erwähnt (Vgl. Fig. 1).

Die obere Skizze zeigt ein balkenförmiges T; damit werden zwei Kanäle dargestellt, welche Wasser führten und eine Nillandschaft en miniature wiedergeben sollten. Links von dem oberen Querbalken des T befindet sich ein Zimmer, welches ein Isisheiligtum enthielt; rechts das Brunnenhaus mit den Anspielungen auf den Wassertod des Osiris, von denen schon die Rede war. Der obere Kanal ist etwa 10 Meter lang und liegt 2 Meter höher als der untere. Der untere Kanal ist etwa 25 Meter lang. Den Übergang vom oberen zum unteren Kanal bildete ein kleiner Wasserfall. Ich werde der Einfachheit halber vom oberen und unteren Nil sprechen. Auf der zweiten Skizze ist dieselbe Anlage schräg von hinten wiedergegeben.

Als V. Spinazzola seine Ausgrabungen publizierte, hat er eine Rekonstruktionszeichnung der Gartenanlage beigegeben (Taf. 6,1).[3] Daß man solche Anlagen

---

[3] V. Spinazzola, *Pompei alla luce degli scavi nuovi di Via dell'Abbondanza (anni 1910-1923)* I, Roma 1953, S. 418, Fig. 481.

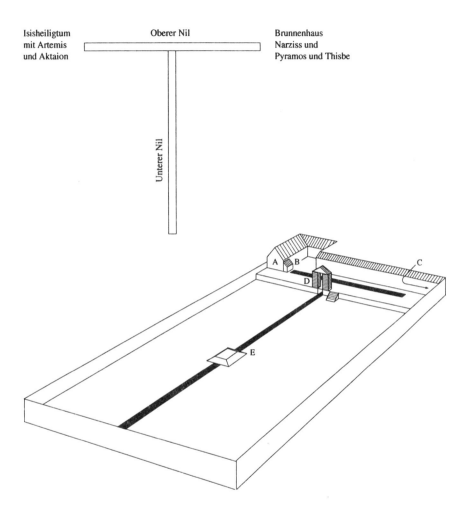

A Isisheiligtum
B Vorbau; beiderseits der Tür Artemis und Aktaion
C Brunnenhaus mit Narziss und Pyramos und Thisbe
D Viersäulentempelchen, Übergang vom oberen zum unteren Nil; "Wasserfall"; Artemis und
   Aktaion
E Brücke über den Unteren Nil, ähnlich dem Unterbau einer Pyramide

Fig. 1: Schematischer Grundriß des Gartens hinter dem Haus des Octavius Quartio

"Nil" genannt hat, wird durch Cicero bezeugt.[4] Neben dem oberen Nil ist eine Reihe von kleinen Statuen gefunden worden; ich nenne: den liegenden Nilgott (Taf. 6,2), einen Sphinx (Taf. 7,1) und einen Kopf des Zeus-Dionysos-Sarapis (Taf. 7,2). In dem Zimmer am linken Ende des oberen Nils befindet sich ein Fresko, das einen Isispriester darstellt (Taf. 8,1). Den Blick aus diesem Zimmer auf den oberen Nil zeigt die Taf. 8,2.

An der Stelle, wo die beiden Kanäle – der obere und der untere Nil – zusammenstoßen, befindet sich ein Tempelchen, das aus nur vier Säulen besteht, die ein Dach tragen. Taf. 9 zeigt den Blick auf den unteren Nil, den man von dieser Stelle aus hat. Der untere Nil ist in der Mitte durch eine Anlage überbrückt, die wie der Unterbau einer Miniatur-Pyramide aussieht, vgl. Fig. 1.

I 3 Casa del Frutteto (I 9,5)

Auch die Casa del Frutteto ist voll von ägyptischen Motiven. Hier können nur einige Beispiele gezeigt werden. In Taf. 10 sieht man die Wanddekoration eines der Zimmer. Über der Querleiste ist ein Apis-Stier abgebildet. Daneben fliegen Vögel, und links steht ein ägyptisches Gefäß. Unten befindet sich ein an die Wand gemaltes Bild mit Dionysos und Ariadne: Der junge Gott kommt zu der schlafenden Schönen. Daß Dionysos mit Osiris identisch sei, sagen die griechischen Autoren seit Herodot oft. Links sitzt ein Pharao auf seinem Thron. Taf. 11 zeigt den Pharao in einer Detailaufnahme. Er hält das Lebenszeichen in der Hand. Im selben Zimmer ist noch ein zweitesmal ein Apis gemalt (Taf. 12). Links und rechts stehen Gefäße in ägyptischem Stil. Unten ist eine Blumenlandschaft und in der Mitte ein Bild mit einem Leierspieler. Links und rechts stehen zwei Personen in hieratischer, ägyptischer Haltung. Im Oberteil dieser Wand sieht man zwei Bilder mit ägyptischen Opferszenen (Taf. 13).

Unten befindet sich eine Gartenlandschaft, darin ein Bild mit dem liegenden Dionysos und einem nachdenklichen Satyr. Auf einer anderen Wand ist eine Kanne mit Vogelschnabel abgebildet (Taf. 14).[5] Sie steht auf einem Becken vor einem Gartenzaun; zu Füßen der Kanne ist ein Rosenkranz. Solche Schnabelkannen sind in Pompei öfters in ägyptischen Zusammenhängen abgebildet. Rechts und links oben erkennt man noch die Umrisse weiterer ägyptischer Gefäße.

---

[4] Cicero, *De legibus* II 2; *ad Quintum fratrem* II 7,7.
[5] Vgl. das Büchlein von E. Knauer, *Urnula faberrime cavata*, Stuttgart 1995.

I 4 HAUS DES SACERDOS AMANDUS (I 7,7)

In der Villa des Sacerdos Amandus ist eine Isisstatue gefunden worden.[6]

I 5 CASA DELL'EFEBO (I 7,11)

Dem fünften Haus, welches herangezogen sei, haben die Archäologen den Namen "Casa dell'Efebo" gegeben. In der Mitte dieses Anwesens befindet sich unter offenem Himmel ein gemauertes Triclinium, ein eckiges hufeisenförmiges Podium, auf welches man Matratzen oder Kissen legen konnte, um einen Diwan mit drei Liegen herzustellen. Auf den drei Seiten dieses Podiums ist eine Nilüberschwemmung gemalt, jene Jahreszeit, zu welcher man in ganz Ägypten feierte. Für eine dieser Seiten vgl. Taf. 15,1. In einem der Zimmer sind zwei Darstellungen der Isis in Fresko gefunden worden, die leider sehr verblichen sind.[7]

I 6 HAUS DER AMORINI DORATI (VI 16,7)

In diesem Haus ist die Darstellung einer Isisprozession gefunden worden, mit Figuren von Anubis, Harpokrates, Isis und Sarapis (Taf. 15,2), sowie eine Statuette des Horos mit Falkenkopf (Taf. 16,1).

I 7 VILLA DER JULIA ZU BOSCOTRECASE

Schließlich sei noch die prachtvolle Villa genannt, welche in dem nahen Boscotrecase ausgegraben wurde und deren Bilder heute großenteils im Metropolitan Museum zu New York zu sehen sind. Man nennt sie "Villa des Agrippa Postumus". Dieser Agrippa war das letzte Kind der Augustustochter Julia und ihres Gemahls, des Feldmarschalls Vipsanius Agrippa. Das Kind Agrippa Postumus wurde im Jahr 12 v. Chr. nach dem Tod des Vaters geboren. Die Identifikation ergibt sich aus einem Ziegelstempel, auf dem das Kind als *pupillus Agrippa* und die Konsuln des Jahres 11 v. Chr. genannt werden. Die Herrin dieser Villa war Julia, das einzige Kind des Augustus. Julia war in vielen Dingen anderer Ansicht als ihr Vater, der ihre Extravaganzen lange Zeit duldete, bis es auf uns nicht klar erkennbare Weise zu einer Katastrophe kam und Julia auf eine Insel verbannt wurde. Zu den Extravaganzen der Julia gehörte, daß sie in ihrem Haus auch ägyptische Darstellungen anbringen ließ. Auf einem dieser Bilder (Taf. 16,2) betet ein ägyptischer Priester eine Statue des Schakals Anubis an; rechts hinter Anubis steht eine Priesterin in der Tracht der Isis. Auf einem anderen Bild wird ein Apis-Stier von einem weißgeklei-

---

[6]   V. Tran Tam Tinh, *Essai sur le culte d'Isis à Pompéi*, Paris 1964, S. 154, Nr. 72.

[7]   V. Tran Tam Tinh, ibid. S. 123f, Nr. 3.

deten Priester angebetet.[8] Daneben kniet ein Mann, der eine Anubismaske trägt. Andere Bilder zeigen einen ägyptischen Priester auf einem Thron[9] und einen Priester mit einer Vogelkopfmaske.[10] Es ist offenkundig, daß man mit Elementen des ägyptischen Kultes in der Villa der Julia rechnen darf. Sie bedeuten nicht, daß Julia eine aktive Verehrerin der ägyptischen Göttin war. Sie war eine leichtlebige, elegante Dame von freundlichem Wesen; der Kult der Götter war für sie gewiß nur eine Randerscheinung.

*   *   *

Dies waren also alles Häuser, in welchen ägyptischer Einfluß unstreitig ist. Ich gehe nun über zu einzelnen Themen aus der griechischen Mythologie, welche in diesen Häusern dargestellt werden und will zeigen, daß in dem gegebenen Zusammenhang eine ägyptische Deutung dieser Mythen sehr naheliegt, daß also die Herren dieser Häuser, als sie diese mythischen Themen darstellen ließen, dies im Sinn eines Verweises auf den ägyptischen Hintergrund oder auf die ägyptische Deutung der Mythen verstanden haben. In einigen Fällen ziehe ich auch Werke der griechischen und lateinischen Literatur heran, die Romanschriftsteller Achilleus Tatios und Appuleius (beide Verfasser von Isisromanen) sowie die alexandrinischen Dichter Theokrit, Kallimachos und Moschos.

II 1 Io

Im Iseum zu Pompei befand sich hinter der Säulenhalle, in welcher der eigentliche Isistempel steht, ein Zimmer mit acht Gemälden in Fresko. Sechs davon sind sakrale Landschaften am Nil; auf den anderen beiden Bildern wird der Mythos der Io dargestellt. Zeus hatte das Mädchen Io verführt. Beinahe hätte seine Gemahlin Hera die beiden zusammen ertappt, aber Zeus spürte den göttlichen Wohlgeruch, welcher seiner Gattin vorausging, und verwandelte Io rasch noch in eine Kuh. Hera fragte, wo denn das Mädchen sei, dem er schön tue; Zeus antwortete, hier sei immer nur diese Kuh gewesen. Darauf Hera: An dieser Kuh sei ihm doch gewiß nicht viel gelegen; sie selbst aber wolle das Tier gerne haben, er möge es ihr schenken. Da blieb Zeus nichts übrig als zuzustimmen. Nun setzte Hera den Argos als Wächter der Kuh ein. Zeus wollte die Geliebte – sie war schon schwanger – retten und sandte seinen

---

[8]   P.H. v. Blanckenhagen / Chr. Alexander, *The Augustan Villa at Boscotrecase*, Mainz 1990, pl. 8; M. de Vos, *L' Egittomania in Pitture e Mosaici Romano-Campane della prima età imperiale* (EPRO 84) Leiden 1980, Tav. II 2.

[9]   P.H. v. Blanckenhagen / Chr. Alexander, ibid. pl. 35.

[10]   P.H. v. Blanckenhagen / Chr. Alexander, ibid. pl. 38 und 41.

Sohn Hermes aus, sie zu befreien. Argos war wachsam, aber Hermes hat ihn überlistet. Er brachte Argos eine Hirtenflöte (Syrinx) als Geschenk; man sieht die Szene auf einem Fresko aus dem Isisheiligtum zu Pompei (Taf. 17). Hermes hat dem Wächter eine unendliche Geschichte von der Werbung des Pan um das Mädchen Syrinx erzählt und immer neue Varianten von Pans vergeblichen Versuchen erfunden, bis Argos aus Langeweile einschlief. Dann schlug er ihm den Kopf ab. Auf dem Fresko ist nichts, was speziell auf Isis hinweist. Es sind acht Repliken dieser Darstellung erhalten; man führt sie auf ein griechisches Original zurück, welches nichts mit Ägypten zu tun hatte. Aber dieses Bild befindet sich innerhalb des Isisheiligtums, in einem Zimmer unmittelbar hinter dem Tempel der ägyptischen Göttin, und so ist es unvermeidlich sich daran zu erinnern, daß die Griechen seit Herodot immer wieder sagen, Io sei mit Isis identisch.

Zurück zum Mythos der Io. Durch den Tod des Wächters war Io noch nicht gerettet. Hera sandte eine Stechfliege, die der armen Io schrecklich zusetzte. Sie lief davon, aber die böse Fliege flog mit. Io lief durch Griechenland bis zum Bosporos und setzte über die Meerenge, die seitdem nach ihr "Kuh-Furt" (Bosporos) genannt wird. Aber die Stechfliege ließ nicht locker. Io floh weiter durch Kleinasien und Palästina bis nach Ägypten. Als sie an den Nil kam, stürzte sie sich verzweifelt in den Fluß um die Stechfliege loszuwerden. Zeus und der Nilgott ließen nicht zu, daß sie ertrank. Zeus berührte sie mit der Hand (ἐφάπτω, ἐπαφή) und verwandelte sie zurück in eine junge Frau, und der Nil nahm sie auf die Schulter und brachte sie zu Isis, der Königin von Ägypten. Die Szene ist auf einem zweiten Fresko im Isisheiligtum zu Pompei dargestellt (Taf. 18). An die frühere Kuhgestalt der Io erinnern auf dem Bild nur noch die Hörner. Isis reicht ihr freundlich die Hand. In der Linken trägt Isis die Königsschlange, ihre Füße stehen auf einem Krokodil. Hinter ihr stehen zwei Figuren, ein Mann mit Sistrum, Heroldsstab und einer Situla, den ich wegen des Heroldsstabs als Hermes-Anubis deute, und eine Frau mit Sistrum und Szepter, wohl der Isis Schwester Nephthys. Links unter dem Nilgott befindet sich ein kleiner Sphinx, rechts unter Isis der Harpokrates-Knabe mit dem Finger am Mund; unter ihm die Agathos Daimon-Schlange (Pschai). Hier, in Ägypten, gebar Io nun den Epaphos; er hat seinen Namen von der segnenden Berührung mit der Hand (ἐπαφή) erhalten. Nach Herodot ist Epaphos der griechische Name des Apis, des heiligen Stiers. Epaphos hatte von einer Niltochter zwei Söhne, Belos und Agenor; des Agenor Tochter war Europa, von der gleich die Rede sein wird. Belos seinerseits hatte zwei Söhne, Aigyptos und Danaos; andere sagten, daß auch Kepheus ein Sohn des Belos gewesen sei; er wurde Vater der Andromeda, und von Aigyptos und Danaos stammte nach mehreren Generationen Perseus ab. Auch auf Perseus und Andromeda werden wir zurückkommen. Eine Enkelin des Perseus und der Andromeda war Alkmene, die dem Zeus den Herakles gebar. Auch von

Herakles werden wir noch sprechen. Von dem Bild mit der Ankunft der Io in Ägypten und ihrer Begrüßung durch Isis ist in Pompei ein zweites Exemplar erhalten (Taf. 19). Es ist mit dem Gemälde im Iseum fast identisch und stammt aus dem Haus, welchem man den Namen des Duca d'Aumale gegeben hat.

II 2 EUROPA

Im Haus des Octavius Quartio – in dessen Garten die große Nilanlage ist – befindet sich auch ein kleines Fresko, welches darstellt, wie Zeus als Stier das Mädchen Europa über das Meer trägt (Taf. 20,1). Hätte man diese Europa in einem anderen Haus gefunden, so gäbe es keinen Grund, von einer Beziehung zu Ägypten zu sprechen. Im Haus des Octavius Quartio aber liegt eine solche Deutung nahe.

Bei zwei anderen Darstellungen der Europa ist sicher, daß man ihren Mythos in Verbindung zu Ägypten gebracht hat. Im Jahr 1912 hat W. Pelizaeus in Memphis eine antike Tonform gekauft; Taf. 20,2 zeigt einen Abguß: Europa reitet auf dem Stier übers Meer; sie hält ihr Gewand mit der rechten Hand hoch, so daß es sich wie ein Segel bläht. Vorn schreitet ein Eros über die Wogen, ein anderer steht auf dem Schwanz des Stiers und stößt Europa voran. Die Delphine im Wasser kennzeichnen das Meer. Der Fundort Memphis zeigt, daß man den Apis-Stier assoziiert hat. Ferner befindet sich im Badischen Landesmuseum zu Karlsruhe eine Lampe mit Europa auf dem Stier (Taf. 21,1). Auch hier bläht sich ihr Gewand wie ein Segel. Von oben herab blickt Sarapis freundlich auf den Zeus-Stier herab. Man soll denken: Dieser Zeus-Stier war einer der Osiris-Apis-Stiere.

Es gibt in der antiken Literatur drei Stellen, an welchen die Entführung der Europa über das Meer als ein Mythos gedeutet werden kann, der mit dem Isiskult zusammenhängt: das Kleinepos "Europa" des Moschos; das Prooemium zum Isis-Roman des Achilleus Tatios, wo ein Bild mit der Entführung der Europa geschildert wird, welches die ganze Handlung des Romans präfiguriert; und eine Stelle in den Metamorphosen des Appuleius (VI 29), wo die Flucht des Mädchens Charite auf dem Esel mit der Fahrt der Europa übers Meer verglichen wird. Daß die Geschichte der Charite bei Appuleius mit den Geschichten der Psyche und des Romanhelden Lucius zusammenhängt, ist evident, und damit ist ein Zusammenhang mit Isis gegeben.

II 3 PERSEUS UND ANDROMEDA

Wir wenden uns jetzt dem Mythos von Perseus und Andromeda zu. Er ist auf einem Fresko im Haus der Julia zu Boscotrecase dargestellt (Taf. 22). Der Äthiopierkönig Kepheus, Enkel des Epaphos, heiratete Kassiopeia "die vom Berg Kasion Herabblickende". Es ist wohl der Berg Kasion nördlich von

Fig. 2: Perseus und Andromeda im Iseum

Pelusium gemeint, vielleicht auch der weiter nördlich an der Küste Palästinas gelegene Mons Casius. Des Kepheus und der Kassiopeia Tochter Andromeda ist in Joppe in Palästina geboren.[11] Kassiopeia stritt mit den Nereiden, wer die Schönste sei, und prahlte, sie sei schöner als alle. Die erzürnten Meermädchen wandten sich an Poseidon, und dieser schickte eine Hochflut und ein Meeresungeheuer. Täglich mußte diesem ein Mädchen zum Fraß ausgesetzt werden. Kepheus wandte sich an Ammon in der Oase Siwa. Der Gott antwortete: Um den Zorn des Poseidon zu besänftigen, müsse er die Tochter aussetzen. Das Volk der Äthiopier zwang den König, dieser Weisung zu folgen. Das Mädchen wurde an einem hohen Fels angenagelt; die Mutter saß trauernd zur Seite. Da kam Perseus mit seinen Flügelschuhen geflogen. Er verliebte sich sofort in die hilflose Schöne. Als das Monstrum mit aufgerissenem Rachen erschien, tötete Perseus es. Er löste die gekreuzigte Andromeda und geleitete sie vom Felsen herab (Taf. 21,2, kaiserzeitliche Münze aus Alexandria). Dann faßte er sie um die Taille und flog weg, wie auf einem Stuckrelief im Isisheiligtum zu Pompei dargestellt ist (Fig. 2); Perseus ist durch die Flügelschuhe eindeutig gekennzeichnet. Rechts von der Gruppe sieht man einen fliegenden Eros, links einen zweiten Eros mit einem geschlossenen Korb, welcher einer Cista mystica sehr ähnlich ist.

Beziehungen des Perseus-Mythos zu Ägypten sind unstreitig. Siegfried Morenz hat erwogen, den ganzen Mythos auf Ägypten zurückzuführen. Herodot spricht von einem Tempel des Perseus in Chemmis-Panopolis, dem heutigen Achmim in Oberägypten. In der römischen Kaiserzeit hat man in Panopolis ein internationales – ein ökumenisches – Sportfest des Perseus Uranios gefeiert, des vom Himmel herabkommenden und als Stern am Him-

---

[11]   Pausanias IV 35,9.

mel stehenden Perseus.[12] Im westlichen Nildelta gab es eine "Warte des Perseus".[13]

Im Sarapeum zu Alexandria sah man einen Gemäldezyklus mit den Taten des Perseus.[14] Achilleus Tatios berichtet von einem Gemälde im Harpokratestempel zu Pelusion, welches dem Fresko aus Boscotrecase sehr ähnlich gewesen sein muß.[15] Bilder mit Perseus und Andromeda sind in Pompei häufig ; man darf sie nicht ohne weiteres auf den Kult der ägyptischen Götter beziehen. Sie können einfach aus Freude an der schönen Geschichte geschätzt worden sein. Aber wenn dieses Thema in Häusern dargestellt ist, welche auch sonst Beziehungen zum ägyptischen Kult haben, dann wird man Perseus und Andromeda in die ägyptisierende Deutung einbeziehen. Das gilt von dem prächtigen Fresko aus dem Haus der Julia zu Boscotrecase (Taf. 22). Da es in dieser Villa eine Reihe ägyptisierender Bilder gibt, wird man auch das Bild mit Perseus und Andromeda in Beziehung zu Ägypten setzen. Ein ganz ähnliches Fresko stammt aus der Villa des Priesters Amandus (Taf. 23,1).

II 4 HERAKLISKOS

Horos, der Sohn der Isis und spätere König Ägyptens, war nach den ägyptischen Überlieferungen schon als Knabe so stark, daß er alle gefährlichen Tiere und alle Krankheiten überwand. Auf vielen Horos-Stelen ist er als Sieger dargestellt; er hält in jeder Hand eine überwundene böse Schlange. Man hat Horos mit verschiedenen griechischen Göttern gleichgesetzt, mit Apollon, mit Eros-Cupido und auch mit Herakles. Man hat dann dem Horos eine Keule in die Hand gegeben, die Waffe des Herakles; so auf der Statue aus Herculanum (Taf. 23,2).

In dem Gedicht "Herakliskos" (der kleine Herakles) erzählt Theokrit einen Mythos von Herakles dem Schlangenbesieger. Als Herakles zehn Monate alt war, schickte die Stiefmutter Hera zwei böse Schlangen, die das Kind nachts im Schlaf überfallen und töten sollten. Aber der Kleine packte sie, mit jeder Hand eine, gleich unterhalb der Giftzähne, und wie sehr die Schlangen sich wanden, er ließ nicht locker. Inzwischen waren auch die Mutter Alkmene und der Ziehvater Amphitryon erwacht. Der Knabe hielt ihnen triumphierend die toten Schlangen entgegen.

Die Ähnlichkeit zu den Horos-Stelen ist evident. Gleichwohl gilt auch hier, daß man den Mythos von Herakles dem Schlangenwürger erst dann nicht nur

---

[12] Pap. Oxy. XXVII 2476, 18.
[13] Herodot II 15; Euripides, *Helena* 769; Strabon XVII 1,18 (C 801).
[14] Aphthonios, *Progymnasmata* 12 (ed. H. Rabe, Leipzig 1926, S. 40, 9-11).
[15] Achilleus Tatios III 6-8.

auf Herakles, sondern auch auf Horos beziehen darf, wenn der gesamte Zusammenhang der Funde dies nahelegt. Im Fall der Nilanlage des Octavius Quartio ist dieser Zusammenhang offensichtlich gegeben. Neben dem liegenden Nilgott, dem Sphinx und dem Zeus-Dionysos-Sarapis am oberen Nil wird man den kleinen Herakles (Taf. 24,1) auch auf den Ägypter Horos deuten müssen. Dem Gedicht des Theokrit, der ja zeitweise am Hof zu Alexandria gelebt hat, möchte ich eine entsprechende doppelte Bedeutung unterlegen.

II 5 Narziss

Wir wenden uns zu den Ertrunkenen der griechischen Mythologie. Daß es nahelag, Ertrunkene in Beziehung zu Osiris zu setzen, brauche ich gewiß nicht zu begründen. Der Mythos des Narziss ist im Isistempel dargestellt (Taf. 24,2). Der schöne Jüngling hat sein Spiegelbild im Wasser erblickt. Es ist so schön, daß er sich in sich selbst verliebt. Er wird seine Hände sehnsüchtig nach dem Bild im Wasser ausstrecken, hinabgleiten und ertrinken. Von dem Narziss im Brunnenhaus des Octavius Quartio (Taf. 5) ist einleitend gesprochen worden. Vor dem Brunnen sind zwei Unterlagen für Speisesofas aufgemauert, ein Biclinium.
Ein Bild des Narziss findet sich schließlich auch in der Casa dell'Efebo (Taf. 25,1), in jener Anlage, wo das Triclinium mit Darstellungen der Nilflut geschmückt ist. Rechts neben Narziss steht die Nymphe Echo. In den besprochenen drei Fällen – im Isistempel, der Nillandschaft des Octavius Quartio und in der Nähe der Nillandschaft in der Casa dell'Efebo – wird man der Deutung nicht ausweichen können, daß Narziss als ein *Hesies* verstanden werden soll, als ein "Gesegneter", der ertrunken und zu Osiris geworden ist.

II 6 Pyramos und Thisbe

Links neben dem Brunnen des Octavius Quartio befindet sich das soeben genannte Bild des Narziss. Rechts neben dem Nymphaeum sieht man als Pendant Pyramos und Thisbe (Taf. 5). Die Geschichte von Pyramos und Thisbe wird ausführlich von Ovid erzählt. Die beiden Verliebten verabredeten ein Stelldichein vor der Stadt, "bei einem Baum neben einer kühlen Quelle".[16] Thisbe traf zuerst ein, aber gleich danach erschien ein Löwe. Thisbe versteckte sich in einer Höhle. Aber sie hatte ihren Mantel verloren; der Löwe packte und zerriß ihn und lief dann weg. Kurz danach kam Pyramos. Er sah die Fußabdrücke des Löwen und fürchtete das Schlimmste. Als er dann auch noch den zerfetzten Mantel der Geliebten sah, war er sicher, daß sie tot sei. So ergriff er seinen Dolch und erstach sich. Gleich danach kam Thisbe aus

---

[16]   Ovid, *Metam.* IV 89-90, "arbor [...] gelido contermina fonti".

ihrer Höhle wieder hervor. Sie sah den Geliebten tot und gab sich mit seiner Waffe den Tod. Bei Ovid spielt die Geschichte in Babylon. Sie wird aber noch von mehreren anderen Autoren erwähnt, von Nonnos, den Rhetoren Himerios und Nikolaos und im pseudoclementinischen Roman. Diese Schriftsteller sagen, daß Pyramos in den kilikischen Fluß Pyramos verwandelt worden sei, den heutigen Ceyhan, und Thisbe in einen Nebenfluß des Pyramos. Der Pyramos mündet etwa gegenüber von Zypern. Er bildet ein Delta ähnlich wie der Nil und schüttet immer neuen Schlamm und neues Geröll auf, so daß das Delta sich ständig vergrößert. Nonnos vergleicht den Pyramos ausdrücklich mit dem Nil. Da das Bild mit Pyramos und Thisbe sich innerhalb der Nilanlage des Octavius Quartio und direkt neben einem Bild des Narziss befindet, ist klar, daß auch Pyramos und Thisbe als Ertrunkene und Gesegnete verstanden werden sollten.

II 7 HYLAS

Ein anderer Ertrunkener in der griechischen Mythologie war der Knabe Hylas. Theokrit erzählt die Geschichte so: Als das Schiff Argo mit den griechischen Heroen nach dem Schwarzen Meer fuhr, war auch Herakles unter der Besatzung, und Hylas begleitete ihn als Schildknappe. Er trug noch die lange Jugendlocke. Die Argonauten landeten bei der Stadt Kios, und Herakles schickte Hylas aus um Wasser zu holen. Der Knabe nahm einen großen Krug mit und kam bald zu einer Quelle, wo dichtes Schilf wuchs. Hylas bückte sich um Wasser zu schöpfen. Aber in der Quelle lebten drei Nymphen; sie faßten den schönen Knaben an der Hand und zogen ihn zu sich hinab, und so ertrank Hylas. Aber man hat ihn seither unter die Seligen gezählt. Mir scheint, daß schon Theokrit in seiner Erzählung auf den Wassertod im Nil anspielen wollte; die Jugendlocke, das Schilf und die Schlußbemerkung, daß Hylas zu den Seligen zählt, deuten in diese Richtung.
Jedenfalls wissen wir aus einem griechischen Grabepigramm aus Hermupolis Magna, daß man den Wassertod des Hylas nach Ägypten übertragen hat. In dem Epigramm wird das Grabmal eines ertrunkenen Kindes, der Isidora, beschrieben:[17] "Wirklich, die Nymphen, die Töchter des Wassers, haben dir, Isidora, dieses Brautgemach erbaut. Begonnen hat die älteste Niltochter, Nilo; sie hat eine Muschel geschaffen, wie sie selbst in der Tiefe im Haus ihres Vaters eine besitzt. Aber Krenaia (die Quellnymphe), die Gattin des entrafften Hylas, hat zu beiden Seiten (des Grabmals) Säulen errichtet, dort, wo sie auch selbst den krugtragenden Hylas mit den Armen umschlingt [...]". Wenn

---

[17] E. Bernand, *Inscriptions métriques de l'Egypte gréco-romaine*, Paris 1969, Nr. 86; M. Totti, *Ausgewählte Texte der Isis- und Sarapisreligion* (Subsidia Epigraphica XII), Hildesheim 1985, Nr. 74; vgl. J. Hani, "Les nymphes du Nil", *L'Antiquité classique* 43, 1974, 212-224.

sich also in Pompei in der Casa dell'Efebo, wo die Nilflut und Narziss darge-stellt sind, auch ein Fresko mit Hylas und den Flußnymphen findet (Taf. 25,2), so werden wir keine Bedenken tragen, es als Zeugnis für die ägyptisierende Interpretation eines griechischen Mythos in Anspruch zu nehmen.

II 8 AKTAION UND ARTEMIS

Wir kommen schließlich zu Mythen, welche warnende Funktion haben: Wer nicht in die Mysterien eingeweiht ist, soll sich nicht freventlich eindrängen. Aktaion war ein Jagdgenosse der jungfräulichen Göttin Artemis. Als er einmal allein mit seinen Hunden jagte, kam er in die Nähe eines Wasserfalls, in welchem Artemis badete. So hat er die Göttin nackt gesehen. Artemis ver-wandelte ihn in einen Hirsch, und seine eigenen Hunde fielen über ihn her und zerrissen ihn. Dieser Mythos ist im Haus des Octavius Quartio zweimal abgebildet; zunächst beiderseits der Tür zum Isisheiligtum (Taf. 26-27). Die-se Bilder sollten Ungeweihte vor dem Eintritt in das Zimmer mit dem Heilig-tum warnen. Die zweite Darstellung (Taf. 28) findet sich an der Stelle, wo der obere und der untere Nil zusammentreffen (also wo die beiden Balken des T zusammentreffen). An dieser Stelle konnte man das Wasser des oberen Nils in den unteren Nil hinabfließen lassen, also einen kleinen Wasserfall inszenieren.

Aktaion und Artemis sind auch in der Casa del Frutteto abgebildet (Taf. 29) und im Haus der Amorini dorati (Taf. 30), in dem sich die Isisprozession und die Statuette des Horos mit Falkenkopf gefunden haben. Der Isisverehrer Appuleius erwähnt in den Metamorphosen (II, 4-5) eine Statuengruppe mit Artemis, Aktaion und den Hunden. Der Held des Romans, der junge Lucius, reist nach Thessalien und will die Magie der thessalischen Hexen kennenler-nen. Er kehrt in einem Haus ein, dessen Herrin Pamphile eine berühmte Hexe ist. Er hat aber eine Empfehlung an eine vornehme Dame, Byrrhaena, die seine Tante ist. Als er diese besucht, sieht er die Statuengruppe mit Aktaion, der nach Artemis-Diana ausschaut und von den Hunden angegriffen wird. Byrrhaena wendet sich in beschwörendem Ton an Lucius: "Bei dieser Göttin, lieber Lucius, sieh dich vor vor den bösen Künsten und Verlockungen jener Pamphile".

Die Statuengruppe mit Artemis und Aktaion hat im Rahmen der Metamor-phosen eine warnende Funktion. Aber Lucius hört nicht auf die Warnung und wird in einen Esel verwandelt, das Tier des Seth Typhon, und wird erst am Ende des Romans durch die Gnade der Isis wieder in einen Menschen zurück-verwandelt.

Es gibt einen weitgehend parallel laufenden Mythos von Athena und Teiresias. Teiresias, der Vertraute der Weisheitsgöttin, sieht sie nackt im Bad und wird zwar nicht mit dem Tod bestraft, aber doch mit dem Verlust des Augenlichtes.

Zum Ausgleich verleiht Athena ihrem unschuldigen Freund die Kunst der Weissagung. Es ist wohl kein Zufall, daß dieser Mythos von Kallimachos behandelt worden ist, der wie Theokrit in Alexandria lebte und ebenfalls manchmal griechische und ägyptische Mythen in Korrespondenz setzte.

II 9 Daidalos und Ikaros

Der letzte Mythos, der hier besprochen werden soll, ist der von Daidalos und Ikaros. Daidalos galt als der Erbauer des Labyrinths. Die Griechen lokalisierten das Labyrinth in Kreta. Die Ägypter wußten es besser: Das echte Labyrinth liege beim Eingang zum Fayum, beim heutigen Hawara. Dort befindet sich das Grabmal Amenemhets III. Pramarres, eine riesige Anlage, die in griechisch-römischer Zeit noch gut erhalten war und von vielen Besuchern aufgesucht wurde. Daidalos habe auch die Propyläen zum Ptah-Tempel in Memphis errichtet und genieße einen Totenkult auf einer der bei Memphis gelegenen Inseln. Daidalos war erfinderisch und hat die großen Schwingen konstruiert, mit denen er fliegen konnte. Er hat dazu Vogelfedern mit Wachs zusammengeklebt. Für seinen Sohn Ikaros hat er entsprechende Flügel geschaffen und ihn vor dem Abflug davor gewarnt, zu hoch hinauf zu fliegen; denn wenn er dem Sonnengott nahe komme, werde die von Helios ausgehende Hitze das Wachs zum Schmelzen bringen, und die Flügel würden zerfallen. Ikaros hat auf die Warnung nicht gehört; in der Freude des Fliegens kam er Helios zu nahe und stürzte tödlich ab.

Der Mythos ist in der Casa del Frutteto abgebildet, zusammen mit Artemis und Aktaion (Taf. 31). Man blickt auf das Meer, auf welchem ein Schiff segelt. Rechts darüber fliegt Daidalos mit ausgebreiteten Schwingen. Darunter an Land, blicken fünf Gestalten staunend nach oben. Der Oberteil des Bildes ist zerstört. Dort waren Helios mit seinem Viergespann und der stürzende Ikaros abgebildet. Neben dem Aktaion-Bild hatte auch diese Darstellung warnende Funktion.

Ein entsprechendes Bild findet sich im Haus des Priesters Amandus (Taf. 32). Hier sind Helios und der stürzende Ikaros gut erhalten. In diesem Haus wurde eine Isis-Statue gefunden, und aus ihm stammt auch das oben besprochene Bild mit Perseus und Andromeda (Taf. 23,1).

* * *

Welche Folgerungen sind aus all diesem zu ziehen? Zunächst das, was man schon weiß: Der Kult der ägyptischen Götter ist den Vorstellungen der Griechen und Römer angeglichen worden und war in Campanien beliebt. Dazu hat die fröhliche Bilderwelt gewiß ihr Teil beigetragen. Aber den bleibenden Gewinn, welche diese Assimilation der Mythen den Isis-Verehrern gebracht hat, wird man wohl nicht sehr hoch einschätzen. In mancher Hinsicht halte ich diese alles einbeziehenden Gleichsetzungen für ein Symptom der Schwäche. Gewiß waren die Anhänger der Isis und des Sarapis überzeugt, daß alle anderen göttlichen Figuren im Grunde nur vorläufige Erscheinungen waren, hinter welchen ihre beiden großen ägyptischen Götter standen. In derselben Weise glaubten sie, daß die ganze griechische Kultur auf ägyptische Ursprünge zurückzuführen sei, und daß man nur aufmerksam suchen müsse um diese Ursprünge aufzufinden. Hierüber referiert Diodor erstaunliche Dinge, von denen er selbst sagt, daß man sie kaum glauben könne. Alle Kultur, so lesen wir, ist von Ägypten ausgegangen; Osiris, den die Griechen Dionysos nennen, hat auf Zügen durch die ganze bekannte Welt den Menschen den Ackerbau und die Weinkultur gebracht. Als Helfer hat er Triptolemos und Maron benützt, den einen für die Getreidekultur und den anderen für die Rebe. Mit ihm gezogen sind die neun Musen und die Satyrn als Erfinder von Poesie und Tanz. Von Ägypten aus sind Mesopotamien und Griechenland kolonisiert worden; in Griechenland Argos durch Danaos, Theben durch Kadmos und Athen durch Erechtheus. Auch Prometheus, Herakles und Perseus waren Ägypter. Melampus hat die dionysischen Mysterien aus Ägypten eingeführt, die eleusinischen Priestergeschlechter der Eumolpiden und Kerykes stammen aus Ägypten. Die hellenischen Mythen über die Unterweltsstrafen sind in Ägypten als Rituale vorhanden, das vergebliche Seilflechten des Zögerers Oknos und das Schöpfen des Wassers in das Faß ohne Boden, welches die Griechen von den Danaiden berichten. "Insgesamt", resümiert Diodor (I 23,8) die Auskünfte der ägyptischen Priester, "eignen sich die Griechen unsere berühmtesten Heroen und Götter an, und auch unsere Kolonien". Dies sind extreme Ansichten, welche die Bewohner von Pompei sicher nicht geteilt haben. Aber daß es eine ägyptisierende Interpretation der griechischen Mythen in ziemlich großem Ausmaß gegeben hat, wird man nicht bezweifeln. Freilich hatte dieses Aufspüren ägyptischer Ursprünge und das Identifizieren griechischer mit ägyptischen Überlieferungen den Charakter eines schönen Spiels. Für viele Römer ist die ägyptische Mode nicht viel mehr gewesen als die Chinoiserien für die Europäer des 18. Jahrhunderts. Zwar hat es viele Anhänger der Isis und des Sarapis gegeben, welche ihre Religion ernst nahmen. Aber diese Religion ist im wesentlichen immer polytheistisch geblieben, trotz allen Versuchen, Sarapis oder Isis zu einer einzigen allumfassenden Gottheit zu erheben. Schon die einfache Tatsache, daß es sich um ein göttliches Ehepaar handelte, stand einem vollen Monotheismus im Wege. Dies bedeutete, daß die ägyptischen Götter nur einige der Bewohner des Olymp waren, und daß fromme Leute sich heute an Isis orientieren konnten, morgen an Apollon und dann wieder an Asklepios. Ferner bedeutete das Bewußtsein vom ägyptischen Ursprung und die Rückbindung an den Nil für die ägyptisch-griechischen Kulte eine Hypothek. Bei den zwei wichtigsten konkurrierenden Kulten, den

Mithrasmysterien und dem Christentum, waren die Verbindungen zu den Ursprungsländern zerschnitten. Die Mithras-Anhänger hatten keine Beziehungen zu dem feindlichen Persien, und die Christen hatten sich demonstrativ vom Judentum losgesagt; Jerusalem war nicht mehr ihr Zentrum. Dagegen trägt Isis, wie Siegfried Morenz gesagt hat, überall ägyptische Elemente als Eierschalen ihrer Herkunft mit sich herum.

Schließlich beachte man, daß in den hier vorgeführten pompeianischen Beispielen die Verbindungen der griechischen Mythen nach Ägypten in der Regel durch Analogien und Assoziationen hergestellt werden. Das Denken geht durch die Augen. Man hat hier die eine Ähnlichkeit gesehen und dort eine andere; ob diese Identifikationen zusammen passen, hat man kaum gefragt. Dies bedeutete eine charakteristische Schwäche der ägyptischen Kulte. Die Mithras-Anhänger und die Christen haben ihren Religionen ein philosophisches Fundament geschaffen. Dieses Fundament ist im wesentlichen aus Elementen der platonischen Philosophie erbaut. Damit gewannen der Mithraskult und die Christen die Möglichkeit, ein konsistentes Weltbild zu errichten. Die Verehrer der Isis und des Sarapis haben versäumt, für ihre Religion etwas Ähnliches zu unternehmen. Wie man dabei hätte verfahren können, hat Plutarch in seinem Buch über Isis und Osiris gezeigt. Er war selbst kein Isispriester, vielleicht nicht einmal in die Mysterien eingeweiht. Er hat das Buch für seine Freundin Klea geschrieben, die von Kind auf Mystin der Isis gewesen ist. Es setzt klar und eindrucksvoll auseinander, daß Platons Lehren, vor allem die des Timaios, eine stimmige Deutung der Mythen und Riten der Isis erlauben. Appuleius hat das auch gut begriffen, und in seinen Metamorphosen wird eine Isisreligion gezeigt, welche platonische Züge trägt, vor allem in dem Mythos von Cupido und Psyche. Aber man hat nicht den Eindruck, daß die Isispriester auf dem von Plutarch und Appuleius gezeigten Weg weitergeschritten sind.

So sind die pompeianischen Bilder ein Zeugnis der Größe und auch der Schwäche der Isisreligion: der Größe, weil sich erneut zeigt, daß Isis im religiösen Leben der Pompeianer eine bedeutende Rolle gespielt hat, und auch, weil die Welt dieser mythologischen Bilder so poetisch und schön ist; der Schwäche, weil die Bilderwelt assoziativ ist und keine Möglichkeit bot, eine zusammenhängende Theologie zu entwerfen.

Erich Winter

Ägyptologisches zum Antinoos[1]

Wenn ich über dieses Thema heute zu Ihnen sprechen kann, so verdanke ich dies unserem Forschungszentrum Griechisch-Römisches Ägypten an der Universität Trier. Konkret gesprochen den ununterbrochenen Anregungen, die ich aus den Donnerstag-Abenden im Kreise meiner Kollegen empfange. Unter ihnen war es Günter Grimm, der unserem Kreis vor gut einem Jahr vorgeschlagen hat, uns von unseren Einzeldisziplinen her mit Antinoos zu beschäftigen. Was mir vom Ägyptologischen her auffiel, möchte ich Ihnen vortragen.

Zur Einführung in den Gedankenkreis ein Zitat aus der ausführlichsten der antiken Quellen über Antinoos, nämlich Cassius Dio 69,11,2-3: *"Auch in Ägypten ließ er* (i. e. Hadrian) *die Stadt wieder aufbauen, die nach Antinoos heißt. Antinoos stammte von Bithynion, einer Stadt Bithyniens, die wir auch Klaudiopolis nennen. Er war ein Liebling des Kaisers gewesen und hatte in*

---

[1] Dieses Referat wurde am 9. September 1993 vorgetragen. Gut ein Jahr später erschien das damals bereits angekündigte Buch *Der Obelisk des Antinoos. Eine kommentierte Edition*, mit Beiträgen von Alfred Grimm, Dieter Kessler und Hugo Meyer, von letzterem auch herausgegeben, München 1994. Im ersten Moment wollte ich das Manuskript meines Referates vor der Drucklegung zurückziehen, mußte dann aber bemerken, daß meine Interpretation eine so andere Zielrichtung hat, daß ihre Veröffentlichung gewagt werden darf.
Eine Auseinandersetzung mit den Thesen des neuen Buches kann und soll hier nachträglich gar nicht versucht werden. Sie wäre auch nur schwer zu leisten, denn Herrn Kessler ist S. 133ff. leider ein Versehen unterlaufen, das unglücklicherweise auf seine ganze Interpretation erheblichen Einfluß hat. Er hat nämlich die aneinander angrenzenden Seiten des Obelisken mit den gegenüberliegenden verwechselt. Und es wird für Herrn Kessler kaum ein Trost sein, daß ein sehr ähnliches Versehen auch Athanasius Kircher passiert ist, wie am dekorativen Deckel der Publikation des schönen Bandes der Herren A. Grimm, D. Kessler und H. Meyer zu sehen ist. Denn dort sind auf den vier Seiten des Pyramidions Himmelsrichtungen vermerkt, wie sie niemals gestimmt haben können.
Wieso Herr Kessler geirrt hat, muß ich (ohne Romreise) belegen. Das Photo von S. 167 zeigt die heutige Ostseite des Obelisken, weil man links dahinter den Petersdom ausmachen kann. Auf dieser heutigen Ostseite ist oben die Herz-Szene zu erkennen. Bei Mary T. Boatwright, *Hadrian and the city of Rome*, Princeton 1987, S. 240 ist auf dem Photo diese gleiche Ostseite, aber dazu auch die heutige Nordseite mit der Maat-Szene zu erkennen. In der rekonstruierenden Interpretation von Herrn Kessler (S. 133) hätten diese beiden Szenen einst die West- bzw. Ostseite des Obelisken gebildet, also zwei entgegengesetzte Seiten, und das ist schlichtweg physikalisch nicht möglich.

Ägypten den Tod gefunden, entweder durch einen Sturz in den Nil, wie Hadrian schreibt, oder weil er, wie es der Wahrheit entspricht, geopfert wurde. Denn Hadrian war stets, wie schon erwähnt, sehr wißbegierig und bediente sich aller möglichen Weissagungen und Zauberformeln. Daher ehrte er den Antinoos, sei es aus Liebe zu ihm, sei es, weil der junge Mann freiwillig den Tod gesucht hatte - es mußte nämlich ein Leben zur Erreichung der Ziele Hadrians freiwillig hingegeben werden - durch Errichtung einer Stadt an der Stelle, wo jener sein Schicksal erlitten hatte, und nannte sie nach ihm."

Meine Fragestellung lautet: Läßt sich ein gemeinsamer religiöser Hintergrund zwischen dem Bericht bei Cassius Dio und dem Obelisk des Antinoos erschließen, oder laufen hier spätantikes und ägyptisches Gedankengut parallel und ohne Berührung einher?

Obelisken wurden im alten Ägypten normalerweise anläßlich eines ḥb-śd-Festes errichtet. Dieses Fest geht vermutlich auf eine in Ägyptens Frühzeit geübte rituelle Königstötung zurück, die in historischer Zeit humanisiert in ein Verjüngungsfest für das jeweilige königliche Individuum verwandelt wurde. Als Ritual wurde dieses ḥb-śd-Fest in Ägypten durch alle Zeiten beibehalten. Alle Obelisken Ägyptens gedenken dieses ḥb-śd-Festes in ihren hieroglyphischen Inschriften und tragen damit mehr oder weniger stereotype Texte.

Dagegen zeigt der Antinoos-Obelisk absolut individuelle und klar für Antinoos konzipierte Inschriften. Ihr Autor mußte noch verhältnismäßig gut das klassische Ägyptisch beherrscht haben und war sicher ein theologisch vorzüglich gebildeter Mann, d. h. ein ägyptischer Priester[2].

In einem gewissen Gegensatz dazu steht die Ausführung der einzelnen Hieroglyphen. Sie zeigt uns einen Steinmetz, der die Gruppierung der Zeichen und den Kanon für die Gestaltung jeder einzelnen Hieroglyphe nicht mehr von der Pike auf gelernt hat[3].

In drei der vier Szenen am oberen Ende des Obelisken[4] ist Antinoos als Akteur vor einer Gottheit dargestellt, an sich schon eine ganz ungewöhnliche Position, die normalerweise dem amtierenden König vorbehalten ist. Mit anderen Worten, Antinoos vertritt hier ganz persönlich den Kaiser Hadrian, der diese Position lediglich auf der vierten der Obelisken-Szenen innehat.

[2] Zu Dauer und Intensität der Verwendung altägyptischer Hieroglyphen siehe *RAC* 15 (1991), Sp. 85- 89.

[3] Zu der oft erörterten Frage, ob dieser Obelisk samt seiner Inschrift für Antinoopolis in Ägypten oder für einen Grabtempel des Antinoos in Rom geschaffen wurde, siehe zuletzt die gegensätzlichen Standpunkte in dem Anm. 1 genannten Werk, bzw. bei J.-C. Grenier/ F. Coarelli, "La tombe d'Antinoüs à Rome", *Mélanges de l'École française de Rome. Antiquité* 98, 1986, 217 - 253.

[4] Beste Dokumentation in dem Anm. 1 genannten Werk, *Der Obelisk des Antinoos*, S. 137 ff. und die Photos S. 185 ff.

Antinoos trägt in allen drei Darstellungen eine Krone, bestehend aus den gedrehten Widderhörnern und darüber zwei großen aufrechtstehenden Straußenfedern mit einer relativ kleinen Sonnenscheibe dazwischen. Diese Kronenform könnte in diesem Zusammenhang auf osirianisches Gedankengut hinweisen, aber die ganze Kronenproblematik ist so vielschichtig, daß ich Schlußfolgerungen vermeiden möchte.

Hingegen zeigen alle drei Antinoos-Darstellungen eine Besonderheit, zu der ich doch eine Deutung wagen möchte. Antinoos hält nämlich in der herabhängenden linken Hand ein Lebenszeichen an der Schlaufe. Selbst bei Königen kommt dies nicht sehr häufig vor, aber vielleicht läßt sich leichter noch ein Vergleich mit den Königinnen anstellen. Denn Königinnen pflegen in einer bestimmten Situation ein Lebenszeichen in der herabhängenden Hand zu halten, wenn sie nämlich im Tempelrelief hinter ihrem königlichen Gemahl auftreten und die andere Hand zu einer schützenden Geste hinter den Kopf des Königs erheben[5]. Erhalten sie für diese schützende Geste die Unterstützung und Kraft aus dem für sie sonst nicht "alltäglichen" Lebenszeichen? Und kann darin eine Vergleichsmöglichkeit zum königlichen Freund Antinoos gezogen werden? Zumindest könnte sein Freitod als Schutzfunktion gelten, die durch das Lebenszeichen in seiner Hand sinnvoll zum Ausdruck kommt. Der gedankliche Ring könnte sich schließen, wenn nachher die "devotio" zur Sprache kommt.

Noch ein weiteres Element verbindet die drei Szenen, die Antinoos als Vollzieher des Rituals vor einer Gottheit zeigen: die jeweilige Gottheit hält auffälligerweise eine Palmrispe in der Hand, das hieroglyphische Zeichen für *"Jahr"*. Das hat nur im Falle der ḥb-śd - Szene Bezüge zu den Tempelreliefs, bei der Übergabe von Herz und Wḏꜣ.t - Auge ist dies systemwidrig.

Das Auftauchen der Palmrispe muß also etwas damit zu tun haben, daß in genau diesen drei Szenen Antinoos und nicht Hadrian der Akteur ist. In ägyptischen Tempelreliefs der griechisch-römischen Zeit ist die Jahresrispe in der Hand der Gottheit normalerweise mit der Überweisung von Regierungsjahren an den König verbunden, wobei insbesonders gerne von den ḥb-śd - Feiern die Rede ist. Hierzu einige Beispiele:

1) Karnak LD IV, 21d deutlich in den Worten des Königs: *"Ich empfange die ḥb-śd aus der Hand der großen Seschat"*.
2) Edfu III, 121,4 mit den Worten des Königs: *"wir* (i. e. er und seine Frau) *empfangen das ḥb-śd aus der Hand des Herrn der ḥb-śd (*= Thot*)"*.
3) Edfu IV, 92,11 (mit ähnlichem Text).
4) Urk. VIII, 83 Nr. 98 d = P. Clère, *Porte d'Evergète*, pl. 43, Worte des Königs: *"Ich empfange die ḥb-śd aus der Hand dessen, der ihre Zahl zählt (ḥb-ś)"* (in Bezug auf Chons in der Rolle des Thot).

---

[5] Zum Beispiel LD IV, 23d. 28a. 34b. 35a; Philae II, 42. 50. 62. 166. 172.

5)   Edfu I, 112,6 und pl. 19.
6)   Edfu I, 522,12 und pl. 365.
7)   Edfu VI, 277,4.
8)   Mallet, *Le Kasr El-Agoûz,* S. 90.

Vergleichbares gibt es auch vor der griechisch-römischen Zeit, vgl. z. B. LD III, 198e.

Das "systemwidrige" Auftreten der Palmrispe (in der Herz- und der *Wḏꜣ.t* - Szene auf dem Obelisken) deute ich daher so, daß dadurch Antinoos in dem gedanklichen Umfeld des *ḥb-śd* gezeigt werden soll, also als der Freund, der Hadrian die Verjüngung ermöglicht. Wenn dies schon für die Herz- und die *Wḏꜣ.t* - Szene anzunehmen ist, so gilt dies natürlich umso mehr für die *ḥb-śd*-Szene des Obelisken.

Osirianisches und die Vorstellungswelt des *ḥb-śd* - Festes zeigen sich auch in den Inschriften des Obelisken. Osirianisch ist natürlich der Ertrinkungstod im Nil, denn ganz Ägypten feierte jede Nilüberschwemmung als Wiedergeburt des Osiris. Lassen wir uns das bestätigen durch einen Blick auf einige Textpassagen[6]:

Ia   ist von der Wiederbelebung des Antinoos die Rede.

Ib   ist (leider in etwas unklarem Zusammenhang) vom Lohn die Rede für etwas, was einer für jemand anderen getan hat.

IVd schließt mit den Worten: *"Was alle Götter und Göttinnen betrifft, so geben sie ihm Lebensodem, auf daß er atme als Wiederverjüngter".*

IVc spricht zweifellos ausdrücklich von "Osiris-Antinoos" als Gottheit in seinem Tempel, aber trotzdem glaube ich nicht, daß man vor dem Hintergrund des bei Cassius Dio Geschilderten den Bezug auf Hadrian vernachlässigen darf. In den Verjüngungsprozeß des ägyptischen *ḥb-śd* - Geschehens ist als Auslösender die Person des Antinoos eingefügt und damit vor unseren Augen das Regenerative aus der Osirisreligion (mit seiner Auferstehung als und aus dem Nil) und dem *ḥb-śd* (als humanisierte Königstötung) vereint.

Aber zu dieser ägyptischen Komponente gehört (auch um in seiner Zeit gehört werden zu können), die innere Bestätigung und Erklärung des Geschehens aus dem Gedankengut der Antike heraus. Und für diese Überlegungen stütze ich mich weitgehend auf die Untersuchungen von Niels Hannestad[7].

Danach ließ Hadrian in Ephesos (er war in die eleusinischen Mysterien eingeweiht) Münzen mit der Umschrift prägen: HADRIANUS AUG P P REN(atus). Die Auflösung "renatus" mag nicht von allen Numismatikern

---

[6]   Zitiert nach der Einteilung, die A. Erman, *Römische Obelisken* (APAW 1917, phil.-hist. Klasse Nr. 4) S. 28 - 47 vorgenommen hat.

[7]   "Über das Grabmal des Antinoos", in: *Analecta Romana Instituti Danici* 11 (1982), 69-108, bes. S. 98 ff.; ders., *Roman Art and Imperial Policy,* Aarhus 1986, S. 208 f.

anerkannt werden, aber Hannestad (S. 99) verweist auf ein Idealbildnis Hadrians, das in der Villa Hadriana selbst gefunden wurde und Hadrian (beim Tod des Antinoos ein Mitfünfziger) als etwa Zwanzigjährigen wiedergibt, d.h. mit dem Alter, in dem Antinoos war, als er 130 n. Chr. starb[8]. Diesem Jünglingsideal entsprechen Aurei, also kleine Goldmünzen, die vermutlich 136-137 n. Chr. geprägt wurden[9]. Sie zeigen den gleichen Typus "Hadrianus renatus" mit jünglinghaftem flaumigem Backenbart wie der Marmorkopf der Villa Hadriana.

Die Münze aus Ephesos mit dem als "renatus" gedeuteten REN ist zwar nicht genau datiert, aber eher vor als nach 130 n. Chr. anzusetzen. Sie kann also nicht als "Beleg" für eine Vorstellung von magischer Verjüngung durch den Tod des Antinoos dienen. Wohl aber dafür, daß der damaligen Zeit eine "renatus"-Vorstellung geläufig war[10].

Aber noch eine andere Vorstellung konnte den Weg zu einem bewußten Opfertod des Antinoos ebnen, nämlich die "devotio", und zwar im Sinne von Aufopferung für Herrscher und Staat. *"Der Kern des keltiberischen Brauches lag wohl darin, daß man den, dem man sich devoviert hatte, nicht überleben wollte". "Heil und Leben des Herrschers will man erzwingen, indem man das eigene Leben in einem Akt der devotio anbietet oder faktisch hingibt"*[11].

Resümiert man also die möglichen gedanklichen Quellen, aus denen sich Motive für einen Freitod des Antinoos hergeleitet haben könnten, so gelangt man zu einem Schema mit zwei ägyptischen und zwei der Antike entlehnten Vorstellungsbereichen[12]:

---

[8] Hannestad, a.a.O. (Anm. 7) S. 107, Anm. 125 spricht von einem weiteren, diesem überaus ähnlichen Kopf in Madrid (Prado Inv. 176-E). Dieser ist jetzt ausführlich publiziert in S. F. Schröder, *Katalog der antiken Skulpturen des Museo del Prado in Madrid*, Bd. I, *Die Porträts*, Mainz 1993, S. 204 - 207, Nr. 54.

[9] Bei Hannestad, a.a.O. (Anm. 7), S. 98, Abb. 46; Schröder a.a.O. (Anm. 8), S. 207, Abb. 19.

[10] Zur gleichen Zeit heißt es bei Apuleius (XI,16,278) kurz nach der Einweihung in die Isismysterien: *"ut renatus quodam modo statim sacrorum obsequio desponderetur"* (vgl. J. G. Griffiths, *The Isis-Book* (EPRO 39), Leiden 1975, S. 258f.).

[11] Winkler und Stuiber, *RAC* 3 (1957), Sp. 853f. Vgl. M. Lossau, "Ersatztötungen - Bauelemente in der Ilias", *Wiener Studien* 104, 1991, 5 - 21.

[12] Ein Fortschritt an Erkenntnissen ist von demjenigen zu erwarten, der es zustande bringen wird, die hieroglyphischen Beischriften zu den vier Szenen am oberen Ende des Obelisken aus unmittelbarer Nähe zu studieren oder gar - wie in alten Zeiten - einen Papierabklatsch zu nehmen.

Den altägyptischen Glaubensvorstellungen sind die osirianischen, im naturhaft-zyklischen Denken der Regeneration liegenden Empfindungen entnommen, gleichzeitig das Ertrinken als Vollendung des Osiris-Werdens. Denn Osiris war selbst zum Nil in dessen fruchtbringender Überschwemmungsphase geworden.

Darüber hinaus war in Ägypten für den königlichen Bereich das Regenerative mit dem Regierungsjubiläum *(ḥb-śd)* verbunden; einem symbolischen Sterben des alternden Pharao wurde rituell eine ebenso symbolische Wiedergeburt als "zum Mann gereifter Jüngling" hinzugefügt.

Solche Vorstellungen entsprachen nicht unmittelbar denen der Spätantike. Hier mußte wohl eine andere Ideenwelt die Brücke bilden. Eine solche stand zur Verfügung im Akt der "devotio", die ein Selbstopfer eines Menschen für das irdische Heil des Herrschers zum Ziel hatte. Das Ergebnis dieser Devotio kam im verjüngten Herrscherbild des "renatus" sichtbar zur Darstellung.

ELISABETH STAEHELIN

ALMA MATER ISIS[1]

Anschließend an eine ägyptologische Tagung in Leipzig im Sommer 1989 waren ein paar Kollegen eingeladen, einen Ausflug nach Wörlitz und nach Potsdam zu unternehmen. Neben vielen anderen eindrucksvollen Zeugnissen der Antiken-Rezeption haben wir bei dieser Gelegenheit im Neuen Garten in Potsdam eine in beklagenswertem Zustand unter Bäumen liegende Statue der Ephesischen Artemis (Taf. 33,1) gesehen, die uns ausdrücklich als Isis bezeichnet wurde[2].

Während der Folgetagung in Linz, ein Jahr darauf, haben einige Teilnehmer dem nahegelegenen Stift St. Florian einen Besuch abgestattet und sich einer Führung durch die Barockräume angeschlossen. Dort stießen wir im soge-nannten Gelben Zimmer auf eine Deckenmalerei (Taf. 33,2), in der eine Herme der vielbrüstigen Göttin im Mittelpunkt steht. Sie wird in der einschlägigen Publikation[3] folgendermaßen bezeichnet: «Junge Mädchen als Personifikation des Frühlings schmücken das Kultbild des Isis mit Blumen». Das Gemälde

---

[1] Für nützliche Hinweise danke ich Elke Blumenthal, Erik Hornung und Konrad von Rabenau. Thomas Schneider hat mich freundlicherweise bei der Beschaffung von Literatur unter-stützt, und André Wiese hat mir mehrere photographische Aufnahmen gemacht. Gar nicht genug danken kann ich Bertrand Jaeger, der mir immer wieder Fingerzeige gegeben und mit Belegen geholfen hat, so daß ihm dieser Artikel mehr verdankt, als ich im einzelnen nachweisen kann.

Besondere Abkürzungen: Baltrušaitis, *La quête d'Isis* = J. Baltrušaitis, *La quête d'Isis. Essai sur la légende d'un mythe. Introduction à l'Egyptomanie*, Paris 1967. Baltrušaitis, *La quête d'Isis* ² = J. Baltrušaitis, *La quête d'Isis . Essai sur la légende d'un mythe* (Les perspectives dépravées), Paris 1985. Curl, *The Egyptian Revival* = J.St. Curl, *The Egyptian Revival. An introductory study of a recurring theme in the history of taste*, London 1982. Curl, *Egyptomania* = J.St. Curl, *Egyptomania. The Egyptian Revival: A Recurring Theme in the History of Taste*, Manchester/New York, 1994. Hopfner, *Fontes* = *Fontes Historiae Religionis Aegyptiacae* collegit Theodor Hopfner, 5 Tle., Bonn 1922-25. Thiersch, *Artemis Ephesia* = H. Thiersch, *Artemis Ephesia. Eine archäologische Untersuchung*, Teil I. Katalog der erhaltenen Denkmäler (Abh. d. Ges. d. Wiss. zu Göttingen. Phil.-hist. Kl., 3. Folge, Nr. 12) Berlin 1935.
[2] Vgl. unten Text S. 134 und Anm. 120.
[3] Th. Korth, "Die Kaiserzimmer", in: *Die Kunstsammlungen des Augustiner-Chorherren-stiftes St. Florian* (Österreichische Kunsttopographie, Bd. 48), Wien 1988, S. 285 und Abb. 883.

steht unter dem Titel "Allegorie der Natur" und wurde im Jahre 1706 von den
Malern Josef Ruffini und Johann Philipp Ruckerbauer geschaffen.

Bei Gelegenheit meiner Lektüre war ich schon früher darauf gestoßen, daß
die Isis im 18. Jahrhundert die Natur symbolisieren konnte, besonders eindrucksvoll in des Erbauungsdichters Heinrich Jung-Stillings *Heimweh*, das
er 1793/94 verfaßt hat. Dieses Werk beschreibt eine religiöse Entwicklungs-
geschichte, in der ein junger Mann, Christian von Ostenheim, als ein moderner
Kreuzritter dazu bestimmt ist, in den Orient zu ziehen. Der Roman ist *eine*
große Allegorie, die die Reise des Christen durch die Welt mit all ihren
Verführungen und Anfechtungen zum Inhalt hat. Im zweiten Buch des zweiten
Teils[4] gelangt der Jüngling nach Ägypten und wird in der großen Pyramide in
einen geheimen Orden von Kreuzrittern eingeweiht. Als Neophyt muß er lange
subterrane Reisen machen und stößt dabei immer wieder auf ägyptische
Gestalten, Statuen und sonstige Objekte, die irgendwelche philosophische,
religiöse oder andere Ideen symbolisieren, die vom Autor in einem Extra-
Bändchen, dem *Schlüssel zum Heimweh*[5] erklärt werden. Eine kolossale
verschleierte Isis-Statue, die nach dem Verfasser für die Mutternatur steht,
und deren Antlitz der Jüngling nur enthüllen kann, weil er mit Geist und Feuer
getauft ist, ist in der Allegorie die metaphysische Gottheit, die den allgemeinen
Geist der Natur meint, und die von der sich selber überlassenen Vernunft
endlich gefunden und für die wahrhafte Gottheit gehalten wird; es ist aber nur
der Gott, den der Zeitgeist an die Stelle des wirklichen Erlösers setzen will.

Solche und ähnliche Beispiele haben die Neugier darauf geweckt, welche
Entwicklung die Isis durchlaufen haben mochte, bis es so weit war, daß sie
einerseits als Verkörperung der Natur verstanden wurde, andrerseits in der Art
der Ephesischen Artemis mit vielen Brüsten dargestellt werden konnte[6].

---

[4]   H. Stilling, *Das Heimweh*, Bd. 2, Frankfurt/Leipzig 1795, S. 161ff., spez. S. 176-177. Vgl.
E. Staehelin, "Zum Motiv der Pyramiden als Prüfungs- und Einweihungsstätten", in:
S. Israelit-Groll (Hrsg.), *Studies in Egyptology Presented to Miriam Lichtheim*, Bd. 2,
Jerusalem 1990, S. 918ff., spez. S. 923.

[5]   H. Stilling, *Der Schlüssel zum Heimweh*, Frankfurt/Leipzig 1796, S. 122f.

[6]   Der gelehrte Jurgis Baltrušaitis hat in seinem Werk *La quête d'Isis* von 1967, in dem er
bereits das enorme Interesse an der Ägypten-Rezeption voraussspürte – damals war es noch
nicht so *en vogue* wie heute – ein Kapitel "Les Isis et un Apis français". Darin geht er auf
einen Teil des uns hier interessierenden Themas ein. Auch in seine überarbeitete Auflage
mit dem gleichen Haupttitel, Paris 1985, hat er dieses Kapitel wieder aufgenommen. Ebenfalls auf die Verbindung von Isis und Ephesischer Artemis weist James Stevens Curl in
seinem reichhaltigen Buch *The Egyptian Revival*, London 1982, verschiedentlich hin, ohne
jedoch ausführlich auf das Phaenomen einzutreten. In der Neubearbeitung dieses Werkes,
das seit unserem Symposion unter dem Haupttitel *Egyptomania* erschienen ist, Manchester/New York
1994 erschienen ist, hat er ein eigenes Kapitel "The Transformation of Isis" aufgenommen, in dem er auch auf Isis und die Ephesische Artemis zu sprechen kommt; vor allem
aber interessiert ihn das Verhältnis von Isis und der Jungfrau Maria.

Schon ohne sich näher mit der Sache befaßt zu haben, muß man vermuten, daß hier eine Idee im Spiele ist, die – vorsichtig gesagt – wenig mit der Isis zu tun hat, die man aus dem alten Ägypten kennt, schon eher etwas mit der Göttin, die in der griechisch-römischen Zeit außerhalb ihres Herkunftslandes begegnet. Und da stellt sich dann die Frage, ob sich die Vorstellung von der Isis als Naturgöttin schon irgendwie in der Antike greifen lasse, und außerdem, wie es mit den Verbindungen der Isis zur Artemis, insbesondere derjenigen von Ephesus aussehe.

Den konkret denkenden alten Ägyptern fehlt – wie zu erwarten – ein umfassender Begriff, der dem griechischen Ausdruck φύσις entspräche, und man wird natürlich auch vergeblich im deutsch-ägyptischen Wörterbuch eine Eintragung 'Natur' suchen.

Bekanntlich spielt die Isis eine ganz wichtige, um nicht zu sagen ihre wichtigste, Rolle als Schwestergattin des Osiris und Mutter des Horus im Osiris-Mythos, von dem wir erst von Plutarch (kurz nach 45 – nach 120) eine ausführliche Darstellung besitzen. Dieser überliefert in Kapitel 32 seines Isisbuches, es sei bei den Ägyptern Osiris der Nil, der der Erde Isis beiwohne. Und in Kapitel 38 weiß er: «Wie sie [die Ägypter] also den Nil den Ausfluß des Osiris nennen, so halten sie die Erde für den Leib der Isis, doch nicht etwa die ganze Erde, sondern nur, soweit sie der Nil besamt, sich mit ihr vermengt und sie besteigt; aus dieser Beiwohnung lassen sie den Horus gezeugt werden»[7].

Nun kann man annehmen, daß diese Vorstellung der Isis als Erde schon auf altägyptisches Gedankengut zurückgehen könnte[8]. Es gibt einen Götterhymnus[9], in dem die Isis als Feldgöttin verstanden wird, die den Pflanzengott Nefertem hervorbringt. Andrerseits existieren mehrere Sargtexte[10], in denen Isis als Erde, genauer gesagt als Lippen, nämlich als Bild für das Ufer, verstanden wird, welches das Wasser, die Verwesungsflüssigkeit des Osiris, aufnimmt. Diese Vorstellungen, die nur auf den bestimmten Aspekt des überschwemmten Landes hinzielen und mit einem Zug des Osiris-Mythos, eben der Begattung der Isis durch Osiris, verbunden werden konnten, kommen tatsächlich der Meinung Plutarchs sehr nahe.

Eine allgemeine Auffassung der Isis als Erdgöttin hat es im alten Ägypten dagegen nie gegeben, sie wäre auch unägyptisch, da im pharaonischen Nilland die Erde maskulin ist – man denke nur an die männlichen Erdgottheiten Geb,

---

[7]   Plutarch, *De Iside,* 32. 38: Hopfner, *Fontes,* S. 235. 239. Th. Hopfner (Übers./Komm.), *Plutarch, Über Isis und Osiris,* Darmstadt 1967, Bd. 2, S. 16f. 21.

[8]   Das hat Maria Münster in ihrer Isis-Monographie bereits getan: Münster, *Isis,* S. 198-200.

[9]   H. Kees, *ZÄS* 57, 1922, 92-120.

[10] Dazu ausführlich Münster, *Isis,* S. 199f.

Aker, Tatenen (Erdtiefe, Erdinneres) – im Gegensatz zu dem stets weiblich aufgefaßten Himmel: *pt, nwt*. Auch im Tempel von Philae, in der großen Litanei, die die Isis als Partnerin des Osiris feiert, wird Osiris als die Nil-überschwemmung *ḥ'pj* und Isis als das Feld *sḫt*[11] bezeichnet.

Es muß also dieser spezielle Aspekt der Isis als der vom Osiris-Nil befeuchteten Erde gewesen sein, der ins allgemeine erweitert, der Isis bei den antiken Autoren zur Auffassung als Erdgöttin verholfen hat. In den sogenannten Isis-Aretalogien fehlt dieser Zug übrigens, denn die Isis als Entdeckerin der Feldfrüchte, wie sie dort vorkommt[12] und auch beim Schriftsteller Diodor im 1. Jh. v. Chr. beschrieben wird[13], ist ja etwas anderes.

In dem damit verwandten Passus der Selbstoffenbarung der Göttin im Traum des Romanhelden Lucius, im *Goldenen Esel (Metamorphosen)* des Apuleius[14], im 2. Jh. n. Chr., versteht sich Isis auch nicht als Erde, nennt sich aber 'Mutter der Natur' "rerum naturae parens" und 'Herrin der Elemente'.

An anderer Stelle des oben genannten Werkes geht Plutarch weiter, wenn er sagt: «Isis ist also der weibliche und alle Zeugung aufnehmende Teil der Natur» τὸ τῆς φύσεως θῆλυ καὶ δεκτικὸν ἁπάσης γενέσεως, weshalb sie von Plato 'Amme' τιθήνη und 'Allempfangende' πανδεχής genannt werde, von den meisten aber 'Tausendnamige' μυριώνυμος, was für die griechischen Zauberpapyri zutrifft, zugleich mit dem Epitheton 'Vielgestaltige' πολύμορφος[15].

Die Gleichsetzung der Isis mit der Erde und damit der *Terra*, nämlich der Erde als Göttin, findet sich bei den antiken Autoren *vor* Plutarch schon beim römischen Polyhistor M. Terentius Varro (116-27 v. Chr.)[16]. *Nach* Plutarch kommt die Vorstellung, daß Isis die Erde sei, bei den spätantiken Schriftstellern immer wieder vor, so etwa bei Heliodor (3./4. Jh. n. Chr.) in der *Schönen Charikleia (Aithiopika)*[17], wo Isis als Erde wieder neben Osiris als Nil gestellt wird, oder bei Origenes (um 185-253/54 n. Chr.)[18]. Auch Firmicus Maternus (fl. ca. 350 n. Chr.) weiß davon[19], und Servius (um 400 n. Chr.) behauptet in seinem Vergil-Kommentar[20] geradezu, Isis heiße auf Ägyptisch 'Erde', als die sie auch angesehen werde: «Isis autem lingua Aegyptiorum est terra quam Isin

---

[11]   H. Junker, *Das Götterdekret über das Abaton* (DAWW Bd. 56,4), S. 38.

[12]   Dazu D. Müller, *Ägypten und die griechischen Isis-Aretalogien* (ASAW, Bd. 53, H. 1), Berlin 1961, S. 31 mit Anm. 3.

[13]   Diodor I,14: Hopfner, *Fontes*, S. 95f.

[14]   Apuleius, *Metamorphoseon libri*, 11,5: Hopfner, *Fontes*, S. 319.

[15]   Plutarch, *De Iside* 53: Hopfner, *Fontes*, S. 246 und ders., *Über Isis und Osiris* (a.a.O. Anm. 7), Bd. 2, S. 32. 228.

[16]   Varro, *De lingua Latina*, 5,57: Hopfner, *Fontes*, S. 83.

[17]   Heliodor, *Aithiopika* 9,9: Hopfner, *Fontes*, S. 459.

[18]   Origenes, *Contra Celsum*, 5,38 (607/08): Hopfner, *Fontes*, S. 439f.

[19]   Firmicus Maternus, *De errore profanarum religionum* 2 (6): Hopfner, *Fontes*, S. 519.

[20]   Servius, *In Vergili Aen.* 8,696: Hopfner, *Fontes*, S. 615.

volunt esse». Fast genau so steht es auch bei Isidor von Sevilla (ca. 600-636)[21], der seinerseits bei Servius abgeschrieben hat. Schließlich ist Macrobius[22] zu nennen, der in seinen *Saturnalien* Isis nicht nur mit der Erde, sondern geradezu mit der Natur gleichsetzt: «Isis [...], quae est vel terra vel natura rerum [...]»[23]. "Natura rerum" ist die lateinische Entsprechung des griechischen Ausdrucks φύσις.

In der schon genannten großen Selbstoffenbarung der Isis dem Lucius gegenüber, als Antwort auf sein Gebet, im *Goldenen Esel* des Apuleius[24], stellt die Göttin fest, daß sie *ein* Wesen mit dem Namen Isis sei, das in vielen Gestalten und mit verschiedenen Bräuchen unter mancherlei Namen auf dem ganzen Erdkreis angebetet werde. Unter anderem nennt sie die "Dictynna Diana" der kretischen Pfeilschützen "Cretes sagittiferi Dictynnam Dianam"; die besondere Spielart der Ephesia fehlt allerdings, war aber kurz vorher von Lucius in seinem Gebet angesprochen worden[25]. Nun ist es gut belegt, daß die hellenisierte Isis mit verschiedenen Artemis- respektive Diana-Ausformungen Verbindung hatte, ja sogar geglichen werden konnte. Jean Leclant hat gerade kürzlich eine solche mit der "Diana Nemorensis" von Latium, d.h. von Nemi, nachgewiesen[26]. K. Schefold glaubte schon vor Jahrzehnten, in der pompeianischen Malerei immer wieder hinter Diana-Darstellungen die Isis erkennen zu können[27].

Wir wollen hier nicht weiter darauf eingehen, und beschränken uns auf die Verbindung der Isis mit Ephesus und der dortigen Artemis.

Bei der Ephesischen Artemis[28] (Taf. 34) handelt es sich nicht um die griechische Jagdgöttin gleichen Namens, sondern um eine lokale Form der alten anatolischen 'Großen Göttin', die von den Griechen mit ihrer Artemis geglichen und von den Römern als Diana bezeichnet wurde. Über ihren eigentlichen Charakter weiß man wenig, aber es scheint, daß sie im Laufe der Zeit einer starken Wandlung unterworfen war. Statuen der vielbrüstigen Göttin sind erst in Kopien aus späthellenistischer und römischer Zeit überliefert, wobei mehr-

---

[21] Isidorus Hispalensis, *Etymologiae* 8,84: Hopfner, *Fontes*, S. 724.

[22] Macrobius schrieb im ersten Drittel des 5. Jahrhunderts, vgl. unten Anm. 34.

[23] Macrobius, *Saturnaliorum convivia* I,20(18) und ebenso I,2l(11): Hopfner, *Fontes*, S. 598.

[24] Apuleius, *Metamorph.*, 11,5: Hopfner, *Fontes*, S. 319f.

[25] Apuleius, *Metamorph.*, 11,2: Hopfner, *Fontes*, S. 318.

[26] J. Leclant, "Diana Nemorensis, Isis et Bubastis", in: A.B. Lloyd (Hrsg.), *Studies in Pharaonic Religion and Society in Honour of J. Gwyn Griffiths*, London 1992, S. 251-257.

[27] K. Schefold, *Pompeianische Malerei: Sinn und Ideengeschichte*, Basel 1952, S. 59. 61. 119ff.

[28] Zur Artemis von Ephesus vgl. Jessen in RE V,2, Sp. 2753ff.; Thiersch, *Artemis Ephesia*; R. Fleischer, "Artemis Ephesia" in : *Lexicon Iconographicum Mythologiae Classicae* (LIMC), Zürich 1984, Bd. II,1, S. 755ff. und II,2, S. 564ff.; J. Leclant, a.a.O. (Anm. 26), S. 255, Anm. 35.

fach Gesicht, Hände und Füße aus schwarzem Stein bestehen[29]. Die frühesten Darstellungen dieses charakteristischen Aussehens kommen auf Münzbildern des 2. und 1. Jahrhunderts v. Chr. vor.

Die typischen Kennzeichen des Götterbildes, die fast bei allen Darstellungen wiederkehren, sind in großen Zügen folgende: auf dem Kopf meist eine Turmkrone, am Hinterhaupt ein Schleier, der oft wie eine Scheibe stilisiert die Folie für mehrere Tierprotome abgibt (Löwenbockgreifen). Die bekleideten Arme sind dem Körper anliegend, ab dem Ellbogen leicht seitlich ausgestreckt, mit Löwenfiguren besetzt und mit geöffneten Händen wiedergegeben. Der Unterkörper mit geschlossenen Beinen sieht wie in einem engen Futteral steckend aus, die nackten Füße kommen darunter hervor. Dieses Kleid, der sogenannte Ependytes, ist in mehrere Zonen und teilweise Quadrate aufgeteilt, die mit Protomen von Tieren und Blüten geschmückt sind[30]. Diese Details deuten auf den Charakter der Göttin als Herrin der Natur und im besonderen der Tiere hin. Seitlich wird sie oft von zwei Hirschen flankiert, und von den Händen hängen bisweilen Wollbinden herunter, was vor allem Münzbilder belegen. Das am meisten in die Augen springende Charakteristikum der Ephesia-Darstellungen sind aber die mehrfachen Reihen von Brüsten, die zur Bezeichnung "multimammia", griechisch πολύμαστος geführt haben.

Wir verzichten darauf, auf das Problem einzugehen, ob es sich dabei tatsächlich um Brüste handelt – mir scheint Gérard Seiterles neue Deutung als Stierbeutel[31] sehr bedenkenswert – denn für unsere Frage spielt es nur eine Rolle, daß man seit der Spätantike bis in neueste Zeit überzeugt war, es handle sich um Brüste, und die Göttin dementsprechend als eine große Naturgöttin und All-Ernährerin verstanden hat.

Über Ephesus und Isis[32] ist hier nur soviel zu sagen, daß das früheste Zeugnis ägyptischer Götter aus dieser Stadt in die 1. Hälfte des 3. Jhs. v. Chr. gehört und Sarapis, Isis und Anubis als θεοὶ σύνναοι nennt. Aus der Folgezeit sind etliche inschriftliche Zeugnisse sowie Statuetten, Gemmen und Öllampen gefunden worden, die die Anwesenheit der Isis in Ephesus nachweisen und zum Teil eine sehr enge Verbindung der beiden Göttinnen Artemis und Isis belegen. Außerdem sind Münzbilder (Fig. 1) bekannt, auf denen die Ephesia und Sarapis zusammen auftreten und die das Gleiche bezeugen, aus der Zeit einer Homonoia zwischen Ephesus und Alexandria. Sie stammen aus

---

[29] Das scheint damit zusammenzuhängen, daß das Material des älteren hölzernen Kultbildes mit Narde gepflegt worden war, was dem Holz mit der Zeit ein dunkles Inkarnat verliehen hat; die Kleider waren abnehm- und auswechselbar.

[30] In vielen Fällen ist zwischen dem letzten Ependytesstreifen und den Füßen noch ein gefälteter Stoffsaum angegeben.

[31] G. Seiterle, "Artemis - Die Große Göttin von Ephesos", *Antike Welt* 10, 1979, 3-16.

[32] Über diese Verbindung berichtet ausführlich G. Hölbl, *Zeugnisse ägyptischer Religionsvorstellungen für Ephesus* (EPRO 73), Leiden 1978.

Fig. 1: Homonoia-Münze von Ephesus und Alexandria

dem 3. nachchristlichen Jh., während dem ein reger Handelsverkehr zwischen den beiden Partnerstädten bestand.

Schließlich unterstützen drei der überlieferten antiken Romane, in denen Ephesus einen wichtigen Platz einnimmt, die Behauptung, daß Isis und die Ephesische Artemis ganz eng zusammengehörig sind. Die beiden Göttinnen können darin so sehr füreinander eintreten, daß man sie im Grunde als eine einzige Gottheit verstehen muß[33].

So ist es wohl nicht verwunderlich, daß der bereits erwähnte Schriftsteller Macrobius[34] die Göttin Isis mit dem Charakteristikum der Ephesischen Artemis beschreibt. Es geschieht dies in seinen *Saturnalien*, einem encyclopädischen Werk, das in ein literarisches Symposion eingekleidet ist; dieses findet während des Saturnalienfestes statt. Das Buch enthält einen religiösen Überblick über die neuplatonische Synthese des ausgehenden Heidentums, bei der an Stelle des antiken Polytheismus die Vorstellung tritt, daß alle großen Götter auf *eine* solare Gottheit zurückzuführen sind. So auch die ägyptischen Götter, und so heißt es, daß Osiris nichts anderes sei als die Sonne und Isis nichts anderes als

---

[33] Vgl. R. Merkelbach, *Roman und Mysterium in der Antike*, München/Berlin 1962, S. 91-171. Zu Isis und Ephesus in den antiken Romanen auch G. Hölbl, ibid. S. 79-86.

[34] Lange hat man Macrobius um 400 n. Chr. datiert. A. Cameron, "The Date and Identity of Macrobius", *The Journal of Roman Studies* 56, 1966, 25-38 setzt ihn jetzt eine Generation später an.

die Erde[35]. Auch von Sarapis wird an anderer Stelle des gleichen Werkes[36] gesagt, seine Beschaffenheit sei mit der Sonne eine einzige und unteilbare. Isis aber, deren Kult auch mit dem des Sarapis verbunden worden war, ist die Erde oder auch die Natur, die sich unter der Sonne befindet: «quae est vel terra vel natura rerum subiacens soli». Daraus gehe hervor, daß der Körper der Göttin mit Brüsten dicht besetzt sei, da ja die Erde oder die Natur alles ernähre: «hinc est, quod continuatis uberibus corpus deae omne densetur, quia vel terrae vel rerum naturae altu nutritur universitas»[37].

Diese Aussage, welche aus der Isis eine "Multimammia" macht, ihr demnach das wichtigste Merkmal der Ephesia zuspricht, das man als Vielbrüstigkeit verstanden hat, diese Aussage des Macrobius also, ist sozusagen die Schlüsselstelle, die die ganze spätere Entwicklung möglich gemacht hat.

*   *   *

Man hat zeigen können, daß die antiken Götter im Mittelalter nicht einfach inexistent waren, sondern daß sie in gedanklichen Systemen überlebten, die sich bereits im ausgehenden Heidentum herausgebildet hatten[38]. Wie weit das auch auf Isis zutrifft, die ja außerhalb des Nillandes schon lange keine rein ägyptische Göttin mehr war, wäre zu fragen.

Nun waren dem Mittelalter die bildlichen Zeugnisse für die heidnischen Götter abhanden gekommen, und man unterrichtete sich über sie vor allem in literarischen Quellen, soweit man darüber verfügte. Es waren jedoch sehr oft nicht mehr die klassischen antiken Schriften, sondern spätantike Texte und jüngere Kompilationen, an denen man sich orientierte. Hinzu kam, daß man seit der Mitte des 3. Jhs. im westlichen Abendland immer weniger Griechisch verstand; Gebildete, die beide Sprachen beherrschten, wurden immer seltener, so daß man für griechische Texte auf lateinische Übersetzungen angewiesen war.

Da man die Vorstellungen, die man sich im Mittelalter von den Göttern machte, nicht mehr an wirklichen antiken Bildwerken überprüfen konnte und nur auf Beschreibungen fußte, entstanden teilweise sehr merkwürdige Götterfiguren. Die antiken Gottheiten wurden im Stile der Zeit dargestellt, so daß sie das Aussehen mittelalterlicher Standespersonen in den damals üblichen Trachten aufweisen. Wir können also gar nicht erwarten, Isis – wenn überhaupt – anders als eine vornehme mittelalterliche Dame in zeitgenössischer Kleidung anzutreffen.

Ein wichtiges literarisches Verbindungsglied zwischen antiker Mythologie, dem Mittelalter und der Renaissance ist in den lateinischen Schriften

---

[35]   Macrobius, *Saturnal.* 1,21(11/12): Hopfner, *Fontes*, S. 598.

[36]   Macrobius, *Saturnal.* 1,20(17): Hopfner, *Fontes*, S. 598.

[37]   Macrobius, *Saturnal.* 1,20(18): Hopfner, ibid.

[38]   J. Seznec, *Das Fortleben der antiken Götter. Die mythologische Tradition im Humanismus und in der Kunst der Renaissance,* München 1990, S. 3ff.

Fig. 2: Isis, Königin und Göttin Ägyptens, Boccaccio-Ausgabe 1487

Boccaccios zu finden, vor allem in seiner *Genealogia Deorum*, und für Isis ist auch sein Werk *De claris mulieribus* einschlägig. Boccaccio macht reichlich von antiken Verfassern Gebrauch, die er oft nur durch die Vermittlung anderer Schriftsteller kennt, so zitiert er z.B. Ovid nach Lactanz (4. Jh. n. Chr.). Er benützt überhaupt ausgiebig spätantike Autoren wie Servius, Macrobius, Martianus Capella und auch Kirchenväter[39]. In seinem Werk *Von den berühmten Frauen* schreibt er im 8. Kapitel "De Iside, regina atque dea Egipciorum". Hier gibt er die Geschichte der Io, der Tochter des Flusses Inachus wieder, die Ovid im ersten Buch der *Metamorphosen* erzählt. Io wird von Jupiter, der sie liebt, in eine Kuh verwandelt, um sie der Eifersucht seiner Gattin Juno zu entziehen. Diese schöpft trotzdem Verdacht und läßt die Färse durch den hundertäugigen Riesen Argus beaufsichtigen. Daraufhin beauftragt Jupiter seinen Sohn Merkur, Argus zu töten, was dieser auch ausführt. Die befreite Kuh Io flieht nach Ägypten, wo sie wieder zur Frau wird und als Isis Verehrung genießt. Boccaccio glaubt aber an eine Diskrepanz zur Wirklichkeit und erklärt, Io sei nach ihrer Liebesaffäre mit Jupiter aus Angst vor ihrem Vater mit einem Schiff nach Ägypten geflohen, das mit dem Abzeichen einer Kuh geschmückt gewesen sei (Fig. 2). Im Nilland wirkt Isis hernach als Kulturbringerin, lehrt

---

[39] J. Seznec, ibid., S. 164 ff. Zum Folgenden vgl. auch Baltrušaitis, *La quête d'Isis*[2], S. 62-64.

die Menschen die Felder zu bestellen und bringt ihnen Buchstaben, Schrift und Recht bei, was an Diodor erinnert[40]. Auch in seiner *Genealogia Deorum* erzählt Boccaccio die Geschichte der zu Isis gewordenen Io und bezieht sich ausdrücklich auf Ovid. Und er fußt auf Macrobius, den er in diesem Zusammenhang expressis verbis erwähnt, wenn er den Jupiter als Sonne erklärt. Daß die Sonne – eben Jupiter – die Tochter des Flusses Inachus liebt, deutet er als die lebensspendende Feuchtigkeit des menschlichen Samens. Juno wird dann als Luna und als Göttin der Gebärenden und Isis als Erde interpretiert[41].

Ovid hat als Vermittler antiker Mythologie im Mittelalter eine beachtliche Rolle gespielt, wurde aber vielfach in bearbeiteten Fassungen gelesen und verwendet, denn, wie Theodulf, Bischof von Orléans im 8. Jh. es ausdrückte: «obwohl viel davon frivol ist, ist sehr viel Wahres unter dem täuschenden Schleier verborgen»[42]. Es brauchte also Erläuterungen und allegorische Deutungen, die die Lehrhaftigkeit der *Metamorphosen* Ovids herausstellten und mit der christlichen Moral in Einklang brachten, wie etwa ein langes unter der Bezeichnung *Ovide moralisé* überliefertes Gedicht eines möglicherweise burgundischen Anonymus, das um 1300 entstanden ist, oder dessen Bearbeitung *Ovide moralisé en prose* (1467 in Angers beendet).

Solche Texte scheint die französische Dichterin Christine de Pisan gekannt zu haben, die als sehr gebildete Tochter des Hofastrologen und Beraters des französischen Königs Karls V. von 1364-1430[43] lebte, und von den Franzosen als ihre erste "femme de lettres" angesehen wird. Für uns wichtig ist ihre *Lepistre Othea la deesse que elle envoya a Hector de Troye quant il estoit en laage de quinze ans*[44]: *Die Epistel, die die Göttin Othea* (übrigens eine Erfindung Christines) *an Hektor von Troja sandte, als er 15 Jahre alt war.*

Dieses Buch ist eine Belehrung für junge Ritter. In jedem Kapitel wird eine kurze Erzählung oder auch nur Beschreibung einer antiken Gottheit oder mythischen Figur vorgeführt, an die sich eine ritterliche Lektion anfügt. Am Schluß steht eine "Allegorie" oder "Morale", ein Abschnitt, der jeweils erklärt, welche christliche Weisheit mit dem antiken Exempel statuiert werden soll. Christine behandelt hier die zur Kuh gewordene Io und Isis getrennt und findet

---

[40] Diodor, I,14: Hopfner, *Fontes*, S. 95 f. Zu Isis als Erfinderin der Schrift vgl. jedoch D. Müller, *Isis-Aretalogien*, a.a.O. (Anm. 12), S. 22.

[41] G. Boccaccio, *Genealogie Deorum Gentilium Libri*, Buch VII, Kap. 22.

[42] J. Seznec, a.a.O. (Anm. 38), S. 71.

[43] Christine de Pisans Lebensdaten variieren in der Literatur um 1-2 Jahre. Eine Bibliographie findet sich in R. Pernoud, *Christine de Pizan*[3] (dtv Biographie 11192), München 1991, S. 172f. und im übernächsten Zitat.

[44] Vgl. Baltrušaitis, *La quête d'Isis*[2], S. 64-66 und ausserdem S.L. Hindman, *Christine de Pizan's "Epistre Othéa". Painting and Politics at the Court of Charles VI* (Pontifical Institute of Mediaeval Studies. Studies and Texts 77), Toronto 1986. Zu den Quellen Christines auch: J.D. Gordon, *The Epistle of Othea to Hector* (Diss.) Philadelphia 1942, S. XVf.

verschiedene Allegorien für beide. Die Kuh Io, die später als Isis den Ägyptern die Hieroglyphen und damit die göttliche Belehrung beigebracht hat, deutet sie so: «sie wurde eine Kuh, weil sie wie eine Kuh, die süße und nährende Milch gibt, dem Verstand durch die Buchstaben, die sie erfand, süße Nahrung gegeben hat.» Und die Moral davon lautet: «Le bon esprit doit se délecter à lire les livres saints».

Im Kapitel über Isis wird die Göttin, die die Spätantike mit der Erde geglichen hatte, wie es auch wieder bei Boccaccio zu lesen war, eine Erdbearbeiterin, nämlich eine Gärtnerin, die pflanzt und pfropft (Taf. 35). Und so, wie sie es tut, wird der Leser eingeladen, in sich die fruchtbaren Samenkörner zu entwickeln. Und weiter wird die pflanzende und pfropfende Isis zu einem Bild für die Fruchtbarkeit der Seele und darüber hinaus zur Allegorie für die Empfängnis Jesu Christi durch den heiligen Geist in der Jungfrau Maria, wobei natürlich wieder das eingepflanzte Samenkorn das unausgesprochene tertium comparationis darstellt: «Laquelle digne conception doit le bon esperit avoir entee en soy», d.h., die Seele soll nun diese würdige Vorstellung in ihrem Innern einpfropfen. Es existiert dabei also offenbar unterschwellig die Idee von Isis als Erde weiter.

Daneben kennt die mittelalterliche Literatur durchaus auch die personifizierte *Natur*, aber mit Isis wird sie nicht identifiziert. So bildet z.B. eine Handschrift des *Livre des Echecs amoureux* drei antike Göttinnen in einem Hortus conclusus ab, vor dessen Eingangstor Dame *Nature* mit einem Schlüssel steht (Taf. 36). Die drei antiken Göttinnen vertreten drei verschiedene moralische Ideen: die nackte Venus mit dem Spiegel steht für das der Liebe gewidmete Leben, die ältliche Juno mit der Haube für die "vita contemplativa" und die züchtige Pallas für die "vita activa", nach einer Deutung des Mythographen Fulgentius aus dem Ende des 5. Jhs.[45] Die *Nature* ist hier mit keiner Gottheit geglichen.

*   *   *

Anders verhielt sich die Renaissance. Sie hatte ja bekanntlich wieder ein ganz neues und intensives Interesse an der Antike und damit auch an ihren Gottheiten. In Italien und in Rom speziell öffnete man sich erneut der eigenen Vergangenheit, und der einheimische Boden gab manches an bisher verborgenen Denkmälern preis. Man war nicht mehr nur auf literarische Überlieferung angewiesen, sondern es gab auch wieder zu Tage gefördertes Anschauungsmaterial, das nicht nur studiert, sondern auch rezipiert wurde und mitunter

---

[45]   Paris, Bibl. nat. ms. fr. 143. Seznec, a.a.O. (Anm. 38), S. 85. Ein weiterer Fall wäre die *Nature* im berühmten *Roman de la Rose* aus dem 13. Jh., abgebildet in verschiedenen Handschriften, vgl. z.B.: R. Tuve, *Allegorical Imagery. Some Mediaeval Books and Their Posterity,* Princeton 1966, S. 257 mit Fig. 95-96. S. 324 mit Fig. 107-108.

Elisabeth Staehelin

seine Spuren früher oder später in der bildenden Kunst hinterließ. Als Stichwort könnte man die wiederentdeckte Hadriansvilla von Tivoli mit ihren antiken und ägyptischen Statuen und deren langes Nachleben nennen.
In der ersten Hälfte des 16. Jhs. taucht auch die vielbrüstige Göttin in Italien plötzlich wie aus der Versenkung wieder auf und kann verschiedenen Ortes in der Malerei nachgewiesen werden. Festzuhalten ist aber, daß fast nie ausdrücklich von der Artemis, respektive der Diana Ephesia, gesprochen wird, sondern, daß die Göttin als *dea terrae* oder *dea della natura*, auch *la Natura istessa* u.ä. bezeichnet wird[46]. Wo damit auch die vielbrüstige Isis gemeint sein kann, wie sie Macrobius beschreibt, den man ja damals noch gut kannte, ist nur zu entscheiden, wenn ein Text es deutlich macht, oder wenn der Kontext es ausgesprochen nahelegt.
Es scheint, dass Raffael, wie bei der Neubelebung einiger ägyptischer Formen, z.B. der sogenannten Telamoni, die aus der Hadriansvilla vertraut waren[47] oder auch der Pyramidengestalt am Grabmal in der Capella Chigi in Sta. Maria del Popolo in Rom (begonnen 1512 oder 1513)[48], am Anfang der Wiederverwendung der Multimammia steht.
Er hat sie auf der Decke der Stanza della Segnatura im Vatikan angebracht (1508-11) und zwar gleich zweimal als Stützen des Sitzes, auf dem die Figur der *Philosophie*[49] thront, die an dieser Decke neben den personifizierten Disziplinen Poesie, Theologie und Justitia abgebildet ist[50]. Die *Philosophie* (Taf. 37), die man als das 'Erkennen der Ursachen' ("cognitio causarum") verstand, wie die Beischrift sagt[51], wird also durch die vielbrüstige *Dea Natura* gleich zweifach abgestützt. Raffael hat bei der Darstellung der Multimammia

---

[46] Vgl. M. Cristofani, "Vasari e le antichità", *Prospettiva* (Firenze) 33-36, 1983-84, 369 mit Anm. 32.

[47] Die beiden "Antinous Telamonen", die in der Villa Hadriana in Tivoli als Stützfiguren gedient hatten, wurden im 15. Jh. gefunden und am Eingang des bischöflichen Palastes in Tivoli aufgestellt, vgl. A. Roullet, *The Egyptian and Egyptianizing Monuments of Rome* (EPRO 20), Leiden 1972, Nr. 101-102, S. 87. Raffael verwendete dieses Vorbild und zeichnete es in der Dekoration der Stanza dell' Incendio di Borgo, in Malerei ausgeführt hat es indessen sein Schüler Giulio Romano (1514-17); abgebildet z.B. bei Curl, *The Egyptian Revival*, pl. 34 und *Egyptomania*, pl. 29 oder J.-M. Humbert, *L' Egyptomanie dans l'art occidental*, Paris 1989, S. 97.

[48] Q. Tosatti, "L'evoluzione del monumento sepulcrale nell'età barocca. Il monumento a piramide", *Bollettino d'Arte del Ministero della P. Istruzione. Notizie delle gallerie dei musei e dei monumenti* 7, 1913, 173-186, spez. 174-176 und J. Shearman, "The Chigi Chapel in S. Maria del Popolo", *Journal of the Warburg and Courtauld Institutes* 24, 1961, 129-160, spez. 132-137.

[49] Vgl. Thiersch, *Artemis Ephesia*, S. 92f., Nr. 131 und Taf. 58.

[50] Decke: H. Pfeiffer S.J., *Zur Ikonographie von Raffaels Disputa* (Miscellanea Historiae Pontificiae 37), Roma 1975, Abb. 3.

[51] Vgl. H. Pfeiffer, ibid. S. 154. 156f.

eine Neuerung eingeführt, die für das Verständnis seiner Zeit charakteristisch ist, aber bezeichnenderweise bei den antiken Vorlagen fehlt: er hat die vermeintlichen Brüste mit eindeutigen Brustwarzen versehen. Hier wurden sie demnach zum ersten Mal die wirklichen 'Brüste der Natur', und in dieser Weise werden sie in der Folgezeit auch immer wieder abgebildet. In den Händen hält die Frauengestalt zwei Bücher, die laut Aufschrift auf den Doppelaspekt der Disziplin, auf die "philosophia moralis" und die "philosophia naturalis", hinweisen.

Die hoheitsvolle Gestalt der *Philosophie* wirkt selber wie eine antike Göttin, was durch ihr Gewand noch unterstrichen wird. Dieses Kleid ist am oberen hochgegürteten Teil himmelblau und mit Sternen besät, geht auf Hüfthöhe in eine rote Zone über, zeigt am weiten Bausch über den Knien meergrünen Grund, auf dem Fische und sonstiges Wassergetier sich tummeln, und endet oberhalb der Füße in einem breiten schmutziggelben, mit grünen Blättern bestreuten Saum. Die vier Zonen entsprechen den vier Elementen, und dadurch ist die Philosophie wohl als die Erforschung der ganzen Natur, als die sie damals verstanden wurde, gekennzeichnet[52].

Man kann nicht umhin, an die Erscheinung der Isis bei Apuleius[53] zu denken, die sich dem Lucius als "rerum naturae parens, elementorum omnium domina" zu erkennen gibt. Sie wird mit wallendem, sanft gelocktem Haar beschrieben[54]. Das Gewand der Isis entspricht zwar nicht genau dem Kleid der *Philosophie*, aber mit seinem mehrfachen Farbwechsel von leuchtend weiß zu krokusgelb und flammend rot mag es dem Renaissancekünstler vielleicht die Anregung zur Ausstattung seiner *Philosophie* gegeben haben. Auch das runde Kleinod

---

[52] Leider war bei meinem letzten Besuch in Rom das Gemälde "in restauro", so daß ich es nicht sehen konnte; ich muß mich daher auf die Beschreibung von H. Pfeiffer, a.a.O. (Anm. 50), S. 168, Anm. 82, stützen. Bereits Giorgio Vasari hat bei der Beschreibung von Raffaels *Philosophia* festgehalten, daß die Farben des Gewandes die vier Elemente angeben sollen: G. Vasari, *Lebensläufe der berühmtesten Maler, Bildhauer und Architekten*[5] (Manesse Bibliothek der Weltliteratur) Zürich 1993, Raffael S. 385 f. Dabei hat sich Vasari allerdings in der Farbabfolge getäuscht, wie H. Pfeiffer, ibid. schon festgestellt hat. Zu der Rolle der Elemente in dem Raum vgl. E. Wind, "The Four Elements in Raphael's 'Stanza della Segnatura' ", *Journal of the Warburg Institute* 2, 1938-39, 75-79. Im übrigen nennt Vasari die weiblichen Figuren der Seitenlehnen in seiner Vita des Raffael da, wo er die *Philosophie* beschreibt, Statuen der vielbrüstigen Göttin Cybele, wie sie von den Alten als Diana Polymastos dargestellt worden sei. Andererseits hat Vasari in seinem Wohnhaus in Florenz, in einem "studio del pittore" bezeichneten Gemälde, den antiken Maler Apelles wiedergegeben, wie er (nach Plinius) sein berühmtes Diana-Bild ausführt. Diesem hat er eine Figur der Multimammia gegenübergesetzt. Es ist anzunehmen, daß er damit zwei Aspekte der Göttin Diana zeigen und Kunst und Natur einander gegenüberstellen wollte (vgl. dazu G. Kraut, *Lukas malt die Madonna*, Worms 1986, S. 73ff.).

[53] Apuleius, *Metamorph.*, 11,5: Hopfner, *Fontes*, S. 319.

[54] Apuleius, *Metamorph.*, 11,3: Hopfner, *Fontes*, S. 319.

über der Stirn könnte eine Assoziation an den bei Apuleius beschriebenen Stirnschmuck in Form einer Scheibe, wie ein Spiegel oder vielmehr wie ein Modell des Mondes, darstellen. Obwohl es nicht zu beweisen ist, darf man in dem Zusammentreffen der Einzelheiten bei dieser Personifikation der Philosophie vielleicht doch an eine versteckte Isis-Anspielung denken und beifügen, daß 1496, bei seinem ersten Erscheinen, *der Goldene Esel* von Apuleius als ein Kompendium platonischer Philosophie veröffentlicht wurde[55].

Woher aber hat Raffael die Anregung für die Multimammia bekommen? Er kann antike Münzen und Gemmen gesehen haben; andrerseits existierten in Rom damals Statuen der Ephesia. Man weiß[56], daß Raffael 1515 vergeblich versucht hat, eine solche aus der Privatsammlung von Gabriele de'Rossi für die Staatssammlungen zu konfiszieren. Zudem ist mehrfach überliefert[57], daß eine vielbrüstige Göttin im Pontifikat Leos X., das von 1513-21 dauerte, gefunden wurde, und aus dem Verzeichnis der in Rom befindlichen Antiken von Ulisse Aldrovandi geht hervor, daß 1550 in Rom drei Statuen der Ephesia zu sehen waren[58].

Auch die Schüler Raffaels haben das Motiv der Multimammia benützt, so 1518/19 in den Loggien des Vatikans[59] (Taf. 38). Sie halten sich stärker an ein antikes Vorbild als ihr Meister und binden die Gestalt in eine Umgebung ein, die von römischen Wandmalereien angeregt ist. Die Opferszene auf dem Sokkel der Göttin in den Vatikanischen Loggien ist inspiriert von einer solchen Darstellung auf einem antiken Relief, das sich nachweislich in der erwähnten Sammlung von Gabriele de'Rossi befand, wie aus der Beschreibung eines französischen Reisenden Claude Bellièvre hervorgeht. Dieser hält auch ausdrücklich fest, daß es sich bei der dortigen Statue um eine *dea terre* handelte, deren Gesicht, Hände und Füße aus schwarzem, der Rest aber aus weißem Marmor gefertigt waren[60].

Sie haben das Motiv auch an andere Orte exportiert, so etwa Giulio Romano nach Mantua in den Palazzo del Te (gemalt zwischen 1527 und 1534), wo die

---

[55] E. Wind, *Heidnische Mysterien in der Renaissance* (Suhrkamp Taschenbuch Wissenschaft 697), Frankfurt 1987, S. 270 f. mit Anm. 2. Titel des Buches: *Lucii Apuleii Platonici Madaurensis Philosophi Metamorphoseos Liber ac nonnulla alia opuscula eiusdem* [...] (zitiert nach der Ausgabe von 1500).

[56] M. Cristofani, a.a.O. (Anm. 46), S. 369.

[57] Etwa bei Giglio Gregorio Giraldi oder bei Vincenzo Cartari, siehe unten Text nach Anm. 78 und ebenso nach Anm. 83.

[58] U. Aldrovandi in: L. Mauro, *Le antichità della città di Roma*, Venezia 1562, S. 149. 177. 295 (zit. nach M. Cristofani, a.a.O. (Anm. 46), S. 369, Anm. 28).

[59] Thiersch, *Artemis Ephesia*, S. 93-95 mit Tf. LIX, 132.

[60] E. Müntz in: *Revue archéologique* 43 (N.S. 23), 1882, 34; M. Cristofani, a.a.O. (Anm. 46), S. 369.

Göttin mehrfach vorkommt[61]. Im Büsten- oder Adlersaal begegnet sie in der gewohnten unbeweglichen Gestalt der Ephesia; in der kleinen Loggia der 'Grottenwohnung' erscheint sie jedoch nicht mehr in der herkömmlichen steifen Form mit dem Ependytes, sondern frei gestaltet als eine göttliche Hebamme, die mit einer natürlichen Bewegung zwei geflügelten Putten ein Neugeborenes übergibt. Diese nehmen ihr das Kind etwas ungestüm aus den Händen. Nur der Unterkörper der Göttin ist in ein langes, faltiges Gewand eingehüllt. Am nackten Oberkörper erkennt man einen allerdings etwas zu hoch sitzenden normalen Frauenbusen, dem sich nach unten noch weitere in Reihen angeordnete zitronenförmige Brüste anschließen. Auf dem Kopfe trägt die Göttin immer noch die Turmkrone[62].

Noch ein weiterer Freskenzyklus in der Sala dello Zodiaco im Palazzo d'Arco in Mantua zeigt die Ephesia und zwar im Tierkreiszeichen des Löwen für den Juli. Die zwölf Bilder des Zyklus, die den Zodiakus illustrieren, sind jeweils mit antiken Ruinen aus Rom oder Ravenna und mit einem mythologischen Vordergrund ausgestattet. Ausgeführt ist diese Malerei um 1520 von dem Veroneser Architekten und Maler Giovanni Maria Falconetto, dessen Darstellung sicher von derjenigen der Raffaelschüler in den Vatikanischen Loggien abhängt, wie der siebenstufige Unterbau, auf dem die Göttin steht, und auf ihrem Haupt der antikisierende Bau mit der nackten davorgestellten Statue nahelegen[63].

Giulio Romanos Schüler Francesco Primaticcio hat die Ephesia wiederum in einen Entwurf eingebracht, den er für die Chambre du Roi in Fontainebleau im Auftrag des französischen Königs Franz I. (etwa zw. 1534 und 1537) skizziert hat[64].

---

[61] Lünette des Büsten- oder Adlersaales und in der kleinen Loggia der sog. Grottenwohnung: Thiersch, *Artemis Ephesia*, S. 95-98 mit Tf. LX, 133 und LXI, 134; G.M. Erbesato, *Palazzo del Tè in Mantua* (Italien. Klassische Reiseziele), Herrsching, 1989, Abb. S. 46.

[62] Zur Erklärung der Geburtsszene vgl. Thiersch, *Artemis Ephesia*, S. 96-98 und E. Verheyen, *The Palazzo del Te in Mantua. Images of Love and Politics,* Baltimore/London 1977, S. 33f.

[63] Thiersch, *Artemis Ephesia*, S. 99 f. und Tf. LX,l (Nr. 135) und R. Signorini, Lo zodiaco di Palazzo d'Arco in Mantova³, Mantova 1989, S. 20 f.

[64] S. Béguin, "Giulio Romano et l'Ecole de Fontainebleau", in: *Giulio Romano. Atti del Convegno Internazionale di Studi su "Giulio Romano e l'espansione europea del Rinascimento"*, Mantova 1989, spez. S. 51 mit Abb. 4 und S. 52. In Fontainebleau entstand um 1530 auch ein ägyptisierendes Tor am "Pavillon des Armes", das von zwei weiblichen Versionen der Telamonen der Villa Hadriana flankiert ist (vgl. oben Anm. 47). J.-M. Humbert, a.a.O. (Anm. 47), S. 34 f.; Curl, *Egyptomania*, S. 66 mit Abb. 31. Dieses Tor ist das früheste Zeugnis der Ägypten-Rezeption in Frankreich. Geschaffen wurde es vermutlich von Giovanni Battista Rosso Fiorentino, der mit Primaticcio zusammen in Fontainebleau arbeitete. Etwas später berief König Franz I. auch Benvenuto Cellini nach Fontainebleau; dieser wirkte dort von 1540-1545, vgl. dazu Curl, ibid. S. 64.

Auch in den Gemächern der Engelsburg, die unter dem Pontifikat Pauls III. (1534-48) dekoriert wurden, fehlt die Ephesia nicht: der Maler Prospero Fontana hat sie von Verehrerinnen umtanzt gezeigt, und die Hirsche der Göttin sind hier zu Einhörnern geworden[65].

Alle die zuletzt aufgeführten Beispiele, die sich ohne Frage noch vermehren ließen, belegen, daß die Gestalt der Multimammia in der Malerei der l. Hälfte des Cinquecento im Raffael-Umkreis recht verbreitet gewesen sein muß. Es läßt sich aber bei ihnen allen, vielleicht nur mit der Ausnahme der vom Meister selber gemalten *Philosophie*, kein faßbarer Bezug auf eine vielbrüstige Isis feststellen, sondern sie können ganz allgemein als *Dea Natura* verstanden sein.

Anders sieht es aus bei der berühmten Seite aus dem Missale des Kardinals Pompeo Colonna (Taf. 39), das frühestens nach dessen Tod 1532 entstanden sein kann und das Giulio Clovio zugeschrieben wird. Nach einem Vorschlag von Anne Roullet und der Meinung von Bertrand Jaeger, der sich eingehender damit befaßt hat[66], ist es jedoch eher später, wohl erst im 3. Viertel des 16. Jahrhunderts, anzusetzen. Schon der erste Blick auf das Blatt zeigt die vielen Ägyptizismen der Randleisten, deren Herkunft ich in unserem Zusammenhang nicht zu behandeln habe[67]. In der großen Initiale, fast im Mittelpunkt der Seite, ist das einzige christliche Bild zu erkennen, das Johannes mit einem Engel darstellt.

Der Bogen des Buchstabens bildet eine Multimammia zwischen zwei aus Blütenranken wachsenden Füllhörnern. Gesicht, Hände und Füße sind schwarz, der Rest des Körpers ist hell, was deutlich auf das Vorbild einer Statue aus weißem und dunklem Stein hinweist. Die Göttin ist von zwei Hirschen flankiert. Sicher geht man im Kontext der ägyptisierenden Details des Blattes nicht fehl, wenn man die Gestalt dieser Erd- und Naturgöttin ganz im Sinne von Macrobius als die vielbrüstige Isis deutet[68]. Die gegenüberliegende Seite der Initiale dürfte diese Auffassung noch unterstreichen: hier ist Herakles im Löwenfell dargestellt, der den libyschen Giganten Antaios, den Sohn

---

[65]   *Gli Affreschi di Paolo III a Castel Sant'Angelo. Progetto ed esecuzione 1543-1548* (Museo Nazionale di Castel Sant'Angelo, Roma 16 novembre 1981 - 31 gennaio 1982), Roma 1981, S. 116.

[66]   B. Jaeger, "L'Egitto Antico alla corte dei Gonzaga", in: C. Morigi Govi et al. (a cura di), *L'Egitto fuori dell'Egitto. Dalla riscoperta all'Egittologia*, Bologna 1991, S. 240 und Anm. 31-32, und ders., "La Loggia delle Muse nel Palazzo Te e la reviviscenza dell'Egitto antico nel Rinascimento", in: *Mantova e l'antico Egitto da Giulio Romano a Giuseppe Acerbi*, Firenze 1994, S. 22, Anm. 4. Vgl. auch Curl, *Egyptomania*, S. 62.

[67]   B. Jaeger wird es an anderer Stelle tun. Vgl. seine diesbezüglichen Bemerkungen a.a.O. in der vorhergehenden Anmerkung.

[68]   So schon Curl,*The Egyptian Revival*, S. 56 (Text zu pl. 35) und Baltrušaitis, *La quête d'Isis*², S. 134.

der *Erde*, nur dadurch besiegen kann, daß er ihn in die Höhe hebt, weil der Riese immer dann wieder neue Kraft bekommt, wenn er seine Mutter berührt. Diodor, der zur Zeit der Renaissance wohlbekannt war, erzählt darüber in seinem 4. Buch[69]. In seinem 1. Buch[70] berichtet er auch, daß Isis Königin von Ägypten geworden war, nachdem Horus den Mord an ihrem Gatten Osiris gerächt hatte, indem er den Typhon und seine Helfershelfer schlug. Diodor fügt zu, daß dieser Kampf in der Nähe des Ortes stattfand, das heute "Dorf des Antaios" heißt, nach einem Zeitgenossen des Osiris, der von Herakles bestraft worden war.

Die Einbindung der vielbrüstigen Göttin in eine die überquellende Fruchtbarkeit symbolisierende Umgebung von Füllhörnern und Blütenranken schafft eine Verbindung zu einer Verwendung des Motivs beim Bildhauer und Goldschmied Benvenuto Cellini. Er hat die Multimammia gleich viermal plastisch in Marmor gestaltet als Eckfiguren zwischen den mit Bronzestatuen geschmückten Nischen an der Basis seines berühmten Perseo in der Loggia dei Lanzi in Florenz[71] (Taf. 40). Geschaffen hat er dieses Werk zwischen 1545 und 1554. Die Multimammiae sind hier zu einer Art Hermen geformt. Das Vorbild der Ephesischen Artemis mit ihrem strengen, fast pfeilerartigen Ependytes, dem Gewand in Gestalt eines Futterals, bietet sich ja direkt an, als Herme oder Karyatide umgeformt zu werden. Im Falle des Perseus-Sockels wird diese strenge Form allerdings überspielt durch die gekurvte Körperlinie, die unten in Ranken auszugehen scheint; die Füße kommen erst unterhalb der horizontalen Rahmung zum Vorschein[72]. Es ist gleicherweise der Fall bei den beinahe obstartigen Brüsten, die in den Apfelgirlanden, welche aus dem Kopfschmuck der Früchtekörbe aufsteigen, ihre Entsprechung haben und bei den gelockten Haaren, die fast unmerklich in Trauben übergehen. Was Cellini dazu bewogen hat, ausgerechnet den Sockel des Perseus mit diesen manierierten, hybriden und allzu reich befrachteten Eckfiguren zu dekorieren, ist schwer nachzuvollziehen.

Doch hat ihn die vielbrüstige Göttin auch sonst beschäftigt, wie man aus etlichen Entwürfen weiß, die er für ein Siegel der Accademia Fiorentina verfertigt hat (Taf. 41). Diese Institution, die ihre Anfänge bereits im Quattrocento hatte, wurde damals für alle Künste erneuert. Besonders sind

[69] Diodor IV,17,4.
[70] Diodor I,21,3ff.: Hopfner, *Fontes*, S.100f.
[71] Ch. Avery/S. Barbaglia, *L'opera completa del Cellini*, Milano 1981, S. 96f., Nr. 58 und Tf. XXXIII-XXXV.
[72] Man vgl. die Lösung der Bein- und Fußpartie an den als Hermen ausgestalteten weiblichen Antinous-Telamonen - J.St. Curl spricht erstaunlicherweise von "inverted obeliscs instead of legs", *Egyptomania*, S. 66 und Text zu Abb. 31 - die in Fontainebleau das Tor am "Pavillon des Armes" als Karyatiden flankieren. Es sei daran erinnert, daß auch Benvenuto Cellini in Fontainebleau wirkte: Ch. Avery/S. Barbaglia, ibid. S. 85 und Curl, ibid. S. 64.

zwei Skizzen von ca. 1563 (heute in Florenz und London) aufschlußreich[73], weil Cellini hier noch einen 'Hieroglyphen-Fries' angebracht und erklärende Texte beigegeben hat. Dabei überlegt sich Cellini auf dem Florentiner Entwurf, daß die Zeichenkunst die Mutter aller menschlichen Aktion sei, also sei sie die wahre Idee der Natur, die, wie die Alten sie gebildet hätten, alle Dinge mit ihren Brüsten ernähre. Die Ursache aller Dinge sei aber Gott, der aus Erde den ersten Menschen nach seinem Bild geformt hätte. In Anbetracht dessen, daß die Ägypter durch ihr wundervolles Talent Buchstaben (caratte), die anderen Völker aber davon verschiedene geschaffen hätten, sei es ihm (Cellini) eingefallen, von diesen allen wieder verschiedene zu machen, die die höchsteigenen Werkzeuge darstellten, mit denen die Künstler arbeiteten. Cellini fügt diesem 'Alphabet' auf dem Florentiner Entwurf ausdrücklich bei, die Schriftzeichen der Ägypter nenne man Hieroglyphen[74]. Seine eigene Zeichenliste sollte angeblich dazu dienen, Geheimdokumente zu schreiben, die nur den Akademiemitgliedern verständlich sein sollten. So dürfen wir vielleicht auch bei der vielbrüstigen *Natur* auf dem Akademie-Siegel an eine Isis-Assoziation denken, um so mehr, als man die bei Boccaccio übermittelte Überlieferung damals sehr wohl kannte, Isis habe die Ägypter die Buchstaben des Alphabets und die Schrift gelehrt.

Auf festeren Boden gelangt man, wenn man das Schrifttum der Renaissance und der Folgezeit konsultiert, das sich mit antiken Göttern und mit den sie dokumentierenden Denkmälern befaßt. Hier seien nur einige Beispiele punktuell herausgegriffen, die sich zweifellos vervielfachen ließen, und chronologisch angeordnet. Aber auch bei diesen unvollständigen Belegen zeigt sich, daß Isis Multimammia sogar bis ins 18., ja 19. Jahrhundert hinein eine fest verankerte Größe ist.

Die Götter des Altertums spielten bekanntlich während der Renaissance in Literatur und Kunst eine enorme Rolle. Viele Autoren und Künstler haben sich aber auch damals nicht direkt an antiken Quellen orientiert, sondern sich an Sekundärliteratur gehalten. Seit der Mitte des 16. Jahrhunderts gab es zunächst in Italien, vielfach gedruckt, alsbald übersetzt und im übrigen Europa weiterverlegt, eine Anzahl von Handbüchern[75], die häufig benützt wurden und aus denen man immer wieder abgeschrieben hat. Im Grunde führten sie die Tradition von Boccaccios *Genealogia Deorum* fort, und so läßt sich eine Verbindungslinie zurück bis ins Mittelalter ziehen.

Giglio Gregorio Giraldi (1479-1550/52) redet in seinem lateinisch geschriebenen Werk *De deis gentium varia et multiplex historia, in qua simul de eorum*

---

[73] Ch. Avery/S. Barbaglia, ibid. S. 99 f., Nr. 71 (Firenze, Archivio Calamandrei) und S. 100, Nr. 72 sowie Tf. LXIV (London, British Museum).

[74] Ch. Avery/S. Barbaglia, ibid. Abb. auf S. 85.

[75] J. Seznec, a.a.O.(Anm. 38), S. 172 ff. 215ff.

imaginibus et cognomibus agitur [...] Lilio Gregorio Gyraldi Ferrariensi auctore, in Basel 1548 bei Oporin gedruckt, über die Ephesische Diana[76], speziell über ihren berühmten Tempel. Doch fehlt eine Beschreibung ihres Aussehens, und eine Abbildung gibt es keine, wie überhaupt das Buch ganz ohne Illustrationen auskommt. Unter dem Stichwort der Isis[77] wird einerseits Servius mit seiner Aussage zitiert, Isis heiße in der Sprache der Ägypter Erde. Andrerseits wird auch die Stelle aus den *Saturnalien* des Macrobius wörtlich übernommen, die Isis als "vel terra vel natura rerum subiacens soli" bezeichnet und erklärt, ihr Leib sei voller Brüste[78]. Der Ferrarese Giraldi fügt an, es sei, als er in Rom gelebt habe, ein solches Abbild gefunden worden, und er hätte auch eine Münze des Hadrian gesehen, auf deren Rückseite eben dieses Bild angebracht gewesen sei. Tatsächlich existieren mehrere Prägungen mit der Ephesischen Artemis aus hadrianischer Zeit[79]. Auch Ovid mit der Geschichte der Io, der Tochter des Inachus, die zu Isis wurde, wird erwähnt, sowie Diodor angeführt, und ebenso Apuleius. Außerdem wird der von Plutarch überlieferte Spruch des verschleierten Bildes zu Sais zitiert, in dem die Göttin von sich sagt, sie sei das, was ist, das, was war und das, was sein werde, und kein Sterblicher hätte ihr Gewand aufgehoben. Dieses Zitat wird gleich noch auf Griechisch angeführt[80]. Der Leser bekommt außerdem den guten Rat, wenn er mehr über die Isis wissen wolle, solle er das ganze Buch des Plutarch über die Isis lesen. Aus Giraldis Text scheint somit hervorzugehen, daß er die ihm bekannten Abbildungen der Ephesia für die Isis Multimammia gehalten hat.

Das zweite Handbuch, das wohl den größten Einfluß auf seine Zeit und noch später ausgeübt hat, vielleicht, weil es im Gegensatz zu Giraldi bebildert war, trägt in der Erstausgabe, Venedig 1556, den Titel *Le imagini colla sposizione degli Dei degli antichi* und ist von Vincenzo Cartari verfasst[81]. Die Auflagen des Buches beweisen seine Beliebtheit: dreizehn italienische, fünf lateinische sowie fünf französische, eine englische und auch eine deutsche unter dem Namen *Neu eröffneter Götzen Tempel,* Frankfurt 1692[82].

Auch Cartari[83] bezieht sich auf die Geschichte der Io, die in Ägypten zu Isis wurde, erwähnt die von Servius angeführte Meinung einiger Leute, Isis sei "il

---

[76] S. 506f.
[77] S. 527-530.
[78] Vgl. oben Anm. 37.
[79] Thiersch, Artemis Ephesia, Tf. XLIX, Abb. 10-13. 15 = Nrn. 112-113, S. 82f.
[80] Plutarch, De Iside, 9: Hopfner, *Fontes*, S. 223.
[81] Zitiert nach J. Seznec, a.a.O. (Anm. 38), S. 252.
[82] Siehe J. Seznec, ibid. S. 215. Mir stand in Basel als älteste die dritte Ausgabe von Cartari, *Le Imagini dei dei de gli antichi,* Venedig 1571, zur Verfügung.
[83] Cartari, ibid. (1571), S. 118.

Genio dello Egitto" gewesen; man hätte sozusagen in ihr die Natur dieses Landes gesehen, und ihr Instrument "il ciembalo" (Zimbel), mit dem natürlich das Sistrum gemeint ist, demonstriere das Geräusch, das der Nil bei seinem Steigen verursache, wenn er die Felder überschwemme. Andere sagten, Isis sei die Erde, wie der erwähnte Servius und Macrobius berichteten. Dann folgt die Stelle, in der Macrobius Isis mit vielen Brüsten beschreibt, weil die Alten durch dieses Bild die Natur dargestellt hätten. Cartari fügt hinzu, er hätte vernommen, daß ein so gestaltetes Bild in Rom schon in der Zeit Papst Leos X. (1513-21) gefunden worden sei, und daß man diese Figur mit den vielen Brüsten auch auf einer antiken Münze des Hadrian sehen könne. Bei diesem Passus dürfte wohl der ältere Giraldi Pate gestanden haben.

Zu dem Abschnitt über die Isis gehört auch eine Darstellung der Göttin[84]. Erstaunlicherweise ist es aber nicht die vielbrüstige, sondern eine normal gestaltete Frau, die allerdings doppelt wiedergegeben ist. Einmal wird das Bild der Göttin nach der Beschreibung des Apuleius mit Tamburin (offenbar hat Cartari das von ihm "ciembalo" genannte Sistrum so verstanden) und Kanne (vaso) gezeigt, auf dem Gewand Mond und Sterne. Auf diese Abbildung wird sich, etwa 100 Jahre später, noch Athanasius Kircher stützen. Daneben erscheint eine zweite Isis mit bekränztem Haupt und einem Schiff in der Hand.

Erst in einer viel späteren Cartari-Ausgabe von 1615, lange nach seinem Tode[85], ist eine Darstellung der Ephesia aufgenommen worden, auf die wir noch zu sprechen kommen werden.

Dafür gibt Cartari in einem anderen Kapitel seines Buches, nämlich dort, wo er über die Ewigkeit schreibt[86], eine Darstellung einer Multimammia. Nur ist es keine in Gestalt der Ephesischen Göttin, sondern eine nackte, nur mit einem Tuch bekleidete Frau, die aber mehrere Brüste besitzt (Taf. 42). Es handelt sich dabei um eine Illustration zu einem Passus des aus Alexandria stammenden Dichters Claudius Claudianus, der später nach Italien kam und um 400 n. Chr., also nur wenig früher als Macrobius, schrieb. Die Stelle stammt aus seinem großen Lobeshymnus, den er auf Stilicho, den Feldherrn des Kaisers Honorius, verfaßt hat. Cartari gibt in seinem Werk seinerseits die Passage aus Claudianus in einer italienischen Übersetzung, die er jedoch zu einem langen Gedicht ausweitet.

Der Inhalt ist etwa der, daß es, weit weg und unbekannt, für die Menschen unpassierbar, kaum den Göttern zugänglich, eine Höhle der unermeßlichen Ewigkeit gebe, die die Zeit produziere und sie wieder in ihren weiten Schoß zurückrufe. Eine Schlange umgebe die Höhle, die ihren eigenen Schwanz fresse und mit leise gleitender Bewegung wieder von vorne beginne. Als

---

[84] Cartari, ibid. (1571), S. 117.

[85] Sie war mir allerdings nicht zugänglich.

[86] Cartari, a.a.O. (Anm. 82) 1571, S. 30ff.

Wächterin halte sich die schön aussehende hochbetagte *Natur* am Eingang auf, und an ihren Gliedern hingen fliegende Seelen. Ein ehrwürdiger Greis schreibe die dauerhaften Gesetze auf und teile die Rhythmen der Zeit ein, mittels der Gestirne, und die feststehenden Zeiträume, in welchen alles lebe und sterbe, nach unveränderlichen Gesetzen. All dies ist in der Illustration angedeutet, und außerdem sieht man, wie sich Phoebus der Tür nähert, und wie ihn die *Natur* empfängt. Der Alte öffnet die Höhle, so daß die Geheimnisse dieses Ortes erscheinen.

Nun wurde schon früher darauf hingewiesen[87], wie viele ägyptische Anklänge in dem Claudian-Text vorhanden sind, und er wurde mit der bekannten Darstellung des Hadrianstores in Philae zusammengebracht, in der Osiris in einer von einer Schlange umgebenen Grotte sitzt. Man hat tatsächlich so viele Gemeinsamkeiten feststellen können, daß es berechtigt ist zu fragen, ob Claudian mit seinem Passus nicht das Abaton im Auge gehabt habe. Es führte hier zu weit, auf den Sachverhalt näher einzugehen, doch ist es für uns bemerkenswert, daß der Claudian-Text am Eingang der Höhle die *Natur* als Wächterin plaziert, während in der Darstellung des Hadrianstores in Philae vor der Grotte tatsächlich Isis-Hathor steht. Claudian hätte also in seinem Gedicht die Isis auch als *Natur* aufgefasst, wie sein Zeitgenosse Macrobius. Cartari in seiner einschlägigen Illustration personifiziert sie nicht in der strengen Gestalt der Ephesia, aber dennoch als Multimammia zur "alma natura", wie er in seinem erläuternden Text sagt. Mit ihren vielen Brüsten kann sie allerdings mit Recht als 'Nährerin Natur' bezeichnet werden. Cartari weiß überdies, daß der Uroboros in Ägypten dazu gedient habe, das Jahr zu zeigen, weil die Zeiten so zusammenhingen, daß das Ende der Vergangenheit quasi der Anfang dessen sei, was kommen werde.

1557, im Jahr nach der Cartari-Erstausgabe, kam in Venedig ein Werk heraus, das sich mit den Porträt-Münzen der römischen Kaiserinnen befaßt: *Le imagini delle Donne Auguste* von Enea Vico[88]. In diesem Werk werden die Münzen jeweils in einem anderen Rahmen vorgestellt. Bei Agrippina, der Gemahlin des Kaisers Claudius und Mutter des Nero, bildet eine Statue der Ephesischen Artemis den Hintergrund, ihrerseits vor einem wappenartigen Paravant stehend[89] (Taf. 43,1). Daß diese Darstellung auf einer numismatischen Vorlage beruht, kann man als sicher annehmen; daher sind die Brüste so schematisch, fast birnenartig gebildet und bedecken den ganzen Unterleib, ähnlich wie es manchmal auf Münzen zu sehen ist. Auch die Wollbinden, hier als schräggestellte Stäbe mißverstanden, kommen dort vor. Worauf das um den Hals

---

[87] Von Ph. Derchain, "A propos de Claudien", *ZÄS* 81, 1956, 4-6.

[88] Mir stand die lateinische Ausgabe Venedig 1558 zur Verfügung.

[89] Vgl. dazu Thiersch, *Artemis Ephesia*, S. 101 mit Tf. LXIII,1 (Nr. 137) und auch Baltrušaitis, *La quête d'Isis*², S. 99 und Abb. 62.

laufende und auf der Brust geknotete Band mit seinen eigenartigen rhomben-
förmigen Enden beruht, ist schwer zu sagen; wahrscheinlich ist es ein ad hoc
erfundenes Detail, das aber gerade dazu hilft, die später von Enea Vico
abhängigen Illustrationen zu identifizieren.

In der italienischen Cartari-Ausgabe von 1615[90] erscheint nun eine Abbildung
einer Multimammia[91], die sicher Enea Vicos Zeichnung zum Vorbild hat[92]:
die am ganzen Unterleibe vorhandenen Brüste, die Wollbinden und das geknotete Band mit den rautenförmigen Fortsätzen deuten darauf hin. Der Un-
tertitel sagt, um wen es sich handelt: «Imagine della Dea Natura tutta piena di
poppe» ('ganz voll von Brüsten'), «per mostrare, che l'universo piglia
nutrimento dalla virtù occulta della medesima» ('um zu zeigen, daß das Univer-
sum Nahrung durch die verborgene Fähigkeit ebenderselben aufnimmt').

Noch ein weiteres Mal wurde die Ephesia von Enea Vico übernommen, nämlich in einem französischen Werk. Isis hatte in Frankreich eine lange Rezeptionsgeschichte, mit der sich Jurgis Baltrušaitis in seiner *Quête d'Isis*[93] ein-
gehend befaßt hat. Man hat nicht nur den Namen der Stadt Paris von ihr
abgeleitet, man soll auch in der Kirche Saint-Germain-des-Prés seit dem
11. Jahrhundert ein Bild von ihr aufbewahrt haben, das 1514 zerstört
wurde.

Die Artemis Ephesia hatte in dieser Geschichte ebenfalls ihren Anteil. Sie
wurde in Marseille verehrt, denn die ionischen Phokäer, die um 600 v. Chr.
Massalia an der Rhonemündung gegründet haben, brachten die Göttin nach
Westen mit, und nach Strabo 4,179,4 war die Kultstatue in Marseille ein
Abbild der Ephesischen Artemis.

Bei Saint Etienne in Lyon wurde bis zu Beginn des 16. Jahrhunderts eine
antike Figur aufbewahrt, bei der es sich um eine Multimammia gehandelt
haben dürfte. Auch in ihr hat man eine Isis gesehen, und das gleiche Schicksal
hat eine andere Plastik mit ihr geteilt, die sich in Chartres befand und deren
Replik man im Zuge der Revolution 1793 verbrannt hat. Es soll sich dabei
um ein paganes Bild der Jungfrau mit dem Kind gehandelt haben, das die
Druiden in einer Grotte bei Chartres aufgestellt haben. Die Statue dieser "virgo
partitura" wurde von Guillaume Marcel in seiner 1686 erschienenen *Histoire
de l'origine et des progrez de la monarchie françoise*, Bd. 1 entsprechend
umgedeutet. Die von Enea Vico bekannte Figur wurde in die Druidengrotte
hineingestellt, als Isis apostrophiert und mit dem Zitat aus den Saturnalien
des Macrob versehen (Taf. 43,2). So wurde aus der Jungfrau von Chartres
eine Isis Multimammia.

---

[90]   Cartari, 1615 (vgl. Anm. 82), Fig. auf S. 109 (zit. nach Baltrušaitis, ibid. S. 99, Anm. 68);
       diese Ausgabe war mir nicht zugänglich.
[91]   Sie fehlt in den früheren Ausgaben, die ich einsehen konnte.
[92]   Dazu Baltrušaitis, *La quête d'Isis*[2], S. 99.
[93]   Hierzu und zum Folgenden vgl. Baltrušaitis, ibid., speziell S. 68f. S. 94ff. und S. 103f.

Fig. 3: *Inventione* aus: Cesare Ripa, Iconologia, 1645

Zurück nach Italien gekehrt, werfen wir einen Blick auf ein anderes damals wichtiges Werk, das mit den Handbüchern verwandt ist, weil es teilweise aus den gleichen Quellen schöpft, teils sich aus ebendiesen Nachschlagewerken speist. Es handelt sich um die *Iconologia* von Cesare Ripa von 1593, die immer wieder bis ins 18. Jahrhundert aufgelegt wurde[94]. Hier sind die Götter keine eigenständigen Größen mehr, sondern sie sind, laut dem "Proemio" der *Iconologia* nur noch Schleier, dazu bestimmt, philosophische Wahrheiten und moralische Begriffe zu verhüllen.

Unter dem Stichwort der *Natur* findet sich keine Multimammia, aber eine nackte Frau abgebildet, immerhin mit zwei festen Brüsten, aus denen Milch spritzt, weil sie alle erschaffenen Dinge ernähre und erhalte.

Die Ephesia jedoch erscheint bei einem anderen Begriff Cesare Ripas, näm-lich bei der *Inventione*, der Allegorie der Erfindung (Fig. 3). Diese wird als

---

[94] Ich hatte die Ausgabe Padua 1624/25 zur Verfügung: *Della novissima iconologia di Cesare Ripa Perugino*. Dort S. 457 f. *Natura* und S. 330 f. *Inventione*. Figur 3 stammt aus einer späteren Ausgabe, Venedig 1645, weil die Abbildung darin deutlicher ist als in der Ausgabe von 1624/25.

"donna giovane" gezeigt, mit reichem Kleide, auf dem als Motto "NON ALIUNDE" (nicht anderswoher) steht. Sie hat einen wohlgestalteten Kopfputz, der Kunst und Schönheit bedeuten soll, und an den Schläfen ein Paar Flügel. Mit der linken Hand hält sie eine Ephesia "il simulacro della natura", also das Bild der Natur, um zu zeigen, daß sie die Erfinderin aller Dinge sei. Hier ist die Multimammia zu einem sinnentleerten Ideogramm geworden, das keinen Eigenwert mehr besitzt.

Wie zu erwarten ist, hat der Universalgelehrte Athanasius Kircher sich ebenfalls ausführlich zur Isis geäußert. Er hat es in seinem *Oedipus Aegyptiacus* von 1652 getan. Dort gibt es im ersten Band ein ganzes Kapitel "De Iside, uxore Osiridis"[95]. Auch hier werden verschiedene uns längst bekannte Passagen aus antiken Schriftstellern wieder zusammengestellt, so etwa die Geschichte von der Kuh Io, dann die Stelle aus Servius, die davon spricht, daß die Bewegung des Sistrums die Nilschwelle bedeute, und daß Isis auf Ägyptisch nichts anderes als 'Erde' heiße. Und schon bald folgt unser Text aus Macrobius, der die Isis sowohl als "terra" als auch als "natura rerum" bezeichnet. Wobei Kircher anmerkt, daß Apuleius mit Macrobius übereinstimme, denn er mache die Isis in seiner überaus eleganten Beschreibung zur "natura rerum". Dabei unterläuft ihm allerdings eine Ungenauigkeit, die aber wohl symptomatisch für seine Zeit ist, denn bei Apuleius nennt sich die Göttin "rerum naturae parens", ist also nicht selber die Natur wie bei Macrobius. Eine Abbildung der Isis nach der Beschreibung des Apuleius wird beigegeben mit seitlichen Vermerken, was die verschiedenen dargestellten Attribute bedeuten sollen. Die Zeichnung ist der entsprechenden Illustration im Handbuch Vincenzo Cartaris dermaßen ähnlich, daß kein Zweifel besteht, daß diese Kircher als Vorbild gedient hat.

Es folgt ferner eine Darstellung der Ephesia und eine ausführliche Besprechung als Isis Multimammia[96] (Fig. 4), wie sie in Rom überall in verschiedenen fürstlichen Museen und auch Gärten zu sehen sei. Es würde hier zu weit führen, auf die gelehrte, teilweise auch phantasievolle Erklärung einzugehen, die Kircher von den Einzelheiten gibt, die in der Ausstattung der ephesischen Göttin ins Auge fallen. Festzuhalten ist jedoch, daß Kircher in der Mitte des 17. Jahrhunderts es ganz selbstverständlich findet, daß es neben der Isis, wie sie bei Apuleius beschrieben ist, den weiteren Typ der Isis Multimammia gibt, und daß er die vielen Ephesia-Statuen, die man in Rom antrifft, für eben diese spezielle Isis-Form hält[97].

---

[95] A. Kircher, *Oedipus Aegyptiacus,* Tomus I, Rom 1652, S. 185ff.

[96] A. Kircher, ibid. S. 190 ff.

[97] An der gleichen Stelle nennt Kircher als Entsprechung für die Isis 'nach Art der Griechen (Graecanica)' die Cybele, während er in seiner *Turris Babel sive archontologia,* Amsterdam 1679, S. 143 eine Entsprechung von Gottheiten aufführt, bei der er die Isis

CAP.IV.   190   OEDIPI ÆGYPTIACI TEMPLVM ISIACVM

Interpretatio Statuæ Isidis multimammeæ, siue Cybeles Græcanicæ.

Porrò Ægyptij posteriores, vel potiùs Græco-Ægyptij, vt nihil arcanum omitterent, magnæ Deorum Matris simulachrum alio hieroglyphicorum apparatu adornabant; cuiusmodi passim hic Romæ, tùm in diuersis Principum Musæis, tùm hortis spectatur; quale est quod sequitur.

Statua descriptio.

Fœmina est turritò vertice, veluti triplicis coronæ diademate fastigiato, capillitio velóque vndatim diffuso spectabilis; cuius pectus binis simulachris, corymbo inclusis, quorum vtrumque vna in manu palmæ ramum, altera lauream tenent coronam, supra quorum capita Cancri & Capricorni figuræ eminent. Porrò simulachrum manibus extensis, veluti ad benefaciendum profunduntur; brachia quadruplici leonum accubitu grauantur; venter pectúsq; multiplici vberum, mammarúmque protuberatione turget; fœmora tibiæque conico vase triplici animalium serie induuntur; prima series hincindè duo idola Ægyptia; deinde tria ceruina capita binis floribus, & Apibus stipata continet; secunda, turbinatorum fœmoralium series binos dracones, quibus intermediant tria bouina capita, exhibet; tertiam seriem bina leonina capita, quibus tria pariter vitulina capita intermediant, subiunctis binis hinc indè apibus, constituunt; totùm denique simulachrum extremorum pedùm lineò vestitu tectorum nuditatem pandit. Exhibuimus symbola, modò restat, vt latentem eorundem sensum paucis quoque enucleemus.

Quid notarumciu ver...

In Isidis itaque simulachro, turritus vertex, trinâ turrium contiguatione insignitus, indicat tres politices species, tùm politicam viuendi rationem, quam Isis primùm mundo introduxisse, tùm præsidium quò vrbes munire credebatur; iuxtà illud Lucretij:

Mura-

Fig. 4: Athanasius Kircher, Oedipus Aegyptiacus I, 1652

In seinem *Mundus subterraneus*, zuerst in Amsterdam 1664-65 erschienen, beschreibt Kircher die Erde und ihre Struktur vom physikalischen Standpunkt aus. Auf dem Titelkupfer des 2. Bandes von 1678 sieht man die gleiche Statue

Multimammia in der Rubrik "quod vero inter Deos Aegyptiorum est" mit der Mater Deorum (Μήτηρ θῶν Θεῶν) in der Spalte "id Graecis est" zusammenstellt und daneben mit der Cybele in der Kolumne "id est Latinis" gleichsetzt.

der Multimammia auf einem Sockel stehend als Bild der *Natura*, die im Titel der Publikation vorkommt (Taf. 44). Dort heißt es, daß die Erzeugnisse der unterirdischen Welt dargelegt würden und daß, was Seltenes, Ungewohntes und Wunderbares im fruchtbaren Schoß der Natur enthalten sei, dem neugierigen Leser vor Augen gestellt werde[98]. Am Boden sitzt die personifizierte *Sapientia Kircheriana*, die von einem zeitgenössisch gekleideten Merkur davon überzeugt wird, die Geheimnisse der Erde zu studieren, während sie im Begriff ist, Obelisken in ein Buch zu zeichnen.

In einem in Verona publizierten Werk von 1672 *Note overo Memorie del Museo del Conte Lodovico Moscardo, nobile Veronese*[99], in dem die Sammlung von Altertümern und naturwissenschaftlichen Objekten dieses Mannes vorgestellt wird, findet sich die Abbildung einer Ephesia-Statuette aus Bronze (Fig. 5); eine solche ist z.b. im Museo Civico in Bologna erhalten, und die kleine Figur ist am ganzen Körper mit Buckeln versehen[100], was in Moscardos Bild deutlich wiedergegeben ist. Sie wird im Kapitel "Della Natura" aufgeführt und sogleich als Isis mit dem Macrobius-Zitat identifiziert. Das Frontispiz desselben Werkes (Taf. 45) zeigt drei weibliche Figuren, die drei dem Sammler für sein Museum wichtige Begriffe symbolisieren: zunächst die *Vetustas* links, die hier für das Altertum steht. Daneben sitzt die *Natura*, welche als Frau mit drei Paar Brüsten gekennzeichnet ist, also frei und nicht im Ephesia-Typ gestaltet erscheint. Schließlich sieht man als dritte Frau die *Ars*, die Kunst, die dabei ist, den Titel "Museo Moscardo" auf ein Spruchband zu schreiben, das über die drei Personifikationen hinweggeht. Die Darstellung der *Natur* erinnert an die sehr ähnliche Gestalt aus der oben erwähnten Claudianus-Illustration von Cartari, die an der Höhle Wache hält. Da Cartaris Buch auch noch im 17. Jahrhundert sehr verbreitet war – Moscardo zitiert ihn auch immer wieder – darf man wohl annehmen, daß Moscardos Zeichner das ältere Werk gekannt hat[101].

[98] *Athanasii Kircheri e Soc. Iesu Mundi Subterranei Tomus IIus. In V Libros digestus, quibus Mundi Subterranei fructus exponuntur, et quidquid tandem rarum, insolitum, et portentosum in foecundo Naturae utero continetur, ante oculos ponitur curiosi Lectoris.*

[99] Die Erstausgabe Padua 1656 stand mir nicht zur Verfügung.

[100] Vgl. Thiersch, *Artemis Ephesia*, Tf. XXXIX,1 und 3 (Bologna, Museo Civico) und Tf. XXXIX,2; Moscardo, a.a.O., Libro primo, S. 17.

[101] Zweifellos gehörte an diese Stelle auch eine Erwähnung des Vorkommens der Multimammia, die als "De Diana van Ephezen" mit der Isis geglichen und der Artemis-Upis gleichgesetzt wird, bei dem gelehrten Radierer Romeyn de Hooghe (1645-1708), in seinem erst lange nach seinem Tode erschienenen Werk *Hieroglyphica of Merkbeelden der oude Volkeren*, Amsteldam 1735. Dieses Werk war mir aber leider auch nicht zugänglich und ist mir nur durch die Besprechung bei Thiersch, *Artemis Ephesia*, S. 107-110 mit Tf. LXXV,3 bekannt geworden. Danach hat sich auch R. de Hooghe bei einem älteren Werk *Symbolica Dianae Ephesiae statua* von Menetreius aus dem Jahre 1688, S. 9 ("apud Card. Ant.

DELLA NATVRA CAP. IX.

Kederono gli antichi , che Ifide foffe anco la Terra , ouera-
mente la Natura delle cofe , che al Sole fono foggette: come
fcriue Macrobio. Da qui viene , che era figurato il corpo di
quella Dea con continuate poppe, à guifa di quella, che alimen-
taffe tutte le cofe dell'Vniuerfo . Che foffe tenuta per nutrice
di tutte le cofe , lo afferifce ancora Orfeo , mentr' egli dice :

Fig. 5: Isis aus: Note [...] del Museo [...] Moscardo, 1672

Eine interessante Information gibt der gelehrte Benediktiner Bernard de
Montfaucon in *L'Antiquité expliquée et représentée en figures*, Paris 1719. Er

Barberinum") inspiriert, das mir ebenfalls nicht greifbar war. Diese bei H. Thiersch auf
Tf. LXXV,3 abgebildete Isis Multimammia des Romeyn de Hooghe, die zudem noch einige
über die üblichen Attribute der Ephesia hinausgehende ägyptisierende Kennzeichen wie
ägyptisches Kopftuch und Kuhhörner erhalten hat und in einen ägyptisierenden Kontext
hineingestellt ist, ist es offenbar, welche J. Baltrušaitis in der ersten Auflage seiner *Qête
d'Isis* für das Titelbild des Kapitels IV "Les Isis et un Apis français" gedient hat.

behauptet nämlich, es gebe kaum eine antike Figur, die alltäglicher sei ("plus commune") als die Diana von Ephesus. Es existierten davon Kolossalstatuen, man fände sie in allen Größen, man sähe sie auf Marmor, auf geschnittenen Steinen, auf Medaillen. Obwohl sich alle wegen der Brüste glichen, unterschieden sich dennoch alle untereinander[102]. Wenn auch diese Aussage über die Häufigkeit vielleicht etwas übertrieben erscheint, so muß die Ephesia doch damals, mindestens, was die Ewige Stadt anbetrifft, sehr bekannt und auch für die dort befindlichen berühmten Altertümer typisch gewesen sein. So wird eine Multimammia etwa auf Giovanni Paolo Panninis Bildern imaginärer Gemäldegalerien mit Ansichten der antiken Monumente Roms aus den fünfziger Jahren des 18. Jahrhunderts zitiert[103]. Außer der Ephesia hätte man auch Isis mit mehreren Brüsten dargestellt, fährt Montfaucon, ibidem, weiter und er macht den Versuch, unter den ihm bekannten Figuren der vielbrüstigen Göttin diejenigen der Diana von Ephesus und diejenigen der Isis zu scheiden, indem er solche mit Turm auf dem Kopfe der Ephesia zuteilt, aber Isis eine Lotosblüte auf dem Haupte zuspricht. Im Grunde seien die beiden Göttinnen aber die gleiche Gottheit, wenn man sie normalerweise auch unterschieden habe und jede ihre eigenen Tempel und ihre eigenen Zeremonien gehabt hätte. Obwohl diese ägyptischen Isiden den Dianen von Ephesus sehr ähnlich gewesen seien, fände man wenige, die eine solche Vielzahl von Brüsten hätten. Ohne auf Montfaucon weiter eingehen zu können, beschränken wir uns auf die Feststellung, daß er in seinem Isis-Teil ausdrücklich den "P. Kirker" als Autorität erwähnt, dessen *Oedipus aegyptiacus* immerhin ein halbes Jahrhundert früher erschienen ist. Und wenn man sieht, wie Montfaucon Apuleius zitiert, nach dem Isis gesagt haben soll: «Je suis la nature, mère de toutes choses, maîtresse des éléments», glaubt man ihm, daß er Athanasius Kircher zu Rate gezogen hat.

Auch nach Montfaucon wird in den Nachschlagewerken des 18. Jahrhunderts die Isis weiterhin als die *Natur* und damit im Zusammenhang zuweilen auch als Multimammia geführt; ich beziehe mich hier allerdings nur auf einige Stichproben, zitiere also punktuell:

1724 ist in Leipzig Benjamin Hederichs *Gründliches mythologisches Lexicon* herausgekommen. Hederich bemerkt unter dem Artikel *Ephesia*, nachdem er ihr Aussehen beschrieben hat: «Überhaupt ist sie vielfältig eine pantheische

---

[102] Tome I, Partie I, Livre III, Chap. XV, S. 156. Der Isis-Teil befindet sich in Tome II, Partie II, Livre I, Chap. II-VII, S. 271-288.

[103] G.P. Pannini (1691/92-1765) in der Staatsgalerie Stuttgart oder im Louvre, Paris (1758); abgebildet in: *FMR. Revue d'art et de culture de l'image*, Franco Maria Ricci Editore, Milano, Nr. 21, 1989, IV-V. *Giovanni Paolo Pannini, Römische Veduten aus dem Louvre.* Ausstellungs-Katalog Herzog Anton Ulrich-Museum Braunschweig 1993, Kat. Nr. 40 A, Abb. auf Umschlag und S. 16.

Figur, die allerhand Kennzeichen an sich hat, welche die Natur abbilden»[104].
Beim Artikel *Isis* ist § 6 der Bildung, d.h. der Abbildung der Göttin gewidmet,
und da heißt es, diese finde sich auf so mancherlei Art in verschiedenen sowohl
ägyptischen als auch griechischen Denkmalen, dass deren Vielfältigkeit hier
nicht könne berühret werden, und für die Darstellung wird auf Montfaucon
verwiesen. Manche bildliche Züge werden dennoch aufgezählt, und dann wird
festgestellt: «Sonst wurde sie auch wohl über und über voller Brüste gebildet»,
und dafür wird Macrobs Saturnalienstelle angeführt und später in § 8 noch-
mals zitiert: «Bald nimmt man sie für die Erde und die Natur aller Dinge an».
Hederich stellt antike Belege und Zitate aus der Sekundärliteratur, ohne zu
werten, neben einander, ja auch in einer späteren Auflage von 1770 werden
immer noch die *Imagini* von Cartari, deren Erstausgabe bereits über 200 Jahre
zurücklag, als Autorität angeführt.
Paul Ernst Jablonski legt in seinem *Pantheon Aegyptiorum* von 1750/52,
einem Kompendium, in dem er sehr viele Zitate antiker Texte und auch solche
aus Sekundärliteratur zusammenstellt – er benützt übrigens auch Kircher –
jetzt das Schwergewicht auf die ägyptische Götterwelt, im Gegensatz zu den
älteren ähnlichen Werken. Für die bildlichen Darstellungen der Gottheiten
scheint er sich allerdings nur wenig interessiert zu haben, und auf die Isis als
Multimammia geht er nicht ein. Auch führt er die Macrobius-Passage über
die Darstellung der Isis mit vielen Brüsten nicht an, wohl aber die Stelle direkt
davor, wo Isis als "terra vel natura rerum" bezeichnet wird[105]. Da, wo er die
Inschrift auf dem Tempel zu Sais zitiert, hat er eine Randglosse: «Qui Isidem
confundebant cum Neitha, Philosophi recentiores eam pro natura quoque rerum
universa habebant»[106]. Man darf daraus wohl schließen, daß Jablonski nicht
an die Isis Multimammia geglaubt hat, obwohl er einiges Gewicht auf die
Aussagen über die Isis als *Natur* legt.
Die große französische *Encyclopédie* hält unter dem Stichwort *Nature* fest[107],
die Natur sei durch die Symbole der Diana von Ephesus angegeben worden.
Doch die Artikel *Diane* und speziell *Diane d'Ephèse* verzichten auf eine Beschreibung des Aussehens der Göttin und bringen auch keinen Hinweis auf
die Multimammia. Unter dem Stichwort *Isis*[108] wird nur kurz, sozusagen "entre
parenthèses", diese als "la nature" angesprochen, über ihr Aussehen oder die

---

[104] Sp. 1005.
[105] P.E. Jablonski, *Pantheon Aegyptiorum, sive de diis eorum commentarius, cum prolegomenis
de religione et theologia Aegyptiorum*, Frankfurt 1750-52, Pars II, Liber III, Cap. I, § 7,
S. 17. § 9. S. 21.
[106] P.E. Jablonski, ibid. § 10, S. 23.
[107] *Encyclopédie ou Dictionnaire raisonné des sciences, des arts et des métiers*, Neufchastel
1765, Bd. 11.
[108] *Encyclopédie*, Bd. 8.

Elisabeth Staehelin

Beziehung zur ephesischen Artemis wird jedoch geschwiegen. Hatte der oben erwähnte Montfaucon noch den "P. Kirker" als Gewährsmann aufgeführt, so ist die Haltung der *Encyclopédie* dem Barockgelehrten gegenüber bemerkenswert; im Artikel über die *Mensa Isiaca* heißt es von "P. Kircher": «Ce savant jésuite ne fait qu'imaginer ce qu'il ignore & dont il lui étoit impossible d'avoir connoissance, il a substitué ses visions à la place des trésors perdus de l'antiquité»[109].

Erfreulich kritisch zeigt sich auch das 1786/87 in Leipzig anonym publizierte kleine Werk *Ägyptische Merkwürdigkeiten aus alter und neuer Zeit*, eine Kulturgeschichte, die sich als raisonnierten Auszug aus Werken antiker Schriftsteller und neueren Reisenachrichten versteht. Ihr ungenannter Verfasser, bei dem es sich um den Geographie-Historiker A. F. Büsching handeln muß[110], sieht sich als «kaltblütiger und von Vorurteilen freier Forscher», der zwar seinen Lesern nicht eine «authentische und zuverlässig bewährte Darstellung der alten ägyptischen Religionsverfassung, sondern bloß einen Auszug dessen, was uns griechische Schriftsteller davon melden», versprechen kann[111]. Von unserer 'Hauptperson' sagt er in seinem Kapitel über die 'Götterlehre': «Isis scheint in den ältesten Zeiten bloß mit sehr vollem Busen, und erst späterhin, da man anfing, sie für ein Symbol der allernährenden Natur zu halten, vielbrüstig vorgestellt worden zu sein»[112].

Meine Stichproben habe ich nicht über die Zeit Champollions ausgedehnt; das letzte von mir konsultierte Werk, die *Beautés de l'histoire de l'Egypte ancienne et moderne* von P.J.B. Nougaret, Paris 1824, weiß im Abschnitt über Isis zu vermelden: «Quelquefois on la représentait comme Cybèle» (gemeint ist damit die Ephesia), «le corps couvert de mammelles, pour marquer qu'elle nourissait toutes choses. En général elle était le type de la nature ou de la terre»[113].

Erst nach der Geburt der Ägyptologie verschwindet die Isis Multimammia aus der Literatur, denn sie kommt, da sie ja erst in der Spät-Antike entstanden ist, in der Religionsgeschichte der alten Ägypter überhaupt nicht vor[114]. Wir haben indessen gesehen, daß in den Handbüchern und Nachschlagewerken seit der Mitte des 16. Jahrhunderts Isis als eine Verkörperung der Natur galt

[109] *Encyclopédie*, Bd. 8, s.v. *Isiaque, Table*.
[110] Vgl. die Rezension in *Allgemeine Literatur-Zeitung* Nr. 273 b, von Dienstag, 14. November 1787, Sp. 409-411. Diese Aufklärung über den Autor verdanke ich der Freundlichkeit Erich Winters.
[111] *Ägyptische Merkwürdigkeiten* I, S. 264 und 266.
[112] *Ägyptische Merkwürdigkeiten* I, S. 283.
[113] P.J.B. Nougaret, *Beautés*, S. 60.
[114] Zu einem anderen Beispiel einer nicht antiken Götterfigur mit langem Nachleben, die aus einem Mißverständnis erwachsen ist, dem *Demogorgon*, vgl. J. Seznec, a.a.O. (Anm. 38), s.v. im Register S. 278 (spez. S. 165).

und daß diese als Multimammia dargestellt werden konnte. Wann immer diese vielbrüstige Gestalt der Isis begründet wurde, bezog man sich auf die gleiche Aussage des Macrobius in seinen Saturnalien. Ob man die Göttin in der strengen Ikonographie der Ephesia oder freier als nackte Frau mit mehreren Brüsten zeichnete, ob man sie *Dea Natura*, Artemis respektive Diana, Cybele, Isis oder noch anders nannte, die Multimammia war seit dem Cinquecento ein fest etabliertes Sinnbild für die Natur. Dies hat sich auch im Zeitalter des Barock nicht geändert und blieb ebenso im ganzen 18. Jahrhundert erhalten[115], was nicht verwundert in einer Epoche, in der die Idee der Natur in den verschiedensten Gebieten, wie Philosophie, Ethik, Religion, ja auch Politik, eine wichtige Rolle spielte, so daß man den Begriff *Natur* geradezu als ein Schlüsselwort für diese Zeit bezeichnet hat. Von Diderot stammt die Aussage, im Zeitalter der Aufklärung berufe sich jedermann auf die Natur, doch jeder verstehe sie auf seine Weise. Und entsprechend wurde Isis als Symbol für die Natur von jedermann in Bild und Wort auf seine Art eingesetzt.

* * *

Im Folgenden seien noch kurz drei Schwerpunkte betrachtet und benannt als *die Allernährerin, die Göttin in der Zeit der Revolution* und *die entschleierte Isis.*

Zur *Allernährerin*: Es ist ein naheliegender Gedanke, das Bild einer Göttin, die die Natur repräsentiert, im Freien aufzustellen. So bot sich bereits in der Renaissance die natürliche Umgebung des Gartens dafür an[116]. Es lag andrerseits auch nicht fern, den Lebensquell, der aus den nährenden Brüsten der Natur springen sollte, durch Wasser wiederzugeben; man hat daher mehrfach die Multimammia als Brunnenfigur gestaltet. Wenige Beispiele mögen dies illustrieren: im Park der Villa d'Este in Tivoli befindet sich eine wasserspritzende Nachbildung der Neapolitaner Ephesia, die sich an eine Grotten-

---

[115] So hätte man auch im 18. und im frühen 19. Jahrhundert noch weitere Darstellungen der Isis Multimammia finden können, wie etwa auf dem Titelblatt von Giovanni Battista Piranesis *Diverse Maniere d'adornare i Cammini* von 1769 (abgebildet z.B. bei Curl, *The Egyptian Revival*, S. 80, pl. 49 und Curl, *Egyptomania*, S. 88, pl. 41), oder bei Thomas Hope, *Household Furniture and Interior Decoration*, London 1807, pl. X (abgebildet z.B. bei Curl, The Egyptian *Revival*, S. 114, Fig. 3 und *Egyptomania*, S. 123, pl. 68). Vgl. auch das Münchner 'Diana Ephesia'-Relief mit Hieroglyphen imitierenden Inschriften bei A. Grimm, "Aegyptiaca aus dem königlichen Antiquarium", in: *Theatrum Hieroglyphicum. Ägyptisierende Bildwerke des Barock*, München 1995, S. 17f., Nr. 9 mit Abb. 13 und 79. Doch geht es hier ja keinesfalls um Vollständigkeit der Belege, sondern nur darum, den 'Roten Faden' der Isis Multimammia durchzuziehen.

[116] Vgl. oben Text zu A. Kircher nach Anm. 96.

wand anlehnt (Taf. 46). Das Werk wurde 1568 von Giglio della Vellita gear-beitet[117]. In den *Emblemata* des Johannes Sambucus von 1599 erscheint die Multimammia in Gestalt einer Brunnenherme mit einem fließenden Wasser verbunden[118] (Taf. 47,1). Sicher als Isis verstanden, weil sie auf einem Bühnen-bild zu Mozarts Zauberflöte vorkommt, ist die vielbrüstige Göttin auch noch im 19. Jahrhundert; der Entwurf zu diesem Prospekt von Carl Maurer[119] stammt aus dem Jahre 1812. Er zeigt einen Garten im Mondlicht mit einem spitzzu-laufenden Obelisken und einer vielbrüstigen Brunnenfigur mit einer Art ägyptisierendem Kopftuch (Taf. 47,2).

Die am Anfang dieses Artikels erwähnte Ephesia aus dem Neuen Garten in Potsdam, die vermutlich von Johann Christoph Wohler ganz am Ende des 18. Jahrhunderts für Friedrich Wilhelm II. geschaffen worden ist (Taf. 33,1), muß tatsächlich eine Isis sein, denn man weiß, daß sie ursprünglich in einem Rondell stand, wo sie von 12 ägyptisierenden Kanopen umringt war[120].

Auch eine Rötelzeichnung des französischen Künstlers Hubert Robert (1733-1808), die auf das Jahr 1762 datiert ist, trägt den Vermerk "Isis"[121] und läßt sich gut mit der Potsdamer Statue vergleichen, denn auch die Multimammia auf Roberts Blatt ist im Grünen aufgestellt, in einer Umgebung, die einer Dea Natura angemessen ist. Von einer weiteren Isis, aus deren Brüsten ein erquickender Quell entsprang, wird im kommenden Abschnitt die Rede sein.

Zur *Göttin in der Zeit der Revolution*: Alle die aufgezählten Wiedergaben der nährenden Göttin waren ein Medium, um mit *einem* sichtbaren Sinnbild einen Begriff darstellbar zu machen. Ein weiterer, allerdings riesiger Schritt ist es, wenn man den Begriff selber personifiziert, zu einer Gottheit erhebt und ihr gar einen Kult angedeihen läßt, wie man das während der französischen Revolution versucht hat[122]. Im Kontext dieser radikalen Umgestaltung ging man ja ab 1793 so weit, daß man im Sinne einer Entchristianisierung die überkommene Religion über Bord werfen und durch einen "Culte de la Raison

---

[117] Die Statue stand ursprünglich in der Hauptnische der sogenannten Wasserorgel, wurde aber später daraus entfernt und an eine andere Stelle verbracht, wo sie noch heute einen eigenen Brunnen bildet, vgl. C. Lamb, *Die Villa d'Este in Tivoli*, München 1966, S. 53 und Tf. 15.

[118] Thiersch, *Artemis Ephesia*, S. 106 (144) und Tf. LXII,3.

[119] Aus dem Skizzenbuch von C. Maurer von 1812, abgebildet bei Curl, *The Egyptian Revival*, S. 136, pl. 125 und *Egyptomania*, S. 150, pl. 96.

[120] Thiersch, *Artemis Ephesia,* S. 117-121 (152) und K. Parlasca, "Zur Artemis Ephesia als Dea Natura in der klassizistischen Kunst", in: *Studien zu Religion und Kultur Kleinasiens*, FS K. Dörner (EPRO 66), Bd. 2, Leiden 1978, S. 681 f. mit Anm. 16. Dazu vgl. auch D. Syndram, *Ägypten-Faszinationen. Untersuchungen zum Ägyptenbild im europäischen Klassizismus bis 1800*, Frankfurt/Bern etc., 1990, S. 278 mit Abb. 134 (eine der Kanopen).

[121] K. Parlasca, ibid., S. 681 und Tf. CLXVII, Abb. 2.

et de la Nature" ersetzen wollte. Zu unserem Glück haben sich damals die
Entwicklungen so überstürzt, daß es weder zum bereits beschlossenen Ab-
bruch der Kathedrale von Chartres[123], noch zu der verunstaltenden Veränderung
kam, die das Straßburger Münster hätte in einen Tempel der Vernunft um-
wandeln sollen. Klaus Lankheit hat einen Stich ans Tageslicht gefördert, der
das Monument festhält, das man damals im Straßburger Münster aufgestellt
hat. Dabei krönt eine Multimammia in Hermenform als Göttin der Natur einen
künstlichen Berg, von der Gestalt der *Freiheit* flankiert, während mehrere
Attribute der herkömmlichen Konfessionen mit ihren Priestern in den Abgrund stürzen[124].

Auch in der Kathedrale Notre Dame in Paris führte man am 20. brumaire de
l'an II (10. Nov. 1793) einen "Culte de la Raison" ein; es wurde ebenfalls ein
künstlicher Berg eingerichtet, auf dem ein antiker Tempel mit der Aufschrift
"A la Philosophie" stand. Daraus trat dann die Citoyenne Soundso, ein lebendiges "chef-d'oeuvre de la nature" hervor, die die Freiheit repräsentierte[125].

Von einem weiteren Tempel der Vernunft weiß man, seit Klaus Lankheit einen Entwurf des französischen Architekten Etienne-Louis Boullée zu einem
solchen bekannt gemacht hat, der sich in der Sammlung der Uffizien befindet[126]. Boullée, der mit Ledoux und Lequeu zur Gruppe der sogenannten
Revolutionsarchitekten gehört, ist für die Ägypten-Rezeption vor allem
interessant durch seine gigantischen Pyramidenprojekte. Hier interessiert
besonders die Skizze zu einer neuen Art Revolutionstempel, der zwar zunächst
antike Elemente vereinigt, wie Boullée sie für andere Monumente verwenden
wollte – gebaut wurde davon allerdings nie etwas, alles blieb Entwurf. Dieser
Bau sah in der Außenansicht einen mit Kolonnadenreihen umgebenen
abgetreppten Doppelzylinder vor, über dem eine riesige Halbkugel errichtet
werden sollte. Neu daran war jedoch, daß im Innenraum, dem nach oben
abschließenden Himmelsgewölbe gegenüber, die Erdtiefe ausgebildet wurde.
Dies war ausgedrückt durch eine zerklüftete Felsenlandschaft mit weit hin-
unterführender Erdspalte. Über dieser erhob sich, auf zwei überbrückenden
Steinplatten angebracht, eine Statue der von zwei Hirschen flankierten
Multimammia als Bild der Natur. Boullée wollte so sein gedankliches
Gebäude des Universums, in dem die beiden Größen Natur (Felsental) und
Vernunft (stereometrische Form des Gewölbes) vereinigt sein sollten, architek-

---

[122] Dazu und zum Folgenden vgl. K. Lankheit, *Der Tempel der Vernunft. Unveröffentlichte
Zeichnungen von Etienne-Louis Boullée*[2] (Schriftenreihe des Instituts für Geschichte und
Theorie der Architektur an der Eidgenössischen Technischen Hochschule Zürich), Basel/
Stuttgart 1973.

[123] Zu Chartres: Lankheit, ibid. S. 37.

[124] Lankheit, ibid. S. 37 mit Abb. 30. S. 39.

[125] Lankheit, ibid. S. 36.

[126] Lankheit, ibid. S. 21 ff. mit Abb. 7 und 8 und Abb. 16-22.

tonisch in *ein* gigantisches Steinmonument umsetzen. Es war eine Idee, die in der Weise nur in jener Revolutionszeit geboren werden konnte, als man auch sonst die Götter *Nature* und *Raison* in einem Kult vereinigte. Schließlich setzte man an die Stelle der im Zuge der Entchristianisierung abgeschafften kirchlichen Feiern große Nationalfeste, und hier ist das oft abgebildete 'Fest der Einheit und Unteilbarkeit': "Fête de l'Unité et de l'Indivisibilité" vom 10. August 1793 zu nennen[127]. Dort, wo die zerstörte Bastille gestanden hatte, wurde von Jacques Louis David die "Fontaine de la Régénération" errichtet. Die Brunnenfigur war eine überlebensgroße weibliche Statue im ägyptischen Königsornat, aus deren beiden Brüsten das lebensspendende Wasser der Regeneration spritzte[128] (Taf. 48). Daß es sich bei dieser ägyptisierenden Plastik um ein Sinnbild der *Nature* handelte, auch wenn sie keine Multimammia war, ist unschwer zu erkennen und zeigt uns, daß man auch damals die Vorstellung der allernährenden Natur mit der ägyptischen Göttin Isis verbinden konnte. Aufschlußreich ist die Rede, die der Präsident des Convents Hérault de Séchelles bei diesem Anlaß hielt:

«Souveraine du sauvage et des nations éclairées! O Nature! ce peuple immense, assemblé aux premiers rayons du jour devant ton image, est digne de toi. Il est libre. C'est dans ton sein, c'est dans tes sources sacrées qu'il a recouvré ses droits, qu'il s'est régénéré. Après avoir traversé tant de siècles d'erreurs et de servitudes, il fallait rentrer dans la simplicité de tes voies pour retrouver la liberté et l'égalité. O Nature! reçois l'expression de l'attachement éternel des Français pour tes lois, et que ces eaux fécondes qui jaillissent de tes mamelles, que cette boisson pure qui abreuva les premiers humains consacre dans cette coupe de la fraternité et de l'égalité les serments que te fait la France en ce jour, le plus beau qu'ait éclairé le soleil depuis qu'il a été suspendu dans l'immensité de l'espace [...]»[129].

Unter den zahlreichen Illustrationen, die in jener Epoche auch andere Personifikationen revolutionärer Begriffe darstellen, ist die vielbrüstige *Natur* mehrfach anzutreffen. So zeigt etwa der "Calendrier républicain" von 1794[130] ein Bild der *Philosophie* als einer mit der revolutionären Kappe geschmückten Frau, die auf einem Marmorthron sitzt. Dessen Seitenlehne wird von einer vielbrüstigen Figur der *Natur* gebildet. Ihre Füße hat die *Philosophie* auf die

---

[127] Zum Folgenden vgl. Lankheit, ibid. S. 35f.

[128] Von dieser ägyptisierenden Brunnenfigur existieren verschiedene Abbildungen. Vgl. den Katalog *Egyptomania. L'Egypte dans l'art occidental 1730-1930*, Paris 1994, S. 117. 158-160 mit Tf. auf S. 159 und Fig. 1-4, mit Bibliographie und außerdem *FMR*, a.a.O. (Anm. 103), 21, 1989, Abb. auf S. 22.

[129] Der Text findet sich wieder abgedruckt bei Lankheit, a.a.O. (Anm. 122), S. 35.

[130] Vgl. E. Gombrich, "Le fantôme de la Liberté", *FMR*, a.a.O. (Anm. 103), 21,1989, 1-23, spez. S. 11 und Abb. 5 auf S. 6.

'Überreste des Irrtums und des Aberglaubens' gestellt, auf die die alte Zeiteinteilung gegründet war. Aus dem 'Buch der Natur' leitet die *Philosophie* die Prinzipien und Namen für den neuen Kalender ab, die sie einem kleinen geflügelten Genius an ihrer Seite diktiert. Auf der anderen Seite erkennt man das 'Buch der Moral'. Die Erklärung des Bildes steht darunter geschrieben. Verschiedene Elemente kommen uns bekannt vor, und man geht nicht fehl, Raffaels Gestalt der *Philosophie* in der Stanza della Segnatura als Vorbild anzunehmen. Die Französische Revolution hat also durchaus auch hier ältere Anregungen aufgenommen, sie aber in ihrer Weise adaptiert.

Ein anderes Beispiel zeigt die Illustration auf der "Déclaration des droits de l'homme et du citoyen" von 1795 (Taf. 49,1). Hier thront die personifizierte *Egalité* mit Winkel und Lot in der Rechten und dem Text der "Déclaration" in ihrer Linken. Den rechten Arm stützt sie auf die vielbrüstige *Natur*, deren Unterleib nicht im herkömmlichen Ependytes sondern in einem Rutenbündel steckt, einem weiteren revolutionären Attribut. Möglicherweise wurde diese Darstellung ihrerseits von Raffaels Deckenmalerei angeregt oder geht auf einem Umweg über die Illustration des "Calendrier républicain" von 1794 ebenfalls auf das vatikanische Gemälde zurück.

Zur *entschleierten Isis*: Die große französische *Encyclopédie* hat im Artikel *Isis* folgenden Eintrag: «Chacun connaît la belle inscription que Plutarque rapporte, et qu'il dit avoir été sur le pavé du temple de Sais 'je suis tout ce qui a été, ce qui est et ce qui sera, nul d'entre les mortels n'a encore levé mon voile'». Das enthebt uns der Suche, woher all denjenigen Zeitgenossen die Kenntnis dieser Überlieferung gekommen war, die im 18. und 19. Jahrhundert in irgend einer Weise davon Gebrauch gemacht haben. Sie war eben damals allgemein vertraut. Denn es zeigt sich, daß das Motiv der verschleierten Isis zu jener Zeit immer wieder Verwendung gefunden hat[131].

Am bekanntesten ist sicher Schillers Gedicht "Das verschleierte Bild zu Sais", das von 1795 stammt[132]. Georg Steindorff hat darauf aufmerksam gemacht[133],

---

[131] Jetzt dazu Chr. Harrauer, " 'Ich bin, was da ist...' Die Göttin von Sais und ihre Deutung von Plutarch bis in die Goethezeit", *ΣΦΑΙΡΟΣ Wiener Studien. Zeitschrift für Klassische Philologie und Patristik* 107/108, 1994/95 , 337-355.

[132] In Schillers Gedicht wird allerdings die Parallele Isis = Natur nicht gezogen, und der nach Wissen dürstende Jüngling darf die Hülle der Göttin nicht lüften. «Kein Sterblicher, sagt sie, rückt diesen Schleier, bis ich selbst ihn hebe». Als der Jüngling «mit ungeweihter, schuldger Hand» die Verhüllung doch aufdeckt, wird er mit Trübsinn und frühem Grab bestraft. Jan Assmann hat an unserem Symposion in der Diskussion auf die Spannung zwischen verbotener Wißbegierde und erlaubtem Wissensdurst und auf die Behandlung dieser Frage hingewiesen, bei H. Blumenberg, *Der Prozeß der theoretischen Neugierde*, Frankfurt 1988. Ein detailliertes Eingehen auf gerade dieses Problem würde in unsererm Zusammenhang zu weit führen und erübrigt sich daher an dieser Stelle.

[133] G. Steindorff, "Schillers Quelle für 'Das verschleierte Bild zu Sais' ", *ZÄS* 69, 1933, 71.

daß Schiller die Worte der Isis noch zweimal benutzt hat, und seine mutmaß-lichen Quellen angeführt, worunter sich auch eine Stelle aus Kants *Kritik der Urteilskraft* befindet[134]. Kant seinerseits weist dort auf eine weitere Verwen-dung des Motivs hin: «Vielleicht ist nie etwas Erhabeneres gesagt oder ein Gedanke erhabener ausgedrückt worden als jene Aufschrift über dem Tempel der Isis (der Mutter Natur) [...] Segner benutzte diese Idee, durch eine sinn-reiche seiner Naturlehre vorgesetzte Vignette, um seinen Lehrling, den er in diesen Tempel zu führen bereit war, vorher mit dem heiligen Schauer zu erfüllen, der das Gemüt zu feierlicher Aufmerksamkeit stimmen soll».

In diesem von Kant erwähnten Werk Johann Andreas Segners[135] läßt sich nun bereits in der ersten Auflage von 1746 auf der Titelvignette (Fig. 6) die Ver-bindung der Idee von der verschleierten Isis (hier durch das Sistrum gekenn-zeichnet) und den Geheimnissen der Natur fassen, die durch die Wissenschaft aufgedeckt werden sollen.

Das Motiv findet sich mehrfach im Bild, und immer wieder ist in Texten von der verhüllten Natur die Rede. «La nature, n'a-t-elle pas assez de son voile sans le doubler de celui du mystère?» fragt Diderot in seinen *Pensées sur l'interprétation de la nature* von 1753[136]. Und Goethe läßt seinen Faust sagen: «Geheimnisvoll am lichten Tag läßt sich Natur des Schleiers nicht berauben»[137]. Novalis' *Lehrlinge zu Sais* von 1798 sind ohne diese dort nicht ausdrücklich erwähnte, weil damals jedem Zeitgenossen vertraute Gleichung Isis = Natur nicht wirklich verständlich. Das Werk, das ein ganzer Naturroman werden sollte, ist Fragment geblieben und stellt eine Huldigung an seinen Lehrer Abraham Gottlob Werner[138] dar, der Novalis an der Bergakademie zu Freiberg am Erzgebirge in Naturwissenschaften unterrichtete; die Lehrlinge zu Sais sind die Schüler in den naturwissenschaftlichen Studien, die versuchen, die Geheimnisse der Natur zu ergründen, d.h. den Schleier der Isis zu lüften.

Der Spruch der Isis lautete dahin, daß kein Sterblicher ihr Gewand aufgehoben hätte (bei Plutarch heißt es τὸν ἐμὸν πέπλον). Und so zeigen die Illustratio-nen, wie etwa die genannte Vignette auf Segners Titelblatt (Fig. 6) Putten, also keine Menschen, die versuchen, den Saum der in einen großen Mantel ge-hüllten Isis aufzunehmen.

[134] I. Kant, *Kritik der Urteilskraft*, 1. Tl.,1. Abschn., 2. Buch, § 49 = I. Kant, *Werke* (hrg. v. E. Cassirer) Berlin 1922, Bd. 5, S. 391, Anm. l.
[135] J.A. Segners *Einleitung in die Natur-Lehre*, Göttingen 1746, Titelvignette. Unsere Abbil-dung stammt aus der 3. Auflage von 1770.
[136] Anfang von Chapitre XLI.
[137] J.W. Goethe, *Faust* I, Nacht, V. 672-673.
[138] Novalis, *Werke und Briefe*, hrg. v. A. Kelletat, München (Winkler), 1953, S. 749.

Johann Andreas von Segner

Sr. Königl. Preuß. Maj. Geh. Raths, ersten Lehrers der Mathematik
und Naturlehre bey der Königl. Friedrichs Universität zu Halle,
Mitgliedes der Kays. Akademie zu Petersburg, der Königl.
Societät zu London, und der Königl. Akad. der
Wissenschaften zu Berlin

Einleitung

in die

Natur = Lehre.

QVA LICET!

Neuman fecit Göttingae.

Mit Kupfern.
Dritte sehr verbesserte Auflage.

Göttingen,
Verlegts Abram Vandenhoecks seel. Wittwe 1770.

Fig. 6: J.A. von Segner, Einleitung in die Natur-Lehre, 1770, Titelblatt

In dem schon erwähnten Passus des Buches *Das Heimweh* von Johann Heinrich Jung-Stilling bzw. im *Schlüssel zum Heimweh*[139] wird die verschleierte Isis-Statue als Mutternatur erklärt und kann von dem jungen Kreuzritter nur enthüllt werden, weil er mit Wasser und Feuer getauft und also kein gewöhnlicher Sterblicher mehr ist.

Da man die Isis auch in ihrer vielbrüstigen Gestalt zu sehen gewohnt war, kommt es nun ebenfalls vor, daß man die beiden Motive kombiniert hat, d.h., daß man die *Natur* als Multimammia zeigt, die entschleiert wird. Die folgenden Beispiele sind Allegorien auf die Naturwissenschaft, bei denen die Geheimnisse der Natur enthüllt werden. Das Widmungsblatt "An Göthe", von der Hand Thorvaldsens, das Alexander von Humboldt seinen *Ideen zu einer Geographie der Pflanzen* von 1807 voranstellte[140] (Taf. 49,2) zeigt den Gott Apoll mit seiner Leier, der Isis Multimammia als *Natur* entschleiert. Und bei einer ähnlichen Darstellung von K.W. Wach (1787-1845) sieht man eine vielbrüstige Isis zwischen zwei geflügelten Genien; der linke hat gerade ein Tuch von ihr weggezogen und beleuchtet die entschleierte Göttin mit einer Fackel, während der rechte sogleich notiert, was ihm enthüllt wird[141] (Taf. 50).

Schließlich erscheint die Allegorie der Naturwissenschaften auch noch auf dem Fries des Basler Museumsbaus an der Augustinergasse, den Jacob Burckhardts Schwager Melchior Berri erstellt hatte und der 1849 eingeweiht wurde; der Fassadenfries, von Johann Jacob Oechslin in gebrannter Erde ausgeführt, stellt die wissenschaftlichen Disziplinen neben Allegorien der künstlerischen Gattungen: Malerei, Skulptur, Architektur usw. dar. Die Naturwissenschaft wird ausgedrückt durch Isis als *Natur* mit Sistrum und Füllhorn, die von einem Genius entschleiert und von einem sinnenden Forscher beobachtet wird. Die umgebenden Tiere, Adler, Schlange, Löwe und Delphin, stehen für Luft, Erde, Feuer und Wasser und weisen die Göttin wie bei Apuleius als "elementorum omnium domina" aus[142] (Fig. 7).

[139] Vgl. oben Anm. 4 und 5.

[140] A. Meyer-Abich, *Alexander von Humboldt in Selbstzeugnissen und Bilddokumenten* (rororo-Bildmonographien 131), Reinbek 1967, Abb. S. 147. Kurz vor der Fertigstellung Textes macht mich Jan Assmann freundlicherweise auf die von mir übersehene Abhandlung von P. Hadot, *Zur Idee der Naturgeheimnisse. Beim Betrachten des Widmungsblattes in den Humboldtschen 'Ideen zu einer Geographie der Pflanzen'* (AAWLM 8), Wiesbaden 1982, aufmerksam. In diesem Aufsatz sind viele von mir erwähnte Dinge angesprochen. Ich kann ihn nur noch zitieren, nicht aber mehr einarbeiten.

[141] K. Parlasca, "Zur Artemis Ephesia", a.a.O. (Anm. 120), S. 687 mit Tf. CLXIX, Abb. 5.

[142] Hier ist die Göttin keine Multimammia, sondern eine normal gebildete Frau. Vgl. G. Germann/D. Huber (Red.), "Der Bau des alten Museums in Basel (1844-1849)", in: P.L. Ganz et al., *Das Museum an der Augustinergasse in Basel und seine Porträtgalerie*, Basel 1979, Abb. 10a (2. Feld von links). Außerdem: *Umrisse der Basreliefs am Museum zu Basel ausgeführt durch J.J. Öchslin* [...] mit erläuterndem Text von Prof. W. Wackernagel, Schaffhausen 1850, Tf. B.

Fig. 7: Isis am Museum an der Augustinergasse in Basel

So hat die nachantike Isis ein europäisches Eigenleben als *Natura* geführt und blieb bis ins 19. Jahrhundert als Alma Mater lebendig.

Von der Bildfläche abtreten mußte sie erst als Folge einer anderen Enthüllung, nachdem es nämlich Jean-François Champollion 1822 durch seine Entzifferungstat gelungen war, den Schleier der pharaonischen Kultur zu lüften, was in der Allegorie einer Deckenmalerei von François-Edouard Picot (1786-1868) im Musée Charles X des Louvre[143] ausgedrückt wird. Hier sieht man *Etude* als geflügelte bekleidete Frau und *Génie* als nackten geflügelten Jüngling mit hochaufgehobener Fackel. Mit Hilfe von Putten entschleiern sie vor der Göttin Athene mit Mauerkrone und Eule eine nachdenkliche, auf einem Thron hingegossene Göttin mit Geierhaube: das alte Ägypten.

---

[143] Auch der Entwurf dazu von 1827 ist erhalten: J.-M. Humbert, *L'Egyptomanie*, a.a.O. (Anm. 47), Paris 1989, Abb. S. 236 und Katalog *Egyptomania* , a.a.O. (Anm. 128), Nr. 200, S. 334-336 und Tf., S. 335.

FRANK TEICHMANN

DIE ENTSTEHUNG DES ENTWICKLUNGS-GEDANKENS IN DER GOETHE-ZEIT UND DIE ÄGYPTISCHEN ZEITBEGRIFFE

Wie selbstverständlich leben wir doch heute, am Ende des 20. Jahrhunderts, mit Kenntnissen über die altägyptische Kultur! Unsere Ägyptologen wissen von Pyramiden und Tempeln, haben Gräber durchforscht, können Hieroglyphen lesen und die alten Texte übersetzen, kennen das Alltagsleben der einstigen Menschen und ihre Festesgestaltungen und sind eingedrungen in die Gedankenwelten ihres so andersartigen Bewußtseins. Dabei interessiert sie das alles von innen heraus. Kaum ist ein neues Buch erschienen, sogleich wird es aufgenommen und in das Ganze der eigenen Geisteswelt eingefügt. Wird irgendwo eine Ausstellung mit bedeutenden ägyptischen Werken eröffnet, so fahren auch wir hin, um sie zu sehen, ja, kaufen sogar den Katalog, um wieder Neues von dieser alten Kultur zu erfahren. Wie zeitgebunden diese Situation ist, wird besonders dann deutlich, wenn man sich vergegenwärtigt, daß vor 200 Jahren noch kaum etwas von den soeben genannten Inhalten bekannt war. Weder die Denkmäler kannte man noch die Schrift, geschweige denn die Texte. Nur was die Griechen ihrerseits schon überliefert hatten, war bekannt, und manches, was durch dunkle Rinnsale hermetischer Überlieferungen zu uns gekommen war.

Genau in dieser Lage befand sich Goethe. Ägypten war für ihn ein fernes Land, das er aus dem Alten Testament von Jugend an kannte; aber was er darüber wußte, war im Vergleich mit anderen Kulturen höchst bescheiden. Umso erstaunlicher ist es, wenn man entdeckt, daß der Dichter in seinen Werken und in seinen Intentionen von einer tiefen, vielleicht auch unbewußten Kenntnis des ägyptischen Geisteslebens durchdrungen gewesen ist. Kann das aber überhaupt sein?

Die größte Leistung Goethes, die unsere Kultur am meisten verändert und geprägt hat, sind nicht seine dichterischen Werke, auch nicht seine naturwissenschaftlichen Entdeckungen – so großartig sie im einzelnen auch sein mögen –, sondern die Herausarbeitung des *Entwicklungs-* und *Metamorphose-Gedankens* und die Einfügung desselben in das Geistesleben des letzten Jahrhunderts.[1] Zwar ist dies keine Leistung von Goethe allein, aber er war der

---

[1] Die Einzelheiten sind dargelegt in: F. Teichmann, "Die Entstehung des Entwicklungsgedankens in der Goethezeit", in: W. H. Arnold (Hrsg.), *Entwicklung. Interdisziplinäre Aspekte zur Evolutionsfrage*, Stuttgart 1985, S. 11-26.

stete Anreger im unablässigen Bearbeiten dieser umfassenden Idee, der ihre Schwierigkeiten und Probleme nie aus dem Bewußtsein entließ und alle diejenigen in sie verwickelte, die sie fördern und klären konnten. Die Freundschaft mit Herder zu Beginn von dessen Weimarer Zeit brachte die ganze Ideenmasse in Bewegung, mit Schiller arbeitete er sie aus, und die intensiven Beziehungen zu Fichte, Schelling und Hegel führten allmählich zum sicheren Besitz. In seinen morphologischen Schriften[2] stellt Goethe diese gegenseitigen Einwirkungen selbst dar und auch, was er ihnen im einzelnen verdankt. Durch das Auffinden dieses Gedankens wurde die ganze Kultur grundlegend verändert: War vorher ein statisches Weltbild vorherrschend, in dem alle Geschöpfe von Paradieseszeiten an vom Schöpfer ihren Platz im Weltgetriebe zugewiesen bekommen hatten, so wird nunmehr gefragt, woraus sich ein Wesen entwickelt hat; was vorher gewesen ist, wird nur als Durchgangsstufe betrachtet, und was heute gerade gilt, wird sich morgen schon wieder verändert haben. Unter dem Blick dieses Gedankens bleibt nichts mehr, wie es ist; alles wird dynamisiert, wird genetisch angeschaut, in Bewegung gebracht und fortentwickelt. Dieses stete Auf und Ab gilt nicht nur für Naturwesen, für Pflanzen etwa oder Tiere, sondern für alles, was überhaupt wesenhaft wirkt. Am eindeutigsten gilt dieser Ansatz für den Menschen selbst, aber auch für seine Sprache, sein Bewußtsein, seine Geschichte. Nichts wird heute mehr als unveränderlich betrachtet, denn alles entwickelt sich, und selbst der Wissenschaftler, der sich über sein Tun Rechenschaft zu geben versucht, entdeckt die Zeitgebundenheit seiner wissenschaftlichen Anschauungen, er erwartet eine Weiterentwicklung derselben und hat kein höheres Ziel, als selbst dazu beizutragen.

Der Begriff der *Entwicklung* ist kein einfacher, der leicht zu denken wäre, denn er beschreibt ein Phänomen, das sich zwischen *Wesen* und *Erscheinung* abspielt. Blicken wir zunächst auf die Erscheinungsseite: Da sehen wir, wie sich im zeitlichen Ablauf eine Tatsache kontinuierlich verändert, an keiner Stelle stillsteht und sich allmählich durch verschiedene Stadien hindurch gesetzmäßig gestaltet. Wir können etwa eine Pflanze beobachten, wie sie aus dem Samen die Keimblätter entfaltet, dann Blatt nach Blatt am Stengel entbreitet, ehe sie ihre Blüten dem Sonnenlicht öffnet, Früchte bildet und schließlich die Samen wieder dem Boden übergibt.

Zeit

2 Vgl. die Aufsätze: 'Einwirkung der neuern Philosophie' (1820), Hamburger Ausgabe (im Folgenden abgekürzt als HA) Bd. 13, München 1975[7], S. 25ff. und Einleitung in: *Zur Morphologie* (1807), ibid. S. 53ff.

Nun darf man aber nicht vergessen, daß dieser ganze Vorgang von einem *Wesen* ausgeht, das man mit einem bestimmten Namen bezeichnet und das in jedem Augenblick der Entwicklung *anwesend* ist. Schaue ich auf dieses hin, dann kann ich nicht von zeitlicher Veränderung sprechen, denn es umgreift und leitet dieselbe, gemäß seinen ihm eingeborenen Gesetzen. Die Pflanze benenne ich ja nicht nur für einen bestimmten Moment ihrer Entfaltung mit einem besonderen Namen, sondern für die Zeit der gesamten Erscheinung. Eine Rose ist schon als Keim eine Rose, ebenso wie sie als grünende, als blühende und als fruchtende Pflanze als Rose erkannt wird. Das *Wesen* lebt im Außerzeitlichen und Außerräumlichen, es wirkt herein in unsere Welt und erscheint so erst in Raum und Zeit.

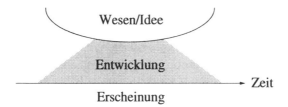

Entwicklung ist also nur dann zu finden, wenn der Zusammenhang von Wesen und Erscheinung wirklich erkannt wird. Schelling hat dies, ungefähr gleichzeitig mit Goethe, deutlich ausgesprochen[3]:

"Inwiefern bei jeder Entwicklung die Einerleiheit des sich entwickelnden Subjekts vorausgesetzt wird, insofern hat unstreitig ein jedes System nur Ein Subjekt, Ein Lebendiges, das sich in ihm entwickelt. Allein von dem Prinzip in diesem Sinn läßt sich eben darum nicht gleichsam ein für allemal der feste Begriff geben; denn da es in einer beständigen Bewegung, Fortschreitung, Steigerung begriffen ist, kann jeder Begriff nur für einen Moment gelten; es ist als Lebendiges in der Tat nicht Eines, sondern unendlich Vieles. Hieraus ist denn wohl zu ersehen, daß in keinem lebendigen Ganzen [...] irgendwo ein Punkt sei, den man gleichsam anhalten, oder den man festmachen könnte, sondern daß schlechterdings die Entwicklung des Ganzen abgewartet werden muß, ehe der vollständige Begriff des sich entwickelnden Subjekts gegeben werden kann. Denn dieses Subjekt ist in der Mitte und am Ende so gut wie im Anfang, und es ist nicht das, was in diesem oder jenem Punkt der Entwicklung ist; es ist überhaupt nichts Einzelnes, sondern das Eins und Alles in dem Ganzen."[4]

---

[3]   Fr.W.J. v. Schelling, 'Die Weltalter', 1811, I, in: M. Schröter (Hrsg.), *Schellings Werke*, Nachlaßband, München 1946, S. 85f.

[4]   Auch Goethe spricht nach der Entdeckung der Urpflanze in einem Brief vom 6. September 1787 (*Italienische Reise*) von dem ἓν καὶ πᾶν, das ihn in Erstaunen setzt.

Für Goethe, der dieselben Beobachtungen schon jahrelang kennt, wird ein weiteres, ein methodisches Problem allerdings immer wichtiger. Er entdeckt nämlich, daß ein Mensch, der die obigen Entwicklungsstadien verfolgen will, sein eigenes Vorstellungsvermögen mitentwickeln muß, wenn er über sein Objekt zutreffende Aussagen machen und sie mitteilen möchte:

"Betrachten wir [...] alle Gestalten, besonders die organischen, so finden wir, daß nirgend ein Bestehendes, nirgend ein Ruhendes, ein Abgeschlossenes vorkommt, sondern daß vielmehr alles in einer steten Bewegung schwanke. [...] Das Gebildete wird sogleich wieder umgebildet, und *wir haben uns*, wenn wir einigermaßen zum lebendigen Anschaun der Natur gelangen wollen, *selbst so beweglich und bildsam zu erhalten*, nach dem Beispiele, mit dem sie uns vorgeht."[5]

Dazu kommt außerdem, daß derjenige, welcher dieses übt, lernen muß, "das Ganze in der Anschauung gewissermaßen zu beherrschen." Dies ist ein mühseliges Unterfangen, und Goethe hat oft beklagt, wie schwer diese geistige Teilnahme an den Produktionen der schaffenden Natur zu erreichen ist:

"Hier treffen wir nun auf die eigene Schwierigkeit, die nicht immer klar ins Bewußtsein tritt, daß zwischen Idee und Erfahrung eine gewisse Kluft befestigt erscheint, die zu überschreiten unsere ganze Kraft sich vergeblich bemüht. Demohngeachtet bleibt unser ewiges Bestreben, diesen Hiatus mit Vernunft, Verstand, Einbildungskraft, Glauben, Gefühl, Wahn und, wenn wir sonst nichts vermögen, mit Albernheit zu überwinden. [...]
Die Schwierigkeit, Idee und Erfahrung mit einander zu verbinden, erscheint sehr hinderlich bei aller Naturforschung; die Idee ist unabhängig von Raum und Zeit, die Naturforschung ist in Raum und Zeit beschränkt; daher ist in der Idee Simultanes und Successives innigst verbunden, auf dem Standpunkt der Erfahrung hingegen immer getrennt, und eine Naturwirkung, die wir der Idee gemäß als simultan und successiv zugleich denken sollen, scheint uns in eine Art Wahnsinn zu versetzen. Der Verstand kann nicht vereinigt denken, was die Sinnlichkeit ihm gesondert überlieferte, und so bleibt der Widerstreit zwischen Aufgefasstem und Ideiertem immerfort unaufgelöst."[6]

Noch am Ende seines Lebens beschäftigt sich Goethe mit diesem Problem, weil er unzählige Male erfahren mußte, daß seine Bemühungen um Klarheit einfach nicht verstanden wurden. Einerseits hatte dies seinen Grund in dem ungeübten Bewußtsein derjenigen, denen etwas mitgeteilt wurde, aber anderer-

---

[5]   *Zur Morphologie.* 'Die Absicht eingeleitet', HA Bd. 13, München 1975[7], S. 55f.
[6]   'Verfolg, Bedenken und Ergebung', ibid. S. 31.

seits auch in der Problematik, die mit dem Versuch der Darstellung verbunden ist. Denn "ein solches Gewahrwerden, Auffassen, Vorstellen, Begriff, Idee, wie man es nennen mag, behält immerfort, man gebärde sich, wie man will, eine esoterische Eigenschaft; im ganzen läßt sich's aussprechen, aber nicht beweisen, im einzelnen läßt sich's wohl vorzeigen, doch bringt man es nicht rund und fertig."[7]

Zwei Fähigkeiten gilt es also neu zu entwickeln: Die Fähigkeit, *Bewegungen im Vorstellen* mitvollziehen zu können, und die Fähigkeit des *ganzheitlichen Denkens*, dem in jedem Augenblick der vollständige Zusammenhang durchschaubar ist. In einem Jahresforschungsbericht des 'Club of Rome', in dem die Zukunft des Lernens untersucht worden ist, wurden diese zwei Fähigkeiten nicht ganz korrekt, aber dasselbe meinend, *antizipatorisches* und *integratives Denken* genannt.[8] Wenn die Welt nicht in Katastrophen versinken soll, so meinten die Autoren, hätten wir uns vor allem anderen der Ausbildung dieser Fähigkeiten zu widmen. Eine von den deutschen Idealisten schon längst erkannte und gestellte Aufgabe.

Dem Ägyptologen scheinen diese Forderungen an ein zeitgemäßes Bewußtsein merkwürdig bekannt zu sein. Kennt er doch aus vielen Texten und Bildern die beiden Zeitbegriffe *Neheh* und *Djet* und aus vielen Abhandlungen von Erik Hornung und Jan Assmann das Ringen um deren Verständnis.[9] Die wohl einprägsamste Formel, um die beiden Begriffe zu charakterisieren, hat Erik Hornung gefunden, indem er Neheh den "dahinfliessenden Zeitstrom" nannte und Djet das "Becken, das ihn auffängt."[10] Jan Assmann hat die beiden Wörter für Zeit zuletzt ganz ähnlich so beschrieben: "Djet ist der *resultative* Aspekt der Zeit, die gegenwärtige und unendliche Fortdauer dessen, was sich in der Zeit vollendet hat. Neheh ist die *virtuelle* Zeit, der Oberbegriff der Zeitfiguren, d.h. der Stunden, Tage, Monate, Jahreszeiten und Jahre, die in unendlicher Folge dem Neheh als einem unerschöpflichen Vorrat entströmen."[11]

Genauere Beobachtungen könnten diese Grundaussagen vielfältig ergänzen, indem etwa das kontinuierliche Element in Neheh gesehen wird, das diskontinuierliche Element in Djet, oder indem "das Wesen der Neheh-Zeit für den

---

[7] *Zur Morphologie*, Bd. 1, Nachträge VIII, Frankfurter Ausgabe (FA) Bd. 24, Frankfurt 1987, S. 504.

[8] A. Peccei (Hrsg.), *Das menschliche Dilemma. Zukunft und Lernen* , Wien/München/ Zürich 1979.

[9] Vgl. J. Assmann, *Zeit und Ewigkeit im alten Ägypten* (SHAW) 1975.

[10] E. Hornung, "Zeitliches Jenseits im alten Ägypten", in: *Eranos 1978*, Jahrbuch vol. 47, Frankfurt 1981, S. 292.

[11] Vgl. J. Assmann, "Das Doppelgesicht der Zeit im altägyptischen Denken", in: A. Peisl/ A. Mohler (Hrsg.), *Die Zeit*, München 1983, S. 189-223. Wieder abgedruckt in : *Die Zeit. Dauer und Augenblick* (Serie Piper 1024), München/Zürich 1989, S. 189-223, spez. 199f.

Ägypter am klarsten an den Bewegungen der Gestirne in Erscheinung tritt, das Wesen der Djet-Zeit an der starren Unwandelbarkeit des Gesteins."[12] Die Ursache dafür, daß der Ägypter diese Polarität der Zeitbegriffe gebraucht, ist die genaue Beobachtung des Menschen, so wie er hier auf der Erde lebt. An ihm sind diese Begriffe abgelesen worden, und er kann sie auch heute noch an sich selbst entdecken. Der Mensch steht auf der einen Seite mit seinen Handlungen ganz in dem dahinfließenden Strom der Zeit, in dem er stets nur eins nach dem anderen ausführen kann. Auf der anderen Seite, den Zeitenstrom immer wieder, diskontinuierlich, unterbrechend, gibt ihm sein Bewußtsein den Überblick, den er braucht, um verstehend eingreifen zu können. Alle höheren Bewußtseinsleistungen gründen ja darauf, daß der Gedankengang vollständig zur Ruhe gebracht wird, damit das Resultat einleuchten kann. Dazu ein einfachstes Beispiel: Um die Winkelsumme eines Dreiecks zu bestimmen,

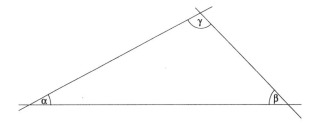

genügt es, wenn vorübergehend eine Hilfslinie gezogen wird. Jetzt sieht man, wie α als

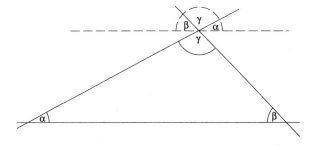

Stufenwinkel erscheint, ebenso β, und γ als Gegenwinkel. Sofort zeigt sich dann, daß α, β und γ zusammen 180° ergeben. Dieser Beweis fußt also auf dem Zusammenschauen der einzelnen vorangegangenen Gedankenschritte, nämlich daß α als Stufenwinkel wieder auftaucht, ebenso β, und daß γ Gegenwinkel ist. Im Moment des Einleuchtens sind diese Schritte des gesamten

[12] J. Assmann, ibid. (Ausgabe 1989), S. 201.

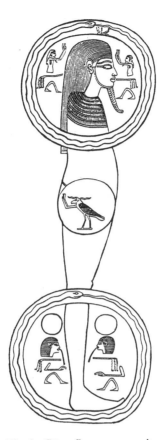

Fig. 1: Götterfigur vom zweiten
Tutanchamun-Schrein

Gedankenganges immer noch anwesend, gleichzeitig präsent; sie werden aufgefangen vom Tableau des verstehenden, zusammenschauenden Bewußtseins;
dieses ist das Becken, das sie auffängt.
Der Mensch ist in die Polarität von Bewußtsein und Handeln mitten hineingestellt. Sofern er sein Mensch-Sein erfüllt, verbindet er beide Seiten. Dies
wird in Ägypten ganz besonders schön in einem Unterweltsbuch auf dem
zweiten Schrein des Tutanchamun-Grabes dargestellt. Dieses von Erik
Hornung bearbeitete Buch[13] zeigt in seiner Mitte eine Figur (Fig. 1), um deren
Kopf sowohl als um deren Füße sich jeweils eine Schlange ringelt, die sich

---

[13]   E. Hornung, "Ein aenigmatisches Unterweltsbuch", in: *The Journal of the Society for the
Study of Egyptian Antiquities* 13, Toronto 1983, 29-34.

Fig. 2: Neheh und Djet als Himmelsträger

beide zum Kreise schließen. Dabei steht in aenigmatischer Schrift in der Fuß-schlange: "Der die Stunden ausspeit" (o.ä.) und bei der Schlange um den Kopf "der die Stunden verbirgt". Etwas freier übersetzt könnte man auch sagen: "Der den Zeitstrom entstehen läßt" und "der den Zeitstrom vernichtet". Die gesamte Situation dieses Unterweltsbuches ist dabei innerhalb zweier Gren-zen eingeschlossen, die als Grenzpfähle dargestellt werden: dem "Kopf" und der "Stärke" des Re – unsere altbekannte Polarität: der Mensch zwischen Denken und Wollen, zwischen dem dahinfließenden Handlungsstrom und dem diskontinuierlichen Bewußtseinsakt.

Zur Voraussetzung hat diese Darstellung die Kenntnis von Neheh und Djet, was an der Innenseite des äußersten Schreines ausdrücklich betont wird. Denn dort steht unter einem Bild (Fig. 2), wo Neheh und Djet als Himmelsträger zu sehen sind: "Ich kenne die Namen der beiden großen Götter; es sind Neheh und Djet."

Der Mensch ist eingefügt in diesen Doppelstrom der Zeit: Mit seinen Gliedern und mit seinem Willen lebt er in Neheh, mit seinem Haupt und seinem Bewußtsein in Djet.[14] Diese Situation wird vielfältig auch in den Unterwelts-

---

[14]   Im Gegensatz zu Hornung möchte ich *wsr* nicht zu *wsrt* ergänzen, weil mir hier das Haupt als der Repräsentant des Bewußtseins den Gliedmaßen als den Repräsentanten der Stärke gegenübergestellt zu sein scheint.

büchern dargestellt, z. B. in der 6. Stunde des Pfortenbuches, wo der Doppelstrom der Zeit als hin- und herschwingendes Seil gedacht ist, in dessen Windungen der Mensch steht (36. Szene, Fig. 3).

Fig. 3: Zeit als gewundenes Seil, Pfortenbuch 36. Szene

Die Beischrift erklärt: "Packt euch den 'Doppeltgewundenen', den ihr aus dem Munde Aqens hervorgeholt habt! [...] Wenn eine Windung (des Seiles) hervorkommt, entsteht eine Stunde; wenn Re ruft, nimmt sie ihren Platz ein, (und) dann verschlingt Aqen den 'Doppeltgewundenen'."
Noch deutlicher zeigt sich dieser Zusammenhang in der 35. Szene des Pfortenbuches (Fig. 4).

Fig. 4: Zeit als Schlange, Pfortenbuch 35. Szene

Mit dem Hintergrund des Zeitenstromes, der sich im Bilde der Schlange verbirgt, wird auch diese Darstellung verständlich, denn die Beischriften sprechen von ihm: "Wenn die Köpfe derer, die in ihm sind, herauskommen, geht er zugrunde. [...] O Köpfe – verschlingt doch den, [...] aus dem ihr herausgekommen seid!"[15] Das heißt nichts anderes, als daß in dem Augenblicke, wenn das Haupt tätig ist, der Zeitenstrom vernichtet wird, weil er vom Tableau einer zusammenfassenden Vorstellung resultativ und diskontinuierlich aufgefangen wird!
Was hier in Ägypten von Königen gewußt worden ist, – denn wir dürfen nicht vergessen, daß diese Inhalte nur in Königsgräbern auftauchen – das arbeitet sich in Goethe und seinen Freunden allmählich an die Oberfläche des wachen Bewußtseins. Besteht da überhaupt ein Zusammenhang oder, anders ausgedrückt, hat Goethe überhaupt eine Beziehung zum alten Ägypten, gibt es eine

---

[15] Vgl. E. Hornung, *Ägyptische Unterweltsbücher*, Zürich/München 1972, S. 243.

Brücke für ihn dahin, oder müßte man nicht vielmehr an eine originale Neu-besinnung auf dieselben Tatsachen denken? Wer den Lebenslauf Goethes verfolgt, der bemerkt bald, wie langsam und allmählich Goethe vorgeht und sich seiner jeweiligen Schritte bewußt wird. Der Entwicklungs-Gedanke ist nicht auf einmal entstanden oder durch eine göttliche Inspiration von oben offenbart worden, sondern wurde nach und nach durch stete Anstrengung und Mitentwicklung des Geistes von unten ausgebildet.

Da direkte ägyptische Quellen für die damalige Zeit noch auszuschließen sind, und der Schlüssel zu den Hieroglyphen erst gegen Ende von Goethes Leben gefunden wurde, müssen wir nach indirekten Quellen Ausschau halten. Wer danach sucht, der findet einen ersten reichen Schatz von echten Überlie-ferungen in der sogenannten *hermetischen Literatur*. Wie intensiv sie der junge Goethe aufgenommen hat, beschreibt er selbst in 'Dichtung und Wahrheit'.[16]

Von Leipzig nach Frankfurt zurückgekehrt, findet er dort Anschluß an den Menschenkreis um Susanne von Klettenberg und den Arzt Dr. Johann Friedrich Metz, die seinem weiteren Lebensgang entscheidende Impulse mitgeben. Durch sie wurde er erweckt für ein höheres Streben und eingeführt in eine umfängliche hermetisch-alchemistische Literatur. Was ihn an dieser so anzog, war einerseits die "schöne Verknüpfung" der einzelnen Naturerscheinungen und andererseits die Förderung des Interesses, das ihm die "übersinnlichen Dinge eingeflößt hatten."

Und in der Tat, nimmt man sich die von Goethe so geliebte 'Aurea Catena Homeri' vor, dann versteht man, warum sich der angehende Naturforscher ihr zugewendet hat. Hier wird nämlich die Welt nicht als zerstückelte in ihren Einzelheiten vorgeführt, sondern im Gegensatz dazu ihr Zusammenhang in einem stufenweisen Aufbau dargestellt: über der mineralischen Sphäre als unterster Stufe erhebt sich die Lebenswelt, welche wiederum von einer See-len- und Geisteswelt überragt und durchdrungen wird. In der Einleitung wird der ganze Inhalt auf Moses, "den allerfürtrefflichsten Naturlehrer", und Hermes zurückgeführt, und von Ägypten aus sei dieser Weisheitsstrom "durch geheime Verbrüderungen zu allen Völkern gebracht worden."

Das Besondere dieser Darstellung ist nun sowohl der "schöne" Zusammen-hang, der zwischen dem Makrokosmos und dem Mikrokosmos des Menschen aufgezeigt wird, als auch die unerschöpfliche Verwandlungskraft, welche jede Erscheinung in eine andere transformieren kann: "Dieses beobachte einer wohl, so erkennt er leichtlich hieraus das Superius und Inferius Hermetis, die Catenam auream Homeri und den Annulum platonicum, daß sich eins ins andere verwandeln und durch die immerwährende Abwechslung der Dinge eben wieder dasselbe oder ein gleiches werde, was es zuvor gewesen."[17] "Die

---

[16] *Dichtung und Wahrheit* II, 10. Buch, HA Bd. 9, München 1978[8], S. 341ff.

[17] A. J. Kirchweger, *Annulus Platonis (Aurea Catena Homeri)*, Berlin/Leipzig 1781, S. 57.

Natur bleibet keinen Augenblick stille stehen, sondern ohn einziges Aufhören arbeitet sie fort."[18] Dabei wird alles dies bewirkt von einem Lebensgeist, der die Welt gestaltet, und einem Archäus, der sich im Menschen die Elemente und Stoffe zueignet.

Wie intensiv Goethe in all diesen Inhalten lebt und sie auch weiter pflegt, wird durch sein Bekenntnis deutlich, daß er auch noch in Straßburg sich "sehr gern heimlich mit ihnen beschäftigte" und sie dort, gerade weil sie ihm am Herzen lagen, sorgfältig vor dem Spott Herders verbirgt.[19] Bis in die frühen 'Faust'-Szenen hinein hinterläßt diese Beschäftigung ihre direkten Spuren. Denn wenn Faust das Buch mit dem Zeichen des Makrokosmos beschaut, dann spürt er,

"Wie alles sich zum Ganzen webt,
eins in dem andern wirkt und lebt!"[20],

eine Formulierung, die schon ganz ähnlich in der 'Aurea Catena Homeri' zu finden ist.

Weitere Werke, die Goethe in der gleichen Zeit studierte, verstärkten noch die ausgesprochenen Bezüge auf den ägyptischen Hermes, auf den Lebensbereich zwischen Licht und Finsternis, zwischen Zeit und Ewigkeit und auf die Vermittlung zwischen 'oben und unten'.[21]

Ein neuer Zufluß an ägyptischem Gedankengut kam Goethe in Weimar zu, als er in die Freimaurerloge "Anna Amalia zu den drei Rosen" eintrat (1780). Zwar darf man die Intensität, mit der sich Goethe der Maurerei bemächtigte, nicht unterschätzen, doch ist es von heute aus schwer zu beurteilen, wie sich die damaligen Widersprüche im Logenleben auf ihn auswirkten. Aus den überlieferten Aufzeichnungen muß jedoch mit Sicherheit angenommen werden, daß in die Symbolik der Rituale altägyptische Geistesformen zumindest mit eingeflossen sind, wenn es auch nicht mehr der einzige Strom geistiger Überlieferung gewesen sein dürfte. Aus dem Ernst Goethes und seinem Eintreten für diese Sache geht allerdings deutlich genug hervor, wie viel ihm die Teilnahme an den Kulten, die er als Fortsetzung der "Mysterien der Alten" ansah, bedeutet hat.

Das Grundempfinden in Goethes Logenzugehörigkeit war das gleiche, was ihm auch in der hermetischen Literatur begegnete und das durch das selbstverständliche Wissen von einer Geister- und Totenwelt erweckt wurde.

---

[18] A.J. Kirchweger, ibid. S. 215.
[19] *Dichtung und Wahrheit* II, 10. Buch, HA Bd. 9, München 1978⁸, S. 414.
[20] Vgl. den Faustkommentar von Albrecht Schöne zu dieser Stelle, FA, Bd. 7/2, Frankfurt 1994, S. 215.
[21] Siehe dazu: R. Chr. Zimmermann, *Das Weltbild des jungen Goethe*, 2 Bde., München 1969/1979, bes. die Dokumente in Bd. 2.

"Die Geisterwelt ist nicht verschlossen,
Dein Sinn ist zu, dein Herz ist tot [...]"

heißt es im 'Faust', um nur an eine Stelle aus dem Werk zu erinnern. Doch schon in der 'Zueignung' werden die "schwankenden Gestalten" der Toten von Goethe beschworen, dessen Gemüt "jugendlich erschüttert" ein "längst entwöhntes Sehnen nach jenem stillen ernsten Geisterreich" ergreift. Wie sehr diese Stimmungen tatsächlich auch mit Goethes Maurer-Erlebnissen verbunden sind, zeigt sein Gedicht 'Symbolum', das er unmittelbar nach dem Besuch der Loge (1814) verfaßt hat:

"Des Maurers Wandeln
Es gleicht dem Leben,
Und sein Bestreben
Es gleicht dem Handeln
Der Menschen auf Erden.

Die Zukunft decket
Schmerzen und Glücke
Schrittweis' dem Blicke;
Doch ungeschrecket
Dringen wir vorwärts,
Und schwer und ferne
Hängt eine Hülle
Mit Ehrfurcht. Stille
Ruhn oben die Sterne
Und unten die Gräber.

Betracht' sie genauer
Und siehe, so melden
Im Busen der Helden
Sich wandelnde Schauer
Und ernste Gefühle.

Doch rufen von drüben
Die Stimmen der Geister,
Die Stimmen der Meister:
Versäumt nicht zu üben
Die Kräfte des Guten.

Hier winden sich Kronen
In ewiger Stille,
Die sollen mit Fülle
Die Tätigen lohnen!
Wir heissen euch hoffen."

Deutlich ist, wie diesem Gedicht wieder die 'Doppelwelt' zugrundeliegt: einerseits das schrittweise Handeln der Menschen auf Erden und andererseits die Stimmen der Geister, die aus ewiger Stille den Hiesigen zurufen, um sie in ihren Strebenszielen anzufeuern.

Goethes ganzes Leben steht unter dem Zeichen des Entwicklungsgedankens mit all seinen Folgen: Er muß sich selber entwickeln, wenn er ihn denken will. Schon das frühe Aufleuchten des Zieles gibt ihm die Richtung an, nach der er zu streben sucht, allen Hindernissen zum Trotz. Am ursprünglichsten zeigt sich dieses Phänomen vielleicht in einem Brief an Gustel Stolberg:[22]

"Wenn Sie sich, meine Liebe, einen Goethe vorstellen können, der im galonierten Rock, sonst von Kopf zu Fuße auch in leidlich konsistenter Galanterie, umleuchtet vom unbedeutenden Prachtglanze der Wandleuchter und Kronenleuchter, mitten unter allerlei Leuten, von ein Paar schönen Augen am Spieltische gehalten wird, der in abwechselnder Zerstreuung aus der Gesellschaft, ins Konzert, und von da auf den Ball getrieben wird, und mit allem Interesse des Leichtsinns, einer niedlichen Blondine den Hof macht; so haben Sie den gegenwärtigen Fassnachts-Goethe, [...] der nicht an Sie schreiben mag, der Sie auch manchmal vergißt, weil er sich in Ihrer Gegenwart ganz unausstehlich fühlt.

Aber nun gibts noch einen, den im grauen Biber-Frack mit dem braunseidnen Halstuch und Stiefeln, der in der streichenden Februarluft schon den Frühling ahndet, dem nun bald seine liebe weite Welt wieder geöffnet wird, der immer in sich lebend, strebend und arbeitend, bald die unschuldigen Gefühle der Jugend in kleinen Gedichten, das kräftige Gewürze des Lebens in mancherlei Dramas, die Gestalten seiner Freunde und seiner Gegenden und seines geliebten Hausrats mit Kreide auf grauem Papier, nach seiner Maße auszudrücken sucht, weder rechts noch links fragt: was von dem gehalten werde, was er machte? weil er arbeitend immer gleich eine Stufe höher steigt, weil er nach keinem Ideale springen, sondern seine Gefühle sich zu Fähigkeiten, kämpfend und spielend, entwickeln lassen will: Das ist der, [...] dessen größte Glückseligkeit ist mit den besten Menschen seiner Zeit zu leben."

Dieser Brief enthält eine der ersten Stellen, wo überhaupt von Entwicklung gesprochen wird, und zwar schon in dem Sinne, wie der Begriff später benutzt wird. Vom Wesen des Menschen aus, d.h. hier von Goethe aus, beschreibt Entwicklung all die verschiedenen Erscheinungsformen, die sich durch ein stetiges Streben in Zukunft zeigen werden. Nur wenn dieses Streben besteht, und nur wenn die Ziele, auf die es sich richtet, bekannt sind, kann von Entwicklung gesprochen werden. Zu einem sich entwickelnden Wesen gehört

---

[22] Vom 13. Febr. 1775.

sowohl der Bezug zur übersinnlichen Welt (Wesen) als auch die Verfügung über Raum und Zeit (Erscheinung), um zu einem Fortschritt zu gelangen. Wenn der geistige Zusammenhang verloren geht, geht auch die Zukunft des Menschen verloren. Das hat Goethe nicht nur deutlich genug am eigenen Wesen erlebt, sondern auch in seinen Dichtungen dargestellt.

Schon von den Frankfurter Zeiten an schweben ihm zwei große Werke vor, die diesen Gesetzmäßigkeiten unterliegen und an denen er lebenslang arbeitet: 'Faust' und 'Wilhelm Meister'. Daß Faust als strebender Mensch dargestellt wird, bedarf keiner Erläuterung. Daß aber in 'Wilhelm Meister' derjenige beispielhaft beschrieben wird, der seinen Blick immer nur auf das Nützliche richtet, sich von jedem Zufall bestimmen läßt und sich zu keinerlei Streben aufschwingt, ist bisher noch nicht entdeckt worden. Entsprechend konsequent gestaltete Goethe auch das gesamte Umfeld seiner Helden: Wilhelm Meister wird z. B. nirgends von übersinnlichen Wesen beeinflußt, wie es dem Faust allenthalben geschieht, und sein Lebenslauf nie von Rück- oder Vorblicken unterbrochen, die bei Faust nicht nur in vorgeburtliche Zeiten hinaufreichen (Prolog im Himmel), sondern sogar in abgelebte Verkörperungen zurückweisen (klassische Walpurgisnacht und Helena-Szenen; mittelalterliche Burg). Goethes Wesen selbst kennt die zwei Seiten, in denen er lebt, genauestens, er kann sie beschreiben und künstlerisch gestalten.

> "Zwei Seelen wohnen, ach! in meiner Brust,
> Die eine will sich von der andern trennen;
> Die eine hält, in derber Liebeslust,
> Sich an die Welt, mit klammernden Organen;
> Die andre hebt gewaltsam sich vom Dust
> Zu den Gefilden hoher Ahnen."[23]

Doch nicht nur in 'Faust' und 'Wilhelm Meister' findet das, was Goethe vom Entwicklungsgedanken erkannte, seine künstlerische Gestaltung. Auch in vielen seiner sonstigen Werke verdichtet er sein Lebensthema. Eines der schönsten Gedichte, das aus diesem Themenkreis stammt, die 'Urworte, orphisch', zeigt diesen Inhalt wohl in reinster Form: Zunächst wird unter der Überschrift *Daimon* das Gesetz benannt, nach dem der Mensch seine Erdenfahrt antritt: "geprägte Form, die lebend sich entwickelt". Darauf folgt *Tyche*, ein Wandelndes, das mit und um uns wandelt, die Zufälle des Lebensumkreises. In *Eros* wird die Selbstbestimmung des Menschen besungen[24], der sich liebevoll dem erkannten Ziel zuwendet, eh' er erkennt, daß das Gesetz der Nötigung, *Ananke*, sich wieder durchsetzt oder durch freien Entschluß, *Elpis*, überwunden werden kann.

---

[23] *Faust* I, Vor dem Tor, V. 1112-1117.
[24] Vgl. Goethes Erläuterungen zu den Urworten, HA Bd. 1, München 1978[11] S. 406.

Wie überrascht ist aber derjenige, der diesen Urworten nachforscht und entdeckt, daß Goethe dabei wieder in ägyptische Gefilde gelangt ist. Denn er fand diese Worte, durch eine zeitgenössische Kontroverse angeregt, bei Macrobius an der Stelle, wo dieser den Zusammenklang des Merkur mit dem Sonnengott zu erklären sucht:[25]

"Es gibt viele weitere Beweise, daß Merkur als Repräsentant der Sonne aufgefaßt wurde. Erstens die Tatsache, daß Merkur-Statuen mit Flügeln geschmückt sind, ein Symbol der raschen Bewegung der Sonne; deshalb glauben wir auch, daß Merkur den Verstand regiert, und verstehen seinen Namen (Hermes) als abgeleitet von dem griechischen Wort hermeneuein, was auslegen heißt, und auch deshalb, weil die Sonne der Geist des Universums ist. Nichts ist rascher als die Gedanken des Geistes, so wie Homer sagt, 'rasch wie ein Vogel oder ein Gedanke' (Odyssee 7,36) – deshalb ist Merkur mit Flügeln ausgestattet, als ob er die wahre Natur der Sonne besäße.

Eine noch klarere Aussage dieses Beweises kommt von den Ägyptern, denn diese geben der Sonne selbst Flügel: Die eine Art ist dunkel, die andere aber erscheint hell. Die helle nennen sie die obere Sonne, die dunkle die untere, dabei meinen sie mit unten diejenige, die in der unteren Hemisphäre ist. [...] Merkur wird als Diener und Bote gedacht, der zwischen den oberen und unteren Göttern vermittelt. [...]

Ein anderer klarer Beweis, daß es die Sonne ist, die wir unter dem Namen Merkur anbeten, ist der Caduceus, welchen die Ägypter als den heiligen Stab des Merkur bezeichnen. Er zeigt zwei Schlangen, eine männliche und eine weibliche, zusammengebunden, die mittleren Teile der Schlangenkörper dabei in einen Knoten verschlungen, Herkulesknoten genannt; ihre oberen Teile sind zu einem Kreis gebogen, der mit einem Kuss vollendet wird; unten treffen sich die Schwänze in einem Punkt, und an diesem Punkt erscheinen die Flügel, mit denen sie versehen sind. Die Ägypter verbinden auch eine Auslegung mit den Zeichen des Caduceus, denn diese sollen das Geborenwerden, die Genesis, der Menschen bedeuten. Vier Götter ordnen sie dem geborenwerdenden Menschen zu: δαίμονα, τύχην, ἔρωτα, ἀνάγκην. Die zwei ersten wollen sie als Sonne und Mond verstanden wissen, wobei die Sonne der Urheber des feurigen Geistes und des Lichtes, Schöpfer und Bewahrer des Lebens und infolgedessen der Daimon des Geborenwerdenden, d.h. sein Gott ist. Der Mond, die Tyche, ist den Körpern zugeordnet, wobei diese die verschiedenen Zufälle würfeln. Amor wird durch den Kuss bezeichnet, so wie die Notwendigkeit durch den Knoten."

Diese Worte müssen Goethe sehr angesprochen haben, weisen sie doch auf denselben Zusammenhang hin, mit dem er seit jugendlichen Zeiten verbunden war.

[25] Macrobius, *Saturnalia* I, 19 (8-11.16-17).

Alle bisher hier behandelten Phänomene scheinen immer von neuem auf eine innere Beziehung Goethes zu Ägypten zu deuten, die sich aber nirgends ganz klar als solche offenbart. Das hat seine Ursache darin, daß für eine wirkliche Ägypten-Rezeption zwei Faktoren nötig sind: einerseits das reale Auftauchen ägyptischer Tatsachen im kulturellen Umfeld der Gebildeten, die erst durch die Expedition Napoleons mit ihren späteren wissenschaftlichen Veröffentlichungen bekannt gemacht worden sind, und andererseits eine Seelenlage, die für diese äußeren Anstöße offen ist. Das eine wäre ohne das andere unvollständig und würde ohne Wirkung vorbeigegangen sein, wie es die vielen Jahrhunderte vorher deutlich zeigen. Erst mit der inneren Absicht Champollions, die Hieroglyphen entziffern zu wollen, empfängt der Stein von Rosette seine Bedeutung, sonst wäre er unerkannt und ungeschätzt geblieben.

Zur inneren Seelenanlage Goethes gehört sein deutliches Empfinden, schon mehrmals auf dieser Erde gelebt und am gesamtmenschlichen Entwicklungsprozeß teilgenommen zu haben. Die vielen Gelegenheiten, wo er darüber in mehr grundsätzlicher Art gesprochen hat, sind bekannt und immer wieder von neuem zusammengestellt worden.[26] Für uns sind hier aber vor allem jene Augenblicke seines Lebens bedeutsam, in denen er den Eindruck hatte, als ob er sich an abgelebte Zustände wiedererinnern könnte; denn diese Zustände erregten in ihm die Kraft, seine gegenwärtigen Aufgaben einsichtsvoller und dringlicher zu erledigen. Die Reise nach Italien ist aus diesem Bedürfnis hervorgegangen, und dort ist ihm bei Begegnung mit den antiken Denkmälern nicht etwa zumute, als ob er die Sachen zum ersten Mal sähe, sondern als ob er sie wiedersähe.[27]

Goethe hatte in 'Dichtung und Wahrheit' einmal gestanden, daß er eine besondere Gabe hatte, die sich "nicht wundersam genug äußern konnte", nämlich ein Gefühl, das manchmal "gewaltig überhand nahm" und "die Empfindung der Vergangenheit und Gegenwart in Eins" heraufzauberte, "eine Anschauung, die etwas Gespenstermäßiges in die Gegenwart brachte."[28]

Wenn Goethe heute leben würde – ein kurioser Gedanke, der nur zur Verdeutlichung des hier entwickelten Gedankengangs einmal probeweise vorgestellt sei –, dann hätte er seinen Faust sicherlich noch deutlicher, als er es sowieso schon tat, auch nach Ägypten zurückgeführt. Wie nahe ein solcher Bezug eigentlich liegt, hat schon Konrad Burdach in seinen ausführlichen Aufsätzen gezeigt, die er unter dem Titel 'Faust und Moses' veröffentlichte.[29] Die 'unbewußte' Erinnerung an Ägypten zeigt sich wie geheimnisvoll offenbar an

---

[26] Vgl. z. B. Fr. Koch, "Goethes Stellung zu Tod und Unsterblichkeit", in: *Schriften der Goethe-Gesellschaft*, Bd 45, Weimar 1932, S. 247ff.

[27] *Italienische Reise*, Venedig 12. Okt. 1786.

[28] *Dichtung und Wahrheit* 14. Buch. HA Bd. 10, München 1976⁶, S. 32.

[29] K. Burdach, in: SPAW phil.-hist. Kl., Berlin 1912, S. 358-403. 627-659. 736-789.

denjenigen Stellen, wo Goethe über das Sonnenwesen in einer Art spricht, die nirgends an Bilder seiner Zeit anknüpft, die aber im alten Ägypten ihren selbstverständlichen Kontext haben.

Zu Eckermann sagte er z. B. einmal, nachdem er gedankenverloren die untergehende Sonne betrachtet hatte: "'Untergehend sogar ist's immer dieselbige Sonne'. 'Wenn einer 75 Jahre alt ist', fuhr er darauf mit großer Heiterkeit fort, 'kann es nicht fehlen, daß er mitunter an den Tod denke. Mich läßt dieser Gedanke in völliger Ruhe, denn ich habe die feste Überzeugung, daß unser Geist ein Wesen ist ganz unzerstörbarer Natur; es ist ein fortwirkendes von Ewigkeit zu Ewigkeit. Es ist der Sonne ähnlich, die bloß unsern irdischen Augen unterzugehen scheint, die aber eigentlich nie untergeht, sondern unaufhörlich fortleuchtet.'"[30]

Solche Aussagen könnten aus dem ägyptischen Bilderschatz stammen, aber natürlich auch neu, im Augenblick neu und sachgemäß geschöpft worden sein.

Wie sehr aber doch mit einer "Ur-Erinnerung" gerechnet werden muß, zeigt eine der schönsten Strophen von Goethes Dichtungen, die bekannte Ariel-Szene in der Einleitung zu 'Faust' II:

"Horchet! horcht dem Sturm der Horen!
Tönend wird für Geistesohren
Schon der neue Tag geboren.
Felsentore knarren rasselnd,
Phöbus' Räder rollen prasselnd,
Welch Getöse bringt das Licht!
Es trompetet, es posaunet,
Auge blinzt und Ohr erstaunet,
Unerhörtes hört sich nicht. [...]"

In Ägypten klang dieser Morgen-Sonnenhymnus so:

"König Amenophis kennt
diese geheime Rede da, die die östlichen Seelen sprechen,
indem sie Jubelmusik machen für Re,
wenn er aufgeht, wenn er erscheint im Lichtland;
indem sie ihm die Flügel öffnen
an den Toren des östlichen Lichtlands,
wenn er dahinfährt auf den Wegen des Himmels.
Er kennt ihr geheimes Aussehen und ihre Verkörperungen,
ihre Heimat im Gotteslands. [...]"[31]

---

[30] Gespräch vom 2. Mai 1824.
[31] Aus J. Assmann, *Ägyptische Hymnen und Gebete*, Zürich/München 1975, Nr. 20.

Der Vergleich dieser beiden mehr als 3000 Jahre auseinanderliegenden Dichtungen kann uns vielleicht lehren, daß diejenige Schicht der Geschichte, die sich auf Ägypten bezieht, im Innenleben Goethes immer anwesend war. Zu ihr tauchte er dichtend hinab, und was er zutage förderte, wurde bedeutsam für unsere gegenwärtige Kultur. Der Entwicklungs-Gedanke als solcher ist dabei wohl die schönste Frucht dieser "Ägypten-Rezeption". Er wurde gefunden, indem der sich stetig wandelnde Strom der Erscheinungen (Neheh) mit dem ihm unlösbar verbundenen Tableau der Wesensganzheit (Djet) zusammengeschaut, im Bewußtsein Goethes beobachtet und in Begriffsform ausgestaltet worden ist. Damit war dann der Impuls zu einer neuen, dynamischen Kultur gegeben, in deren Konsequenzen auch die Beschäftigung mit Ägypten zu einem vertieften Verständnis geführt worden ist.

HERMANN A. SCHLÖGL

EINFLÜSSE ALTÄGYPTENS AUF DIE EUROPÄISCHE MALEREI DES 17. BIS 20. JAHRHUNDERTS*

Der spanische Maler Juan de Valdés Leal, geboren 1622 in Sevilla und dort 1690 gestorben, ist außerhalb seines Heimatlandes wenig bekannt, obwohl er zu den ganz großen Künstlern neben Murillo, Velázquez und Zurbarán zu rechnen ist. Der Grund dafür liegt in der Tatsache, daß kaum ein Bild von ihm außerhalb Spaniens in den Museen zu besichtigen ist.[1]

Die Malerei von Juan de Valdés Leal erreichte ihren Höhepunkt in den Bildern, die er nach 1670 im Auftrag des Calatravaritters[2] Don Miguel de Mañara in Sevilla für das Hospital de la Caridad schuf.

Don Miguel de Mañara (1627-1679), humanistisch gebildet, verpflichtete sich ganz der theologischen Reformbewegung der Jesuiten, die eine weltweite Ausbreitung der katholischen Lehre, Verbesserung der Sitten und eine intensive Förderung der Wissenschaften anstrebten.

Der gebildete Calatravaritter kannte nicht nur die Publikationen seines Zeitgenossen Athanasius Kircher (1602-1680), dessen Schriften über das alte Ägypten in der damaligen Gelehrtenwelt großes Aufsehen erregten, sondern auch die Schriften des Petrus Canisius S.J. (1521-1597) und des Johannes Eudes (1601-1680), die der Herz-Jesu-Verehrung große Impulse gaben.[3]

Im Jahre 1671 veröffentlichte Miguel de Mañara in Sevilla ein religionsphilosophisches Werk mit dem Titel "Discurso de la verdad" (Gespräch über die Wahrheit). Stark beeinflußt von den Ideen dieses Buches und von den

---

* Einflüsse Altägyptens auf biblische oder historisierende Bilder werden nicht berücksichtigt. Vgl. dazu: H. De Meulenaere/P. und V. Berko, *Ancient Egypt in Nineteenth Century Painting* (Collection Berko) Knokke-Zoute 1992.

[1] J. Gestoso, *Biografía del pintor sevillano: Juan de Valdés Leal*, Sevilla 1916; L. Dominguez, *La Caridad de Sevilla, Mañara, Murillo y Valdés Leal*, Madrid 1930; P. Massa, *Juan de Valdés Leal*, Buenos Aires 1942; E. Valdivieso, *Juan de Valdés Leal*, Sevilla 1988.

[2] Der Orden von Calatrava war 1158 in der neukastilischen Stadt gegründet worden und entwickelte sich später zum berühmtesten Ritterorden des Landes. Seit 1523 verband man die Großmeisterwürde mit der spanischen Krone. Vgl. *Brockhaus Enzyklopädie* (19. Auflage), Bd. 4, Mannheim 1987, S. 281.

[3] F. Holböck, *Aufblick zum Durchbohrten. Große Herz-Jesu-Verehrer aus allen Jahrhunderten*, Salzburg 1990, S. 183-187 und S. 199-208. Vgl. auch A. Latour, *D. Miguel de Mañara*, Sevilla 1862.

Gesprächen mit dem Autor, schuf Juan de Valdés Leal zwei großformatige Bilder, die den Eingang des Kirchenschiffes des Hospitals schmücken. Das eine Bild trägt den Titel "In Ictu Oculi", das andere heißt "Finis Gloriae Mundi". Das letztere Gemälde zeigt im Vordergrund die zersetzten Leichname eines Bischofs und eines Calatravaritters in einem Grabgewölbe (Taf. 51), die erschreckend realistisch dargestellt vor dem dunklen Hintergrund liegen. Murillo, der mit Valdés Leal die Kirche ausschmückte, soll dazu gesagt haben, man könne das Bild nur mit dem Finger an der Nase betrachten.[4] Über den Toten hält die durch das Wundmal gekennzeichnete Hand Jesu eine Waage, die sich im Gleichgewicht befindet. In der einen Schale liegen die sündigen und in der anderen die wahren Werte. Die der Sünde sind gekennzeichnet durch einen Hund, einen Bock, ein Schwein und ein Fischwesen als Chiffren des Bösen sowie ein Herz. Die Beischrift lautet "ni más" = weder mehr. In der Waagschale der wahren, seligmachenden Werte erscheinen Bibel, Kreuz und sakrale Gegenstände. Im Mittelpunkt aber ist das Herz Jesu dargestellt. Die Beischrift lautet hier: "ni menos" = noch weniger.[5] Links im Bilde sieht man eine Eule, welche die Weisheit symbolisiert. Siegfried Morenz hat in seiner "Begegnung Europas mit Ägypten" aufgezeigt, daß die Totenwägeszenen in der abendländischen Kunst letztlich in einer ägyptischen Tradition stehen.[6] Um eine griechische Beeinflußung durch Homer, vielleicht in einer Parallele zum Schicksalsspruch über Leben und Tod, wie es in der Ilias VIII, 69 ff geschildert wird, auszuschließen, darf hier zitiert werden:

"Da nun spannte der Vater die goldenen Waagschalen auseinander
Und legte zwei Lose hinein des starkschmerzenden Todes:
Der Troer, der pferdebändigenden, und der erzgewandeten Achäer,
Faßte sie in der Mitte und zog sie hoch. Da senkte sich der Schicksalstag
der Achäer.

[4] G. Jedlicka, *Spanische Malerei*, Zürich 1941, S. XLVII.
[5] Zu diesem Bild ein altes Gebet um Erlösung der Sünder: So mach ich loß/ Den Sünder groß./ Auß der Wolck geht eine Waag herfür/ Welche zwo Schalen zeiget dir/ Die Waag zeigt Gottes Grechtigkeit/ Wie er unser thun wigt allzeit./ Ein gschwollen Hertz ligt auff der Schaln/ Thut damit die Heuchler abmahln/ Die sich auff Mosi Gsetz verlan/ Stoltzirn/ verachten jederman./ Auff der ein Schaln ligt auch ein Hertz/ Welchs hat wegen der Sünden schmertz/ Ein Creutz/ ein Kelch ist auch dabey/ Zeigt was deß Sünders trost denn sey/ Nemblichen daß ein jeder Christ/ Durchs Creutz nunmehr versöhnet ist/ Christus jhn tränckt mit seinem Blut/ Erlangt hierdurch das ewig Gut./ Also wird nun der Sünder groß/ Von all sein Sünden gmachet loß. Vgl. F. Quarles, *Emblems, Divine and Moral*; *The School of the Heart*; and *Hieroglyphics of the Life of Man*. (Verfaßt um 1630-1640). A new edition, with a sketch of the Life and Times of the Author, London 1866, S. 297-299 (The Weighing of the Heart). Den Hinweis verdanke ich Frau Prof. Aleida Assmann.
[6] S. Morenz, *Die Begegnung Europas mit Ägypten*, Zürich 1969, S. 114-115.

Der Achäer Todeslose sanken nieder zur vielnährenden Erde,
Und die der Troer erhoben sich zum breiten Himmel."[7]

Der Vergleich mit der homerischen Textstelle läßt erkennen, daß die Wägeszene von Juan de Valdés Leal kein griechisches Gedankenvorbild zitiert,
denn im Zentrum der beiden Waagschalen steht das Herz, alles andere ist nur
Erläuterung und Zutat: Das Herz des Sünders auf der linken Seite und das
Herz Jesu auf der rechten: "Weder mehr, noch weniger" lauten die Beischriften zusammen. Die Waage befindet sich im Gleichgewicht[8] und signalisiert
die Hoffnung der Verstorbenen, nicht der Hölle überantwortet zu werden.
Kaum eine Wägeszene der christlichen Rezeption zeigt soviel ägyptische
Grundsubstanz: Das Herz als Mittelpunkt und Zentrum des sündigen Menschen[9], wird mit dem göttlichen Herzen Jesu, das von Miguel de Mañara als
absolute Wahrheit verstanden wurde, aufgewogen. Nicht nur die im Gleichgewicht befindliche Waage, auch die Art und Weise, wie Juan de Valdés Leal
die Beischriften setzt, erinnern an das ägyptische Urbild der Totenwägeszene.
Der Kunsthistoriker Valerian von Loga bezeichnete 1923 das Bild, ohne dabei
freilich an Ägypten zu denken, als eine "Hieroglyphe unseres Jenseits, die in
dem Gehirn des religiösen Grüblers Miguel de Mañara entstanden ist" und
von einem malerischen Genie seine, die Jahrhunderte überdauernde Form,
erhalten hat.[10]
Verlassen wir dieses Bild und wenden uns anderen Kunstwerken zu: Das ägyptische kosmogonische Bild vom Sonnengott auf der Lotusblüte hat, wie Hans
Jucker und Brigitte Krause-Becker zeigen konnten,[11] seinen Weg in die abendländische Kunst gefunden. So stellt etwa der berühmte Zeichner und Graphiker

---

[7] Übersetzung von Wolfgang Schadewaldt. - Hier darf auch auf die "Arkesilaosschale"
(E. Buschor, *Griechische Vasen*, München 1969, S. 79, Abb. 85) verwiesen werden, deren
Darstellung im Schalengrund eine Wägeszene zeigt, die auf ein ägyptisches Vorbild zu-
rückgeht.

[8] Die Darstellung ist außergewöhnlich. Bei anderen Bildwiedergaben wiegt das Herz mit
Kreuz schwerer als das Herz des Sünders, selbst wenn es mit den Gesetzestafeln gewogen
wird. Vgl. auch: *Himmel, Hölle, Fegefeuer. Das Jenseits im Mittelalter* (Ausstellungskata-
log Schweizerisches Landesmuseum), Zürich 1994, Kat. Nr. 127 (Erzengel Michael als
Seelenwäger). - Im Gleichgewicht befindet sich eine Waage mit Kreuz, aber leeren Schalen
(Krönungstaler Kaiser Ferdinand III., ediert zu seiner Thronbesteigung als König von
Böhmen im Jahr 1627). Den Hinweis verdanke ich Herrn Dr. Konrad von Rabenau.

[9] Vgl. hierzu auch H. Brunner, *Das hörende Herz* (OBO 80) hrsg. von W. Röllig, Fribourg
1988, S. 3-41.

[10] Jedlicka a.a.O. (Anm. 4), S. XLVII.

[11] H. Jucker, *Das Bildnis im Blätterkelch. Geschichte und Bedeutung einer römischen Porträt-
form*, Bern 1961; B. Krause-Becker, *Der Gott auf der Blume. Die Geschichte eines antiken
Bildmotivs in der abendländischen Kunst*, Diss. Leipzig 1955.

Fig. 1: Jacques Callot, Der heilige Franziskus
in der Lilie

Jacques Callot (1592-1635) den heiligen Franziskus im Blütenkelch dar
(Fig. 1).[12] Das altägyptische Motiv ist dabei völlig verfremdet, umgeformt
und umgedeutet. Aus dem Blütenkelch einer großen Lilie wächst die Gestalt
des Heiligen heraus. Die mystische Blume, Symbol der Reinheit, entspringt
einem heiligen, christlichen Erdboden, gekennzeichnet durch links und rechts
auf Blätter gesetzte Symbole in einem Medaillon.
Völlig anders faßt der Romantiker Philipp Otto Runge (1777-1810) das Motiv vom Gott auf der Blume auf[13] und nähert sich dabei wieder mehr den
altägyptischen Vorstellungen. Im Jahre 1808 malte er die erste Fassung von
seinem allegorischen Bild "Der Morgen", nachdem er das Thema schon 1803
in einer Federzeichnung ausgeführt hatte (Fig. 2).[14] Der Maler ließ sich dabei
durch Plutarch (De oraculis § 12) beeinflußen und nicht durch die Bildtradition
der abendländischen Malerei.[15] Bei Plutarch wird nämlich in einem Wechsel-

---

[12] Vgl. J. Lieure, *Jacques Callot. La vie artistique. Catalogue de son oeuvre gravé*, Paris
1924ff, N° 292.

[13] J. Traeger, *Philipp Otto Runge und sein Werk, Monographie und kritischer Katalog*,
München 1976.

[14] Das Bild befindet sich in der Hamburger Kunsthalle. Farbabbildung z.B. in *Kindlers Malerei Lexikon*, Bd 5, Zürich 1968, S. 189.

[15] Vgl. E. Hubala, in: *Weltkulturen und moderne Kunst* (Ausstellungskatalog), München 1972,
S. 39.

Fig. 2: Philipp Otto Runge, Der Morgen, Federzeichnung 1803

gespräch von einem der Gesprächs-Teilnehmer berichtet, daß die Ägypter ein neugeborenes Kind auf einer Lotusblume sitzend darstellten, wenn sie den Aufgang der Sonne symbolisieren wollten.

In seinem Buch "Harpokrates et Monumenta Antiqua," erschienen 1687, hat Gisbert Cuperus (1644-1716) die Plutarchstelle ausführlich kommentiert und sie mit Bildwiedergaben auf Gemmen und Münzen in Zusammenhang gebracht. Auf einer Gemmendarstellung, die er publizierte, sieht man das Sonnenkind aus dem Lotuskelch heraussteigen. Die Blume selbst kommt nicht aus dem Wasser, sondern wächst aus der Erde, und oben sieht man Sterne und Mond, welche die Nacht symbolisieren.[16] Man möchte vermuten, daß Philipp Otto Runge das Buch von Gisbert Cuperus gekannt hat.[17]

Der Künstler malte in der ersten Ölbildfassung von 1808 ein durch einen Rahmen zweigeteiltes Bild. Erde und Sonne sind unten wiedergegeben und oben der Nacht mit ihren Sternen gegenübergestellt; links und rechts sieht man Engelskinder sich aus den Blumen zwischen den beiden Polen entwickeln, während im mittleren Bildteil die Göttin Aurora[18] über einem Neugeborenen schwebend erscheint und einen großen Lotus auf dem Kopf hält, in dessen Kelch eine Reihe von Kindern sitzen. Engel umgeben den Lichtlotus und das Neugeborene. An dem Bilde von Philipp Otto Runge ist im formalen Sinne nichts ägyptisches, aber es läßt erahnen, wie etwa eine malerische Auseinandersetzung mit den Ideen und der Kunst des alten Ägypten sein könnte.

In diesem Zusammenhang sind einige Maler interessant, die, gegen Ende des 19. Jahrhunderts, eine Übereinstimmung der Seele mit der unbeseelten Natur anstrebten. Die Bewegung, die schon bald das Etikett "Symbolismus" erhielt, hat sich in besonderer Weise mit dem alten Ägypten beschäftigt.[19] Dabei war

---

[16] G. Cuperus, *Harpocrates,* Trajecti ad Rhenum 1687, S. 7. – Gisbert Cuperus, in Hemmen (Holland) 1644 geboren, studierte in Nimwegen und wurde in Paris 1668 Professor historiarum et eloquentiae. Später war er Bürgermeister von Deventer und starb 1716.

[17] Der hochgebildete und belesene Philipp Otto Runge stand auch mit Goethe im Briefwechsel. Vgl. Philipp Otto Runge: *Hinterlassene Schriften,* hrsg. von dessen ältestem Bruder, 2 Bde, Hamburg 1840/41. - Die Arbeit von Cuperus ist auch im berühmtesten mythologischen Lexikon des 18. Jahrhunderts gewürdigt: B. Hederich, *Gründliches mythologisches Lexicon, worinnen so wohl die fabelhafte, als wahrscheinliche und eigentliche Geschichte der alten römischen, griechischen und ägyptischen Götter und Göttinnen, und was dahin gehöret,* Leipzig 1724 (mit zahlreichen weiteren Auflagen). Stichwort: Harpocrates. Vgl. auch Ch. G. Jöcher, *Compendiöses Gelehrten-Lexicon,* Leipzig 1733, Sp. 848/49.

[18] Vielleicht darf man in dieser Gottheit auch die Göttin Isis sehen.

[19] Mehr als sieben Jahrzehnte nach Runge malte Gustave Moreau (1826-1898) sein Ölbild "die mythische Blume", und man fühlt sich dabei wieder an die Vorstellung von Jacques Callot erinnert. Auf dem Blütenkelch einer großen Lilie thront als weibliche Gestalt die triumphierende Kirche. Alle Märtyrer, die für sie gestorben sind, haben diese Blume mit ihrem Blut getränkt. Vgl. *Symbolismus in Europa* (Ausstellungskatalog), Staatliche Kunst-

diese Begegnung mit Ägypten weniger durch die Antiken in den verschiedenen Museen Europas oder durch die originalen Texte angeregt, sondern durch theosophische und okkultistische Schriften etwa von Helena Blavatsky (1831-1891), die sich einer Schulung durch tibetanische Weise rühmte und in Ägypten, Rußland und den Vereinigten Staaten als Medium auftrat. Vor allem ihr Buch "Die entschleierte Isis" (1875) wurde berühmt und beeinflußte nachhaltig die Kunst des Symbolismus.[20] Auch die Romane und Dramen des französischen Schriftstellers Pierre Loti (1850-1923) (Taf. 52)[21], eines Vertreters des Exotismus, fanden in den Werken der bildenden Kunst ihren Niederschlag.

Unter dem Einfluß von philosophischen Schriften, welche die Aufhebung aller Autorität und Hierarchie forderten, aber auch unter der Wirkung von Astrologie und Okkultismus, stand der aus Böhmen stammende Maler František Kupka (1871-1957).[22] Diese seltsame Ideen-Mischung, die bei vielen Malern der Zeit zu beobachten ist, verstärkte seine Neigung zum Symbolismus und Mystizismus, die sich sowohl in seinen gegenständlichen wie auch später in seinen abstrakten Werken ausdrückte. In einer Pinselzeichnung "Beginn des Lebens" stellt er die Wasserlilie dar, aus der sich ein Embryo durch Zellteilung entwickelt (Taf. 53). Das Urbild, die ägyptische Lotuskosmogonie, erscheint hier mehr verfremdet als bei dem Bilde von Philipp Otto Runge.

In diesem Zusammenhang bemerkenswert ist Kupkas Aquatinta-Arbeit "Weg der Stille", die er in mehreren Varianten ausgeführt hat.[23] Die Blätter zeigen eine nächtliche Sphingenallee, die ein menschliches Wesen durchschreitet (Taf. 54). Eine Variante bringt die Aussage in einer Beischrift: "Quam ad causam sumus". Die Vergänglichkeit des Menschen steht im Gegensatz zu der durch die ägyptischen Sphingen charakterisierten Zeitlosigkeit.

halle Baden-Baden, 20. März - 9. Mai 1976, S. 141. - Der Maler beeinflußte eine Gruppe von Künstlern, die gegen Ende des 19. Jahrhunderts eine Übereinstimmung der Seele mit der unbeseelten Natur anstrebten.

[20] Zum "Symbolismus in Europa": Renato Barili, *Il Simbolismo nella Pittura francese dell' Ottocento*, Mailand 1967; Jean Cassou et al., *Encyclopédie du Symbolisme*, Paris 1979; John Christian, *Symbolistes et Décadents*, Paris 1977; Philippe Julian, *Les Symbolistes*, Neuchâtel 1973; Edward Lucie-Smith, *Symbolists Art*, London 1972; José Pierre, *Le Symbolisme*, Paris 1976; M. Gibson, *The Symbolists*, New York 1984; *The Spritual in Art: Abstract Paintings 1890-1985*, (Ausstellungskatalog) Los Angeles County Museum of Art, New York 1987; *Paradis Perdu. L'Europe Symboliste* (Ausstellungskatalog), Musée des Beaux-Arts de Montréal, Montréal 1995.

[21] Die Abbildung ist der Zeitschrift *Der Querschnitt* VII, Berlin 1927, zwischen S. 390 und 391, entnommen.

[22] Zu František Kupka: *Kupka. Paintings and Gouaches*, New York, Claude Bernhard Gallery, 9 October - 10 November 1990 (Text von Charlotta Koti); *František Kupka 1871-1957 ou l'invention d'une abstraction*, Paris, Musée d'Art moderne, 22 novembre 1989 - 25 février 1990; M. Lamac, *František Kupka*, Paris 1984.

[23] Vgl. die Varianten in: *Paradis Perdu* a.a.O. (Anm. 20), S. 63.

Schon ganz auf dem Wege hin zur abstrakten Malerei steht das Ölbild "Die Ursprünge" von Paul Sérusier (1864-1927)[24], das der Künstler im Jahre 1910 schuf. Es stellt eine dunkle Pyramidenlandschaft dar: von der größten Pyramide geht ein Licht aus, das wie ein Band auf den Betrachter zuläuft. Unwillkürlich denkt man an die Mystik, welche mit der Cheopspyramide verbunden wurde[25], aber auch schon an Kandinskys Abstraktion der Pyramiden-Dreiecke[26], die er selbst mit dem Titel "Vertikalbau" bezeichnet hat.

Ebenfalls zum Kreis der Symbolisten zählt der Niederländer Jan Toorop (1858-1928). Von ihm wird berichtet, daß er sich vor allem durch Museumsbesuche in Paris zu seinen Bildwerken inspirieren ließ.[27] 1893 schuf er eine Kreidezeichnung, heute im Rijksmuseum Kröller-Müller, Otterlo, die den Titel "Der Gesang der Zeiten" trägt (Taf. 55) und vermuten läßt, daß der Künstler bei seinen Museumsbesuchen auch einen ägyptischen Totenbuchpapyrus kennengelernt hat. Toorop hat diesem Werk eine eigene Deutung gegeben. Von den fünf Gestalten stellt die ganz linke Kain vor, den streitenden Menschen, umringt von Linien, die sonderbar nach oben gehen und sich dann ebenso wunderlich wieder nach unten wenden. Ganz rechts steht Abel in der Gestalt Johannes des Täufers, ein Lied singend, das als Klanglinie erscheint. Das Gute gegenüber dem Bösen, dazwischen eine Gestalt, die ein Mischwesen, halb Tier, halb Weib, mit der Hand niederhält. Hier ist die höchste, schönste Arbeit in sanften und ruhigen Momenten gemeint. Links von der Mitte die materialistische Anarchie, umgeben von grimmigen, spitzigen, nach unten gerichteten Linien. Sie wägt die Arbeit – symbolisiert durch die Hacke – gegen das Kapital – gekennzeichnet durch Schatzkiste und Krone – ab. Rechts neben der Mittelgestalt steht eine Frau neben einem Kreuz, die idealistische geistige Anarchie, die denkend in sich versunken ist, als das gute Gegenstück zur materialistischen Anarchie. Klänge und Wohlgerüche, die aus den Blumen aufsteigen und Kräfte werden durch Linien dargestellt, die auf den Rahmen übergreifen – nach unten in die Erde, wo Tod ist, und nach oben in den Himmel. Sieht man von der Wägeszene und dem Mischwesen ab, so weist bei diesem Bilde vor allem die flächige Darstellungsart, der dekorative Reiz des Nebeneinanders von Profil- und en face-Figuren auf den Einfluß Altägyptens. Dieser Formenreiz war es, der Paul Gauguin im gleichen Jahr 1893 veranlaßt hat, in seinem Ölgemälde "Ta Matete" (der Markt), heute im

[24] Zu Paul Sérusier: C. Boyle-Turner, *Paul Sérusier. La technique, l'oeuvre peint*, Lausanne 1988; vgl. auch die Abbildung in: *The Spiritual in Art* a.a.O. (Anm. 20), S. 20, Abb. 2.

[25] Zur Pyramidologie und ihrer Widerlegung vgl. J.-P. Lauer, *Das Geheimnis der Pyramiden*, Bergisch-Gladbach 1980, S. 110-161.

[26] S. Morenz a.a.O. (Anm. 6), Taf. 19.

[27] I. Gerards, *Jan Toorop en het Symbolisme in Nederland*, La Haye 1993; *Jan Toorop* (Ausstellungskatalog) Haags Gemeentemuseum, 1989 (Text von Victorine Hefting). Vgl. auch Toorops Text im Ausstellungskatalog Baden-Baden a.a.O. (Anm. 19), S. 233.

Kunstmuseum Basel, einen altägyptischen Bildaufbau zu wählen. Siegfried Morenz schreibt dazu[28]: "Daß solches Eindringen in den Kern ägyptischer Kunst und eigenes Gestalten aus ihm heraus eine neue Dimension der Begegnung mit Ägypten wirksam zeigt, liegt klar zutage. Bei offenkundiger Lokalisierung der Szene nicht in die altägyptische, sondern in die selbst erlebte exotische Welt der Südsee erweist sich andererseits die ägyptische Form jetzt gerade nicht mehr als «Motiv», sie ist vielmehr neues Mittel zum Ausdruck eigenen [...] Schaffens." Man darf feststellen, daß sich sowohl Toorop als auch Gauguin von dem antinaturalistischen Dekor und den prozessionsartigen Reihungen altägyptischer Reliefs und Malerei beeinflußen ließen.

Schon bald aber reduzierte sich dieses Verhältnis zur ägyptischen Kunst ins Allgemeine: "Ägyptisch" hieß im Expressionismus soviel wie ganz früh, primitiv im positiven Sinne und konnte jederzeit mit dem Etikett "javanisch" oder "afrikanisch" ausgetauscht werden. Eine Stelle in einem Brief von Karl Schmidt-Rottluff an den prominenten Berliner Kunsthändler Paul Cassirer unterstreicht diese Meinung[29]: "Hauptziel meines Strebens ist, mit größtmöglicher Einfachheit Empfindungen von Landschaft und Mensch auszudrükken; mir vorbildlich auch für das rein handwerkliche war und ist noch jetzt die Kunst der Alten Ägypter." Wenn der Maler vom "Alten Ägypten" spricht, dann ist gleichzeitig seine Hinwendung zur Kunst Schwarzafrikas und seine Neigung zu kubisch-elementaren Formen angesprochen. Auch bei anderen Künstlern des Expressionismus ist diese Vermischung "ägyptisch-afrikanisch" zu beobachten: So tauchen z.B. bei den Blumenbildern Emil Noldes öfters exotische afrikanische Statuetten auf, an deren Stelle auch eine ägyptische Totenfigur (Uschebti) treten kann (Taf. 56).

Für den Impressionismus war Ägypten wenig interessant. Max Slevogt ist einer der wenigen, der das Nilland bereiste. Aber er hat keinen Blick für die alten Monumente (Fig. 3, S. 171). Ihn interessierten die Atmosphäre, die Farben des Himmels, der kahlen Berge und der Wüste, das Flirren der Luft und das Spiel der Wellen des Nils, die Menschen in farbenreichen Gewändern. Nur zufällig, am Rande, tauchen altägyptische Bildwerke auf, wie etwa der große Sphinx von Giseh.[30]

Fassen wir zusammen: Der Einfluß Ägyptens auf die Malerei von 1830 bis hin zur Mitte des 20. Jahrhunderts, dem goldenen Zeitalter der Ägyptologie, wie man zu sagen pflegt, ist merkwürdig gering und steht in einem großen Gegensatz zum Einfluß des Pharaonenlandes auf die Literatur. Bei einigen

---

[28] S. Morenz a.a.O (Anm. 6), S. 152.
[29] Veröffentlicht in: G. Brühl, *Die Cassirers*, Leipzig 1991, S. 128.
[30] Vgl. J. Guthmann, *Bilder aus Ägypten (Aquarelle und Zeichnungen von Max Slevogt)*, Berlin 1925.

Symbolisten ist zwar eine bestimmte Vorstellung von Ägypten lebendig, aber diese Vorstellung ist geprägt von theosophischen und okkulten Schriften, die ein geheimnisvolles, rätselhaftes Ägypten mit Ur- und Schreckbildern vermitteln, sowie eine Zeitlosigkeit durch Erstarrung.

Man muß sich aber die Frage stellen, wie sollte es eigentlich zu einer echten Begegnung der europäischen Kunst mit dem alten Ägypten kommen? Reisen nach Ägypten waren für die meisten Maler schon aus Kostengründen unmöglich. Zwar gab es Sammlungen in verschiedenen Haupt- und Großstädten Europas, aber die Objekte waren je nach Museum sehr unterschiedlich und der ursprüngliche Kontext in vielen Fällen nicht mehr erkennbar. Für den Fernerstehenden haben sie oft nur den Reiz des Fremden, des Exotischen. Ein ägyptisches Antikenstudium an originalgetreuen Abgüssen etwa gab es und gibt es bis heute nicht. Schon Ende des 18. Jahrhunderts verfügten aber die verschiedenen Akademien der Bildenden Künste mehr oder weniger über lebensgroße Nachbildungen griechischer und römischer Kunstwerke. Das künstlerische Auge konnte sich an ihnen schulen; schließlich wurde die griechische Kunst als Schönheitsideal schlechthin verstanden.

In den zwanziger Jahren unseres Jahrhunderts haben sich auch zwei prominente Kunsthistoriker, die meinungsbildend waren, mit der Kunst des Nillandes auseinander gesetzt. Der eine war Julius Meier-Graefe, der andere Wilhelm Worringer. Julius Meier-Graefe (1867-1935) war ein hervorragender Kenner der französischen Malerei und ein eifriger Verfechter des Impressionismus. Seine Stellung innerhalb seiner Kollegen war die eines Kunstpapstes. Er glaubte an seine Unfehlbarkeit; Künstler, die er nicht schätzte, kamen in Acht und Bann, die aber, die er liebte, erhielten aus seinen Händen die höchsten Weihen. Sehr treffend, vielleicht etwas überspitzt, schreibt sein Kollege Adolph Donath 1931 über Meier-Graefe und die Maler, die keine Gnade vor seinen Augen gefunden haben[31]: "Meier-Graefe hat, wie man weiß, versucht, Velasquez totzuschlagen, er wollte Böcklin totschlagen, er wollte Menzel halbtot schlagen, und es ist ihm, der schließlich auch seine Meriten hat, sogar vorbeigelungen, sich selbst totzuschlagen, als er vor Jahr und Tag eine Reihe von falschen van Goghs für echt erklärte".

1927 brachte Meier-Graefe sein Ägyptenbuch mit dem Titel "Pyramide und Tempel" heraus. Es sind Notizen einer Reise nach Ägypten, mit Reiseerlebnissen und Begegnungen, die sehr persönlich abgefaßt sind. Er begeistert sich besonders für die Kunst des Alten Reiches. Für spätere Epochen hat er wenig übrig. Eine Notiz zum Edfu-Tempel lautet[32]: "Zum Tempel von Edfu käme man wohl auch unter günstigeren Hotelverhältnissen in keine rechte Beziehung. Ich tat, was ich konnte. Die Pylone des Tempels würden ohne die

---

[31] A. Donath, in: *Der Kunstwanderer* 14, Berlin 1932, 128-129.
[32] J. Meier-Graefe, *Pyramide und Tempel*, Berlin 1927, S. 211.

Fig. 3: Max Slevogt, Beim Sphinx von Gizeh

Reliefs recht stattlich und massig wirken, doch, das würden sie, aber freilich fehlt den Reliefs jeder vernünftige Sinn. Sie treiben sich auf den großen Steinen herum wie verlaufene Seelen, die den Anschluß an die Auferstehung versäumt haben. Der Hof hat Ausdehnung aber keinen Rhythmus, und wenn kein Rhythmus da ist, bleibt der Stein blöde Materie, bleiben wir immer und ewig in schlechter Laune".
Ist das Buch von Meier-Graefe noch reizvoll zu lesen, so kann man das beim besten Willen nicht von der Veröffentlichung von Wilhelm Worringer sagen, die ebenfalls 1927 unter dem Titel "Ägyptische Kunst. Probleme ihrer Wertung" erschien. Wilhelm Worringer, Jahrgang 1881, Professor für Neuere Kunstgeschichte in Bonn, Königsberg und nach dem 2. Weltkrieg in Halle a.d.S., hat Ägypten selbst nie gesehen und mit ägyptologischer Fachliteratur scheint er sich nur oberflächlich beschäftigt zu haben.
Dem alten Ägypten spricht er a priori ab, eine Hochkultur gewesen zu sein und begründet seine Meinung unter anderem folgendermaßen[33]: "Jeder Beobachter der ägyptischen Kultur hat festgestellt, daß in ihr das Geschlechtliche eine für orientalische Verhältnisse geradezu verschwindende Rolle spielt. Auch das zeigt nur die Naturentfernung der zivilisatorischen Hochzucht an. Jede naturnahe Kultur ist erosdurchtränkt, der zivilisatorisch verdünnten jedoch schwindet dieser kosmische Mutterboden, und es bleibt ihr nur Sexualität.

---

[33] W. Worringer, *Ägyptische Kunst. Probleme ihrer Wertung*, München 1927, S. 8-9.

So gibt es Obszönitäten am Rande der ägyptischen Kultur, aber keinen Eros in der Mitte. Zivilisation bedeutet im Gegensatz zu Kultur den Sieg der lebenserhaltenden Tendenzen über die lebensverschwendenden. Darum mußte schon Strabo das Unkriegerische des ägyptischen Volkscharakters auffallen. Militärische Einrichtungen sind da, aber kein soldatischer Geist. Der Exponent der ägyptischen Lebensideologie ist nicht der Soldat, sondern der Schreiber. Diese einseitige Hochschätzung des gelehrten Standes, die im Vordergrund der ägyptischen Ideologie steht, zeigt deutlicher als alles andere eine Blutverkümmerung in Nützlichkeitsidealen. Die Folge ist, daß es wohl eine ägyptische Wissenschaft, aber keine ägyptische Bildung in unserem Sinne gibt.

Auch in der ägyptischen Literatur spiegelt sich die dünnblütige Ideologie einer rein zivilisatorischen Daseinseinstellung ab. Sogenannte Weisheitslehren stehen im Vordergrund. Nie war allerdings eine Bezeichnung wie diese weniger gerechtfertigt, denn es handelt sich nur um Klugheitslehren. Und zwar um Klugheitslehren von rein opportunistischem Charakter. Und oft ist das Ganze nicht mehr als eine bloße Anstandslehre. Man wird bei dieser ausgebildeten Technik des konventionellen Wohlverhaltens soziologisch an Amerika erinnert".

Das Buch von Worringer, das heute in Antiquariaten ein verstaubtes Dasein fristet, hatte bei seinem Erscheinen eine große und breite Wirkung. Aber geschrieben im Stil der Lingua Tertii Imperii wird es altern in Schande.

Die Malerei Europas fand erst in jüngster Zeit zu einer neuen, viel intensiveren Begegnung mit dem alten Ägypten. Jetzt konnten die Künstler, durch den aufkommenden Massentourismus begünstigt, leichter in das Nilland reisen und vor Ort ihre Eindrücke und Einsichten gewinnen. Man denke an die Ägyptenbilder von Eduard Bargheer (1901-1979) oder an das Ägypten-Triptychon von Kurt Kocherscheidt, der großen Entdeckung der Dokumenta 1992 in Kassel (Taf. 57). In diesem Zusammenhang ist auch der Engländer David Hockney (Taf. 58) zu nennen und der aus Dresden stammende Maler A.R. Penck. In Badenweiler fand 1991 eine Ausstellung des Ägyptenzyklus von Arthur Stoll statt, der von alttägyptischen Kunstwerken und Originalliteratur angeregt, zu einer neuen Farbpalette fand. Von dem gleichen Maler konnte das Kunstinstitut Franz Armin Morat in Freiburg das gewaltige Ölgemälde "die Ägypter" erwerben. Auch die aus Venezuela stammende Malerin Maria Eugenia Arria zeigte 1991 in Basel ihre durch alttägyptischen Einfluß entstandenen Bilder.[34] Die Begegnung der modernen Malerei mit Ägypten scheint heute vor einem anderen geistigen Hintergrund stattzufinden als in der Zeit davor.

---

[34] *Umbrales*. Herausgegeben vom Ausstellungsraum Klingental Basel, Basel 1991.

ALEIDA ASSMANN

EX ORIENTE NOX

ÄGYPTEN ALS DAS KULTURELLE UNBEWUSSTE
DER ABENDLÄNDISCHEN TRADITION

1. ANNÄHERUNGEN AN DAS KULTURELLE UNBEWUSSTE

Ich möchte den Jubilar zu einer Unterweltsreise einladen, die ihn, der sich in
dieser Topographie weit besser auskennt als jeder andere, in vielleicht doch
noch einigermaßen unbekannte Winkel führt. Um die ägyptische Unterwelt
im engeren Sinne geht es dabei allerdings erst im zweiten Teil, der auf die
traumatische Begegnung zweier Europäer mit der ägyptischen Götterwelt eingeht. Der erste Teil stellt unterschiedliche Konzepte des kulturellen Unbewußten vor, die als unterirdische Hohlräume, Krypten und seelische Tiefen-
prägungen beschrieben worden sind. Dabei ist das Interesse dieser Untersuchung weniger auf ein bestimmtes, mehr oder weniger gesichertes Wissen
von Ägypten gerichtet, sondern allgemeiner auf die Rolle, die Ägypten als
Inbegriff der fremden Kultur im 'Imaginaire' des Abendlands zufällt.

1.1. GEISTESGESCHICHTLICHE SPELÄOLOGIE

Für die erste Wegstrecke können wir uns der Fackel eines Forschers anver-
trauen, der kühne Schritte in das Unbewußte der europäischen Geistesgeschichte unternommen hat. In seinem Buch *Manierismus in der Literatur*
nimmt sich Gustav René Hocke die andere Seite der Tradition vor.[1] Er wendet
sich, wie er schreibt, der "dämonenumwitterten Nachtseite" Europas zu, die
er in den "phantasiai" (S. 9) konzentriert findet. Die Nachtseite dieser Kultur
bekommt nach Hocke nur der zu Gesicht, der es nicht scheut, sich mit den
"urmütterlichen Kulturlandschaften Asiens und Afrikas auseinanderzusetzen".
Eben das will er tun. Sein kulturanalytisches Projekt veranschaulicht er mit
einem geologischen Bild. Er will hinabsteigen in die "'Unterirdischkeit' des
europäischen Geistes", um, in Analogie zur Tiefenpsychologie, eine "Tiefen-
Ästhetik" der eigenen Kultur zu betreiben und "den 'mundus subterraneus' in
der europäischen Geistesgeschichte mit empirisch-kritischen Mitteln ans Licht
des Tages zu heben". Es geht ihm also um eine Entdeckungsreise ins Innere
und Unbewußte der europäischen Kultur, in die "'esoterischen' Labyrinthe

---

[1]   G. R. Hocke, *Manierismus in der Literatur. Sprach-Alchimie und esoterische Kombinations-
kunst. Beiträge zur vergleichenden europäischen Literaturgeschichte*, Reinbek 1959.

des europäischen Kulturorganismus" (S. 10). Diesem seinem Forschungs-
projekt hat Hocke den klingenden Namen "geistesgeschichtliche Speläologie"
bzw. "kulturelle Höhlenforschung" (S. 11) gegeben. Er dramatisiert seine
Untersuchung als riskantes Abenteuer, als Abstieg in die Unterwelt / Vorwelt:
"Wer sich in diese Schächte hinab- und auch hinaufbegibt, weiß, daß er sich
zu einem Abenteuer anschickt, aber er wird hoffen dürfen [...] in seit langem
nicht durchwanderten Gängen auf [...] Geheimzeichen zu stoßen" (S. 11).
Diese Geheimzeichen bestimmt er im weiteren Verlauf als "Niederschläge
ursprünglicher Gebärden". Manierismus, der Schlüsselbegriff des Titels, wird
von Hocke geradezu definiert als "Ausdrucksgebärde eines bestimmten Aus-
druckszwangs", womit wiederum künstlerische Formen in ein psychologisches
Licht gerückt werden. Im Mittelpunkt steht hier die Gebärde, die Gegenstand
einer Physiognomie, einer "Ausdruckskunde" ist.

An diesem Projekt ist mehreres bemerkenswert. 1. Hocke nimmt sich als "Spe-
läologe" die Nachtseite, die abgewendete, unbewußte Seite der europäischen
Kultur vor, die er mit dem altorientalischen Kulturhorizont der Mittelmeer-
kulturen in Verbindung bringt. 2. Kultur behandelt er nicht als einen historischen Zusammenhang, sondern als ein Lebewesen, ein organisches Kollektiv-
subjekt mit einer eigenen Psyche. 3. Als Methode für die Erschließung der
unbewußten Seite der Kultur nennt er die Physiognomik, eine Form von Tiefen-
hermeneutik, die seit Lavater die Niederschläge von Subjekthaftigkeit in ihren
unwillentlichen, unwillkürlichen Regungen aufspürt.

Was auffällt ist, daß dieser Höhlenforscher keinerlei Hinweise gibt auf die
Schritte, die andere vor ihm in diese Region unternommen haben. Ich denke
an den Kulturwissenschaftler Aby Warburg und seinen Kreis, der seit Beginn
dieses Jahrhunderts sein Augenmerk auf das kulturelle Unbewußte und die
Nachtseite der abendländischen Kultur gerichtet hat.[2] Man sieht, wie in den
50er Jahren Hitlers Fluch in der Wissenschaft mächtig ist: die ins Exil ver-
schlagene Bibliothek Warburg ist samt ihren jüdischen Forschern vergessen,
ihre Themen und Fragen werden neu erfunden. Während man hierzulande
nach dem Kriege wieder von vorn anfängt, markiert man nicht nur die
gewalttätige Zäsur in der Geschichte deutscher Kulturwissenschaft, man
produziert damit auch selbst eine Höhle, eine unzugängliche Krypta im
Bewußtsein der Wissenschaften. Warburg hat als ein Kunstwissenschaftler,
der die fachspezifische Verengung des Blicks torpedierte, die Orte dieses Unbewußten in bestimmten Bildformeln dingfest gemacht, die er als Gefäße
einer verborgenen Energie auffaßte und mit dem berühmt gewordenen
Begriff der "Pathosformel" kennzeichnete. Ähnlich wie Hocke, der von der
antiken Opposition Attizismus-Asianismus ausgeht, ging Warburg von einer
Opposition hellenisch-orientalisch aus. Den griechischen Triumph ästheti-

---

[2]   Vgl. E. Gombrich, *Aby Warburg. Eine intellektuelle Biographie*, Frankfurt 1970.

scher Distanz und begrifflicher Rationalität hielt er für einen labilen Zustand, der zu allen Zeiten durch den Einbruch östlichen Aberglaubens gefährdet sei. Diese Spur einer verborgenen Gegenmacht in der abendländischen Kultur hat Warburg lebenslänglich verfolgt, wobei hinzugefügt werden darf, daß in diesem Satz Subjekt- und Objekt-Positionen austauschbar sind. Die Geschichte der Kultur war für ihn ein ewiger Titanenkampf, in dem die älteren orientalischen Götter orgiastischer Leidenschaften und fatalistischen Sternenglaubens beständig bereit sind, zurückkehren und ihre zerstörerische Macht zu entfalten.

1.2. DIE BEGEGNUNG VON ALTER UND JUNGER KULTUR

Hocke und Warburg stehen mit ihrem Interesse an einer verborgenen archaischen Kulturschicht, die sie unter einer neueren, normativ gewordenen Schicht freilegen, in einer langen Denktradition. Platon hat gewissermaßen damit begonnen, als er die Griechen in Gegenüberstellung mit den Ägyptern den Kindern gleichstellte. Die ehrfurchtgebietende Hoheit ägyptischer Altersweisheit steht in der griechischen Selbstkritik der unbekümmerten jugendlichen Innovationslust gegenüber. In der Renaissance wurde dieser Topos erneut produktiv, als man die hermetische Urweisheit der Ägypter von der Oberflächlichkeit des kindlich unwissenden Europa absetzte. Giordano Bruno hat den platonischen Mythos von der Schrifterfindung, in dem der ägyptische Schrifterfinder Theuth dem ägyptischen König Thamus gegenübertritt, als Konfrontation der innovationssüchtigen Neuzeit mit der archaischen Weisheit ältester Kulturstufen gedeutet. Der ägyptische König steht für die Weisheit der Ägypter, die eine innere Schrift, die esoterische Mnemotechnik beibehält, während der Erfinder für griechische Künste und Techniken, allen voran für das exoterische Alphabet wirbt. In den beiden mythischen Gestalten begegnen sich archetypisch die alte und die junge Kultur; wobei der kulturkritischen Absicht entspricht, daß in dieser Konstellation dem von der Obsoleszenz bedrohten Alter das Vorrecht gebührt.[3]

Ebenfalls auf der Suche nach den Zeugnissen älterer Kulturen, die er mit einer archaischen psychischen Schicht gleichsetzte, befand sich der Rechtshistoriker Johann Jakob Bachofen. Dabei stieß er auf das Symbol im Kontext des Gräberwesens, also an einem Ort der Kultur, wo der Brauch im Wirkungsbereich "des Sanktum, des Unbeweglichen, des Unverrückbaren" die Formen besonders gefestigt und tabuisiert hat.

"In den Gräbern hat sich das Symbol gebildet, jedenfalls am längsten erhalten. Was am Grabe gedacht, empfunden, still gebetet wird, das kann kein Wort aussprechen, sondern nur das in ewig gleichem Ernste ruhende Symbol ahnungsreich andeuten. [...] Daß die Römer aus ih-

---

[3]   Vgl. F. A. Yates, *The Art of Memory*, Harmondsworth 1966, S. 260-269.

rem Rechtsleben die Symbolik entfernt, zeigt wie jung sie sind der tausendjährigen Kultur des Ostens gegenüber."[4]
Der Osten steht in dieser Denktradition nicht für das Frühlicht des Geistes, sondern für die Nacht, die die abendländische Kultur vergessen hat. Was man vergessen hat, ist damit bekanntlich noch nicht beseitigt, und so wurden diese Forscher der Nachtseite der europäischen Kultur zu Seismographen für die Wiederkehr des Verdrängten. Anders als die Hermetiker der Renaissance hatten sie keine Fackel mehr in der Hand, die sie direkt am Feuer ägyptischer Weisheit hätten anzünden können; die hermetische Genealogie ägyptischer Urweisheit war für sie endgültig abgerissen. So mußten sie den Funken neu aus erloschenen Kohlen schlagen. Diese Form der Rezeptionsgeschichte Ägyptens nahm die einer Anamnesis und einer Totenbeschwörung an. Wo keine Traditionslinie mehr rekonstruierbar ist, muß die Phantasie einspringen. Bei Bachofen tritt deshalb der kurze Weg der Intuition neben den langen, umständlichen Weg des Verstandes:

"Es gibt zwei Wege zu jeder Erkenntnis, den weitern, langsameren, mühsameren verständiger Kombination, und den kürzern, der mit der Kraft und Schnelligkeit der Elektrizität durchschritten wird, der Weg der Phantasie, welche von dem Anblick und der unmittelbaren Berührung der alten Reste angeregt, ohne Mittelglieder das Wahre wie mit Einem Schlage erfaßt" (S. 31).

Wir haben hier zugleich zwei Modelle der Überlieferung vor uns, das der unmittelbaren Anamnesis und das der mittelbaren Tradition durch Weitergabe. Je schwächer die eine Form der Überlieferung wird, desto mehr scheint die andere an Bedeutung zu gewinnen. Dieser Umschlag von kontinuierlicher, auf interpretierte Texte gestützten Überlieferung in diskontinuierliche, auf Bilder und Symbole gestützte 'Kurzschlüsse' der Imagination scheint mir auch für die Ägypten-Rezeption bedeutsam zu sein, zumal in einer Phase, in der der langsame, mühsame Weg verständiger Text-Lektüre schon von der mangelnden Forschungslage her ausgeschlossen war.

1.3. ARCHETYPEN DER PHANTASIE

Die Vorstellung, daß kulturelle Überlieferung sich nicht nur über bewußte Traditionsbildung kontinuierlich fortsetzt, sondern daß sie auch in tiefere Zonen absinkt, wo sie sich labyrinthisch verzweigt und unzugängliche Hohlräume bildet, hat die Romantiker nachhaltig fasziniert. Solche Gedankengänge bieten sich an, wenn man vom Text als zentralem kulturellem Speichermedium

---

[4]   J.J. Bachofen, *Selbstbiographie und Antrittsrede über das Naturrecht*, hrsg. v. A. Baeumler (Philosophie und Geisteswissenschaften) Halle 1927, S. 30.

und Überlieferungsträger zum Bild übergeht. Bilder entwickeln – und das ist der Grund, warum sich Bachofen und Warburg auf das Symbol konzentrierten – eine ganz andere Übertragungsdynamik als Texte. Sie stehen, um es auf eine einfache Formel zubringen, der Einprägungskraft des Gedächtnisses näher und der Interpretationskraft des Verstandes ferner. Ihre unmittelbare Wirkungskraft ist schwer zu kanalisieren, die Macht der Bilder sucht sich ihre eigenen Vermittlungswege. Dieses imaginative Übergewicht des Bildes über den Text soll im Folgenden an einem kleinen Beispiel illustriert werden. Der Essayist aus dem Freundeskreis der englischen Romantiker, Charles Lamb, hat anhand einer illustrierten Kinder-Bibel zu diesem Punkt einschlägige Erfahrungen gesammelt. Die zweibändige Ausgabe von Stackhouse, die sich im Bücherschrank seines Vaters befand, enthielt im Anschluß an die biblischen Geschichten neben katechetischen Argumentationsmustern auch Bilder, die sich der kindlichen Phantasie nachhaltiger einprägten, als je ein Text es vermag.[5] Ein Bild, das den Knaben besonders tief beeindruckt hat, zeigte Samuel, wie er von einer Hexe aus der Tiefe heraufbeschworen wird:

"To this picture of the witch raising up Samuel [...] I owe – not my midnight terrors, the hell of my infancy – but the shape and manner of their visitation. [...] All day long, while the book was permitted me, I dreamed waking over his delineation, and at night (if I may use so bold an expression) awoke into sleep, and found the vision true. [...] It is not book, or picture, or the stories of foolish servants, which create these terrors in children. They can at most but give them a direction."[6]

Bilder passen sich anders als Texte der Landschaft des Unbewußten an; es gibt eine flüssige Grenze zwischen Bild und Traum, wobei das Bild zur Vision gesteigert und mit einem Eigenleben ausgestattet wird. Mit Überschreitung dieser Grenze verändert sich der Status des Bildes; vom Objekt der Betrachtung verwandelt es sich in ein Subjekt der Heimsuchung. Lamb hat betont, daß die unvordenklichen Schrecken der Seele nicht von bestimmten Bildern oder Geschichten geschaffen werden, sondern präexistieren und von ihnen nur ihre spezifische Einkleidung erhalten. Die Kraft, die im Traum die Bilder 'animiert', nennt Lamb "Archetypen".

"Gorgons, and Hydras, and Chimaeras dire – stories of Celaeno and the Harpies – may reproduce themselves in the brain of superstition – but they were there before. They are transcripts, types – the archetypes are in us, and eternal" (S. 94).

---

[5] T. Stackhouse, *The history of the Bible*, 2 Bände, London 1737. Die Geschichte von der Hexe von Endor steht 1. Sam 28, 7-21.

[6] C. Lamb, "Witches and other Night Fears" (1823), in: N. L. Hallward/S. C. Hill (Hrsg.), *Essays of Elia*, London und New York 1967, S. 93.

Nach den Archetypen der Vernunft – man denke an die "logoi spermatikoi" oder die "innate ideas" der Platoniker – entdeckten die Romantiker die Archetypen der Phantasie. Deren stärkste Affekte gehen weder auf konkrete eigene Erfahrungen zurück, noch auf gehörte Geschichten und gesehene Bilder. Sie reichen weiter zurück als unser Körper und wurzeln – als Teil der Ausstattung unserer Seele – in der Welt außermundaner Präexistenz (S. 95). Unter den "Phantasiai", die Hocke ins Zentrum seiner Manierismus-Studie stellt, versteht er schlechthin individuelle Schöpfungen, weshalb er den (seit der antiken Rhetorik als Gegensatz zum Attizismus begriffenen) Asianismus mit der Moderne in Verbindung bringt. Für Lamb sind die Phantasiai umgekehrt Indizes für transsubjektiv vorgeprägte Bilder, die als Archetypen mit zur Erbausstattung des Menschen gehören. Ohne sie bliebe die Macht der Wirkung bestimmter Bilder und Vorstellungen unerklärlich. Diese Macht kommt nach Lamb durch die Überlagerung von konkreten Bildern bzw. Erzählungen mit gewissen anthropologischen Grunddispositionen zustande, die auf seelische Vor- Prägungen zurückgehen.

Den Romantikern galt die visionäre Kraft des Traumes als untrügliches Indiz für poetische Kraft. Wer es wie Lamb später in seinen Träumen nicht weit über die Grenzen des Bekannten und Alltäglichen hinaus brachte, wußte, daß ihm die Genres der Prosa näher lagen als die der Poesie. Wer dagegen in der Lage war, im Traum die Grenzen des kulturellen Erfahrungsraumes souverän zu transzendieren, der stellte damit seine poetische Fähigkeit unter Beweis. Die im Traum visionär geschaute kulturelle Fremdheit galt als Analogon zur autonomen poetischen Imagination. In diesem Zusammenhang ist etwa die Bedeutung von Coleridges berühmtem Gedicht *Kubla Khan* zu sehen, das auf eine fragmentarische Erinnerung an eine Traum-Vision zurückgeht, eine Vision, die in eine exotische östliche Welt von Äthiopien bis zu den Mongolen führt.

2. TRAUMATISCHE BEGEGNUNGEN MIT DER ÄGYPTISCHEN UNTERWELT

2.1. GÖTTERDÄMMERUNG UND -DÄMONISIERUNG BEI MILTON

Für die Konstruktion eines negativen Ägypten-Bildes im abendländischen Imaginaire – Ägypten als Abscheu und Trauma der fremden Kultur – gibt es zwei Überlieferungen, die den Status von 'kulturellen Urszenen' angenommen haben. Eine 'kulturelle Urszene' möchte ich verstehen als eine Erzählung von hoher Affekt- und Erinnerungskraft, die Auskunft gibt über die Selbstdefinition und verbindlichen Grenzen einer kulturellen Identität, d.h. über das, was nach innen vereinigend wirkt, ebenso wie über das, was nach außen abgrenzt. Solche Erzählungen haben mit Gründungsmythen gemeinsam, daß sie zentrale Wert-

strukturen etablieren auf eine Art und Weise, die sie der Kritik und Veränderung entzieht. Die erste Überlieferung ist in dieser Funktion bekannt und unbestritten; es handelt sich um die Exodus-Erzählung, die die Ethnogenese Israels an den Akt der Selbstbefreiung der Hebräer und die emphatische Absetzung von der ägyptischen Kultur bindet. Michael Walzer hat gezeigt, wie aus dieser Erzählung ein in unterschiedlichen historischen Situationen zündender Revolutionsmythos wurde, der jedweder oppressiven Macht nachträglich die Züge der ägyptisch-pharaonischen Tyrannis einzeichnet.[7]
Die andere Überlieferung ist weniger bekannt. Sie steht weder in der jüdischen noch in der christlichen Bibel, sondern bei Plutarch. Es ist die Geschichte vom Tod des Großen Pan.[8] Die außergewöhnliche Bedeutung dieser kurzen, von Plutarch neben anderen Reiseanekdoten in seinen Text eingestreuten Erzählung ist ihr erst in der Rezeption zugewachsen. Es handelt sich um die Lektüre der Kirchenväter, die die Geschichte mit einer geschichtstheologischen Deutung versahen und in den Rang einer 'kulturellen Urszene' erhoben. Sie waren es, die aus der hellenistischen Anekdote einen geschichtsphilosophischen Schlüsseltext gemacht haben.[9] Die mysteriöse Botschaft vom Tod des Großen Pan empfängt ein ägyptischer Steuermann mit Namen Thamus auf einer Mittelmeerfahrt. Er erhält die Weisung, diese Botschaft während der Reise an einem bestimmten Ort zu verkündigen. In dem Moment, in dem er dieser Pflicht nachkommt, löst die Nachricht auf der Höhe von Palodes das kollektive Klagen unsichtbarer Inselbewohner aus. Diesen Tod des Großen Pan hatte bereits Plutarch, der diese Erzählung in seine Schrift "Über den

---

[7] M. Walzer, *Exodus und Revolution*, Berlin 1992.

[8] F.C. Babbitt (Hrsg.), *Plutarch's Moralia in 16 Volumes* (Loeb Classical Library) London und Cambridge, Mass. 1969, Vol. 5, S. 400-403 (419).

[9] Die erste poetische Variation des Themas findet sich in Prudentius' Gedicht 'Apotheosis', wo der magische Exorzismus der heidnischen Götter eine besondere Rolle spielt und die Konfrontation der Religionen als Götterkampf dargestellt wird, in dem die heidnischen Götter vor dem christlichen Gott kapitulieren. Prudentius verbindet diese Wende ausdrücklich mit der Geburt Christi als Ankuft des Messias. H.J. Thomson (Hrsg.), *Prudentius in two Volumes* (Loeb Classical Library) London und Cambridge, Mass. 1969, Vol. I, S. 152-155 (435ff). – Bemerkenswert ist auch Heines Adaptation der Geschichte vom Tod des Großen Pan, den er mit dem Tod Christi identifiziert und nicht mit dem Ende der ägyptischen, sondern der griechischen Götter in Verbindung bringt: "Welch ein Heilquell für alle Leidende war das Blut, welches auf Golgatha floß! ... Die weißen marmornen Griechengötter wurden bespritzt von diesem Blute und erkrankten vor innerem Grauen und konnten nimmermehr genesen! Die meisten freilich trugen schon längst in sich das verzehrende Siechtum, und nur der Schreck beschleunigte ihren Tod. Zuerst starb Pan. Kennst Du die Sage, wie Plutarch sie erzählt? Diese Schiffersage des Altertums ist höchst merkwürdig. (Helgoland, den 18. Julius)": H. Heine, "Ludwig Börne. Eine Denkschrift", in F. Strich (Hrsg.), *Heinrich Heine, Sämtliche Werke*, Bd. 6, München 1925, S. 372.

Niedergang der Orakel" einschloß, mit dem Ende der Wirkungsmacht der heidnischen Götter in Zusammenhang gebracht. Die Kirchenväter machten aus der Geschichte des Endes eine Geschichte des Anfangs, des Anfangs der Herrschaft Christi. Wie sehr gerade diese Überlieferung dem Ruf der ägyptischen Götter geschadet hat, möchte ich an einem Gedicht zeigen, das der erst 21-jährige John Milton zum Weihnachtsfest des Jahres 1629 schrieb. Es trägt den Titel: "Hymn on the Morning of Christ's Nativity."[10]

Das Gedicht ist in der Form einer Hymne geschrieben, zu der bei Milton die ekstatische Bewegtheit als Gattungsmerkmal gehört: sie wird signalisiert durch die Strophen im pindarisch unregelmäßigen Metrum. Nach einem Einleitungsteil von 4 Strophen, in denen der Rahmen aufgebaut wird, der Gegenwart und Vergangenheit zueinander in Verbindung setzt, folgt die eigentliche Hymne (deren letzte Strophe an diesen Rahmen wieder anschließt). Die Hymne selbst besteht aus mehreren Abschnitten: zunächst wird die Geburt Christi mit der Wirkung auf die sie umgebende Natur und Menschen erzählt (Strophen 1-12), daran schließt sich eine Antizipation von Weltende und Weltgericht an (Strophen 13-18), die von der Einsicht unterbrochen wird, daß diese Apokalypse mit der Geburt Christi noch nicht vollendet, nur vorweggenommen und begonnen ist. Ich möchte mich hier auf die Schluß-Strophen (19-26) konzentrieren, die das Thema vom Tod des Großen Pan variieren.

"The oracles are dumb", so beginnt die 19. Strophe, die das plötzliche Ende des delphischen Orakels und die Flucht Apollos schildert. Die 20. Strophe enhält deutliche Anklänge an die Erzählung des Plutarch:

"The lonely mountains o'er,
And the resounding shore,
A voice of weeping heard, and loud lament."

Diese Strophe beschreibt die Entzauberung der Natur-Orte: Quellen, Haine, Täler, woran sich in den folgenden Strophen die Entzauberung der Kultur-Orte von den Häusern bis zu Tempeln und Gräbern anschließt. In einer unheiligen Prozession ziehen all die vom Christentum entmachteten und exilierten Götter der vorderorientalischen und mediterranen Welt an uns vorbei: Baal-Peor, Astarte, der libysche Ammon, Thammuz, Moloch und wie sie alle heißen. In diesen Zug reihen sich auch die ägyptischen Götter ein: Isis, Horus, Anubis (Strophe 23) und – als letzter im Gefolge – Osiris (Strophen 24-25). Zusammen mit Typhon wird Osiris zum Repräsentanten aller heidnischen Götter, zum Inbegriff für Macht und Schrecken einer überwundenen Epoche. Von einem 'Endsieg' ist hier allerdings nicht die Rede, denn dieser wird erst mit dem Jüngsten Gericht und dem Weltende möglich. Unter der Bedingung des

---

[10] J. Carey/A. Fowler (Hrsg.), *The Poems of John Milton*, London und New York 1968, S. 97-113.

aufgeschobenen Endes bleiben die heidnischen Götter im Wartestand unter der Kontrolle des neugeborenen Christus-Kindes:

"Our babe to show his Godhead true,
Can in his swaddling bands control the damned crew."

Das verdammte Pack ist damit weder vernichtet noch vergessen, ihm ist lediglich die Macht entzogen. Bis zu ihrer letztendlichen Vernichtung sind die heidnischen Götter ins Exil getrieben. Das Reich, das ihnen zugewiesen ist, ist die andere Seite der Herrschaft des christlichen *sol invictus*: die Nacht, das Unbewußte, die Hölle. Dort wächst ihnen eine neue Macht zu, die negative Macht der Dämonen, die sehr viel schwerer zu kontrollieren ist. Was man nicht vollständig entsorgen kann, das muß man wie strahlende Materie an einem gut verschlossenen Ort aufbewahren. Dieser Ort ist in der christlichen Imagination die Hölle: "the infernal jail", eine Art Parkplatz für die Mächte der Finsternis. Diese befinden sich in jenem paradoxen Zustand zwischen Absenz und Präsenz, den man wohl am besten als 'Latenz' kennzeichnet. Dieser Zustand wird in Miltons Hymne sprachlich evoziert durch das beschwörend wiederholte "nor" und "not". Die fremden Götter treten im Modus der Negation ins Gedicht:

"Nor is Osiris seen [...]
Nor can he be at rest [...]
Nor all the gods beside [...]
Not Typhon huge [...]"

Die Negation als ein performativer Akt wird zur magischen Nichtung, zum Exorzismus. Nur werden diese Wesen nicht durch Verneinung *aus der Welt geschafft*, sondern durch Verneinung *in ihre kryptische Existenz gerufen*, als in der Verdrängung wirksame Mächte des Unbewußten.
In diesem Zustand der Latenz treiben sie weiterhin ihr Unwesen. Da sie nicht ein für allemal gebannt sind, müssen sie allmorgendlich wieder in die Flucht geschlagen werden. Wachsamkeit wird zur vornehmsten Tugend in einer Welt, die in ihrem Untergrund von dunklen Mächten bewohnt ist. Und so mündet Miltons Weihnachtslied in ein Krippenbild, das keinerlei Ähnlichkeit mit den pastoralen und biedermeierlichen Szenen musizierender Hirten aufweist. Sein Lied endet mit einer Epiphanie von Herrschaft: das um den neuen Stern vervollständigte Sternbild ist eine Vision des mystischen Thronwagens. Doch das letzte Wort gilt den Engeln als Repräsentanten einer militanten Wachsamkeit:

"And all about in courtly stable,
Bright-harnessed angels sit in order serviceable."

Das Unbewußte folgt bekanntlich einer anderen Grammatik, es unterscheidet nicht zwischen Affirmation und Negation; die negierten und fiktiven Schrecken können jederzeit zu wirklichen werden. So treiben auch die Schatten von Isis und Osiris, die in der christlichen Imagination durch die Geschichte vom Tod des Großen Pan in die Metamorphose von Dämonen rücken, weiterhin ihr Unwesen – trotz und mithilfe aller gegenteiligen Beteuerungen.

2.2. DER KUSS DES KROKODILS – DEQUINCEYS ÄGYPTISCHE ALPTRÄUME

Zwei Jahrhunderte später lesen sich die ägyptischen Alpträume anders. Thomas DeQuincey, der unter seinem Titel des "English Opium-Eater" berühmt geworden ist, wird nicht mehr von falschen heidnischen Göttern heimgesucht. Deren Macht hat nämlich nicht das Christentum gebrochen, sondern erst die Aufklärung. Bei DeQuincey, der mehr Sorgfalt und Aufmerksamkeit auf seine Träume verwendete als auf seine Texte, sind die Bilder des Unbewußten nicht mehr von der Faszination häretisch religiöser Idole, sondern kulturfremder Stereotypen grundiert. Auch hier erscheint der Traum nicht als Produzent, sondern lediglich als Reproduzent von Bildern, die zuvor geschaut worden sind. Diese Bilder zirkulieren in einem Kreislauf der Reanimation zwischen Büchern und Träumen, Träumen und Büchern. DeQuincey, der keinen Hehl daraus machte, daß seine Traumbilder von den *Carceri* des Piranesi inspiriert waren, nahm seinerseits an, daß diese Bilder aus der Erinnerung an Fieberträume entstanden seien.[11]

Bei DeQuincey werden die gespeicherten Traum-Bilder noch durch eine wesentliche Zutat verändert: das Opium. Der Autor nennt diese Droge den eigentlichen Helden seiner Autobiographie, "the true hero of the tale" (S. 114). Was leistet das Opium? 1. wirkt es generell als affektiver Verstärker, indem es die Gefühlswerte ins Extreme treibt. 2. forciert es die Übersetzung von Gedanken in Bilder und Bildern in Handlungsabläufe, die eine Eigendynamik entfalten. 3. zerdehnt es die Grenzen des Bewußtseins in Raum und Zeit und löst die standortgebundene Perspektive auf; es entrückt das Bekannte in die Ferne und holt die Ferne in die Nähe; und 4. steigert es die Plastizität der Bilder, ihre unbegrenzte Verwandlungskraft, die stufenlose Übergänge zwischen Dingen schafft, die das Bewußtsein kategorisch in Distanz und Differenz hält. All diese Merkmale gehen freilich nicht exklusiv aufs Konto des Opiums, es handelt sich um Grundmerkmale des Traums, die durch das Opium nur noch erheblich gesteigert werden können.

In unserem Zusammenhang ist an DeQuinceys Träumen bemerkenswert, daß in ihrem Zentrum die Begegnung mit dem Fremden steht, und daß es gerade

---

[11] Th. DeQuincey, *Confessions of an English Opium Eater*, hrsg. v. A. Hayter, Harmondsworth 1971, S. 105f.

Ägypten ist, das zum Inbegriff dieses bedrohlich Fremden wird. Ägypten wird in der Alchemie dieser Träume mit Indostan und China synthetisiert. Diese Regionen und Kulturen sind nicht in ihren Besonderheiten, sondern als Stereotypen kultureller Fremdheit bildmächtig. Dabei scheint es im Arkanbereich der Fremdheit noch einmal eine Steigerung der Phobie von Indien über China nach Ägypten zu geben.

Welche Merkmale des Fremden hebt DeQuincey an diesen Kulturen besonders hervor? Es sind vor allem drei: Archaik, Monumentalität und Massenhaftigkeit. Europa erblickt im Osten die Wiege der Menschheit und ihrer frühen Entwicklungsstufe; doch dieser Osten zeigt nicht wie die wilden Stämme Afrikas ein kindliches, sondern ein uralt versteinertes Gesicht:

"No man can pretend that the wild, barbarous, and capricious superstitions of Africa, or of the savage tribes elsewhere, affect him in the way he is affected by the ancient, monumental, cruel, and elaborate religions of Indostan & c." (S. 108).

Die Jugendlichkeit Europas zerrinnt zu Nichts vor der erhabenen Monumentalität der orientalischen Kulturen. Dieses hohe Alter, "the vast age of the race and name", stellt sich in jeder Jugend wieder her, die dort nicht das Neue verkörpert, sondern das Alte erneuert: "a young Chinese seems to me an antediluvian man renewed" (S. 108). Der dritte Aspekt, die Massenhaftigkeit, erscheint dem auf Individualismus eingestellten Europäer ebenfalls als furchterregend. Macht doch die schiere Quantität den Traum von der Singularität des Einzelnen zunichte, der seit der Französischen Revolution mit den Menschenrechten auch zu einer politischen Forderung geworden ist. DeQuincey nennt die Region des Orients "the great officina gentium" (S. 108), das große Labor der Menschenproduktion. Die Überbevölkerung ist ein qualitativer Aspekt der asiatischen Imperien, in denen die Menschen aufgrund ihrer schieren Anzahl zu Unkraut werden: "Man is a weed in those regions" (S. 108).

Alle drei Merkmale des Fremden stellen, genauer betrachtet, eine implizite Bedrohung der europäischen Kultur dar: dem élan vital ihrer Jugendlichkeit und Innovationskraft steht das hohe Alter entgegen, der zukunftsoffenen Hinwendung zum Neuen steht die starre Monumentalität entgegen, der Hochschätzung des Individuums steht die schiere Massenhaftigkeit der Spezies entgegen. Die Kultur Europas hat hier ihr Gegenbild vor sich, das als schmerzhafte Infragestellung der eigenen Identität perhorresziert wird. Die Erfahrung solcher Alterität kennzeichnet DeQuincey zunächst zeittypisch mit der Vokabel des "Sublimen". Das Sublime steht für eine physische und spirituelle Grenzerfahrung, die seit Edmund Burke mit Schrecken und Angst liiert ist. So weicht das Stichwort "sublim" bei DeQuincey auch prompt dem Wort "terror". Er spricht von einem unüberwindlichen Abgrund der Fremdheit, der ihn von diesen Menschen und Kulturen trennt, "the barrier of utter abhorrence, and

want of sympathy, placed between us by feelings deeper than I can analyze"
(S. 109). Indien, China und Ägypten gerinnen – in einer Klammer zusammengefaßt – zu einem einzigen Emblem des Schreckens, "the unimaginable horror
which these dreams of Oriental imagery, and mythological tortures, impressed
upon me" (S. 109).

Nehmen wir uns die Beschreibung dieses orientalischen Alptraums etwas
genauer vor. Als besonders charakteristisch erscheint der in der Traumbe-
schreibung vollzogene Modus-Wechsel des Blicks, der sich von der Verwun-
derung zum Horror steigert. In der ersten Phase ist der Träumer noch der
souveräne Regisseur seiner Visionen; er holt sich die einzelnen Bilder zusammen wie ein Sammler, der sich eine Wunderkammer oder ein Kuriositäten-
kabinett einrichtet:

> "Under the connecting feeling of tropical heat and vertical sun-lights, I
> brought together all creatures, birds, beasts, reptiles, all trees and plants,
> usages and appearances, that are found in all tropical regions, and
> assembled them together in China or Indostan" (S. 109).

In der zweiten Phase wird aus dem Sammler und Beobachter, der sein neugierig
fasziniertes Auge auf die Ausstellungsstücke richtet, der Verfolgte, der nun
seinerseits den Blicken derer ausgeliefert ist, die vormals die Objekte seiner
Einbildung waren. Sie entwickeln plötzlich ein unheimliches Eigenleben.
Dieser Umschwung ist grammatikalisch durch den unvermittelten Wechsel
der Aktionsart (vom Aktiv zum Passiv) markiert. Mit der folgenden Passage,
die das vorangegangene Zitat unmittelbar fortsetzt, erreicht der Traum seinen
dramatischen Höhepunkt. An eben diesem Punkt kommen die ägyptischen
Götter ins Spiel.

> "From kindred feelings, I soon brought Egypt and all her gods under
> the same law. I was stared at, hooted at, grinned at, hattered at, by
> monkeys, by paroquets, by cockatoos. I ran into pagodas: and was fixed,
> for centuries, at the summit, or in secret rooms; I was the idol; I was the
> priest; I was worshipped; I was sacrificed. I fled from the wrath of
> Brama through all the forests of Asia: Vishnu hated me: Seeva laid
> wait for me. I came suddenly upon Isis and Osiris: I had done a deed,
> they said, which the ibis and the crocodile trembled at. I was buried,
> for a thousand years, in stone coffins, with mummies and sphinxes, in
> narrow chambers at the heart of eternal pyramids. I was kissed, with
> cancerous kisses, by crocodiles; and laid, confounded with all
> unutterable slimy things, amongst reeds and Nilotic mud" (S. 109).

Mit einer Handvoll unsortierter Ägypten-Assoziationen wird die Klimax des
Schreckens inszeniert; sie umfaßt alle Varianten äußersten Ausgeliefertseins:
Verhöhnung, Schuld, Verfolgung, Ermordung, Einkerkerung. Der Ekel vor

dem Fremdem nimmt nach moralischen und spirituellen Erschütterungen schließlich eine physische Qualität an. Am Ende der Episode steht der Kuß des Krokodils. Mit dem Krokodil kippt das Sublime ins Groteske um, wenn ein Merkmal des Grotesken die archetypisch unheimliche Instabilität von Leblosem und Lebendigem ist.

"I escaped sometimes, and found myself in Chinese houses, with cane tables, & c. All the feet of the tables, sofas, & c. soon became instinct with life: the abominable head of the crocodile, and his leering eyes, looked out at me, multiplied into a thousand repetitions: and I stood loathing and fascinated" (S. 110).

Das Krokodil wird hier zum Inbegriff des Fremden; in dieser Chiffre kippt das Sublime um in physischen Ekel und Angst.

3. Zusammenfassung

DeQuincey hat seine Träume mit einer Nekyia, mit einem Abstieg in die Unterwelt verglichen. Diese Unterwelt offenbart uns nicht nur das Psychogramm eines möglicherweise schuldbesessenen romantischen Träumers, der seinem Gewissen mit der Hilfe von Opium zu entfliehen trachtete, um dann nur umso unerbittlicher von seinen Ängsten verfolgt zu werden. Die Unterwelt offenbart ebensosehr das kollektive Unbewußte der abendländischen Kultur, für das DeQuinceys Traum eine Projektionsfläche bereitstellt.

Im Traum werden die kulturellen Grenzen Europas transzendiert; Indien, China und Ägypten dringen bei DeQuincey nicht über Texte sondern über Bilder ins europäische Imaginaire ein. Diese Bilder, die sich zu Stereotypen von Fremdheit verdichten, sind unendlich wiederbelebbar, wenn sie auf entsprechende seelische Vorprägungen treffen. Träume sind gewiß keine Schauplätze für die Begegnung mit dem Fremden, sie sind Formen der Selbstbegegnung, Inszenierungen des Selbst in der Gestalt des Fremden. DeQuinceys Träume enthüllen die verborgenen Traumata der europäischen Kultur; die räumlich ferne (China) und die zeitlich ferne Kultur (Ägypten) werden dabei zum Symbolträger für kulturelle Fremdheit schlechthin, oder, um es in der von Carl Schmitt zitierten Formel von Konrad Weiß zu sagen: "Der Fremde ist meine eigene Gestalt als Frage" (womit gemeint ist, daß der Fremde die eigene Identität in Frage stellt). Alles, wovon sich Europa bewußt entfernt hat, wird zum Schatten, der es als seine Nachtseite begleitet. Die Kultur, die in ihrem Tagesbewußtsein die wissenschaftliche Objektivität entwickelt hat, wird nächtens heimgesucht von Bildern der Verstrickung, Verfolgung, und Ausgesetztsein; die Kultur, die in ihrem Tagesbewußtsein die Welt auf ihre Erwartbarkeit und Zuverlässigkeit programmiert hat, wird nächtens heimgesucht von Bildern der Verwandlung, wo keine Grenze gilt und alles in etwas anderes übergehen kann; die Kultur, die in ihrem Tagesbewußtsein Jugend, Fortschritt und Leben vergöttert, wird nächtens heimgesucht von Bildern des Todes, des Grabes und der ewigen Erstarrung. Eine Kultur, die in ihrem Tagesbewußtsein den selbstgewissen Kolonialgeist verkörpert, wird nächtens heimgesucht von Bildern der Überwältigung, der Abhängigkeit, und des Ausgeliefertseins.

DeQuinceys Confessionen wurden 1822 veröffentlicht, im anno mirabili der Hieroglyphen-Entzifferung durch Champollion. Beide Ereignisse gehören zusammen wie das Konvex zum Konkav, beide Autoren, so meine ich, repräsentieren in ihrer Begegnung mit dem alten Ägypten die Tag- und Nachtseite der europäischen Kultur.

BERTRAND JAEGER

GIUSEPPE JAPPELLI, LE CAFÉ PEDROCCHI DE PADOUE ET LA REDÉCOUVERTE DE L'EGYPTE ANTIQUE EN ITALIE[*]

SOMMAIRE

I. INTRODUCTION: LA VÉNÉTIE ET L'EGYPTE AVANT JAPPELLI

Les liens unissant la Vénétie à l'Orient et à l'Egypte en particulier sont séculaires et il n'est pas possible, comme entrée en matière d'une étude consacrée aux résurgences de l'Egypte antique en Vénétie au début du XIXe siècle, d'en esquisser, même à grands traits, l'histoire[1]. Souvent grâce à Venise, ces contacts revêtirent de multiples aspects et furent parmi les plus précoces, les plus renouvelés et les plus divers qu'il nous ait été donné de connaître: attestés dès l'Antiquité[2], ils se renforcèrent à la suite de la translation du corps de saint

Marc par deux marchands vénitiens[3] d'Alexandrie à Venise[4] en l'an 829, puis au travers de relations commerciales et diplomatiques brillantes[5], des croisades[6], des pèlerinages en Terre sainte qui partaient de Venise[7], et des voyages[8]. Ces liens fructifièrent ensuite dans les milieux bénédictins et humanistes de Padoue[9] qui abritait l'une des plus anciennes universités du monde[10], mais aussi à Vérone et Venise[11] pour fleurir enfin, et de multiples manières, dans la peinture de la Vénétie aux XVe et XVIe siècles[12], en particulier celle d'Andrea Mantegna (1431-1506)[13], de Gentile Bellini (*ca.* 1430-1507)[14], de Vittore Carpaccio (*ca.* 1465-1525 ou 1526)[15] et de Giovanni Mansueti (*fl.* 1485-1527)[16]. Le rôle exceptionnel de Venise dans l'essor de l'imprimerie[17] permit, en outre, une diffusion rapide des plus importants textes antiques concernant l'Egypte[18]. Les relations entre la Vénétie et l'Orient étaient parvenues à leur apogée[19] et de nombreux savants, représentant les disciplines les plus variées, firent le voyage d'Egypte, comme le médecin et arabisant Andrea Alpago (*ca.* 1450-1522)[20], l'humaniste Urbano Valeriano Bolzanio (1442-1524)[21], le médecin et botaniste Prospero Alpino (1553-1616)[22], le physicien et architecte Tito Livio Burattini (1617-*ca.* 1680)[23]. Par ailleurs, le neveu de Bolzanio, l'humaniste Pierio Valeriano (1477-1558) publia, avec les *Hieroglyphica*[24], le traité le plus important du XVIe siècle consacré à l'Egypte et aux hiéroglyphes[25].

La richesse de Venise a parfois dépassé celle de Rome[26]. Les collections d'antiquités égyptiennes s'y formèrent très tôt et, contrairement à celles de Rome, étaient constituées uniquement à partir d'importations[27]. La collection Grimani a fait de Venise la seule ville d'Italie avec Rome à avoir connu des sculptures égyptiennes en provenance d'Egypte dès le XVIe siècle[28]. Hors de Venise, Padoue possédait toutefois aussi à cette époque un témoignage important de la culture égyptienne, la "Mensa Isiaca", qui entra aux alentours de 1539 dans la prestigieuse collection du cardinal Bembo (1470-1547)[29]. Par la suite et jusqu'au XIXe siècle, ces collections se succédèrent, à Venise, à intervalles toujours plus rapprochés: certaines furent très importantes comme celle d'Andrea Corner[30] et surtout la prestigieuse collection Nani[31]. Parallèlement, les antiquités égyptiennes commencèrent à figurer dans les recueils des antiquaires, en premier lieu celui de Giovanni Poleni (1685-1761)[32], qui précède de quinze ans le *Recueil d'antiquités* du comte de Caylus[33] tandis que l'art égyptien fait l'objet de dissertations parfois très approfondies, comme celle de Giambattista Brocchi (1772-1826)[34]. A partir de la fin du XVIIIe siècle, les collections cessèrent d'être l'apanage de Venise et il en apparaît de similaires dans la sphère d'influence de Padoue, à la villa Querini d'Altichiero[35] et au château du Catajo, à Battaglia Terme[36], toutes deux aujourd'hui disparues. La villa Querini se distingue, en outre, par un élément nouveau, la présence d'antiquités classiques mais aussi égyptiennes dans les jardins[37], ce qui relève, cependant, d'un tout autre concept[38].

II. L'Egypte antique dans l'oeuvre de Jappelli

1. Le café Pedrocchi

Au XIXᵉ siècle, c'est précisément Padoue qui nous livre le témoignage majeur du goût pour l'Egypte en Vénétie: le café Pedrocchi. Historiens, historiens d'art et spécialistes de la Vénétie s'accordent à considérer le café Pedrocchi comme la réalisation la plus extraordinaire du XIXᵉ siècle à Padoue[39]. Elle est l'oeuvre conjointe d'un commanditaire de grande envergure, Antonio Pedrocchi (1776-1852) et d'un architecte novateur aux intuitions géniales, Giuseppe Jappelli (1783-1852)[40], dont la fantaisie fut qualifiée de "magique" par ses contemporains[41].

Fils d'un cafetier originaire de Bergame, Antonio Pedrocchi[42] reprit à la mort de son père, en 1799, la direction du local très florissant qui correspondait à la partie sud de l'actuel café Pedrocchi. Durant près de 20 ans, de 1805 à 1824, avec habileté, détermination et au prix de gros investissements, Antonio Pedrocchi acquit, une à une, toutes les maisons avoisinantes jusqu'à posséder un îlot urbain dont la forme ressemblait à celle d'un piano à queue et qui était suffisamment grand pour lui permettre de réaliser l'établissement auquel il songeait. Le fait qu'il ait même acheté l'oratoire de Saint-Job et fait déplacer le marché aux poissons pour arriver à ce résultat montre le pouvoir dont jouissait ce personnage hors du commun[43]. Pedrocchi était doté d'une grande intelligence comme en témoigne l'impact que le café, construit à côté de l'université et des principaux hôtels de la ville, aura sur le contexte urbain dans son ensemble: le trafic et le centre de la ville se déplaceront, en effet, dans sa direction[44].

Pour les travaux de construction, Pedrocchi s'adressa d'abord à l'architecte Giuseppe Bisacco[45] (*fl. ca.* 1820-1842) qui, toutefois, ne devait pas lui donner satisfaction. C'est ainsi qu'il se tourna, en 1826, vers un architecte vénitien alors à Padoue, Giuseppe Jappelli[46]. De nombreux points communs les rapprochaient: une même ambition, la francophilie et un probable militantisme jacobin dans leur jeunesse, l'affiliation à la franc-maçonnerie[47], le patriotisme et une activité constamment tournée vers le public et vers l'aspect social de toute entreprise[48]. Nous examinerons plus loin les principales étapes de la carrière de Jappelli, lorsque nous chercherons l'origine de l'idée d'un salon en style égyptien au café Pedrocchi.

Jappelli relevait un vrai défi en acceptant cette commande aux multiples contraintes: une construction achevée jusqu'à la hauteur des toits avec une ordonnance interne à restructurer, le plan inhabituel en forme de piano à queue, la hâte du commanditaire et son désir d'avoir une construction moderne. Le café Pedrocchi, futur lieu de rencontre des classes dirigeantes locales, devait remplir les fonctions de café, de redoute, de bourse et de casino[49]; ce devait être un lieu que lui envierait Venise dans cette vieille rivalité opposant les deux cités.

a) Description[50]

Jappelli démontra au café Pedrocchi l'une de ses qualités maîtresses: son habileté à agencer un espace préexistant, aussi mal formé qu'il ait été à l'origine[51]. Il en acheva la construction en cinq ans et le rez-de-chaussée, composé d'une suite de salons, d'une bourse et d'un billard, fut inauguré en 1831. Le seul élément de ce rez-de-chaussée évoquant l'Egypte concerne les colonnes ioniques de la salle principale: elles sont incurvées à leur extrémité inférieure et posées, sans base, sur le sol (Taf. 59,1). Ce détail fut dicté par le souci pratique de réduire au minimum la surface d'occupation au sol, en un endroit situé sur le passage des serveurs opérant d'une salle à l'autre[52].

Les quatre lions de pierre[53] ornant la façade nord du café Pedrocchi[54] (Taf. 59,2), fidèles copies des lions du Capitole à Rome[55] (Taf. 59,3), sont l'oeuvre de Giuseppe Petrelli (1805-1858)[56] et datent de 1831-1832 environ[57]. Mais, comme la pyramide de Cestius et les obélisques de Rome, ces lions du Capitole sont des monuments romanisés, ayant perdu au cours de siècles de réemploi en milieu romain une partie de leur caractère égyptien d'origine[58]. Jappelli n'aurait pas placé devant les *logge* doriques de cette façade assez sévère[59] des éléments à connotation par trop radicalement exotique (Taf. 60). D'ailleurs, ces lions du Capitole avaient été repris depuis longtemps déjà en contexte classique, par exemple aux quatre angles du casino Marino, près de Dublin, réalisé vers 1758-1768 pour Lord Charlemont par des artistes italiens[60] ou encore devant la basilique S. Francesco di Paola, à Naples[61] où l'on en retrouve quatre, associés à quatre autres félins du type des lions de Nectanébo I[er62]. Plusieurs autres exemples confirment le caractère assez neutre conféré à ces lions dans l'art italien du XIXe siècle, où ils se trouvent tout au plus associés à des obélisques; leur point commun à tous est d'être disposés par paires, comme leurs modèles antiques de la "Cordonata" du Capitole, pour flanquer une entrée, un passage ou un escalier monumental: par exemple, devant l'église San Pancrazio à Florence[63], sur la Piazza del Popolo à Rome[64] ou encore à l'entrée des anciens ponts suspendus de Florence[65]. Seuls les lions de la Piazza del Popolo participent d'un ensemble résolument égyptisant: ils reposent sur des socles en forme de pyramide à degrés, flanquent un obélisque égyptien et marquent le centre d'une place délimitée par deux exèdres surmontées de seize sphinx couchés.

La décoration des salles du premier étage ne fut entreprise qu'environ dix ans plus tard[66] et s'acheva en 1842, peu avant l'inauguration du *piano nobile*, le 15 septembre, à l'occasion de la 4e "Riunione degli Scienziati Italiani"[67]. Le temps écoulé entre l'inauguration du rez-de-chaussée (le 9 juin 1831) et la reprise probable des travaux au *piano nobile* (fin 1840/début 1841) ne semble

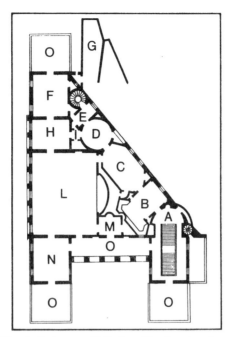

Fig. 1: Padoue, café Pedrocchi: plan du *piano nobile*

avoir débouché, au café Pedrocchi, que sur la réalisation, entre 1837 et 1839, de l'annexe néo-gothique du "Pedrocchino" et le séjour romain de Jappelli qui suivit cet intermède se place sans doute dès la fin des travaux car le prince Alessandro Torlonia avait déjà appelé Jappelli à Rome en 1836[68]. Comme nous le verrons plus loin[69], ce séjour eut lieu en 1839-1840. La décoration du *piano nobile* aura donc coïncidé avec son retour de Rome et nous verrons que l'expérience romaine de Jappelli fut sans doute la source principale de son inspiration lorsqu'il reprit les travaux au café Pedrocchi. Si la chronologie des événements liés à Jappelli et au café Pedrocchi est bien rapprochée et fluide pour la période 1837-1842, un vide souvent observé mais rarement expliqué subsiste, par contre, pour les années 1831-1837[70]. Sans doute, Giuseppe Jappelli s'était-il fixé des priorités; nous pensons, toutefois, que le retard[71] dans le déroulement des travaux de décoration du *piano nobile* est peut-être aussi à mettre en rapport avec une incertitude quant à la destination précise à donner à ces salles[72].

Ce *piano nobile* est une grande réussite de cette tendance du XIXe siècle[73], qui aimait rapprocher et juxtaposer différents styles, et l'on y voit une série de salles décorées, chacune, dans un style différent[74]. On accède au *piano nobile* (Fig. 1) par la *loggia* nord-ouest, en empruntant un escalier monumental qui conduit à un vestibule en hémicycle [A], décoré de bacchantes en stuc. Puis l'on pénètre dans la Salle étrusque [B] dont la décoration dérive des vases grecs à figures noires, et ensuite dans la Salle grecque [C], décorée par le peintre néo-classique Giovanni Demin (1786-1859)[75], natif de Belluno, d'une fresque inspirée par le plus célèbre des romans archéologiques du XVIIIe siècle, le *Voyage du Jeune Anacharsis en Grèce* de l'abbé Jean-Jacques Barthélémy (1716-1795)[76]. L'on parvient alors dans la Salle romaine, de forme circulaire et surmontée d'une coupole [D]; sa décoration est l'oeuvre du peintre vénitien Ippolito Caffi (1809-1866), qui peignit pour cette salle quatre vues de Rome[77]. Dans le prolongement de ces trois premières salles se situe un petit cabinet baroque [E] qui conduit à quatre autres salles disposées le long d'un axe différent. Nous accédons, d'abord, à une salle Renaissance [F], en annexe à laquelle se trouve une salle néo-gothique [G] puis, en suivant l'axe principal, à la salle dite Pompéienne ou d'Herculanum [H] à cause des éléments iconographiques empruntés à ces deux sites et dont la décoration se rapporte au mythe de Diane[78]. Nous pénétrons ensuite dans la salle la plus importante du *piano nobile,* une salle de bal de style Empire [L]. Dans un angle, une porte donne sur une petite salle de repos [M], appelée Salon mauresque en raison d'une partie de sa décoration et d'une peinture en trompe-l'oeil représentant un arabe sortant de sa tente[79]. Nous arrivons finalement dans le Salon égyptien[80] [N], qui conclut la série de salles de ce second axe et ne communique plus qu'avec l'extérieur: avec une terrasse carrée [O] se trouvant au-dessus de l'une des *logge* de style dorique du rez-de-chaussée et avec une *loggia* corinthienne située sur la façade nord du *piano nobile* [O] et permettant de revenir directement à l'escalier monumental.

Le Salon égyptien (Taf. 61-62) du café Pedrocchi, bien que cité par de nombreux auteurs[81], n'a jamais fait l'objet d'une description systématique et les sources auxquelles l'architecte et les décorateurs ont puisé n'ont pas été reconnues jusqu'ici[82]. Nous ne connaissons ni dessin préparatoire ni document quel qu'il soit pouvant nous éclairer sur les intentions du commanditaire et des artistes et sur la réalisation de cette salle[83].

Le Salon égyptien (Fig. 2)[84] est légèrement rectangulaire et mesure 7,89m sur 6,83m pour une hauteur de 7,90m environ[85]. Ce salon et la salle de bal sont nettement plus hauts que les autres salles du *piano nobile* puisqu'ils incluent la hauteur du second étage existant au-dessus de ces autres salles. L'entrée est située sur le petit côté communiquant avec la salle Empire [L]; sur celui d'en face, une porte donne sur la terrasse. Les longs côtés comportent deux hautes fenêtres à droite, une haute fenêtre et une haute porte-fenêtre à gauche; entre elles, de chaque côté, se trouve un naos[86] (Taf. 63) imitant le porphyre, dont la corniche à gorge est ornée d'un disque solaire ailé en relief en creux et surmontée de deux sphinx opposés de part et d'autre d'un Osiris Canope (Taf. 64,1) dont la panse est parsemée de petits renfoncements circulaires[87]. Dans la niche de chacun des naos se trouve une statue naophore *féminine* de

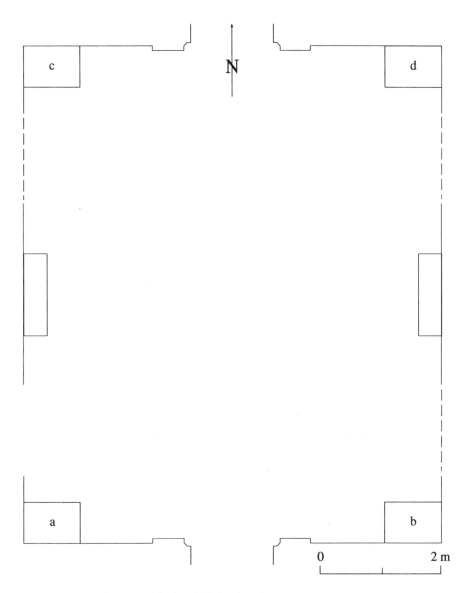

Fig. 2: Padoue, café Pedrocchi: plan du Salon égyptien

stuc peint en noir[88], tenant entre ses mains tendues vers le bas un naos sur un socle haut[89] (Taf. 65); ce naos comporte une représentation d'Osiris en léger relief et le socle, une colonne de pseudo-hiéroglyphes en relief en creux. Dans les angles de la salle, sur des socles lie-de-vin imitant le porphyre, se trouvent quatre statues anépigraphes de Sakhmet assise [a, b, c, d; Taf. 61-62], de stuc peint en noir[90]. A la base des murs et tout autour des portes, des fenêtres et des naoi, court une bordure de stuc imitant le porphyre, de la même teinte lie-de-vin que le socle des statues de Sakhmet et que les naoi. Au tiers supérieur des longs côtés, au-dessus des quatre hautes fenêtres, se trouvent quatre fenêtres plus petites, en verre dépoli sur lesquelles sont gravées des figures de divinités du Nil (Taf. 64,2). L'encadrement des deux portes est réalisé de manière à imiter une véritable porte égyptienne (Taf. 66-67): l'ensemble est fait de pierre tendre et de stuc, peints en noir, imitant le basalte. Chacun des montants est subdivisé en six registres superposés[91], décorés de reliefs qui seront décrits plus loin. Le linteau et la corniche égyptienne sont également décorés. Trois assises de stuc lie-de-vin simulant la pierre flanquent les montants et sont surmontées de cynocéphales accroupis[92], disposés dos aux linteaux.

Au plafond[93], une sorte de double architrave de couleur lie-de-vin court en bordure des longs côtés[94] (Taf. 68,1-2). L'architrave inférieure, décorée d'une frise de personnages et d'un disque solaire ailé simplement dessinés en noir, repose, aux angles, sur des pilastres jaune ocre recouverts d'hiéroglyphes, qui s'arrêtent à quelques centimètres au-dessus de la tête des Sakhmet. L'architrave supérieure, décalée vers l'intérieur par rapport à la première, est ornée d'hiéroglyphes; ceux de la paroi ouest sont en léger relief, ceux de la paroi est ne sont qu'esquissés en noir. Sur les petits côtés, les deux architraves sont en trompe-l'oeil (Taf. 69) et présentent, chacune, une frise de personnages dessinés en noir[95]; au-dessous, trois assises en surplomb progressif, de couleur jaune ocre, partent des angles et se terminent par des protomés de lions. Les parties restantes des parois et du plafond étaient peintes d'un bleu azur devenu foncé et sont parsemées d'étoiles dorées[96]. La présence simultanée de deux états différents – le dessin et le relief – sur le même élément architectonique d'un décor – des architraves[97] – semble indiquer que nous sommes en présence de stades *successifs* d'un ouvrage resté inachevé[98].

Au centre du salon pendait un lustre à quatre branches, aujourd'hui disparu, dont l'aspect n'est désormais connu que par une lithographie du milieu du XIXe siècle (Taf. 70)[99] et une photographie de 1906 (Taf. 71)[100]. On reconnaît quatre harpistes agenouillés, vêtus d'un pagne court et, à la partie inférieure du lustre, quatre têtes coiffées d'un némès. Enfin, il ne reste rien du mobilier ni du pavement d'origine du salon[101] mais la lithographie – très fidèle[102] – et la photographie montrent qu'ils ne comportaient pas d'éléments à l'égyptienne[103].

b) Les sources[104]

Sur la base de notes manuscrites relatives à l'édification de l'établissement, il semble que l'on doive attribuer la réalisation de tous les reliefs, stucs et sculptures du café Pedrocchi – donc l'essentiel de la décoration du Salon égyptien[105] – au sculpteur romain Giuseppe Petrelli[106], qui aurait bénéficié, selon certains auteurs, de la collaboration du sculpteur padouan Antonio Gradenigo (1806-1884)[107], l'ensemble des travaux et la conception des décors restant bien entendu l'oeuvre de Giuseppe Jappelli. Cependant, ces notes ne nous apprennent rien sur la préparation des artistes dans le domaine de l'iconographie égyptienne ni sur les sources dont ils se sont inspirés[108]. Nous allons donc suivre la voie inverse et partir du Salon égyptien pour identifier, un à un, les modèles qui en sont à l'origine.

Le côté spectaculaire de ce salon lui vient des deux portes égyptiennes, littéralement plaquées sur l'encadrement de ses deux portes principales, celle donnant sur la salle de bal et celle donnant sur la terrasse. Les artistes qui les ont réalisées se sont inspirés d'un modèle bien précis, le propylône de Domitien (81-96 ap. J.-C.) et Trajan (98-117 ap. J.-C.) du temple d'Hathor à Dendara, côté sud[109]. L'examen des publications existant en 1840 et susceptibles d'avoir servi de point de départ à Jappelli permet d'affirmer qu'il n'a pu s'agir que de la *Description de l'Egypte,* qui présente un essai de restitution de cette face du propylône[110] (Fig. 3, p. 196).

La comparaison entre cette planche de la *Description* et les reliefs du café Pedrocchi permet de constater avec quelle fidélité le modèle a été suivi, tant sur le plan architectural que décoratif. Seules les proportions sont différentes: au café Pedrocchi, les registres[111] et donc les montants[112] sont nettement plus hauts que larges; l'ensemble est ainsi plus élancé que le modèle suivi.

La corniche avec sa gorge, le disque solaire ailé et le tore sont repris avec une exactitude et une fidélité remarquables: l'incurvation de la gorge égyptienne et son décor de palmettes sont bien rendus, les proportions des différents éléments de la corniche sont correctes[113], le disque solaire ailé en léger relief est pratiquement irréprochable tout comme le tore avec ses incisions verticales et diagonales évoquant des éléments végétaux liés en faisceau. La scène de la moitié gauche du linteau (Domitien offrant l'image de la Maât à Hathor, Horus d'Edfou, Ihy et Harsiésis) et la tête d'Hathor figurant au centre sont reprises intégralement dans le Salon égyptien, au même endroit; la même scène est reprise en sens inverse pour décorer la moitié droite du linteau du salon (Taf. 72,1). Les linteaux des deux portes du salon sont identiques, ce qui n'est pas le cas des montants. Les reliefs des montants proviennent en partie de la planche représentant le propylône de Dendara[114], mais en partie aussi d'autres planches de la *Description* représentant des monuments différents[115].

Porte d'entrée, montant gauche[116]

[1]   Roi tenant une massue dans la main gauche, face à un petit personnage (debout sur le signe *zéma-taouy*[117]) et à une divinité féminine portant une plume d'autruche sur la tête; au-dessus du roi, vautour aux ailes déployées.

    Modèles[118]: III pl. 37, 9 (sanctuaire d'Alexandre à Karnak; Fig. 4) pour le roi et le vautour; l'image d'Hathor figurant sur la même planche (pl. 37, 10) a peut-

Fig. 3: Dendara, temple d'Hathor, propylône de Domitien et Trajan: côté sud

Fig. 4: Karnak, sanctuaire d'Alexandre: détail

être servi de modèle pour la divinité féminine représentée ici dans la même pose (mais sans coiffure hathorique); IV pl. 6 (propylône de Dendara) pour le petit dieu sur le *zéma-taouy*.

[2] Hâpy agenouillé, présentant des offrandes à Hathor; dans le champ, un cartouche et deux hiéroglyphes (Taf. 72,2).
Modèles: III pl. 37, 9 et 10 pour Hâpy et Hathor empruntés ici à deux scènes différentes (Fig. 4).

[3] Roi offrant un pectoral à Hathor; entre eux, deux cartouches vides et un élément mal interprété, dérivé du *zéma-taouy*.
Modèle: IV pl. 6 (montant gauche, 1er registre) pour toute la scène.

[4] Roi offrant un lion à Hathor; entre eux, mêmes éléments qu'en [3].
Modèle: IV pl. 6 (montant gauche, 2e registre) pour toute la scène; le sphinx tenant un vase à onguents est devenu un lion.

[5] Roi offrant un sistre et une tige de papyrus à Hathor; entre eux, deux cartouches vides et petit dieu sur un *zéma-taouy* mal interprété.
Modèle: IV pl. 6 (montant gauche, 3e registre) pour toute la scène.

[6] Roi faisant la même offrande à Hathor; entre eux, hiéroglyphe *b* et pilier *djed* sur *zéma-taouy*.
Modèle: IV pl. 6 (montant gauche, 4e registre) pour toute la scène[119].

Porte d'entrée, montant droit

Cinq des six panneaux ne font que répéter, avec de minimes variantes, le panneau correspondant du montant gauche.

[7] Similaire à [1].

[8] Similaire à [2].

[9] Similaire à [3].

[10] Personnage masculin hybride, mi-roi (pagne court à tablier triangulaire), mi-divinité du Nil (avec plantes reposant sur sa tête) offrant deux vases à Hathor; entre eux, deux cartouches vides et un petit singe accroupi sur un cube (Taf. 73,1). *Modèle*: peut-être IV pl. 29 (façade du temple de Dendara) où l'on voit (2ᵉ entrecolonnement gauche) pharaon offrant deux vases à Hâpy et à une divinité féminine; la confusion entre roi et divinité a pu venir de là.

[11] Similaire à [5] avec un vase *ḥz* en lieu et place du petit dieu.

[12] Similaire à [6] avec un élément inintelligible au sommet et un petit dieu en lieu et place du *djed*.

Porte donnant sur la terrasse, montant gauche

[13] Dieu Min[120] face à Hathor; entre eux, un oeil et une plante de papyrus; derrière Min, un arbre (Taf. 73,2). *Modèles*: pour le dieu Min, sans aucun doute III pl. 53 (porte d'Evergète, à Karnak; Taf. 74), qui inspira nos artistes pour plus de la moitié des panneaux de cette porte; pour Hathor: III pl. 37, 10 qui a déjà servi pour les panneaux [2] et [8].

[14] Roi tenant un sistre et un sceptre, face à une divinité féminine similaire à celles de [1] et [7]; entre eux, vase canope avec inscription hiéroglyphique; autres hiéroglyphes dans le champ. *Modèles*: III pl. 52 (porte d'Evergète) ou IV pl. 29 pour le roi tenant le sistre. Le vase canope, reproduisant la tête de chacal du fils d'Horus Douamoutef n'est pas emprunté à la *Description*, qui n'en comporte pas; il est très probablement inspiré d'I. Rosellini, *I monumenti dell'Egitto e della Nubia* [...], Tomo secondo, *Monumenti civili*, Pisa 1834, pl. XLV, 5 (tombe d'Ibi, dans l'Assassif): les quelques hiéroglyphes de l'original et même l'indication de la lacune (!) sont correctement reproduits (avec une petite adjonction).

[15] Roi tenant les sceptres *wꜣḏ* et *ḥqꜣ* face à Hathor; entre eux, vase dont sortent des fleurs. *Modèles*: IV pl. 6 et III pl. 53.

[16] Roi offrant deux vases à Hathor; entre eux, petit édicule; au sommet, serpent *ḏ* (Taf. 75,1). *Modèles*: IV pl. 6 et III pl. 53 pour les personnages; III pl. 53 pour l'édicule.

[17] Roi offrant de l'encens à une divinité féminine similaire à [1] et [7] mais tenant le sceptre *wꜣḏ*; entre eux, hiéroglyphe *n* et petit dieu sur ce qui est une interprétation très libre de *zéma-taouy*. *Modèle*: III pl. 53 pour l'offrande de l'encens.

[18] Roi offrant des objets (qui rappellent le sistre et la tige de papyrus de [5] et [6]) à Hathor; entre eux, chouette et *zéma-taouy*.

Porte donnant sur la terrasse, montant droit

[19] Roi offrant une grande chouette à Hathor; entre eux, grand récipient tripode.
Modèle: IV pl. 6 pour les personnages; la chouette, déjà présente en [18], semble être une invention des artistes.

[20] Roi offrant à Hathor un objet (?) tout à fait inintelligible (on croit distinguer un être humain désarticulé, tenant un bâton à la main; s'agirait-il d'une mauvaise interprétation du relief de Philae I pl. 22, 1 ?); entre eux, un vase canope sur un *zéma-taouy*.
Modèles: IV pl. 6 pour les personnages et le *zéma-taouy*; un canope similaire se trouve en II pl. 36, 4 et IV pl. 38, 7.

[21] Roi offrant de l'encens à Hathor; entre eux, petit dieu sur un récipient tripode (comme en [19]); au sommet, élément inintelligible.
Modèles: IV pl. 6 et III pl. 53 pour l'offrande de l'encens.

[22] Osiris face à Hathor; entre eux, petit dieu sur un *zéma-taouy* (Taf. 75,2).
Modèle: cette représentation inhabituelle d'Osiris n'apparaît qu'*une seule fois* dans toute la *Description* (III pl. 53, 3), ce qui prouve la connaissance et l'utilisation de cette planche en plus de celle reprenant le propylône de Dendara; *cf.* aussi [23].

[23] Roi semblant offrir deux petits animaux à Hathor; entre eux, table d'offrandes entre deux arbres; dans le champ, hiéroglyphes (Taf. 76,1).
Modèle: comme dans la scène précédente, la spécificité de certains éléments permet de découvrir la source (à nouveau III pl. 53, 3, même registre) et de comprendre une erreur iconographique: le roi, tenant les deux animaux au-dessus de la table d'offrandes est dans la même position que celui du 3e registre du modèle, tenant les deux vases *ḥz* au-dessus d'une table d'offrandes *identique*, placée devant l'Osiris repris en [22]! Ce sont ces vases *ḥz* mal compris qui sont devenus de petits animaux dans les mains du roi. Par ailleurs, le signe *mr* disposé au-dessus de la main droite d'Hathor (au café Pedrocchi) est une mauvaise interprétation du *flagellum* tenu par Osiris, au même endroit, sur le modèle.

[24] Scène similaire à [18]; dans le champ, taureau.
Modèles: IV pl. 6 et, pour le taureau, III pl. 53, 2.

Les quatre statues de Sakhmet disposées dans les angles sont des moulages[121] de stuc peint en noir de la plus grande des deux Sakhmet que Giovanni Battista Belzoni (1778-1823) ramena du temple de Mout, à Karnak et offrit en 1819 à sa ville natale[122] (Taf. 77). Ces moulages reproduisent l'original jusque dans ses moindres détails et même dans l'imitation du matériau. L'idée de placer quatre statues de Sakhmet dans les angles du Salon égyptien lui a très certainement été inspirée par une reconstitution fantaisiste du kiosque de Qertassi, en Nubie, imaginée semble-t-il par François-Chrétien Gau[123] et reprise telle quelle par Luigi Canina[124] (Fig. 5, p. 200): on y remarque précisément cette disposition. Or, Jappelli connaissait certainement l'ouvrage de Canina,

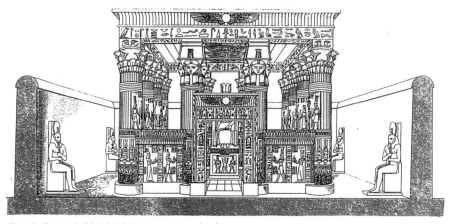

Fig. 5: Qertassi (Nubie), kiosque: reconstitution

qui était en cours de publication à Rome, à l'époque du séjour romain de Jappelli[125] et le fait qu'il ait disposé, à Padoue, d'une authentique statue de Sakhmet fut sans doute l'élément décisif.

Il est, par contre, beaucoup plus difficile de reconstituer les tâtonnements qui ont abouti à la réalisation des deux statues naophores, pratiquement identiques, car elles associent les caractéristiques de deux types antiques tout à fait distincts, qui ne sauraient avoir coexisté dans une seule et même oeuvre: la statue naophore et la représentation d'Isis drapée dans ses ailes. Cependant, les deux types ont connu une notoriété certaine aux XVIIIe et XIXe siècles, au travers d'originaux diffusés par de nombreux dessins[126], donnant ainsi corps, dans une certaine mesure, à l'hypothèse que nous avons émise à leur sujet[127]. Parmi les naophores connus en Italie vers 1840, le seul à avoir pu contribuer à inspirer les deux statues du Salon égyptien n'est autre que la célèbre statue de Oudjahorresné du Musée égyptien du Vatican[128], telle qu'elle est reproduite par Winckelmann (1717-1768) dans les éditions italienne et française de sa *Geschichte der Kunst des Alterthums*[129] (Taf. 78). Une tête de femme lui a été ajoutée au XVIIIe siècle car l'on croyait, comme dans quelques cas similaires, qu'il s'agissait de statues féminines. De là vient, sans doute, que notre naophore a également été représenté sous les traits d'une femme, assorti toutefois d'une tête plus égyptienne[130], avec perruque et collier. C'est d'ailleurs à un autre type féminin que fut emprunté l'élément étranger observé sur notre naophore, à savoir les ailes repliées[131] sur les cuisses. Elles ne peuvent guère avoir été inspirées que par une Isis ailée, peut-être celle d'un relief romain aujourd'hui disparu[132] mais très connu à Rome, aux XVIIe et XVIIIe siècles[133] et publié par Montfaucon et Winckelmann[134], à moins qu'il ne s'agisse de la célèbre statue d'Isis réalisée précisément d'après ce relief pour la Salle égyptienne de la villa Borghèse[135]; elle avait, certes, quitté Rome depuis longtemps lorsque Jappelli

Fig. 6: Paris, Louvre: A.-G. Grandjacquet,
statue égyptisante d'Isis

y vint en 1839/1840, mais des gravures en perpétuaient le souvenir[136] (Fig. 6).
En l'absence de tout document, nous ignorons si Jappelli, Petrelli et leur équipe
ont réalisé les deux naophores du café Pedrocchi à partir d'un seul dessin,
associant déjà ces éléments étrangers les uns aux autres ou si cette fusion est
précisément leur oeuvre.

Pour les sphinx et les Osiris Canope disposés au-dessus des naoi (Taf. 64,1),
les modèles étaient nombreux tant à Rome qu'en Italie du Nord et dans les
publications contemporaines[137]. Ceux du café Pedrocchi ne présentent aucune
caractéristique particulière permettant de conclure à un modèle précis. La
rigueur face au modèle antique est moyenne: les têtes sont circulaires – presque
hémisphériques – rendant difficile une disposition correcte du némès et les
sphinx ne reposent pas entièrement sur leur socle mais sont légèrement dressés
sur leurs pattes antérieures dont les articulations sont presque à angle droit.

Par contre, les représentations de divinités du Nil incisées sur le verre dépoli
des fenêtres supérieures (Taf. 64,2) s'inspirent à nouveau de la *Description de*

l'Egypte: il s'agit de celles figurant sur les côtés du trône des colosses de Memnon et l'examen détaillé des figures nous permet de reconnaître avec certitude la planche de la *Description* utilisée ici par les artistes[138] (Fig. 7) même si, en 1840, les exemples similaires étaient déjà nombreux. Sur les côtés du trône, nous voyons les dieux Nil de Haute et Basse Egypte entrelacer les plantes symbolisant les deux parties du pays. Ignorant le sens précis de la représentation, nos artistes ont divisé la scène verticalement, pour la répartir sur les deux carreaux de la fenêtre, de sorte que chacun des dieux Nil n'a devant lui que la moitié du signe *zm3*; au-dessus de ce dernier, l'on reconnaît la partie inférieure du *sérekh* destiné au nom d'Horus d'Aménophis III et, sur le côté, comme fixé au *sérekh*, un petit signe disposé de biais, qui est en réalité le signe de la houe *mr* terminant une colonne d'hiéroglyphes. Ces différents éléments, mal interprétés, ont conduit au résultat que nous voyons ici; le fait qu'on ne retrouve pas le signe *mr*, au même endroit, avec d'autres représentations antiques de dieux Nil connues à cette époque, nous permet de conclure que le trône des colosses de Memnon a bien servi ici de modèle et ce par l'intermédiaire de la *Description de l'Egypte*, puisqu'aucun autre ouvrage contemporain ne les reproduisait alors avec une précision suffisante[139].

Les quatre architraves supérieures sont recouvertes de lignes entières d'hiéroglyphes, tandis que celles du bas comportent, chacune, une file de personnages allant des extrémités vers le centre, à la rencontre d'un disque solaire ailé. Les personnages – dans l'ensemble très bien rendus – s'inspirent de certaines frises de temples reproduites dans la *Description*[140], sans qu'il soit possible d'identifier des modèles précis, alors que les hiéroglyphes paraissent constitués plus librement même si l'on retrouve de très brèves séquences identiques sur deux planches de la *Description*[141]. A cette époque de vogue pour l'Egypte, les artistes devaient avoir de nombreux exemples d'hiéroglyphes dans leurs carnets de notes, recopiés au hasard des circonstances sur original, ou d'après des publications ou d'autres carnets. On ne peut donc pas toujours s'attendre à retrouver des séquences d'hiéroglyphes impeccables sur les monuments modernes en style égyptien[142]. Les protomés de lion figurant au-dessous des architraves des parois nord et sud sont dérivés de gargouilles à têtes de lion reproduites dans la *Description*[143]; elles se trouvent ici à l'extrémité d'assises en surplomb progressif, qui sont, elles, étrangères à l'architecture égyptienne et dérivent sans doute de Piranèse[144]. Les cyno-céphales des mêmes parois trouvent également leurs modèles dans la *Description*[145]. Quant aux quatre harpistes du lustre, ils reprennent – très fidèlement – un motif égyptien fréquemment reproduit, entre autres dans la *Description*[146].

Le plafond étoilé, finalement, doit être considéré, à notre avis, sous un angle très particulier. Certes, il a pu être inspiré par la *Description* ou d'autres ouvrages contemporains[147], même si les étoiles du café Pedrocchi ont six

Dutertre del.   *3.4.5.6 Smith Sc.*

Fig. 7: Thèbes-Ouest, colosse de Memnon: décor du trône

branches et non cinq comme il est d'usage dans l'art égyptien[148]; il a surtout pu être influencé par les salles égyptiennes du Museo Gregoriano Egizio du Vatican, dont certaines comportaient un plafond étoilé[149]. Mais il ne constitue, toutefois, qu'un élément parmi d'autres visant à faire du Salon égyptien un ensemble résolument polychrome. Or, dès le début du XIXᵉ siècle, la polychromie réapparaît dans l'architecture européenne, parallèlement à la prise de conscience du rôle de la couleur dans l'art grec d'une part[150], et à une révision des idées reçues concernant l'art gothique d'autre part[151]. C'est ainsi qu'on rencontre[152] des plafonds étoilés dans de nombreux édifices religieux, par exemple à Paris, dans le Musée des Monuments français aménagé vers 1797[153] dans l'ancien couvent des Petits-Augustins, puis dans la chapelle haute de la Sainte-Chapelle (dans les années 1840)[154] ou encore à Saint-Germain-des-Prés (1848)[155].

C'est avant tout dans ce grand courant international que nous croyons devoir situer la polychromie et le plafond étoilé du Salon égyptien du café Pedrocchi. D'ailleurs, Jappelli nous offre lui-même un indice montrant qu'il considérait la représentation d'un ciel étoilé *d'abord* pour son effet ornemental en soi et dans un contexte exotique général et non comme un décor spécifiquement lié à l'Egypte antique: un semis d'étoiles dorées, en relief sur fond bleu, apparaît déjà en arrière-plan, sur le fronton situé au-dessus de l'entrée de la serre néo-mauresque du jardin de la villa Torlonia, à Rome, une réalisation antérieure à la décoration du café Pedrocchi, datant de 1839/1840[156]. Cette observation montre donc le contexte beaucoup plus large dans lequel doit être envisagée la présence du style égyptien au café Pedrocchi.

Rappelons finalement que la voûte étoilée est un élément important du symbolisme maçonnique[157] et nous verrons à plusieurs reprises, dans les pages qui suivent, les liens nombreux et variés unissant Jappelli, Pedrocchi et la franc-maçonnerie[158].

Nous avons vu plus haut que la décoration du Salon égyptien était l'oeuvre d'un architecte et de sculpteurs et le choix de Dendara[159] est visiblement un choix d'architecte. Nous avons déjà relevé[160] l'attachement des artistes à la fidélité archéologique, tant dans la sélection des modèles que dans l'application à les utiliser dans le même contexte que celui auquel ils étaient empruntés[161]: la décoration des portes s'inspire des portes égyptiennes, celle des architraves et des frises est imitée de ces mêmes éléments dans l'architecture égyptienne; cette fidélité se reflète jusque dans le choix des matériaux, qui imitent ceux qu'utilisaient les Egyptiens dans le même contexte[162]. Il n'y a rien d'étonnant, non plus, à ce que nos artistes se soient davantage attachés à rechercher la fidélité dans les sculptures et les reliefs que dans le rendu individuel des hiéroglyphes. Ceux-ci, bien que malhabiles, sont néanmoins en grande partie authentiques et non inventés. Les planches de la *Description* sont claires et suggestives et, dès lors que Jappelli et ses collaborateurs avaient opté pour la rigueur archéologique[163], il est compréhensible qu'elles aient pu les inspirer plus que tout autre ouvrage[164].

c) Giovanni Battista Belzoni et le café Pedrocchi

Le moment est venu de nous pencher sur les influences qui ont concouru à la réalisation du café Pedrocchi.

Les premiers auteurs à s'être posé cette question ont résolument invoqué un «hommage à Belzoni» et même une influence de Belzoni[165], surévaluant en réalité d'emblée le rôle qu'a pu jouer celui-ci. Claudia Dolzani[166] ramena cette appréciation à de plus justes proportions, rappelant l'influence de l'Angleterre[167] et soulignant celle de Piranèse (1720-1778)[168] et de la franc-maçonnerie mais sans retirer à Belzoni la place prépondérante qui lui avait été accordée jusqu'ici[169]. La critique postérieure reprit ses arguments sans les modifier de manière significative[170]. Seul G. Pavanello[171] poussa plus avant la quête, citant encore le bolonais Antonio Basoli (1774-1843)[172] et certaines des décorations égyptisantes de Rome. Belzoni est considéré ici à juste titre, mais pour la seule et unique fois, comme une source d'inspiration possible pour Jappelli parmi beaucoup d'autres.

Il apparaît dès lors nécessaire d'insister sur le fait que Giovanni Battista Belzoni quitta Padoue en 1794, à l'âge de quatorze ans[173], qu'il n'y retourna que trois fois dans sa vie pour de très brefs séjours[174] et qu'il mourut en 1823, dix-sept ans avant que Jappelli ne se préoccupe de la décoration du café Pedrocchi. Il faut aussi préciser que – contrairement à ce que certains auteurs se sont peut-être demandés[175] – *rien* dans les planches du *Narrative of the Operations* de Belzoni[176] n'a été repris pour la décoration du café Pedrocchi. Certes, les deux hommes ont fait connaissance à Padoue en 1819/1820, mais seules deux lettres – guère significatives pour notre propos – semblent l'attester jusqu'ici[177] et le médiocre italien[178] des lettres de Belzoni montre à quel point les circonstances l'avaient éloigné de sa patrie. Si la ville de Padoue lui a bien témoigné de la reconnaissance pour le don des deux Sakhmet en frappant une médaille en son honneur[179] (Taf. 76,2), des exemples d'indifférence peuvent aussi être cités[180], et si la mort de Belzoni a suscité, à Padoue, des initiatives destinées à honorer sa mémoire[181], ces marques de gratitude de la part de sa ville natale ne semblent pas s'être prolongées au-delà de quelques années avant de faire place à un oubli de longue durée[182]. Face à ce constat, il faut bien admettre que l'influence de Belzoni sur Jappelli ne fut pas celle que l'on a cru jusqu'ici[183]. Il est, dès lors, nécessaire de s'intéresser de plus près à l'architecte Jappelli et d'interroger son *cursus* artistique pour mieux saisir l'origine de son goût pour le style égyptien.

2. L'ACTIVITÉ DE JAPPELLI AVANT LA DÉCORATION DU CAFÉ PEDROCCHI

a) Des années de formation au voyage en Angleterre (1798-1836)

Né à Venise en 1783, Jappelli se rendit à Bologne à l'âge de 15 ans pour y suivre les cours d'architecture de la prestigieuse Accademia Clementina durant l'année académique 1798/99[184]. Le milieu artistique de Bologne était très composite à cette époque[185], stimulé par la franc-maçonnerie[186], et la renaissance de l'Egypte y avait commencé depuis un certain temps, grâce en particulier au décorateur Mauro Tesi (1730-1766)[187]. Ce précurseur de Piranèse dessinait des intérieurs en style égyptien dès 1760 au moins[188] – sur l'exhortation du comte Francesco Algarotti (1712-1764) et sous l'influence du *Voyage d'Egypte et de Nubie* de Frédéric Louis Norden (1755)[189] – presque dix ans avant la publication de l'oeuvre du XVIIIᵉ siècle qui a le plus contribué à mettre l'Egypte à la mode, les *Diverse maniere d'adornare i cammini* (1769) de Piranèse[190] avec son introduction intitulée "Pour la défense de l'architecture égyptienne et toscane"[191]. Un recueil de dessins de Tesi parut à Bologne à titre posthume, en 1787, et comporte quatre exemples de décorations intérieures en style égyptien[192] (Taf. 79). L'influence de Tesi fut durable, comme en témoigne une peinture en trompe-l'oeil d'auteur inconnu, dans un salon du rez-de-chaussée de la villa Cavalli, à Santa Maria Nova (prov. de Forlì), au sud-est de Bologne, datant de 1830 environ et reprise textuellement de ce recueil de dessins[193] (Taf. 80). Jappelli l'a certainement étudié à Bologne, alors qu'il côtoyait les artistes de la génération suivante dont certains s'enthousiasmaient pour Tesi et Piranèse précisément, en particulier Pelagio Palagi (1775-1860) et Antonio Basoli (1774-1843), deux peintres et décorateurs légèrement plus âgés que Jappelli et appelés, eux aussi, à jouer un rôle important[194]. Palagi s'intéressa très jeune à l'Egypte comme l'attestent les nombreux dessins en style égyptien[195] et les copies d'antiquités[196] (Fig. 8) qu'il nous a laissés. En 1831, il acheta à Giuseppe Nizzoli plusieurs milliers d'objets égyptiens, qui forment aujourd'hui la collection du musée de Bologne[197]. Palagi était sans doute aussi affilié à la franc-maçonnerie[198]. Antonio Basoli, quant à lui, n'était pas collectionneur mais il a laissé des témoignages plus variés que Palagi de son intérêt pour l'Egypte[199] – peintures, dessins, décorations d'intérieurs, ornements divers et décors de théâtre – dont le plus ancien à être daté remonte à 1797: il s'agit du "Studio Egizio dipinto", réalisé pour l'avocat Monti, à Bologne[200]. Par la suite, Basoli publia plusieurs recueils de décorations comportant des exemples dans le style égyptien – en 1810[201], 1821[202], 1827[203] et 1839[204] – et l'un de ces recueils fut même réédité avec des modifications, à Venise, en 1830[205]. Basoli et Jappelli partageaient la même soif de s'instruire et ne négligeaient aucune source d'enrichissement. L'influence de Basoli sur Jappelli est certaine et il est possible de la suivre au-delà du séjour de Jappelli à Bologne[206]. Plusieurs autres artistes bolonais ou résidant à Bologne à la même époque que Jappelli ont également pratiqué le style égyptien, comme Carlo Bianconi (1732-1802)[207], Mauro Braccioli (1761-1811)[208], Mauro Berti (1772-1842)[209], Gaetano Landi (*flor.* vers 1810)[210].

L'Egypte ancienne enrichissait donc depuis longtemps déjà le répertoire iconographique des artistes du milieu bolonais, au moment où Jappelli vint accomplir sa formation à l'Accademia Clementina. Sous cet aspect particulier, Bologne était devenu le centre le plus influent d'Italie après Rome (mais avant Naples et la Toscane), à cause surtout de l'existence d'un milieu où deux forces synergiques – l'Accademia Clementina et la franc-maçonnerie – diffusaient et entretenaient le goût pour l'Egypte ancienne[211]. Il ne fait guère de doute que

Fig. 8: P. Palagi: page de dessins d'antiquités égyptiennes

Jappelli fut marqué par ce climat et par les tendances éclectiques qui régnaient alors à Bologne et qu'il en conserva l'empreinte.

De retour de Bologne, Jappelli fit un bref séjour à Venise[212], puis s'installa à Padoue, au moins dès 1805. Les premières commandes qu'il reçut portaient sur des jardins, un aspect de l'activité d'architecte pour lequel il gardera un faible toute sa vie. Le jardin et la villa Dalla Libera, à Volta Brusegana (prov. de Padoue)[213], réalisés peu avant 1821[214] par l'architecte Antonio Noale (1775-1847)[215], furent attribués autrefois à Jappelli[216]. Cette hypothèse est aujourd'hui abandonnée mais il semble toutefois possible que Jappelli ait joué ici un rôle de conseiller[217]. Quoi qu'il en soit, les importantes notes manuscrites laissées par Jappelli sur l'art du jardin montrent sa culture vaste et précoce en la matière[218] de sorte que cette réalisation aux portes de Padoue ne lui sera guère restée inconnue. Ce jardin comportait un casino aujourd'hui détruit mais une description du commanditaire lui-même dit qu'il était composé de «tre stanze l'una d'egizia forma, l'altra pinta di greca mitologia, la terza adorna di prospetti degli antichi avanzi di Roma»[219]. La suite de cette description est importante car elle nous éclaire sur les raisons qui pouvaient pousser un commanditaire du début du XIXᵉ siècle à décorer un lieu de plaisance en style égyptien et en d'autres styles évoquant les civilisations antiques[220]: édifier le visiteur par l'exemple de trois nations dont la plus ancienne, l'égyptienne, avait atteint des sommets dans les arts et les sciences mais vénérait pourtant plus que tout la vie agreste et la nature.

Les premiers voyages de Jappelli interviennent au cours des années précédentes. Il réside à Crémone de novembre 1813 à octobre 1815[221]. Au cours de cette période s'intercalent un ou plusieurs séjours à Milan[222], où son itinéraire, dicté par ses choix artistiques, devait le conduire naturellement vers des artistes aux horizons très divers[223] comme Giuseppe Piermarini (1734-1808), Giocondo Albertolli (1742-1839), Giuseppe Pistocchi (1744-1814), Giovanni Antonio Antolini (1756-1841)[224], Luigi Cagnola (1764-1833), Carlo Amati (1776-1852)[225] ou Giannantonio Selva (1751-1819) – ce dernier, un élève de Canova (1757-1822) que Jappelli connaissait déjà[226] et qui utilisa, comme son maître, la forme de la pyramide dans certains de ses projets[227]. Il est vraisemblable que Jappelli ait vu les grandes réalisations de l'art du jardin des environs de Milan[228], comme le parc de la villa Melzi à Bellagio, dessiné par Albertolli, où figure un pavillon néo-mauresque et, parmi d'autres antiques, une statue de Sakhmet debout et une statue-cube du vizir Parahotep[229]; devant la villa elle-même, quatre lions de pierre blanche, copiés sur les lions couchant du Capitole[230], précèdent un escalier monumental.

En 1824, Jappelli est invité à présenter un projet détaillé pour la nouvelle université de Padoue. Ce projet ne sera jamais réalisé et ne comporte aucun élément dans le goût égyptien mais il est précédé d'une longue «Prefazione» qui livre des informations capitales sur la culture, la méthode de travail et le type de connaissances bibliographiques de son auteur. Cette préface se caractérise par une accumulation impressionnante d'informations toujours vérifiées et une exceptionnelle mise à jour des connaissances et des techniques qui va pratiquement jusqu'à l'année en cours[231]. Cet acharnement dans la mise à jour apparaît fréquemment dans sa correspondance[232] et Jappelli utilise tous les moyens et toutes ses relations pour y parvenir[233]. Un autre aspect caractéristique de son instruction est l'intérêt très marqué qu'il porte à l'Angleterre et à toutes les découvertes qui parviennent d'outre-Manche par l'intermédiaire des revues spécialisées[234]. Parmi les genres bibliographiques qu'il cite dans cette préface et dans d'autres travaux de cette époque, figurent les traités et les recueils de décorations[235]. Ils comportent des exemples de constructions, de décorations architectoniques, de mobilier et d'objets d'art décoratif d'après tous les styles et le style égyptien y est fréquemment repris. Nous pouvons donc considérer comme acquis, dans notre recherche de ce qui a pu enrichir la connaissance de Jappelli en iconographie égyptienne, le fait qu'il a vu les sujets dans le goût égyptien proposés dans des recueils comme ceux de Giuseppe Valadier (1762-1839)[236], Domenico Pronti (*ca.* 1750-?)[237], Lorenzo Roccheggiani (*fl. ca.* 1er tiers du XIXe siècle)[238], Pietro Ruga (*fl. ca.* 1er tiers du XIXe siècle)[239], Gaetano Landi[240], Antonio Basoli[241], pour ne citer que les plus répandus[242]. Le seul élément important qui fasse défaut pour apprécier

Café Pedrocchi

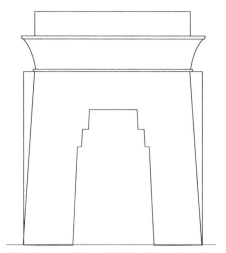

Fig. 9: Conegliano, villa Gera, Porte égyptienne: élévation

pleinement la culture de Jappelli est sa bibliothèque personnelle, sans doute importante, mais que nous ne connaissons pas[243].

En 1826, l'année même où Jappelli se voyait choisi par Pedrocchi pour porter à terme l'édification et la décoration du café, la municipalité de Padoue le chargeait de faire les plans du nouveau cimetière de la ville[244]. Son projet[245] (Taf. 81) ne fut pas retenu mais il attire l'attention par un emprunt fait à l'architecture égyptienne: les deux portails du mur d'enceinte et la chapelle du cimetière sont talutés[246], à l'égyptienne. Toutefois, cette inclinaison de la paroi extérieure est maintenue telle quelle pour l'ouverture de la porte elle-même, ce qui est contraire aux règles de l'architecture égyptienne.

Peu après, Jappelli est chargé de la construction de la villa Gera, à Conegliano[247] (prov. de Trévise) par un personnage important de l'élite culturelle locale, Bartolomeo Gera (1769-1848), qui souhaitait y réunir son académie[248]. Jappelli réalisa une villa néo-classique[249] avec un grandiose pronaos ionique octostyle, dont le tympan est décoré de reliefs[250] sculptés par Marco Casagrande (1804-1880)[251], un élève de Canova. Examinée dans le détail[252], tout y apparaît inusité voire étrange: l'architecture, le plan intérieur, les accès[253].

La villa est située sur la pente d'une colline orientée vers le sud et l'on y accède par deux portails, situés en enfilade, à 40m l'un de l'autre[254], à l'est de la villa. Le premier depuis l'extérieur est une porte monumentale empruntant ses éléments principaux à l'architecture égyptienne[255], le second est un arc classique. La villa est généralement datée de 1827[256].

La Porte égyptienne[257] (Taf. 82,1 et Fig. 9) est constituée de deux montants, talutés à la manière d'un pylône et soutenus par des contreforts verticaux.

Contrairement aux règles de l'architecture égyptienne, cette inclinaison est maintenue, identique, sur le côté intérieur des montants[258]; ceci obligea l'architecte à réaliser une grille aux battants eux-mêmes talutés. Ce n'est qu'avec l'axe central, le long de la ligne où se rejoignent les deux battants, que l'on retrouve la verticalité. Le haut des montants comporte des assises en surplomb progressif – en tas de charge – et le linteau, un appareillage en claveaux. Celui-ci est surmonté d'une corniche à gorge égyptienne, pourvue d'un tore, sur laquelle repose un massif rectangulaire; ce dernier n'est autre que l'adaptation au modèle égyptien de l'attique de l'arc de triomphe romain, servant de socle à des groupes statuaires. Des restes de revêtement sont visibles sur les deux faces de la porte; sur la face intérieure (Taf. 82,2), la corniche présente encore des traces de décoration: on distingue nettement, à gauche, la partie inférieure d'un sphinx ou d'un lion couché[259], tourné vers l'extérieur (on reconnaît le poitrail, les pattes et la croupe) et, au centre, l'aile gauche d'un disque solaire ailé. La grille comporte, elle aussi, une décoration à l'égyptienne: une lionne et un chacal couchés[260] (Taf. 83,1).

La décoration intérieure et extérieure de la villa elle-même est strictement classique et de très haute qualité. Un seul élément, un petit relief[261] gravé sur le montant gauche de l'entrée de l'aile orientale de la villa[262] (Taf. 83,2), rappelle le style égyptien. Ce relief représente, de manière incomplète et quelque peu incorrecte, un oiseau d'indéniable dérivation égyptienne, tourné vers la gauche, qui pourrait être un faucon aux ailes déployées, coiffé d'une couronne double dont on reconnaît nettement le pourtour[263]. Le reste de l'encadrement de la porte est privé de toute décoration et le relief semble contemporain de la construction de l'annexe[264]. Nous ne nous expliquons sa présence à cet endroit que dans le contexte de l'interprétation d'ensemble qui suit.

Quelques observations s'imposent, en effet, qui nous éclaireront, croyons-nous, sur les intentions de l'architecte et du commanditaire. Le pronaos de la villa ne remplit aucune fonction d'accès mais représente, au contraire, un terme infranchissable. Le seul passage que livre la façade principale – comme malgré elle, d'ailleurs – se trouve à la partie inférieure et se présente comme un petit escalier dissimulé aux regards et situé en retrait d'une arcade formant le soutènement antérieur de la villa. L'entrée de la propriété est constituée de deux grands portails à l'antique se succédant: une porte égyptienne et un arc romain. L'accès à la villa elle-même semble *rendu* difficile, et ce de manière insistante: il est situé sur le côté ouest[265], c'est-à-dire du côté opposé à celui où se trouvent les portails. Le visiteur doit donc d'abord longer la façade postérieure de la villa; parvenu dans l'entrée, il ne voit pas l'escalier monumental conduisant au *piano nobile* car il est dissimulé dans la partie arrière du bâtiment et communique par un étroit couloir, à angle droit avec cette entrée; une seconde entrée, en enfilade avec la première sur le côté est, permet d'accéder à l'aile orientale de la villa. Le *piano nobile* et le second étage sont reliés entre eux par des escaliers ressérés, presque dérobés. Ces différents éléments nous paraissent avoir une nette connotation initiatique, maçonnique[266]. L'évocation de l'Egypte comme passage obligé initial est à ce propos particulièrement révélatrice. Elle se répète à l'entrée de l'aile orientale de la villa Gera avec l'hiéroglyphe en relief figuré sur le montant gauche du passage[267]. Rappelons que Jappelli avait été franc-maçon[268] et le fait d'y avoir officiellement renoncé[269] pour des raisons d'opportunisme ne l'aura pas empêché d'exprimer de multiples manières son obédience à cet idéal au travers de son oeuvre d'architecte[270]. Après une première tentative au cimetière de Padoue – une fois de plus pour des entrées –, la porte égyptienne et le symbolisme qu'elle véhicule s'affirment pleinement ici avec le concours de Bartolomeo Gera[271]. Il n'est pas sans importance, d'autre part, de remarquer que son intérêt pour l'Egypte est bien antérieur au seul voyage à l'étranger qu'il a accompli dans sa vie (à Paris et à Londres, en 1836)[272] et est lié sans doute au séjour bolonais et à son milieu, qui le mirent en contact avec l'Egypte. Son penchant pour l'art du jardin s'en trouva vraisemblablement renforcé. Notons, enfin, que c'est vers la même époque (1828) que nous voyons Jappelli manier un important symbole maçonnique, l'ourobore[273], pour en faire la bordure d'un médaillon[274] rappelant la venue de l'empereur d'Autriche François Ier à Padoue, en 1825[275] (Taf. 84,1-2).

Au cours des quelque quatorze ans qui séparent l'activité à la villa Gera de la décoration du *piano nobile* au café Pedrocchi, Jappelli acheva la construction du café, réalisa quelques autres commandes et entreprit un bref voyage en France et en Angleterre et un plus long séjour à Rome[276].

En 1836, Jappelli fit un voyage de quatre mois[277], qui le conduisit en France et en Angleterre et dont l'empreinte fut profonde[278], même si la durée effective de son séjour à Paris et à Londres fut finalement assez courte[279]. Les informations dont nous disposons à ce sujet sont, cependant, pratiquement toutes liées à la mission qui lui avait été confiée, l'achat en Angleterre[280] de machines pour l'assèchement des marécages[281]. Il était à cette époque très intéressé par les problèmes de génie civil[282], et les personnalités qu'il dit avoir rencontrées à Londres sont des ingénieurs et non des architectes[283]. C'est visiblement davantage en ingénieur qu'en architecte qu'il entreprit ce voyage. Dans ses notes et sa correspondance, nous ne relevons aucune allusion à des réalisations qui l'auraient frappé dans le domaine de l'architecture ou de l'art du jardin, par exemple. Il serait dès lors vain de se perdre en conjectures sur les ouvrages d'architecture ou de décoration intérieure en style égyptien qu'il aurait vus au cours de ce voyage et sur les artistes influents qu'il aurait rencontrés à Paris et à Londres[284]. Le séjour en Angleterre fut sans doute pour lui la partie la plus enrichissante du voyage, compte tenu de l'attrait qu'il éprouva très tôt pour la culture anglaise[285] et pour l'essor du pays dans le domaine des techniques de génie civil.

Deux influences, cependant, l'ont certainement marqué et ce, indépendamment de son voyage en Angleterre: celle des frères Robert (1728-1792) et James (1732 [1730?]-1794) Adam et celle de Thomas Hope (1769-1831), l'une et l'autre brièvement signalées à plusieurs reprises[286]. De 1799 à 1803, Hope réaménagea une maison de Duchess Street[287], à Londres pour y abriter ses importantes collections d'antiquités[288] et de tableaux et en fit décorer certaines salles en style grec, romain, égyptien[289] et indien. Il publia cet ensemble en 1807, dans *Household Furniture and Interior Decoration*[290], un classique du décor intérieur que Jappelli ne pouvait ignorer.

Il existe, par ailleurs, un manuscrit autographe de Jappelli de quelques pages, intitulé précisément "Th. Hope"[291] (Fig. 10). Il s'agit de notes de lecture prises par Jappelli sur l'*Histoire de l'architecture* de Hope[292], dont l'un des premiers chapitres est consacré à l'architecture égyptienne[293]. Ses notes résument le texte de Hope[294] mais laissent de côté la plus grande partie de ses développements sur les analogies entre l'art égyptien et l'art de l'Inde et sur les effets du climat sur les civilisations pour ne retenir, d'une manière générale, que des phrases clés annonçant ou récapitulant une idée[295]. Jappelli semble avoir été particulièrement frappé par des observations faisant vibrer à la fois ses cordes d'architecte et d'ingénieur, comme la nature monolithique de certains monuments ou la solidité et la pérennité de l'architecture monumentale, un *leitmotiv* de tous les mémoires consacrés à l'art égyptien, dès la fin du XVIIIe siècle. Il est aisé de prouver que Jappelli se servit de la traduction française de l'ouvrage de Hope, parue en 1839[296]. Cette lecture ne fut donc pas suscitée directement par le voyage en Angleterre puisqu'elle lui est postérieure d'au moins trois ans. En l'absence de toute datation du manuscrit, l'on ne peut que supposer qu'elle fut entreprise peu après la publication de la traduction française (1839) mais avant la parution de la traduction italienne de 1840, c'est-à-dire selon toute vraisemblance à Rome.

b) Le séjour à Rome (1839-1840)

Entre le séjour en Angleterre et la décoration du *piano nobile* du café Pedrocchi se situe pour Jappelli un dernier voyage, lié à une commande, qui va nous apporter des éléments décisifs pour comprendre l'ensemble du programme iconographique du café Pedrocchi. Jappelli passa au moins un an à Rome, entre janvier 1839[297] et la fin 1840[298], peut-être davantage[299], pour répondre à l'appel du prince Alessandro Torlonia (1800-1886)[300] et entreprendre l'aménagement du jardin à l'anglaise de sa villa, sur la via Nomentana[301]. Il y construisit, entre autres, une serre et une tour dans le style mauresque[302]. Dans notre contexte, l'intérêt de cette réalisation est double. D'une part, elle relève d'un exotisme – d'origine anglaise – que nous retrouvons avec la Salle mauresque du café Pedrocchi[303]. Mais elle permet aussi, grâce à des documents qui font défaut dans le cas du café Pedrocchi, d'observer *comment* Jappelli

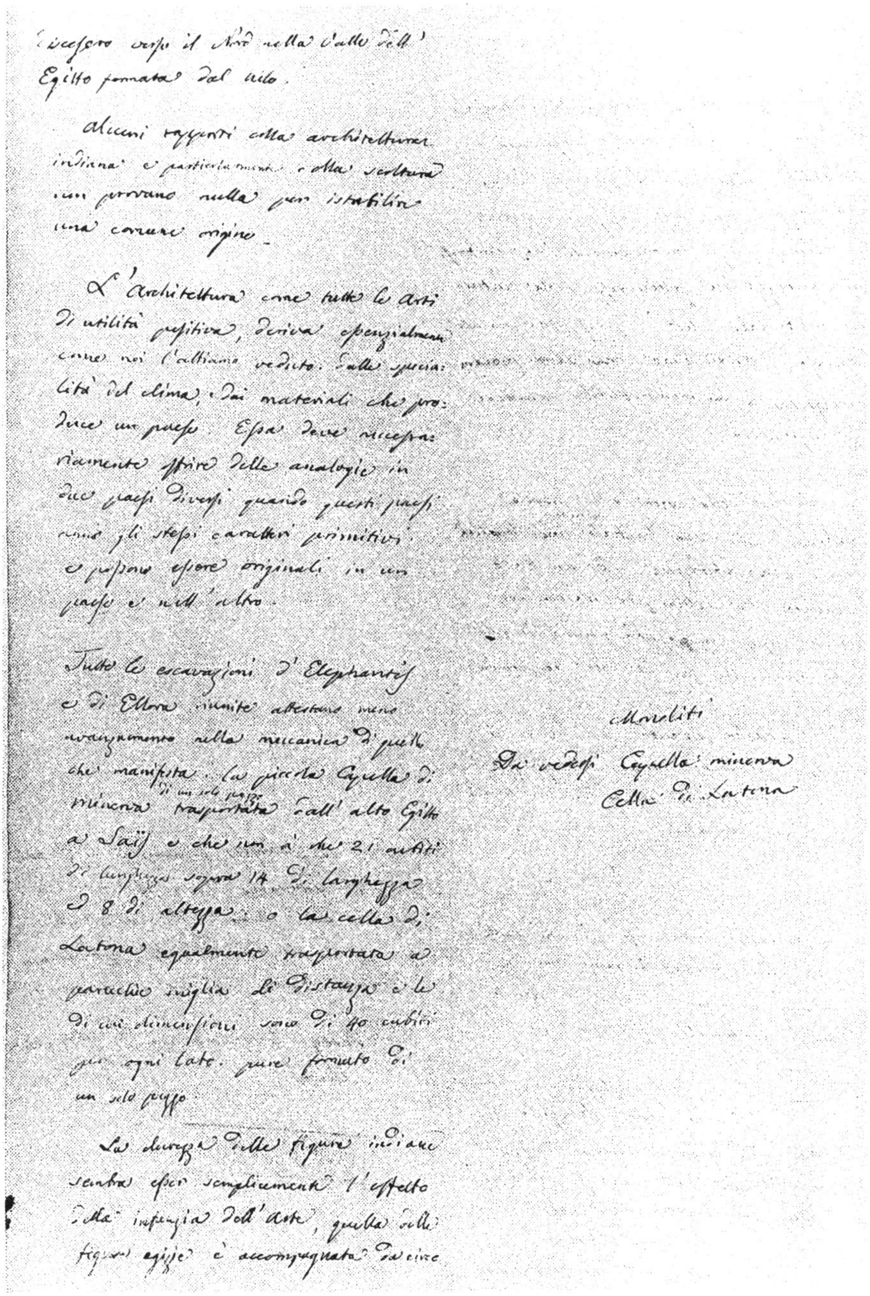

Fig. 10: G. Jappelli: notes de lecture autographes sur Th. Hope

effectua concrètement ses emprunts auprès d'une culture différente et transmit ses instructions à ses collaborateurs. Deux dessins annotés de Jappelli nous font découvrir les indications précises qu'il adresse au peintre Giacomo Caneva sur le choix et la répartition des ornements à reproduire et sur l'ouvrage dont ils pourront être tirés[304]. Ceci a permis à B. Steindl de montrer le souci de Jappelli de citer littéralement les détails architectoniques relevés dans cet ouvrage[305] et de les orner d'inscriptions arabes correctes[306], dévoilant ainsi chez notre artiste un comportement identique à celui que nous avons observé au café Pedrocchi[307].

La villa elle-même venait d'être remaniée et redécorée, à partir de 1832, sous la direction de Giovanni Battista Caretti (1803-1878)[308] et l'on y retrouve des salles en style pompéien, gothique, Renaissance et égyptien[309]. Les parois de la Salle égyptienne sont ornées d'un paysage avec pyramides et personnification du Nil et de trois grands tableaux, peints par Luigi Fioroni (1795-1864)[310], en 1835-1836 et représentant l'histoire de Cléopâtre (le *Couronnement de Cléopâtre*[311], *Cléopâtre recevant les Romains* et *La rencontre de Cléopâtre et Marc-Antoine*[312]). Les murs et le plafond sont en outre décorés d'éléments architectoniques, de frises de personnages en camaïeu et de bandes d'hiéroglyphes[313] qui bordent les portes et la fenêtre, un décor que Jappelli avait peut-être en mémoire lorsqu'il aborda le Salon égyptien du café Pedrocchi. Les portes, une cheminée et le mobilier sont traités dans le même style. Des scènes similaires à celles des grands tableaux décorent le sol en mosaïque[314]. Comme dans le cas de la Salle égyptienne de la villa Borghèse, il s'agit ici d'une Egypte romaine, encadrée par un certain nombre d'éléments architectoniques et décoratifs empruntés à l'iconographie de l'ancienne Egypte[315].

Signalons, en passant, une autre représentation de la *Rencontre de Cléopâtre et Marc-Antoine* (Taf. 85) datant de la même époque (vers 1830), mais que Jappelli ne pouvait pas connaître: il s'agit d'une peinture de Marco Capizucchi (1784-1844)[316], formant le panneau central du plafond d'une chambre partiellement décorée à l'égyptienne, au *piano nobile* de la villa Belvedere, sur les hauteurs de Rimini[317]. Les éléments égyptisants se basent encore sur Vivant Denon mais sont soignés et nettement plus nombreux: une architecture dérivée du temple de Dendara avec colonnes hathoriques et mur d'entrecolonnement[318], un autel dont le socle est orné de figures égyptisantes[319] et une joueuse de harpe agenouillée[320]. Le reste du plafond[321] est décoré de putti en médaillons sur fond bleu et de panneaux en camaïeu dont les plus grands représentent d'une manière quelque peu stylisée des momies coiffées de la perruque ou du némès (Taf. 86). Les parois de la chambre sont ornées de peintures figurant des soldats romains et de panneaux en camaïeu avec des Osiris Canope et des pilastres à chapiteaux hathoriques.

Les travaux de décoration entrepris par le prince Alessandro Torlonia dans sa villa de la via Nomentana s'inspirent de la villa Borghèse et cherchent visiblement à la défier, la référence commune étant la villa Hadriana. La décoration de Caretti est cependant beaucoup plus sommaire et de bien moindre qualité que celle de son modèle immédiat et celle du café Pedrocchi, et les pseudo-hiéroglyphes n'ont presque plus rien d'égyptien[322]. Le prince Torlonia fut, d'ailleurs, très déçu du travail de Caretti en général[323]. Mais l'Egypte est omniprésente à la villa Torlonia, avec une copie de la mosaïque du Nil de Palestrina dans la salle de bal[324], avec des sphinx de Valadier qui ornaient l'une des fontaines du parc[325] et deux obélisques gigantesques[326], taillés dans une carrière des bords du lac Majeur et amenés à Rome par bateau; ils furent re-couverts d'inscriptions latines et hiéroglyphiques à la gloire des Torlonia[327].

A la même époque, entre 1834 et 1840, Caretti réalisa la décoration intérieure de la villa Benucci-Ferraioli, à Albano Laziale (prov. de Rome)[328] où, à côté de salles ornées de scènes de la mythologie classique, de grotesques et de décors pseudo-herculanéens, de salles Renaissance et néo-gothique, l'on retrouve une salle néo-égyptienne dont les parois comportent des panneaux ornés de figures à l'égyptienne, d'animaux et d'objets symboliques, encadrés de bandes d'hiéroglyphes[329].

A un peu plus d'un an de la mise en chantier de la décoration des salles supérieures du café Pedrocchi, Jappelli se trouvait donc, à la villa Torlonia, dans un milieu artistique, certes inférieur au sien, mais où il retrouvait une certaine image – quoique médiocre – de l'Egypte et le goût pour la juxtaposition des styles qu'il avait déjà pratiquée lui-même et qui allait le conduire à cette réussite exceptionnelle que fut le *piano nobile* du café Pedrocchi. Qu'il y ait pensé déjà à Rome en 1839/1840 et s'en soit trouvé influencé, est compréhensible et semble confirmé par le fait qu'au moins deux de ses futurs collaborateurs travaillaient alors à Rome: Ippolito Caffi[330] et Pietro Paoletti[331]. Antonio Gradenigo faisait également partie de l'équipe de Jappelli à la villa Torlonia mais, contrairement à l'opinion admise, nous ne croyons pas qu'il l'ait suivi, ensuite, au café Pedrocchi[332]. Par contre, la présence de Paoletti au café Pedrocchi, après la reprise des travaux, est bien attestée[333] et nous serions même tenté de voir en lui un artisan ou du moins un conseiller pour le Salon égyptien.

Paoletti est, en effet, l'auteur d'un tableau de sujet biblique, *La morte de' primo-geniti d'Egitto*[334] (Taf. 87), qui illustre la dixième plaie d'Egypte[335] et dont l'arrière-plan architectural démontre une bonne connaissance livresque de l'architecture et du répertoire iconographique de l'Egypte ancienne. Réalisé à Rome entre juillet 1839 et avril 1840[336], ce tableau a donc pu *être vu* par Jappelli. Pharaon est représenté à droite, sur son trône, face à des femmes suppliantes et à un Moïse menaçant. Les personnages de l'avant-scène s'imbriquent dans une architecture de palais, qui occupe un espace tout aussi important. On distingue un enchevêtrement de massifs, pylônes, portes, obélisques et colonnes, le plus souvent rehaussés de reliefs ou d'inscriptions. Comme chez Jappelli au café Pedrocchi, l'architecture est l'élément le mieux maîtrisé. Toutefois, Paoletti s'est inspiré ici du *Voyage* de Vivant Denon, ce qu'établissent de nombreuses concordances de détails[337] et une manière molle et évanescente propre à la fin du XVIIIe siècle et à Denon en particulier de rendre les personnages des reliefs égyptiens. L'examen attentif des éléments égyptiens du décor révèle le souci de Paoletti de créer un environnement archéologiquement crédible[338]. Il reprend, dans ses lignes essentielles, le schéma de la salle du trône dans le *Couronnement de Cléopâtre* de la villa Torlonia, récemment achevé par Luigi Fioroni[339] et l'on ne saurait exclure ici une inspiration de départ pour Paoletti. Il est, d'ailleurs, intéressant de relever qu'à cette époque les épisodes d'histoire romaine ou biblique se déroulant en contexte égyptien[340] sont fréquemment représentés[341], ainsi *Esther devant Assuérus* (1835-1836) de Gaspero Martellini (1785-1857), au Palazzo Pitti de Florence[342] ou encore *La mort d'Ananie* (1846) de G. Demin, dans l'église de Candide del Comelico (prov. de Belluno)[343]. Il n'est donc pas exclu que Paoletti ait joué un certain rôle dans la décoration du Salon égyptien, mais un rôle limité qu'il n'aurait pas jugé bon de signaler dans la lettre dans laquelle il décrivait sa tâche[344].

Présenter la Rome "égyptisante" de 1840 pour montrer à quelles influences importantes Jappelli s'est trouvé exposé au cours de ces deux années, dépasse le cadre de cette étude. Nous ne disposons, d'ailleurs, d'aucun élément d'information sur les monuments et les oeuvres qui ont attiré son attention à Rome ni sur les artistes avec lesquels il a été en contact. Par contre, certaines de ses lettres expriment avec force sa désillusion face à la Ville éternelle, une «Babylone», dont il ne demande qu'à pouvoir s'enfuir[345], où il ne voit que «dégradation» et «abrutissement social»[346]. De la part d'un artiste aussi avide que Jappelli d'étendre le champ de ses connaissances, une réaction aussi négative face à Rome à de quoi surprendre et ces lettres étant connues depuis longtemps[347], il est étonnant que leur singularité n'ait guère été relevée jusqu'ici[348]. Mais ce côté entier du caractère de Jappelli est bien connu et ne devrait pas l'avoir empêché de s'être instruit au contact de Rome[349] et de certains artistes[350]; cette influence fut simplement sous-estimée jusqu'ici par ignorance de la durée exacte de son séjour romain et négligence dans l'étude des sources[351]. Nous nous bornerons à énumérer ici les témoignages les plus importants d'architecture et de décoration intérieure en style égyptien de Rome, à cette époque, et tenterons d'identifier les artistes susceptibles de l'avoir influencé sur cette voie.

Comme tout voyageur arrivant à Rome par le nord, Jappelli découvrit la ville par la Porta del Popolo et la place du même nom, que le grand égyptophile Giuseppe Valadier venait de redessiner, entre 1816 et 1820; peu après, Valadier avait encore ajouté à l'obélisque central de Séthi Ier et Ramsès II quatre copies de lions égyptiens et enserré toute la place entre deux hémicycles ornés de seize sphinx également en style égyptien[352]. L'effet obtenu par Valadier était saisissant[353] mais les Romains mirent beaucoup de temps à accepter cette place comme l'une des leurs[354].

Les décors intérieurs dans le goût égyptien étaient nombreux à Rome et avaient déjà tout un passé depuis la nouvelle prise de conscience provoquée par Benoît XIV avec l'ouverture, en 1748, d'une salle égyptienne, appelée "Stanza del Canopo", au musée du Capitole[355] et par le cardinal Alessandro Albani (1692-1779) avec l'atrium dit "Canopeum", réalisé vers 1757-1761 à la villa Albani pour les statues égyptiennes de sa collection personnelle[356]. Dans les années 1760, Piranèse réalisa, pour le "Caffè degli Inglesi", un décor égyptisant[357] qu'il reprit en partie dans son recueil de gravures *Diverse maniere d'adornare i cammini ed ogni altra parte degli edifizi* et grâce auquel ce décor est connu[358]. Dans l'important *Ragionamento apologetico* qui le précède[359], Piranèse explique que son intention est de montrer l'importance de l'art égyptien et de créer un style nouveau en assemblant comme par collage des éléments de ce trésor iconographique. Selon l'auteur, les emprunts doivent être fidèles mais peuvent se contaminer mutuellement. A la suite de Piranèse, les décors à l'égyptienne sont nombreux à Rome même s'ils ne suivent pas le nouveau genre piranésien. Les exemples les plus connus sont la "Stanza dei Papiri" (1771/1773) d'Anton Mengs (1728-1779) dans la Bibliothèque vaticane[360] et la Salle égyptienne de la villa Borghèse (1778/1782) d'Antonio Asprucci (1723-1808) et Tommaso Conca (1734-1822)[361], qui fut non seulement la décoration égyptisante la plus savante mais aussi la plus influente de Rome et fut publiée avec un long commentaire l'année même de son achèvement, en 1782[362]. Nous retrouvons la trace de Tommaso Conca et de son style très caractéristique en Ombrie, au palais Lignani-Marchesani de Città di Castello (prov. de Pérouse), où il décora également un salon égyptisant[363]. Il faut aussi se souvenir qu'en 1791, parut à Rome et sans nom d'auteur, un ouvrage très important pour la diffusion de l'iconographie égyptienne: les fameux *Monumens égyptiens*, qui reprennent l'ensemble des monuments illustrés dans les ouvrages antérieurs, de Kircher à Piranèse en passant par Montfaucon, Caylus et les publications les plus diverses et proposent aux artistes de l'époque le plus vaste ensemble de reproductions de monuments égyptiens connu jusqu'alors[364]. Citons encore, au tournant du siècle, le palais Braschi[365], dernier palais de Rome à avoir été construit pour une famille papale[366] et dont l'appartement du second étage comporte une antichambre ovale décorée de stucs et de peintures à motifs égyptiens[367], un cabinet étrusque, un salon chinois et une salle dont le décor – plus tardif – s'inspire de mosaïques byzantines. Le cabinet étrusque, achevé en 1805, est l'oeuvre de Liborio Coccetti (1739-1816), à qui est également attribuée la décoration de la salle égyptienne[368].

Après la campagne d'Egypte, la mode change et ce sont les paysages d'Egypte que l'on voit apparaître dans les décorations à l'égyptienne[369]: ainsi, semble-t-il, à la villa Paolina[370], acquise par Pauline Borghèse, soeur de Napoléon, et redécorée sur ses instructions vers la fin de 1816[371], de même qu'au palais Massimo alle Colonne, orné de paysages alternant avec des sphinx et des statues en trompe-l'oeil sur fond de ciel étoilé[372]. En 1839, enfin, le Museo Gregoriano Egizio du Vatican ouvrait ses portes au public[373] et lui faisait découvrir sa collection égyptienne[374], répartie entre plusieurs salles et comme sertie dans un décor en style égyptien de Giuseppe De Fabris (1790-1860) et Angelo Quadrini[375]. Les parois sont rythmées de pilastres entre lesquels se détachent, comme en une succession de tableaux, des paysages d'Egypte. Les pilastres soutiennent une architrave ornée d'une inscription pseudo-hiéroglyphique composée pour la circonstance[376] et une corniche à gorge égyptienne, que l'on retrouve au-dessus des portes. Le large passage menant de la première à la seconde salle est soutenu par deux imposantes colonnes campaniformes (Taf. 88,1); ses plafonds sont voutés et décorés d'un ciel étoilé[377]. L'on reconnaît tous ces détails sur la médaille de Pietro Girometti (1812-1859), frappée l'année même de l'inauguration et représentant les deux salles en question[378]. Nous pouvons considérer comme pratiquement assuré que Jappelli visita ces salles encore tout empreintes de leur nouveauté, au cours de son séjour romain[379].

L'idée d'exposer des antiquités égyptiennes dans un cadre architectonique conçu dans le même style a dû le séduire[380] car c'est une création similaire qu'il offrit à l'appréciation de ses contemporains avec le Salon égyptien du café Pedrocchi: en effet, les quatre composantes essentielles du Museo Gregoriano Egizio que sont les antiquités exposées, la décoration murale avec corniche à gorge, le plafond étoilé et les colonnes placées entre les deux salles pour évoquer la grandeur de l'architecture égyptienne se retrouvent toutes les quatre dans le Salon égyptien avec des moulages et des copies d'antiques, une décoration murale avec éléments d'architecture en trompe-l'oeil, un plafond étoilé similaire et une porte à l'égyptienne monumentale copiée sur les meilleurs modèles[381].

Dans l'architecture de Rome, les traces d'influence égyptienne sont plus rares[382] mais un témoignage spectaculaire retient notre attention: l'entrée en forme de pylône égyptien[383] du parc de la villa Borghèse, réalisée en 1827[384] par l'architecte et archéologue piémontais Luigi Canina (1795-1856)[385] (Taf. 88,2 et Fig. 11). Arrivé à Rome en 1818 pour un séjour d'études, Canina y passa le reste de sa vie et son ascension personnelle fut impressionnante depuis l'époque où il entra au service de la famille Borghèse au début des années 1820, appelé pour le réaménagement des jardins et des voies d'accès à la villa Borghèse. Pour relier deux parties de ces jardins, il réalisa une entrée imposante, associant plusieurs éléments de l'architecture égyptienne[386] et deux obélisques ornés

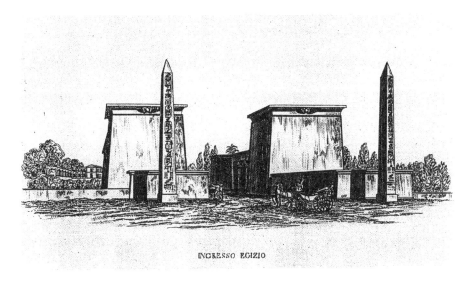

INGRESSO EGIZIO

Fig. 11: Rome, parc de la villa Borghèse: L. Canina, «Ingresso egizio», gravure

d'une inscription pseudo-hiéroglyphique[387]. L'oeuvre de Canina frappe par sa connaissance approfondie de l'architecture égyptienne et la fidélité de ses emprunts[388]; il ne fait appel à sa fantaisie que pour combiner ceux-ci[389]. L'auteur explique son choix stylistique par une comparaison de la villa Borghèse et de la villa Hadriana[390] et cite en particulier son "Canope" égyptien qu'il tenait à évoquer ici à sa manière[391].

L'emprise exercée sur les artistes par la villa Hadriana fut de tous temps très forte. Dans les années 1830, le prince Alessandro Torlonia se mesura également à cet héritage[392]. A cette époque, nous retrouvons même une trace de cette influence en Italie du Nord avec une réalisation gigantesque: le crypto-portique[393] de la villa Castelbarco Albani, à Vaprio d'Adda (prov. de Milan), réalisé en 1835-1837 par le comte Carlo Castelbarco. A l'une de ses extrémités, le couloir principal est entrecoupé de cinq salles disposées transversalement et éclairées chacune par une porte-fenêtre donnant sur le jardin. Le cryptoportique sert de support à une vaste terrasse et possède toutes les caractéristiques essentielles d'un cryptoportique antique[394].

Les cinq salles sont ornées successivement[395] de figures de guerriers, d'animaux marins, de bustes romains[396], d'un décor à l'égyptienne et finalement d'un décor dans le goût dit étrusque. L'ensemble de la décoration, polychrome, est en mosaïques à galets ou en coquillages[397]. La salle égyptienne[398] (Taf. 89), rectangulaire et voûtée, présente, du côté opposé à la porte-fenêtre, une niche décorée d'un disque solaire ailé, à l'intérieur de laquelle quatre colonnes à chapiteau végétal soutiennent un linteau orné de pseudo-hiéroglyphes[399]; trois Osiris Canope[400] sont placés entre les colonnes. Les trois autres côtés présentent la même décoration mais en trompe-l'oeil[401]. Sur les murs, quatre grands panneaux réservés conservaient, scellées, des stèles égyptiennes authentiques[402]. La voûte présente des colonnes d'hiéroglyphes de fantaisie et des panneaux (Taf. 90,1) représentant deux vautours aux ailes déployées, coiffés de couronnes atef.

Ce cryptoportique représente un témoignage méconnu mais exceptionnel du rayonnement de la villa Hadriana en Italie du Nord à l'époque moderne et, parallèlement, de la place toujours occupée par l'Egypte antique dans ce contexte. Comme le café Pedrocchi et à la même époque, il montre que Rome restait le vecteur principal de l'iconographie égyptienne en direction du nord.

A la suite de son activité à la villa Borghèse, Canina devint membre de plusieurs institutions scientifiques romaines dont le Deutsches Archäologisches Institut[403] et l'Accademia di San Luca[404] qui, très vite, lui confièrent des charges importantes[405]. L'Institut allemand joua un grand rôle dans les premiers développements et la diffusion des connaissances en égyptologie[406]: c'est dans les *Annali* que Richard Lepsius (1810-1884) publia ses premières études d'envergure, sur l'écriture hiéroglyphique[407] et sur les colonnes égyptiennes et grecques[408]. Ce dernier sujet connut un regain d'intérêt auprès des archéologues et des architectes depuis que les travaux récents des expéditions scientifiques leur apportaient une base de recherche plus fiable[409]. Ainsi Dimitri Jefimoff (1811-1864)[410], qui voyagea en Grèce, en Orient et en Italie de 1834 à 1839, ramena d'Egypte les matériaux pour une étude consacrée, elle aussi, en particulier aux "ordres" de l'architecture égyptienne et à leur influence sur les ordres grecs[411].

Toujours dans les années 1830, Canina créa son propre atelier typographique et chalcographique pour mieux gérer la publication de ses oeuvres[412], au premier rang desquelles figurait alors *L'architettura antica descritta e dimostrata coi monumenti*[413]. Il en réserva la première partie à l'Egypte mais ne la publia qu'en dernier (1839-1844)[414] pour bénéficier au mieux de la publication des *Monumenti* de Rosellini[415], signant ainsi la première vue d'ensemble sur l'architecture égyptienne de l'égyptologie moderne[416].

Son intérêt pour l'Egypte ne devait pas se démentir par la suite. Chargé, en 1844, de remanier la Casina Vagnuzzi sur la Via Flaminia[417], il réalisa dans le parc un petit pavillon rectangulaire, avec corniche à gorge et tore sur les quatre côtés et une décoration à l'égyptienne à l'intérieur[418]. Occupé à un projet de réédification de la cathédrale de Turin, il rechercha en Egypte les origines de la basilique antique[419]. En 1852, il publia une étude sur l'*Iseum Campense* de Rome, dans les *Annali* de l'Institut allemand[420].

Pressenti en 1853 par l'égyptologue Sir John Gardner Wilkinson (1797-1875), Canina fut appelé par Percy 1st Baron Prudhoe, 4th Duke of Northumberland (1792-1865), qui souhaitait lui confier le réaménagement intérieur de sa demeure d'Alnwick Castle[421]; mais, sur le point d'y réaliser ses ambitions européennes de renouveau de la décoration intérieure, il mourut en 1856. Jappelli, ingénieur et architecte et Canina, architecte et archéologue, tous deux hommes de culture, du même âge, attirés par l'antiquité[422] mais surtout par l'évolution des tendances internationales[423], se sont certainement connus à Rome, en 1839/1840[424]: Jappelli y était appelé par le prince Torlonia et Canina, au sommet des honneurs, venait d'être nommé "Commissario alle antichità"[425] et travaillait au volume sur l'Egypte de son *Architettura antica*. Canina devait être un interlocuteur d'exception pour Jappelli et l'on sait qu'en Angleterre, c'est précisément à ce niveau qu'il chercha à nouer des contacts[426]. Il ne fait pour nous aucun doute que Jappelli, dans sa manière de faire revivre l'Egypte ancienne, subit l'influence de Canina[427].

Telle est donc l'Egypte que connut Jappelli en milieu romain; plus qu'une influence c'est une véritable pression qu'elle exerçait à Rome sur les artistes qui s'intéressaient à elle[428]. La biographie de Jappelli est très mal connue et sa correspondance très fragmentairement publiée. C'est la raison pour laquelle l'accent a été placé, dans cette étude, sur ce qui dans l'oeuvre, les voyages et la formation culturelle de Jappelli, pouvait nous éclairer sur ses goûts, ses lectures, ses contacts personnels afin d'y chercher des points de rencontre avec l'Egypte. Jappelli ne suivit pas la voie d'une certaine "archéologie décorative", telle qu'elle fut proposée par Piranèse même si, nous l'avons vu, Jappelli trahit une certaine influence de Piranèse dans l'agencement architectonique[429]. Il ne se dirigea pas davantage vers l'Egypte fantaisiste de Basoli[430]. Il ne se réfugia pas dans l'Egypte romaine comme le fit Caretti à la villa Torlonia, faute de maîtriser l'iconographie proprement égyptienne mais il ne se lança pas non plus dans l'érudition mythologique que l'on rencontre à la villa Borghèse. Au café Pedrocchi, Jappelli choisit de faire revivre l'Egypte *telle* que les publications et le savoir de l'époque permettaient de se l'imaginer et il rencontra sur cette voie Luigi Canina. Il avait cependant prouvé depuis longtemps déjà, avec la porte de la villa Gera, sa propre connaissance de l'architecture égyptienne[431]. Mais cette oeuvre exceptionnelle devait aussi être la dernière où il abordait le style égyptien[432].

Rien, par contre, en Vénétie ne permettait de "prévoir" le café Pedrocchi et son Salon égyptien. Les témoignages du goût égyptisant y sont épars et peu nombreux à cette époque; ils seront beaucoup plus fréquents et importants après le café Pedrocchi. Le seul exemple qui puisse être mis en rapport avec Jappelli appartient au mobilier du palais des comtes Papafava dei Carraresi, à Padoue. Le comte Alessandro (1784-1861), qui eut l'occasion de cultiver à Rome son goût pour l'Antiquité et l'architecture et d'y exprimer à Canova l'admiration qu'il lui portait, réalisa puis décora lui-même, entre 1807 et 1817, un appartement néo-classique d'une pureté exceptionnelle, à l'intérieur du palais Papafava. L'une des pièces, la salle de l'Iliade, comporte quelques meubles en style égyptien projetés par Gaetano Manzoni et réalisés sous la direction du comte Papafava lui-même par l'ébéniste padouan Carnera, entre autres un canapé, une table ronde et une console (Taf. 90,2): leur point commun est d'être montés sur des pieds composites, formés d'un avant-train de lionne ailée avec tête, poitrail recouvert d'hiéroglyphes et patte[433].

Le café Pedrocchi est l'oeuvre de Pedrocchi et Jappelli, deux hommes ouverts sur le monde et sur ses grands courants de pensée, la franc-maçonnerie en particulier[434]. Le courant maçonnique est certainement pour beaucoup dans cette réalisation mais il reste à préciser dans quelles limites. Nous avons vu plus haut que Jappelli avait été franc-maçon[435]. Sa vie se déroula souvent dans la mouvance maçonnique et fut émaillée de rencontres avec des artistes franc-maçons ou suspectés de l'être[436], son oeuvre est riche en réalisations à connotation maçonnique[437].

Par ailleurs, les sources n'expliquent pas vraiment pourquoi dix ans se sont écoulés entre l'inauguration du rez-de-chaussée et la mise en chantier de la décoration du *piano nobile* et quatorze autres années encore entre l'inauguration du *piano nobile*, en 1842, et l'utilisation régulière de ces salles supérieures[438]; elles ne furent utilisées, en effet, qu'occasionnellement du vivant de Pedrocchi pour des réunions littéraires et activités sociales comme si l'oeuvre achevée avait dépassé les attentes du commanditaire et l'avait pris de court. Nous sommes très mal informés sur le caractère exact des réunions qui se tenaient au café Pedrocchi même si la décoration elle-même a suscité l'admiration générale, contrairement à ce qui s'était passé pour le "Caffè degli Inglesi" de Piranèse[439].

3. LES PREMIERS VISITEURS DU CAFÉ PEDROCCHI À LA DÉCOUVERTE DE L'EGYPTE

Les témoignages publiés à l'occasion de l'inauguration du *piano nobile*, lors de l'ouverture de la "Quarta Riunione degli Scienziati Italiani" le 15 septembre 1842, ou au cours des années qui suivirent, forment une documentation particulièrement précieuse sur les réactions des contemporains découvrant les salles supérieures[440]. Cette documentation nous aide à surmonter la carence des sources concernant le programme décoratif choisi et sa raison d'être.

Le thème récurrent est celui du «voyage» à travers les civilisations passées. Ainsi, le théoricien et critique d'art Pietro Selvatico[441] évoque, dans un guide de Padoue, les «austere linee rabescate dai misteriosi segni dell'antico Egitto [...]» et résume le café Pedrocchi comme «la storia dell'ornato scritta nella più efficace delle favelle sulle pareti di poche stanze [...]» à l'intention de spectateurs «che colà vanno in traccia di gradite impressioni e fuggevoli sì, ma anche in qualche maniera *istruttive*»[442]. Lors de son allocution d'ouverture de la "Quarta Riunione", le Pr. Roberto De Visiani, Secrétaire général du congrès, interroge son auditoire: «Chi di Voi [...] non s'è creduto [...] condotto [...] a rimontare e discendere la corrente dei secoli?»[443]. Selvatico, dans une présentation au public italien de l'architecte et archéologue bavarois Leo von Klenze (1784-1864)[444], félicita Jappelli de ne pas faire partie du grand nombre de ceux qui «adattano le forme antiche a fabbriche volte ad usi dagli antichi ignorati»[445]. Le même auteur ajoute encore, dans une réédition plus tardive de son guide et sur un ton favorable à Jappelli, que le simple désir de variété était souvent à la base de ce goût pour la juxtaposition des styles[446]. Pour d'autres visiteurs, ce «voyage» est l'occasion d'une longue rêverie romantique les transportant, par une nuit étoilée, sur les bords du Nil et leur *remémorant* le glorieux passé pharaonique[447]. Le comte Cicognara, enfin, affirma avec tout le poids de son autorité que le café Pedrocchi méritait davantage l'admiration de la postérité que les pharaons eux-mêmes[448].

Selvatico est également l'auteur d'un texte important pour l'histoire du goût et des idées[449], publié en 1863, dans lequel il formule des critiques sévères contre Jappelli, Canina et le renouveau du goût pour l'art égyptien qu'il considère comme «arte fossile»; or, ces critiques se situent à l'opposé des opinions exprimées précédemment par le même auteur. Après avoir salué, en 1842, le café Pedrocchi comme une histoire de l'ornementation, après avoir loué Jappelli, en 1845, pour avoir su confiner ses emprunts à des contextes similaires à ceux dont provenaient les modèles antiques, pareille désapprobation – même tardive (en 1863) – a de quoi surprendre, d'autant plus qu'en 1869 encore, il admettait la juxtaposition des styles et l'usage qu'en fit Jappelli comme un élément de variété. L'instabilité du jugement de Selvatico vis-à-vis de Jappelli en général a, certes, déjà été relevée[450] mais elle ne fournit pas, à elle seule, d'explication suffisante. Par ailleurs, on n'a pas enregistré, dans les décennies successives, une recrudescence du phénomène justifiant une telle volte-face. Serait-ce à dire que Selvatico, rédigeant ces réflexions en 1863, aurait modifié son opinion dans le cadre d'une vue d'ensemble plus globale du problème et avec le recul du temps[451]? Nous ne voyons pas d'autre explication à cette contradiction apparente. Il n'en reste pas moins que ce texte contient une occurrence précoce du terme *egiziomania*[452], défini comme une manie générée par la campagne d'Egypte de Bonaparte, manie qui se répandit en Italie à partir de Rome, par l'intermédiaire de la France[453].

* * *

Au chapitre des premiers visiteurs du café Pedrocchi, il convient de faire une place à part aux membres de la "Quarta Riunione degli Scienziati Italiani"[454] qui, pour leur soirée d'ouverture, le 15 septembre 1842, eurent le privilège d'inaugurer les salles du *piano nobile*. Les premières de ces "Riunioni" jouèrent un rôle politique et culturel important, au sein du Risorgimento italien, et contribuèrent à l'affirmation de l'unité de la culture italienne. La coïncidence qui marqua l'ouverture de la quatrième rencontre fut un concours de circonstances voulu mais artistes et commanditaire n'y parvinrent qu'au prix d'un effort redoublé et grâce à une contribution financière spéciale de la ville de Padoue[455]. Les congrès précédents, déjà, furent sanctionnés par un geste symbolique marquant[456]. C'est aussi à l'occasion de la "Quarta Riunione" que Celestino Cavedoni (1795-1865)[457] publia son catalogue des antiquités du château du Catajo[458].

La perspective d'accueillir à Padoue une "Riunione degli Scienziati Italiani" fut-elle à l'origine de la reprise et de l'achèvement des travaux[459]? La question est malaisée à trancher[460]. Les éléments de chronologie dont nous disposons ne laissent que peu de marge pour envisager cette éventualité mais ne l'excluent pas. En effet, Padoue se vit attribuer l'organisation de la quatrième "Riunione" au cours de la rencontre précédente, qui eut lieu à Florence en 1841 et s'ouvrit le 15 septembre. Or, certains des artistes ayant participé à la décoration du *piano nobile* semblent avoir été pressentis par Jappelli à Rome déjà, c'est-à-dire guère après la fin de 1840[461]. La collaboration de Caffi se situe au moins en partie en 1841[462], celle de Paoletti, par contre, en 1842[463], de même que celle de Demin et celle de Gazzotto, qui ne put terminer son oeuvre[464]. La plus grande partie des travaux de décoration semble ainsi s'être déroulée en 1842 et même s'être achevée dans la précipitation. Un lien de cause à effet avec la "Quarta Riunione" n'est donc pas impossible et Jappelli peut avoir appelé des collaborateurs à sa rescousse après son propre retour à Padoue. Une impulsion de ce type serait même la meilleure explication de la hâte subite observée sur un chantier qui menaçait de s'éterniser[465].

III. CONCLUSIONS

Au cours de sa carrière, Jappelli eut de nombreuses occasions, fortuites ou recherchées, d'aborder le thème de l'Egypte antique, et cela sous les angles les plus variés: une année d'études à l'Accademia Clementina de Bologne dans un climat ouvert à l'Egypte et pénétré de pensée maçonnique, un engagement personnel dans la franc-maçonnerie, la pratique précoce de l'art du jardin où l'Egypte occupait une place éminente, un vif intérêt pour les ouvrages d'art et de génie civil, l'étude des recueils de décorations intérieures, des lectures nombreuses et suivies, le projet d'un nouveau cimetière pour la ville de Padoue puis la commande, en milieu maçonnique, de la villa Gera à Conegliano, un voyage en France et en Angleterre, l'influence des frères Adam, de Hope et de Piranèse, un long séjour à Rome qui le mit immanquablement en contact avec des oeuvres égyptiennes et des décors néo-égyptiens, une activité intense à la villa Torlonia où l'Egypte était omniprésente, la rencontre, à Rome, de Pietro Paoletti et surtout de Luigi Canina qui fut déterminante, enfin l'ouverture, alors que Jappelli était à Rome, du Museo Gregoriano Egizio, décoré en style égyptien.

Parmi ces multiples sources d'inspiration, nous avons mis en relief celles qui nous ont semblé déterminantes pour la décoration du café Pedrocchi: la villa Torlonia et la juxtaposition de styles dans son décor intérieur, le Museo Gregoriano Egizio pour ses salles égyptiennes préfigurant par maints aspects le Salon égyptien de Padoue, Luigi Canina, enfin, pour le regard d'architecte et d'archéologue qu'il portait sur l'Egypte et auquel Jappelli ne pouvait rester inattentif[466]. Par ailleurs, les statues de Sakhmet ramenées à Padoue par Belzoni auront représenté pour lui un complément décoratif bienvenu tandis que l'idéal maçonnique aura accompagné et imprégné l'ensemble de la réalisation.

Il apparaît donc clairement que la décoration à l'égyptienne d'un salon du café Pedrocchi n'est pas d'abord le résultat de désirs formulés par le commanditaire mais procède de la personnalité artistique de Jappelli[467], même si nous considérons comme vraisemblable que l'attribution à Padoue de la "Quarta Riunione degli Scienziati Italiani" ait relancé les travaux[468]. En effet, cette dernière hypothèse ne diminue en rien le rôle pilote joué par Jappelli dans l'élaboration du programme décoratif des salles supérieures, programme dont il est très certainement l'auteur[469].

Mais la *raison d'être* du Salon égyptien doit aussi se rechercher dans le cadre d'une vision globale des salles supérieures du café Pedrocchi et celles-ci doivent à leur tour être considérées en fonction du rôle attribué au café Pedrocchi dans la société padouane[470]. L'Egypte antique n'est que l'une des étapes du voyage auquel nous convient Giuseppe Jappelli et Antonio Pedrocchi, celle qui nous fait remonter le plus loin dans le temps. Nous avons vu que le rapprochement des styles[471] dans différentes salles d'un même intérieur avait de nombreux parallèles tant en Italie que dans les pays voisins[472]. Ce phénomène a dû répondre à des arrière-pensées beaucoup plus qu'à une mode, à cause de sa durée relativement longue[473]. Ces arrière-pensées furent, sans doute, d'abord d'ordre décoratif et légèrement teintées d'exotisme[474]. Par ailleurs, elles ne furent vraisemblablement pas les mêmes là où seuls deux ou trois styles se côtoyaient et dans des suites qui en étalaient cinq ou davantage: au château de Masino, seuls les styles égyptien et étrusque se font pendant[475] pour une évocation archéologique des civilisations du passé, tandis que la résidence londonienne de Thomas Hope, avec la présentation de cinq époques différentes, se voulait une sorte de galerie des styles[476]. L'apparition, aux côtés de l'Antiquité, de styles appartenant aux temps modernes, semble plus tardive[477] et dénote une préoccupation didactique et pédagogique[478] voire même initiatique[479].

Cette dernière intention est manifeste au café Pedrocchi[480] qui est, par ailleurs, de tous les exemples que nous connaissons pour le XIXe siècle, celui réunissant le plus de styles différents. Même si, à un premier niveau de lecture, chaque salle est là pour exalter, dans un parcours instructif et commémoratif, le caractère propre à un style, un déchiffrement en profondeur montre que l'arrière-pensée ayant présidé à cette réalisation et à l'insertion d'un salon égyptien au café Pedrocchi est bien de caractère initiatique.

Plusieurs éléments contribuent à faire du Salon égyptien une entité à part, plus importante que les autres salles consacrées – archéologiquement parlant, cette fois – à l'Antiquité. Sa hauteur, égale à celle de la salle de bal, équivaut au double de la hauteur des autres salles. Située au terme du parcours, au-delà de la salle Empire et non dans la séquence des salles consacrées à l'Antiquité, elle représente le futur, l'espoir, l'idéal par la connaissance. Le plafond étoilé fait à la fois référence à l'Egypte antique et au credo maçonnique. Dans une loge, la voûte est symboliquement celle du ciel, rappelant l'homme à la contemplation de ce qui le dépasse. Il n'a jamais été souligné qu'aucune autre salle, indéniablement, n'a dû demander autant de recherches et d'efforts de documentation et d'information de toutes sortes pour aboutir à ce qui se voulait un ensemble cohérent et crédible, but auquel le "metteur en scène" Giuseppe Jappelli[481] est réellement parvenu, compte tenu des connaissances de l'époque. Le choix du temple de Dendara n'est certainement pas innocent. Son impact sur l'Europe fut immédiat et durable depuis sa "redécouverte" par Vivant Denon et les pages si admiratives qu'il lui avait consacrées dans son *Voyage*. Ce temple est aussi à l'origine de toute une floraison d'oeuvres d'art qui en perpétuèrent le souvenir[482]. Nul doute que Jappelli connaissait la description vibrante de Dendara par Denon: «Je n'aurois point d'expression, comme je l'ai dit, pour rendre tout ce que j'éprouvai lorsque je fus sous le portique de Tintyra; je crus être, *j'étois réellement dans le sanctuaire des arts et des sciences*[483]. Que d'époques se présentèrent à mon imagination, à la vue d'un tel édifice! que de siècles il a fallu pour amener une nation créatrice à de pareils résultats, à ce degré de perfection et de sublimité dans les arts! [...] dans les ruines de Tintyra les Egyptiens me parurent des géants. [...] Je fus frappé de la beauté de la porte qui fermoit le sanctuaire du temple; tout ce que l'architecture a ajouté depuis d'ornements à ce genre de décoration n'a fait qu'en rapetisser le style. Je ne devois pas espérer de rien trouver en Egypte de plus complet, de plus parfait que Tintyra»[484].

C'est précisément ce temple, ce "sanctuaire des arts et des sciences" que choisit de faire revivre Jappelli dans le Salon égyptien qu'inaugurèrent les "Scienziati Italiani", le 15 septembre 1842. Il y recomposa des architraves et leur décoration. Il y disposa quatre statues de Sakhmet d'une manière qui nous rappelle à un point tel l'intérieur du temple de Qertassi qu'il paraît impossible de ne pas y voir une réminiscence. Il y ajouta deux naoi contenant chacun une statue naophore mais nous ignorons, toutefois, l'interprétation qu'il en donnait. Il y agença même la porte du temple tant admirée par le maçon Vivant Denon[485], en usant d'un artifice astucieux qui consista à la reproduire deux fois, sur le côté interne de la porte d'entrée mais aussi de celle qui lui fait face, à l'autre extrémité de la salle, donnant ainsi au visiteur qui arrivait de la salle Empire la sensation réelle de pénétrer dans un sanctuaire[486]. Le symbolisme de la porte égyptienne semble avoir séduit Jappelli très tôt et l'avoir poursuivi sa carrière durant; nous avons vu le parti qu'il en a tiré pour en faire l'entrée du cimetière de Padoue et surtout celle de cet autre "sanctuaire" qu'est la villa Gera, à Conegliano.

Au cours d'une carrière si longtemps mise au service de Padoue, mais où son intelligence et sa clairvoyance novatrices se heurtèrent presque en permanence au conservatisme d'une municipalité craintive, Jappelli réalisa – pour un commanditaire privé – le café Pedrocchi, qui est à la fois un chef d'oeuvre de maîtrise de ses propres facultés d'architecte et une illustration de son idéal de progrès humain[487].

Alors que le "Caffè degli Inglesi" de Piranèse et la "Piazza del Popolo" de Valadier furent très mal acceptés par les Romains, la force de Jappelli a été de savoir donner à la présence de l'Egypte au café Pedrocchi un sens qui soit en harmonie avec les aspirations du moment.

IV. Appendices

Appendice I

Nous donnons ici, dans le texte original et en intégralité, les passages relatifs au Salon égyptien d'une description du *piano nobile* datant de 1856 (Padova, Archivio di Stato, Società del Casino Pedrocchi, b. 47), réalisée à l'occasion de la reprise de l'établissement par Domenico Cappellato, fils adoptif de Giuseppe Pedrocchi et publiée par M. T. Franco, "Un luogo per la società civile; il casino Pedrocchi", *BMCP* 71, 1982, 265-275; les extraits ci-dessous sont cités d'après cette publication.

[*loc. cit.*, p. 270-271]:

«*Stanza Egizia*. Dalla grande Sala si passa a questo locale di Egizio stile, ove vedesi in tutto rappresentato il costume di quella Nazione, nelle sue misteriose cifre, e simboli usati; la sua forma è quadrata, con pavimento di greco marmo a grossa semina.

a) Un altro basamento di marmorino lucido finto porfido, ricorre sulle pareti, continuato poi in egual lavoro a grandi massi sulli stipiti delle finestre nei due lati Levante-Ponente, due porte negli altri due sono adornate di larghe Ante con cimaccio superiore tutto figurato di emblemi, e geroglifici caratteristici entro scomparti scolpiti in pietra a basso rilievo, e dipinto a basalte.

[p. 271]: b) Nelli quattro angoli sopra massi parallelopipedi, di altezza e marmo uguali del basamento, siedono quattro grandi Isidi in scoltura di stucco dipinto, che sorreggono altrettanti pilastri terminanti al soffitto, il quale poi è gradato in varii piani simulanti Massicci Architravi, il tutto dipinto in carattere; nei lati delle finestre, e nel mezzo di queste, due massi monumentali di finto porfido con nicchia nel mezzo contenente altra Iside, e sormontati nel cimaccio da altre finte Deità, come Canopi, Sfingi, Anubis etc.
Tutto il rimanente di campo libero, nelle pareti e soffitto, è dipinto in azzurro sparso regolarmente di Stelle dorate.

c) Tutti li fori di luce, e passaggio che si riscontrano sono guerniti di imposte a lastroni, e quattro di essi, oltre a ciò, sono difesi da tenda esterna, sempre uguale a quelle già più volte accennate.
Li quattro poi in ordine superiore sono coperti all'interno, da trasparente dipinto con figure in carattere.

d) Dal soffitto finalmente discende una catena ad anelli lavorati, che sospende una lampada sempre di Egizia maniera, portante quattro figure, ed altrettante teste chimeriche».

[*loc. cit.*, p. 272]:

«*Inventario delle Mobilie, addobbi, e mobili esistenti nel Casino di spettanza del Signor Domenico Cappellato Pedrocchi*

Stanza Egiziana
Un Divano centrale a forma circolare con giardiniera.
Quattro Sedili quadrati.
Quattro detti rottondi.
Quattro detti quadrilunghi, con spalliera.
Tutti con elastici, e coperta di panno color giallo, e fornitura bianco-celeste.
Quattro cortine di cotone, color giallo, con fornitura bianco-celeste».

APPENDICE II

Nous donnons ici, dans le texte original et en intégralité, le passage relatif au Salon égyptien d'une expertise du café Pedrocchi datant de 1892 (Padova, Comune di Padova, Archivio degli Atti a repertorio del Comune di Padova, b. IB/332), réalisée à l'occasion du legs de l'établissement par Domenico Cappellato Pedrocchi à la Commune de Padoue et publiée par V. Dal Piaz, "Caffè Pedrocchi: una perizia ottocentesca", *BMCP* 72, 1983, 175-218; l'extrait ci-dessous est cité d'après cette publication.

[*loc. cit.*, p. 195]:

«10. Stanza Egiziana. Pavimento in terrazzo con sovrapposto tavolato della Società, pareti nella parte inferiore a finto porfido con bugne a corsi orizzontali che vanno accorciandosi intorno ai fori, e nella parte superiore e nel cielo a tappezzeria con stelle dorate. Nei quattro angoli sopra rispettivo basamento esistono quattro Sfingi sorreggenti quattro pilastrini che salgono verso il soffitto fino all'incontro del doppio architrave che corre lungo i lati maggiori della stanza; i detti pilastrini e architravi e quelli finti lungo i lati minori sono dipinti ad olio con figure e segni egiziani. Le pareti maggiori sporgono in mezzo per formare come una specie di nicchia racchiudente una statua egizia e tali nicchie hanno la loro estremità coronata da cornice egizia con gruppo di Sfingi. Nel mezzo delle pareti minori sono scolpiti in pietra tenera dipinta due piloni o portali egiziani con figure e segni ad imitazione egiziana i quali formano gli stipiti ed il sopra ornato di due porte, quella d'ingresso e l'altra di fronte per accedere alla terrazza nord-est della facciata principale di cui in seguito al n° 11. Oltre che dal foro verso il peristilio questa stanza riceve luce da tre grandi fori di finestra con serramento simile due verso est ed uno verso ovest, con ringhiera in ferro fuso come al n° 9, ed inoltre è illuminata da quattro minori finestre sovrapposte in due partite con una sola lastra smerigliata e con disegno di figura egiziana. In fine nel centro della stanza appeso al soffitto trovasi un lampadario con quattro lumi con figure rappresentanti dei suonatori».

Appendice III

Nous donnons ici l'extrait original du passage relatif à la décoration en style égyptien ayant orné une chambre du casino du jardin Dalla Libera, à Volta Brusegana (Pd), décoration voulue par le commanditaire Andrea Dalla Libera, qui est également l'auteur du texte.

[A. Dalla Libera], *Dei Giardini del loro effetto morale e della scelta e coltivazione delle piante pei medesimi,* Milano 1821, p. 12-13 [exemplaire à Pd-C]:

«Il casino racchiude nella parte del mezzogiorno tre stanze l'una d'egizia forma, l'altra pinta di greca mitologia, la terza adorna di prospetti degli antichi avanzi di Roma. Lisa che gira lo sguardo intorno ed osserva le forme d'Iside e d'Osiride, gl'ignoti geroglifici segni, le greche avventure, il Colosseo ed il Pantheon, ne chiede alla sua guida contezza e storia de' pinti oggetti: Lisa, ci risponde, come lungo troppo e nojoso a te sarebbe il racconto chi mi ricerchi, perciò piuttosto dirò il fine al quale così è disposta la rimembranza di quelle Nazioni. Per amare la campestre solitudine ed a lungo gli avvantaggi goderne, [...] l'esempio di tre grandi Nazioni e dei maggiori tra gli uomini che in quelle vissero ce ne assicura: la più lontana è quella degli Egizj che nati sotto un clima caldissimo pria vissero tra le roccie e nelle caverne, poi [p. 13] a queste addossarono abitazioni ponendo massi di viva pietra sopra massi, come tracciato il vedi nella vicina stanza; l'arti e le scienze giunsero colà ad alta sede e lode ed ancora dopo quaranta secoli ammira il colto Europeo il senno e le ardite imprese dell'industre popolo: ma in Egitto, dove a tanto si giunse, venerata e prima era la vita campestre: non isdegnava il Monarca di scendere dal trono per maneggiare l'aratro; l'ombra degli alberi era oggetto di culto religioso, e la classe dei sacerdoti depositaria gelosa delle più elevate scienze scorrea vita felice unicamente nel conoscere e godere delle opere della natura.

L'avidità de' conquistatori annientò quella potentosa gente alla quale sottentò nelle idee del bello e nelle mirabili imprese con più fervida e ridente imaginazione la greca [...]».

APPENDICE IV

Nous donnons ici la transcription intégrale du passage relatif à l'Egypte des notes de lecture de Jappelli sur l'*Histoire de l'architecture* de Thomas Hope (autographe Pd-C, cote Ms. C.M. 481/22, fol. 1ʳ-3ʳ), en respectant l'orthographe, la ponctuation et la subdivision en paragraphes du texte original. Les notes entre crochets se rapportent à nos propres commentaires. *Cf.* aussi *supra*, texte et n. 291-296.

[fol. 1ʳ]:
«Origine dello stile Egizio [1]
Alcune tribu asiatiche erano discese verso il sud dalle altezze del Thibet nei piani dell'Indostan formate dal Gange e dai fiumi suoi tributari.
Certe tribu affricane al contrario [fol. 1ᵛ] discesero verso il Nord nella Valle dell'Egitto formata dal Nilo.
Alcuni rapporti colla architettura indiana e particolarmente colla scoltura non provano nulla per istabilire una comune origine [2].
L'architettura come tutte le arti di utilità positiva, deriva essenzialmente come noi l'abbiamo veduto dalle specialità del clima, e dai materiali che produce un paese. Essa deve necessariamente offrire delle analogie in due paesi diversi quando questi paesi anno gli stessi caratteri primitivi e possono essere originali in un paese e nell'altro.
Tutte le escavazioni d'Elephantis [3] e di Ellora [4] riunite attestano meno avanzamento nella meccanica di quello che manifesta la piccola Capella di Minerva di un solo pezzo [5] trasportata dall'alto Egitto a Saïs e che non à che 21 cubiti di lunghezza sopra 14 di larghezza ed 8 di altezza [6] o la cella di Latona [7] egualmente trasportata a perecchie miglia di distanza [8] e le di cui dimensioni sono di 40 cubiti per ogni lato pure formato di un solo pezzo.
La durezza delle figure indiane sembra esser semplicemente l'effetto della infanzia dell'arte, quella delle figure egizie è accompagnata da circo[fol. 2ʳ]stanze comprovanti essere effetto piuttosto che della incapacità degli artisti, delle leggi che proibivano di variar le forme e le attitudini primitive. ed è naturale che in un paese dove tutta la scrittura era simbolica si dovesse aver cura perché con tempo il cangiamento dei segni rappresentativi non rendesse l'idea inintelligibile.
L'architettura egizia sembra dover rinunziare alla priorità della origine in confronto della architettura indiana.
L'analogia incontestabile che esiste fra l'una e l'altra piuttosto che effetto della imitazione deve considerarsi come un prodotto di equali circostanze.

Fra gli Edifizi pubblici e privati l'architettura egizia offre gli estremi. Da una parte la più massiccia indistruttibilità dall'altro la fragilità la più distruttibile. la mancanza di alberi dovette obbligar quei popoli[?] di costruire con canne ed argilla [9].

E' difficile da spiegarsi [10] come queste gigantesche costruzioni siansi potute fare dagli Egizj senza impiegar dei mezzi tirannici per provvedere alle loro spese [11]. Diciamo senza opprimere i loro sudditi giacché Cheops costruttore di una delle Piramidi e il solo che i Preti abbiano tacciato per cui si può [fol. 2ᵛ] supporre che se egli avesse domandato alla massa della nazione l'argento necessario anziché cercato nella borsa dei Sacerdoti la cosa sarebbe andata altrimenti.
Cheops trovando nel Calendario egiziano troppi giorni di festa, e troppo pochi giorni da lavoro [12], si prese la libertà per accelerare la sua costruzione di sopprimere in parte i giorni festivi. Il Clero per questa sopressione[sic] perdette una parte dei sacrifizj e rappresentò il Principe come il peggior degli uomini e il più crudele dei Tiranni.
Nella recita ingenua di Erodoto i motivi del Clero si tradiscono da loro stessi, mentre nello stesso tempo che i Sacerdoti lo accusano di sforzar il popolo a lavorare per lui amettono che pagasse i lavoratori poiché dicono che diede fondo ai suoi tesori nella costruzione della Piramide. Chephrene che ad onta dell'impoverimento del suo antecessore trovò il mezzo di costruire un altra piramide fu pur denigrato dai Sacerdoti per non aver reintegrato i giorni festivi aboliti da suo fratello.
Ma Micerino il figlio di Chephrene che non solamente innalzò una terza Piramide ma che si rese colpevole di odiosi delitti non fu compreso in questa proscrizione per che riapri i Tempj e rimise in onore le feste sopresse. Alcun rimprovero di tirannia o di prodigalità non fu indirizzato ne a Asgekis [13] che per lo [fol. 3ʳ] splendore del Tempio di Vulcano e per le sue piramidi in pietra cotta tentò di offuscare tutti li suoi predecessori ne ai Re che innalzarono le altre trenta piramidi successivamente lungo le sponde del Nilo.
Potrebbe darsi che la necessità di occupare un popolo immenso, il che attesa la straordinaria fertilità del suolo e il poco vitto necessario nelle calde regioni doveva restar ozioso gran parte dell'anno fosse la causa principale di tante gigantesche costruzioni».
[les notes de lecture de Jappelli enchaînent avec le chapitre III: "Origine de l'architecture chez les Grecs"]

[1]   Ce texte commence à 6 lignes de la fin du fol. 1ʳ. Dans la marge, à droite mais légèrement au-dessus, à la hauteur des dernières lignes relatives au chapitre précédent, on peut encore lire: «Da vedersi le escavazioni di Elephanta e di Ellora».

[2] L'origine hindoue de la civilisation égyptienne fut un grand débat de l'époque romantique: *cf.* J. Boissel, "Quand les Egyptiens étaient des Hindous, ou de l'historiographie égyptienne à l'époque romantique", in: *Hommages à François Daumas*, 2 vols., Montpellier 1986, I, p. 75-80; *cf.* également *infra*, «Appendice V», 1 n. 1.

[3] Ile de l'Inde occidentale située au large de Bombay, connue pour ses temples rupestres et ses sculptures: *cf.* A. P. Jamkhedkar, *The Dictionary of Art* 10, 1996, 138 *s.v.* "Elephanta".

[4] Site de l'Inde occidentale (province de Maharastra), célèbre pour ses temples rupestres ornés de hauts-reliefs des IVe-XIIIe siècles: *cf.* M. Soar, *ibid.*, 147-150 *s.v.* "Ellora".

[5] Les mots «di un solo pezzo» sont ajoutés dans l'interligne, au-dessus du mot «trasportata». A cet endroit du manuscrit, on lit dans la marge et sur trois lignes: «Monoliti
Da vedersi Capella minerva
Cella di Latona».

[6] Hérodote, *Histoires* II 175.

[7] Il s'agit du temple de Latone à Buto: Hérodote, *Histoires* II 155; *cf.* A. B. Lloyd, *Herodotus Book II. Commentary 99-182* (EPRO 43, 3), Leiden 1993², p. 140 (chap. 155).

[8] Seule l'édition anglaise précise la destination de ce déplacement («to Butus», "à Buto"), une indication que Jappelli n'aurait sans doute pas négligée dans ce passage dont il reprend toutes les informations, s'il avait travaillé à partir de l'édition anglaise.

[9] En marge de ces lignes, on lit la remarque suivante, résumée d'une note du texte original: «Diodoro di Sicilia dice che le abitazioni degli Egizj erano di canne intralciate anche Erodoto rimarca la mancanza di legno».

[10] Le passage correspondant de Hope dérive en partie d'Hérodote, *Histoires* II 124-129.

[11] On lit en marge: «Il tempio di Luxor porta un villaggio arabo. On dirait des oiseaux de proie perchés sur la carcasse d'un géant». Cette dernière phrase, en français dans les notes italiennes de Jappelli, est reprise textuellement de la traduction française de l'ouvrage de Hope.

[12] La seconde partie de la phrase ("e troppo pochi giorni da lavoro") figure dans l'édition anglaise et dans la traduction française mais pas dans la traduction italienne: si Jappelli avait lu ce texte en italien, il aurait donc inventé – qui plus est, correctement – ce complément. Nous disposons donc, ici aussi, d'une indication montrant qu'il ne se servit pas du texte italien de Hope.

[13] L'Asychis d'Hérodote, *Histoires* II 136.

APPENDICE V

Nous donnons ici, dans le texte original, certains passages relatifs au Salon égyptien du café Pedrocchi, publiés dans des ouvrages d'accès difficile, à l'époque de l'inauguration des salles supérieures du café (1842) ou au cours des années qui suivirent.

(1)
A. Falconetti, *Il Caffè Pedrocchi. Dagherrotipo artistico descrittivo*, Padova 1842, p. 21 [exemplaire à Pd-C]:
«Come avessi fornito tanto e lungo viaggio, per quale via misteriosa mi fossi addentrato, io non dirò nè potrei dirlo pure volendolo, chè mi seppe a me medesimo un nuovo incantesimo. Il fatto è però che da tutta quella luce sfarzosa, io mi trovai nel grave silenzio, nell'oscurità solenne del buon antico Egitto. Precisamente io ero in riva al Nilo straripante, le piramidi gran documento di ferrea servitù avevo dinanzi agli occhi, e delle mummie respiravo l'atmosfera imbalsamata. Un giardino mi faceva invito, ed io mi vi assisi. La notte pareva mi circondasse della tranquilla sua oscurità; fioco ed incerto un soave crepuscolo ne rompeva le tenebre, e sopra il mio capo era il bel cielo azzurro seminato di stelle d'oro, al quale eransi addirizzati i primi sguardi degli uomini, di quei lontani interrogatori della natura che nel firmamento primi slanciarono le curiose investigazioni. Ed alla memoria mi tornarono rapidamente le glorie di quella antichissima gente, nelle quali si fondono le prime tracce della nostra civiltà: pensai [...]» [1].

[1] Suit (p. 21-23) un développement sur l'antériorité de la culture hindoue, sur les sciences, les arts et le clergé de l'Egypte ancienne. Au sujet de l'origine hindoue de la culture égyptienne, *cf. supra*, «Appendice IV», texte et n. 2.

(2)
Atti della Quarta Riunione degli Scienziati Italiani tenuta in Padova nel settembre del MDCCCXLII, Padova 1843, "Relazione del Prof. Roberto De Visiani, Segretario Generale", p. XIII [exemplaire à Pd-C]:
«Chi di Voi ponendo il piede la prima volta nella sala di quel sontuoso palagio non s'è creduto assorto in uno splendido sogno, condotto in fatato edifizio a rimontare e discendere la corrente dei secoli passando dalle necropoli egizie agli etruschi ipogei, alla greca eleganza, alla magnificenza latina, alle voluttà greche insieme e romane degli Ercolanesi e de' Pompeiani, alle fantastiche appariscenze degli Arabi, all'armigera feudalità del medio evo, al pomposo e cappricioso seicento? Quelle tali sono poesia, sono storia, e raggiungono il grande scopo

dell'arte risvegliando ad un tempo e sentimento e pensiero. Or queste sale il Pedrocchi compieva espressamente in quest'anno per dedicarle con apposita epigrafe: *Alla Memoria del IV Congresso degli Scienziati Italiani*».

(3)

P. Selvatico, "Dell'arte moderna a Monaco e a Dusseldorf. Leone de Klenze" [dédié] A Giuseppe Jappelli, *Rivista Europea. Giornale di Scienze Morali, Letteratura ed Arti* 1845, I sem., 28-49:

[p. 34]:

«Ma quelli ti somigliano, o mio Jappelli, pur troppo son pochi, e i più tranquillamente intanto rifriggono Palladio e Querenghi[sic], o adattano le forme antiche a fabbriche volte ad usi dagli antichi ignorati. Da per tutto per altro non si fa così, ed in Baviera specialmente, quando pure si riproduce o si ricorda il passato, si opera più giudiziosamente che non in Francia ed in molte parti d'Italia, poichè colà non è il solo gusto greco, romando o palladiano che si segue, ma ben anco il bisantino, il romado, l'*archi-acuto*, a seconda che l'edifizio abbia una destinazione più o men collegata colle varie epoche, in cui sursero gli stili indicati. Gli architetti bavaresi s'accorsero di una verità importante, che l'applicare l'arco di Tito al portone di una casa privata, od il corintio del Panteon alla stazione di una strada ferrata, è allo incirca lo stesso che voler tradurre nella lingua di Cicerone la descrizione di una Locomotiva o del Dagherrotipo [...]».

(4)

P. Selvatico, *Peccati mortali e veniali dell'architettura di metà secolo*, Padova 1863 (Nozze Giusti-Cittadella), p. 27-31 (ch. III: "L'architettura fossile") = *id.*, *Arte ed artisti. Studi e racconti*, Padova 1863, p. 445-450 [exemplaires à Fi-K et Pd-C]:

[p. 445]:

III. L'architettura fossile

> «...it is a monstrous absurdity, which
> has originated in the blind admiration
> of modern times for every thing Pagan»
> Pagin

«Se a qualcuno si dicesse sul serio, fosse pure il più credenzone di tutta la terra: persuadetevi, galantuomo, non vi fu mai popolo più maraviglioso dell'egiziano; perché nella sua religione, nella sua arte, nei suoi costumi fu grandezza vera; laonde, se volete ancor voi diventar grande, imitatelo in ogni cosa; vestitevi colla tunica e le infule di Psametico, mandate in piazza il cuoco con un berretto a testa d'upupa o di sparviere; fornitevi la camera da letto di corna vaccine, perchè vi rammentino Iside fecondatrice; fregiate le prenditorìe di cinocefali o di coccodrilli (simboli [p. 446] parlanti): finalmente fabbricatevi all'egizia la casa, il teatro, il caffè, oh! di certo quel galantuomo prenderebbe l'interlocutore per un avanzo di manicomio, e se la darebbe a gambe, pauroso di peggior tiro.

Ma se tutto questo mattume ci venisse invece ammannito in giganteschi volumi in-foglio, con sontuose incisioni, da un gruppo di archeologi mandati da un governo potente a visitar la vecchia patria di Sesostri: se qualcuno di que' sapientissimi facesse le viste di leggere correntemente i geroglifici degli obelischi, senza muovere un briciolino di dubbio sulla giustezza della interpretazione; se altri archeologi, senza aver mai visto l'Egitto, si facessero eco sonoro dei loro eruditi colleghi, per ricantarci su cento varianti, e con cento dissertazioni accademiche, che nella terra dei Faraoni, tremila anni fa, la sapevano più lunga di noi e in lettere, e in arti, e in delicature della vita, vedreste quello stesso galantuomo e mille altri piegare sommessa la fronte al gran verbo della sapienza. Così va il mondo, e così probabilmente andrà sempre. A gran colpi di cassa, e allo squillo delle trombe e dei tromboni dottissimi, le più grandi assurdità guadagnano gli onori del trionfo, e schiacciano le verità pezzenti, di cui è fisico genitore il senso comune.

Per questa, e non per altra strada, si incardinò nell'arte moderna per qualche tempo (breve la Dio mercè!) l'*egiziomania*. Bastò che Napoleone mandasse non so quanti antiquarii ad illustrare l'Egitto, e che quelli tornati in Francia, pubblicassero, in edizioni sfar[p.447]zose, tutti i pettegolezzi dei re Pastori, ed incidessero i tenebrosi *secos* di Osiride, perchè all'Europa venisse il grillo di applicar l'arte egizia a' proprii costumi. Parigi, come sempre, fu beata di trovar qualche cosa di nuovo anche dentro il più rancido vecchiume, e fabbricò caffè e teatri all'egizia. Roma poi accettò l'archeologico dono, per antica idolatria ad ogni cadavere di civiltà scomparsa dalla faccia del globo; e trovò un architetto tanto coraggioso, da costruire su quello stile. Chi va passeggiando (e ci van tanti) in una delle ville più amene della grande città, in una di quelle ville, in cui la natura fresca, splendida, rigogliosa parrebbe escludere sino il pensiero di età sotterrate da tremille anni, si incontra in una specie di porta trionfale, raffazzonata alla egizia, ove colonne e cornici vorrebbero, ad ogni costo, farsi sorelle alle giganteasche masse di granito rizzate ad accogliere lo sconfinato despotismo di Amenofi I, o i tenebrosi quanto procreativi misteri di Iside. Ma, oh

Dio! affisata un po' la pretendente mole, si prova un indefinibile disgusto a vedersi portato in piena Menfi, fra i deliziosi viali di Villa Borghese, e l'animo vien poi guadagnato da un'irritazione sempre crescente, nel veder che quella mal collocata scimieria dei piloni egizi, fu congegnata su, alla meglio, di mattoni e calce, con bugiardi intonaci simulanti il granito e il basalte, tutti paurosi, i poveretti, che un acquazzone od il gelo, non li tramuti in muriccie, da un dì all'altro.

Il commendatore Canina, che ideò questa menzo[p.448]gna, era senza dubbio un brav'uomo, un architetto di erudizione sconfinata; ma così innamorato dell'arte fossile, che per lui la fantasia non si avvivava se non dentro la tomba dei popoli estinti. Abbia pace l'anima sua; nè sia che i superstiti scemino riconoscenza al molto ch'egli operò in vantaggio della storia dell'arte, con libri dottissimi. Piuttosto lamentino che l'esempio da lui lasciato a Villa Borghese, quantunque nè lodato, nè lodevole, trascinasse qualche altro uomo d'ingegno, ad impastare decorazioni egiziane ove meno convenivano, e, quel ch'è peggio, le costruisse di cartone e di gesso. Fu tra questi il Iappelli, il Iappelli che possedeva viva e feconda immaginazione, senso squisito pel pittoresco. Eppure, sedotto anch'egli dalla novità della vecchia arte del Nilo, la volle cacciata, fuor di ragione, in quel suo bel ridotto di festosi diletti, il casino annesso al caffè Pedrocchi, ornandone all'egizia una delle stanze. E da senno che, a vedere sdraiate sui mostri di File e di Karnak, gentili donne rifinite dalla gaia ridda del festino, si direbbe che l'autore, nell'aggiungere quella funerale appendice ad una sala da ballo, pensasse, come Fausto fra le braccia di Margherita, alla cupa immagine della morte. Senonchè l'acume finissimo del Iappelli avea forse voluto far capire così, alla più bella parte dell'umana famiglia, come i ricetti simbolici di fecondi misteri, schiarati da luce crepuscolare, possano tornar più graditi talvolta, che non le gazzerre menate in giro dinanzi a cento occhi ed a mille candele.

[p. 449] La Dio mercè, il farnetico per l'egizio durò poco, e questo ramo di fossilizzazione scomparve in breve, contento di rimpiattarsi, quando a quando, in qualche rovina pittoresca cacciata fra le macchie d'un giardino, od in qualche progetto accademico, che, al pari d'ogni cosa uscita dalle accademie, non fece, nel pubblico, nè freddo, nè caldo».

V. Abréviations

AA. VV.   Autori vari (pour un ouvrage collectif)

AV   *Arte Veneta,* Venezia 1947 ss.

Azzi Visentini, "Mausoleo Hamilton"
            M. Azzi Visentini, "Per un'opera inedita di Giuseppe Jappelli in Inghilterra:
            il mausoleo Hamilton", *AV* 31, 1977, 157-167

BMCP   *Bollettino del Museo Civico di Padova,* Padova 1898 ss.

Concina, "L'epistolario"
            E. Concina, "L'epistolario di G. Jappelli", *Padova e la sua Provincia* 23,
            1977, No 8/9, p. 10-16

Curl, *Eg. Revival,* J. S. Curl, *The Egyptian Revival. An Introductory Study of a Recurring
            Theme in the History of Taste,* London 1982

Curl, *Egyptomania* J. S. Curl, *Egyptomania. The Egyptian Revival: a Recurring Theme in the
            History of Taste,* Manchester/New York 1994

DBI   *Dizionario Biografico degli Italiani,* Roma 1960 ss.

Dolzani, "Belzoni" C. Dolzani, "Rapporti tra G. B. Belzoni e Giuseppe Jappelli nell'ambito
            della nascente attività collezionistica egiziana a Padova, e in altri centri
            del Veneto", in: Mazzi, *Jappelli e il suo tempo,* II, p. 491-496

Egyptomania [cat. Paris]
            J.-M. Humbert/M. Pantazzi/Chr. Ziegler, *Egyptomania. L'Egypte dans l'art
            occidental 1730-1930,* cat. expos. Paris 1994, Paris/Ottawa 1994 (pour
            alléger les notes, nous avons simplement renvoyé au numéro du catalogue
            chaque fois que cela s'est avéré suffisant)

EPRO   Etudes préliminaires aux religions orientales dans l'Empire romain

Franzin/Ugento, *Pedrocchi*
            E. Franzin/M. R. Ugento, *Il Caffè Pedrocchi tra Padova ed Europa,* Padova
            1992

Gallimberti, *Jappelli*
            N. Gallimberti, *Giuseppe Jappelli,* Padova 1963

Gaudenzio, *Belzoni avventuriero*
            L. Gaudenzio, *G. B. Belzoni avventuriero onorato,* Padova 1960

Humbert, *L'égyptomanie*
            J.-M. Humbert, *L'égyptomanie dans l'art occidental,* Courbevoie 1989

Jaeger, "Pedrocchi" B. Jaeger, "Le café Pedrocchi de Padoue et la «modification du regard»
            porté sur l'Egypte ancienne en Italie au XIXe siècle", in: *L'égyptomanie à
            l'épreuve de l'archéologie,* Actes du Colloque international, Paris 8-9 avril
            1994, Paris (sous presse)

Maschio, "Immagini"
            R. Maschio, "Immagini, ricordi, rovine. Iconografia dei protagonisti", in:
            Mazza, *Pedrocchi,* p. 63-78

Mazza, *Jappelli*   B. Mazza, *Jappelli e Padova,* Padova 1978

Mazza, *Pedrocchi*   B. Mazza (éd.), *Il Caffè Pedrocchi in Padova,* Padova 1984

Mazza/Puppi, *Guida*
    B. Mazza/L. Puppi, *Guida storica al Caffè Pedrocchi di Padova*, cat. expos.
    Padoue 1984, Padova 1984

Mazzi, *Jappelli e il suo tempo*
    G. Mazzi (éd.), *Giuseppe Jappelli e il suo tempo*, Convegno Internazionale
    di Studi 21-24.9.1977, 2 vols., Padova 1982

Patetta, "Trattatistica"
    L. Patetta, "Trattatistica e modellistica del sette-ottocento europeo nella
    formazione e negli orientamenti professionali di Giuseppe Jappelli", in:
    Mazzi, *Jappelli e il suo tempo*, I, p. 109-118

Pavanello, "L'«ornatissimo»"
    G. Pavanello, "L'«ornatissimo» Pedrocchi", in: Mazza, *Pedrocchi*, p. 91-
    108

Puppi, "Jappelli: Invenzione"
    L. Puppi, "Giuseppe Jappelli: Invenzione e scienza, architetture e utopie
    tra Revoluzione e Restaurazione", in: L. Puppi/F. Zuliani (éds.), *Padova.*
    Case e palazzi, Vicenza 1977, p. 223-269

Puppi, *Pedrocchi*   L. Puppi, *Il Caffè Pedrocchi di Padova*, Vicenza 1980

SÖAW   Österreichische Akademie der Wissenschaften, Philos.-Hist. Kl., Sitzungs-
    berichte

Syndram, *Ägypten-Faszinationen*
    D. Syndram, *Ägypten-Faszinationen. Untersuchungen zum Ägyptenbild*
    im europäischen Klassizismus bis 1800 (Europäische Hochschulschriften,
    Reihe XXVIII, 104), Frankfurt am Main 1990

Sigles de bibliothèques:
Lorsque sont cités des ouvrages particulièrement rares, le nom d'une
bibliothèque en possédant un exemplaire est indiqué entre parenthèses au
moyen des sigles suivants: Bibl. = Bibliothèque / Biblioteca / Bibliothek.

Ba-U	Basel, Universitätsbibl.
Bo-C	Bologna, Bibl. Comunale dell'Archiginnasio
CM-C	Casale Monferrato (prov. d'Alessandria), Bibl. Civica
Fi-K	Firenze, Kunsthistorisches Institut in Florenz, Bibl.
Fi-R	Firenze, Bibl. Riccardiana
Ge-P	Genève, Bibl. Publique et Universitaire
L-Bl	London, The British Library
Lu-S	Lucca, Bibl. Statale
Mi-A	Milano, Bibl. Ambrosiana
Mi-B	Milano, Bibl. Nazionale Braidense
Mi-C	Milano, Bibl. Comunale

Ox-B	Oxford, The Bodleian Library
P-BN/Est	Paris, Bibl. nationale de France, Cabinet des Estampes
P-CdF	Paris, Collège de France, Cabinet d'Egyptologie
P-IF	Paris, Bibl. de l'Institut de France
Pd-C	Padova, Bibl. Civica
Pd-U	Padova, Bibl. Universitaria
Pv-C	Pavia, Bibl. Civica, Castello Visconteo
Pv-U	Pavia, Bibl. Universitaria
R-ASL	Roma, Accademia Nazionale di San Luca, Bibl.
R-C	Roma, Bibl. Casanatense
R-DAI	Roma, Deutsches Archäologisches Institut
R-V	Roma, Bibl. Apostolica Vaticana
To-C	Torino, Bibl. Civica
To-N	Torino, Bibl. Nazionale Universitaria
To-R	Torino, Bibl. Reale
Ts-C	Trieste, Bibl. Civica
Ve-Co	Venezia, Bibl. d'Arte del Civico Museo Correr
Ve-M	Venezia, Bibl. Nazionale Marciana
Vi-B	Vicenza, Bibl. Civica Bertoliana
Vr-C	Verona, Bibl. Civica
VV-C	Vittorio Veneto, Bibl. Civica

Bertrand Jaeger

VI. Notes

* Nous consacrons simultanément au café Pedrocchi deux études complémentaires l'une de l'autre. Celle-ci comporte une description *complète* du Salon égyptien et des sources antiques utilisées, un examen des autres réalisations de Jappelli témoignant de son intérêt pour l'Egypte antique ainsi qu'une analyse des raisons de cet intérêt et des influences qui ont pu marquer Jappelli dans ce domaine au cours de ses années de formation, de sa carrière et de ses voyages, en Italie et à l'étranger. La seconde étude, intitulée „Le café Pedrocchi de Padoue et la «modification du regard» porté sur l'Egypte ancienne en Italie au XIXᵉ siècle", à paraître dans: *L'égyptomanie à l'épreuve de l'archéologie*, Actes du Colloque international, Paris 8-9 avril 1994, Paris (sous presse), comporte une brève description du Salon égyptien et des principaux modèles antiques qui l'ont inspiré et s'oriente ensuite principalement vers des réflexions sur le *caractère* des emprunts effectués par rapport à l'histoire de l'égyptomanie italienne. Nous renvoyons donc une fois pour toutes le lecteur à cette étude complémentaire. Compte tenu du léger décalage dans le temps existant tout de même entre la rédaction des deux textes, celui-*ci* („Giuseppe Jappelli ...") est souvent plus complet sur les mêmes sujets et comporte, en de rares occasions dûment relevées dans les notes, de légères modifications d'opinion de la part de l'auteur.

Je tiens à redire ici au Dr Davide Banzato (Conservatore del Museo d'Arte Medievale e Moderna, Musei Civici di Padova) ma reconnaissance la plus vive pour m'avoir autorisé à étudier le Salon égyptien du café Pedrocchi, au cours de plusieurs visites effectuées en 1986, 1992, 1993 et 1994 et avoir mis à ma disposition une documentation photographique complète le concernant. Je voudrais également assurer de toute ma gratitude les nombreuses personnes qui, d'une manière ou d'une autre, ont facilité mes recherches: aux Musei Civici de Padoue, le Dr G. Zampieri (Conservatore del Museo Archeologico) et les responsables du Gabinetto Fotografico; à l'université de Padoue, le Pr. F. Bernabei, le Pr. G. Cattin, l'Arch. V. Dal Piaz, Mme le Pr. B. Mazza; à la Biblioteca Civica de Padoue, le Dr G. Faggian, Directeur, et ses collaborateurs; à Padoue également, le Pr. M. Mignucci; à Venise, le Pr. L. Puppi; à Conegliano (Tv), M. et Mme R. Canzian, le Dr G. Martin, Mme M. L. Patuzzo, Directeur de la Biblioteca Civica et le Pr. N. Sinopoli; à Selvazzano Dentro (Pd), Mme Teresa Tosetto, Bibliothécaire da la Biblioteca Pubblica Comunale ainsi que M. et Mme T. Fabris; à Vaprio d'Adda (Mi), Villa Castelbarco Albani (Tenimento di Monasterolo), Mme le Dr S. Provenzi; à Bâle, Mme le Dr E. Staehelin (Ägyptologisches Seminar der Universität); à Bruxelles, le Dr D. Martens (Université libre), qui a bien voulu relire mon manuscrit et le faire bénéficier de ses judicieuses observations. Enfin, je ne saurais terminer sans dire ici tout ce que ce travail doit à ma femme, qui a participé à presque tous les voyages entrepris pour cette recherche et sans l'aide de qui il ne m'aurait pas été possible d'examiner ou de vérifier personnellement un pourcentage aussi élevé des monuments et documents utilisés ici; par ailleurs, son sens de l'observation a sauvé maint document égyptisant de la distraction chronique de l'auteur! Je remercie enfin vivement les personnes et institutions qui m'ont permis de reproduire les photographies illustrant cette contribution. Néanmoins, la responsabilité finale du texte qui suit incombe à l'auteur.

1 Cette histoire, où s'entrelacent Egypte antique, Islam et Christianisme, n'a jamais fait l'objet jusqu'ici d'un travail de synthèse. Les études qui en éclairent des aspects spécifiques sont, en revanche, très nombreuses et nous ne pouvons indiquer ici davantage que quelques orientations bibliographiques. L'on consultera en particulier A. Siliotti (éd.), *Viaggiatori*

Café Pedrocchi

veneti alla scoperta dell'Egitto, Venezia 1985, point de départ pratique pour de nombreux sujets (cultes égyptiens, cartographie, voyageurs, histoire des collections). *Cf.* aussi AA.VV., *Venezia e i Turchi. Scontri e confronti di due civiltà*, Milano 1985; AA. VV., *L'Oriente. Storie di viaggiatori italiani*, Milano, Nuovo Banco Ambrosiano 1985; AA. VV., *Africa. Storie di viaggiatori italiani*, Milano, Nuovo Banco Ambrosiano 1986; A. Siliotti (éd.), *Belluno e l'Egitto*, cat. expos. Belluno 1986, Verona 1986; *id.* (éd.), *Padova e l'Egitto*, cat. expos. Padoue 1987, Firenze 1987; E. Concina, *Dell'arabico. A Venezia tra Rinascimento e Oriente*, Venezia 1994.

Venise fut un lieu de rencontre privilégié entre les arts de l'Islam et de l'Occident et l'interaction la plus frappante se manifeste dans l'art de la céramique, du bronze ainsi que dans certains domaines plus particuliers tels que l'art de la reliure: *cf.* par exemple A. S. Melikian-Chirvani, "Venise, entre l'Orient et l'Occident", *Revue d'études orientales* 27, 1974, 109-126 et E. J. Grube, "Apporti orientali nella decorazione della graffita veneta", in: *Atti del Convegno "La ceramica graffita medievale e rinascimentale nel Veneto, 6 marzo 1987"* (*BMCP*, No Speciale), Padova 1989 ainsi que M. Spallanzani, *Ceramiche orientali a Firenze nel Rinascimento*, Firenze, Cassa di Risparmio 1978, index p. 251 *s.v.* "Venezia". Pour l'art de la reliure, *cf.* T. De Marinis, "L'influsso orientale sull'arte della legatura a Venezia", in: A. Pertusi (éd.), *Venezia e l'Oriente fra tardo Medioevo e Rinascimento* (Civiltà europea e civiltà veneziana. Aspetti e problemi 4), Firenze 1966, p. 547-553.

2   Pour la diffusion des cultes égyptiens en Vénétie, *cf.* n. 1 (première référence) ainsi que M. Malaise, *Inventaire préliminaire des documents égyptiens découverts en Italie* (EPRO 21), Leiden 1972, p. 6-20; *id.*, *Les conditions de pénétration et de diffusion des cultes égyptiens en Italie* (EPRO 22), Leiden 1972, p. 343-344 et 528 (index *s.vv.* "Vénétie" et "Vérone"); M.-Chr. Budischovsky, *La diffusion des cultes isiaques autour de la mer Adriatique* (EPRO 61), Leiden 1977, p. 86-116; M. Malaise, "Documents nouveaux et points de vue récents sur les cultes isiaques en Italie", in: *Hommages à Maarten J. Vermaseren* (EPRO 68), 3 vols., Leiden 1978, II, p. 629-631; *id.*, "La diffusion des cultes égyptiens dans les provinces européennes de l'Empire romain", in: *Aufstieg und Niedergang der römischen Welt*, II/17, 3, p. 1629-1648; J. Leclant, *Inventaire bibliographique des Isiaca* (EPRO 18), 4 vols., Leiden 1972-1991, II (1974), n° 408; J. Leclant/G. Clerc, *ibid.* IV (1991), n° 1274.

3   Il convient de signaler ici un problème de vocabulaire particulier à la langue française, qui n'a que l'adjectif "vénitien" à proposer face aux réalités couvertes par les adjectifs italiens "veneto" (relatif à la Vénétie) et "veneziano" (relatif à Venise). Or, "vénitien" ne se rapporte, en français, qu'à Venise et à la lagune et non à la Vénétie dans son ensemble (*cf. Grand Dictionnaire encyclopédique Larousse* 10, 1985, 10690-10691 et *Trésor de la langue française. Dictionnaire de la langue du XIXe et du XXe siècle* 16, 1994, 988-989), que ce soit pour désigner le territoire, la population, le style pictural ou les réalisations artisanales (fait exception le domaine linguistique pour désigner le dialecte vénitien). Face à cet état de faits, nous utilisons l'adjectif "vénitien" strictement dans l'acception sanctionnée par l'usage et recourons à la périphrase "de (la) Vénétie" pour désigner un élément ou un phénomène se rapportant à toute la région, composée des provinces de Belluno, Padova, Rovigo, Treviso, Venezia, Verona et Vicenza.

4   *Cf.* à ce sujet N. McCleary, "Notizie storiche ed archeologiche sul testo della «Translatio Sancti Marci»", *Memorie Storiche Forogivliesi* 27-29, 1931-1933, 223-264 et H. Zug Tucci, "Negociare in omnibus partibus per terram et per aquam: il mercante veneziano", in: *Mercati*

e mercanti nell'alto medioevo: l'area euroasiatica e l'area mediterranea, 23-29 aprile 1992 (Settimane di studio del Centro italiano di studi sull'alto medioevo 40), Spoleto 1993, p. 51-84.

⁵ A. E. Laiou, "Venice as a Centre of Trade and of Artistic Production in the Thirteenth Century", in: H. Belting (éd.), *Il medio oriente e l'occidente nell'arte del XIII secolo*, Bologna 1982, p. 11-26; F. Gabrieli, "Venezia e i Mamelucchi", in: Pertusi (éd.), *loc. cit.* (n. 1), p. 417-432 (avec bibl. antérieure); A. Cattani, *Venezia e l'Oriente. Commerci e servizi postali dal XVI al XVIII secolo e catalogo delle monete veneziane usate in Oriente*, Padova s.d. [*ca.* 1972]; F. Rossi, *Ambasciata straordinaria al Sultano d'Egitto (1489-1490)* (Fonti per la storia di Venezia. Sezione 1 – Archivi pubblici), Venezia 1988 (*cf.* le compte rendu de M. Knapton, *Studi Veneziani*, N.S. 20, 1990, 405-408); S. Auld, "The Mamluks and the Venetians: Commercial Interchange – The Visual Evidence", *Palestine Exploration Quarterly* 123, 1991, 84-102 (avec vaste bibl. antérieure).
Un chapitre à part est occupé par les délibérations engagées par Venise au XVIᵉ siècle en vue d'un éventuel percement de l'isthme de Suez: *cf.* G. Coen, *Le grandi strade del commercio internazionale proposte fino dal secolo XVI*, Livorno 1888, p. 57-59 et 63-96; M. Baratta, *Venezia e il taglio dell'istmo di Suez (1504-1586)*, Novara 1925; P. Toni, *La repubblica veneta e l'istmo di Suez*, [Cairo 1930] (exemplaire à Lu-S); C. Burri/S. Sauneron (éds.), *Voyages en Egypte des années 1589, 1590 & 1591* (Voyageurs occidentaux en Egypte 3), Le Caire 1971, p. 25-26 n. 1; A. Da Schio (éd.), *Filippo Pigafetta: Viaggio da Creta in Egitto ed al Sinai 1576-1577*, Vicenza 1984, p. 23-27; G. Lucchetta, in: Siliotti, *Viaggiatori cit.* (n. 1), p. 49-52 et fig. p. 47.

⁶ Pour les peintres ayant oeuvré dans la mouvance des croisades, en Terre sainte et au mont Sinaï au XIIIᵉ siècle, *cf.* O. Demus, "Zum Werk eines venezianischen Malers auf dem Sinai", in: I. Hutter (éd.), *Byzanz und der Westen* (SÖAW 432), Wien 1984, p. 131-142 (avec bibl. antérieure) ainsi que J. Folda, "Crusader Painting in the 13th Century: the State of the Question", in: Belting, *loc. cit.* (n. 5), p. 103-115 et R. S. Nelson, "An Icon at Mt. Sinai and Christian Painting in Muslim Egypt During the Thirteenth and Fourteenth Centuries", *Art Bulletin* 65, 1983, 201-218.

⁷ Avant la prise de Chypre aux Vénitiens par les Turcs (1571), la principale voie de pèlerinage passait, en effet, par Venise. *Cf.* G. Lucchetta, "Viaggiatori e racconti di viaggi nel Cinquecento: 3. Racconti di pellegrini in Terrasanta", in: *Storia della cultura veneta*, 3/II, *Dal Primo Quattrocento al Concilio di Trento*, Vicenza 1980, p. 447-460; E. Ashtor, "Venezia e il pellegrinaggio in Terrasanta nel basso medioevo", *Archivio Storico Italiano* 143, 1985, 197-223; U. Tucci, "I servizi marittimi veneziani per il pellegrinaggio in Terrasanta nel medioevo", *Studi Veneziani* N.S. 9, 1985, 43-66.

⁸ Il est hors de propos de citer ici les très nombreux Vénitiens qui firent le voyage d'Egypte et nous en transmirent une relation écrite. Le plus important d'entre eux est le célèbre "anonyme vénitien" qui, en 1589, remonta jusqu'à Deir, en Nubie et reste le premier dont on sache avec certitude qu'il soit parvenu en Haute Egypte; il est aussi le premier à avoir accompli ce voyage, animé d'un réel intérêt archéologique; *cf.* à son sujet Burri/Sauneron (éds.), *loc. cit.* (n. 5), p. 5-153. *Cf.* aussi la relation du voyage de Filippo Pigafetta (1533-1604), en 1576-1577: Da Schio (éd.), *loc. cit.* (n. 5). D'une manière générale, *cf.* P. Donazzolo, *I viaggiatori veneti minori: studio bio-bibliografico* (Memorie della R. Società Geografica Italiana 16), Roma 1927 (exemplaires à Mi-B et Mi-C); J. Guérin Dalle Mese, *Egypte. La mémoire et le rêve: itinéraires d'un voyage, 1320-1601* (Biblioteca

dell'«Archivum Romanicum» S. I, 237), Firenze 1991, index p. 651 *s.v.* "Venise";
S. Yerasimos, "Les voyageurs du XVIe siècle en Egypte ottomane (1517-1600): Essai de typologie", in: M.-C. Burgat (éd.), *D'un Orient l'autre – Les métamorphoses successives des perceptions et connaissances*, I, *Configurations*, Paris 1991, p. 301-315 (avec une précieuse bibliographie de relations de voyages aux p. 308-315); *cf.* enfin Siliotti, *Viaggiatori cit.* (n. 1).

⁹ L'intérêt pour l'Egypte antique et les hiéroglyphes semble s'être concentré autour de la basilique et de l'abbaye bénédictine de S. Giustina: les témoignages les plus importants en sont les peintures (*ca.* 1492-1496) aujourd'hui disparues de Bernardino da Parenzo, dans le "Chiostro Maggiore" (*cf.* L. Volkmann, *Bilderschriften der Renaissance*, Leipzig 1923 [repr. Nieuwkoop 1969] p. 23-26 avec bibl. antérieure; Z. Wazbinski, "A propos de quelques dessins de Parentino pour le Couvent de Santa Giustina", *AV* 17, 1963, 21-26; M. P. Billanovich, "Una miniera di epigrafi e di antichità. Il Chiostro Maggiore di S. Giustina a Padova", *Italia Medioevale e Umanistica* 12, 1969, 197-293; R. Wittkower, *Allegorie und der Wandel der Symbole in Antike und Renaissance*, Köln 1984, p. 240-242 [édition originale anglaise London 1977, p. 126-127]; A. De Nicolò Salmazo, *Bernardino da Parenzo: Un pittore «antiquario» di fine Quattrocento*, Padova 1989) et les pseudo-hiéroglyphes apparaissant dans la décoration (*ca.* 1558-1566) de certaines stalles du "Coro Nuovo" par l'artiste rouennais Taurigny, dit Riccardo Taurino (AA. VV., *La Basilica di Santa Giustina. Arte e storia*, Castelfranco Veneto 1970, p. 239-241 et spéc. fig. 31; A. de Nicolò Salmazo/F. G. Trolese [éds.], *I Benedettini a Padova e nel territorio padovano attraverso i secoli*, cat. expos. Padoue 1980, Treviso 1980, p. 452-454) sans oublier la statue de Moïse en Jupiter-Ammon (*ca.* 1505) d'Andrea Briasco dit Riccio (1470-1532), qui se trouvait dans le réfectoire du monastère (*cf.* F. de la Moureyre-Gavoty, *Institut de France. Paris – Musée Jacquemart-André, Sculpture italienne* [Inventaire des collections publiques françaises 19], Paris 1975, n° 159 et fig.; M. Dewachter, in: *L'Institut de France dans le monde actuel*, cat. expos. Paris 1986, Paris 1986, p. 328 n° 76).

¹⁰ Fondée en 1222; pour une vue d'ensemble, *cf.* L. Gaffuri/J. Verger, *Lexicon des Mittelalters* VI, 1993, col. 1617-1623 *s.v.* "Padua". C'est ainsi que Pierio Valeriano rappelle, dans les *Hieroglyphica* (Basileae 1556, p. 411ʳ), ses séjours à Padoue et ses conversations sur l'Egypte dans les cercles humanistes (V. Mancini, *AV* 46, 1994, 88).

¹¹ Dans ces deux villes, Angelo Poliziano (1454-1494) présenta, au début des années 1480, des exposés sur Harpocrate, basés sur le *De Iside et Osiride* de Plutarque: *cf.* A. Poliziano, *Miscellaneorum centuria una*, Firenze 1489, cap. LXXXIII (éd. consultée: Basileae 1522, fol. 103ʳ). *Cf.* déjà K. Giehlow, "Die Hieroglyphenkunde des Humanismus in der Allegorie der Renaissance", *Jahrbuch der Kunsthistorischen Sammlungen des Allerhöchsten Kaiserhauses* XXXII, 1915, 80-81, qui fut le premier à attirer l'attention sur ce passage important. D'une manière générale, *cf.* M. L. King, *Umanesimo e patriziato a Venezia nel Quattrocento*, 2 vols., Roma 1989 (éd. originale Princeton, N.J. 1986).

¹² Pour l'exotisme d'empreinte égyptienne dans la peinture de Vénétie aux XVe-XVIe siècles, *cf.* F. Gilles de La Tourette, *L'Orient et les peintres de Venise*, Paris 1923; H. Tietze/E. Tietze-Conrat, *The Drawings of the Venetian Painters in the 15th and 16th Centuries*, New York 1944, p. 63-71; Ph. Williams Lehmann, *Cyriacus of Ancona's Egyptian Visit and its Reflections in Gentile Bellini and Hieronymus Bosch*, Locust Valley [1977]; G. Lucchetta, "L'Oriente mediterraneo nella cultura di Venezia tra il Quattro e il Cinquecento", in: *Storia della cultura veneta* (n. 7), p. 375-432; J. Raby, *Venice, Dürer and the Oriental Mode* (The

Hans Huth Memorial Studies 1), London 1982 et P. Fortini Brown, *Venetian Narrative Painting in the Age of Carpaccio*, New Haven/London 1988, p. 69-76 et 196-218. Au sujet du caractère initiatique de matrice orientale de la société vénitienne au début du XVIe siècle, *cf.* les pages remarquables de G. Isarlo, "Des valeurs spirituelles", *Connaissance des arts* 70, décembre 1957, 116-127; pour la tradition hermétique à Venise, aux XVIe-XVIIe siècles, *cf.* encore M. Gemin, *La chiesa di Santa Maria della Salute e la cabala di Paolo Sarpi*, Abano Terme 1982 (*non vidi*).

[13] B. Jaeger, "La Loggia delle Muse nel Palazzo Te e la reviviscenza dell'Egitto antico nel Rinascimento", in: *Mantova e l'antico Egitto da Giulio Romano a Giuseppe Acerbi*, Atti del Convegno di Studi, Mantova, 23-24 maggio 1992 (Accademia Nazionale Virgiliana di Scienze Lettere e Arti, Miscellanea 2), Firenze 1994, p. 37 (avec bibl. antérieure).

[14] *Cf.* n. 12 ainsi que Y. Artin Pacha, "Les armes de l'Egypte aux XVe et XVIe siècles", *Bulletin de l'Institut égyptien* S. 4, 7, 1906, 87-90; *id.*, "Un troisième tableau italien du XVIe siècle blasonné aux armes d'Egypte", *ibid* S. 5, 2, 1908, 37-40; *id.*, "Quatrième et cinquième tableaux italiens blasonnés aux armes de l'Egypte", *ibid.* S. 5, 3, 1909, 97-100; C. Dempsey, "Renaissance Hieroglyphic Studies and Gentile Bellini's *Saint Mark Preaching in Alexandria*", in: I. Merkel/A. G. Debus (éds.), *Hermeticism and the Renaissance. Intellectual History and the Occult in Early Modern Europe*, Washington/London 1988, p. 342-365; R. Tardito, "Milano: Pinacoteca di Brera. Il restauro della «Predica di San Marco in Alessandria d'Egitto» di Gentile e Giovanni Bellini", *AV* 42, 1988, 258-266.
Le séjour de Gentile Bellini à la cour de Constantinople eut une grande influence sur la diffusion de l'Orient dans l'imagerie occidentale et ne saurait être dissocié de ce contexte: *cf.* à ce sujet L. Thuasne, *Gentile Bellini et Sultan Mohammed II. Notes sur le séjour du peintre vénitien à Constantinople (1479-1480)*, Paris 1888; F. Babinger, *Mehmed der Eroberer und seine Zeit. Weltenstürmer einer Zeitwende*, München 1959²; *id.*, *Ein weiteres Sultanbild von Gentile Bellini?* (SÖAW 237, 3), Wien 1961; *id.*, *Ein weiteres Sultanbild von Gentile Bellini aus russischem Besitz* (SÖAW 240, 3), Wien 1962; U. Meroni, "Il vero volto di Maometto II", *Il Ritratto Antico Illustrato. Rivista di Documentazione e Critica* 1, 1983 [Monzambano (Mantova) 1984], 14-27; *id.*, "La serie dei sultani turchi da Osman a Murad III", *ibid.*, 28-53 (les deux articles avec una vaste iconographie); M. V. Fontana, in: G. Curatola (éd.), *Eredità dell'Islam. Arte islamica in Italia*, Cinisello Balsamo (Mi) 1993, p. 491-493 n° 309-310.

[15] *Cf.* n. 12 ainsi que P. Zampetti, "L'Oriente del Carpaccio", in: Pertusi, *loc. cit.* (n. 1), p. 511-526; D. R. Marshall, "Carpaccio, Saint Stephen, and the Topography of Jerusalem", *Art Bulletin* 66, 1984, 610-620.

[16] *Cf.* n. 12 et 14 (études de Y. Artin Pacha).

[17] En particulier grâce à Aldo Manuzio: M. Lowry, *Le monde d'Alde Manuce. Imprimeurs, hommes d'affaires et intellectuels dans la Venise de la Renaissance*, [Paris] 1989 (éd. orig. Oxford 1979); *cf.* aussi G. Curatola, in: Curatola, *loc. cit.* (n. 14), p. 35-36 (on estime la part d'ouvrages imprimés à Venise au XVe siècle à 15% de la production européenne totale en incunables!) ainsi que les ouvrages parus en 1994, à l'occasion du cinquième centenaire des débuts de Manuzio dans l'art de l'imprimerie: *Aldo Manuzio e l'ambiente veneziano 1494-1515*, cat. expos. Venise 1994, Venezia 1994; L. Bigliazzi *et al.* (éds.), *Aldo Manuzio tipografo 1494-1515*, cat. expos. Florence 1994, Firenze 1994; P. Scapecchi, *Aldo Manuzio. I suoi libri, i suoi amici tra XV e XVI secolo*, cat. expos. Poppi 1994, Firenze 1994.

[18] Ont paru à Venise, entre autres: la première traduction latine (1474) et l'*editio princeps* du texte grec (1502) des *Histoires* d'Hérodote, plusieurs rééditions (1476/77, 1481, 1496) de la première traduction latine (Bologna 1472) de la *Bibliothèque Historique* de Diodore de Sicile, l'une des premières éditions (1493) des *Metamorphoses* d'Apulée, la première traduction latine (1497) du *De Mysteriis Aegyptiorum* de Jamblique, l'édition originale de l'*Hypnerotomachia Poliphili* de Francesco Colonna (1499), l'*editio princeps* (1505) et la première traduction italienne (1547) des *Hieroglyphica* d'Horapollon, l'*editio princeps* (1509) du *De Iside et Osiride* de Plutarque. Ajoutons la parution, à Trévise (1471) de la première traduction latine du *Corpus Hermeticum*.
C'est aussi à Venise que furent imprimées la plupart des premières éditions de l'ouvrage qui influença le plus les artistes des XVIe-XVIIe siècles dans le domaine de l'iconographie des divinités antiques, *Le Imagini de i dei de gli antichi* de Vincenzo Cartari (1531?-*post* 1569), en particulier l'édition originale de 1556 et la première édition illustrée de 1571. Le pendant à cette oeuvre pour la connaissance du costume oriental moderne, le *Degli Habiti antichi et moderni di diverse parti del mondo libri due* de Cesare Vecellio (*ca.* 1521-1601) parut également pour la première fois à Venise, en 1590 et fut aussi très important pour les artistes de cette époque.

[19] Elles s'étendaient aussi depuis longtemps à l'Ethiopie: G. Berchet, "Lettera sulle cognizioni che i Veneziani avevano dell'Abissinia", *Bollettino della Società Geografica Italiana* 2, 1869, 151-170.

[20] *Cf.* G. Levi Della Vida, *DBI* 2, 1960, 524-527 *s.v.* "Alpago, Andrea"; F. Lucchetta, *Il medico e filosofo bellunese Andrea Alpago (†1522) traduttore di Avicenna. Profilo biografico*, Padova 1964; *ead.*, "Andrea Alpago", in: Siliotti, *Belluno cit.* (n. 1), p. 15.

[21] *Cf.* S. Sacco, "Urbano Valeriano Bolzanio", in: Siliotti, *Belluno cit.* (n. 1), p. 17; L. Gualdo Rosa, *DBI* 32, 1986, 88-92 *s.v.* "Dalle Fosse (Bolzanio), Urbano".

[22] *Cf.* G. Lusina, *DBI* 2, 1960, 529-531 *s.v.* "Alpino (Alpini), Prospero"; G. Lucchetta, "Prospero Alpino", in: Siliotti, *Padova cit.* (n. 1), p. 19-26 (avec bibl.).

[23] *Cf.* C. Barrocas/D. Caccamo/A. Ingegno, *DBI* 15, 1972, 394-398 *s.v.* "Burattini (Boratyni), Tito Livio"; G. Lucchetta, "Tito Livio Burattini", in: Siliotti, *Padova cit.* (n. 1), p. 29-32.

[24] Basileae 1556; quelques mois plus tôt, en janvier 1556, une édition partielle (64 fol. et 53 gravures correspondant aux livres I-VIII et au début du livre IX) paraissait à Florence. Au sujet de Valeriano, *cf.* A. Marcocchi, "Ludovico Beccadelli e Pierio Valeriano. Per la prima fortuna degli «Hieroglyphica»", *Italia Medioevale e Umanistica* 12, 1969, 329-334; V. Lettere, *DBI* 32, 1986, 84-88 *s.v.* "Dalle Fosse, Giovanni Pietro"; S. Sacco, "Pierio Valeriano", in: Siliotti, *Belluno cit.* (n. 1), p. 19-27; M. Daly Davis, "I geroglifici in marmo di Pierio Valeriano", *Labyrinthos* 9, 1990, No 17/18, 47-77.

[25] Avec les *Hieroglyphica* d'Horapollon dont l'*editio princeps* du texte grec parut en 1505.

[26] C'est ce qui ressort de la lecture des récits de nombreux voyageurs ayant passé par Venise aux XVe et XVIe siècles: voir par exemple Félix Fabri [*ca.* 1434/1435-1502] («Venetiana urbs est venustior et pretiosior cunctis civitatibus, quas ego vidi, tam in Christianitate quam extra, nec vidi quidquam mirabilius hac urbe, nihil curiosius perspexi», cité par L. Puppi, "Verso Gerusalemme", *AV* 32, 1978, 75) ou Jacob Spon [1645-1685] (*cf.* K. Pomian, *Collectionneurs, amateurs et curieux. Paris, Venise: XVIe-XVIIIe siècle*, Paris 1987, p. 85).

[27] L'étude des collections d'antiquités en Vénétie est un chapitre complexe, qui a toutefois déjà fait l'objet de plusieurs études d'ensemble: Pomian, *loc. cit.* (n. 26) avec bibl. antérieure;

Bertrand Jaeger

M. Zorzi, *Collezioni di antichità a Venezia nei secoli della repubblica*, cat. expos. Venise 1988, Roma 1988 (avec bibl. antérieure); E. D'Amicone, "Antico Egitto e collezionismo veneto e veneziano", in: AA. VV., *Venezia e l'archeologia. Un importante capitolo nella storia del gusto dell'antico nella cultura artistica veneziana*, Congresso Internazionale (Rivista di Archeologia, Supplementi 7), Roma 1990, p. 22-26; I. Favaretto, *Arte antica e cultura antiquaria nelle collezioni venete al tempo della Serenissima* (Studia Archaeologica 55), Roma 1990 (avec vaste bibl. antérieure); E. Leospo, "Le sculture greco-romane d'Egitto nelle raccolte veneziane", in: M. Fano Santi (éd.), *Venezia, l'archeologia e l'Europa*, Congresso Internazionale, Venezia 27-30 giugno 1994, (Rivista di Archeologia, Supplementi 17), Roma 1996, p. 7-10. *Cf.* aussi les trois ouvrages de Siliotti (éd.) cités à la n. 1 et, pour les vases égyptiens du Trésor de la basilique Saint-Marc à Venise, H. R. Hahnloser (éd.), *Il Tesoro di San Marco*, II, *Il Tesoro e il Museo*, Firenze 1971, p. 3 et 5-6 n° 1-4 avec pl. I-II. Pour Vérone, *cf.* en outre G. Marchini, *Antiquari e collezioni archeologiche dell'Ottocento veronese* (Monografie d'Arte 12), Verona 1972, p. 316, index *s.v.* "antichità egizie".

28 Favaretto, *loc. cit.* (n. 27), p. 66-67 et fig. 5; *cf.* aussi B. Forlati Tamaro, *L'origine della raccolta Grimani* (conférence faite en 1942), Venezia [1946] (exemplaire à Ve-M). Une autre collection célèbre comportant aussi quelques antiquités égyptiennes, la collection Andrea Vendramin, se forma dès la fin du XVIe siècle: *cf.* A.-M. S. Logan, *The "Cabinet" of the Brothers Gerard and Jan Reynst* (Koninklijke Nederlandse Akademie van Wetenschappen, Verhandelingen afdeling Letterkunde, Nieuwe Reeks, Deel 99), Amsterdam/Oxford/New York 1979, p. 59-63 et 67-75 (avec bibl. antérieure); Pomian, *loc. cit.* (n. 26), p. 85-86; Favaretto, *loc. cit.* (n. 27), p. 145-146.

29 De là vient qu'elle ait souvent été désignée sous le nom de "Tabula Bembina". Elle figura dans cette collection jusqu'en 1592, date de son acquisition par Vincenzo Gonzaga (1563-1587-1612) pour la collection ducale de Mantoue. *Cf.* à son sujet E. Leospo, "La *Tabula Bembina*: un cimelio 'orientale' dalla Mantova dei Gonzaga alla Torino dei Savoia", in: *Mantova cit.* (n. 13), p. 41-52 (avec toute la bibl. antérieure). Alors qu'elle était à Padoue, elle fit l'objet d'une étude attentive de la part de l'érudit padouan Lorenzo Pignoria (1571-1631), qui en publia les résultats dans un ouvrage intitulé *Vetustissimae Tabulae Aeneae Sacris Aegyptiorum Simulachris coelatae accurata Explicatio [...]*, Venetijs 1605; *cf.* à ce sujet S. H. Aufrère, *La momie et la tempête. Nicolas-Claude Fabri de Peiresc et la curiosité égyptienne en Provence au début du XVIIe siècle*, Avignon 1990, p. 248-250 et S. Donadoni/ S. Curto/A. M. Donadoni Roveri, *L'Egitto dal mito all'egittologia*, Milano 1990, p. 57-59. L. Pignoria possédait également une petite collection d'antiquités égyptiennes: Aufrère, *loc. cit.*, p. 83.

30 F. Griselini, "Dissertazione mitologica e storica sopra la Dea Iside [...]", in: *Raccolta d'opuscoli scientifici e filologici* 39, Venezia 1748, [297]-350 (*non vidi*; cité d'après Zorzi, *loc. cit.* [n. 27], p. 104-105); dans la collection Corner et selon Griselini, «tanta è la copia dei monumenti Egiziani inediti, che non un volume ma molti formerebbonsi qualora tutti in luce si volessero».

31 Célèbre pour ses sculptures et inscriptions grecques, la collection Nani comportait un ensemble d'antiquités égyptiennes particulièrement varié, qui fut admiré et étudié par les voyageurs et les savants tout au long du XVIIIe siècle. Il en est question dans la correspondance du Père Paciaudi au comte de Caylus (lettre du début 1761: Ch. Nisard [éd.], *Correspondance inédite du Comte de Caylus avec le P. Paciaudi, théatin [1757-*

248

1765], 2 vols., Paris 1877, I, p. 231 n. 5) et à plusieurs reprises chez G. Zoega, *De origine et usu obeliscorum*, Romae 1797, p. 319-322 et notes, 466 n. 7 et *passim*). Cette collection égyptienne fit l'objet de publications dès la fin du XVIIIᵉ siècle: *cf.* entre autres J. A. Mingarelli, *Aegyptiorum codicum reliquiae venetiis in Bibliotheca Naniana asservatae*, Bononiae 1785 ainsi que *Indice e tavole dei marmi antichi scritti e figurati componenti il Museo Nani*, s.l. 1791, album de 28 planches sans texte, exemplaire à Ve-M (on y voit, entre autres, la disposition de certains objets égyptiens dans les salles du musée; la pl. III de ce recueil est reproduite in: E. Bassi *et al.* [éds.], *Venezia nell'età di Canova*, cat. expos. Venise 1978, Venezia 1978, p. 15 n° 6; pour la pl. IV, *cf.* plus bas dans cette note); [F. Driuzzo], *Collezione di tutte le antichità che si conservano nel Museo Naniano di Venezia*, Venezia 1815, p. 36-37 n° 357-386 et p. 39 n° 401 avec ill. de tous les objets! (exemplaire à Ve-M). Au sujet de la collection Nani en général, *cf.* O. Cavalier, "Le Musée Nani de Venise. Réflexions sur la formation et la dispersion d'une collection d'antiquités", *Bulletin de liaison de la Société des amis de la Bibliothèque Salomon-Reinach* N.S. 5, 1987, 69-84; M. Zorzi, *loc. cit.* (n. 27), p. 137-144; Favaretto, *loc. cit.* (n. 27), p. 206-220 et index p. 343 *s.v.* "Nani"; O. Cavalier, "La collection Nani d'antiquités", in: A.-F.Laurens/K. Pomian (éds.), *L'anticomanie. La collection d'antiquités aux 18ᵉ et 19ᵉ siècles* (Ecole des Hautes Etudes en Sciences Sociales. Civilisations et Sociétés 86), Paris 1992, p. 83-95 (la fig. 3 reproduit la pl. IV de l'*Indice [...]* cité plus haut); I. Favaretto, "Raccolte di antichità a Venezia al tramonto della Serenissima: la collezione dei Nani di San Trovaso", *Xenia Antiqua* 2, 1993, 77-92.

32   *Utriusque thesauri antiquitatum romanarum graecarumque nova supplementa congesta*, 5 vols., Venetiis 1737 (exemplaire à P-BN); il s'agit de suppléments à J. Gronovius, *Thesaurus graecarum antiquitatum*, 13 vols., Lugduni Batavorum 1697-1702 et à J. G. Graevius, *Thesaurus antiquitatum romanarum*, 12 vols., Trajecti ad Rhenum/Lugduni Batavorum 1694-1699.

33   En 6 volumes et un supplément, Paris 1752-1767.

34   *Ricerche sopra la scultura presso gli Egiziani*, Venezia 1792 (exemplaires à Mi-A, Pd-U et To-C). Pour la bibliographie récente consacrée à Brocchi, *cf.* Jaeger, "Pedrocchi", n. 42; il convient d'y ajouter S. Pernigotti, "Giambattista Brocchi ad Assuan", *Studi di Egittologia e di Antichità Puniche* 1, 1987, 47-62. Signalons aussi le jugement favorable exprimé sur l'Egypte par G. Vinci, *Saggio d'architettura civile con alcune cognizioni comuni a tutte le belle arti*, Venezia 1795; Roma 1795, p. 91 (exemplaires à L-Bl [éd. de Venise] et To-C [éd. de Rome]).

35   Madame J.W.C.D.R. [= Justine Wynne Comtesse De Rosenberg], *Alticchiero*, [Genève 1780], in-8° et sans planches (exemplaires à Ge-P et Ve-Co); Padoue 1787², in-4° avec 29 pls. (exemplaire à Ox-B); B. Brunelli Bonetti, "Un riformatore mancato Angelo Querini", *Archivio Veneto* S. 5, 81, 1951, 185-200; H. Brunner, "Eine wiedergefundene ägyptische Statue", *Journal of Egyptian Archaeology* 54, 1968, 129-134; G. Ericani, "Domenico Cerato e Angelo Querini senatore. Due disegni ed alcune lettere per Altichiero", *AV* 34, 1980, 206-209; *ead.*, "La storia e l'utopia nel giardino del senatore Querini ad Altichiero", in: A. Lo Bianco (éd.), *Piranesi e la cultura antiquaria. Gli antecedenti e il contesto*, Atti del Convegno 14-17 Novembre 1979, Roma 1983 (1985²), p. 171-194 (avec bibl. antérieure); G. Azzi Visentini, *Il giardino veneto tra Sette e Ottocento e le sue fonti* (Saggi 4), Milano 1988, p. 113-135; *ead.*, in: *ead.* (éd.), *Il giardino veneto. Storia e conservazione*, Milano 1988, p. 163-165 (avec bibl. antérieure); P. Carpeggiani, *loc. cit.* (n. 221), p. 18 et n. 80-82;

Bertrand Jaeger

G. Azzi Visentini, "Fermenti innovativi nel giardino veneto del secondo Settecento da Villa Querini ad Altichiero a Prato della Valle", in: C. Mozzarelli/G. Venturi (éds.), *L'Europa delle corti alla fine dell'antico regime* (Centro studi sulle società di antico regime. Biblioteca del Cinquecento 51), Roma 1991, p. 249-276.

[36] Paolino da S. Bartholomaeo [Giovanni Filippo Werdin], *Mumiographia Musei Obiciani*, Patavii 1799 (exemplaire à Ba-U); C. Cavedoni, *Indicazione dei principali monumenti antichi del Reale Museo Estense del Catajo pubblicata per la fausta contingenza della Riunione degli Scienziati Italiani [...] del MDCCCXLII*, Modena 1842, p. 94 (exemplaire à Ts-C); C. Dolzani, "Cimeli egiziani del Museo Civico di Padova I", *BMCP* 57, 1968, No 2, 8-9; P. L. Fantelli, "Eruditi e collezionisti: Luigi Lanzi a Tommaso degli Obizzi", *Padova e la sua Provincia* 23, 1977, No 11/12, 12-16; *id.*, "Collezionismo a Padova negli anni di Giuseppe Jappelli", in: Mazzi, *Jappelli e il suo tempo*, II, p. 777-792; P. et P. L. Fantelli, "L'inventario della collezione Obizzi al Catajo", *BMCP* 71, 1982, 101-238; P. L. Fantelli, "La collezione Tommaso degli Obizzi al Catajo", in: AA. VV., *Venezia e l'archeologia cit.* (n. 27), p. 95-99.

[37] Il convient aussi de citer ici la mystérieuse "Sala d'Iside" de Melchiorre Cesarotti (1730-1808), à Selvazzano Dentro (prov. de Padoue). L'illustre homme de lettres padouan, connu dans l'Europe entière, s'y était fait construire dans les années 1780 une villa et y avait aménagé au cours de la décennie successive un vaste parc, orné d'un bosquet funèbre, d'une grotte et de pavillons. Collectionneur insatiable dont les manies rappellent celles du comte de Caylus, il réunit dans sa villa un vaste ensemble de pierres et de fossiles tandis que des inscriptions latines et italiennes en recouvraient les murs et envahissaient le jardin. C'est ainsi que sa correspondance nous informe de l'acquisition de «nuove merci preziose per adornar la sala d'Iside» (M. Cesarotti, *Dell'epistolario di Melchiorre Cesarotti*, Tomo V, Pisa 1813, p. 7-8, lettre du 10.12.1800 à l'abbé G. Barbieri). La description que nous en a laissée la poétesse, amie de Cesarotti, Aglaia Anassillide (pseudonyme d'Angela Veronese Mantovani [1779-1847], *Notizie della sua vita scritte da lei medesima*, Padova 1826; nuova ed. a cura di M. Pastore Stocchi, Firenze 1973; nous citons le texte d'après Pietrogrande, *loc. cit. [infra]*, p. 30) laisse à penser que cette Salle pourrait s'être trouvée dans le jardin même: «[...] in un picciol tratto di terreno si vedea ciò che avrebbe offerto una vasta campagna, cioè: boschetto sacro agli estinti suoi amici, viale, detto dei pensieri, grotta di Tetide, collina col gabinetto delle Naiadi, sala d'Iside, etc. [...]». Nous n'avons aucune autre information à son sujet et ignorons le genre d'objets que Cesarotti avait pu y déposer. Par ailleurs, la villa était ornée de tableautins et de dessus-de-porte représentant des paysages imaginaires et des monuments dont une pyramide coiffée d'une guirlande de laurier, dans la salle dite de la littérature (G. Barbieri [éd.], *Selvaggiano o iscrizioni e abbellimenti letterarj collocati nella villa dell'ab. Cesarotti*, in: *Opere dell'abate Melchior Cesarotti Padovano*, vol. XXXIII, Firenze 1810, p. 420). La villa et son parc furent profondément altérés dès le XIXe siècle et il ne reste aujourd'hui presque aucune trace du monde imaginaire voulu par Cesarotti. Il est impossible d'y retrouver des éléments permettant de comprendre ce que fut la "Sala d'Iside". Vu l'omniprésence et le rôle symbolique des inscriptions à Selvazzano, il est permis de supposer – sans plus – qu'une inscription isiaque, possédée par Cesarotti, soit à l'origine de cette dénomination. Je remercie ici vivement M. et Mme Temistocle Fabris pour l'obligeance avec laquelle ils m'ont reçu à Selvazzano Dentro et fait visiter la villa Cesarotti (16.8.1993). Au sujet de Cesarotti et de sa villa, *cf.* F. Selmin, *Selvazzano. Documenti di storia*, Selvazzano Dentro 1972, p. 62-74; G. Patrizi, *DBI* 24,

1980, 220-229 *s.v.* "Cesarotti, Melchiorre"; F. Bernabei, "Il giardino, la grazia, il moderno. Premesse teoriche nel Veneto dell'attività di G. Jappelli", in: Mazzi, *Jappelli e il suo tempo*, II, p. 681-699; P. Bussadori/R. Roverato, *Il giardino Romantico e Jappelli*, cat. expos. Padoue 1983, Padova 1983, p. 26-29; G. Baldassari, "Dal Preromanticismo ai miti neoclassici", in: G. Arnaldi/M. Pastore Stocchi (éds.), *Storia della cultura veneta*, VI, Vicenza 1986, p. 99-108; C. Grandis/F. Selmin, *Guida a Selvazzano. Itinerari di storia, arte e cultura*, Selvazzano Dentro 1990, p. 42-44; A. Pietrogrande, "Novità e tradizione nel giardino della villa Cesarotti a Selvazzano", *Padova e il suo Territorio* 9, 1994, No 49, 29-31.

38 Celui du parterre philosophique (*cf.* bibl. à la n. 35). Nous nous trouvons ici à un point de rencontre important entre la franc-maçonnerie et l'Egypte: *cf.* par exemple H. Reinhardt, "L'influence de la franc-maçonnerie dans les jardins du XVIIIe siècle", in: C. Cresti (éd.), *Massoneria e architettura. Convegno di Firenze 1988*, Foggia 1989, p. 87-94. Au sujet de l'affiliation du sénateur Angelo Querini à la franc-maçonnerie, *cf.* Azzi Visentini, *Il giardino veneto tra Sette e Ottocento cit.* (n. 35), p. 128 n. 2. Pour les premiers contacts entre la franc-maçonnerie italienne et l'Egypte ancienne, *cf.* B. Jaeger, "La reviviscenza dell'Egitto antico nell'arte italiana dal Rinascimento ai giorni nostri", *Studi di Egittologia e di Antichità Puniche* 14, 1995, 35-36 et n. 48-56.

39 Cette admiration – on pourrait dire stupéfaction – fut immédiate et commença à s'exprimer alors même que la décoration intérieure était loin d'être achevée: le grand théoricien de l'art Pietro Selvatico (1803-1880), qui revint à plusieurs reprises sur le café Pedrocchi, en parle comme de «la più ingegnosa rivelazione della società presente italiana» (*Gazzetta di Venezia*, 23 agosto 1838, n° 198); pour d'autres opinions contemporaines, *cf. infra*, p. 222-223 et n. 441-453.

40 Nous adoptons la graphie du nom actuellement consacrée par l'usage non sans avoir rappelé, cependant, qu'à son époque, ce nom s'écrivait indifféremment avec I ou J et avec un ou deux p; l'architecte lui-même signait «Iappelli» (G. Damerini, *Un architetto veneziano dell'800. Giuseppe Iappelli* [Quaderni della "Rivista di Venezia"], Venezia 1934, p. 59).

41 «Una stupenda fantasia [...] questa potente facoltà, questa vera maga [...]» (G. Venanzio, "Biografie di membri effettivi dell'I. R. Istituto. II. Giuseppe Iappelli", *Atti dell'Imp. Reg. Istituto Veneto di Scienze, Lettere ed Arti*, Ser. 3, vol. 9, No 8, 1032-1033).

42 La bibliographie consacrée à Antonio Pedrocchi et au café du même nom est très vaste et nous ne citons ici que les études anciennes les plus importantes et les titres récents, qui permettront au lecteur de remonter à la bibliographie antérieure: Mazza, *Jappelli*, p. 67-68; Puppi, *Pedrocchi*; Mazza, *Pedrocchi*; Mazza/Puppi, *Guida*; B. Mazza, in: S. Marinelli *et al.* (éds.), *Il Veneto e l'Austria. Vita e cultura artistica nelle città venete 1814-1866*, cat. expos. Vérone 1989, Milano 1989, p. 432-433; E. Pianezzola, "Il Pedrocchi nella storia di Padova", *Ca' de Sass* 114, juin 1991, [5-8]; D. Banzato, "Il piano nobile dello «Stabilimento Pedrocchi»", *ibid.*, p. [9-16]; Franzin/Ugento, *Pedrocchi*.

43 Pour le déroulement de ces acquisitions successives, *cf.* Puppi, "Jappelli: Invenzione", p. 254-256 et B. Mazza, "Carte d'archivio per la storia del Caffè Pedrocchi", *Per Maria Cionini Visani. Scritti di amici*, [Torino] 1977, p. 149-153.

44 Gallimberti, *Jappelli*, p. 69; Mazza, *Jappelli*, p. 67-70.

45 Ou Bissacco; *cf.* Puppi, *Pedrocchi*, p. 31 et n. 40; B. Mazza, "Dal progetto all'edificio: tre esempi jappelliani", in: Mazzi, *Jappelli e il suo tempo*, II, p. 794 et n. 13; V. Dal Piaz, in: Mazza, *Pedrocchi*, p. 136 et 148 n. 8.

[46] Pour Jappelli également, nous ne citons ici que les études anciennes les plus importantes et la bibliographie récente: G. Venanzio, *loc. cit.* (n. 41), p. 1029-1046; G. Fiocco, "Giuseppe Jappelli architetto", in: C. Cimegotto/O. Ronchi (éds.), *Il Caffè Pedrocchi 1831 – 9 giugno – 1931*, Padova 1931, p. 25-35; G. Damerini, *loc. cit.* (n. 40); R. Carta Mantiglia, "Giuseppe Jappelli architetto", *L'Architettura* 1, 1955, 538-551; C. Maltese, *Storia dell'arte in Italia 1785-1843* (Saggi 274), Torino 1960, p. 93-97; Gallimberti, *Jappelli*; Puppi, "Jappelli: Invenzione", p. 223-269 (étude fondamentale et point de départ de toute recherche sur Jappelli); Mazza, *Jappelli*; L. Puppi, *Jappelli architetto. Monografia*, [Padova], Cassa di Risparmio di Padova e Rovigo [1978]; Mazzi, *Jappelli e il suo tempo*; B. Mazza, "Disegni inediti di Giuseppe Jappelli all'Archivio di Stato di Padova", *Arte in Friuli Arte a Trieste* 12-13, 1993, 207-212; ead., *The Dictionary of Art* 17, 1996, 442-444 *s.v.* "Jappelli".

[47] Pour Jappelli, *cf.* infra p. 222, texte et n. 435-437; pour les liens possibles d'Antonio Pedrocchi avec la franc-maçonnerie, *cf.* Mazza/Puppi, *Guida*, p. 23.

[48] Puppi, "Jappelli: Invenzione", p. 225.

[49] *Cf.* Puppi, *Pedrocchi*, p. 39 et n. 29 (avec bibl. remontant jusqu'à 1831) et Mazza, in: Mazza, *Pedrocchi*, p. 40-42 ainsi que P. Selvatico, in: P. Selvatico *et al.*, *Guida di Padova e della sua provincia*, Padova 1842, p. 262 et A. Falconetti, *Il Caffè Pedrocchi. Dagherrotipo artistico descrittivo*, Padova 1842, p. 26 (exemplaires à Pd-C).

[50] Nous séparons la description (section a) de l'étude des sources, à laquelle nous consacrerons la section suivante (b) en reprenant les éléments du décor dans l'ordre dans lequel nous les décrivons ici.

[51] Qualité qui lui fut reconnue par tous: Puppi, "Jappelli: Invenzione", p. 257.

[52] Cette particularité et le lien avec l'Egypte furent relevés dès 1842 par P. Selvatico (*loc. cit.* [n. 49], p. 266), qui note avec réprobation que cela fut reproché à Jappelli: «Vi fu persino chi, non osservando di quanto impaccio ai piedi sarebbero state nello interno le basi attiche o ioniche comuni, rimproverò l'architetto di ciò che anzi doveva meritargli lode, vale a dire dell'aver egli sottoposta alla colonna ionica del tempio di Eretteo una base egizia. Eppure era quello uno de' pochi ripieghi ingeniosi che potessero impedire il grave sconcio che ne sarebbe venuto usando le basi consuete in un luogo tanto frequente di popolo». *Cf.* aussi A. Cavallari-Murat, "Jappelli e il suo revival neoclassicista", in: Mazzi, *Jappelli e il suo tempo*, II, p. 472 et fig. 6c (republié sous le titre "Il caso jappelliano Pedrocchi-Pedrocchino", in: *id.*, *Come carena viva. Scritti sparsi*, 5 vols., Torino 1982, IV, p. 526-558).

[53] Matériau local provenant des collines euganéennes décrit, suivant les auteurs, comme «pietra di macigno euganea» (Puppi, *Pedrocchi*, p. 71) ou «trachite euganea» (Franzin/Ugento, *Pedrocchi*, p. 11).

[54] Puppi, *Pedrocchi*, fig. 64; Pavanello, "L'«ornatissimo»", p. 97 fig. 17-18.

[55] Leurs dimensions et leurs proportions sont très proches; ils occupent tous pratiquement toute la largeur et toute la longueur de la plinthe sur laquelle ils reposent. Lions du café Pedrocchi (mesures personnelles), hauteur du lion: 84cm (avec la plinthe: 94cm); longueur de la plinthe: 202cm; largeur de la plinthe: 63cm. – Lion du Capitole inv. 28 (15), à gauche de la rampe, hauteur du lion: 85cm (avec la plinthe: 107cm); longueur de la plinthe: 185cm; largeur de la plinthe: 62cm. – Lion du Capitole inv. 30 (16), à droite de la rampe, hauteur du lion: 85cm (avec la plinthe: 97cm); longueur de la plinthe: 197cm; largeur de la plinthe: 62cm. Au sujet des lions du Capitole et de leur histoire, *cf.* S. Ensoli Vittozzi, *Musei Capitolini. La collezione Egizia*, Cinisello Balsamo (Mi) 1990, p. 71-85 (avec bibl.

antérieure) et K. Lembke, *Das Iseum Campense in Rom. Studie über den Isiskult unter Domitian* (Archäologie und Geschichte 3), Heidelberg 1994, p. 221-223 n° 10-11 et pl. 29-30.

[56] Le sculpteur romain Petrelli est sans doute l'auteur de tous les travaux de sculpture au café Pedrocchi (*cf. infra*, p. 194-195 et n. 106), entre autres des balustrades aux griffons sur les terrasses des deux *logge* de la façade nord (Puppi, *Pedrocchi*, p. 57; Maschio, "Immagini", p. 66-67). Bien que nous ne disposions d'aucun élément de preuves à ce sujet, il paraît vraisemblable que l'idée des lions soit de Jappelli lui-même (*cf.* déjà Puppi, *Pedrocchi*, p. 57); pour des lions similaires – peut-être connus de Jappelli – ornant l'entrée de la villa Melzi, à Bellagio, *cf. infra*, p. 208 et n. 230. Sur Petrelli, *cf.* V. Vicario, *Gli scultori italiani dal neoclassicismo al Liberty*, 2 vols., Lodi 1994², II, p. 816 *s.v.* "Petrelli"; au sujet de ses débuts à Padoue, *cf.* encore P. L. Fantelli, "La deputazione d'ornato e le statue di Prato della Valle", *Padova e la sua Provincia* 25, 1979, No 11/12, p. 18-19.

[57] On ignore s'ils étaient prêts le 9 juin 1831, pour l'inauguration du rez-de-chaussée. G. Cittadella, *Pedrocchi*, Padova 1832, p. 29-30 assure que, pour la sortie de sa brochure, «i leoni [...] dovranno fregiare l'ingresso di tutti e tre i padiglioni» (cité d'après Puppi, *Pedrocchi*, p. 53-54, qui ajoute d'autres précisions chronologiques au sujet de ces lions).

[58] Monuments romanisés, certes, mais pas romains tout de même; l'abbé Giuseppe Barbieri les décrit ainsi dans son poème "Il Nuovo Caffè" écrit à cette époque: «[...] Appiè d'ogni atrio stesi // Mostran forte ruggir sculti in macigno // Duo feroci leon, emuli in vista // Ai duo d'Egitto, che dischiudon ampio // Alla scalea capitolina il passo // Vomendo insiem acque, ruggiti e spuma. [...]» (*Il Caffè Pedrocchi. Memorie edite ed inedite raccolte e pubblicate in occasione del cinquantesimo anniversario della sua apertura da D. C. Pedrocchi*, Padova 1881, p. 102).

[59] *Cf.* par exemple Mazza/Puppi, *Guida*, p. 74-75 et Puppi, *Pedrocchi*, fig. 34-41, 45-48 et 56 pour des vues de cette façade nord et, ici même Taf. 60, pour une lithographie du vénitien L. Kier, d'après une gravure d'Andrea Tosini datant du milieu du XIXᵉ siècle (dimensions: 51,5 x 38cm); *cf.* aussi *infra*, n. 99.

[60] *Cf.* St. Röttgen, in: Lo Bianco, *loc. cit.* (n. 35), p. 159 et fig. 5; il est intéressant de noter que ce casino aurait dû comporter une salle néo-gothique avec décorations à l'égyptienne, dessinée en 1762 par Johann Heinrich Müntz (1727-1798) mais jamais réalisée (Curl, *Egyptomania*, p. 114 et M. Pantazzi, in: *Egyptomania* [cat. Paris], p. 171). Toujours en contexte classique, on retrouve fréquemment ces lions dans la peinture européenne de la seconde moitié du XVIIIᵉ siècle (Pantazzi, *ibid.*, n° 27 et 71 ainsi que p. 171 fig. 1); vers 1777-1778, l'architecte Pierre-Adrien Pâris (1745-1819) en fit une copie fidèle pour un hôtel particulier parisien (Chr. Ziegler, in: *Egyptomania* [cat. Paris], n° 28). *Cf.* également un dessin de Charles Heathcote Tatham (1772-1842) de 1794-1796 (Curl, *Eg. Revival*, p. 103-104 et pl. 90) ainsi qu'une aquarelle légèrement postérieure, attribuée à Giuseppe Camporese (1763-1822): L. Guardamagna D'Angelo/A. Sistri, "Due progetti di rotonde con ordine dorico 'alla greca' del giovane Luigi Canina", *Palladio. Rivista di Storia dell'Architettura e Restauro* 10, 1992, 76 et 81 fig. 15.

[61] E. Cabello, "Architettura neoclassica a Napoli: la basilica di S. Francesco di Paola", *Napoli Nobilissima* 17, 1978, 81-92; ils sont l'oeuvre des décorateurs Raggi et C. Beccalli (1775-1836) et remontent au premier quart du XIXᵉ siècle.

[62] C'est le seul exemple que nous connaissons où sont associés ces deux types de lions, qui sont les monuments égyptiens les plus populaires de Rome après les obélisques. Pour les lions de Nectanébo Iᵉʳ, *cf.* Lembke, *loc. cit.* (n. 55), p. 223-224 n° 13-14 et pl. 32.

[63] Deux lions flanquent les marches d'accès au pronaos néo-classique de l'église; ce pronaos fut ajouté en 1809, sans doute par Giuseppe Del Rosso (1760-1831), lors de la suppression de l'église: M. Dezzi Bardeschi, "Studio storico e proposte di restauro della chiesa e del convento di S. Pancrazio in Firenze", *Bollettino degli Ingegneri* 11, 1963, No 2-3, 20 et n. 18; C. Cresti/L. Zangheri, *Architetti e ingegneri nella Toscana dell'Ottocento*, Firenze 1978, p. 81; A. Busignani/R. Bencini, *Le chiese di Firenze. Quartiere di Santa Maria Novella*, Firenze 1979, p. 157-158 et figs. Au sujet de G. Del Rosso, *cf.* Jaeger, "Pedrocchi", texte avec n. 71 et 84.

[64] Quatre lions crachant l'eau dans des vasques furent disposés par Giuseppe Valadier, vers 1824-1825 au pied de l'obélisque de la Piazza del Popolo: Th. Ashby/S. R. Pierce, "The Piazza del Popolo: Rome", *The Town Planning Review* 11, 1924, No 2, 95 (en 1825, selon les auteurs); G. Matthiae, *Piazza del Popolo attraverso i documenti del primo Ottocento*, Roma 1946, p. 104 (sous Léon XII, c'est-à-dire entre 1823 et 1829); C. D'Onofrio, *Le fontane di Roma*, Roma 1962², p. 41 et 1986³, 97-98 (en 1823); *id.*, *Gli obelischi di Roma*, Roma 1967², p. 176 (l'auteur opte, ici, pour une datation plus précoce, en 1818); E. Iversen, *Obelisks in Exile*, I, *The Obelisks of Rome*, Copenhague 1968, p. 74 (au début du pontificat de Léon XII); E. Debenedetti (éd.), *Valadier. Segno e architettura*, cat. expos. Rome 1985-1986, Roma 1985, p. 83-84 n° 172-173 et p. 192 fig. 172-173 (deux dessins de Giuseppe Valadier [datés par l'auteur de 1822 env.] avec le projet final comportant les quatre lions devant leur vasque respective, aux quatre angles du socle de l'obélisque). La date de la réalisation n'est pas connue et varie selon les auteurs; toutefois, nous pouvons exclure une datation antérieure à 1824 car une médaille frappée en l'an 24 du pontificat de Pie VII (1823) montre la nouvelle ordonnance de la place, *sans* les quatre lions et *sans* les sphinx des hémicycles (Numismatik Lanz München, *Auktion 73, Mittelalter und Neuzeit*, 30.5.1995, n° 1155).

[65] Au nombre de huit, ils étaient disposés par paires aux extrémités des deux ponts suspendus (1835-1837) des frères Marc et Jules Séguin, (*cf.* Jaeger, "Pedrocchi", n. 74 et texte correspondant); quatre d'entre eux flanquent aujourd'hui, deux par deux, les extrémités du Viale del Poggio Imperiale, à Florence, tandis que deux autres ont été replacés, dans la même ville, au parc des "Cascine", Viale degli Olmi.

[66] Puppi, "Jappelli: Invenzione", p. 256; Puppi, *Pedrocchi*, p. 63-68; Mazza/Puppi, *Guida*, p. 24. Les travaux ne reprirent sans doute qu'après le retour de Jappelli de Rome; or, celui-ci y est encore attesté le 17 novembre 1840 (*cf. infra*, p. 212 et n. 298).

[67] Il fallut même une contribution spéciale de la municipalité pour assurer l'achèvement des travaux (G. Toffanin, in: Mazza, *Pedrocchi*, p. 88). Toutefois, certains détails de la décoration du Salon égyptien, jamais signalés jusqu'ici, semblent nettement indiquer que celle-ci est restée inachevée (*cf. infra*, p. 194 et n. 97-98).

[68] *Cf. infra*, p. 212 et n. 300.

[69] P. 212 et n. 297-300.

[70] Puppi, *Pedrocchi*, p. 57-59 nous semble être le seul auteur à avoir traité cette question avec l'attention souhaitée et sans doute est-ce à juste titre qu'il en trouve une explication dans la charge financière que représentait l'entreprise et dans les priorités que s'était fixées le commanditaire.

[71] Ou l'interruption?

[72] G. Toffanin Jr., in: Mazzi, *Jappelli e il suo tempo*, I, p. 244-245; elles ne furent guère utilisées jusqu'en 1856: M. T. Franco, in: Mazza, *Pedrocchi*, p. 117-119.

[73] A l'intérieur du vaste courant éclectique. *Cf.* R. Gabetti, in: P. Portoghesi (éd.), *Dizionario Enciclopedico di Architettura e Urbanistica*, II, 1968, p. 211-226 *s.v.* "Eclettismo" avec pl. I-XXVIII. Sur l'éclectisme en général et le courant néo-égyptien en particulier, *cf.* l'importante étude de L. Patetta, *L'architettura dell'eclettismo. Fonti, teorie, modelli 1750-1900*, Milano 1975, 1991[2] (réédition inchangée avec une nouvelle préface [p. I-IV] consacrée aux recherches les plus récentes): *cf.* spécialement p. 94-130 ("Il Neoegizio"). Pour la Vénétie et Jappelli, *cf.* A. M. Tamiozzo, "Neoclassicismo ed eclettismo in Giuseppe Jappelli", *AV* 13-14, 1959-1960, 182-188; C. Semenzato, "Giuseppe Jappelli", *Bollettino del Centro Internazionale di Studi di Architettura Andrea Palladio* 5, 1963, 239-244; A. Cavallari Murat, "I teorici veneti dell'età neoclassica", *Atti dell'Istituto Veneto di Scienze, Lettere ed Arti*, Classe di scienze morali e lettere 122, 1964, 195-243 et pl. I-IV (étude fondamentale) et *id.*, "Cervelli veneziani e veneti '700-'800", in: *id.*, *Come carena viva. Scritti sparsi*, 5 vols., Torino 1982, IV, p. 572-573; au sujet de l'application à Jappelli du qualificatif d' "éclectique", *cf.* les remarques de Patetta, "Trattatistica", p. 109. L'on consultera finalement M. Greenhalgh, *Was ist Klassizismus?*, Zürich/München 1990 (éd. originale anglaise London 1990), spéc. p. 28-32.

[74] Pour une description détaillée des salles du premier étage, *cf.* Puppi, *Pedrocchi*; Mazza, *Pedrocchi*; Mazza/Puppi, *Guida*; Franzin, in: Franzin/Ugento, p. 22-27. Pour un plan de ces salles, *cf.* Puppi, *Pedrocchi*, fig. 123; Mazza/Puppi, *Guida*, p. 59; Pavanello, "L'«ornatissimo»", p. 94.

[75] Au sujet de Demin, *cf.* F. Mazzocca, *DBI* 38, 1990, 648-652 *s.v.* "Demin, Giovanni" et G. Dal Mas, *Giovanni De Min 1786-1859* [Istituto Bellunese di Ricerche Sociali e Culturali, Serie "Arte" 7], Belluno 1992 (avec bibl. antérieure complète). *Cf.* aussi *infra*, n. 262 et p. 216 avec n. 343-344.

[76] Publié à Paris en 1788. L'impact de cette oeuvre sur la Vénétie est avant tout le fait des différentes traductions italiennes, rééditées souvent plusieurs fois: Napoli 1790-1791; Venezia 1791-1793; Venezia 1816; Milano 1820-1824; Napoli 1824; Venezia 1825-1826; Venezia 1827-1828; Firenze 1830-1831; Parma 1836. Au sujet de l'abbé Barthélémy, *cf.* V.-L. Saulnier, *Dictionnaire de biographie française* 5, 1951, col. 666-668 *s.v.* "Barthélémy (19)" et Franzin, in: Franzin/Ugento, p. 23.

[77] Le sujet peut avoir été arrêté d'un commun accord avec Jappelli, en 1839/1840, alors que les deux artistes se trouvaient à Rome: *cf. infra*, p. 215 et n. 330.

[78] Ces peintures sont l'oeuvre de Pietro Paoletti (1801-1847), qui décora également certaines salles de la villa Torlonia, à Rome à l'époque même où Jappelli y travaillait; à ce sujet, *cf. infra*, p. 215-216 et n. 331 et 333-344. Signalons qu'un salon néo-classique à décor pompéien, composé d'un divan et de dix sièges et appartenant à la Fondazione Querini Stampalia de Venise, est attribué par les inventaires de ladite Fondation à Jappelli lui-même: G. Mariacher, in: E. Bassi *et al.*, *Venezia nell'età di Canova 1780-1830*, cat. expos. Venise 1978, Venezia 1978, p. 141-142 n° 199-200.

[79] La suggestion faite parfois qu'il puisse s'agir d'un portrait ou simplement d'une allusion à G. B. Belzoni (Maschio, "Immagini", p. 63 et 74-75 n. 1; D. Banzato, *loc. cit.* [n. 42], p. [10], qui s'exprime, à juste titre, en termes plus prudents) nous semble sans fondement réel. Elle dérive clairement de la démarche qui cherche à faire du Salon égyptien un «hommage à Belzoni» (*cf.* nos remarques à ce sujet, *infra*, p. 204-205 avec n. 165-183): «In ogni caso il *precedente* della sala egizia che, fuor d'ogni dubbio, è dedicata al Belzoni, dovrebbe tornare a conferma di un cordiale *plauso* dello Jappelli all'esploratore padovano».

La peinture en question est l'oeuvre de G. Demin: Maschio, *loc. cit.* avec bibl. antérieure; Dal Mas, *loc. cit.* (n. 75), p. 200.

[80] En l'appelant ainsi en français, nous suivons une désignation d'époque, qui apparaît dans la légende d'une lithographie du milieu du XIXe siècle (Taf. 70); dans Jaeger, "Pedrocchi", dont la rédaction est légèrement antérieure, nous l'avions encore désignée comme "Salle égyptienne".

[81] Nous ne citons ici que les références les plus importantes: Puppi, *Pedrocchi*, p. 80-81 avec fig. 144 et pl. en coul. 7; Dolzani, "Belzoni"; Mazza/Puppi, *Guida*, p. 69 et 86-87; Pavanello, "L'«ornatissimo»", p. 95 et 104-105; E. Franzin, in: Franzin/Ugento, *Pedrocchi*, p. 27-31; *cf.* aussi nos «Appendices» I et II.

[82] Comme nous l'expliquons dans la note liminaire à cette étude, nous avons donné dans Jaeger, "Pedrocchi" une première description, *brève et partielle*, du Salon égyptien et un aperçu des *principales* sources utilisées, pour en faire le point de départ d'une réflexion sur le regard porté par les artistes du XIXe siècle sur l'Egypte; nous y renvoyons le lecteur pour cet aspect du sujet. Nous présentons ici, par contre, une description *complète* du Salon égyptien et de ses éléments décoratifs et *toutes* les sources que nous avons pu identifier et chercherons ensuite à comprendre comment Jappelli en est venu à s'intéresser à ce point à l'Egypte.

[83] Une documentation similaire est, en revanche, connue dans le cas de la serre néo-mauresque réalisée par Jappelli en 1839/1840, dans le jardin de la villa Torlonia, à Rome: *cf. infra*, p. 212-214 et n. 304-306.

[84] Aucun plan ni aucunes mesures n'ont été publiés jusqu'ici pour le Salon égyptien; nous avons réalisé ce plan à partir de nos propres mesures et en donnons les principales dans les pages qui suivent. Le lecteur trouvera, en outre, des compléments à notre description en se reportant à l'«Appendice II», à la fin de cet article.

[85] N'ayant pu mesurer directement la hauteur du salon, le chiffre que nous donnons ici a été calculé à partir de la hauteur des différentes assises.

[86] Hauteur: 2,675m; largeur: 1,24m; profondeur: 0,385m. La pierre est de couleur lie-de-vin.

[87] Ils simulent les trous qui perforaient le vase pour laisser échapper l'eau du Nil contenue à l'intérieur. D'autres exemples similaires sont connus (par exemple dans le Salon égyptien de la villa Bianchi Bandinelli, à Sienne [1828]: *cf.* Jaeger, "Pedrocchi", texte et n. 9). Ceci rappelle une légende rapportée par Rufin d'Aquilée (*ca.* 345-410 ap. J.-C.), *Historia ecclesiastica* II (XI), 26 (J.-P. Migne [éd.], *Patrologiae cursus completus [...]* 21, Parisiis 1878 [Series latina prior], p. 534-535 = Th. Hopfner, *Fontes Historiae Religionis Aegyptiacae*, 4 vols., Bonnae 1922-1924, IV, p. 629-630): des adorateurs chaldéens du feu voulaient prouver la supériorité de leur dieu en affirmant qu'il était en mesure de détruire les images de tous les autres dieux; les prêtres d'Osiris Canope prirent alors un vase, le remplirent d'eau, en bouchèrent les pores avec de la cire, lui mirent la tête d'une statue de cette divinité en guise de couvercle et le placèrent sur le feu; le feu fit fondre la cire et l'eau s'échappant alors du vase, éteignit le feu et détruisit ainsi le dieu des Chaldéens; *cf.* également J. Kettel, in: *Hommages à Jean Leclant* (Bibliothèque d'Etude 106), 4 vols., Le Caire 1994, III, p. 326-330. Comme l'a démontré E. Panofsky dans une étude célèbre ("«Canopus Deus»: The Iconography of a Non-existent God", *Gazette des Beaux-Arts* 103, 1961, 193-216), ce texte était bien connu au XVIe siècle et V. Cartari, le premier, en publia une transposition figurée, en 1571, dans la première édition illustrée de *Le Imagini cit.* (n. 18), p. 254; il fut suivi par les savants des XVIIe et XVIIIe siècles, entre autres A. Kircher et B.

de Montfaucon. Cette illustration disparut, ensuite, des ouvrages savants, car non confirmée par les découvertes archéologiques. Les artistes du XIXe siècle ont donc eu recours à des publications antérieures tout en opérant un raccourci iconographique, car les auteurs des siècles précédents représentaient Osiris Canope – à deux dimensions – avec des filets d'eau s'échappant du vase comme au travers d'un pommeau d'arrosoir tandis que les figurations du XIXe siècle – généralement à trois dimensions – suggérèrent simplement le phénomène par des renfoncements dans la panse du vase. Peut-être ignoraient-ils cette légende? Mais Cartari ne fut pas le premier érudit à s'être intéressé à Osiris Canope. Bien avant l'illustration qu'il en publia en 1571, le peintre et architecte flamand Lambert Lombard (1505 ou 1506 - 1566) en réalisa un dessin très détaillé: *cf.* G. Denhaene, *Lambert Lombard. Renaissance et humanisme à Liège*, Anvers 1990, p. 179-181 et fig. 237 et 239-240, où l'on trouvera des informations importantes sur le milieu dans lequel s'est développé l'intérêt de Lombard pour la mythographie.

88 Hauteur: 1,33m; largeur max.: 0,33m; profondeur max.: 0,28m. Le personnage porte une perruque et un collier; de la taille aux chevilles, son corps est recouvert d'une paire d'ailes repliées.

89 Le socle repose sur le sol, entre les pieds de la statue, qui sont écartés et disposés sur une même ligne.

90 Hauteur: 1,82m; largeur max.: 0,53m; profondeur max.: 0,89m. Les mesures des quatre statues sont pratiquement les mêmes (*cf.* Jaeger, "Pedrocchi", n. 27).

91 Hauteur d'un registre: 0,58m; largeur d'un registre: 0,498m; hauteur totale d'un montant: 3,48m; hauteur totale de la porte: 4,78m; largeur de l'ouverture de la porte: 1,45m.

92 Egalement de stuc couleur lie-de-vin.

93 Pour une meilleure compréhension de la description du plafond, l'on se reportera à la lithographie très fidèle que nous présentons plus loin (Taf. 70).

94 De mur à mur.

95 Sur la paroi nord, il n'en subsiste que quelques traces, sur la paroi sud, pratiquement aucune.

96 Les reproductions en couleurs du Salon égyptien publiées jusqu'ici sont le plus souvent antérieures aux travaux de restauration de la fin des années 1980 et ne font qu'attester du mauvais goût et de l'inexactitude des interventions précédentes et de l'état général précaire de la décoration: Puppi, *Pedrocchi*, pl. 7; Mazza/Puppi, *Guida*, p. 86-87; seules reproductions en couleurs postérieures à ces travaux, à notre connaissance: Banzato, *loc. cit.* (n. 42), p. [16] (vue d'ensemble et détails); Franzin/Ugento, *Pedrocchi*, p. [33] (à l'intérieur de la page de couverture postérieure).

97 En particulier la frise d'hiéroglyphes, en relief sur la paroi ouest mais simplement dessinée sur la paroi est.

98 *Cf.* déjà n. 67. Cette observation n'avait pas été faite auparavant. D'ailleurs, une autre décoration est restée inachevée, l'*Allegoria della Civiltà* de Vincenzo Gazzotto (1807-1884), ornant le plafond de la salle Renaissance: *cf.* Puppi, *Pedrocchi*, p. 66 avec n. 97 et p. 79; Maschio, "Immagini", p. 66 et n. 15; Pavanello, "L'«ornatissimo»", p. 94; sur l'oeuvre elle-même, *cf.* M. L. Frongia, "Le opere pittoriche delle sale superiori del Caffè Pedrocchi", in: Mazzi, *Jappelli e il suo tempo*, II, p. 611-613.

99 Dimensions: 38 x 51,5cm; lithographie du vénitien L. Kier, d'après une gravure d'Andrea Tosini, faisant partie d'un ensemble de six gravures, toutes consacrées au café Pedrocchi (Puppi, *Pedrocchi*, p. 55 n. 41; signalons que certaines reproductions de cette lithographie sont inversées, ainsi Siliotti, *Padova cit.* [n. 1], p. 75 et Mazza/Puppi, *Guida*, p. 47).

Extrêmement détaillée, celle-ci est du plus grand intérêt car elle prouve que rien n'a changé depuis lors dans la décoration du Salon égyptien; seuls les hiéroglyphes et les figures ornant les architraves et les pilastres ont été en partie effacés par le temps. La fidélité de la reproduction est presque totale, à deux détails près concernant la paroi sud (la paroi du fond sur la lithographie): les pilastres en trompe-l'oeil soutenant les assises aux protomés de lions ne sont, en réalité, que d'étroites bandes de quelques centimètres de largeur et l'architrave supérieure est ornée d'hiéroglyphes et non de figures. Par ailleurs, il a déjà été signalé (M. T. Franco, in: Mazza, *Pedrocchi*, p. 124) que cette reproduction correspond tout à fait à une description des salles faite en 1856 (M. T. Franco, "Un luogo per la società civile; il casino Pedrocchi", *BMCP* 71, 1982, 239-275; *cf.* notre «Appendice I» où sont cités *in extenso* les passages de cette description consacrés au Salon égyptien; *cf.* également notre «Appendice II»); le lustre y est décrit comme «una lampada [...] di Egizia maniera, portante quattro figure, ed altrettante teste chimeriche». Nous n'avons donc aucune raison de penser que la reproduction du lustre ne soit pas correcte (voir aussi la fin de la note suivante).

[100] Cette précieuse photographie date de 1906 et ne fut publiée qu'une seule fois jusqu'ici (Puppi, *Pedrocchi*, fig. 144), d'après un original aujourd'hui perdu, qui ne faisait partie ni de la "Raccolta Iconografica Padovana" (R.I.P.) de la Biblioteca Civica de Padoue, ni de la collection du Gabinetto Fotografico dei Musei Civici de Padoue (d'après nos propres recherches, effectuées en février 1994). Après sa publication en 1980 par l'éditeur Neri Pozza, dans l'ouvrage cité ci-dessus, la photographie originale semble être restée dans les papiers de l'éditeur, récemment disparu (communication orale du Prof. L. Puppi, 13.6.1994). Cette photographie confirme nos remarques de la note précédente au sujet de l'authenticité du décor parvenu jusqu'à nous et de la fidélité de la lithographie: le lustre est, en effet, rigoureusement identique sur les deux documents.

[101] Gallimberti, *Jappelli*, p. 63; Mazza/Puppi, *Pedrocchi*, p. 69.

[102] *Cf.* n. 99-100.

[103] Par ailleurs, le mobilier énuméré dans la description de 1856 (*cf.* n. 99 et «Appendice I») concorde en tous points avec ces deux témoignages iconographiques.

[104] Pour l'étude des sources, nous reprenons les éléments du décor dans l'ordre dans lequel ils ont été décrits dans la section précédente (a).

[105] Seule la décoration des architraves a été dessinée, avant d'être en partie sculptée en relief (*cf. supra*, p. 194 et n. 95).

[106] Il s'agit d'un manuscrit anonyme de la Biblioteca Civica de Padoue, cote B.P. 1501/1, intitulé *Brevi Cenni sulla vita ed Opere di Giuseppe Petrelli* et composé d'une feuille unique pliée en deux, formant un feuillet écrit sur les quatre côtés (collation personnelle, février 1994). Il comporte quelques éléments biographiques sur Petrelli (entre autres le fait qu'il fut l'élève de Rinaldo Rinaldi [1793-1873], à Rome, pour la sculpture [p. 1ʳ]) ainsi qu'une liste d'oeuvres de Petrelli parmi lesquelles «tutti i lavori di scoltura che si trovano nello stabilimento Pedrocchi e i quattro leoni che si trovano nella Piazzetta» (p. 1ᵛ). C'est L. Puppi qui, le premier, attira l'attention sur ce document (*Pedrocchi*, p. 66 n. 98 et 67 n. 100), en cherchant à identifier les différents artistes associés à la décoration du café Pedrocchi. Il fut suivi, à juste titre, par Maschio, "Immagini", p. 66-67 et n. 17-19 et par Pavanello, "L'«ornatissimo»", p. 95. La suite de cet inventaire manuscrit attribue encore à Petrelli «due leoni di marmo rosso spediti a Londra» (p. 1ᵛ). Au sujet de Petrelli, *cf.* encore Puppi, *Pedrocchi*, p. 57; pour les lions de la façade nord, *cf. supra*, p. 190 et n. 53-65.

[107] Selon Puppi, *Pedrocchi*, p. 65 et 67 avec n. 100 (au conditionnel) et Pavanello, "L'«ornatissimo»", p. 95 alors, pourtant, que les rares sources anciennes dont nous semblons disposer n'évoquent la collaboration de Gradenigo que pour le Pedrocchino. Nous reviendrons plus loin sur cette question (nous ne croyons pas au retour de Gradenigo sur le chantier Pedrocchi, pour la décoration du *piano nobile*, entre la fin 1840 et 1842) et sur l'éventuelle participation d'autres artistes à la décoration du Salon égyptien car il est étonnant que le concours d'un *peintre* à la décoration du Salon égyptien n'ait jamais été évoqué jusqu'ici dans la littérature (*cf. infra*, p. 215 et n. 332-333).

[108] *Cf. supra*, p. 192 et n. 83.

[109] B. Porter/R. L. B. Moss, *Topographical Bibliography of Ancient Egyptian Hieroglyphic Texts, Reliefs, and Paintings*, VI, Oxford 1939 (repr. 1970), p. 43-45 (i-j).

[110] *Antiquités (Planches)*, IV, Paris 1817, pl. 6. Cette planche est reprise par Luigi Canina, *L'architettura egiziana descritta e dimostrata coi monumenti*, 2 vols., Roma 1839-1844, II, pl. LXXXV (exemplaires à Ba-U [planches seules] et P-BN) mais celle-ci n'a, toutefois, pas pu servir de modèle, comme nous l'avons démontré ailleurs (Jaeger, "Pedrocchi", n. 11); au sujet de cet ouvrage de Canina, *cf. infra*, p. 220 et n. 413-414.

[111] Comme nous allons le voir, les scènes de chaque registre ne reprennent que deux des trois personnages des représentations originales.

[112] Ils comportent six registres au lieu de cinq (en comptant la base).

[113] Ce qui est loin d'être toujours le cas dans les autres exemples d'architecture en style égyptien que nous connaissons: *cf.* Jaeger, "Pedrocchi", n. 14.

[114] Vol. IV pl. 6.

[115] Il convient de se souvenir que les ouvrages de ce genre circulaient aussi en feuilles; il n'y a donc rien d'étonnant à voir les artistes utiliser, pour le même décor, des planches très éloignées les unes des autres, provenant même parfois de volumes différents: *cf.* par exemple la description ci-dessous, panneau n° [14].

[116] Nous appelons "porte d'entrée" celle par laquelle on accède au Salon égyptien en venant de la salle de bal; la seconde porte ne communique qu'avec la terrasse. Pour chaque montant, nous décrivons les scènes de haut en bas.

[117] Ce signe représente la réunion de la Haute et de la Basse Egypte (*t'wj* = "le Double Pays, l'Egypte") par l'entrelacement de ses plantes héraldiques (le lis de Haute Egypte et le papyrus de Basse Egypte), de part et d'autre d'un hiéroglyphe central qui se lit *zm'* ("unir, réunir").

[118] Les références qui suivent se rapportent toutes aux volumes de la *Description de l'Egypte*, *Antiquités*. Sauf indication contraire, les modèles que nous indiquons sont les seuls de toute la *Description* entrant en ligne de compte pour le décor en question.

[119] La restitution de la *Description* est elle-même inexacte, ici, car l'offrande est, en réalité, différente sur ce 4e registre: le roi fait l'offrande des champs (G. Jéquier, *Les temples ptolémaïques et romains* [L'architecture et la décoration dans l'ancienne Egypte 3], Paris 1924, pl. 71).

[120] Dont l'aspect ithyphallique est pudiquement ignoré!

[121] Et non des copies comme les nombreuses mesures effectuées sur les originaux nous ont permis de le constater: *cf.* Jaeger, "Pedrocchi", n. 27.

[122] Actuellement au Museo Civico agli Eremitani (*id.*, *ibid.*, n. 26), les deux statues originales furent exposées, à leur arrivée à Padoue, dans la grande salle du Palazzo della Ragione, de part et d'autre de l'entrée, et elles y demeurèrent jusqu'à ces dernières années: pour des photographies de la disposition d'origine, *cf.* C. Manfroni, "Il Comune di Padova e Gian

Battista Belzoni con alcune lettere inedite del Belzoni", *Atti e Memorie della R. Accademia di Scienze, Lettere ed Arti in Padova* 40, 1924, 107 et Gaudenzio, *Belzoni avventuriero*, pl. 8.

[123] *Antiquités de la Nubie ou monuments inédits des bords du Nil situés entre la première et la deuxième cataracte*, Stuttgart/Paris 1822, pl. 8 (en haut).

[124] *Loc. cit.* (n. 110), pl. LXXXIV (la légende "Tempio a Gartasse nella Nubia" indiquait clairement à Jappelli la nature du monument dont il s'inspirait). Nous avons déjà signalé cette dépendance de Jappelli dans Jaeger, "Pedrocchi", n. 28 mais nous en sommes désormais beaucoup plus convaincus, pour ne pas dire certains, que nous ne l'étions au moment de la rédaction de notre première étude sur ce sujet.

[125] *Cf. infra*, p. 212 et n. 297-300.

[126] Pour le type du naophore, *cf.* A. Roullet, *The Egyptian and Egyptianizing Monuments of Imperial Rome* (EPRO 20), Leiden 1972, p. 111-115 n° 187-200; on y ajoutera une eau-forte de l'abbé de Saint-Non (1727-1791), datant de 1763, d'après un dessin d'Hubert Robert (1733-1808) figurant dans le *Recueil de Griffonis, de Vues / Paysages, fragments antiques et / sujets historiques gravés / tant à l'eau forte qu'au Lavis / par / Mr. l'abbé de Saint Non amateur honoraire / de l'Académie Rle de Peinture / D'après différents Maîtres des / Ecoles Italiennes / et / de l'Ecole / française*, dont l'édition la plus ancienne remonte à 1777-1778, à Paris; cette eau-forte figure à la pl. 99 de l'exemplaire de P-BN/Est, cote Ee.25 rés./folio (= n° 45 du catalogue de Jean de Cayeux: voir ci-dessous) et fut reprise dans le recueil *Monuments Egyptiens consistant en obélisques, [...]*, 2 vols., Rome 1791, I, pl. 88, 3. Pour le *Recueil de Griffonis*, on se reportera à l'étude fondamentale de J. de Cayeux, "Introduction au catalogue critique des *Griffonis* de Saint-Non", *Bulletin de la Société de l'histoire de l'art français*, année 1963, 1964, 297-384; au sujet de Jean-Claude Richard de Saint-Non, abbé commandataire de Pothières, *cf.* G. Wildenstein, "L'abbé de Saint-Non artiste et mécène", *Gazette des Beaux-Arts*, 101, 1959, 225-244 (avec bibl. antérieure). Pour la fortune des naophores au XVIIIᵉ siècle, *cf.* aussi A. L. Poulet/G. Scherf (éds.), *Clodion 1738-1814*, cat. expos. Paris 1992, Paris 1992, p. 319-320 n° 69 et Jaeger, "Pedrocchi", n. 39.

Au sujet du second type antique ayant joué un rôle dans la réalisation du naophore du café Pedrocchi, l'Isis ailée, *cf. infra*, p. 200-201 et n. 132-133.

[127] Nous reprenons, dans les lignes qui suivent, l'essai d'identification que nous avons proposé dans Jaeger, "Pedrocchi", n. 29-38 et texte correspondant en y apportant, toutefois, quelques éléments complémentaires.

[128] G. Botti/P. Romanelli, *Le sculture del Museo Gregoriano Egizio*, Città del Vaticano 1951, p. 32-40 n° 40 et pl. XXVII; Roullet, *loc. cit.* (n. 126), p. 114 n° 198 et pl. CLXI.

[129] G. Winkelmann [sic], *Storia delle arti del disegno presso gli antichi*, 3 vols., Roma 1783-1784 (ed. Carlo Fea), I, pl. VII (la première édition italienne [Milano 1779] ne comporte pas cette planche); [J. J.] Winkelmann [sic], *Histoire de l'art chez les Anciens*, 3 vols., Paris 1802-1803, I, pl. VIII. En suggérant que nos artistes aient choisi ce naophore pour modèle, nous postulons, évidemment, qu'ils se sont désintéressés de l'inscription qui la recouvre, sans doute à cause de la difficulté de recopier une inscription hiéroglyphique aussi longue. Un dessin de P. Palagi représentant une statue-cube avec une inscription seulement partiellement reproduite illustre cette attitude: *cf. infra*, p. 206 et n. 196 avec notre Fig. 8. Nous verrons d'ailleurs plus loin (p. 202 et n. 141) que les hiéroglyphes sont l'un des points faibles de la décoration en style égyptien de ce salon. L'inscription du naophore du salon est composée d'hiéroglyphes très approximatifs et nous n'avons pu découvrir s'ils dérivaient d'un modèle précis.

[130] Néanmoins, les yeux en amande choquent le spectateur comme un élément étranger au style adopté (*cf.* Jaeger, "Pedrocchi", n. 40).

[131] Elles sont remarquablement bien rendues et dérivent d'un modèle antique fidèlement suivi.

[132] Roullet, *loc. cit.* (n. 126), p. 64 n° 46 et pl. XLIX.

[133] M. Pantazzi, in: *Egyptomania* [cat. Paris], p. 101-103 (avec bibl.).

[134] Voir les références dans Roullet, *loc. cit.* (n. 126), p. 64 et ajouter l'illustration figurant dans la première édition italienne de G. Winkelmann[sic], *Storia delle arti del disegno presso gli antichi*, 2 vols., Milano 1779, I, p. 54.

[135] M. Pantazzi, in: *Egyptomania* [cat. Paris], n° 39.

[136] E. Q. Visconti, *Sculture del palazzo della villa Borghese detta Pinciana*, 2 vols., Roma 1796, II, Stanza VIII, pl. n° 10 (exemplaire à Fi-K).

[137] Par contre, la *combinaison* d'un Osiris Canope avec des sphinx adossés ou affrontés n'est pas d'origine égyptienne mais une création moderne: *cf.* Jaeger, "Pedrocchi", n. 43-49 et texte correspondant.

[138] *Antiquités (Planches)*, II, Paris 1812, pl. 22.

[139] La reprise, en tant qu'élément décoratif, de cette représentation symbolique comportant les dieux Nil n'est pas un cas isolé. On la rencontre déjà à trois reprises chez Piranèse (G. Piranesi, *Diverse maniere d'adornare i cammini ed ogni altra parte degli edifizi*, Roma 1769, pl. 28 [avec des Nil ptérophores!], 32 et 45 = J. Wilton-Ely, *Giovanni Battista Piranesi. The Complete Etchings*, 2 vols., San Francisco 1994, II, respectivement p. 944 fig. 871 [F 888], p. 945 fig. 872 [F 892] et p. 948 fig. 875 [F 906] = Curl, *Eg. Revival*, fig. 58, 61 et 51), puis sur un projet de décoration de Jean-Démosthène Dugourc (1749-1829) datant de 1786, pour la Salle égyptienne de la Casita del Prìncipe, à l'Escurial de Madrid (avec des Nil *ptérophores* dérivés de Piranèse; M. Pantazzi, in: *Egyptomania* [cat. Paris], n° 57), puis encore sur le socle d'une paire de candélabres français datant de 1804 (J.-J. Gautier/J. Estève/ J.-M. Humbert, in: *Egyptomania* [cat. Paris], n° 170).

[140] *Cf.* par exemple *Antiquités (Planches)*, I, Paris 1809, pl. 53 et 56; IV, Paris 1817, pl. 7, 15 et 51.

[141] *Antiquités (Planches)*, II, Paris 1812, pl. 28 et 30.

[142] Tel est aussi le cas de l'inscription en hiéroglyphes d'imitation composée par l'archéologue Sir William Gell (1777-1836) et gravée sur les deux obélisques précédant le pylône en style égyptien de Canina, dans les jardins de la villa Borghèse (*cf. infra*, p. 218-219 et n. 386-387). Par contre, l'inscription des deux obélisques de la villa Torlonia, composée et exécutée sous la direction de Luigi Maria Ungarelli (1779-1845), est d'un tout autre niveau (*cf. infra*, p. 215 et n. 326-327).

[143] *Antiquités (Planches)*, IV, Paris 1817, pl. 16.

[144] *Cf.* Jaeger, "Pedrocchi", texte et n. 23. Cette caractéristique architectonique a certainement été inspirée à Piranèse par l'architecture funéraire étrusque, ce dont nous ne nous étions pas encore rendu compte en rédigeant la première étude citée ci-dessus: *cf.* par exemple F. Boitani *et al.*, *Le città etrusche*, Milano 1973, p. 50 (Cortona) et 162 (Cerveteri); M. Cristofani *et al.*, *Gli Etruschi: Una nuova immagine*, Firenze 1984, p. 103 (Cerveteri); G. Proietti, *Cerveteri*, Roma 1986, p. 126 fig. 53. Je remercie vivement le Dr C. Weber-Lehmann d'avoir bien voulu me confirmer que les assises en surplomb progressif sont courantes aussi bien à Cerveteri qu'à Cortona et dans d'autres tombes d'Etrurie septentrionale. Pour un autre trait caractéristique de l'art funéraire étrusque passé dans l'architecture égyptisante du XIXe siècle, *cf. infra*, p. 209-210 et n. 258.

[145] *Antiquités (Planches)*, I, Paris 1809, pl. 13, 3.

[146] *Antiquités (Planches)*, IV, Paris 1817, pl. 66 (= I. Rosellini, *I monumenti dell'Egitto e della Nubia [...]*, Tomo secondo, *Monumenti civili*, Pisa 1834, pl. 77, 12); *cf.* aussi Rosellini, *ibid.*, pl. 95. Un lustre – qui n'a toutefois rien d'égyptien –, pend également du plafond d'une salle surchargée d'éléments décoratifs à l'égyptienne, sur un dessin antérieur à 1814 de l'artiste vénitien Luigi Tasca (fin XVIIIe – début XIXe siècle): *cf.* M. Pigozzi (éd.), *Francesco Fontanesi 1751-1795. Scenografia e decorazione nella seconda metà del Settecento*, cat. expos. Reggio Emilia 1988-1989, Reggio Emilia 1988, p. 135 n° 188.

[147] *Antiquités (Planches)*, I, Paris 1809, pl. 18; II, Paris 1812, pl. 14 et 37.

[148] *Cf.* déjà un projet de décor pour un intérieur espagnol, attribué à François Grognard (1752-1840) et datant de 1790, où l'on voit, sur des caissons du plafond et des parois, un ciel d'azur semé d'étoiles d'or à cinq branches (*cf.* M. Pantazzi, in: *Egyptomania* [cat. Paris], n° 59).

[149] Le Musée égyptien ouvrit ses portes en 1839, précisément à l'époque du séjour romain de Jappelli: *cf. infra*, p. 218 et n. 373-379.

[150] Cette prise de conscience remonte bien haut dans le XVIIIe siècle puisque J. Stuart (1713-1788) et N. Revett (1720-1804) en signalent déjà des exemples (*The Antiquities of Athens*, I, London 1762); elle sera, néanmoins, longue et laborieuse si l'on songe aux années de débats qui suivront l'exposé de J. I. Hittorff (1792-1867) à l'Institut de France, le 3 avril 1830: "De l'architecture polychrome chez les Grecs ou restitution complète du temple d'Empédocle dans l'acropole de Sélinonte" (*cf.* L. Hautecoeur, *Histoire de l'architecture classique en France*, VI, Paris 1955, p. 228-238 et R. Middleton, *loc. cit.* [n. 151], p. 80).

[151] Les deux démarches sont étroitement liées l'une à l'autre. Au sujet de la polychromie dans l'architecture européenne en général, *cf.* A. von Buttlar, "Klenzes Beitrag zur Polychromie-Frage", in: *Ein griechischer Traum. Leo von Klenze der Archäologe*, cat. expos. Munich 1985-1986, München [1985], p. 213-225 (avec vaste bibl. antérieure) et R. Middleton, "Colour and Cladding in the Nineteenth Century", *Daidalos* 51, 1994, 78-89.

[152] Ou réapparaissent, car il ne s'agit parfois que d'une restauration de peintures disparues.

[153] Par Alexandre Lenoir (1762-1839).

[154] Par Emile Boeswillwald (1815-1896).

[155] Par Alexandre-Dominique Denuelle (1818-1879). Au Musée des Monuments français et à Saint-Germain-des-Prés, les étoiles sont à cinq branches, à la Sainte-Chapelle, elles sont à six branches. Dans les années 1840, l'on retrouve d'autres exemples de polychromie dans des restaurants et des cafés du quartier des Champs-Elysées.

[156] *Cf. infra*, p. 212-214 et n. 302-307.

[157] *Cf.* J. Mourgues, in: D. Ligou, *Dictionnaire de la franc-maçonnerie*, Paris 1987, p. 1239-1240 *s.v.* "voûte".

[158] L'ensemble des références à ce sujet est regroupé *infra*, p. 222 et n. 434-437.

[159] Au sujet de l'impact du temple de Dendara sur l'architecture, les arts décoratifs et, plus généralement, l'iconographie européenne, *cf. infra*, p. 226 et n. 482-484.

[160] Jaeger, "Pedrocchi".

[161] Th. Hope déplorait que certains artistes ne se soient guère préoccupés de la destination primitive des éléments qu'ils empruntaient à d'autres styles: «Ceux-ci, courant après des nouveautés encore plus excentriques, ont cherché leurs modèles parmi les Egyptiens, les Chinois ou les Mores; ou, comme si nul genre de beauté ne devait échapper à leurs tentatives, ils ont ramassé et soudé ensemble, tant bien que mal, des éléments de tous les styles, sans aucun égard à leur usage et à leur destination primitive; leurs maisons semblent une collection

de fragments échappés au chaos» (*Histoire de l'architecture*, Paris 1839, p. 499); *cf.* également *infra*, p. 223 et n. 445.

[162] *Cf.* aussi *infra*, p. 219 et n. 388.

[163] La même constatation a été faite, documents à l'appui, par un autre auteur dans le cas de la serre néo-mauresque que Jappelli réalisa dans le jardin de la villa Torlonia, à Rome, en 1839/1840: *cf. infra*, p. 214 et n. 305-306.

[164] Pour la question de savoir où et quand Jappelli a pu avoir en mains la *Description de l'Egypte*, *cf. infra*, n. 304.

[165] Le mécanisme de ce rapprochement, *a priori* non documenté, entre Jappelli et Belzoni part d'une affirmation simpliste: résidant à Padoue en 1819/1820, Jappelli a *dû* rechercher le contact de Belzoni, au moment où celui-ci rentrait d'Egypte dans sa patrie (Gaudenzio, *Belzoni avventuriero*, p. XLII). Peu après, Gallimberti (*Jappelli*, p. 66) évoquait «la Sala egiziana, che Giuseppe Jappelli eseguì in omaggio a Giambattista Belzoni»; cette assertion, chez un auteur considéré comme ayant écrit des pages importantes sur Jappelli, a durablement influencé la critique postérieure (bien qu'il ait aussi largement fait état [p. 60-66] de l'influence de l'Angleterre sur Jappelli), par exemple A. Cavallari Murat (*loc. cit.* [n. 73], p. 207 et n. 30), puis P. L. Fantelli (in: Mazzi, *Jappelli e il suo tempo*, II, p. 779), qui voit chez Jappelli des «simpatie egizie, probabilmente indotte dalla conoscenza di G. B. Belzoni», ainsi que Maschio, "Immagini", p. 74-75 n. 1 («[...] la sala egizia che, fuor d'ogni dubbio, è dedicata al Belzoni [...] *monumento* e *omaggio* alla figura e all'impresa del concittadino Belzoni [...]»), et enfin F. Cimmino, in: Siliotti, *Viaggiatori cit.* (n. 1), p. 92. Toujours au sujet du "mécanisme" de ce rapprochement entre Jappelli et Belzoni, *cf. supra*, p. 192 et n. 79.

[166] Dans une communication présentée en 1977 au colloque sur Jappelli et publiée en 1982: Dolzani, in: Mazzi, *Jappelli e il suo tempo*, II, p. 491-496.

[167] A la suite de Gallimberti, *Jappelli*, p. 60-66. Au sujet de l'influence de l'Angleterre sur Jappelli, *cf.* surtout les remarques judicieuses de M. Azzi Visentini, "Mausoleo Hamilton", p. 166-167 n. 30, qui attire avec raison l'attention sur le fait que les réalisations néo-mauresques de Jappelli (le petit salon du café Pedrocchi et la serre de la villa Torlonia, à Rome [*cf. infra*, p. 212 et n. 302-307]) sont de peu postérieures à son voyage en Angleterre et il est hors de doute qu'il y fut soumis à une forte influence dans cette direction.

[168] «Archetipo e paradigma concettuale» de Jappelli (Dolzani, "Belzoni", p. 495). Cette influence fut déjà brièvement relevée par J. Wilton-Ely, in: *The Age of Neo-Classicism*, cat. expos. Londres 1972, London 1972, p. 561.

[169] «G. B. Belzoni il motore occasionale che ha fornito l'impulso determinante, la spinta concreta alla realizzazione» (Dolzani, "Belzoni", p. 495).

[170] Avant tout Mazza, *Jappelli*, p. 72 (repris in: Mazza, *Pedrocchi*, p. 48) et Puppi, *Pedrocchi*, p. 16 n. 18, p. 64 et p. 80-81 (repris in: Mazza/Puppi, *Guida*, p. 69). Ces deux auteurs se sont toutefois très bien rendu compte de l'insuffisance de la référence à Belzoni pour expliquer le Salon égyptien; Puppi (*Pedrocchi*, p. 80-81), voit ainsi la possibilité d'une influence complémentaire venant des collections d'antiquités égyptiennes de Rome et des environs de Padoue, en particulier de celle qui ornait le jardin de la villa Querini d'Altichiero (*cf. supra*, 188 et n. 35). L'hypothèse d'une influence de la collection égyptienne d'Altichiero nous paraît à tout le moins insuffisante et nous ignorons quand les pièces égyptiennes furent dispersées (*cf. infra*, n. 229). Puppi (*Pedrocchi*, p. 66 n. 98 et fig. 109) fait un autre rapprochement entre le café Pedrocchi et la villa Querini, à propos des griffons de la balustrade des *logge* doriques, qu'il estime dérivées de ceux d'un sarcophage antique

d'Altichiero (publié par Madame J.W.C.D.R., *loc. cit.* [n. 35], pl. XXVI). Nous ne leur voyons guère de point commun mais constatons, par contre, qu'un griffon pratiquement identique (crête, ailes, queue, posture des pattes antérieures) figure chez V. Denon, *Voyage dans la Basse et la Haute Egypte*, Paris 1802, pl. 4, 7. Une influence de la villa Querini sur le café Pedrocchi est toutefois possible – et a déjà été suggérée – dans le cas des cartes géographiques décorant une salle du rez-de-chaussée des deux édifices (Pavanello, "L'«ornatissimo»", p. 91).

[171] Pavanello, "L'«ornatissimo»", p. 104-105.

[172] Sur lequel nous reviendrons plus loin (*infra*, p. 206 et n. 199-206).

[173] Gaudenzio, *Belzoni avventuriero*, p. XXIV.

[174] D'abord en 1800 et 1801 (*id., ibid.*, p. XXIV), puis au retour de son voyage en Egypte, pour un séjour de guère plus d'un mois, de la fin décembre 1819 au 1er février 1820 (L. Montobbio, *Giovanni Battista Belzoni. La vita i viaggi le scoperte*, Padova 1984, p. 129. 132. 137. 139). Les documents attestant ces dates sont connus depuis longtemps mais, dans la littérature, ce séjour est souvent prolongé en termes vagues et sans raisons.

[175] Puppi, *Pedrocchi*, p. 69.

[176] G. Belzoni, *Narrative of the Operations and Recent Discoveries within the Pyramids, Temples, Tombs, and Excavations, in Egypt and Nubia; [...]*, 2 vols., London 1820 (le volume de 44 planches est intitulé *Plates Illustrative of the Researches and Operations of G. Belzoni in Egypt and Nubia*) avec le supplément *Six New Plates Illustrative of the Researches and Operations of G. Belzoni in Egypt and Nubia*, London 1822.

[177] La première est une lettre de Belzoni à Jappelli, en italien, expédiée de Londres, le 25 mai 1820 (archives des comtes Cittadella Vigodarzere, à Padoue; nous n'avons malheureusement pas pu obtenir communication de ce document): *cf.* L. Gaudenzio, "Memorie Belzoniane", *Padova* 1, 1955, No 2, 28-29 avec fac-simile de la première page (repris dans *id., Belzoni avventuriero*, p. XLIII et pl. 9). Belzoni y parle avant tout de lui-même et de ses projets immédiats, de l'accueil particulièrement chaleureux que Londres lui a réservé et des attaques venues de France, qu'il considère comme une preuve de sa réussite. La seconde lettre – écrite en partie en anglais et en partie en italien – est adressée par Belzoni à sa famille (de Londres, le 2 juin 1820) qu'il charge de demander à Jappelli où en sont les intentions de sa ville natale de faire frapper une médaille en son honneur (E. Bellorini, "Due lettere inedite e il Testamento di G. B. Belzoni", *Atti e Memorie della R. Accademia di Scienze, Lettere ed Arti in Padova* 40, 1924, 118).

[178] Déjà relevé par Bellorini, *loc. cit.* (n. 177), p. 114-115 puis par Gaudenzio, "Memorie" *cit.* (n. 177), p. 28.

[179] Diamètre: 53 mm. Réalisée en 1820 par le célèbre graveur de la Monnaie de Milan, Luigi Manfredini (1771-1840), elle comporte, à l'avers, une représentation des deux statues de Sakhmet rapportées par Belzoni et, au revers, une inscription rappelant qu'il fut le premier à pénétrer dans la pyramide de Chéphren et qu'il découvrit le port ptolémaïque de Bérénice, sur la mer Rouge: *cf.* G. Gorini, "Giuseppe Jappelli e le medaglie padovane del suo tempo", in: Mazzi, *Jappelli e il suo tempo*, II, p. 644 et fig. 9a-b; Siliotti, *Padova cit.* (n. 1), p. 74; R. Parise, in: Marinelli *et al., loc. cit.* (n. 42), p. 160 n°93 et fig. En 1819 déjà, une première médaille avait été frappée en son honneur, en Angleterre: *cf.* Gorini, *loc. cit.*, p. 643-644 et fig. 8a-b.

[180] Mais ces réactions sont davantage celles du gouvernement de Venise: L. Montobbio, "«Contatti di G. B. Belzoni con l'Università di Padova» (da un carteggio inedito)", *BMCP* 67, 1978 (= Celebrazioni Belzoniane 1778-1978), 169-178.

[181] A la suite d'une souscription publique, un monument fut réalisé par le sculpteur padouan Rinaldo Rinaldi, élève de Canova, et inauguré en juillet 1827. Il se compose d'un grand médaillon avec buste de Belzoni enturbané, tourné vers la gauche et entouré par un ourobore. Il est placé au-dessus de la porte d'entrée de la grande salle du Palazzo della Ragione, autrefois flanquée des deux statues de Sakhmet (*cf. supra*, n. 122): *cf.* Manfroni, *loc. cit.* (n. 122), p. 106-107 et fig.; Gaudenzio, *Belzoni avventuriero*, p. LXVII; Siliotti, *Padova cit.* (n. 1), p. 81; sur R. Rinaldi, *cf.* M. S. Lilli, "Rinaldo Rinaldi", *Antologia di Belle Arti* 4, 1980, No 13/14, 94-101 et Vicario, *loc. cit.* (n. 56), II, p. 884-886 *s.v.* "Rinaldi".

[182] Interrompu, à notre connaissance, en 1853 seulement, date à laquelle Natale Sanavio (1827-1905) réalisa une grande statue en pieds de Belzoni: *cf.* N. Pietrucci, *Biografia degli artisti padovani*, Padova 1858, p. 244-245 et n. 3, dont la description porte les signes de son époque: «Lo figurò egli nel supremo istante in cui dopo enormi fatiche entrava la magnifica tomba del re Psammetico, sclamando: *questo è il giorno più felice di mia vita*. Mossa ragionevole ed espressiva, bel partito di pieghe, tocchi risentiti e gagliardi sono le principali caratteristiche di questo lavoro che incontrò già le simpatie degli intelligenti, e che a buon diritto colloca il di lui autore nella schiera de' statuarj»; L. Montobbio, *loc. cit.* (n. 180), fig. p. 171; *id., loc. cit.* (n. 174), p. 185; G. Peretti, *Belzoni: il pioniere dell'egittologia* (Veneto. Saggi, biografie, ricerche 1), Este 1985, pl. 17; Vicario, *loc. cit.* (n. 56), II, p. 941-944 *s.v.* "Sanavio" avec fig. p. 942.

[183] Contrairement à ce qui est le cas pour G. Rossini, à qui est dédiée la salle de bal du café Pedrocchi (*cf.* Puppi, "Jappelli: Invenzione", p. 239 et 259; Puppi, *Pedrocchi*, p. 64; Mazza/ Puppi, *Guida*, p. 68).

[184] *Cf.* Puppi, "Jappelli: Invenzione", p. 226-228.

[185] Pour une bonne appréciation de l'influence du milieu bolonais en général sur Jappelli, *cf.* A. Matteucci, "Giuseppe Jappelli e la cultura bolognese", in: Mazzi, *Jappelli e il suo tempo*, I, p. 137-150.

[186] *Cf.* A. M. Matteucci, "Committenza e massoneria a Bologna in età neoclassica", in: Cresti, *loc. cit.* (n. 38), p. 143-153; *cf.* également C. Manelli, *La massoneria a Bologna dal XVIII al XX secolo*, Bologna 1986 (*non vidi*).

[187] Au sujet de Tesi, *cf.* Matteucci, *loc. cit.* (n. 185), p. 139 et n. 9 (avec bibl. antérieure) et W. Bergamini, in: A. M. Matteucci *et al.* (éds.), *Architettura, Scenografia, Pittura di paesaggio*, cat. expos. Bologne 1979, Bologna 1980, p. 282-283.

[188] Comme il ressort de deux lettres du comte Algarotti (Bergamini, *loc. cit.* [n. 187], p. 32 n° 36).

[189] *Cf.* Syndram, *Ägypten-Faszinationen*, p. 198-202.

[190] L'ouvrage est cité *supra*, n. 139.

[191] Pour une réédition critique de la version italienne de ce texte, *cf.* P. Panza (éd.), *Giovan Battista Piranesi. Scritti di storia e teoria dell'arte*, Carnago (Va) 1993, p. 285-325 (avec introduction et notes).

[192] M. Tesi, *Raccolta di disegni originali estratti da diverse collezioni pubblicata da Lodovico Inig Calcografo in Bologna*, in-fol., [Bologna 1787], pl. XXXI ("Camera Sepulcrale Egizia"), XXXII ("Avanzi d'interne Sale Egizie"), XXXIII ("Avanzi interni d'un Tempio dedicato ad Anubi") et XXXIX ("Veduta di Paese, con varie reliquie d'Antichità Egizie"); pour des reproductions commentées de ces quatre planches, *cf.* Bergamini, *loc. cit.* (n. 187), fig. 30 (= pl. XXXIII) ainsi que Syndram, *Ägypten-Faszinationen*, fig. 77-78 (= pl. XXXII

Bertrand Jaeger

et XXXIX) et, ici même, Taf. 79 [= pl. XXXI]; il existe un reprint de la *Raccolta* de Tesi: Westmead, Farnborough 1970.

[193] *Cf.* M. Gori, "Architettura e decorazione", in: A. Aramini *et al.* (éds.), *Ville e paesaggio a Bertinoro* (Romagna arte e storia. Quaderni 3), Rimini 1985, p. 53-54 et fig. 14-15; sur la demeure elle-même, *cf.* U. Foschi, "Il Palazzo Cavalli di S. Maria Nuova", *La Piê* 31, Forlì 1962, No 1/2, 11-13 (exemplaire à Fi-K). Le dessin de Tesi a été en partie inspiré par une vignette de Norden: *cf.* Syndram, *Ägypten-Faszinationen*, p. 201 et n. 807. Une autre copie du dessin de Tesi se retrouve sur une aquarelle anonyme parfois attribuée à Basoli: *cf.* Pigozzi, *loc. cit.* (n. 146), p. 118 n° 152 et fig. Pour un autre exemple de décor à l'égyptienne dans la Romagne des environs de 1830, *cf. infra*, p. 214 et n. 316-321.

[194] Nous sommes informés de cet enthousiasme par les mémoires manuscrits de Basoli: «Studiavo la sera con Pallagi e Corsini in casa Aldrovandi, avendo a nostra disposizione la sua libreria [...] i cammini del Piranesi e disegnai delle cose di Mauro Tesi» (cité d'après A. M. Matteucci, "L'attività giovanile di Pelagio Palagi nei disegni dell'Archiginnasio di Bologna", *Annali della Scuola Normale Superiore di Pisa* S. III, IV, 2, 1974, p. 464 n. 9); cet épisode est daté de 1787 (D. Lenzi, in: *Architettura cit.* [n. 187], p. 205 n° 309). Par ailleurs, il convient de rappeler que c'est au médecin et polygraphe bolonais Giovanni Lodovico Bianconi (1717-1781), qui reçut Winckelmann à Bologne en 1755, que l'on doit la première biographie de Piranèse: G. L. Bianconi, "Elogio Storico del Cavaliere Giambattista Piranesi celebre antiquario, ed incisore di Roma", *Antologia Romana* 1779, No 34, 265-267; No 35, 273-275; No 36, 281-284 (exemplaire à To-C); toutefois, il n'y est fait aucune allusion à l'intérêt de Piranèse pour l'Egypte.

[195] Sur les quelque 3000 dessins du fonds Palagi de la Biblioteca dell'Archiginnasio de Bologne, une cinquantaine représente des essais de décoration en style égyptien (autopsie 1986). Leur étude chronologique globale n'a pas encore été entreprise mais certains d'entre eux ont été datés d'avant le voyage de Palagi à Rome (1806) et même d'avant 1800: *cf.* par exemple un dessin mis en rapport avec les décors de la tragédie lyrique "La Morte di Cleopatra" de Sebastiano Nasolini (*ca.* 1768-?), représentée à Bologne au printemps 1797 (D. Lenzi, in: *Architettura cit.* [n. 187], p. 204-205 n° 309 et fig. 267 = *Egyptomania* [cat. Paris], n° 240; la première représentation remonte à 1791) ainsi que R. Grandi, in: *Pelagio Palagi artista e collezionista*, cat. expos. Bologne/Turin 1976-1977, Bologna 1976, p. 58 n° 3 avec fig. p. 82 et A. M. Matteucci, *ibid.*, p. 129 n° 97-101 avec fig. p. 155. *Cf.* également *ead., loc. cit.* (n. 194), p. 464-466 avec pl. XVI-XVII et, pour les dessins de Palagi en général, C. Poppi (éd.), *L'Ombra di Core. Disegni dal fondo Palagi della Biblioteca dell'Archiginnasio*, cat. expos. Bologne 1988-1989, Casalecchio di Reno (Bo) 1989 ainsi que S. Caranti Martignago, *Un aspetto della archeologia ottocentesca: Pelagio Palagi ed Eduard Gerhard*, Bologna 1995, spécialement p. 28-32.

[196] *Cf.* par exemple le dessin inv. 856 reproduit ici. Ce témoignage est important car il nous montre comment un artiste intéressé par les antiquités égyptiennes se constituait un portefeuille de modèles. Nous avons retrouvé le modèle des 31 monuments que comporte ce dessin: 26 sont copiés d'après le *Recueil d'antiquités* du comte de Caylus et 5 d'après *L'Antiquité expliquée* de Bernard de Montfaucon. Il s'agit des monuments suivants (par commodité, nous les avons numérotés *sur* la photographie et reprenons ce n° entre parenthèses après l'indication des planches correspondantes de Caylus et de Montfaucon: *Rec.* I pl. 4, 2 (n° 14); pl. 9, 1 (n° 10), 3 (n° 9) et 4 (n° 6); pl. 15, 2 (n° 21) et 4 (n° 28); pl. 17, 1 (n° 13); pl. 19, 1 (n° 20); pl. 56, 3 (n° 3); III pl. 1, 6 (n° 31); pl. 6, 1 (n° 12) et 2 (n° 16); pl. 8,

2 (n°22); pl. 11, 2 (n°15); pl. 54, 4 (n°23); V p. 126, cul-de-lampe (n°30); pl. 6, 4 (n°19); pl. 8, 1 (n°7) et 2 (n°2); pl. 10, 4 (n°18); pl. 14, 3 (n°29) et 5 (n°25); pl. 16, 3 (n°26); pl. 18, 3 (n°24); pl. 30, 1 (n°27); pl. 55, 3 (n°4); *Ant. expl.* I pl. 213, 1 (n°11); II pl. 113, 4 (n°5); pl. 129, 1 (n°1); pl. 130, 1 (n°8); pl. 133, 1 (n°17; seules les quatre premières colonnes de l'inscription hiéroglyphique ont été recopiées par Palagi, et encore de manière très incomplète).

Le *Recueil* de Caylus, déjà largement utilisé par Piranèse, à Rome (dès 1762 au moins: *cf.* B. Jaeger, "Une statue inconnue de Ramsès VI dans le 'Recueil d'Antiquités' de Caylus", *Göttinger Miszellen* 92, 1986, 54-55), était donc bien connu des artistes bolonais de la fin du XVIIIe siècle; ceci ne saurait étonner puisque l'un des appuis les plus précieux et les plus enthousiastes de Caylus en Italie, le théatin P.-M. Paciaudi (1710-1785), fut bibliothécaire de la "Biblioteca Reale" de Parme (*id., ibid.*, p. 48-49 et n. 28).

[197] G. Gualandi, in: *Pelagio Palagi cit.* (n. 195), p. 221-232; S. Curto/E. Fiora, *ibid.*, p. 369-376; S. Tovoli, in: C. Morigi Govi/G. Sassatelli, *Dalla Stanza delle Antichità al Museo Civico*, cat. expos. Bologne 1984, Bologna 1984, p. 191-199; S. Pernigotti, in: *Museo Civico Archeologico di Bologna. La collezione egiziana*, Milano 1994, p. 19-20.

[198] *Cf.* A. M. Matteucci, in: M. Fagiolo (éd.), *Architettura e massoneria*, Firenze 1988, p. 70-71.

[199] Pour Basoli et l'Egypte, *cf.* S. Sermisoni, *Fantasie e studi di cose egizie – Antonio Basoli*, Milano 1985 (*non vidi:* cité d'après R. Barilli [éd.], *Il primo '800 italiano. La pittura tra passato e futuro*, Milano 1992, p. 287); *cf.* aussi Matteucci, in: *Architettura cit.* (n. 187), p. 41-42 et *ead., loc. cit.* (n. 185) ainsi que A. Gruber (éd.), *L'art décoratif en Europe. Du néoclassicisme à l'art déco*, Paris 1994, p. 64 et fig.

[200] A. M. Matteucci, "Architettura e decorazioni in Bologna all'epoca di Stendhal", in: *Atti del IX Congresso Internazionale Stendhaliano dedicato a Stendhal a Bologna* (= *L'Archiginnasio* 66-68, 1971-1973 [1976]), p. 733 et fig. 27; *ead.*, in: *Architettura cit.* (n. 187), p. 42 n°57 et fig. 47.

[201] A. Basoli, *Raccolta di Prospettive serie, rustiche, e di Paesaggio dedicate al merito di alcuni mecenati, professori, amatori di belle arti, ed amici [...] inventate da Antonio Basoli Guelfese [...] disegnate da Francesco Cocchi Budriese [...]*, Bologna 1810, 120 pls. dont 7 avec éléments en style égyptien (exemplaire à Bo-C); deux de ces planches reproduisent des tableaux peints par Basoli antérieurement: *cf.* Barilli (éd.), *loc. cit.* (n. 199), figs. p. 231. D'autres planches (*cf.* en particulier le "Tempio di Salomone" de la pl. 34 [= pl. 10 de l'édition de 1830 citée à la n. 205]: Matteucci, *loc. cit.* [n. 186], p. 146 et fig. 4) sont imprégnées de symbolisme maçonnique et trahissent un milieu auquel Basoli semble avoir été profondément et durablement mêlé (*cf.* aussi Matteucci, *loc. cit.* [n. 198], p. 71). Par ailleurs, ce recueil offre des exemples de décors en style "assyrien", chinois, gothique et un témoignage d'habitat indien d'Amérique du Nord (Matteucci, *loc. cit.* [n. 185], p. 139-141 et fig. 3).

[202] A. Basoli, *Collezione di varie scene teatrali Per uso degli Amatori, e Studenti di belle arti*, Bologna 1821 (repr. New York/London 1969), 100 pls. dont 3 avec éléments en style égyptien (exemplaire du reprint à To-N).

[203] A. Basoli, *Compartimenti di camere per uso degli Amatori e Studenti delle Belle Arti Inventate e Dipinte da Antonio Basoli [...] Disegnate ed Incise a contorno dai fratelli Luigi e Francesco Basoli*, Bologna 1827, 100 pls. dont une en style égyptien (exemplaires à Bo-C et Fi-K). Vers la même époque, Basoli proposa un véritable tour d'horizon des styles à la mode, en participant à la décoration de la "Panglossiana", la villa du médecin et

franc-maçon Gaetano Conti, près de Bologne: les différentes salles comportent des décors en style égyptien, herculanéen, étrusque, chinois, mauresque, gothique et lombard (U. Beseghi, *Castelli e ville bolognesi*, Bologna 1964³, p. 73-77; Matteucci, *loc. cit.* [n. 186], p. 148-151). Ces décorations ont été très endommagées au cours de la dernière guerre; il ne reste plus aujourd'hui que des fragments isolés du décor à l'égyptienne (autopsie 7. 8. 1996).

204 A. Basoli, *Alfabeto Pittorico [...]*, Bologna 1839 (repr. Roma 1987).

205 Cette édition ne reprend qu'en partie les planches de l'édition de 1810: A. Basoli, *Raccolta di Prospettive serie, rustiche, e di Paesaggio inventate da Antonio Basoli Guelfese, disegnate ed incise da Nicolò Pertsch e Tommaso Viola*, Venezia 1830, [48] pls. dont 4 [2 sont différentes de celles de l'édition de 1810] avec éléments en style égyptien (exemplaire à Ve-M).

206 A ce sujet, Matteucci, *loc. cit.* (n. 185), p. 142-143 souligne avec raison l'importance du séjour de Basoli à Trieste, en 1800, où il se lia d'amitié avec le peintre vénitien Giuseppe Borsato (1770-1849).

207 *Cf.* Syndram, *Ägypten-Faszinationen*, p. 198; plusieurs études de Bianconi dans le style égyptien existent encore dans d'autres collections et (en 1995) sur le marché de l'art.

208 *Cf.* M. Pigozzi (éd.), *In forma di festa. Apparatori, decoratori, scenografi, impresari in Reggio Emilia dal 1600 al 1857*, cat. expos. Reggio Emilia 1985, Casalecchio di Reno (Bo) 1985, p. 166 n° 1 et fig.

209 *Cf.* son dessin d'un intérieur de temple égyptien: Pigozzi (éd.), *loc. cit.* (n. 146), p. 116-117 n° 150.

210 G. Landi, *Architectural Decorations: a Periodical Work of Original Designs Invented from the Egyptian, the Greek, the Roman, the Etruscan, the Attic, the Gottic, etc., for Exterior and Interior Decoration and Whatever Relates to Furniture*, London 1810: *Cf.* Matteucci, *loc. cit.* (n. 185), p. 145 et fig. 9; M. Pantazzi, in: *Egyptomania* [cat. Paris], n° 157 (avec vaste bibl. antérieure); Curl, *Egyptomania*, p. 147 et fig. 93.

211 Dans les années 1820, cette attirance devait se trouver renforcée, à Bologne, par l'approche scientifique de l'Egypte antique, l'égyptologie, qui à ses débuts opéra sur des collections remontant au XVIIᵉ siècle: *cf.* M. P. Cesaretti, "L'egittologia a Bologna tra Ottocento e Novecento", *Studi di Egittologia e di Antichità Puniche* 2, 1987, 19-39.

212 Mais son passage dans l'atelier de l'architecte vénitien Giannantonio Selva, fréquemment avancé (dès 1852, au lendemain de la mort de Jappelli: *cf.* G. Mazzi, "Lineamenti di una fortuna critica: Giuseppe Jappelli nelle guide e nelle pubblicazioni periodiche ottocentesche", *BMCP* 74, 1985, 162-163) ne semble pas, en réalité, reposer sur des bases réelles, même s'il ne fait aucun doute qu'il le connaissait: *cf.* G. Romanelli, *Venezia Ottocento. Materiali per una storia architettonica e urbanistica della città nel secolo XIX*, Roma 1977, p. 70 et 128 n. 91; Puppi, "Jappelli: Invenzione", p. 228-229; *id.*, *loc. cit.* (n. 268, premier titre), p. 177 et n. 20-21 (= *id.*, *loc. cit.* [n. 268, second titre], p. 508-509 et n. 21-22).

213 A quelques kilomètres au sud-ouest de Padoue.

214 Date de publication d'une description rédigée par le commanditaire de la villa (*cf. infra*, p. 207 et n. 219).

215 Cette attribution remonte à Pietrucci, *loc. cit.* (n. 182), p. 206-207 n. 2 n° 16. Au sujet de Noale, *cf.* L. Olivato, "Una breve amicizia padovana e una rivalità segreta di Antonio Diedo", *BMCP* 61, 1972 [publ. 1978], 279-291 (avec bibl. antérieure p. 281 n. 4); L. Olivato Puppi, "Nuovi contributi su Antonio Noale", *Antichità Viva* 21, 1982, No 2/3, 60-64 (avec

bibl. antérieure); pour les contacts entre Noale et Jappelli, *cf.* Semenzato, *loc. cit.* (n. 73), p. 239-240.

[216] F. Sartori, *Guida storica delle Chiese parrocchiali ed oratori della città e diocesi di Padova*, Padova 1884, p. 253; C. Semenzato, "Appunti sullo Zamberlano e sullo Jappelli", *AV* 10, 1956, 190-193; *id.*, "Ancora su di una villa dello Jappelli", *AV* 16, 1962, 194-195.

[217] Mazza, *Jappelli*, p. 50-51.

[218] Puppi, "Jappelli: Invenzione", p. 232-233 et n. 39.

[219] [A. Dalla Libera], *Dei Giardini del loro effetto morale e della scelta e coltivazione delle piante pei medesimi*, Milano 1821, p. 12-13 (exemplaire à Pd-C).

[220] Vu la rareté de l'ouvrage dont il est tiré, nous reproduisons cet extrait *in extenso* dans l'«Appendice III».

[221] Puppi, "Jappelli: Invenzione", p. 230 et n. 34, 233-234 et n. 41, 237 et n. 56. Il dessina le parc de la villa Sommi Picenardi, à Torre de'Picenardi (prov. de Crémone), qui est à l'origine de sa renommée en ce domaine: *cf.* P. Carpeggiani, *Giardini cremonesi fra '700 e '800. Torre de'Picenardi – San Giovanni in Croce* (Ottocento cremonese 2), Cremona 1990, p. 22-27.

[222] *Id., ibid.*, p. 233-234 et n. 41; *id.*, in: Mazza, *Pedrocchi*, p. 15 parle de plusieurs déplacements à Milan.

[223] *Cf.* Patetta, "Trattatistica", p. 110-113.

[224] Auteur, en 1787, d'un projet d'aménagement de l'obélisque du Champ de Mars, à Rome, devant une façade à l'égyptienne inspirée de Piranèse (*cf.* F. Bertoni, in: A. Ottani Cavina *et al.* [éds.], *L'età neoclassica a Faenza 1780-1820*, cat. expos. Faenza 1979, Bologna 1979, p. 183 n° 339 avec fig. 290).

[225] On lui doit, par exemple, le dessin d'un monument funéraire en forme de pyramide (1800?): *cf.* Patetta, *L'architettura cit.* (n. 73), fig. 146.

[226] *Cf. supra*, n. 212. Selva, sans avoir semble-t-il appartenu à une loge, était très proche des milieux maçonniques: *cf.* Puppi, *loc. cit.* (n. 268, premier titre), p. 177 = *id., loc. cit.* (n. 268, second titre), p. 509.

[227] En particulier dans son projet de 1813 pour le monument à Napoléon, à réaliser sur le Mont-Cenis (prov. de Turin): J. Wilton-Ely, in: *The Age cit.* (n. 168), n° 1324-1325 (avec bibl. antérieure) et pl. 105; Bassi *et al., loc. cit.* (n. 31), p. 206-207 n° 288; W. Nerdinger *et al.* (éds.), *Revolutionsarchitektur. Ein Aspekt der europäischen Architektur um 1800*, München 1990, p. 266-267 n° 88. *Cf.* aussi son projet pour le cimetière de S. Cristoforo, à Venise: Romanelli, *loc. cit.* (n. 212), p. 49-50 et fig. 17.

[228] Hypothèse accréditée par de nombreux auteurs: *cf.* par exemple Patetta, "Trattatistica", p. 112; Puppi, in: Mazza, *Pedrocchi*, p. 15. *Cf.* aussi G. Mezzanotte, "Contributi di Jappelli all'architettura romantica nella villa Sopransi a Tradate", in: Mazzi, *Jappelli e il suo tempo*, I, p. 161. Cette hypothèse est plausible et justifiée car le séjour de Jappelli à Crémone dura près de deux ans, contrairement au voyage à Paris et à Londres, qui fut bref et lié à une mission précise (*cf. infra*, p. 211 et n. 277-284).

[229] *Cf.* G. C. Bascapé, *Ville e parchi del lago di Como*, Como 1966, p. 122-123; H. Brunner, "Eine wiedergefundene ägyptische Statue", *Journal of Egyptian Archaeology* 54, 1968, 129-134 (avec l'histoire de ces statues). La statue de Parahotep provient de la villa Querini d'Altichiero (*cf. supra*, p. 188 et n. 35; elle quitta Altichiero, après la mort, en 1796, du sénateur Angelo Querini), la statue de Sakhmet est de provenance inconnue.

[230] Préfiguration des quatre lions de la façade nord du café Pedrocchi?

[231] *Cf.* Puppi, "Jappelli: Invenzione", p. 233.

[232] *Id., ibid.*, p. 234 n. 44.

[233] Nous verrons plus loin qu'il s'est inspiré d'un ouvrage de la Bibliothèque vaticane pour réaliser la décoration de la serre néo-mauresque du jardin de la villa Torlonia, à Rome: *cf.* p. 212-214 et n. 304.

[234] *Id., ibid.*, p. 235 n. 49; Azzi Visentini, "Mausoleo Hamilton", p. 158 avec n. 20 et 160 avec n. 31; M. Universo, "Giuseppe Jappelli architetto moderno «meccanico» e «fantastico»", *AV* 35, 1981 [1982], 139 et n. 26.

[235] *Cf.* Puppi, "Jappelli: Invenzione", p. 233.

[236] G. Valadier, *Progetti architettonici per ogni specie di fabriche in stili ed usi diversi [...]*, Roma 1807 (exemplaire à Pv-U); *cf.* Jaeger, "Pedrocchi", n. 78.

[237] D. Pronti, *Nuova raccolta rappresentante i costumi religiosi civili, e militari degli antichi Egiziani, Etruschi, Greci, e Romani. Tratti dagli antichi monumenti per uso de' professori delle belle arti [...]*, Roma, presso il sudo Incisore [s.d.], in-4° oblong, page de titre et 49 pls. gravées (exemplaires à Bo-C et To-C). Sur Pronti, *cf.* G. K. Nagler, *Neues allgemeines Künstler-Lexicon* XII, München 1842, p. 91 (la formation artistique de Pronti s'accomplit à Bologne).

[238] L. Roccheggiani, *Raccolta di cento tavole rappresentanti i costumi religiosi civili, e militari degli antichi Egiziani, Etruschi, Greci e Romani tratti dagli antichi monumenti per uso de' professori delle belle arti [...]*, [s.l.n.d.], in-fol. oblong, page de titre, p. I-X et 100 pls. gravées (exemplaire à Ve-M); A. González-Palacios, *Il gusto dei principi. Arte di corte del XVII e del XVIII secolo*, 2 vols., Milano 1993, I, p. 64 date les gravures de 1804 environ, datation actuellement la plus sûre; par ailleurs, *un terminus ante quem* est donné par un inventaire napolitain de 1807 citant ce recueil (*id., Il Tempio del Gusto. Le arti decorative in Italia fra classicismi e barocco. Roma e il regno delle Due Sicilie*, 2 vols., Milano 1984, I, p. 337). Un autre exemplaire, légèrement différent, a "1804" comme date de publication (*cf.* B. Jaeger, "La création du Musée Egyptien de Turin et le goût égyptisant au Piémont", in: *Sesto Congresso Internazionale di Egittologia. Atti*, 2 vols., Torino 1992, I, p. 332 n. 23) tandis que le lieu de publication est Rome. Plus tard parut une *Nuova raccolta di cento tavole rappresentante [...] disegnate da Lorenzo Roccheggiani ed incise da Pietro Ruga*, Roma, A. Franzetti s.d. [mais gravures datées de 1805-1806] (exemplaires à Bo-C et To-C). Sur Roccheggiani, *cf.* L. Servolini, *Dizionario illustrato degli incisori italiani moderni e contemporanei*, Milano 1955, p. 436.

[239] P. Ruga, *Invenzioni diverse di mobili, utensili sacri e profani raccolte ed incise in 100 tavole*, Milano, Vallardi 1811 (*non vidi*). Une autre édition parut sous le titre *Invenzioni diverse di mobili ed utensilj sacri e profani per usi comuni della vita raccolte ed incise in molte tavole da Pietro Ruga coi disegni di Lorenzo Roccheggiani*, Milano, Vallardi s.d., in-fol. oblong, page de titre et 100 pls. gravées (deux exemplaires identiques [collation personnelle] à To-C). Sur Ruga, *cf.* Servolini, *loc. cit.* (n. 238), p. 715-716.

[240] *Cf. supra*, n. 210.

[241] *Cf. supra*, n. 201-205.

[242] Au sujet de l'importance et de la diffusion de ces recueils, *cf.* Patetta, "Trattatistica", p. 109-118 et les remarques de Mezzanotte, *loc. cit.* (n. 228), p. 166-168 ainsi que la liste assez complète de recueils donnée par G. Morazzoni, *Il mobile neoclassico italiano dal 1760 al 1820*, Milano 1955, p. 58-61.

Tout aussi importants sont les manuels d'architecture, dont Jappelli avait également une connaissance approfondie (Puppi, "Jappelli: Invenzione", p. 233): on en trouvera une bibliographie très complète pour la période 1700-1800 chez C. L. V. Meeks, *Italian Architecture*, New Haven/London 1966, p. 463-501; *cf.* en outre M. Gargano, "I manuali di architettura in Inghilterra, 1720-1780", *Prospettiva* 37, 1984, 58-72.

Dans le cas de Jappelli finalement, et pour avoir une vue d'ensemble des différents genres d'ouvrages qui ont joué un rôle dans sa formation artistique, il convient de tenir compte des recueils consacrés à la décoration des jardins, qui inclurent largement l'Egypte parmi les sujets proposés à l'initiative des artistes. Deux recueils français parmi les plus importants furent traduits en italien, à Venise, dès le début des années 1830: U. Vitry, *Il proprietario architetto [...]*, Venezia 1831 [exemplaire à To-C] (éd. originale: *Le propriétaire architecte*, Paris 1831) et J. N. L. Durand, *Raccolta e parallelo delle fabbriche classiche di tutti i tempi, d'ogni popolo e di ciascun stile [...]*, Venezia 1833 [exemplaire à To-N] (éd. originale: *Recueil et parallèle des édifices de tout genre [...]*, Paris 1799-1801). L'un et l'autre consacrent plusieurs planches aux édifices et éléments de l'architecture égyptienne (Durand également à la sculpture), le plus souvent en s'inspirant de Norden et Denon.

243 Les recherches que nous avons entreprises pour en retrouver des traces n'ont pas abouti: elle ne se trouve – en tout ou partie – ni à Pd-C (lettre du 13.7.1993), ni à Pd-U (lettre du 20.5.1995), ni à Ve-M (lettre du 8.2.1994), ni à Vi-B (lettre du 6.6.1995), ni à Vr-C (lettre du 27.5.1995). Certains des meilleurs connaisseurs des archives de Jappelli, les Prs. L. Puppi (lettre du 12.3.1994) et B. Mazza (communication orale) et l'Arch. V. Dal Piaz (lettre du 16.5.1994) n'ont pas davantage découvert d'indices à son sujet. V. Dal Piaz a bien voulu nous préciser (*loc. cit.*) que cette bibliothèque fut vendue par la veuve de Jappelli immédiatement après la mort de l'architecte et, «con buona probabilità in ambiente vicentino». Les recherches effectuées à notre demande à l'Archivio di Stato di Venezia n'ont pas davantage permis de mettre la main sur un quelconque testament de Jappelli, qui aurait éventuellement pu nous informer sur la destinée de cette bibliothèque. Je remercie vivement son Directeur, Le Dr P. Selmi pour l'enquête menée avec ses collaborateurs et pour sa réponse détaillée à ce sujet (lettre du 5.7.1995).

Les architectes étaient également des auteurs et la plupart d'entre eux se sont montrés préoccupés de se constituer une bibliothèque et de la maintenir à jour. Ainsi Giuseppe Martelli (1792-1876) et Luigi de Cambray-Digny (1778-1843) mettent à profit leurs voyages pour compléter la leur et se rendent mutuellement des services (*cf.* N. Wolfers, in: N. Wolfers/ P. Mazzoni [éds.], *La Firenze di Giuseppe Martelli (1792-1876). L'architettura della città fra ragione e storia*, cat. expos. Florence 1980, Firenze 1980, p. 130-131). Les débutants ont accès aux bibliothèques personnelles de leurs aînés (*cf. supra*, p. 206 et n. 194) et certaines d'entre elles sont toujours conservées et dotées d'un inventaire manuscrit (bibliothèque Pelagio Palagi: à Bo-C, Ms. B 2356-2357; bibliothèque Giuseppe Del Rosso: à Fi-R, Ms. Ricc. 3578 et 3578bis) voire d'un catalogue imprimé (bibliothèque Leopoldo Cicognara: à R-V; *cf.* L. Cicognara, *Catalogo ragionato dei libri d'arte e d'antichità posseduti dal Conte Cicognara*, 2 vols., Pisa 1821 [exemplaires à To-C et To-N]), réimpr. anastatique 2 vols., Cosenza 1960. D'autres bibliothèques, dispersées, ont au moins préservé leur intégrité formelle grâce à un catalogue de vente (bibliothèque Luigi Canina: *Catalogo della preziosa libreria [...] Luigi Canina*, Roma 1857 [exemplaire à CM-C]). Nous pouvons ainsi prendre une assez bonne mesure de la place occupée par l'Egypte dans les préoccupations des artistes à la charnière des XVIIIe et XIXe siècles, étant bien entendu

Bertrand Jaeger

que des ouvrages comme les *Hieroglyphica* de P. Valeriano (bibliothèque Cicognara), l'*Oedipus Aegyptiacus* d'A. Kircher (Cicognara), *L'Antiquité expliquée* de Montfaucon (Palagi, Canina), le *Recueil d'antiquités* du comte de Caylus (Palagi), le *De origine et usu obeliscorum* de G. Zoega (Cicognara), le *Voyage* de V. Denon (Cicognara, Palagi), la *Description de l'Egypte* (Cicognara, Palagi, Canina) ou d'anciennes éditions des *Hieroglyphica* d'Horapollon (Cicognara, Palagi) ne sont pas entrés par hasard dans la bibliothèque d'un particulier; la bibliothèque du comte Francesco Leopoldo Cicognara (1767-1834) comportait une quarantaine d'ouvrages – sur 4800 – relatifs à l'Egypte, la bibliothèque Palagi, quelque quatre-vingts sur 2639 et la bibliothèque Canina, une cinquantaine sur 1289. Oeuvrant dans un tel contexte, un artiste aussi ouvert et désireux de s'informer que Jappelli parvint donc certainement à ses fins. Nous savons, par exemple, qu'il consulta la bibliothèque du comte Cicognara, en 1839/1840, alors qu'elle se trouvait déjà déposée à la Bibliothèque vaticane (*cf.* n. 304).

[244] Gallimberti, *Jappelli*, p. 45-46 et fig.; L. Bazzanella Dal Piaz, *Giuseppe Jappelli*, Tesi di Laurea, Univ. di Padova, Ist. di Storia dell'Arte 1974/75, p. 132-138 (*non vidi*); Puppi, "Jappelli: Invenzione", p. 253 et n. 129; Mazza, *Jappelli*, p. 75-78 avec fig.; L. Camerlengo, in: Marinelli, *loc. cit.* (n. 42), p. 408 fig. ["tav. V"] et 413 n° 347.

[245] Padova, Archivio di Stato, Atti Comunali, busta 1154/15-21 (7 dessins désignés respectivement comme "tav. I, II, VI, V, IV, III et VII"); la description autographe de Jappelli est datée du 1.8.1827.

[246] Gallimberti (*cf.* n. 244) fut le premier à en faire la remarque ajoutant, avec raison, qu'il s'agissait d'une particularité rentrant dans les tendances archéologiques de l'époque et se retrouvant jusque dans des oeuvres d'art décoratif comme les pendules, par exemple: *cf.* Humbert, *L'égyptomanie*, p. 164 et *id.*, in: *Egyptomania* [cat. Paris], n° 153 (la fontaine du Fellah) et 168 (pendule de Percier et Fontaine). P. Selvatico s'était indigné de ce que ce projet n'ait jamais été réalisé (*Arte ed artisti. Studi e racconti*, Padova 1863, p. 456; exemplaire à Pd-C) et son allusion aux «parti pregevolissime attestatrici di mente vasta ed imaginosa» se rapporte peut-être à ces éléments égyptisants. D'une manière générale et comme il a souvent été relevé, c'est dans l'art funéraire que le style égyptien fut le plus universellement accepté (*cf.* Patetta, *L'architettura cit.* [n. 73], p. 111-112 et 129; F. Werner, *Ägyptenrezeption in der europäischen Architektur des 19. Jahrhunderts*, Weimar 1994, p. 21-33). Au sujet des jugements de Selvatico – et de leur instabilité – sur Jappelli et son goût pour l'Egypte, *cf. infra*, p. 222-223 et n. 441-451.

[247] Conegliano peut faire état d'un lien avec l'Egypte, certes sans rapport avec celui que nous allons étudier ici, mais qui remonte au début du XVIIIe siècle: le voyage en Terre sainte, en 1700, de l'abbé Bartolommeo Angeli, de Conegliano précisément: *Viaggio di Terra Santa dell'abate Bartolommeo Angeli nobile di Conegliano, Diviso in tre racconti [...] nel terzo il ritorno da Gerusalemme a Livorno per via d'Egitto*, Venezia, nuova ediz. 1737 (exemplaire à Vr-C). Les recherches bibliographiques que nous avons effectuées ne nous ont pas permis d'établir la date de publication de l'édition originale.

[248] Docteur en sciences agraires, ami du comte Cicognara (pour Cicognara, *cf. infra*, p. 214 et n. 304); son frère Vittore Maria (1758-1836) était architecte, membre du Gouvernement central de Trévise, après la chute de la République de Venise (2.7.1797) et Président de l'Accademia Agraria di Conegliano (F. Dal Fabbro, *Piccola strenna a' suoi amici pel 1838*, Padova 1837, réimpression Conegliano 1969, p. 2; A. Valente, *La famiglia Gera Minucci*

di Conegliano dal 1300 ai nostri giorni [Collezione di monografie storiche 15], Venezia 1941, p. 32 [exemplaire à VV-C]).

[249] Rappelons qu'assez curieusement, et contrairement à ce qui s'est passé pour le café Pedrocchi, la villa Gera est passée totalement sous silence dans les guides de l'époque, entre autres dans un guide de la province de Trévise de 1861: Mazzi, *loc. cit.* (n. 212), p. 152 et n. 12.

[250] Une allégorie de l'Architecture accueillant les autres arts: la Peinture, la Sculpture, la Poésie et la Musique.

[251] *Cf.* L. Pusztai/G. Sinopoli, *DBI* 21, 1978, 44-46 *s.v.* "Casagrande".

[252] Qu'il me soit permis d'exprimer ici ma vive reconnaissance au Prof. Nicola Sinopoli pour l'obligeance avec laquelle il m'a fait visiter la villa Gera (en 1995) et autorisé à prendre des photographies, ainsi que pour les précieux compléments d'information qu'il a bien voulu m'apporter.

[253] L'étude architecturale détaillée de ce chef-d'oeuvre reste à faire. *Cf.* pour l'instant l'article d'E. Piccoli cité à la n. 255 ainsi que Ch. Checchinato, *Villa Gera. Ricerca storica*, Venezia, Istituto Universitario Architettura di Venezia, Anno Accademico 1992/1993, Corso di Disegno Rilievo (inédit). Je remercie vivement le Dr G. Martin (Conegliano) de m'avoir rendu attentif à ce travail encore inédit et Mme Checchinato d'avoir bien voulu m'en communiquer une copie.

[254] La distance les séparant est exactement de 40,0m.

[255] La villa Gera et la Porte égyptienne sont actuellement situées sur des parcelles de terrain appartenant à des propriétaires différents. Que Monsieur et Mme Roberto Canzian trouvent ici l'expression de ma vive gratitude pour la gentillesse avec laquelle ils m'ont accueilli à Conegliano (en 1988 et 1993), autorisé à photographier la Porte égyptienne et communiqué l'élévation de la porte, publiée ici pour la première fois (Studio Arch. Luciano Gemin, Trévise). L'étude de cette porte présentée ici reprend et développe sur certains points celle de Jaeger, "Pedrocchi", texte et n. 15-23. Auparavant, elle n'avait fait l'objet que de simples mentions et n'avait jamais été étudiée: Carta Mantiglia, *loc. cit.* (n. 46), p. 542-543 et fig. 20 (face intérieure); Gallimberti, *Jappelli*, p. 91-92 et fig. (face extérieure); E. Piccoli, "Villa Gera a Conegliano Veneto", *L'Architettura* 12, No 10 (136), février 1967, 682-689; R. G. Carrott, *The Egyptian Revival. Its Sources, Monuments, and Meaning 1808-1858*, Berkeley/Los Angeles/London 1978, p. 38 n. 7; F. D'Arcais/F. Zava Boccazzi/G. Pavanello, *Gli affreschi nelle ville venete dal Seicento all'Ottocento*, Venezia 1978, p. 154-155 n° 51 (avec bibl. antérieure); Dolzani, "Belzoni", p. 492; G. Martin, *Conegliano affrescata*, Treviso 1989, p. 138 et fig. 261 (face extérieure).

[256] Mais aucun document n'est là pour le confirmer. En date du 17.11.1840, Jappelli fit acte de candidature pour la chaire d'architecture civile et d'hydraulique de l'université de Padoue (ms. autographe à Pd-C, cote BP 1038/I 96 avec deux copies sous les cotes BP 1038/I 95 et 98) et cita à cette occasion ses oeuvres principales dont le «Palazzo Gera a Conegliano», mais sans indiquer aucune date. A notre connaissance, le premier auteur (en 1955) à avoir évoqué la villa Gera en termes chronologiques précis est Carta Mantiglia, *loc. cit.* (n. 46), p. 543, qui inséra cette oeuvre de manière convaincante dans un développement stylistique allant de 1827 à 1832; il fut suivi par G. Paludetti (*Giovanni De Min 1786-1859*, Udine 1959, p. 74 et 257 n. 9), qui opta pour 1827, sans arguments complémentaires. En 1963, Gallimberti (*Jappelli*, p. 91) data la villa de 1827 (les auteurs successifs lui emboîtèrent le pas sauf Piccoli, *loc. cit.* [n. 255], p. 684, dont la datation «verso il 1830» est liée à des informations cadastrales qu'il ne communique pas au lecteur), en signalant que sa façade

rappelait le projet de Jappelli pour l'université de Padoue (1824-1825). Remarquons qu'elle reprend également la façade des abattoirs de Padoue (le "Macello", 1819-1825) et que Jappelli utilisa ainsi successivement l'ordre dorique (le Macello), corinthien (l'université) et ionique (la villa Gera). Par ailleurs (voir plus loin dans le texte), la Porte égyptienne de la villa Gera rappelle le projet pour le cimetière de Padoue et le point d'ancrage chronologique (1827-1832) de cette nouvelle réalisation dans l'oeuvre de Jappelli est donc certainement correct, même si une datation précise (1827) nous semble prématurée. Je voudrais remercier ici l'Arch. Vittorio Dal Piaz (univ. de Padoue), qui a bien voulu me confirmer (lettre du 16.5.1994) ne pas connaître, lui non plus, de documents autorisant une datation plus précise de cette porte.

[257] Hauteur: 8,40m; largeur: 6,85m; épaisseur: 1,00m à la partie inférieure et 0,90m au-dessous du tore (la porte est donc aussi très légèrement talutée *d'avant en arrière*); largeur de l'ouverture de la porte: 3,00m au sol, 2,70m avant le premier surplomb et 1,80m au-dessous du linteau; hauteur de l'ouverture: 4,90m; hauteur de la corniche: 1,20m; largeur du massif rectangulaire supérieur: 5,80m; hauteur du massif: 0,90m. Nous ne connaissons pas de dessin préparatoire pour cette porte. Martin, *loc. cit.* (n. 255), p. 138 en mentionne un, cependant, à Bâle («il cui [= la porte] progetto originale è conservato a Basilea»). Malgré les recherches systématiques que nous avons faites à Bâle même, nous ne sommes pas parvenu à en trouver la moindre trace. A notre demande (1994/1995), le Dr Giuliano Martin a tenté, mais sans succès, de remonter à la source de son information et nous le remercions vivement pour les efforts qu'il a déployés dans ce sens.

[258] Nous avons déjà observé cette particularité à propos des deux portails d'entrée du projet pour le cimetière de Padoue. Il peut sembler curieux que Jappelli se soit ainsi écarté à deux reprises d'un usage propre à l'architecture égyptienne. Mais peut-être n'en était-il pas conscient: d'autres l'avaient fait avant lui en sorte qu'il ne suivait que l'attrait d'une mode tirant son origine entre autres de certains dessins inexacts des ouvrages de Pococke, Norden et Denon (comme nous l'avons montré dans Jaeger, "Pedrocchi", texte et n. 17-23). Mais, depuis la rédaction de cette première étude sur le sujet, il nous est apparu clairement que l'origine de ces portes talutées dans l'architecture en style égyptien du XIXe siècle est à chercher avant tout dans l'architecture funéraire étrusque, où elles sont très fréquentes (comme déjà les assises en surplomb progressif: *cf. supra*, p. 202 et n. 144): *cf.* F. Prayon, *Frühetruskische Grab- und Hausarchitektur* (= *Mitteillungen des Deutschen Archäologischen Instituts, Römische Abteilung*, 22. Ergänzungsheft), Heidelberg 1975, pl. 5, 9-13, 31-32, 42-47 et 52 ainsi que M. Moltesen/C. Weber-Lehmann, *Etruskische Grabmalerei. Faksimiles und Aquarelle* (Zaberns Bildbände zur Archäologie 7), Mainz 1992, *passim*. Je remercie le Dr C. Weber-Lehmann qui a eu l'obligeance de me confirmer que les portes talutées apparaissent fréquemment dans l'architecture funéraire étrusque et m'a communiqué la première des deux références ci-dessus. L'on rencontre, en revanche, des montants correctement talutés, à l'égyptienne, aux extrémités du portique de la façade méridionale de la villa "La Rotonda" (1813-1833) de Luigi Cagnola, à Inverigo (prov. de Côme): G. Mezzanotte, *Architettura neoclassica in Lombardia*, Napoli 1966, p. 338 avec fig. 237 et 241; P. Orlandi, *Ville in Lombardia*, Milano [1994], fig. 128.

[259] Deux sphinges ornent la façade du Teatro Accademia de Conegliano (le projet original prévoyait quatre lions), mais elles sont beaucoup plus tardives, le théâtre n'ayant été achevé qu'en 1868 (L. Caniato/G. Baldissin Molli, *Conegliano: Storia e itinerari*, Treviso 1987,

p. 106 et n. 13); elles n'ont donc pas pu influencer la décoration de la Porte égyptienne et n'ont, d'ailleurs, rien d'égyptien.

260 C'est le seul exemple de grille décorée à l'égyptienne que nous connaissons en Italie: *cf. id., ibid.*, n. 16.

261 Il n'a jamais été reproduit ni même signalé jusqu'ici et je remercie d'autant plus vivement le Prof. N. Sinopoli d'avoir attiré mon attention sur son existence et de m'avoir autorisé à le publier ici. La mention très vague de figures incisées sur les murs faite par Piccoli, *loc. cit.* (n. 255), p. 684 («certi particolari "egizi" come diverse figure incise sui muri e lo stesso efficacissimo portale principale di accesso») ne peut *pas* se rapporter à ce relief et doit être, par conséquent, le résultat d'une erreur car rien de tel n'existe à la villa Gera, à part le relief en question. Il est situé à hauteur des yeux, sur un bloc de 44 x 44cm, et mesure lui-même 24,5 x 13,5cm.

262 Sa construction est sans doute postérieure à celle de la villa mais nous n'en connaissons ni la date ni l'auteur (Jappelli?). G. Demin réalisa les fresques de la villa en 1837, dix ans après sa construction, et celles de l'aile annexe en 1844 (*cf.* D'Arcais *et al., loc. cit.* [n. 255], p. 154-155 et Dal Mas, *loc. cit.* [n. 75], p. 197 et 200).

263 Autopsie 20.7.1995. On reconnaît clairement le corps de l'oiseau, ses pattes, sa queue et l'une des deux ailes, déployée vers le haut; l'oiseau semble être acéphale et avoir la couronne posée directement sur le haut du corps. Des traces d'un second oiseau apparaissent nettement à l'arrière du premier.

264 L'examen de l'original ne nous a pas montré que cette entrée ait été modifiée postérieurement ni que le relief soit une adjonction plus tardive.

265 *Cf.* le plan de la villa chez Piccoli, *loc. cit.* (n. 255), p. 682.

266 Faudrait-il y voir un lien avec l'observation faite à la n. 249?

267 Nous ne savons cependant pas si l'aile orientale – et donc cet hiéroglyphe – sont l'oeuvre de Jappelli ou d'un autre architecte.

268 De 1803 à 1813. *Cf.* L. Puppi, "Giuseppe Jappelli e la massoneria: una profezia inquietante", in: Cresti, *loc. cit.* (n. 38), p. 175-180 avec bibl. antérieure (= *id.*, "A proposito di Giuseppe Jappelli e la massoneria", *Prilozi povijesti umjetnosti u Dalmaciji* 33, Split 1992 [Mélanges Krun Prijatelj], p. 505-510; cette seconde version représente toutefois la version définitive de l'article et comporte des compléments importants par rapport à la première publication); *cf.* aussi la précieuse étude de M. Menegazzo, "Giuseppe Jappelli e la ritirata dei francesi dal Veneto (1813-1815)", *BMCP* 78, 1989, 143-153 (déjà citée par Puppi, "A proposito" *cit.*, p. 506). *Cf.* également A. Mariutti, "Organismo ed azione delle Società segrete nel Veneto durante la seconda dominazione austriaca (1814-'47)", in: *Miscellanea di storia veneta*, S. IV, 3, 1930, p. 159: «Japelli^sic Giuseppe – Comp. della L. La Letizia OL di Venezia» (exemplaire à Fi-K): la question posée par Puppi (*cf. loc. cit.* ci-dessus, p. 175-176: affiliation à quelle loge?) trouve donc ici sa réponse.

269 *Cf.* L. Bazzanella Dal Piaz, "G. Jappelli durante il periodo napoleonico", *Padova e la sua Provincia* 23, 1977, No 2, 12-14 et Puppi, *loc. cit.* (n. 268), p. 175 et n. 3.

270 Cette opinion est déjà celle de L. Puppi, exprimée à plusieurs reprises: "Jappelli: Invenzione", p. 260-265; *id., Pedrocchi*, p. 68 ss.; *id., loc. cit.* (n. 268, premier titre), p. 177-178.

271 *Toutes proportions gardées*, la villa Gera n'est pas sans rappeler, par plusieurs coïncidences, une autre demeure, sans doute animée, elle aussi, d'un fort courant maçonnique sous-jacent, Villadeati (prov. d'Alessandria), au Piémont: également située en position dominante, au haut d'une colline orientée vers le sud, méconnue de son temps, ignorée des guides de

l'époque, dotée d'une entrée à deux arcs, d'un dédale de voies de communication souterraines, cryptoportiques, portiques et escaliers, comme destinés à la fois à multiplier les accès et à occulter la viabilité du parcours; l'accent est mis sur la difficulté. L'on y remarque aussi, bien en vue, au départ d'un escalier – c'est-à-dire d'un lieu de *passage* – une colonne ornée d'un étrange chapiteau peint avec, semble-t-il, un motif de tiges et fleurs de papyrus alignées côte à côte. Ce chapiteau n'est plus guère lisible aujourd'hui (autopsie 21.6.91) et je tiens à remercier le Prof. André Corboz (Ecole polytechnique fédérale, Zürich), qui a eu l'obligeance de m'en communiquer un dessin (lettre du 31.7.91), réalisé sur place en 1969 et grâce auquel les traces actuellement visibles deviennent intelligibles. Au sujet de Villadeati en général, *cf.* A. Corboz, "Hypothèses autour de Villadeati", *Bollettino della Società Piemontese di Archeologia e Belle Arti* N.S. 23-24, 1969-1970, 166-195, qui signale ce chapiteau p. 193 n. 52.

272 Et aux influences auxquelles il apparaît évident qu'il y aura été exposé.

273 Symbole de la propre destruction et de la régénérescence, de l'éternel recommencement de toute manifestation, de la remise en question permanente du franc-maçon, de l'éternité.

274 *Cf.* Gorini, *loc. cit.* (n. 179), p. 640-642; L. Puppi/G. Toffanin, *Guida di Padova. Arte e storia tra vie e piazze*, Trieste 1983 (rist. 1991), p. 141; E. Franzin, in: Franzin/Ugento, *Pedrocchi*, p. 30. Le médaillon est détruit mais l'ourobore est toujours conservé et sert actuellement de bordure à la vasque d'un jet d'eau, au fond d'un jardin de la via Euganea nº9, à Padoue; le cercle délimité par l'ourobore – à l'intérieur duquel se trouvait autrefois l'inscription commémorative – a un diamètre de 2,20m. Que le Prof. Mario Mignucci trouve ici l'expression de ma vive gratitude pour m'avoir autorisé à photographier et reproduire cet intéressant document (autopsie 23.2.1994). L'ourobore est attesté dans l'iconographie de la Vénétie au XVIe siècle déjà: *cf.* un heurtoir en fer forgé conservé au Castello Sforzesco de Milan: A. Pedrini, *Il ferro battuto*, Torino 1967³, p. 229 fig. 363.

275 Remarquons l'ironie, la provocation même, se cachant derrière ce médaillon de l'empereur d'Autriche, bordé par un symbole maçonnique aussi important alors que Jappelli s'était officiellement distancé de cet idéal (*cf. supra*, p. 211 et n. 269)! Pour la symbolique du serpent en général dans l'oeuvre de Jappelli, *cf.* E. Franzin, "Il Caffè Pedrocchi e la sua storia", *Il Novecento* 11, Padova 1991, No 5, 15 et 18 et *id.*, in: Franzin/Ugento, *Pedrocchi*, p. 30.

276 E. Franzin, in: Franzin/Ugento, *Pedrocchi*, p. 3 fait état d'un voyage à Parme en 1831, au sujet duquel nous n'avons trouvé aucune autre trace dans la littérature (*cf.* aussi *infra*, n. 299!).

277 Son départ d'Italie se situe peut-être à la fin de 1835: *cf.* n. 279.

278 «Jappelli stesso, quel nome così rispettabile, sembra dopo il suo recentissimo viaggio in Francia ed Inghilterra, aversi impeciato delle opinioni di que' paesi, che pur troppo vorrebbero dare e danno difatti la legge a quella terra da cui apprendono tutto» (lettre de l'architecte C. Alessandri, du 29.1.1839: A. Avena, "Il viaggio d'Italia di Carlo Montanari con Carlo Alessandri (1838-39)", *Atti e Memorie della Accademia di Agricoltura, Scienze e Lettere di Verona*, S. 6, 4, 1952-1953 [1954], 222). En 1850 encore, Jappelli écrira à un correspondant anglais: «l'impression de haute admiration que j'éprouvai l'an 1837 [*sic* pour 1836] en visitant votre Capitale géant[sic]; alors et pour la première fois, je vis où peut arriver l'intelligence humaine, soutenue par l'étude, la persévérance, et les richesses [...]» (cité d'après Azzi Visentini, "Mausoleo Hamilton", p. 158 et n. 19). *Cf.* aussi G. Mazzi,

"Per G. Jappelli: lettere inedite e carteggi rivisitati", *Padova e la sua Provincia* 23, 1977, No 7, 19 et n. 32.

[279] *Cf.* Puppi, *Pedrocchi*, p. 59 ñ. 55 où sont réunis les rares éléments chronologiques relatifs à ce voyage qui peuvent être tirés de sa correspondance: Jappelli est encore en Italie le 14.11.1835, à Paris le 10.1.1836 et encore le 18.1.1836 (mais sur le point de partir pour l'Angleterre), à Londres le 18.2.1836 et le 23.2.1836, à nouveau à Paris le 11.3.1836 (sur le point de retourner en Italie), et à Lyon le 1.4.1836 (depuis 8 jours).

[280] Nous disposons de moins d'informations encore sur le séjour parisien de Jappelli: *cf.* D. Rabreau, "Jappelli à l'Académie des Sciences. L'éclectisme à Paris autour de 1836", in: Mazzi, *Jappelli e il suo tempo*, II, p. 587-598. *Cf.* toutefois les notes du journal de voyage de son épouse, Eloisa Petrobelli (A. Rowan, "Jappelli & Cicognara", *Architectural Review* 143 [853], 1968, 226 et n.7; Azzi Visentini, "Mausoleo Hamilton", p. 165 n. 15).

[281] *Cf.* Azzi Visentini, "Mausoleo Hamilton", p. 165 n. 18.

[282] Nous savons que Jappelli s'est intéressé aux ponts suspendus (voir sa lettre à G. Bernardi, écrite de Lyon le 1.4.1836, au cours de son voyage de retour: Concina, "L'epistolario", p. 13, lettre n° 34). Il a peut-être vu, à Londres, les dessins de certains des ponts suspendus en style égyptien, comportant des pylônes aux extrémités et qui sont parmi les premiers au monde de ce genre à avoir été réalisés, en particulier ceux de Brighton (1823) et Bristol (conçu en 1831, construit entre 1836 et 1864): *cf.* Carrott, *loc. cit.* (n. 255), p. 104-105 et pl. 78 (Bristol) et 81 (Brighton); Curl, *Eg. Revival*, p. 133-134 et fig. 122 (Bristol); J.-M. Humbert, *L'Egyptomanie – Sources, thèmes et symboles*, Paris, Thèse Paris IV (Sorbonne) 1987, p. 237 n° 272 (Brighton) et p. 476 n° 591 (Bristol); Curl, *Egyptomania*, p. 167-168 et fig. 123 (Bristol). Le pont de Bristol fut réalisé par Isambard Kingdom Brunel (1806-1859), fils de l'ingénieur Marc Isambard Brunel (1769-1849), pour lequel Jappelli avait reçu des lettres de recommandation en quittant Paris; or, M. I. Brunel fut l'un de ceux qui «non solo mi fecero vedere tutto con la larghezza inglese quando si dimenticano d'essere mercanti, ma mi diedero lettere per le altre officine, sì dentro che fuori di Londra [...]» (G. Damerini, *loc. cit.* [n. 40], p. 60: lettre du 1.4.1836 [et non 1.8.1836]). Notre hypothèse peut donc fort bien s'être réalisée. Plus tard, Jappelli publia même un mémoire sur les ponts suspendus: "Sopra i ponti sospesi di legname", *Atti delle Adunanze dell'I.R. Istituto Veneto di Scienze, Lettere ed Arti* 3, 1844, 91-95. Au sujet des ponts suspendus comportant des éléments égyptisants, projetés et réalisés en Italie, *cf.* Jaeger, *loc. cit.* (n. 238), p. 328 et n. 40-41; *id.*, "Pedrocchi", texte et n. 72-74 (on ajoutera à la bibl.: A. Baratta/P. Jossa, "Il ponte a sospensione di catene «Real Ferdinando» sul Garigliano. Ipotesi di ripristino e conseguenti sviluppi di analisi strutturale", *Napoli Nobilissima* 26, 1987, 67-71).

[283] Azzi Visentini, "Mausoleo Hamilton", p. 157-160.

[284] Ce d'autant que de telles hypothèses, une fois émises (*cf.* par exemple l'hypothétique rencontre avec le décorateur Charles Percier [1764-1838]: Carta Mantiglia, *loc. cit.* [n. 46], p. 539; Puppi, "Jappelli: Invenzione", p. 234 n. 45 et p. 258; *id.*, *Pedrocchi*, p. 64 n. 82), ont parfois la tendance à se muer insensiblement en faits réels (*cf.* Azzi Visentini, "Mausoleo Hamilton", p. 158 et n. 23-24). Pour l'état des tendances égyptisantes vers 1836 à Paris, *cf.* par exemple: J. Humbert, "Les monuments égyptiens et égyptisants de Paris", *Bulletin de la Société française d'égyptologie* No 62, 1971, 9-29; *id.*, "Les obélisques de Paris: projets et réalisations", *Revue de l'art* 23, 1974, 9-29; *id.*, *loc. cit.* (n. 282), p. 1515 *s.v.* "Paris"; *id.*, "Egyptologie et Egyptomanie: imprégnation dans l'art occidental de quatre siècles d'une cohabitation harmonieuse", in: *Les collections égyptiennes dans les Musées de Saône-et-*

Loire, cat. expos. Autun/Mâcon 1988-1989, Autun 1988, p. 52 ss. avec bibl. n. 11; pour Londres, *cf.* Gallimberti, *Jappelli*, p. 60-62; Azzi Visentini, "Mausoleo Hamilton"; Curl, *Eg. Revival*, p. 107-152; P. Connor (éd.), *The Inspiration of Egypt. Its Influence on British Artists, Travellers and Designers, 1700-1900*, cat. expos. Brighton/Manchester 1983, Brighton 1983, *passim*; Curl, *Egyptomania*, p. 118-171. D'une manière générale, *cf.* aussi Patetta, *L'architettura cit.* (n. 73), p. 99-108 et *Egyptomania* [cat. Paris], p. 312-317 et *passim*.

285   Au sujet de l'influence précoce de l'Angleterre sur Jappelli, *cf.* Rowan, *loc. cit.* (n. 280) ainsi que Azzi Visentini, "Mausoleo Hamilton", p. 157 ss. pour la rencontre entre Jappelli et Alexander Hamilton, grâce à l'intervention du comte Cicognara.

286   Pour les frères Adam: *cf.* Gallimberti, *Jappelli*, p. 62-63; Puppi, *Pedrocchi*, p. 64 n. 82. Pour l'influence de Th. Hope: *cf.* Gallimberti, *Jappelli*, p. 62-66; Puppi, *Pedrocchi*, p. 62 n. 69.

287   *Cf.* R. W. Symonds, "Thomas Hope and the Greek Revival", *The Connoisseur* 140 (566), December 1957, 226-230; D. Watkin, *Thomas Hope 1769-1831 and the Neo-Classical Idea*, London 1968, p. 93-124 et 210-211; J. Harris, "Lo stile Hope e la famiglia Hope", *Arte Illustrata* 6, 1973, No 55-56, 326-330; P. Thornton/D. Watkin, "New Light on the Hope Mansion in Duchess Street", *Apollo* 126 (307), September 1987, 162-177 spécial. 163-167; M. Pantazzi, in: *Egyptomania* [cat. Paris], n° 99.

288   Watkin, *loc. cit.* (n. 287), p. 48-49 et 115-118.

289   Une salle entièrement décorée en style égyptien et ce que Hope appela un boudoir réunissant des objets et des éléments décoratifs en style grec, romain, égyptien, indien et chinois; *cf.* également la pendule égyptienne de la salle dite de Flaxman.

290   London 1807 (reprint New York 1971, avec une nouvelle introduction de D. Watkin): *cf.* les pl. VII (salle de Flaxman), VIII (salle égyptienne) et X (boudoir) souvent reprises, entre autres par Watkin, *loc. cit.* (n. 287), fig. 14 et 17 et Curl, *Egyptomania*, p. 122-123 fig. 67-68.

291   Pd-C, cote Ms. C.M. 481/22. Le manuscrit a été signalé par Puppi, "Jappelli: Invenzione", p. 232 n. 37; *id.*, *Pedrocchi*, p. 62 avec n. 69 et 80 avec n. 118.

292   Puppi n'a fait que signaler le fait (p. 232 n. 37), sans en tirer les conséquences chronologiques (il les oublie même en disant ailleurs [p. 62 n. 69] qu'il s'agit d'un travail de jeunesse alors que l'édition originale de l'ouvrage de Hope date de 1835) et n'a pas cherché à identifier le passage précis pour se rendre compte si ces notes résumaient mécaniquement le contenu ou opéraient une sélection permettant à son tour de porter un jugement sur le regard de Jappelli sur l'Egypte. L'ouvrage de Hope parut à titre posthume, l'auteur étant décédé en 1831: *An Historical Essay on Architecture. By the Late Thomas Hope. Illustrated from Drawings made by him in Italy and Germany*, London 1835; London 1835²; London 1840³; trad. française: *Histoire de l'architecture par Th. Hope traduit de l'anglais par A. Baron*, Paris 1839; Bruxelles 1839; Bruxelles 1852²; Paris 1858³; Paris 1859⁴; trad. italienne: *Storia dell'architettura di Tomaso Hope. Opera tradotta dall'inglese in francese dal Sig. A. Baron [...] prima versione italiana dell'ingeniere Gaetano Imperatori*, Milano, Paolo Lampato 1840, 358p., 97pls. (exemplaire à To-C); Napoli 1857. Au sujet de cet ouvrage, *cf.* A. Griseri/R. Gabetti, *Architettura dell'eclettismo. Un saggio su G. B. Schellino* (Saggi 519), Torino 1973, p. 43-47.

293   Le chapitre II, intitulé "De l'origine et de la nature du style égyptien en architecture" (éd. franç.), "Dell'origine e della natura dello stile egiziano in architettura" (éd. ital.). Les

notes de Jappelli sur ce chapitre correspondent aux cinq premières pages du manuscrit (1^r-3^r): il s'agit d'un résumé du texte et non de réflexions personnelles; nous en donnons ici pour la première fois une transcription intégrale dans l'«Appendice IV».

[294] Hope, *loc. cit.* (n. 292), Paris 1839, p. 6-16.

[295] Il est d'autant plus curieux de constater qu'un tiers du texte de Jappelli reprend, presque mot pour mot et sans rien en retrancher, une longue note de Hope d'après Hérodote sur le prétendu despotisme des bâtisseurs de pyramides (Hope, *ibid.*, p. 14 n. 1). Il s'agit, toutefois, d'un thème récurrent aux XVIIIe et XIXe siècles: *cf.* par exemple G. Del Rosso, *Ricerche sull'architettura egiziana e su' ciò che i Greci pare abbiano preso da quella nazione*, Firenze 1787, p. 72 (exemplaires à Bo-C et Mi-A); L. Malaspina di Sannazaro, *Delle leggi del Bello applicate alla pittura ed architettura*, Pavia 1791, p. 264-265 (exemplaires à Fi-K, Mi-A et Pv-C). Mais certains auteurs avaient, à cette époque déjà, une vision beaucoup plus nuancée sur la question: *cf.* [J. Belgrado], *Dell'architettura egiziana*, Parma 1786, p. 57 ss. et 80-82 (exemplaires à Bo-C, Mi-A, Mi-B et Mi-C).

[296] Bien que le résumé de Jappelli suive de près le texte de Hope, le *vocabulaire* est très différent, ce qui ne serait pas le cas si le texte lu par Jappelli avait été lui-même en italien. D'autre part, la graphie choisie par Jappelli pour certains noms propres (Elephantis, Saïs, Cheops, Chephrene, Diodoro di Sicilia), lorsqu'elle n'est pas encore établie par l'usage, suit toujours la traduction française (*loc. cit.* [n. 292], Paris 1839, p. 6-16: Eléphantis, Saïs, Chéops, Chephren, Diodore de Sicile) et non la traduction italienne (*loc. cit.* [n. 292], éd. 1840, p. 11-18: Elefante, Said, Ceope, Cefrene, Diodoro Siculo), tandis qu'elle ne se recoupe que partiellement avec l'édition anglaise (*loc. cit.* [n. 292], éd. 1835^2, p. 7-19 et éd. 1840^3, p. 6-16: Elephantas, Sais, Cheops, Cephrenes, Diodorus Siculus). Par ailleurs, de minimes variantes apparaissent entre les trois versions publiées, et la manière dont elles se répercutent dans les notes de lecture de Jappelli est une indication précieuse pour déterminer la source utilisée par notre architecte (*cf.* «Appendice IV»). Enfin et surtout, une phrase de la traduction française est reprise textuellement *en français* dans les notes de Jappelli alors qu'elle est en anglais dans l'édition anglaise et en italien dans la traduction italienne. Ce dernier détail apporte la preuve que c'est bien dans la traduction française que Jappelli prit connaissance du texte de Hope, ce qui repousse par conséquent à 1839 le *terminus post quem* pour cette lecture. La traduction italienne eut, par contre, un impact important sur la critique d'art en Italie: *cf.* F. Bernabei, "Problemi della critica intorno a G. Jappelli", *Padova e la sua Provincia* 23, 1977, No 8/9, 6 et n. 25.

[297] Date d'une rencontre entre Jappelli, l'architecte Carlo Montanari (1810-1853) et l'antiquaire Carlo Alessandri (1809-1894): *cf.* Avena, *loc. cit.* (n. 278), p. 221-223 (lettre de C. Alessandri, du 29.1.1839: «Jappelli è in Roma da pochi giorni [...]») et Mazzi, *loc. cit.* (n. 278), p. 17 et n. 20.

[298] Sa présence à Rome est attestée au moins jusqu'au 17 novembre 1840, date de la lettre [en réalité une demande] au directeur de la Faculté de mathématiques de l'université de Padoue: Concina, "L'epistolario", p. 15, lettre n° 45 (original: Padova, Biblioteca Civica, BP 1038/I, 96, autopsie). Cette demande est bien datée de Rome et non de Padoue comme indiqué par erreur chez Puppi, *Pedrocchi*, p. 62 n. 77. La première lettre de Jappelli datée de Padoue est du 1.5.1841 (Concina, "L'epistolario", p. 15, lettre n° 49).

[299] D'après les sources dont nous disposons et que nous venons de citer, ce séjour ne semble pas être d'un seul tenant: Jappelli pourrait avoir eu une première prise de contact avec le prince Torlonia, au début 1839 (*cf.* aussi *infra*, n. 300), et être revenu une seconde fois dans

le courant de la même année pour entreprendre le travail proprement dit. En effet, dans le passage de la lettre de C. Alessandri cité plus haut (n. 297), Jappelli est décrit comme «indifferente di vedere o non vedere, *in questi pochissimi giorni che si trattiene* [c'est nous qui soulignons], i sacri ruderi di Roma [...]». Mais, dans une lettre du 29.3.1839, le même Alessandri évoque ses conversations enrichissantes avec Jappelli comme un épisode privilégié et d'une certaine durée, dont il n'apparaît pas clairement qu'il ait appartenu au passé au moment où Alessandri rédigeait sa lettre (Avena, *loc. cit.* [n. 278], p.225). Entre cette dernière date et le 19.12.1839 (lettre de Jappelli à Bernardi montrant notre artiste déjà profondément absorbé par les travaux de la villa Torlonia: Puppi, *Pedrocchi*, p. 63 n. 77; Concina, "L'epistolario", p. 13, lettre n° 37), aucun témoignage ne semble attester pour l'instant la présence de Jappelli à Rome (nous ignorons sur quel document se base E. Franzin, in: Franzin/Ugento, *Pedrocchi*, p. 10 pour affirmer que Jappelli est à Rome en juillet 1839; *cf.* aussi *supra*, n. 276!). Par ailleurs, certains travaux ont pu le retenir à Padoue, à partir d'août 1839 (Puppi, *Pedrocchi*, p. 63; Mazza, *Jappelli*, p. 102-107; Mazza, *loc. cit.* [n. 45], p. 795 ss.).

Bien que les dates données par ces lettres pour la présence romaine de Jappelli soient connues depuis longtemps, il est surprenant de constater que la date la plus ancienne – pourtant reprise dans la littérature consacrée à Jappelli – et parfois aussi la date la plus récente soient passées inaperçues au point de sous-estimer la portée d'un séjour ramené incorrectement à quelques mois: A. Campitelli, *Villa Torlonia. Storia ed architettura* (Comune di Roma, Assessorato alla Cultura, Centro di Coordinamento Didattico 9), Roma 1989, p. 12-13 («pochi mesi»); de la fin 1839 à avril 1840 selon Puppi, *Pedrocchi*, p. 63 n. 77, M. Fagiolo, in: Mazzi, *Jappelli e il suo tempo*, II, p. 579 n. 4 et Apolloni, *loc. cit.* (n. 301), p. 34 n. 49; de la fin 1839 à la fin 1840 mais sans le premier séjour selon Campitelli, *loc. cit.* (n. 301), p. 219.

[300] Cet appel remonte, en réalité, à 1836 déjà mais Jappelli n'avait pas pu y répondre plus tôt: *cf.* la lettre de Jappelli à Giuseppe Bernardi du 12.6.1836: Concina, "L'epistolario", p. 13, lettre n° 35. Une lettre de Jappelli au peintre Giovanni Demin, du 5.2.1837 (Belluno, archives De Min – Costantini), montre aussi que Jappelli envisageait un très bref déplacement à Rome pour avoir un entretien avec le prince Torlonia au sujet de ce futur projet: «[...] non so ancora se vadi o non vadi a Roma. In secondo luogo dopo di aver scritto lettere per essere disimpegnato tutto quest'inverno – se pur devo andarci, nota bene, che io non vedrò né Firenze, né Roma, mentre andrò precisamente come un Corriere a parlare con Turlonia e a ritornarmene subito indietro [...]» (G. Dal Mas, *loc. cit.* [n. 75], p. 77). Nous ignorons si ce déplacement eut finalement lieu ou si la première prise de contact entre le commanditaire et l'artiste eut lieu en janvier 1839 (*cf.* n. 299).

[301] Pour la villa Torlonia, sa décoration intérieure et son jardin, *cf.* en particulier les différentes contributions réunies in: M. F. Apolloni *et al.* (éds.), "Villa Torlonia. L'ultima impresa del mecenatismo romano", *Ricerche di Storia dell'Arte* 28-29, 1986, 1-215 (avec vaste bibl. antérieure); *cf.* aussi I. Belli Barsali, *Ville di Roma* (Ville italiane, Lazio I), Milano 1970, p. 345-355; M. Fagiolo, "Ideologie di Villa Torlonia: un mecenate e due architetti nella Roma dell'Ottocento", in: Mazzi, *Jappelli e il suo tempo*, II, p. 549-586; *id.*, "Villa Borghese e Villa Torlonia: il modello di Villa Adriana ovvero il panorama della storia", in: A. Tagliolini (éd.), *Il giardino italiano dell'ottocento nelle immagini, nella letteratura, nelle memorie*, Milano 1990, p. 207-214; A. Campitelli, "Il parco di Villa Torlonia da Valadier agli interventi

novecenteschi", *ibid*, p. 215-224. Pour l'activité de Jappelli à la villa Torlonia, *cf.* en particulier Apolloni *et al.*, *loc. cit.*, p. 21-26 (avec bibl. antérieure).

302 Mais rien en style égyptien. Pour la serre et la tour néo-mauresques, *cf.* en particulier Apolloni *et al.*, *loc. cit.* (n. 301), p. 23-25 avec fig. 13 et p. 65-69 avec fig. 107 et 110-121. Il est intéressant de relever que Jappelli avait d'abord prévu à cet endroit une pagode indienne (*ibid.*, p. 68 n. 1), qui renvoie à la pagode chinoise qu'il dessina vers 1829 pour le jardin Treves, à Padoue (Gallimberti, *Jappelli*, p. 27; Puppi, "Jappelli: Invenzione", p. 263; Azzi Visentini, *loc. cit.* [n. 35, deuxième titre], p. 62 fig. 64).

303 *Cf.* Azzi Visentini, "Mausoleo Hamilton", p. 166-167 n. 30 et Puppi, *Pedrocchi*, p. 80 n. 118.

304 «Gli ornamenti sono tracciati per far vedere il sito dove esser devono scolpiti, il Caneva ne troverà a sufficienza nell'opera di Murphy alla biblioteca vaticana»; l'ouvrage cité est celui de J. C. Murphy, The *Arabian Antiquities of Spain [...]*, London 1815, exemplaire du fonds Cicognara de la Bibliothèque vaticane (B. Steindl, in: Apolloni *et al.*, *loc. cit.* [n. 301], p. 68-69 avec n. 2 et fig. 118-119; le lecteur se reportera à ces pages pour le détail des annotations de Jappelli). Notre artiste se rendit donc à la Bibliothèque vaticane au cours de son séjour romain et y retrouva les livres d'art de son protecteur le comte Francesco Leopoldo Cicognara (*cf.* Rowan, *loc. cit.* [n. 280] et Puppi, "Jappelli: Invenzione", p. 243-250), livres vendus à la Vaticane en 1824 et que Jappelli avait sans doute pu consulter à Venise, où Cicognara résidait depuis 1808. Cette bibliothèque était prestigieuse et renfermait une quarantaine d'ouvrages fondamentaux sur l'Egypte antique (*cf.* n. 243), dont la *Description de l'Egypte*: cette publication s'est donc trouvée très tôt sur le chemin personnel de Jappelli, avant la réalisation de la villa Gera, et à nouveau peu avant la reprise des travaux au *piano nobile* du café Pedrocchi. Au sujet de Caneva, *cf.* Apolloni *et al.*, *loc. cit.* (n. 301), p. 23 et n. 49 (avec bibl.).

305 *Loc. cit.* (n. 304), p. 69 n. 2.

306 «Vi potreste dal Chiariss° Lanci far disegnare il nome del Duca e della Duchessa e la data della inaugurazione del giardino, e formare, un altro pezzo d'ornato che si legasse col rimanente il quale sarebbe pur da farsi in ferro fuso [...]» (*ibid.*, p. 69 n. 4; *cf.* aussi n. 9 et 10). Michelangelo Lanci (1779-1867) était un orientaliste célèbre mais fantasque, adversaire de Champollion et auteur de nombreux ouvrages d'érudition sur des sujets philologiques et iconographiques touchant en particulier à l'Egypte, aux Ecritures saintes et à la calligraphie arabe; pour une liste de ses oeuvres et des éléments de bibliographie, *cf.* J. Kettel, *Jean-François Champollion le Jeune. Répertoire de bibliographie analytique 1806-1989* (Mémoires de l'Académie des inscriptions et belles-lettres, N.S. X), Paris 1990, p. 230-231 n. 7 et Index p. 253 et 267 *s.v.* "Lanci".

307 Cette idée de faire appel à une inscription factice – mais réalisée par un spécialiste – dans une langue ancienne ou exotique pour ajouter une touche de couleur locale ou de vérité archéologique à un décor de fantaisie était très répandue au cours de la première moitié du XIXe siècle. Jappelli lui-même en a laissé un autre témoignage avec une inscription qu'il souhaitait placer au plafond du théâtre de Padoue. Une lettre de Jappelli à Giacomo Trieste (autographe à Pd-C, cote B.P.1005.X.11: une feuille à laquelle sont agrafés quatre billets dont l'un portant la date "aprile 1847" [autopsie 22.2.1994]; la lettre est citée dans le catalogue sommaire de la correspondance de Jappelli établi par Concina, "L'epistolario", p. 16, lettre n° 57 et n. 24) nous informe qu'un certain Pr. Luzzatto (il doit s'agir de Samuel David Luzzatto de Venise, professeur à l'université rabbinique et membre de la "Quarta Riunione

degli Scienziati Italiani": *cf.* I. Cantù, *L'Italia scientifica contemporanea. Notizie sugli Italiani ascritti ai cinque primi congressi*, Milano 1844, p. 48) lui avait suggéré le verset II 8 du Livre de la Sagesse («couronnons-nous de roses, avant qu'elles ne se fanent»), dont Jappelli se montra enchanté, attendant avec impatience sa traduction «in lingua orientale». Ce verset fut correctement traduit et figure sur un billet joint à la lettre (on comparera *The Old Testament in Syriac*, Part II/5, Leiden 1979, p. 3); dans un coin du même feuillet figurent cinq curieuses lignes de texte (les signes sont groupés deux par deux ou un par un) rédigées dans ce qui semble être une écriture hébraïque cursive, difficile à identifier (*cf.* par ex. J. Friedrich, *Geschichte der Schrift*, Heidelberg 1966, p. 249 fig. 125) et encore plus à décrypter. Un autre feuillet comporte un extrait de l'Ecclésiaste (XI 9 et XII 1) en italien avec une transcription hébraïque. Nous devons les remarques faites ci-dessus à propos de ces textes et les deux dernières références bibliographiques à Mme le Dr Hanna Jenni (université de Bâle), que nous remercions vivement pour ses précieux éclaircissements.

[308] Au sujet de Caretti, *cf.* L. Chiumenti, *DBI* 20, 1977, 85-86 *s.v.* "Caretti"; pour Caretti à la villa Torlonia: *cf.* Apolloni *et al.*, *loc. cit.* (n. 301), p. 12-18.

[309] Pour la localisation de la Salle égyptienne au *piano nobile*, *cf.* le plan in: Apolloni *et al.*, *loc. cit.* (n. 301), p. 103 fig. 64.

[310] *Cf.* Apolloni *et al.*, *loc. cit.* (n. 301), p. 12 avec n. 18 et p. 58 avec n. 3.

[311] Apolloni *et al.*, *loc. cit.* (n. 301), p. 111 fig. 82 et 81 pour un dessin de Raffaele Bonajuti d'après ce tableau; *cf.* aussi la description de G. Melchiorri, "Incoronamento di Cleopatra – opera di Raffaele Bonajuti incisa da Filippo Cantoni, con la descrizione iconografica di G. Melchiorri", *L'Ape Italiana delle Belle Arti* 3, 1837, 63-64 (exemplaire à Fi-K).

[312] Apolloni *et al.*, *loc. cit.* (n. 301), p. 112 fig. 84.

[313] *Ibid.*, p. 183 fig. 156.

[314] *Ibid.*, p. 112 fig. 83 et p. 189 fig. 165 (légende inexacte).

[315] Pour une description plus complète, *cf. ibid.*, p. 58-59 et 156-157.

[316] Peintre néo-classique de Rimini; *cf.* à son sujet P. G. Pasini/M. Zuffa, *Storia di Rimini dal 1800 ai nostri giorni*, III, *L'arte e il patrimonio artistico e archeologico*, Rimini 1978, p. 23-29.

[317] A San Fortunato, Colle di Cavignano (prov. de Rimini). Cette pièce est située à l'angle nord-ouest de la villa; elle mesure 4,92m sur 4,30m. La fresque centrale forme un tableau rectangulaire de 1,67m sur 1,11m, délimité par un cadre de bois. A notre connaissance, ce tableau est inédit et seule une vue partielle d'une paroi de la chambre a été publiée jusqu'ici (*cf.* Pasini/Zuffa, *loc. cit.* [n. 316], p. 25 et fig. 28). Je remercie vivement l'actuel propriétaire de la villa Belvedere, pour l'obligeance avec laquelle il me l'a fait visiter (autopsie 21.8.1995) et m'a autorisé à en publier des photographies. Pour d'autres exemples de décoration à l'égyptienne dans la Romagne des environs de 1830, *cf. supra*, p. 206 et n. 193, 203-205.

[318] L'artiste a fidèlement suivi Denon, *loc. cit.* (n. 170), pl. 39, 3. Seul le décor du linteau feint d'être égyptien avec une succession de petits personnages qui, vus du sol, en donnent l'illusion à cause de leur petitesse.

[319] Un personnage à tête d'ibis tenant un étendard et un personnage féminin vêtu d'une longue tunique.

[320] Coiffée, comme plusieurs autres figures féminines de la scène, d'une sorte de fichu disposé à la manière du némès.

[321] Dont la décoration – comme celle des parois – n'est que partiellement conservée.

[322] *Cf.* n. 313.

[323] *Cf.* Apolloni *et al.*, *loc. cit.* (n. 301), p. 12.

[324] *Ibid.*, p. 15 et 51 avec n. 6.

[325] *Ibid.*, p. 79-80 et fig. 150.

[326] Rivalisant, cette fois-ci avec succès, avec les obélisques de Canina de la villa Borghèse!

[327] *Cf. ibid.*, p. 74-80 pour l'histoire de ces obélisques; *cf.* également les remarques de Fagiolo, *loc. cit.* (n. 301, premier titre), p. 564-566, 572-574 et 577-578 au sujet de leur message hermétique; pour l'inscription elle-même, *cf.* S. Donadoni, "Principi e obelischi a Roma", in: J. Osing/E. Kolding Nielsen (éds.), *The Heritage of Ancient Egypt. Studies in Honour of Erik Iversen* (Carsten Niebuhr Institute Publications 13), Copenhagen 1992, p. 31-36 et fig. 4-5. Au sujet des obélisques de Canina, *cf.* Apolloni *et al, loc. cit.* (n. 301), p. 79; Curl, *Egyptomania*, p. 163 fig. 117 ainsi que *infra*, p. 218-219 et n. 386-387 et *supra*, p. 202 et n. 142.

[328] A. M. Rybko, "Villa Ferraioli: 'Una certa architettura' di Francesco Gasparoni e la decorazione pittorica di Giovanni Battista Caretti", *Documenta Albani* 3, 1982, 107-120 (avec bibl. antérieure).

[329] *Ibid.*, p. 113.

[330] Puppi, *Pedrocchi*, p. 65.

[331] Puppi, *Pedrocchi*, p. 65 avec n. 87 et p. 66; l'auteur semble douter de la présence de Paoletti à Rome à cette époque, mais il est désormais établi qu'il participa activement à la décoration de la villa Torlonia vers le milieu des années 1830: *cf.* Apolloni *et al.*, *loc. cit.* (n. 301), p. 48-50 et 57-58. Au sujet de Paoletti, *cf.* V. Doglioni, "Pittori bellunesi. Pietro Paoletti 1801-1847", *Archivio Storico di Belluno, Feltre e Cadore* 3, 1931, No 16, 225-228; Maschio, "Immagini", p. 70 et n. 34; F. Vizzutti, "Pietro Paoletti pittore bellunese dell'Ottocento", *Archivio Storico di Belluno, Feltre e Cadore* 56, 1985, No 253, 145-153; 57, 1986, No 254, 24-30; 57, 1986, No 255, 68-75; G. Dal Mas, "Pietro Paoletti pittore a Padova", *Padova e il suo Territorio* 11, 1996, No 60, 12-14; sur sa dactyliothèque, qui comportait également quelques scarabées égyptiens, *cf.* L. Pirzio Biroli Stefanelli, "Pietro Paoletti e la sua collezione di impronte", *Bollettino dei Musei Comunali di Roma* 25-27, 1978-80, 1-15.

[332] Gradenigo collabora avec Jappelli à la réalisation de l'annexe néo-gothique du "Pedrocchino", avant le départ – sans doute simultané – des deux artistes pour Rome (Puppi, *Pedrocchi*, p. 61) mais aucun document ne semble attester que cette collaboration ait repris après le retour de Jappelli de Rome même si les auteurs n'expriment guère de doute à ce sujet: Maschio, "Immagini", p. 77 n. 17; Puppi, *Pedrocchi*, p. 65 et 67 avec n. 100 (au conditionnel). Personnellement, nous ne croyons pas à une telle reprise. En effet, si Jappelli avait bien emmené Gradenigo à la villa Torlonia pour le seconder, ce dernier semble s'y être pris au sérieux au-delà de toute mesure et, dans une longue lettre du 10 avril 1840 à Giuseppe Bernardi, écrite sur un ton excédé, Jappelli crie littéralement son soulagement de s'en être débarrassé: «Finalmente Lunedi mi sono liberato da Gradenigo! non puoi credere cosa Egli non mi abbia fatto soffrire! [...]» (Apolloni *et al.*, *loc. cit.* [n. 301], p. 147). Sous de tels auspices, une nouvelle collaboration semblait bien compromise! Par ailleurs, Pietrucci, *loc. cit.* (n. 182), p. 140-142 mentionne bien l'activité de Gradenigo au Pedrocchino, puis à la villa Torlonia – l'une et l'autre confirmées par des documents contemporains – mais ne fait pas état de sa réapparition sur le chantier du café Pedrocchi, à son retour de Rome. C'est également dans le cadre du Pedrocchino que P. Selvatico évoque la collaboration de Gradenigo (Mazza, *loc. cit.* [n. 45], p. 795 et n. 16 et *ead.*, in:

Mazza, *Pedrocchi*, p. 51 et n. 51). *Cf.* encore Vicario, *loc. cit.* (n. 56), I, p. 549-550 *s.v.* "Gradenigo".

[333] Il est l'auteur de la décoration de la salle dite d'Herculanum: *cf.* Puppi, *Pedrocchi*, p. 80; Frongia, *loc. cit.* (n. 98), p. 613-614 avec bibl. n. 26; Pavanello, "L'«ornatissimo»", p. 95. Aucun des auteurs qui se sont consacrés à l'étude du café Pedrocchi jusqu'ici n'a cherché à dater l'intervention de Paoletti. C'est à Vizzutti (*loc. cit.* [n. 331], No 255, p. 71) que revient le mérite d'avoir relevé dans la correspondance de ce dernier les indications permettant une datation précise (mais surprenante car très tardive). Paoletti travaillait encore à la villa Torlonia en février 1842 et annonce, le 29.7.1842, avoir achevé la décoration qui lui avait été confiée au café Pedrocchi: «Ho terminato il mio lavoro da Pedrocchi consistente in otto quadri rappresentante le gare dei giochi ginnici e nel quadro della volta rappresentante la premiazione. Siccome la camera è di gusto pompeiano così ho adoperato lo stile greco ed ho fatto rapresentare[sic] questi giochi dalle ninfe di Diana».

[334] Milan, Pinacoteca di Brera, inv. A.C.15/110 (en dépôt au palais du Tribunal de Milan auprès de la Procura Generale della Repubblica, bureau du Procureur général), huile sur toile, 170 x 290cm, tableau commandé en mai 1838 par le marquis Filippo Villani. Je remercie vivement le Surintendant Pietro Petraroia (Soprintendenza per i Beni Artistici e Storici di Milano) et le Parquet de Milan pour m'avoir autorisé à examiner ce tableau (autopsie 21.11.1994). L'oeuvre n'a jamais été citée dans la littérature, en relation avec Jappelli et le café Pedrocchi; à notre connaissance, elle n'a été publiée qu'une seule fois et dans un tout autre contexte: F. Mazzocca, in: Marinelli *et al.*, *loc. cit.* (n. 42), p. 188-190 n° 122 avec fig.; *cf.* aussi la description et l'appréciation qu'en a donné, à l'époque, T. Dandolo, "La morte de' primogeniti d'Egitto: Quadro del Cav. Paoletti da Belluno [...]", *Album. Esposizione di Belle Arti in Milano* 4, 1840, 35-40 (exemplaire à Mi-C).

[335] Exode 12, 29-34.

[336] Comme on l'apprend par sa correspondance: *cf.* Vizzutti, *loc. cit.* (n. 331), No 255, p. 71 et n. 99. Le tableau fut ensuite expédié à Milan pour y être présenté l'année même à l'exposition annuelle de l'Académie.

[337] Par exemple: Denon, *loc. cit.* (n. 170), pl. 39, 1 (pour le relief de l'extrême-droite du tableau); pl. 41, 3 (pour la décoration de la partie supérieure cintrée des éléments architecturaux situés derrière le trône, décoration empruntée telle quelle à une porte égyptienne); pl. 54, 3 (pour les colonnes très fidèlement reproduites).

[338] La *Description de l'Egypte* l'aurait mieux inspiré de ce point de vue et l'on constate une fois de plus (*cf.* déjà Jaeger, "Pedrocchi", texte et n. 41) que l'adaptation aux nouvelles sources iconographiques n'était pas toujours immédiate et que certains ouvrages très à la mode ont parfois bénéficié d'un "sursis" d'assez longue durée. L'aspect économique explique aussi en partie, dans ce cas précis, pourquoi la *Description* mit du temps à supplanter le *Voyage* de Denon. Au sujet de ces décalages, *cf.* également Werner, *loc. cit.* (n. 246), p. 91.

[339] *Cf. supra*, p. 214 et n. 311.

[340] Souvent le contexte est biblique (Jérusalem) ou oriental (le palais du roi de Perse) tandis que le décor architectonique évoque partiellement l'Egypte.

[341] La réussite du cadre architectural ne dépendant que de la préparation des artistes.

[342] Au plafond du salon de la "Meridiana": C. Morandi, "Pittura della Restaurazione a Firenze: gli affreschi della Meridiana a Palazzo Pitti", *Prospettiva* 73-74, 1994, 183 et fig. 11.

[343] Paludetti, *loc. cit.* (n. 256), p. 195 et 296; Dal Mas, *loc. cit.* (n. 75), p. 112-113, 201 et 248. Les colonnes, vaguement décorées, en leur partie supérieure, de guirlandes de feuillage de

fantaisie, sont bien médiocrement rendues à côté de celles de Paoletti; les lions reposant sur des socles sont aussi d'un autre âge! Demin est également l'auteur de la décoration du petit salon néo-mauresque du café Pedrocchi (*cf. supra*, p. 192 et n. 79). *Cf.* aussi Dal Mas, *loc. cit.* (n. 75), p. 54 au sujet de l'hypothèse récemment émise de l'appartenance de Demin à la franc-maçonnerie.

344 *Cf.* n. 333. Une participation de Demin serait une alternative, moins plausible toutefois.

345 «Per quanto impieghi uomini e materiali, la grandezza del sito, le magnificenze del Proprietario, ed il genere stesso del lavoro non mi lasciano sperare di poter fuggire dalla Babilonia prima della fine di Marzo [...]» (lettre à G. Bernardi, Rome, le 24.1.1840: *cf.* Apolloni *et al.*, *loc. cit.* [n. 301], p. 146); *cf.* aussi *ibid.*, p. 147 (lettre à G. Bernardi, Rome, [timbre postal] 17.3.1840): «[...] non mi fermerò un ora, un minuto, un secondo più del strettissimo necessario. Continua a farmi lieto colle sue Lettere, le conto tra i pochi fiori che mi è dato raccogliere in questa santa Città [...]». *Cf.* également l'extrait de la lettre de C. Alessandri cité à la n. 299 (longue lettre publiée *in extenso* par Avena, *loc. cit.* [n. 278], p. 221-225).

346 «Qui si vede a qual punto di degradazione può giungere l'umanità, e quali siano i compensi mediante i quali si può viver lieto e felice anche in uno stato di abbrutimento sociale! [...] Un Letterato in Roma è come un pezzo di formaggio in un bicchiere di vino – per vivere in questa Babilonia bisogna essere o Artista, o Poeta o discendere da un ceppo glorioso, e soprattutto antichissimo – tutto il resto del genere umano è meno del zero. Qui tutto è fatto per chi va in carrozza o sotto il Baldacchino [...]» (Apolloni *et al.*, *loc. cit.* [n. 301], p. 146).

347 *Cf.* Concina, "L'epistolario", p. 14-15; Puppi, *Pedrocchi*, p. 65 et n. 86.

348 Sauf par Universo, *loc. cit.* (n. 234), p. 138.

349 Ce que confirme, par exemple, une lettre de C. Montanari, du 2.2.1839: «Con lui facciamo qualche giro, anche oggi abbiamo visitato assieme vari monumenti. Si passa tutte le prime ore al caffè con mio sommo piacere e profitto. La conversazione con un grande uomo è una grande scuola» (Avena, *loc. cit.* [n. 278], p. 207). Nous venons aussi de voir (n. 304) qu'il avait fréquenté la Bibliothèque vaticane.

350 En particulier Luigi Canina, dont nous allons parler plus loin. Jappelli avait la réputation d'être un brillant causeur et sa conversation était particulièrement instructive: «Jappelli è uomo che discorre divinamente» (lettera di C. Alessandri, del 29.1.1839: Avena, *loc. cit.* [n. 278], p. 222); *cf.* aussi l'extrait cité à la note précédente.

351 *Cf. supra*, p. 212 et n. 297-299.

352 *Cf.* n. 64.

353 *Cf.* R. Zeitler, "Über den künstlerischen Charakter der Piazza del Popolo in Rom", in: *Arte Neoclassica*, Atti del Convegno 12-14 ottobre 1957 (Civiltà Veneziana, Studi 17), Venezia/ Roma 1964, p. 245-255; E. Schulze-Battmann, *Giuseppe Valadier: Ein klassizistischer Architekt Roms 1762-1839*, Diss. München, Dresden 1939, p. 13-24.

354 *Cf.* Iversen, *loc. cit.* (n. 64), p. 74.

355 *Cf.* Ensoli Vittozzi, *loc. cit.* (n. 55), p. 18 et n. 26 (avec bibl. antérieure); Syndram, *Ägypten-Faszinationen*, p. 146-147; M. Pantazzi, in: *Egyptomania* [cat. Paris], n° 24. On relira aussi la lettre débordante d'enthousiasme de l'abbé Barthélémy au comte de Caylus (Rome, le 5.11.1755), après une visite au musée du Capitole: «[...] des statues colossales égyptiennes de basalte ou de pierre noire: que sais-je? on trouve ici l'ancienne Egypte, l'ancienne Athènes, l'ancienne Rome» (A. Sérieys [éd.], *Abbé Barthélémy, Voyage en Italie, imprimé sur ses lettres originales écrites au Comte de Caylus*, Paris 1810³, p. 52).

[356] St. Röttgen, "Die Villa Albani und ihre Bauten", in: H. Beck/P. C. Bol (éds.), *Forschungen zur Villa Albani* (Frankfurter Forschungen zur Kunst 10), Berlin 1982, p. 104; Syndram, *Ägypten-Faszinationen*, p. 149-150 ("nach 1755"); A. Allroggen-Bedel, "Einleitung", in: P. C. Bol (éd.), *Forschungen zur Villa Albani. Katalog der antiken Bildwerke* IV, *Bildwerke im Kaffeehaus*, Berlin 1994, p. 13-14 et 20-22. On ne connaît pas la décoration de cet atrium, mais il est considéré comme improbable qu'elle ait été faite en style égyptien (*ibid.*).

[357] Jappelli ne put connaître la décoration originale du "Caffè degli Inglesi", car elle avait disparu depuis longtemps déjà, sans doute au début du XIXᵉ siècle comme a bien voulu me le confirmer le Pr. John Wilton-Ely (lettre du 28.9.1993), ce dont je le remercie ici vivement: «As far as the date of the Caffè's interior goes, it must be between 1760 and 1769 [...]. I suspect the Piranesi scheme was destroyed as Egyptian Revival taste grew more archaeological *around 1800*»; cette réflexion n'est pas en contradiction avec la remarque de F. Noack, *Deutsches Leben in Rom 1700 bis 1900*, Stuttgart/Berlin 1907, p. 95, disant que le "Caffè degli Inglesi" «bestand noch am Anfang des 19. Jahrhunderts».

[358] Roma 1769, pl. 45-46. M. Tafuri, "Giovan Battista Piranesi: l'architettura come «utopia negativa»", in: *Bernardo Vittone e la disputa fra classicismo e Barocco nel Settecento*, Atti del Convegno internazionale [...] Vittone 21-24 settembre 1970, 2 vols., Torino 1972, I, p. 265-319, spécial. 299-303; *Cf.* Humbert, *loc. cit.* (n. 282), p. 121-125 nᵒ 133-134; Syndram, *Ägypten-Faszinationen*, p. 194-196; M. Pantazzi, in: *Egyptomania* [cat. Paris], nᵒ 14-15 (avec bibl.); J. Wilton-Ely, *loc. cit.* (n. 139), II, nᵒ 868-869; R. Battaglia, "Le 'Diverse maniere d'adornare i cammini ...' di Giovanni Battista Piranesi. Gusto e cultura antiquaria", *Saggi e Memorie di Storia dell'Arte* 19, 1994 [1996], 193-273; Jaeger, "Pedrocchi", n. 57 (avec bibl.).

[359] Pour lui garantir une meilleure diffusion, Piranèse fit imprimer ce texte côte à côte en italien, anglais et français; *cf.* la réédition de la version italienne par Panza, *loc. cit.* (n. 191); pour la bibliographie essentielle, *cf.* Jaeger, "Pedrocchi", n. 82.

[360] G. Cozza-Luzi, "L'aula dei papiri nella Biblioteca vaticana", in: O. Marucchi, *Monumenta papyracea latina Bibliotecae Vaticanae*, Roma 1895, p. 33-57; Curl, *Eg. Revival*, p. 83 et pl. 62; St. Röttgen, "Das Papyruskabinett von Mengs in der Biblioteca Vaticana, Ein Beitrag zur Idee und Geschichte des Museo Pio-Clementino", *Münchner Jahrbuch der bildenden Kunst* 3. Folge, 31, 1980, 189-246 (avec bibl. antérieure); Humbert, *loc. cit.* (n. 282), p. 126 nᵒ 136; Syndram, *Ägypten-Faszinationen*, p. 152-157; M. Pantazzi, in: *Egyptomania* [cat. Paris], p. 40 et n. 14 (avec bibl. antérieure); Curl, *Egyptomania*, p. 95-96 et pl. 50. *Cf.* également *infra*, n. 364.

[361] On se reportera avant tout à l'étude fondamentale de P. Arizzoli-Clémentel, "Charles Percier et la Salle égyptienne de la Villa Borghèse", in: G. Brunel (éd.), *Piranèse et les Français,* Colloque tenu à la Villa Médicis 12-14 mai 1976, Rome 1978, p. 1-32 (avec bibl. antérieure). *Cf.* aussi Humbert, *loc. cit.* (n. 282), p. 128-131 nᵒ 141; Donadoni *et al.*, *loc. cit.* (n. 29), p. 100; González-Palacios, *loc. cit.* (n. 238, premier titre), p. 263-265; M. Pantazzi, in: *Egyptomania* [cat. Paris], p. 41 et nᵒˢ 35-37 et 39-42 et Chr. Ziegler, *ibid.*, nᵒ 38.

[362] F. Parisi, *Descrizione della Stanza Egizia nel Palazzo della Villa Pinciana*, Roma 1782, texte republié tel quel dans le *Giornale delle Belle Arti* No 52, 30.12.1786, 309-312 et à nouveau récemment par Arizzoli-Clémentel, *loc. cit.* (n. 361), p. 15-16.

[363] G. Gardin, *Antiquariato* No 99, dicembre 1988, 84-91 et L. Sist, "Le collezioni egiziane in Roma", in: C. Morigi Govi *et al.* (éds.), *L'Egitto fuori dell'Egitto. Dalla riscoperta all'egittologia*, Bologna 1991, p. 431 fig. 12 (reprise de la publication précédente).

[364] *Monumens égyptiens consistant en obélisques, pyramides, chambres sépulcrales, statues d'idoles et de prêtres, en momies, en grand nombre de divinités de cette nation, en bas-reliefs, en sacrifices, en animaux qu'elle adorait & c. Le tout gravé sur deux cens planches qui renferment environ sept cens sujets avec leurs explications historiques*, 2 vols. in-fol., Rome, chez Bouchard et Gravier 1791, VIII-28 p. + 100 pls. et IV-24 p. + 100 pls. (exemplaires à Bo-C et P-BN; à P-CdF, tome I seulement). Les libraires-éditeurs Bouchard et Gravier, et plus tard leurs enfants, jouèrent un grand rôle tout au long de la seconde moitié du XVIIIe siècle dans le domaine des publications archéologiques; ils éditèrent toute une série de recueils qui, dès 1761, comportaient aussi des planches de monuments égyptiens, dessinées et gravées par Jean Barbault (1718-1762). Il existe une intéressante peinture à l'huile (anonyme français, *post* 1755) représentant leur librairie: G. Milantoni, in: A. González-Palacios (éd.), *Fasto romano: dipinti, sculture, arredi dai Palazzi di Roma*, cat. expos. Rome 1991, Roma 1991, p. 140-141 n° 59.

[365] C. Pietrangeli, *Palazzo Braschi* (Istituto di Studi Romani, Quaderni di Storia dell'Arte 8), Roma 1958, p. 41-47; *id.*, "Palazzo Orsini a Pasquino e Palazzo Braschi", *Capitolium* 41, 1966, 241-264; *id.*, "Palazzo Orsini a Pasquino e Palazzo Braschi", *Atti della Accademia Nazionale di San Luca* N.S. 3, 1957-1958 [1959], 79-84; *id.*, *Palazzo Braschi e il suo ambiente*, Roma 1967 (= réédition de la première étude); E. Ricci, *Palazzo Braschi. Storia ed architettura di un edificio settecentesco* (Comune di Roma, Assessorato alla Cultura, Centro di Coordinamento Didattico 2), Roma 1989.

[366] Giovanni Angelo Conte Braschi (1717-1799), devenu pape sous le nom de Pie VI en 1775, est également considéré comme étant à l'origine, avec le cardinal Alessandro Albani (1692-1779), de la décoration de la "Stanza dei Papiri" au Vatican: *cf. supra*, p. 217 et n. 360 ainsi que Röttgen, *loc. cit.* (n. 360), p. 190 et n. 13-14.

[367] Pietrangeli, *loc. cit.* (n. 365, premier titre), p. 44; *id.*, *loc. cit.* (n. 365, deuxième titre), p. 263; *id.*, *loc. cit.* (n. 365, quatrième titre), p. 55; Ricci, *loc. cit.* (n. 365), p. 25.

[368] Pietrangeli, *loc. cit.* (n. 365, troisième titre), p. 84; V. Casale, *DBI* 26, 1982, 440-444 *s.v.* "Coccetti, Liborio", spécial. 442; *cf.* également I. Faldi, "Opere romane di Felice Giani", *Bollettino d'Arte* 37, 1952, 238-240. Aucune date n'a été proposée jusqu'ici pour l'antichambre égyptienne; elle est inédite et, ne l'ayant pas vue, nous ne pouvons en proposer une ni la situer avant ou après la campagne d'Egypte et dire si sa décoration est du type de celles que nous décrivons ci-dessous. Toutefois, si le cabinet étrusque est achevé en octobre 1805, il est plus que probable que la décoration à l'égyptienne de l'antichambre soit également postérieure à 1800. Coccetti est peut-être aussi l'auteur de la décoration à l'égyptienne de la villa Paolina (*cf. infra*, n. 371).

[369] *Cf.* Jaeger, "Pedrocchi", texte et n. 57-61.

[370] *Cf.* C. Pietrangeli, "Villa Paolina", *Studi Romani* 7, 1959, 287-298; *id.*, *Villa Paolina* (Istituto di Studi Romani, Quaderni di Storia dell'Arte 11), Roma 1961; P. Arizzoli-Clémentel, "L'Ambassade de France près le Saint-Siège: Villa Bonaparte", *Revue de l'art* 28, 1975, 9-24.

[371] F. Charles-Roux, *Rome asile des Bonaparte*, Paris 1952, p. 22-23 («[...] à fresques, dans un salon du rez-de-chaussée, des paysages nilotiques et des temples égyptiens, souvenirs de la campagne orientale de son frère [...]»); nous ignorons d'où François Charles-Roux tira son information, mais sachant qu'il fut ambassadeur de France près le Saint-Siège et qu'en cette qualité il résidait précisément à la villa Paolina, il est permis de penser qu'il s'appuyait sur des documents sûrs. *Cf.* aussi Pietrangeli, *loc. cit.* (n. 370, premier titre), p. 295 et *loc.*

Bertrand Jaeger

cit. (n. 370, second titre), p. 19 avec n. 69 et p. 25 (nous ignorons sur quelles bases l'auteur évoque la possibilité d'une participation de Canina à cette réalisation, alors qu'il n'était pas encore à Rome en 1816); Arizzoli-Clémentel, *loc. cit.* (n. 370), p. 16 et 18 (l'auteur suggère un peintre tel que Liborio Coccetti – qui réalisa les peintures à l'égyptienne du palais Braschi – comme auteur de cette décoration aujourd'hui disparue).

³⁷² J. Basehart/R. Schezen/R. Toledano, *Les plus belles demeures d'Italie*, Paris 1990, p. 346-347; M. Pantazzi, in: *Egyptomania* [cat. Paris], p. 40 et fig. 5. *Cf.* aussi H. Wurm, *Der Palazzo Massimo alle Colonne*, Berlin 1965, p. 251. Les étoiles sont à huit branches.

³⁷³ A partir du 2 février 1839 (C. Pietrangeli, *I Musei Vaticani. Cinque secoli di storia*, Roma 1985, p. 164); à cette date, Jappelli était à Rome (Avena, *loc. cit.* [n. 278], p. 207). Au sujet de la fondation de ce musée, *cf.* A. Tulli, "I precursori e il 'Fondatore' del 'Pont. Museo Egizio Vaticano'", in: *Miscellanea Gregoriana*, Roma 1941, p. XXI-XLI; R. Lefevre, "Note e documenti sulla fondazione del Museo Gregoriano-Egizio", *ibid.*, p. 429-454; *id.*, "La fondazione del Museo Gregoriano Egizio al Vaticano", in: *Gregorio XVI – Miscellanea Commemorativa*, parte prima (Miscellanea Historiae Pontificiae 13), Roma 1948, p. 223-287.

³⁷⁴ *Cf.* O. Marucchi, *Il Museo Egizio Vaticano descritto ed illustrato,* Roma 1899. La présentation de la collection est l'oeuvre de l'égyptologue Luigi Maria Ungarelli (1779-1845), qui en exposa lui-même, dans la revue *Album* 5, 16.2.1839, 393-397, les principes ainsi que certaines motivations théologiques du plus grand intérêt; ce dernier passage est repris *in extenso* par Röttgen, *loc. cit.* (n. 360), p. 220: «Imperciocchè lasciando stare il profitto delle belle arti, quivi il teologo ravvisa i vestigi delle primitive tradizioni che precedettero la rivelazione scritta per Mosè ed i profeti... Quivi dalle legende la sacra filologia attinge luce per la migliore intelligenza dei testi orientali biblici: quanti punti di contatto relativamente ai costumi dei due popoli, il popolo di Dio e l'egiziano, dei quali è cosi connessa la storia che nuovo lume riverbera sopra una moltitudine di formule e d'idiotismi ebraici, mercé la consonanza di assai frasi scritturali coi modi dell'antica lingua egiziana conservataci nelle legende geroglifiche».

³⁷⁵ *Cf.* R. Lefevre, "Antonio Canova e il Museo Egizio del Vaticano", *Le Vie d'Italia* 53, 1947, 849-852 avec fig. p. 852 *supra*; Tulli, *loc. cit.* (n. 373), p. XXI fig. 1; Pietrangeli, *loc. cit.* (n. 373), p. 161-165 et fig. 153-156; Humbert, *loc. cit.* (n. 282), p. 515 n° 652. Au sujet de G. De Fabris, *cf.* L. Alberton Vinco Da Sesso, *DBI* 33, 1987, 665-669 *s.v.* "De Fabris, Giuseppe" et Vicario, *loc. cit.* (n. 56), I, p. 386-388; au sujet d'A. Quadrini, *cf.* G. K. Nagler, *Neues allgemeines Künstler-Lexikon*, XIII, 1909², 355.

³⁷⁶ *Cf.* Marucchi, *loc. cit.* (n. 374), p. 7-9.

³⁷⁷ Au sujet du ciel étoilé, *cf.* nos remarques *supra*, p. 202-204 et n. 147-156.

³⁷⁸ Il en existe des exemplaires en bronze et en argent. *Cf.* Pietrangeli, *loc. cit.* (n. 373), p. 164 et fig. 156; Tulli, *loc. cit.* (n. 373), p. XXXVII fig. 13; Lefevre, *loc. cit.* (n. 373, premier titre), p. 446 n. 46 (avec bibl. antérieure); Numismatica Ars Classica AG, *Auktion 1*, Zürich 29-30.3.1989, p. 105 n° 96M (médaille en argent de 51 mm de diamètre).

³⁷⁹ *Cf. supra*, p. 218 et n. 373; Nous avons aussi vu plus haut (*supra*, n. 304) que Jappelli connaissait la Bibliothèque vaticane.

³⁸⁰ Sur ce sujet, *cf.* Jaeger, "Pedrocchi", texte et n. 63-70 ainsi que Werner, *loc. cit.* (n. 246), p. 43-67 et 133-135 n°s 136-145.

³⁸¹ Par contre, le réaménagement du *Porticus Romae* de la villa Albani en "Gabinetto egiziano" pour les antiquités égyptiennes du prince Alessandro Torlonia et sa décoration en style

égyptien sont beaucoup plus tardifs (après 1866): *cf.* Röttgen, *loc. cit.* (n. 356), p. 104 et pl. 100 fig. 203 pour un tout petit segment du décor; Allroggen-Bedel, *loc. cit.* (n. 356), p. 21 et 23-28.

[382] Et d'une manière générale en Italie: cette observation fait l'objet de la dernière partie de notre étude parallèle, présentée au colloque *L'égyptomanie à l'épreuve de l'archéologie* (Paris, 8-9 avril 1994) et actuellement sous presse: Jaeger, "Pedrocchi", texte et n. 71 ss. Nous en trouvons une confirmation *a posteriori* dans la thèse de F. Werner parue dans l'intervalle (*loc. cit.* [n. 246], p. 99-100): toutes formes d'architecture confondues, le 9% seulement de la documentation réunie par l'auteur concerne l'Italie.

[383] Déjà appelée "Propileo egizio" par son réalisateur même.

[384] L'année même de la réalisation de la Porte égyptienne de la villa Gera, à Conegliano, par Jappelli!

[385] G. Bendinelli, *Luigi Canina (1795-1856). Le opere i tempi (= Rivista di Storia Arte Archeologia per le Provincie di Alessandria e Asti* 62), Alessandria 1953, 430p.; *id.*, "Luigi Canina architetto neoclassico (1795-1856)", in: *Atti del V Convegno nazionale di storia dell'architettura*, Perugia settembre 1948, Firenze 1957, p. 427-435; Griseri/Gabetti, *loc. cit.* (n. 292), p. 27; W. Oechslin, *DBI* 18, 1975, 96-101 *s.v.* "Canina" (avec vaste bibl. antérieure); Patetta, *L'architettura cit.* (n. 73), p. 106-108; W. Oechslin, *Macmillan Encyclopedia of Architects*, New York/London, I, 1982, p. 373-375 *s.v.* "Canina, Luigi"; S. Pasquali, "Luigi Canina architetto e archeologo", *Rassegna* 55, 1993, 44-52 (avec bibl. antérieure); Werner, *loc. cit.* (n. 246), p. 76-79; A. Sistri (éd.), *Luigi Canina (1795-1856) Architetto e teorico del classicismo*, Milano 1995. *Cf.* aussi Jaeger, "Pedrocchi", texte et n. 76.

[386] Canina décrivit et expliqua lui-même cette réalisation dans une plaquette parue l'année suivante: *Le nuove fabbriche della Villa Borghese denominata Pinciana*, Roma 1828, 14p. et 14pls. (exemplaires à Rm-C et To-R); *cf.* spécial. p. 11-13 et pls. VIII-XI. Pour qui venait de l'extérieur, l'entrée était d'abord flanquée de deux obélisques, suivis chacun d'un muret en L venant buter à angle droit sur le départ des deux massifs d'un imposant pylône; à l'arrière de chacun d'eux, en retrait mais parallèlement à la route, partaient un portique composé de quatre colonnes campaniformes, auquel faisait suite un petit pylône disposé également dans le sens de la route mais décalé vers l'intérieur, et un lion couché sur un socle, du type de ceux du Capitole; pour qui sortait du parc, le passage était donc flanqué de ces deux lions. L'état premier de l'entrée (Taf. 88,2), tel que nous venons de le décrire a, hélas, été profondément altéré par l'élargissement de la route qui la traverse (Fig. 11). On se reportera donc à la reconstitution du plan original de B. Di Gaddo, *Villa Borghese. Il giardino e le architetture*, Roma 1985, p. 165-169 et fig. 252, à droite (l'état actuel est figuré à gauche) et à Canina lui-même, *loc. cit.* (*supra*), pls. VIII-XI; *cf.* aussi la première version de cette entrée, projetée par Canina vers 1822: M. Rovigatti, "I progetti di Luigi Canina per l'ampliamento di Villa Borghese a Roma", *Ricerche di Storia dell'Arte* 22, 1984, 55-63 spécial. 60-61 et fig. 9.

Au sujet de cet ouvrage, *cf.* également Bendinelli, *loc. cit.* (n. 385, premier titre), p. 17 ss.; Carrott, *loc. cit.* (n. 255), p. 13-17 (avec traduction intégrale du passage des *Nuove fabbriche* de Canina relatif à l'entrée égyptienne); Curl, *Eg. Revival*, p. 150-151 et pl. 149; *id.*, *Egyptomania*, p. 161 et pl. 117; L. Guardamagna, in: Sistri (éd.), *loc. cit.* (n. 385), p. 75-77.

[387] Cette inscription fut composée par l'archéologue Sir William Gell (1777-1836): *cf.* Donadoni,· *loc. cit.* (n. 327), p. 29-30 et fig. 2-3; Werner, *loc. cit.* (n. 246), fig. 76-77; Curl, *Egyptomania*,

p. 163 fig. 117; L. Guardamagna, in: Sistri (éd.), *loc. cit.* (n. 385), p. 75 et fig. 98; *cf.* aussi *supra*, p. 202 et n. 142.

[388] Une fidélité qui va jusque dans le choix des matériaux mais reste réfléchie et non servile: «Sarebbe quindi anche strano il pretendere che questo edifizio costruito per semplice decorazione fosse formato intieramente di duro granito orientale, per noi ora rarissimo, siccome praticarono generalmente gli Egiziani: ma in vece quivi fu imitato il granito solo coll'apparenza per non discostarsi tanto dallo stile egiziano; e questa imitazione non bene si poteva ottenere, se non colla fabbrica di laterizio coperta di stucco, poichè il travertino, il peperino, o altra pietra più quivi comune, non avrebbe mai preso per bene l'aspetto del granito egiziano [...]» (Canina, *loc. cit.* [n. 386], p. 12). Tel est aussi exactement le parti choisi par Jappelli, qui imite au mieux le porphyre, le marbre, le basalte et la diorite dans le Salon égyptien (*cf. supra*, texte [*passim*], en particulier p. 204).

[389] «Tra questi piloni gli Egiziani [...] ponevano una porta, la quale in questo caso non si è potuta applicare, poichè portava, per adattarla alle proporzioni dell'edifizio, di restringere di troppo il passo in questo luogo, ed altronde avrebbe occultata la visuale della strada» (Canina, *ibid.*, p. 12).

[390] Nous avons vu plus haut que la villa Hadriana présida également, quelques années plus tard, aux choix iconographiques du prince Alessandro Torlonia pour sa villa de la via Nomentana (*cf. supra*, p. 212-215 et n. 300 ss.); la rivalité entre les Torlonia et les Borghèse apparaît ici évidente: *cf.* Fagiolo, *loc. cit.* (n. 301), p. 558-560.

[391] Canina, *loc. cit.* (n. 386), p. 12.

[392] *Cf. supra*, p. 212-215. Au sujet du rayonnement de la villa Hadriana en général, *cf.* W. L. MacDonald/J. A. Pinto, *Hadrian's Villa and Its Legacy*, New Haven/London 1995.

[393] Il s'agit d'un *cryptoporticus in gamma* (composé de deux bras à angle droit) dont les galeries mesurent respectivement 78,20m et 37,30m de longueur. Il est éclairé par le haut et son plafond est voûté.

[394] Dont ceux de la villa Hadriana. *Cf.* G. Lugli, *Enciclopedia dell'Arte Antica, Classica e Orientale* II, 1959, 936-937 *s.v.* "Criptoportico"; *Les cryptoportiques dans l'architecture romaine*, Ecole Française de Rome, 19-23 avril 1972 (Collection de l'Ecole Française de Rome 14), Rome 1973; H. Stierlin, *Hadrien et l'Architecture romaine*, Fribourg 1984, p. 188.

[395] Pour une brève description et des vues de certaines salles, *cf.* O. F. Tencajoli, "La Villa Castelbarco Albani in Vaprio d'Adda (Monasterolo)", *Ars et Labor. Musica e Musicisti* 63, 1908, 114-126 spéc. 125-126; P. Orlandi/C. Perogalli, *Ville in Lombardia*, Milano s.d. [*ca.* 1994], fig. 50-55.

[396] Cette salle est circulaire.

[397] Les décors de coquillages concernent en particulier la salle des animaux marins.

[398] Elle mesure 8,29m sur 4,97m (mesures personnelles, autopsie 22.8.1995). Les couleurs du décor de pierre se répartissent sur trois palettes: du jaune au brun rouge, bleu vert foncé et blanc crème. Je remercie vivement le Dr Sabrina Provenzi pour l'obligeance avec laquelle elle a bien voulu me faire visiter et me permettre d'étudier le cryptoportique de la villa et pour l'autorisation d'en reproduire des photographies. Je lui sais gré, en outre, d'avoir attiré mon attention sur l'article de O. F. Tencajoli cité à la n. 395.

[399] Le décor du linteau comporte, exactement à l'aplomb de chaque chapiteau, une tête d'Hathor rendue très approximativement. Il s'agit d'une vision fantaisiste des colonnes hathoriques. Autrefois, deux sphinx couchés affrontés, d'époque moderne, se trouvaient disposés sur le

linteau (ils sont encore visibles sur une ancienne photographie: *cf.* Tencajoli, *loc. cit.* [n. 395], fig. p. 125).

[400] D'époque moderne et ornés de pseudo-hiéroglyphes.

[401] Quatre consoles de pierre, aux pieds ornés d'une figure à l'égyptienne, sont appliqués contre les murs.

[402] Il reste aujourd'hui 8 stèles ou fragments de stèles sur les 13 primitivement scellées dans les murs. La plupart d'entre elles sont en très mauvais état voire illisibles. D'après Tencajoli, *loc. cit.* (n. 395), p. 125, d'autres antiquités égyptiennes étaient autrefois conservées dans cette salle et, parmi elles, une statue de Sakhmet.

[403] "Socio corrispondente" dès la fondation (*Annali dell'Instituto di Corrispondenza Archeologica* 1829, p. VI).

[404] Membre dès 1833 (Bendinelli, *loc. cit.* [n. 385, premier titre], p. 425).

[405] A l'Institut allemand: membre honoraire de la direction dès 1835 (*Bullettino dell'Instituto di Corrispondenza Archeologica* 1835, p. VII); à l'Accademia di San Luca: successeur de G. Valadier au titre de conseiller de la Classe d'architecture, en 1839 (*id.*, *ibid.*, p. 362-363). Parmi les institutions étrangères qui comptèrent Canina dans leurs rangs, mentionnons le Royal Institute of British Architects, depuis 1838 (N. Pevsner, *Some Architectural Writers of the Nineteenth Century*, Oxford 1972, p. 82 n. 36), dont Jappelli devint lui-même membre en 1850 (Azzi Visentini, "Mausoleo Hamilton", p. 163), et l'Institut de France, à partir de 1839 (Bendinelli, *loc. cit.* [n. 385], p. 364-365).

[406] Par la publication de nombreux articles et comptes rendus dans le *Bullettino* et les *Annali*; *cf.* aussi *Geschichte des Deutschen Archäologischen Instituts 1829-1879* (Festschrift zum 21.4.1879), Berlin 1879, p. 51; l'arrivée de Lepsius à l'Institut, en tant que "redigierender Sekretär" (*ibid.*, p. 79) y fut pour beaucoup.

[407] "Premier article préliminaire sur l'alphabet hiéroglyphique. Lettre à M. le Prof. H. Rosellini", *Annali [...] cit.* (n. 403), 9, 1837, fasc. 1, 5-100 (cette étude occupe tout le fascicule!).

[408] "Sur l'ordre des colonnes-piliers en Egypte et ses rapports avec le second ordre égyptien et la colonne grecque", *Annali [...] cit.* (n. 403), 9, 1837, fasc. 2/3, 65-102; *cf.* G. Rühlmann, "Richard Lepsius' Arbeit über ägyptische und griechische Säulenordnungen", in: E. Freier/ W. F. Reineke (éds.), *Karl Richard Lepsius (1810-1884),* Akten der Tagung anlässlich seines 100. Todestages, 10.-12.7.1984 in Halle (Schriften zur Geschichte und Kultur des Alten Orients 20), Berlin 1988, p. 260-266.

[409] Une réflexion de V. Denon, *Voyage dans la Basse et la Haute Egypte*, Paris 1802 (réimpr. Le Caire 1989), I, préface p. IX est significative à ce sujet: «Bientôt après, Denderah (Tintyris) m'apprit que ce n'étoit point dans les seuls ordres dorique, ionique, et corinthien, qu'il falloit chercher la beauté de l'architecture; que par-tout où existoit l'harmonie des parties, là étoit la beauté».

[410] R. Lepsius, *loc. cit.* (n. 408), p. 68 et *passim*; Canina, *loc. cit.* (*infra*, n. 415), p. 17 et n. 83; U. Thieme/F. Becker, *Allgemeines Lexikon der bildenden Künstler* 18, 1925, 484-485 *s.v.* "Jefimoff, Dimitrij"; Bendinelli, *loc. cit.* (n. 385), p. 216; Patetta, *L'architettura cit.* (n. 73), p. 108.

[411] *Brevi cenni sull'architettura egiziana*, Roma 1838, 22p. (exemplaires à R-ASL et R-DAI), plaquette publiée sous l'égide de l'Accademia Nazionale di San Luca, lieu de rencontre obligé de tous les artistes à Rome; cette étude lui valut, en 1845, la *Venia legendi* en architecture à l'université de Saint-Pétersbourg. Canina en donna un bref compte rendu.

dans le *Bullettino dell'Instituto di Corrispondenza Archeologica* 1838, p. 95-96. Jefimoff n'était pas membre de l'Instituto di Corrispondenza Archeologica: *cf.* n. 424.

412 A partir de 1830: Bendinelli, *loc. cit.* (n. 385), p. 49-51.

413 *L'architettura antica descritta e dimostrata coi monumenti [...]*, [Sezione I], *L'architettura egiziana descritta e dimostrata coi monumenti dall'architetto Cav. Luigi Canina [...]*, 2 vols. in-fol. (texte et planches), Roma, dai tipi dello stesso Canina, [dall'anno] 1839 [al 1844] (la page de titre est la même pour le volume de texte et le volume de planches mais celle du volume de texte porte simplement la date de parution «1839» tandis que celle du volume de planches porte en surimpression «dall'anno» avant et «al 1844» après «1839», ce qui s'explique par la parution progressive des planches entre ces deux dates). Le volume de texte parut également en édition dite économique, en 3 tomes in-8°, Roma 1843-1844 (exemplaire à P-BN).

414 La "Sezione I", consacrée à l'architecture égyptienne, était prévue dès 1824 (Bendinelli, *loc. cit.* [n. 385], p. 248) et Canina explique les raisons de ce report dans le "Manifesto" accompagnant la publication, en 1827, de la "Sezione II", consacrée à l'architecture grecque (*id., ibid.*, p. 234 et 245).

415 I. Rosellini, *I monumenti dell'Egitto e della Nubia disegnati dalla Spedizione scientifico-letteraria toscana in Egitto*, 9 vols. de texte in-8°, 3 vols. de planches in-fol., Pisa 1832-1844. Dans une lettre à Rosellini du 23.1.1836, Canina lui explique que la section égyptienne est en cours d'élaboration, «di cui già alcuna parte ho incominciato nell'edizione in foglio» et il lui promet de lui faire parvenir la suite, à peine sera-t-elle publiée (*id., ibid.*, p. 359-360). L'ampleur des lectures effectuées par Canina dans le cadre de cet ouvrage est impressionnante: *cf. L'architettura antica descritta e dimostrata coi monumenti. Discorso preliminare*, Roma, dai tipi dello stesso Canina 1843, p. 11-18 (exemplaires à P-BN et P-IF) et les informations que donne le catalogue de la bibliothèque personnelle de Canina: *cf. supra*, n. 243 et Jaeger, "Pedrocchi", n. 76.

416 Plusieurs ouvrages consacrés en tout ou partie à l'architecture égyptienne parurent au cours de la seconde moitié du XVIIIᵉ siècle mais, comme le fit déjà remarquer Canina lui-même (*loc. cit.* [n. 415], p. 11-12), ils se basaient sur des sources beaucoup moins fiables: *cf.* Jaeger, "Pedrocchi", texte et n. 81-85 ainsi que [A.-Ch.] Quatremère de Quincy, *De l'architecture égyptienne, considérée dans son origine, ses principes et son goût, et comparée sous les mêmes rapports à l'architecture grecque*, Paris an XI-1803 (exemplaire à P-BN) et S. Lavin, *Quatremère de Quincy and the Invention of a Modern Language of Architecture*, Cambridge, Mass./London 1992, p. 18-61; *cf.* aussi Syndram, *Ägypten-Faszinationen*, p. 92-138.

417 A. Busiri Vici, "La Casina Vagnuzzi sulla Flaminia", *Palatino* 7, 1963, 98-107.

418 *Id., ibid.*, p. 103-104 et P. Hoffmann, *La casina Vagnuzzi sulla via Flaminia* (Istituto di Studi Romani, Quaderni di Storia dell'Arte XV), Roma 1965, p. 23 et pl. XVII, 1 (une quittance signée de Canina fait état d'un "prospetto egizio", c'est-à-dire d'une façade, tandis qu'un second billet, daté du 18.6.1844, mentionne une "camera egizia", c'est-à-dire l'intérieur du pavillon lui-même). La décoration de la façade principale est l'oeuvre du stucateur G. B. Pantani et comporte des disques solaires ailés en relief sur la gorge de la corniche, sur le linteau de la porte d'entrée et au-dessus des deux fenêtres latérales; les autres éléments égyptisants de cette façade ne sont plus guère reconnaissables sur la photographie de P. Hoffmann. La décoration intérieure fut réalisée en style égyptien par A. Zecchini mais, en 1965, elle avait totalement disparue sous les couches de peinture successives (Hoffmann, *loc. cit.*); *cf.* aussi Belli Barsali, *loc. cit.* (n. 301), p. 449; Oechslin, *loc. cit.* (n. 385, premier

titre), p. 97; curieusement, l'étude de base de Busiri Vici a échappé aux auteurs ultérieurs. Précisons que la décoration en style égyptien concerne un pavillon annexe et non le bâtiment principal; l'affirmation de G. Cu[ltrera], *Enciclopedia Italiana* VIII, 1930, p. 730 («construì il casino Vagnuzzi fuori Porta del Popolo in stile egiziano [...]») est donc inexacte.

[419] Oechslin, *loc. cit.* (n. 385, premier titre), p. 99.

[420] "Tempio d'Iside nella regione IX fra i Septi e le Terme di Agrippa", *Annali [...] cit.* (n. 403), 24, 1852, 348-353.

[421] Bendinelli, *loc. cit.* (n. 385), p. 214-224. Le 4ᵉ duc de Northumberland avait réuni dans son château une importante collection d'antiquités égyptiennes dont S. Birch réalisa le catalogue: *Catalogue of the Collection of Egyptian Antiquities at Alnwick Castle*, London 1880 (2048 nᵒˢ de catalogue); la collection est aujourd'hui à Durham, Durham University Oriental Museum.

[422] Toutefois, l'instruction ponctuelle de Jappelli *en archéologie* ne pouvait se comparer avec la culture et les connaissances exceptionnellement étendues de Canina dans ce domaine. Le commentaire très critique de Canina sur l'ouvrage de Hope dont une partie avait été lue de manière attentive et confiante par Jappelli (*cf. supra*, p. 212 et n. 291-296 avec «Appendice IV») est de ce point de vue fort révélateur: «[...] Nè credesi di far alcun onorevole cenno della piccola opera di Hope alla quale si volle dare impropriamente il titolo di storia dell'architettura; perchè essa risguarda unicamente la esposizione in succinto di quei varj metodi introdotti nell'arte dell'edificare dopo la decadenza dell'impero romano» (Canina, *loc. cit.* [n. 415], p. 46).

[423] Comme Jappelli, Canina s'est appliqué à résoudre certains problèmes d'hydraulique et de génie civil: Oechslin, *loc. cit.* (n. 385, premier titre), p. 97 (avec bibl.).

[424] Jappelli n'était pas membre de l'Instituto di Corrispondenza Archeologica: nous remercions le Dr Thomas Fröhlich, qui a eu l'obligeance de le vérifier à notre demande au Deutsches Archäologisches Institut de Rome (lettre du 18.5.1995).

[425] Bendinelli, *loc. cit.* (n. 385), p. 192 et Pasquali, *loc. cit.* (n. 385), p. 46 et n. 31.

[426] *Cf.* Azzi Visentini, "Mausoleo Hamilton", p. 158 et notes.

[427] Ce n'est qu'après avoir acquis nous-même cette conviction, que nous avons découvert le texte de P. Selvatico (*cf.* «Appendice V», 4) plaçant le Salon égyptien du café Pedrocchi sous l'influence de l'entrée en forme de pylône égyptien du parc de la villa Borghèse de Canina. Ce texte a valeur de document car il est le seul que nous connaissons, à une époque encore relativement proche de Jappelli, à relier le Salon égyptien à une réalisation antérieure, conçue dans le même style; il formule, par ailleurs, une critique violente à l'encontre de Jappelli, de Canina et des tendances néo-égyptiennes en général (*cf. infra*, p. 223 et n. 449-453).

[428] En particulier entre 1780 et 1800. *Cf.* aussi S. Donadoni, in: Donadoni *et al.* (n. 29), p. 99-103 et S. Curto, *ibid.*, p. 145-152 ainsi que le résumé toujours précieux de L. Hautecoeur, *Rome et la renaissance de l'antiquité à la fin du XVIIIᵉ siècle* (Bibliothèque des Ecoles françaises d'Athènes et de Rome 105), Paris 1912, p. 102-109.

[429] *Cf. supra*, p. 202 et n. 144. Même les naophores du café Pedrocchi, point faible de la décoration du Salon égyptien, sont nettement plus proches des modèles antiques que ceux de Piranèse dans les *Diverse Maniere* (*cf.* Wilton-Ely, *loc. cit.* [n. 139], p. 937 [fig. 864] = Curl, *Eg. Revival*, fig. 55).

[430] *Cf.* Sermisoni, *loc. cit.* (n. 199).

[431] *Cf. supra*, p. 209-211 et n. 248-271.

[432] Les figures en fonte (Puppi, *Jappelli architetto cit.* [n. 46], pl. non numérotée, à gauche de la première page de texte) de la balustrade se trouvant aux deux extrémités de l'atrium de la Casa Giacomini (aujourd'hui Casa Romiati) sont de facture classique et n'ont rien d'égyptien, contrairement à ce qui est parfois affirmé: Gallimberti, *Jappelli*, p. 75 et fig. («[...] sono ben lontane dalla raffinatezza delle statuette egiziane, cui vogliono ispirarsi»); Mazza, *Jappelli*, p. 107 («le statuette di foggia egizia»); *ead., loc. cit.* (n. 45), p. 803 (de même). Je remercie vivement le propriétaire de la Casa Romiati de m'avoir permis d'examiner ces figures (autopsie octobre 1986).

[433] *Cf.* B. Brunelli, "Un appartamento neoclassico a Padova", *Dedalo* 9, 1928-1929, 41-63 (pour le canapé: p. 46 fig.; pour la table ronde: p. 51 fig.); G. Pucci, "Antichità e manifatture: un itinerario", in: S. Settis (éd.), *Memoria dell'antico nell'arte italiana*, 3 vols., Torino 1984-1986, III, p. 268. L'influence du comte Alessandro Papafava sur le milieu artistique de Padoue a déjà été relevée (*cf.* Semenzato, *loc. cit.* [n. 73], p. 239-244 spéc. 239-240; Puppi, "Jappelli: Invenzione", p. 258 n. 159) et il est fort possible que Jappelli ait connu ce palais. D'ailleurs, le mobilier d'une maison de campagne de la famille, la villa Papafava de Frassanelle (prov. de Padoue) est parfois attribué à Jappelli lui-même. Je tiens à exprimer ici toute ma gratitude au comte Papafava dei Carraresi pour m'avoir fait visiter le palais Papafava de Padoue, m'avoir montré le mobilier en style égyptien (autopsie octobre 1986) et m'avoir autorisé à reproduire cette photographie.

[434] Dans la vaste bibliographie consacrée à l'Egypte et la franc-maçonnerie, on consultera en particulier: S. Morenz, *Die Zauberflöte. Eine Studie zum Lebenszusammenhang Ägypten – Antike – Abendland*, Münster/Köln 1952; J. Baltrušaitis, *La quête d'Isis. Essai sur la légende d'un mythe*, Paris 1985, p. 41-56 (avec bibl. antérieure); Syndram, *Ägypten-Faszinationen*, p. 271-276; E. Staehelin, "Zum Motiv der Pyramiden als Prüfungs- und Einweihungsstätten", in: S. Israelit-Groll (éd.), *Studies in Egyptology Presented to Miriam Lichtheim*, 2 vols., Jerusalem 1990, II, p. 889-932; J. S. Curl, *The Art and Architecture of Freemasonry. An Introductory Study*, London 1991, p. 41-44 et 125-168; B. Etienne, "L'égyptomanie dans l'hagiographie maçonnique: avatar de l'orientalisme?", in: Burgat, *loc. cit.* (n. 8), I, p. 149-179; J. Schmitz, "Freimaurerdarstellungen auf Obelisken? Ein Beitrag zur Hieroglyphik des 18. Jahrhunderts", in: D. Mendel/U. Claudi (éds.), *Ägypten im afro-orientalischen Kontext (Gedenkschrift Peter Behrens)*, Köln 1991, p. 279-299 (avec importante bibl. antérieure); G. Pucci, *Il passato prossimo. La scienza dell'antichità alle origini della cultura moderna* (Studi NIS Archeologia 15), Roma 1993, p. 34-38 ("L'Egitto e il Grande Oriente"); Jaeger, *loc. cit.* (n. 238), p. 326 (avec bibl.); Werner, *loc. cit.* (n. 246), p. 41-43 et 129-132, nᵒˢ 122-135; *cf.* aussi n. 38 (entre autres les actes du colloque de Florence).

[435] *Cf. supra*, p. 211 et n. 268-270.

[436] *Cf. supra*, p. 205-206 et n. 186-210 (pour le milieu maçonnique bolonais), p. 206 et n. 198 (pour Palagi), p. 206 et n. 201 (pour Basoli), p. 208 et n. 226 (pour Selva), p. 216 et n. 343 (pour Demin). *Cf.* également *supra*, n. 38 pour le sénateur A. Querini.

[437] *Cf. supra*, p. 204 et n. 157-158 et 166 (pour le café Pedrocchi), p. 211 et n. 266-274 (pour la villa Gera), p. 211 et n. 273-275 (pour le médaillon à François Iᵉʳ d'Autriche); pour l'interprétation maçonnique du monde des Templiers par Jappelli au parc de Saonara (prov. de Padoue), un témoignage important (1817) et de peu postérieur aux années d'affiliation de Jappelli à la franc-maçonnerie, *cf.* M. Azzi Visentini, "Il giardino Cittadella Vigodarzere a Saonara", in: Tagliolini, *loc. cit.* (n. 301), p. 177-193; V. Cazzato, "Fenomenologia del

neogotico in villa", *ibid.*, p. 41 avec n. 23 (avec bibl. antérieure) et p. 53-56; Puppi, "Jappelli: Invenzione", p. 263-264. En ce qui concerne le café Pedrocchi, nous n'allons, toutefois, pas jusqu'à attribuer, avec Franzin, in: Franzin/Ugento, *Pedrocchi*, p. 2, des fonctions de loge maçonnique au café Pedrocchi même si la remarque de l'auteur n'est peut-être pas à prendre au pied de la lettre.

[438] *Cf. supra*, p. 190-191 et n. 66-72.

[439] *Cf.* à ce sujet J. Wilton-Ely, *Piranesi as Architect and Designer*, New York/New Haven/ London 1993, p. 145; U. Heise, "Piranesis Caffè degl'Inglesi, «ad apprendere la perfezione del disegno»: Eine verlorene Dekoration?", in: E. Patzig/O. Thormann (éds.), *Piranesi. Faszination und Ausstrahlung*, cat. expos. Leipzig 1994, 2 vols., Leipzig 1994, II, p. 61-65; Curl, *Egyptomania*, p. 91.

[440] Le problème de la critique de Jappelli contemporaine à l'artiste lui-même a été abordé par F. Bernabei dans une étude pleine de finesse: *loc. cit.* (n. 296), p. 3-9.

[441] *Cf. supra*, n. 39.

[442] P. Selvatico, *loc. cit.* (n. 49), p. 265 (c'est nous qui soulignons). Avant même la réalisation des salles supérieures, en 1838, Selvatico avait exprimé un enthousiasme sans réserves (*cf. supra*, n. 39).

[443] *Atti della Quarta Riunione degli Scienziati Italiani tenuta in Padova nel settembre del MDCCCXLII*, Padova 1843, p. XIII (exemplaire à Pd-C); pour le texte complet, *cf.* «Appendice V», 2. Nous avons donné plus haut, dans un autre contexte (*cf. supra*, p. 207 et n. 213-220 et «Appendice III»), un exemple similaire du rôle que des décors évoquant les civilisations passées pouvaient jouer en tant que «rimembranza di quelle nazioni» (*cf.* «Appendice III», *cit.*).

[444] Pour L. von Klenze, *cf. supra*, n. 151.

[445] P. Selvatico, "Dell'arte moderna a Monaco e a Dusseldorf. Leone de Klenze", *Rivista Europea. Giornale di Scienze Morali, Letteratura ed Arti* 1845, 34 (ce texte est dédié à Jappelli; pour le passage complet, *cf.* «Appendice V», 3); nous avons eu l'occasion, plus haut, de faire nous-même cette observation (*cf. supra*, p. 204 et n. 160-162). Il est intéressant de noter ici que la démarche critiquée par Selvatico est précisément celle qu'adopta Piranèse: celui-ci choisit la cheminée comme support de ses décors à l'égyptienne même s'il n'en existait pas de telles dans l'Antiquité, car son but était simplement de «mostrare qual uso far possa un avveduto architetto degli antichi monumenti alla presente nostra maniera, e a nostri costumi acconciamente adattandoli» (Piranesi, *Diverse maniere cit.* [n. 139], *Ragionamento apologetico in difesa dell'architettura egizia e toscana*, p. 2 ou, dans la réédition critique de Panza, *loc. cit.* [n. 191], p. 291).

[446] P. Selvatico, *Guida di Padova e dei suoi principali contorni*, Padova 1869, p. 227: «Ben sapendo l'abile architetto come negli edifizii destinati al diletto, la varietà sia, per se medesima, diletto vagheggiatissimo, volle che ogni stanza avesse decorazione differente, attinta a stili diversi. Laonde, una p.e., offre l'armonica severità dell'arte greca, un'altra le austere linee e i misteriosi simulacri dell'antico Egitto; una terza le esili eleganze delle camere pompeiane; quale porta l'acuto archeggiare del medio evo; quale le floride scorniciature del cinquecento; quale, finalmente, le rigide forme della lugubre Etruria» (exemplaire à Pd-C).

[447] A. Falconetti, *loc. cit.* (n. 49), p. 21-23 (*cf.* «Appendice V», 1). Toujours sur le thème du voyage, *cf.* aussi les remarques de T. Locatelli, *Gazzetta di Venezia*, 11.11.1842 (citée d'après Pavanello, "L'«ornatissimo»", p. 107 n. 7 et 11): «Hai dinanzi agli occhi i vestigii

della prima e più antica italiana civiltà: questo è l'etrusco costume... poi, come il piede s'avanza, avanzano i tempi: ecco le pure e semplici forme dell'età greca e romana». Il convient d'ajouter ici également les poésies composées à l'occasion de l'inauguration des salles supérieures; nous en avons cité un exemple à la n. 58.

[448] Dans une lettre à l'abbé M. Missirini, publiée de nombreuses années plus tard: *Il Caffè Pedrocchi. Memorie edite ed inedite raccolte e pubblicate in occasione del cinquantesimo anniversario della sua apertura da D. C. Pedrocchi*, Padova 1881, p. 76: «Io vi assicuro che avrà maggior diritto all'ammirazione de' posteri il Pedrocchi pel suo nobilissimo, richissimo ed elegante edificio, che non ne ebbero i Faraoni Egiziani pei loro obelischi, e le loro piramidi, che colla immensità dei mezzi scema il prodigio delle imprese colossali» (exemplaire à Pd-C).

[449] Ce texte, que nous reproduisons *in extenso* (*cf.* «Appendice V», 4), est très précieux pour l'histoire de l'influence de l'Egypte antique sur l'art occidental. Il n'a, cependant, jamais été cité jusqu'ici dans ce contexte et n'a attiré, à notre connaissance, qu'une seule fois brièvement l'attention des historiens d'art (Bernabei, *loc. cit.* [n. 296], p. 6 avec n. 21).

[450] Par F. Bernabei, *Pietro Selvatico nella critica e nella storia delle arti figurative dell'Ottocento* (Letture critiche 2), Vicenza 1974, p. 27, qui juge sa position ambiguë; *cf.* aussi *id., loc. cit.* (n. 296), p. 8 n. 5.

[451] Quelques années plus tard, il aura pu considérer un guide de Padoue comme un lieu inadapté pour pareil développement et se sera contenté de déplacer son commentaire du terrain de la «storia dell'ornato» (guide de 1842) à celui, plus neutre, de la *variatio delectat* (guide de 1869)!

[452] Il est surprenant qu'il ne figure dans aucun dictionnaire, vocabulaire ou lexique du XXe siècle de la langue italienne, pas plus, d'ailleurs, que n'apparaît le mot français *égyptomanie* dans un quelconque dictionnaire de la langue française.

[453] Cette définition est à retenir, à une époque où le terme tend à se généraliser dans plusieurs langues européennes pour désigner indifféremment toute forme de survivances et de résurgences du phénomène égyptien: *cf.* Jaeger, *loc. cit.* (n. 238), p. 331 n. 2.

[454] Pour mesurer l'impact de cette manifestation sur une ville comme Padoue, en perpétuelle quête de défis à lancer à Venise, il suffit de rappeler qu'environ un millier de savants de tous les Etats d'Italie prirent part à cette réunion (G. Toffanin, in: Mazza, *Pedrocchi*, p. 88).

[455] *Cf. supra*, p. 190 et n. 67.

[456] M. T. Franco, in: Mazza, *Pedrocchi*, p. 119-120 et n. 12 (avec bibl.) et 13; P. Maresca, "Scienza e tecnica nel panorama della Toscana Granducale", in: L. Zangheri (éd.), *Alla scoperta della Toscana Lorenese. L'architettura di Giuseppe e Alessandro Manetti e Carlo Reishammer*, cat. expos. Florence 1984, Firenze 1984, p. 143 et n. 19.

[457] Au sujet de C. Cavedoni, érudit archéologue, numismate et épigraphiste de Modène, *cf.* L. Bongrani Fanfoni, "Interessi egittologici di C. Cavedoni", in: *Atti e Memorie del Convegno di Studio per il I centenario della morte di Celestino Cavedoni* (= *Atti e Memorie della Deputazione di Storia Patria per le Antiche Provincie Modenesi* S. 10, 1, 1966), p. 61-66; F. Parente, *DBI* 23, 1979, 75-81 *s.v.* "Cavedoni, Venanzio Celestino" (avec bibl. antérieure).

[458] Publié "per la fausta contingenza della Riunione degli Scienziati Italiani" comme le précise la page de titre de l'ouvrage: *cf. supra*, n. 36 pour le titre complet. Cette collection comportait également des antiquités égyptiennes.

[459] Comme le voudrait Pavanello, "L'«ornatissimo»", p. 93-97.

[460] Puppi, *Pedrocchi*, p. 64 se défend d'interpréter le programme iconographique des salles supérieures dans cette optique.

[461] *Cf. supra*, p. 212 et n. 298-299.

[462] Puppi, *Pedrocchi*, p. 65.

[463] Entre février et juillet: *cf. supra*, n. 333.

[464] Puppi, *Pedrocchi*, p. 66.

[465] D'ailleurs, au cours de l'année 1842, les organisateurs envoyèrent des circulaires aux futurs participants leur annonçant déjà que le «luogo deputato alle riunioni conversevoli della sera è il piano superiore dello Stabilimento Pedrocchi» (Puppi, *Pedrocchi*, p. 67 et n. 102).

[466] L'affirmation de Puppi, *Pedrocchi*, p. 64, selon laquelle l'inspiration qui est à l'origine du Salon égyptien ne pouvait être rattachée à des événements précis faisant office de *terminus post quem*, demande donc à être nuancée.

[467] Nous partageons pleinement l'opinion de L. Puppi, lorsqu'il affirme avec force: «Io son convinto che l'*Historismus* dell'architetto preesiste» (*Pedrocchi*, p. 65).

[468] *Cf. supra*, p. 224 et n. 459-465.

[469] Et la conviction de L. Puppi (*cf.* n. 467) n'a pas à s'en trouver ébranlée pour autant.

[470] Nous n'avons pas l'intention de refaire ici l'exégèse du café Pedrocchi et des pages remarquables, auxquelles nous renvoyons le lecteur, ont été écrites à ce sujet, en particulier par L. Puppi, *Pedrocchi*, p. 63-82 spéc. 77-82; Franco, "Un luogo" *cit.* (n. 99), spéc. p. 239-244; *ead.*, "«Descrizione» di un interno. Per una lettura del Casino Pedrocchi: documenti ed altro", in: Mazza, *Pedrocchi*, p. 117-132; Maschio, "Immagini", p. 74-75 n. 1; Franzin, in: Franzin/Ugento, p. 22-31.

[471] «Gallerie di stili» pour reprendre l'expression de L. Puppi (*Pedrocchi*, p. 64), «labirinto di bellezze raccolte» selon Franco, "Un luogo" *cit.* [n. 99], p. 244, «momenti separati e quasi autonomi di riflessione estetica» selon D. Banzato, *loc. cit.* (n. 42), p. [13] ou «storia dell'ornato» comme l'avait qualifié P. Selvatico en 1842 déjà (*loc. cit.* [n. 49], p. 265).

[472] Il n'y a pas lieu d'en dresser ici le catalogue et nous nous limitons à quelques exemples significatifs.

[473] A) Madrid, Escurial (1786): styles égyptien, étrusque et chinois (*cf. supra*, n. 139). – B) Madrid, palais de Buenavista (1790): styles égyptien, pompéien, mauresque et japonais (*cf. supra*, n. 148). – C) Londres, Duchess Street, maison de Th. Hope (1799-1803): styles égyptien, grec, romain, indien et chinois (*cf. supra*, p. 212 et n. 287-290). – D) Rome, palais Braschi (vers 1805): styles égyptien, étrusque, byzantin et chinois (*cf. supra*, p. 217 et n. 365-368). – E) A. Basoli, *Raccolta di Prospettive* (1810): décors assyrien, égyptien, gothique, chinois et habitat des Indiens d'Amérique du Nord (*cf. supra*, n. 201). – F) Masino, château des comtes Valperga di Masino (peut-être premier quart du XIXe siècle): styles égyptien et étrusque (*cf.* Jaeger, *loc. cit.* [n. 238], p. 327 et 336 fig. 3-4). – G) Environs de Bologne, villa "La Panglossiana" (vers 1827): styles égyptien, étrusque, herculanéen, mauresque, gothique, lombard et chinois (*cf. supra*, n. 203). – H) San Fortunato, Colle di Covignano, villa Belvedere (vers 1830): styles égyptien et pompéien (*cf. supra*, p. 214 avec n. 316-321 et fig. 44-45). – I) Rome, villa Torlonia (1832 ss.): styles égyptien, pompéien, gothique et Renaissance (*cf. supra*, p. 214 et n. 308 ss.). – J) Albano Laziale, villa Benucci-Ferraioli (1834-1840): styles égyptien, herculanéen, romain, gothique et Renaissance (*cf. supra*, p. 215 et n. 328-329). – K) Vaprio d'Adda, villa Castelbarco Albani, cryptoportique (1835-1837): styles égyptien, étrusque et romain (*cf. supra*, p. 219-220 avec n. 393-402 et fig. 50-51). – L) Padoue, café Pedrocchi (1841-1842): styles

égyptien, grec, étrusque, pompéien, romain, mauresque, gothique, Renaissance, baroque et Empire. – M) Berndorf, au sud de Vienne, deux écoles (ouvertes en 1909): salles de classe décorées à des fins didactiques en style égyptien, dorique, pompéien, mauresque, byzantin, roman, gothique, Renaissance, Louis XIV, rococo, baroque et Empire (M. Reissberger, "Ornament und Geschichte – Ornament als Geschichte. Das Experiment Berndorf", in: G. Raulet/B. Schmidt [éds.], *Kritische Theorie des Ornaments*, Wien/Köln/Weimar 1993, p. 80-99 avec fig. 1-4 et 10-12).
Citons à part le Royal Pavilion de Brighton (réalisé entre 1801 et 1822), qui n'entre pas à proprement parler dans cette catégorie. Les styles n'y sont pas juxtaposés dans des salles différentes mais savamment amalgamés. L'on y retrouve essentiellement les styles chinois, indien et mauresque (*cf.* Patetta, *L'architettura cit.* [n. 73], p. 133-134; S. Koppelkamm, *Der imaginäre Orient. Exotische Bauten des achtzehnten und neunzehnten Jahrhunderts in Europa*, Berlin 1987, p. 44-57), mais il semble qu'une "Egyptian Gallery" décorée à l'égyptienne y ait existé, du moins au début (*cf.* Curl, *Egyptomania*, p. 136-137).

[474] *Cf.* n. 473, A-B.

[475] *Cf.* n. 473, F; à la villa Belvedere (*ibid.*, H), seuls les styles égyptien et pompéien semblent avoir coexisté.

[476] *Cf.* n. 473, C: C'est aussi l'intention qu'avait Basoli dans l'un de ses recueils de décorations (*ibid.*, E).

[477] Elle semble dater des environs de 1830: *cf.* n. 473, G, I, J, L, M.

[478] L'exemple le plus frappant que nous connaissons de cette démarche, poussé véritablement à l'extrême, est celui de l'école de Berndorf (*cf.* n. 473, M): pas moins de douze styles différents sont utilisés pour décorer autant de salles de classe, de sorte que «mit den Klassen aufsteigend sich die Schüler je ein Jahr lang innerhalb eines dieser streng stilgerechten Räume befinden» (selon une coupure de presse de l'époque citée par Reissberger, *loc. cit.* [n. 473], p. 80). L'intention didactique est encore accentuée par la présence d'une inscription figurant à l'intérieur de chaque salle, précisant la dénomination stylistique et son étendue chronologique (par exemple «Gotisch 1180-1460»): «Was vermöchte bei diesem Bestreben besser die Richtschnur zu geben, als jene künstlerischen Formen, die sich [...] als die zuhöchst geläuterte Formensprache eines ganzen Volkes darstellen: die hervorragendsten künstlerischen Stile» (*ibid.*, p. 80-81). Cette initiative, de par son caractère extrême et institutionnalisé reçut cependant la désapprobation générale («verhängnisvoll», «sittliches Verbrechen»: *ibid.*, p. 97-98).

[479] C'est déjà le cas de la villa "La Panglossiana" (*cf.* n. 473, G).

[480] Elle a d'ailleurs déjà été relevée: *cf.* Franzin, in: Franzin/Ugento, p. 22.

[481] Nous ne saurions achever cette étude sans avoir évoqué au moins une fois le grandiose décor éphémère réalisé par Jappelli pour la fête, donnée dans la nuit du 20 décembre 1815, en l'honneur de l'empereur d'Autriche François Ier et de son épouse, de passage à Padoue: toutes les qualités que l'on a reconnues à celui qui a imaginé le café Pedrocchi et mis au point son message sont perceptibles *in nucleo* dans cette production. *Cf.* à son sujet: Venanzio, *loc. cit.* (n. 41), p. 1040-1043; Maltese, *loc. cit.* (n. 46), p. 94; Puppi, "Jappelli: Invenzione", p. 236-239; *id.*, *Pedrocchi*, p. 81 (avec bibl. antérieure).

[482] Pour la diffusion de l'image du temple de Dendara, *cf.* J.-M. Humbert, "La redécouverte de Dendera et son interprétation dans l'art du XIXe siècle", in: *Hommages à Jean Leclant* (Bibliothèque d'étude 106), 4 vols., Le Caire 1994, IV, p. 137-146.

[483] C'est nous qui soulignons.

[484] Denon, *loc. cit.* (n. 170), p. 113-114; *cf.* aussi p. IX de la Préface où la même exclamation sur Dendara, réceptacle des sciences et des arts, revient par deux fois. Cette phrase resta célèbre et Belzoni lui-même la cite dans son propre récit: «il signor Denon medesimo si credette trasportato nel santuario delle arti e delle scienze» (G. B. Belzoni, *Viaggi in Egitto ed in Nubia [...]*, 4 vols., Livorno 1827, I, p. 105).

[485] Vivant Denon était membre de l'"Ordre Sacré des Sophisiens", créé en 1801 par d'anciens membres de l'Expédition d'Egypte, ainsi que de la loge "La Parfaite Réunion" (R. Cotte, in: D. Ligou, *loc. cit.* [n. 157], p. 349 *s.v.* "Denon" et D. Ligou, *ibid.*, p. 871 *s.v.* "Ordre").

[486] Il est intéressant de relever que dans le contexte d'une réflexion générale sur la culture maçonnique de Jappelli et du comte Cicognara, sans savoir que le temple de Dendara était la source d'inspiration principale du Salon égyptien, E. Franzin a brièvement évoqué Denon et Dendara dans une plaquette récemment publiée (in: Franzin/Ugento, p. 28-31) et dont nous n'avons eu connaissance qu'après le Symposion au cours duquel les résultats de cette recherche ont été présentés. Franzin relève à juste titre combien le rôle joué par le fameux Zodiaque de Dendara et par la polémique profonde qu'il a entraînée ont renforcé le symbolisme lié à *ce* temple et l'auréole de sagesse dont il a été entouré.

[487] Ce message de Jappelli au café Pedrocchi a été relevé par plusieurs de ses exégètes: *cf.* Universo, *loc. cit.* (n. 234), p. 144; Franco, in: Mazza, *Pedrocchi*, p. 118; Maschio, "Immagini", p. 75 n. 1; Franzin, in: Franzin/Ugento, p. 23; *cf.* aussi n. 470.

T. G. H. JAMES

WILLIAM JOHN BANKES, EGYPT AND KINGSTON LACY

This is the story of a man, well-born and well-endowed with worldly goods, who for a short period of his life succeeded in achieving much in exotic countries, revealing scholarly instincts which had not earlier been evident in his behaviour, and building up a collection of antiquities which extraordinarily survives intact to this day in the house to which it was first brought in the early nineteenth century.

William John Bankes was born in 1786, the son of Henry Bankes of Kingston Hall in the county of Dorset in the south of England. The Bankes were a landed family, originally of northern origin; they acquired the Kingston estate and other lands in Dorset in the early seventeenth century, and became established members of the Dorset gentry, farming their estates, and serving as Members of Parliament generation by generation.[1]

As a second son, William John had little expectation of inheriting the family estates, but his prospects in other respects were not without promise. When in 1804 he went up to Trinity College, Cambridge, from Harrow School – a common progression for young men of similar station in the early nineteenth century – he soon made his mark in a set of "fast" undergraduates which included Lord Byron. It is unlikely that he devoted much of his time to formal studies in the University, although the testimony of his friends suggests that he was already developing a serious interest in architecture, as well as displaying a suspicious attachment to rituals which might be termed "Gothick". His mentor in such matters seems to have been his great-uncle Sir William Wynne, whose heir he became, inheriting Soughton Hall in Flintshire, North Wales, in 1815.

Nevertheless, in spite of his somewhat disreputable behaviour as a student, Bankes succeeded in graduating in 1808, and went down from the University to pursue what was the conventional family career – involvement in the family estates and service in the estates of the realm. In the meanwhile he had also,

---

[1] Most of the information on the Bankes family is extracted from the current National Trust Handbook, *Kingston Lacy*, London 1994, edited by Anthony Mitchell, the Trust's Historic Buildings Representative for the Wessex Region. I am grateful to the Trust for allowing me such ready access to the Kingston Lacy collection, and especially to Mr. Mitchell, and Mr. Howard Webber, the Administrator of Kingston Lacy House.

on the death of his older brother Henry in 1806, become the heir to the Dorset properties. He already enjoyed an income of £ 8000 a year, a very considerable sum for an unattached young man at that time.[2]

From 1810 to 1812 he served as Member of Parliament for Truro in Cornwall, but made no mark with his fellow legislators. It is said that his maiden speech in the House found him floundering "while deep in a rhetorical allusion to the lake of Geneva." Socially he made a greater success in London circles, but, for reasons which remain obscure, he abandoned his parliamentary career and other prospects to leave on a visit to Spain and Portugal in 1812, which would be extended by other travels until 1820.

His time in the Iberian Peninsula was partly spent following the trail of the allied armies under Wellington, and partly devoted to exploiting the opportunities to pick up works of art which were sent back to England for the ultimate embellishment of Kingston Hall. Much of his time, however, was passed less profitably, especially after the final expulsion of the French in 1814. He then withdrew to Granada, and lived a less than elegant existence among the gypsies there. He then displayed a tendency, which was to stand him in good stead during his Near-Eastern travels, for relishing a rough and uncomfortable existence, being prepared to suffer severe and extended periods of hardship in the pursuit of his desired projects.

It would seem that William John Bankes had, during his Spanish sojourn, developed no clear purpose for his future life. Knowing that he would in due course inherit the Dorset estates, as well as those of Soughton in North Wales, he presumably saw no urgency to return to London, Parliament, and the social season. Unfortunately little is known of his spanish activities which extended until 1815 when, again for reasons unknown, he left Spain for the Eastern Mediterranean.

Travelling first to Egypt, he planned a Nile journey, encouraged perhaps by a meeting with the great Swiss scholar-traveller, J. L. Burckhardt, who had himself recently travelled south into Nubia, and had been the first European to notice the great temple of Ramesses II at Abu Simbel. While a boat was being prepared for Bankes's own journey, he made an excursion of several weeks into the peninsula of Sinai, visiting Serabit el-Khadim and Wadi Maghara. There are in the Bankes archive at Kingston Lacy several pencil drawings of these places, and of individual monuments, some of which may have been executed by Bankes himself on this occasion.[3] It seems to have

---

[2] On Bankes's early life, and, in particular, his non-Egyptological career, see V. Bankes, *A Dorset Heritage: the story of Kingston Lacy*, 2nd ed., London 1986.

[3] Drawings of three general views, and three individual copies of texts from the Bankes papers are included in *Inscr. Sinai*, II. They are mostly credited to the artist A. Ricci, but there remains some doubt about the attributions.

been on this foray into Sinai, preliminary to his first Nile journey, that Bankes developed his interest in recording the places he visited; not just in the form of landscapes, but also in carefully drawn representations of individual monuments, and in copies of texts in particular.

This wish – even passion – to record was nurtured during his journey south, which began in September 1815, extended markedly when he travelled subsequently in the Levantine countries from 1816 to 1818, and promoted to a full-blown and serious activity during his second Egyptian visit from 1818 to 1819. Bankes was himself an assiduous, but amateur, artist of fair talent, but he appreciated that more and better results could be achieved if he travelled with professionally trained artists. For his first Nile journey, however, the most important recruit to his *équipe* was Giovanni Finati, an Italian adventurer, native of Ferrara, who had taken part in various campaigns of Muhammed Ali Pasha. He was to become Bankes's guide and dragoman for most of his Near Eastern travels, and would subsequently dictate to Bankes the story of his own life and travels, which Bankes translated and had published; this *Narrative* provides the most important source for Bankes's own activities during the years 1815 to 1819, although still tantalizingly thin on detail in matters Egyptological. Finati can scarcely be blamed for this shortcoming in an account which was essentially personal.[4]

The 1815 Nile trip lasted three months from September to December. Following a common pattern of travel, possibly recommended by Burckhardt himself, the party went south with considerable expedition, intending to make a slower return journey during which places noted as interesting on the southern passage could be examined at leisure. Reaching Wadi Halfa at the Second Cataract after about three weeks, they turned north again, stopping firstly at the many temple sites in Nubia, and especially Abu Simbel. The great temple here was still heavily encumbered with drift sand, and Bankes, although keen to effect an entrance, had insufficient equipment to carry out any serious work of excavation. He was, however, already copying assiduously, and Finati remarked that "wherever there were tidings or expectation of any vestige of antiquity, [...] I soon grew so accustomed to see Mr. Bankes drawing and noting from them, that I began to take some interest in the sight of them myself."

Everything ancient Egyptian was novel to Bankes who had himself been nurtured on the classics and the products of classical antiquity. Nevertheless, he could examine the architecture of Egyptian temples, and draw selected scenes even though the hieroglyphic texts were as impenetrable to him as to

---

4   W. J. Bankes (transl./ed.), *Narrative of the Life and Adventures of Giovanni Finati*, 2 vols., London 1830. Finati's time spent with Bankes is traced in vol. II.

everyone else at that time. The discovery of a Greek inscription gave greater spirit to his copying, and he was particularly pleased to find on the island of Philae the pedestal of one of the obelisks set up before the first pylon of the temple of Isis, inscribed with Greek texts.

Bankes had initially been attracted to the obelisk itself, and had conceived the idea of taking it back to Dorset, to improve the prospect in the park of Kingston Hall. That would follow – what other country house in Britain would be able to boast a real ancient Egyptian obelisk as a garden ornament? For the moment, however, his attention was concentrated on tile Greek texts on the pedestal, and he spent much time teasing out a transcript in so far as it was possible from the partly buried monument. The signs were extremely difficult to read. When in due course the pedestal was brought back to Dorset, better copies could be made; there were three texts, one carved and intrinsically difficult to make out, and two consisting of gilded letters applied with adhesive to the monument, and readable for the most part only from the traces of adhesive where the letters had fallen off.[5]

The principal text on the pedestal contained a transcript of a letter sent by the priests of Philae to Ptolemy VIII Euergetes II (Physkon) and the two Cleopatras, II (his sister) and III (his wife), in which they complain about the excessive demands for expenses claimed by visiting officials. They sought the customary exemptions from such claims so that the temple would not be bankrupted. The other texts were transcripts of answers: one addressed by Euergetes to Lochus, Governor of the Thebaid, instructing him to ensure that the exemptions were enforced, and one to the priests confirming the action taken.

Bankes subsequently took the view that the Greek texts were the same in content as the hieroglyphic texts on the obelisk, and he surmised that the names within the cartouches on the obelisk were those of Ptolemy and Cleopatra. In the former supposition he was quite wrong, but in the latter quite right. When in due course he began to correspond with Thomas Young, providing him with copies of texts, he seemed for a time to become enthusiastically engaged in the debate over decipherment, being very distinctly a Young-man, and distinctly unsympathetic towards J.-F. Champollion. This enthusiasm did not, sadly, extend long after his return to Britain in 1820, although much of his time in the early 1820s was given up to deciding what to do with the obelisk in the park in Dorset.

From Finati's *Narrative* it would not appear that during this first Nile journey Bankes engaged in any serious collecting of antiquities. It is true that he cast acquisitive eyes on the Philae obelisk; he also, it seems, had it in mind to try to move the great bust of Ramesses II in the Ramesseum, which had been

---

[5] For the fullest account of the ancient and modern history of this obelisk, see E. Iversen, *Obelisks in Exile. II. The Obelisks of Istanbul and England*, Copenhagen 1972, p. 62-85.

brought to his attention by Burckhardt. This was a year before Henry Salt arrived in Egypt as British Consul-General, and planned the removal of the same bust (the "Younger Memnon") along with Burckhardt, employing for the first time Giovanni Battista Belzoni as their agent. Bankes had provided himself with what seemed to be suitable tackle to move the huge sculpture; but the task, when contemplated on the ground, was abandoned as being beyond the capacities of his team.

Finati does, however, mention the acquisition by Bankes of "two lion-headed sitting figures of black granite" from Karnak, and "a remarkably large papyrus".[6] The figures, surely Sakhmets from the Temple of Mut, are not to be found at Kingston Lacy today, and it may be doubted whether they ever left Egypt with the other Bankes antiquities. It is not impossible that they languished in Cairo or even Alexandria, awaiting shipment, but were later handed over to Henry Salt, who certainly sent back a number of such pieces to the British Museum.[7]

What Finati does not mention is the group of stelae, mostly from Deir el-Medina, which now represent the most important series of ancient monuments at Kingston Lacy (Taf. 91). Of these stelae, Černý published sixteen in 1958,[8] and in his Introduction he states – a conclusion based surely on imperfect information: "The site was first discovered and ransacked by native diggers in 1818, when many antiquities were acquired by Drovetti, the then French Consul in Egypt, to be finally housed in the Turin Museum. It is from the residue that W. J. Bankes must a few years later have gleaned his own collection." Morris Bierbrier was closer to the mark in 1982 when, discussing the discovery of the Deir el-Medina site and its subsequent exploitation by Drovetti, he states, apropos Bankes, "it is not certain whether he acquired his collection of Deir el-Medina stelae at this time [1815] or on his second visit in 1818."[9]

New evidence can now be adduced to prove that it was in 1815 that the acquisition was made, and that Bankes may be credited with being among the very first to exploit the resources of that most fruitful site. A letter from Burckhardt to Bankes written in July 1816 after Bankes had embarked on his Levantine travels, informs him of the progress made towards the removal of the "Younger Memnon" from Thebes for ultimate presentation to the British Museum, and then continues: "Do let this be a stimulus to Yourself, not to bury Your treasures at Your country house, where they can never be generally

---

6   Finati, loc. cit. (n. 4), II, p. 96.
7   It is not always possible to determine with certainty the sources of acquisition of the seated Sakhmets in the British Museum, see *BM Stelae*, 9, 1970, p. 1-4.
8   J. Černý, *Egyptian Stelae in the Bankes Collection*, Oxford 1958.
9   M. Bierbrier, *Tomb-builders of the Pharaohs*, London 1982, p. 128.

admired. Why not present the beautiful tablets from Thebes to the nation, after having taken drawings of them? They would serve to fit up the Egyptian room in the British Museum better than anything else."[10]

This plea established without doubt that the Bankes acquisition from Deir el-Medina had been made in 1815. Burckhardt would die in 1817, and have no further opportunity to prick Bankes's conscience about the "tablets". After having lain neglected for over a century, they now have served to "fit up the Egyptian room", newly organized, in Kingston Lacy House, where they can be "generally admired". The "remarkably large papyrus" mentioned by Finati is still in the Kingston Lacy collection, but is badly in need of conservation and mounting before it is in a fit state to be properly studied.

The friendship which developed between Bankes and Burckhardt is a phenomenon which remains to be explored more fully. They were scarcely two peas from the same pod. Bankes came from a privileged background, could travel as a grandee, and engage staff to help him in all his enterprises; his interests were rather unformed, tending more to the classical world and architecture, and not particularly based on scholarship. Burckhardt, on the other hand, was essentially a scholar, pursuing scholarly intentions in the Near East, a paid employee of the African Association, and an accomplished Arabist. His journeyings were designed to prepare him for further and hazardous expeditions into darker Africa, but they were also difficult and romantic, and it is likely that Bankes, never shy of facing hardship, was fired by similar enthusiasms. He was intelligent enough to learn much at Burckhardt's feet, and was surely tempted into his Levantine travels by his conversations with "Sheikh Ibrahim" as Burckhardt called himself.

For six months after leaving Egypt, Bankes travelled extensively in Palestine, Syria and Lebanon, visiting ancient sites, meeting interesting, and sometimes helpful people to whom he had been recommended by Burckhardt, and always drawing and copying inscriptions, now mostly in Greek. In June 1816 he sailed from southern Turkey for an extended visit to Cyprus, the islands, the Greek mainland and parts of northern Turkey. Finati was dismissed temporarily, and sent back to Egypt where for a time he worked with Belzoni, participating in the opening up of the great Abu Simbel temple later in 1817. Throughout his journeyings Bankes's main inspiration seems to have been Burckhardt, and the incomplete surviving evidence suggests that they maintained a regular correspondence in which ideas were exchanged, and much encouragement offered. Bankes even hoped to co-operate with his mentor in a publication of the fruits of their various expeditions, but Burckhardt was inhibited by his

---

[10] This letter, kindly brought to my attention by Mr. Norman Lewis, is at present in the Dorchester Record Office, Bankes MS D/3 KL. HJ 1/57.

terms of service with the African Association.[11] In any case any possible collaboration was settled by Burckhardt's untimely death in October 1817.

The period following Finati's departure from Bankes until he rejoined him in Jerusalem at the time of Orthodox Easter in 1818, is badly charted. Subsequently, together, and with others in their party, they made a whirlwind tour of ancient sites in Palestine and Syria, and even got as far as Petra, which Burckhardt had been the first recorded European to visit in modern times. Petra therefore was a place of very special pilgrimage for Bankes. The enthusiasm he displayed after having been almost three years continuously in the field was quite remarkable. When a special site or structure gained his attention, nothing would hurry him away. At Petra, the so-called Treasury was such a place, and Finati commented: "The detail is so minute and so well preserved that Mr. Bankes's drawing of this front alone was the work of many hours; the rest waiting patiently in the meantime in a tuft of oleanders that grows before it."[12]

After so many travels, adventures and privations, it seems appropriate that Bankes had to leave the region in an undignified hurry, fleeing Jerusalem after an unauthorised visit to the most holy shrine, the Dome of the Rock, was discovered. A boat from Jaffa eventually brought him to Damietta and Cairo, where he set about making arrangements for his second Nile voyage. This time it was to be far better organised, with extra artists hired, and including as partner and official supporter, Henry Salt. Bankes and Salt met each other for the first time in September 1818, and shortly afterwards, Salt wrote to the Earl of Mountnorris: "I am just going to make a short trip in Upper Egypt with Mr. Bankes, who has been with me some days. He is the most delightful companion, from his extraordinary powers of memory, and the opportunities he has had for observation."[13]

A small fleet of four boats conveyed the party southwards. In addition to Bankes, Salt and Finati, and other attendants, there were the artists Alessandro Ricci and Linant de Bellefonds, and an amateur naturalist, Dr. Sack. At Luxor they were joined by Henry Beechey, Salt's secretary, also a good artist, and by Belzoni, who was now commissioned to remove the Philae obelisk on behalf of Bankes. A year earlier, Belzoni, being unaware of the prior claim – if it may so be categorised – by Bankes, had reserved the obelisk for Henry Salt, but the latter, learning of Bankes's earlier interest in the piece, and knowing that he desired to erect it in the park at Kingston Hall, agreed to cede any claim he had personally, and further put Belzoni's talents for removal of huge monuments at Bankes's disposal. The story of the near-disaster which occurred

---

[11] Information quoted in the letter noted in n. 10.

[12] Finati, loc. cit. (n. 4), II, p. 264.

[13] J. J. Halls, *The Life and Correspondence of Henry Salt,* 2 vols., London 1834, I, p. 488.

as the obelisk was about to be loaded on the transport boat is well known. Belzoni's comments have been frequently reported. Finati just reported, "Mr. Bankes said little, but was evidently disgusted by the accident." In the end all was well, and the obelisk safely embarked for Alexandria and, ultimately, Dorset.[14]

The principal purpose of the Bankes-Salt expedition was clearly what we would now term "epigraphic". After his extensive experience of copying Greek inscriptions in Asia Minor, Bankes now determined to do much the same for the Egyptian monuments, and in this intention he was matched by Henry Salt. Together they formed a competetive team, ably backed by their commissioned artists, and they set about their activities with immense energy and a neglect of personal comfort. They also travelled prepared for serious study. The evidence offered by comments in the notes frequently added to his drawings by Bankes in particular suggests that they had with them copies of some of the few available books for reference and – usually – critical appraisal. Salt is known to have had built up a good library in Cairo, and he seems to have brought with him in his boat copies of, at least, Denon's *Voyage dans la Basse et la Haute Egypte* and the available volumes of the *Description de l'Egypte*.

The greatest effort put in by the party was in the Abu Simbel temple which had only recently been opened by Belzoni. His operations had been financed by Salt, who had never seen his "discovery". Bankes himself had, as we noted earlier, passed by the site in 1815 and had considered its clearance. A month was spent there, and a determined programme of recording was undertaken. Finati describes the batteries of candles mounted on "clusters of palm branches, which were attached to long upright poles and spreading like the arms of a chandelier more than halfway to the ceiling". The artists, including Bankes and Salt, worked intensively, vying with each other and stripped "almost naked, upon their ladders".[15]

Henry Salt returned to Cairo from Abu Simbel afflicted with illness. Bankes hoped to continue south deep into Nubia – he had a passion to discover Meroë – but bad luck and minor disaster forced him to abandon his progress south near Amara. The return journey from Wadi Halfa was leisurely with many stops for further copying. At Thebes a longer stay gave Bankes the opportunity to acquire the fragments of wall-paintings from the Theban Necropolis, now in Kingston Lacy; and also, probably, many of the smaller objects which were scarcely representative of what he could have picked up if his intention had been to build up a large and varied collection.

[14] For the two accounts of the embarkation of the obelisk, see G. B. Belzoni, *Narrative of the operations and recent discoveries [...] in Egypt and Nubia*, 2 vols., 2nd ed. London 1822, I, p. 116; and Finati, loc. cit. (n. 4), II, p. 309.

[15] Finati, loc. cit. (n. 4), II, p. 315-6.

The most important discovery made by Bankes, however, was at Abydos, where he undertook a small clearance in the Temple of Ramesses II, uncovering what he called "the Table of Abydos", a king-list similar to, but less well preserved than, the famous list in the adjacent Temple of Sethos I, which was still to be discovered. Bankes at once appreciated the nature and importance of the inscription, and he made a careful copy – a copy which he passed on to Thomas Young, who ultimately published it in the first part of his *Hieroglyphics* in 1823. Bankes did not remove the list; it was extracted, none too carefully, some years later by J. F. Mimaut, the French Consul-General. In 1839, at the sale of Mimaut's collection in Paris, it was acquired by the British Museum.

After returning to Cairo and saying his farewells to Salt, Bankes left for Italy, where he spent some time with Byron "buffooning together very merrily". He then came back to Britain and resumed the life that he had abandoned in 1812 – society entertainments, politics (very moderately) – and began seriously on the improving of Soughton Hall and trying to convince his father to improve Kingston Hall. In due course his antiquities arrived from Egypt, including the obelisk. The Duke of Wellington was impressed by the last and arranged for it to be conveyed by gun carriage and teams of horses from the Tilbury docks to Dorset.

For several years it was left lying on the lawns at Kingston Hall, a constant irritant to his father; in 1827 a spot for its erection was selected by the Duke of Wellington, and after a further long delay it was raised on its pedestal and a granite stepped podium which Bankes had earmarked for this purpose when he had visited Maharraqa in Nubia in 1819 (Taf. 92). The pedestal had been retrieved by Giovanni d'Athanasi (Yanni), Salt's agent, in 1821; the podium and the fragment of the second Philae obelisk were brought down from Nubia by Linant de Bellefonds in 1822.

D'Athanasi, who had replaced Belzoni after his falling out with Salt, was also responsible for the one important Egyptian antiquity acquired by Bankes after his return to Britain. It was the granite sarcophagus of Amenemope, king's scribe and steward of Amun, from Theban tomb 41 which d'Athanasi had opened in 1821. Salt wrote to Bankes offering the piece for his collection, and it was sent presumably with Bankes approval, but never apparently given a hearty welcome.[16] (Taf. 93)

Lack of evidence to the contrary leads one to assume that Bankes quickly lost interest in Egypt, in his collection of Egyptian antiquities, and in the large archive of drawings and water-colours, to which many more pieces had later been added – the harvest of a trip into Nubia by Linant on Bankes's behalf in

---

[16] The sarcophagus is published by T. G. H. James, in: J. Assmann, *Das Grab des Amenemope (TT 41)*, 2 vols., Mainz 1991, I , p. 267-273.

1821-22. Bankes, no doubt, had at one time hoped to put together some of his copies for publication – his approach to Burckhardt suggests as much – but as other activities occupied his time, the desire to work on Egypt diminished. In 1822 he wrote to Byron: "As for publication, I am always thinking of it, and, from a strange mixture of indolence with industry, always deferring it. I hate, and always did, method and arrangement, and this is what my materials want." In writing thus, his judgement was surely true, but sad. Salt, after Bankes's leaving Egypt in 1819, had reported: "Of all the men I have ever met with, I consider the former [i.e. Bankes] as being gifted with the most extraordinary talents; born to family and fortune, he has dedicated his whole time to learning and the arts [...]"[17]

Nearly five years of continuous activity in the field had been quite enough; Bankes had just run out of steam.

As for the collection of Egyptian antiquities, again Bankes never seems to have considered installing it in Kingston Hall as part of his remodelling of the house. For a time he showed them to his friends in his London apartments, but when they were taken to the country, they languished, neglected, although not discarded. After the death of his father in 1834, William John Bankes embarked on a comprehensive reshaping of the house, turning it into a mansion after the manner of North Italian baroque palazzi, using the services of Sir Charles Barry, architect of the new Houses of Parliament. Kingston Hall then became Kingston Lacy. By a strange irony the neglect of the antiquities may possibly have contributed to their survival as an almost complete assemblage brought back from Egypt at the very beginning of Europe's interest in that country.

The obelisk fell into another, quite separate category; it was an embellishment for the park and took its place very properly as a focus of attention on the south side of the house. The sarcophagus of Amenemope was less easy to place, and was tucked away in shrubbery near the house. A penny of 1826 found in the chest suggests the date when it was first positioned. A fine Ramesside sculpture of a god, almost life-size, was also probably sited in the garden; it was found in 1982 with the remains of an iron mounting, toppled in the fernery to the east of the house. The remaining antiquities were until recently distributed throughout the house in places where they would not have been seen by guests staying in the house.

Interest in the antiquities did not revive until after the Second World War. Professor P. E. Newberry may have been the first to show a real interest, and it was he who informed Miss Rosalind Moss in Oxford in the late 1940s. Her first and crucial act was to remove to Oxford, on loan, the mass of Bankes

---

[17] Halls, loc. cit. (n. 13), I, p. 124.

drawings and water-colours, which she and Mrs. Ethel Burney identified, listed, placed in a kind of order, and numbered. The first results of their work on this important newly-found archive of early records were incorporated into the seventh volume of the *Topographical Bibliography* (1951). Here the Bankes material joined that of Robert Hay and other early traveller-copyists, as an important source of early information on the monuments of Nubia.

Another result of this "discovery" of the Egyptian treasures of Kingston Lacy was the alerting of J. Černý, who had become Professor of Egyptology at Oxford in 1951. The Deir el-Medina stelae were an irresistible magnet to him, and his attention to what Burckhardt had estimated so highly in 1816 resulted in the publication, already mentioned, of *Eyptian Stelae in the Bankes Collection* in 1958. (Taf. 91) In the same year Mrs. Nina Davies published copies of three of the pieces of Theban tomb painting in *Egyptian Tomb Paintings*. A visit to Kingston Lacy by Dr. I. E. S. Edwards in 1956 led to the removal for conservation and mounting of a number of small papyri, two of which were subsequently published.[18] At the time of his visit Edwards did not see other papyri of which he had been told by Newberry, including apparently the large Book of the Dead, mentioned by Finati, and parts of Late-Ramesside letters. These "lost" papyri eventually came to light in 1982; they are at present undergoing conservation, study and evaluation.

The full extent of the Bankes collection of Egyptian antiquities was not revealed until after 1981 when Mr. Ralph Bankes died, bequeathing the house and family estates to the National Trust. It then became apparent that Kingston Lacy House contained more than had been expected; there were more stelae and other inscribed objects, one important sculpture, a Romano-Egyptian bust (not entirely unknown previously; Taf. 94) and a varied collection of small objects – shabtis, bronzes, amulets, etc. -, together with one or two unusual and very interesting items. Not the least surprising among the miscellany were a predynastic fish-palette (Taf. 95,1) and an early-dynastic cylinder-seal, neither of very special importance, but wholly unexpected in a collection formed in the second decade of the nineteenth century.

The general rehabilitation of the house and its contents, which included a large and important series of paintings, much fine furniture and sculpture, took precedence over the establishment of a suitable display of the Egyptian antiquities. The opening of the "museum" in the former billiard room in 1992 completed a process of steady conservation which has at last made the whole Bankes collection open to inspection and study.[19] Many of the pieces already

---

[18] I.E.S. Edwards, "The Bankes Papyri I and II", *JEA* 68, 1982, 126-133.

[19] One inscription not seen by J. Černý has been identified by L. Manniche; see "The Beginning of the Festival Calendar in the Tomb of Neferhotep (No. 50) at Thebes", in: *Mélanges Gamal Eddin Mokhtar*, II, Le Caire 1985, p. 105-108, and pl.I.

published have been transformed by careful cleaning and remounting; it is hoped that a catalogue may be prepared in the not-too-distant future. In the meanwhile more detailed work is in progress on some of the lesser known objects, including the papyri, Coptic stelae from Nubia, the Ramesside sculpture, and certain smaller pieces. Of the last, the strange wooden object incorporating a figure of a Nubian being savaged by a lion, which I formerly identified hesitatingly as part of a piece of furniture, has now been shown to be a manacle for the restraint of prisoners.[20] (Taf. 95,2)

The study of the Ramesside sculpture was notably advanced in the course of the notable meeting at Augst in September 1993. Professor Erich Winter pointed out its similarity to a sculpture in Vienna, which has itself received some critical attention in recent years. Both statues represent little-known Memphite deities, Hetep-baqef (Taf. 96) and Imykhentwer.[21]

Now that the house and collections of the Bankes family are safe in the benevolent care of the National Trust, the possibilities of study are immeasurably enhanced. The most vulnerable part of the Egyptian collection is the archive of graphic material; the individual pieces are awkward to consult, and need particular care. A process of reassessment and further identification is already under way, and there is the expectation of a comprehensive programme of photography which should save the originals from unnecessary handling in the future. Among the objects there are surely some which will profit from careful study. It is a remarkable and happy chance that this oldest British collection of Egyptian antiquities, brought back from Egypt so soon after the opening up of the country following the Napoleonic campaign, has survived intact, and generally in such good condition.

---

[20] Identification by Dr. R. K. Ritner, in: *K.M.T. A Modern Journal of Ancient Egypt*, 5, 1994, 2. A publication is in hand. The Coptic stelae were being studied by the late Professor A .F. Shore; it is unlikely that a finished study is available for publication.

[21] See T. G. H. James, "A Ramesside divine sculpture at Kingston Lacy", in: C. Eyre, A. Leahy and L. M. Leahy (eds.), *The Unbroken Reed. Studies in the Culture and Heritage of Ancient Egypt in honour of A. F. Shore*, London 1994, p. 139-147.

ELKE BLUMENTHAL

THOMAS MANNS JOSEPH UND DIE ÄGYPTISCHE LITERATUR

I

In dem dritten Band seines Josephromans, "Joseph in Ägypten", der im wesentlichen Aufenthalt, Aufstieg und Fall des jungen Joseph im Hause Potiphars zum Inhalt hat, schildert Thomas Mann den "Lesedienst" des Helden bei seinem Herrn.[1] "Während Potiphar seine Fleischesmasse auf einem Edelbettchen ausstreckte, das, zierlich schon an sich selbst, unter ihm noch gebrechlicher wirkte, trat Joseph vor solchen Behälter (gemeint sind die vorher beschriebenen Bücherschreine. E.Bl.) hin, um Vorschläge zu machen von wegen der Lesung: ob er die Abenteuer des Schiffbrüchigen entrollen sollte auf der Insel der Ungeheuer; die Geschichte von König Chufu und jenem Dedi, der einen abgehauenen Kopf wieder aufsetzen konnte; die wahre und zutreffende Geschichte von der Eroberung der Stadt Joppe dadurch, daß Thuti, der große Offizier Seiner Majestät König Men-cheper-Rê-Tutmose's des Dritten, fünfhundert Krieger in Säcken und Körben hatte hineinbringen lassen; das Märchen vom Königskind, dem die Hathoren geweissagt hatten, es werde durch ein Krokodil, eine Schlange oder einen Hund zu Tode kommen – oder was sonst. Die Auswahl war bedeutend. Peteprê besaß eine schöne und vielseitige Bücherei, die sich auf die Schreine der beiden Hallen verteilte und sich teils aus unterhaltenden Einbildungen und scherzhaften Fabeln zusammensetzte, gleich dem 'Kampf der Katzen und Gänse', teils aus dialektisch anregenden Schriften von der Art des streitbaren und scharfen Briefwechsels zwischen den Schreibern Hori und Amenemone, aus religiösen und magischen Texten und Weisheitstraktaten in dunkler und künstlicher Sprache, Königsverzeichnissen von den Zeiten der Götter an bis zu denen der fremden Hirtenkönige mit Angabe der Regierungszeit eines jeden Sonnensohnes und Annalen geschichtlicher Denkwürdigkeiten einschließlich außerordentlicher Steuererhebungen und wichtiger Jubiläen. Es fehlte nicht das 'Buch vom Atmen', das Buch

---

[1] Ich zitiere Thomas Manns Josephroman nach der Bandzahl der Tetralogie: I Die Geschichten Jaakobs (zuerst erschienen Berlin 1933), II Der junge Joseph (Berlin 1934), III Joseph in Ägypten (Wien 1936), IV Joseph der Ernährer (Stockholm 1943), dazu mit dem Titel des Kapitels. Band- und Seitenzahl der von mir benutzten Berliner Ausgabe (Thomas Mann, *Gesammelte Werke,* 12 Bde, Berlin 1955; im folgenden: BA) füge ich in Klammern hinzu. Weitere Werke werden gleichfalls nach der Berliner Ausgabe angeführt.

'Vom Durchschreiten der Ewigkeit', das Buch 'Es blühe der Name' und eine gelehrte Ortskunde des Jenseits."[2]

Bei der Lektüre, die Joseph, "seine Füße unter sich gezogen oder an einer Art von liturgischem Lesekatheder stehend"[3] vortrug, trat mit der Zeit eine "persönliche und gefühlsmäßige Neigung (seines Hörers. E.Bl.) [...] für bestimmte Erzeugnisse der schönen Kunst [...] hervor: zum Beispiel die Vorliebe für das 'Lied des Lebensmüden zum Lob des Todes'", womit, wie aus anschließender Paraphrase hervorgeht, eins von seinen Gedichten gemeint ist, die in die Dialoge des sog. Lebensmüden mit seinem Ba eingeschaltet sind.[4] "Ein anderes Literaturstück, das ihn fesselte und öfters vor ihm gesprochen sein mußte, war die finstere und schauderhafte Prophezeiung einreißender Unordnung in den beiden Ländern und wilder Herrschaftslosigkeit in ihrem Endgefolge, einer greulichen Umkehrung aller Dinge, also daß die Reichen arm und die Armen reich sein würden, welcher Zustand mit der Verödung der Tempel, der völligen Vernachlässigung jedes Gottesdienstes Hand in Hand gehen sollte";[5] hier wird auf die Prophezeiung des Neferti und wahrscheinlich auch auf die Mahnworte des Ipu-wer angespielt. An letzter Stelle werden die "Erfreuenden Lieder", d.h. die Liebeslieder der "Großen Herzensfreude", besonders hervorgehoben und anmutig umschrieben.[6]

Von diesen insgesamt 16 bis 20 Texten oder Textgruppen aus dem altägyptischen Schrifttum waren Thomas Mann acht aus den Anthologien bekannt, die Adolf Erman,[7] Ulrich Steindorff, der Sohn des damaligen Leipziger Ägyptologen,[8] und Günther Roeder[9] in den zwanziger Jahren, d.h. unmittelbar vor oder zur Zeit des Beginns der Arbeit am "Joseph", herausgegeben hatten und die der Dichter selbst besaß.[10] Hier fand er die Übersetzungen der Schicksale des Schiffbrüchigen, die Wundergeschichten des Papyrus Westcar, die neuägyptischen Erzählungen von der Eroberung von Joppe und vom

[2] III "Joseph tut Leib- und Lesedienst" (BA IV S. 254f.).
[3] III "Joseph tut Leib- und Lesedienst" (BA IV S. 255).
[4] III "Joseph tut Leib- und Lesedienst" (BA IV S. 256).
[5] III "Joseph tut Leib- und Lesedienst" (BA IV S. 256f.).
[6] III "Joseph tut Leib- und Lesedienst" (BA IV S. 257).
[7] A. Erman, *Die Literatur der Aegypter*, Leipzig 1923. Das Buch ist nicht bei Lehnert, 1963 und Lehnert, 1966 (unten Anm. 10) als Besitz des Dichters erwähnt; vgl. aber Baskakov (unten Anm. 17), S. 2 und Grimm (unten Anm. 16), S. 27.
[8] U. Steindorff, *Märchen und Geschichten der alten Ägypter*, Berlin [1925].
[9] G. Roeder, *Altägyptische Erzählungen und Märchen*, Jena 1927.
[10] Vgl. H. Lehnert, "Thomas Manns Vorstudien zur Josephstetralogie", *Jahrbuch der Deutschen Schillergesellschaft* 7, 1963, 458-520; ders., "Thomas Manns Josephstudien 1927-1929", *Jahrbuch der Deutschen Schillergesellschaft* 10, 1966, 378-406; W.R. Berger, *Die mythologischen Motive in Thomas Manns Roman "Joseph und seine Brüder"*, Köln/Wien 1971, S. 297-299.

Verwunschenen Prinzen, den literarischen Brief des Schreibers Hori, die bereits erwähnten Gespräche des sog. Lebensmüden mit seinem Ba, die Prophezeiungen von Neferti und Ipu-wer und Zyklen der Liebeslyrik. Bei anderen Texten verrät schon die summarische Erwähnung, daß er sie nicht gelesen, sondern ihre Namen aus der Sekundärliteratur übernommen hatte: die religiösen und magischen Schriften und die Traktate der Weisheitsliteratur, die Königslisten und Annalen und die spätzeitlichen Totenliturgien Vom Atmen, Vom Durchwandeln der Ewigkeit und Daß mein Name blühe. Andere kann er gar nicht gelesen haben: so das Amduat, die "gelehrte Ortskunde des Jenseits", weil Erik Hornungs grundlegende Edition noch nicht vorlag,[11] und ebensowenig die "Fabel" vom Krieg zwischen Katzen und Gänsen, die nur als eine bildliche Parodie auf die Selbstdarstellung des Pharao als Krieger auf Bildostraka des Neuen Reiches überliefert ist. Die Kenntnis dieser Namen und Inhalte verdankte der Dichter der neueren populärwissenschaftlichen Literatur, vor allem den Ägyptenbüchern von James Henry Breasted,[12] Alfred Wiedemann[13] und Georg Steindorff.[14] Eine besonders große Rolle auch für die Schöne Literatur in den Übersetzungssammlungen spielte dabei Erman-Rankes bis heute unübertroffene Kulturgeschichte "Aegypten und aegyptisches Leben im Altertum", aus der Thomas Mann auch den Druckfehler Amenemone (statt Amenemope) für den Briefpartner des streitbaren Hori übernahm.[15]

In seinem Begleitbuch zu der Ausstellung "Joseph und Echnaton" hat Alfred Grimm 1992 einige dieser Quellen untersucht und den oft unmittelbaren Gebrauch nachgewiesen, den Thomas Mann von ihnen gemacht hat.[16] Systematisch mit der "Bibliothek eines ägyptischen Hofbeamten, wie Thomas Mann sie sich vorstellte", hat sich Alexej Baskakov in einem gleichfalls 1992 erschienenen Aufsatz in der Göttinger Lingua Aegyptia befaßt.[17]

Baskakov hat nicht nur Thomas Manns ägyptologische Hilfsmittel auf Grund von Herbert Lehnerts Studien in der Zürcher Bibliothek des Dichters[18] genauestens geprüft, sondern auch seine Kriterien für die Auswahl der ägyp-

---

[11] E. Hornung, *Das Amduat,* 3 Bde (ÄgAbh 17), Wiesbaden 1963-1967; ders., *Texte zum Amduat,* 3 Bde (Aegyptiaca Helvetica [1]3. 14. 15), Genève 1987-1994.

[12] J.H. Breastead, *Geschichte Aegyptens,* Leipzig/Wien 1936.

[13] A. Wiedemann, *Das alte Ägypten,* Heidelberg 1920.

[14] G. Steindorff, *Die Blütezeit des Pharaonenreiches,* 2. Aufl., Bielefeld/Leipzig 1926.

[15] A. Erman/ H. Ranke, *Aegypten und aegyptisches Leben im Altertum,* Tübingen 1923; zitierte Stelle: S. 433.

[16] A. Grimm, *Joseph und Echnaton.* Thomas Mann und Ägypten, Mainz 1992.

[17] A. Baskakov, "Die Bibliothek eines ägyptischen Hofbeamten, wie Thomas Mann sie sich vorstellte", *Lingua Aegyptia.* Journal of Egyptian Language Studies 2, 1992, 1-16. Die Kenntnis des Aufsatzes verdanke ich E. Staehelin.

[18] vgl. Lehnert, a.a.O. (Anm. 10).

tischen Texte herauszufinden versucht. Sie sind, so meint er, wesentlich von der Mythoskonzeption bestimmt, die dem Roman innewohnt. Ihr zufolge identifizierte jeder Mensch des Altertums und jede neue Generation Konstellationen und Ereignisse der jeweiligen Gegenwart mit Konstellationen und Ereignissen des Mythos und gewann ihnen so einen höheren Sinn ab; hier nun sei die Modellhaftigkeit des Mythischen auf die Literatur übertragen worden. Dieses Anliegen zeige sich auch darin, daß der Dichter solche Literaturwerke bevorzugt habe, für die es Parallelen in europäischen und anderen außereuropäischen Literaturen gebe, Parallelen, welche gemeinsame Urprägungen des Menschengeistes in allen Kulturen und allen Epochen bezeugten. Ebenso könne mit dem Anachronismus, daß Thomas Mann Werke einbezogen habe, die zur Zeit Amenophis' III, in der das Geschehen bei ihm spielt, noch gar nicht entstanden waren, die Tiefenstaffelung mythischer Erlebnishorizonte auf die Literatur übertragen worden sein. Dann sei nach des Dichters Überzeugung auch hier die zufällig erhaltene Niederschrift eines Textes auf eine ältere Fassung zurückzuführen und diese wieder auf eine ältere bis ins Urdunkel der Anfänge. Außerdem seien ästhetische Gründe für die Aufnahme von Titeln in Potiphars Bibliothek maßgebend gewesen. Einerseits sollte mit den raffinierten, kunstvollen Dichtungen – dem Lebensmüden, der Liebeslyrik – der kultivierte, ja dekadente Geschmack der Vor-Amarnazeit veranschaulicht werden, andererseits habe Thomas Mann das Humoristische und Ironische gereizt, wie es ihm in dem Gänse-Katzen-Krieg entgegentrat. Insgesamt aber, so resümiert Baskakov, sei aus diesem Kapitel des Josephromans zu schließen, daß sein Verfasser zwar über weite, aber keineswegs durchweg tiefe ägyptologische Kenntnisse verfügt habe.

Das poetologische Urteil über diese Thesen muß den Germanisten überlassen bleiben. Aus ägyptologischer Sicht ist dabei zu beachten, daß sich Baskakov für die literarische Vorprägung historischer Ereignisse in dieser Textauswahl nur auf ein Beispiel berufen kann, die Schreckensvisionen von Neferti und Ipu-wer, die Potiphar mit der Befürchtung zur Kenntnis nimmt, sie könnten erneut eintreffen. Auch sind die von Baskakov im Anschluß an ältere Ägyptologen zitierten weltliterarischen Parallelen zu den Bibliotheksbüchern nicht spezifisch genug, um die Kohärenz des Weltgeistes zu demonstrieren: Sindbad der Seefahrer hat mit dem ägyptischen Schiffbrüchigen nur den Schiffbruch gemeinsam, und die zweifellos vorhandenen stilistischen und syntaktischen Ähnlichkeiten zwischen ägyptischer, babylonischer und hebräischer Poesie beruhen auf enger zeitlicher und räumlicher Nachbarschaft. Allenfalls die Joppegeschichte käme dem hohen Anspruch nahe, deren Kriegslist an Ali Baba und die 40 Räuber erinnert (warum nicht auch an das chronologisch verwandtere trojanische Pferd?), weil sie wie die beiden anderen Parallelen dem weltweit verbreiteten, wenngleich höchst unterschiedlich eingekleideten märchenhaften Habersackmotiv verpflichtet ist. Was aber die angeblichen

Anachronismen angeht, so sollte stärker berücksichtigt werden, daß sich Thomas Mann die auch nach damaligem Forschungsstand massivste Fehldatierung aus anderen Gründen geleistet hat.[19] Als er seinen Joseph nicht in die Ramessidenzeit, sondern etwa 100 Jahre früher unter die Könige Amenophis III und IV plazierte, war ihm vorrangig darum zu tun, mit König Echnaton und seinem Helden die beiden ersten monotheistischen Religionen der Weltgeschichte aufeinandertreffen zu lassen. Im übrigen sollte man sich hüten, allen kleinen Freiheiten, die sich der Dichter erlaubt hat, hohe Bedeutung beizumessen und sich seinem Lächeln über die Gelehrten auszusetzen, die sie ihm nachrechneten.[20]

Schließlich aber hat Baskakov mit seinen Begründungen nur die literarischen Texte, also etwa die Hälfte der Gesamtheit, erfaßt und die anderen nicht erklärt. Es scheint mir daher plausibler anzunehmen, daß Potiphars Büchersammlung die ganze Breite der schriftlichen Überlieferung enthalten sollte.[21] Die Schöne Literatur ist mit dem Schiffbrüchigen, Papyrus Westcar, Joppe- und Prinzengeschichte, Hori und Amenemope, Weisheitslehren, Lebensmüdem und Liebesdichtung vertreten, die Geschichtsschreibung durch Königslisten und Annalen; religiöse und magische Texte sind zusammengefaßt, die Totenliteratur erscheint mit vier Titeln. Die Reihenfolge, in der sie aufgeführt werden, erlaubt, die Einzeltexte und Textsorten über Thomas Manns Qualifikationen "unterhaltende Einbildungen", "scherzhafte Fabeln", "dialektisch anregende Schriften" hinaus zu gruppieren. Voran geht die Erzählliteratur mit Schiffbrüchigem, Westcar, Joppe- und Prinzengeschichte und – vermeintlichen – Tierfabeln. Es folgen die didaktischen Schriften von Hori und Amenemope und Weisheitslehren, religiöses und magisches Textgut und historische Werke (Königslisten, Annalen); die Totenliteratur mit den späten Jenseitsliturgien und dem Amduat schließt sich an und ihr wiederum K l a g e d i c h t u n g (Neferti, Ipu-wer, Lebensmüder) und Poesie (Liebeslieder). Darin verbirgt sich eine Einsicht in das Wesen ägyptischer Literatur, die Thomas Mann in Fachbüchern nicht vorfand. Die Tatsache, daß mindestens die nichtliterarischen Texte, so die Totenliteratur, wohl kaum in einer ägyptischen Privatbibliothek anzutreffen gewesen wären, zum Teil sogar strikter Geheimhaltung unterlagen, brauchte den freien Schriftsteller nicht zu kümmern, dürfte aber auch die Ägyptologen seiner Zeit kaum beunruhigt haben.

---

[19] E. Hornung, "Thomas Mann, Echnaton und die Ägyptologen", *Thomas Mann Jahrbuch* 6, 1993, 59-70.

[20] Vgl. den Brief an Wolfgang Schneditz vom 12.2.1949, zitiert nach H. Kurzke, *Mondwanderungen. Wegweiser durch Thomas Manns Joseph-Roman*, Frankfurt/M. 1993, S. 83.

[21] Neuere Literatur zu den behandelten Texten und Thomas Manns Quellen bei Baskakov, a.a.O. (Anm. 17); Grimm, a.a.O. (Anm. 16) S. 269-281.

Wollte man jedoch außer dem enzyklopädischen Anspruch ein weiteres Motiv für den Buchbestand des gebildeten Höflings ausfindig machen, so sollte man sich auf die Werke konzentrieren, die ihn nach dem Willen des Autors besonders interessierten. Der sog. Lebensmüde mit seiner Todessehnsucht und die Ankündigungen der Propheten, daß die Reichen arm und die Armen reich werden würden, verweisen auf Potiphars individuelle und soziale Bedrohtheit, die Liebeslyrik, die den von seinen Eltern mutwillig Verschnittenen unberührt läßt, auf sein menschliches Verkürztsein. Die Liebesgedichte geben ihm aber Anlaß, Joseph nach dessen Herzensangelegenheiten zu befragen und aus seinem Verlöbnis mit Jahwe die Sicherheit abzuleiten, daß er dem Sklaven in den diffizilen Verhältnissen des eigenen Hauswesens vertrauen könne, und sie erlauben dem Dichter, mit Josephs Unberührbarkeit einen Grundton seiner Existenz anklingen zu lassen.

II

Thomas Mann ist nicht Potiphar. Seine *bibliothèque égyptologique imaginaire* geht weit über den Buchbestand des ägyptischen Hofmannes hinaus. "Kein anderer moderner Dichter hat bisher eine solche Fülle von Übersetzungen und einzelnen Motiven aus altägyptischer Literatur für sein Werk verwendet, nahtlos und oft nur für den Kundigen spürbar in seinen eigenen Text eingebaut," sagt Erik Hornung 1984 in einem Eranos-Vortrag,[22] und in einem Aufsatz über "Das Ägyptische in Thomas Manns Josephsromanen"[23] hat er selbst im folgenden Jahr einige von den Montagen und verborgenen Anspielungen aufgedeckt. Es sei mir erlaubt, weitere aus dem schier unerschöpflichen Vorrat Thomas Mann'scher Assoziationen hinzuzufügen.
Bekanntlich hat sich der Dichter den scheinbar leichten Umgang mit dem ägyptischen Erbe hart erarbeitet. Er hat sich mit dem Wesen der Schrift befaßt und sich auch selbst an Hieroglyphen versucht, so daß er mit Hilfe des damaligen Münchner Ägyptologen Alexander Scharff das "Schlafe" in dem verführerischen Antrag von Potiphars Weib an den keuschen Joseph in seinem Manuskript mit eigener Hand und später in den Drucktypen hieroglyphisch (allerdings in unüblicher phonetischer Schreibung) wiedergeben konnte.[24]

---

[22] "'In Karnak war's ...' Ägypten und die Dichter", *Eranos 1984*. Jahrbuch vol. 53, Frankfurt 1986, S. 371-409; zitierte Stelle: S. 385.
[23] In: W. Schuller (Hrsg.), *Antike in der Moderne* (Xenia. Konstanzer Althistorische Vorträge und Forschungen 15), Konstanz 1985, S. 127-135. Die Kenntnis des Aufsatzes verdanke ich E. Winter.
[24] Vgl. Grimm, a.a.O. (Anm. 16) S. 51f. mit Abb. 17.

Tiefer noch ist er in die Geheimnisse der Sprache eingedrungen. "Er kennt genau die Bedeutung der ägyptischen Namen, die er benutzt," schreibt Hornung, "und spielt damit; er streut auch ägyptische und semitische Vokabeln in den Fluß der Erzählung mit ein, wie die ramessidischen Schreiber mit ihrer Kenntnis semitischer Lehn- und Fremdwörter prunkten."[25]

Schon das Alte Testament[26] hat Joseph einen ägyptischen Namen verpaßt, Zaphenath-Paneach, bereits 1889 von Georg Steindorff richtig gedeutet[27] und mit der Lesung "Dje-p-nute-ef-ônch" (mit gaumigem ch-Laut!) und der Übersetzung "Gott hat gesagt, er wird leben" von Thomas Mann im Gespräch zwischen Echnaton und Joseph transkribiert und mehrfach umspielt.[28] Auch sein ägyptischer Hauptname, "Osarsiph, der verstorbene Joseph",[29] aus dem Namen des ägyptischen Totengottes Osiris und dem seinen kombiniert und beziehungsreich variiert,[30] hat der Dichter nicht frei erfunden. Er verdankt ihn Alfred Jeremias' seinerzeit bahnbrechendem Buch über "Das Alte Testament im Lichte des Alten Orients", einer seiner wichtigsten Quellen, in dem nicht nur der Name erwähnt, sondern auch die gräko-ägyptische Überlieferung referiert ist, der er entstammt.[31] Nach Manetho, mitgeteilt von Josephus, hatte ein König Amenophis auf Anraten des weisen Sehers Amenophis sein Land von einer Gruppe Aussätziger dadurch reinigen wollen, daß er sie zunächst zur Arbeit in die Steinbrüche und dann in die längst von den Hyksos verlassene Deltastadt Auaris verbannte. Dort hatte sich der Widerstand der Ausgegrenzten unter dem heliopolitanischen Priester Osarsiph formiert, unterstützt von einem aus Jerusalem herbeigerufenen Heer der Hyksos. Obwohl Osarsiph als Ägypter ausgegeben wird, geht aus seinem ursprünglichen wie aus seinem später angenommenen Namen Moses, dazu aus der Verbindung zu den Hyksos und Jerusalem sowie aus seiner Abgrenzung von der traditionellen ägyptischen Religion hervor, daß in ihm die israelitischen Führergestalten Joseph und Mose zusammengeflossen waren. In unserem Zusammenhang ist von besonderem Reiz, daß, wie Jan Assmann scharfsinnig

---

[25] a.a.O. (Anm. 23) S. 129.

[26] Gen 41, 45.

[27] G. Steindorff, ZÄS 27, 1889, 41f., ders., ZÄS 30, 1892, 50-52; dazu H. Ranke, OLZ 29, 1926, 733-736, dessen Übersetzung der Dichter übernahm.

[28] IV "Die Vergoldung" (BA V S. 220f.).

[29] III "Bericht von Mont-kaws bescheidenem Sterben" (BA IV S. 339).

[30] A. Grimm, "Osarsiph", Thomas Mann Jahrbuch 6, 1993, 235-244.

[31] Von Thomas Mann in der 3. Auflage, Leipzig 1916, benutzt; vgl. Lehnert, a.a.O. 1963 (Anm. 10), S. 467-476, zum Namen S. 470. Osarsiph bei Jeremias S. 332 erwähnt, seine Gleichung mit Joseph und Mose S. 351f., die Weissagung des Amenophis S. 349f. referiert. Erwähnung der Sage auch bei J. Horovitz, Die Josephserzählung, Frankfurt/M. 1921, S. 124, den der Dichter gleichfalls besaß; vgl. Lehnert, a.a.O. 1966 (Anm. 10), S. 378-381, zu Osarsiph S. 380.

ermittelt hat, die Osarsiph-Tradition nicht unwesentlich von der Geschichts-erinnerung an den verfemten Ketzerkönig Echnaton gespeist ist,[32] also Thomas Manns geistige Kontrahenten und Partner monotheistischer Gottesgewißheit in ihr zu einer Person verdichtet sind.

Mut-em-enet, Josephs schöne Verehrerin und Frau des Potiphar, hat der Dichter selbst nach ägyptischen Quellen benannt und aus ihnen auch ihre Kosenamen Eni und Enti bezogen.[33] Selbstverständlich kennt und benutzt er auch den Bedeutungsgehalt des Namens in vielfältigen Abwandlungen, etwa wenn er ihn nicht auf die Göttin Mut bezieht, sondern, entsprechend der primären Bedeutung der Lautfolge *m-w-t*, zur "Mutter", nämlich "der Sünde" stilisiert.[34] Gegenüber der herkömmlichen Übersetzung des Namens "Mut (ist) im Tal" erlaubt er sich die Steigerung "Mut-im-Wüstental",[35] sei es, weil ihm ein Heiligtum des Gottes Amun und seiner Gemahlin Mut "in der Nähe Thebens [...] in einem Wüstental"[36] vorschwebte, sei es, um einen Bezug zu dem von Joseph als bedrohliche weibliche Macht erlebten Sphinx im Wüstensand von Gise herzustellen,[37] sei es, weil nur diese Namensform die Not der höchst liebessehnsüchtigen Trägerin an der Seite ihres Ehe-Eunuchen andeutet.[38] Eigene analoge Namensschöpfungen Thomas Manns wie Bes-em-heb, Schepses-Bes, Neith-em-hêt und Joseph-em-heb sind bei Hornung gesam-melt;[39] ihnen sei "Tut-anch-Djehuti", das lebende Bild des Thot" zugesellt, von dem belesenen Gefängnisdirektor Mai-Sachme für Imhotep, den großen archaischen Baumeister und Weisen, gebraucht.[40] Doch nicht nur der ägypti-sche Beamte, auch der alte Ismaeliter, der Joseph aus dem Brunnen gezogen hatte, weiß in pharaonischer Theologie und Namengebung Bescheid: "Denn die Wahrheit ist Gott und König, und Neb-ma-rê ist ihr Name" – mit dieser Anspielung auf den Thronnamen des regierenden Königs Amenophis III Neb-Maat-Re, "Herr der Wahrheit ist Re", weist er sich als Ehrenmann und Kenner des Gastlandes aus, als er mit Josephs Brüdern um den Kaufpreis des Jungen feilscht.[41]

---

[32] Vgl. Jan Assmanns Beitrag in diesem Band.

[33] Zu seinen ägyptologischen Quellen vgl. Lehnert, a.a.O. 1963 (Anm. 10) S. 517; Berger, a.a.O. (Anm. 10) S. 198; Grimm, a.a.O. (Anm. 16) S. 135.

[34] III "Die schmerzliche Zunge (Spiel und Nachspiel)" (BA IV S. 513).

[35] III "Die schmerzliche Zunge (Spiel und Nachspiel)" (BA IV S. 513) u.ö.

[36] Brief an Helen Lowe-Porter vom 23.6.1937, zitiert nach Kurzke, a.a.O. (Anm. 20) S. 188 Anm. 61.

[37] So Berger, a.a.O. (Anm. 10) S.198-201 mit weiteren Assoziationen.

[38] E. Blumenthal, "Mut-em-enet und die ägyptischen Frauen", *Thomas Mann Jahrbuch* 6, 1993, 194.

[39] a.a.O. (Anm. 23) S. 130. 135, Anm. 19.

[40] IV "Der Amtmann über das Gefängnis" (BA V S.39).

[41] II "Der Verkauf" (BA III S. 609).

Den vor allem in den Namen manifesten Wortspielen sind scheinbar selbst-
verständlich in den Erzählstrom einbezogene originale Redewendungen (oder
stilgerechte Nachbildungen) an die Seite zu stellen, die die innige Vertrautheit
des Dichters mit seinem Stoff bezeugen. Sie geht so weit, daß er – wie
Hornung, der glänzende Stilist, genüßlich anmerkt – sogar das unbeholfene
Übersetzungsdeutsch der Ägyptologen persiflieren kann.[42]
Wir dagegen müssen uns mit weniger vertrackten Beispielen begnügen: der
"Sprache der Menschen"[43] bzw. der "Menschensprache"[44] für das Ägyptische,
dem "Schrecken Pharao's",[45] dem Meer als dem "Großen Grünen",[46] den
"Inseln des Meeres" für die Ägäis.[47] All das fließt dem Schriftsteller ebenso
geläufig aus der Feder wie die Phrasen "seit den Tagen des Gottes",[48] "aus"
bzw. "in den Tagen des Set"[49] oder "die Tage des Rê"[50] zum Ausdruck einer
mythisch qualifizierten Vergangenheit und – als ausdrückliche Neuschöpfung
– "aus den Tagen des Thot".[51] Auch "sein Herz waschen" für "seinen Gefühlen
unverhohlenen Ausdruck geben" ist eine geläufige ägyptische Metapher, die
wiederholt im Josephroman,[52] aber ein Mal auch außerhalb ägyptischer
Zusammenhänge vorkommt, in jenem ergreifenden Brief an den Dekan der
Bonner Philosophischen Fakultät, die Thomas Mann 1936 die dortige Ehren-
doktorwürde aberkannt hatte.[53]
Weitere, weniger aktuelle Belege: Die israelitische Rahel, Josephs Mutter,
geht "zu früh gen Westen", d.h. in das (ägyptische) Totenreich,[54] Sara,
Abrahams Frau, wird nicht nur in der Erprobungsgeschichte von Gen 20 zum
Schutz vor Pharaos Zugriff als seine Schwester ausgegeben und gelegentlich

---

[42] a.a.O. (Anm. 23) S. 129.
[43] III "Joseph wächst wie an einer Quelle" (BA IV S. 270).
[44] "Amun blickt scheel auf Joseph" (BA IV S. 276).
[45] III "Beknechons" (BA IV S. 292), biblische Analogiebildung zu ägyptischem Sprachgebrauch; vgl. S. Morenz, "Der Schrecken Pharaos", in: *Liber Amicorum. Studies in Honour
of Professor Dr. C.J. Bleeker*, Leiden 1969, S. 113-137; wiederabgedruckt in: E. Blumenthal/
S. Herrmann (Hrsgg.), Siegfried Morenz, *Religion und Geschichte des alten Ägypten*,
Weimar 1975, S. 139-150.
[46] II "Der Unterricht" (BA III S. 405).
[47] IV "Nun wickeln sie Jaakob" (BA V S. 543).
[48] IV "Der Amtmann über das Gefängnis" (BA V S. 42).
[49] I "Vorspiel. Höllenfahrt" 3.4 (BA III S. 17. 19).
[50] III "Bericht von Mont-kaws bescheidenem Sterben" (BA IV S. 339).
[51] I "Vorspiel. Höllenfahrt" 4 (BA III S. 23).
[52] I "Das Gemetzel" (BA III S. 178) zu "Herzwäsche" substantiviert; II "Von Rubens
Anschlägen" (BA III S. 594).
[53] Nachgewiesen von Grimm, a.a.O. (Anm. 16) S. 55; *Briefwechsel mit Bonn* (1937) (BA XII
S. 753-760; zitierte Stelle: S. 756).
[54] I "Vorspiel. Höllenfahrt" 1 (BA III S. 6).

"Eheschwester" genannt,[55] sondern heißt auch "Schwester" im zärtlichen Sinne des ägyptischen Sprachgebrauchs für die Geliebte.[56] Angewandt auf die heikle Beziehung zwischen Potiphar und Mut-em-enet[57] erhält die Metapher allerdings einen besonderen Nebensinn.

Ich breche schweren Herzens ab, nicht ohne wenigstens noch das berühmte "Abrek(h)" von Gen 41,43 zu erwähnen. Um all seiner Verdienste willen läßt Pharao dort den fremdländischen Sklaven Joseph zu hohen Ehren aufsteigen und zeichnet ihn vor allem Volk aus: "Und er (der König. E.Bl.) ließ ihn auf seinem zweiten Wagen fahren, und man rief vor ihm aus: Abrek!".[58] Auch Thomas Mann zitiert das kryptische Wort, teils in originaler Lautung, teils in der Übersetzung des ägyptischen Idioms *ib r.k* "Herz zu dir!", das ihm zugrunde liegt und dessen Kenntnis er wohl seinem Münchner ägyptologischen Gewährsmann Wilhelm Spiegelberg verdankte.[59]

Eine ähnliche Szenerie wie die des biblischen *locus classicus* begegnet dem Romanhelden Joseph bereits bei seinem Einzug in Memphis, wo vor den Wagen der Großen "atemstoßende Läufer [...]'Abrekh!', 'Nimm zu dir dein Herz!', 'Gib Obacht!'" riefen und der junge Israelit angesichts der für ihn unerhörten "Lebenserlesenheit" der Großstadt selbst "sein Herz in Gewahrsam nehmen" mußte.[60] Sie wiederholt sich auf der Hauptstraße von Theben, die "eine rechte Abrek-Avenue" war, "wo man immerfort gut tat, sein Herz fest zu sich zu nehmen",[61] und später, als der inzwischen dort heimisch Gewordene erstmals Amenophis III vorüberziehen sah: "Herz zu dir! Köpfe weg!" schrien da die Läufer.[62] Die erste Anspielung steht freilich in einem anderen Erzählkontext. "Es gehe ein Ruf vor ihm her von Himmel zu Himmel: Obacht, und nehmt euer Herz zu euch!" So erlebt sich Thomas Manns Joseph bereits in einem der anmaßenden Träume seiner Jugend, die er nur Brüderchen Benjamin anzuvertrauen wagt.[63] Er sieht sich durch die Sphären fliegen und himmlische Heerscharen in ihre Schranken weisen – als Junge in Kanaan, lange bevor er,

---

[55] Gen 20 und Varianten nacherzählt: I "Wer Jaakob war" (BA III S. 119-124). Eheschwester: I "Vorspiel. Höllenfahrt" 1 (BA III S. 8); III "Bericht von Mont-kaws bescheidenem Sterben" (BA IV S. 331); von Rebekka I "Von Jizchaks Blindheit" (BA III S. 195).

[56] I "Vorspiel. Höllenfahrt" 1 (BA III S. 7); "Wer Jaakob war" (BA III S. 120) mit Hinweis auf die ägyptische Sitte.

[57] III "Die Gatten" (BA IV S. 367).

[58] Übersetzung nach C. Westermann, *Genesis*. 3. Teilband. Genesis 37-50 (Bibl. Kommentar zum AT I 3), Neukirchen-Vluyn 1982, S. 84.

[59] W. Spiegelberg, *OLZ* 6, 1903, 319f. Zu weiteren Etymologisierungsversuchen vgl. Westermann, a.a.O. (Anm. 58) S. 99; J. Ebach, "Josephsgehichte", in: LÄ III 1980, Sp. 270.

[60] III "Das Haus der Gewickelten" (BA IV S. 90); vgl. Grimm, a.a.O. (Anm. 16) S. 53.

[61] III "Joseph zieht durch Wêse" (BA IV S. 120); vgl. Grimm, a.a.O. (Anm. 16) S. 53.

[62] III "Joseph wird zusehends zum Ägypter" (BA IV S. 310).

[63] II "Der Himmelstraum" (BA III S. 466).

nach der fiktionalen Logik, die ägyptische Metapher kennenlernte. Als sie dann so auf ihn angewendet wird, wie es der Bibeltext beschreibt, rufen die Mitrennenden "'Abrekh!' [...] 'gib Obacht!'",[64] nachdem in dem vorausgehenden Gespräch der König die Joseph bevorstehende Huldigung mit den Worten "Obacht, nehmt euer Herz zu euch" angekündigt hatte.[65] Beide Male wird übrigens nicht unterlassen, Luthers Hilfs-Übersetzung des unverständlichen Wortes, "Sehet des Landes Vater!" bzw. "dies ist des Landes Vater!", hinzuzufügen.

Nicht nur ägyptische Schreib- und Sprechweisen, auch das Schrifttum hat sich der Dichter so weit zu eigen gemacht, daß er eine Fülle von Texten nennen, ihre Inhalte verwenden und sie – ausdrücklich oder verdeckt – zitieren oder paraphrasieren oder frei auf sie anspielen konnte. Seine Ägyptenbände verdanken Leben und Farbigkeit nicht nur seiner stupenden kulturgeschichtlichen Detailkenntnis, seinem Einfühlungsvermögen und seiner Phantasie, sondern auch seiner Symbiose mit der schriftlichen Überlieferung. Über die 16 bis 20 Texte bzw. Textgruppen in Potiphars Bibliothek hinaus habe ich 15 gezählt, auf die explizit Bezug genommen wird, dazu stillschweigende Entlehnungen aus etwa 20 weiteren Einzeltexten oder Textsorten, ohne daß bereits alles erfaßt, geschweige denn alle Quellen aufgedeckt wären.

Ein Beispiel für die Vielfalt dessen, was unter "Entlehnung" verstanden werden kann, liefert die Sinuhe-Erzählung. Sie ist zwar offenbar an keiner Stelle genannt, doch kannte der Dichter die Übersetzungen von Erman, U. Steindorff und Roeder. Das Toponym Oberes Retenu, das er schon im ersten Kapitel des ersten Bandes für Josephs Heimat in Kanaan verwendet,[66] ist ihr vermutlich entnommen, ebenso der Name der "Herrschermauern",[67] den er allerdings auch in der Prophezeiung des Neferti fand, und Isaaks Bestattung in einem Widderfell[68] kann nur von dem Brief König Sesostris' I an den exilierten Ägypter über die Begräbnissitten der Beduinen angeregt sein. Der andere Erzvater, Abraham, verdankt die Charakterisierung seiner Mildtätigkeit ideal-autobiographischen Strukturen, und zwar weitgehend in der spezifischen Prägung durch den ägyptischen Emigranten in Palästina, war doch der Patriarch "eine Zuflucht dem Wanderer und eine Herberge dem Obdachlosen. Er gab dem Durstenden Wasser und brachte den Verirrten auf den Weg und wehrte den Räubern."[69] Auch die Terminologie um den Tod Amenophis' III,

---

[64] IV "Die Vergoldung" (BA V S. 215); vgl. Grimm, a.a.O. (Anm. 16) S. 54.

[65] IV "Der verständige und weise Mann" (BA V S. 210).

[66] I "Vorspiel. Höllenfahrt" 1 (BA III S. 6); IV "Der Amtmann über das Gefängnis" (BA V S. 50).

[67] III "Die Feste Zel"(BA IV S. 52).

[68] I "Urgeblök" (BA III S. 183).

[69] I "Zwiegesang" (BA III S. 114).

der sich wieder mit der Sonne vereinigte,[70] geht wahrscheinlich auf den Beginn der Sinuhe-Biographie zurück, die Stimmung bei seinem Tod, wo "die Höflinge saßen, die Köpfe auf ihren Knien, und alles Volk trauerte",[71] gewiß. Die Beschreibung des paradiesischen Landes Jaa schließlich, das dem Ägypten- Flüchtling von seinem Stammesfürsten in Ober-Retenu zuge-teilt worden war, ist streckenweise wörtlich auf das Gebiet von Edom über-tragen worden, in dem der enterbte Esau herrschte und mit dem er sich vor seinem Bruder Jaakob brüsten zu müssen glaubte. In der Sinuhe-Erzählung wird die syrisch-palästinensische Wahlheimat mit den Worten charakterisiert: "Es war ein schönes Land namens Jaa. Feigen waren in ihm und Weintrau-ben. Es war reicher an Wein als an Wasser. Sein Honig war eine gewaltige Menge, und seine Ölbäume waren zahlreich. Allerlei Früchte saßen auf sei-nen Bäumen. Gerste war dort und Weizen, und es gab keine Grenze von aller-lei Herden. [...] Brote wurden mir fortdauernd geliefert, und Wein als tägli-ches Gericht, gekochtes Fleisch und gebratenes Geflügel außer dem Wild der Wüste. Man stellte Fallen für mich auf und legte mir hin außer dem, was meine Jagdhunde brachten. Zahlreiche Speisen wurden mir hergerichtet und Milch in jeder Zubereitung."[72] Aus Esaus Munde vernimmt man: "Ein Herr bin ich dort und und groß unter den Söhnen Seïrs. Ich habe mehr Wein denn Wasser und Honig die Fülle und Öl und Früchte, Gerste und Weizen, mehr als ich verzehren kann. Es liefern mir Gekröpf, die unter mir sind, und schicken mir Brot und Fleisch alle Tage und Geflügel, schon zugerichtet für meine Mahlzeit, und Wildbret habe ich, selbst erlegtes und solches, das sie mir in der Wüste jagen mit ihren Hunden, und Milchspeisen, daß mir aufstößt da-von die halbe Nacht."[73] Bis auf den letzten Nebensatz ist das ägyptische Vor-bild unverkennbar.

Neben Namen, Motiven, Strukturen, einzelnen Phrasen und ganzen Passagen gibt die Sinuhe-Geschichte aber auch Anlaß zu großzügiger Variation und gebildeter Anspielung. Variation etwa bei Potiphar, der sich weigert, seinen Knecht Joseph der Wüste zurückzugeben,[74] wo doch bei Sinuhes Re-Ägyptisierung nur von staubigen Gewändern die Rede gewesen war. Als literarisch Gebildeten empfängt Echnaton den israelitischen Strafgefangenen Joseph zu einem Gottesgedanken-Austausch, an dessen Beginn er, auf die Ohnmacht des heimgekehrten Sinuhe im Audienzsaal Sesostris' I anspielend, erfreut feststellt: "'Ich sehe, du fürchtest dich nicht [...] Das ist angenehm, denn vielen schwindet die Seele, wenn sie vor Pharao stehen sollen, ihr Herz

---

[70] III "Joseph wird zusehends zum Ägypter" (BA IV S. 306. 308. 312).

[71] IV "Neb-nef-nezem" (BA V S. 93).

[72] Nach Roeder, a.a.O. (Anm. 9) S. 28f.

[73] I "Esau" (BA III S. 145f.).

[74] III "Die Gatten" (BA IV S. 400).

verläßt sie, es geben ihnen die Knie nach, und sie können nicht Leben von Tod unterscheiden. Du bist nicht vom Schwindel gerührt?' Joseph schüttelte lächelnd den Kopf."[75]

Lassen wir's dabei bewenden und wenden uns einigen zusammenfassenden Überlegungen zu. Von den mehr als 30 Quellentexten, deren sich Thomas Mann in dieser und ähnlicher Weise bediente, die etwa 20 Titel in Potiphars Bibliothek nicht eingerechnet (von denen nur wenige, zum Beispiel Nefertis Prophezeiungen und die Streitschrift des Schreibers Hori, auch an anderen Stellen der Tetralogie vorkommen), entfallen nach der dort beobachteten Systematik 8 bis 10 auf die Erzählliteratur: Sinuhe, Brüdergeschichte des Papyrus d'Orbiney, Chons-em-heb's Geistererlebnis, Wenamun, List der Isis (nach funktionaler Klassifikation allerdings der Zauberliteratur zuzuordnen), Kampf um den Panzer des Inaros, Setna-Zyklus, Lamm des Bokchoris, vielleicht auch der Mythos vom Sonnenauge, aus Thomas Manns Sicht sicher auch das Buch von der Himmelskuh. Aus der belehrenden Literatur werden die (gar nicht überlieferte) Lehre des Imhotep, die Lehre Ptahhoteps, die Ständesatire des Cheti zitiert. Die religiösen Gattungen sind mit dem Sonnenhymnus des Echnaton, ramessidischen Königsliedern und den Klagen der Isis und Nephthys, die magischen mit Traumbüchern und Ächtungstexten (streng genommen auch der List der Isis) vertreten. Als historische Werke, d.h. vor allem Königsinschriften, können die Annalen Thutmosis' III, die Sphinxstele Thutmosis' IV, Epitheta von Denkmälern Amenophis' III, Papyrus Harris I, Königsnovellen, der in einer Beamtenbiographie überlieferte Brief des Königs Asosi und, vielleicht, die Hungersnotstele nachgewiesen werden. Für die Totenliteratur stehen Totenbücher, ein traditionelles Harfnerlied (und das Himmelskuhbuch), für die Klagen die Bauerngeschichte, für die Poesie das Harfnerlied des Antef. Hinzu kommen private Autobiographien, die dem Dichter gleichfalls geläufig waren, speziell die berühmte des Ahmose, ebenso Schülerhandschriften und Ständesatiren des Neuen Reiches, medizinische und mathematische Papyri, Grenztagebücher und Bildbeischriften zu Arbeitsdarstellungen.[76]

Nimmt man Potiphars Büchersammlung hinzu, so ergibt sich ein erstaunlich breites Spektrum vom Alten Reich bis zur griechisch-römischen Zeit und in vielen Fällen eine detaillierte Kenntnis. Das Übergewicht der erzählenden Literatur erklärt sich daraus, daß der Dichter hier – ganz im Sinne von Adolf Erman[77] – "lauter Dinge [fand], aus denen man über das alte Ägypten viel

---

[75] IV "Das Kind der Höhle" (BA V S. 149); auf diese Stelle hat bereits F. Junge, "Thomas Manns fiktionale Welt Ägypten", *Thomas Mann Jahrbuch* 6, 1993, 43 aufmerksam gemacht.

[76] Nachweise im einzelnen beabsichtige ich an anderer Stelle zu geben.

[77] Vgl. Erman/Ranke, a.a.O. (Anm. 15) S. 6–7. Den Hinweis verdanke ich G. Rühlmann.

mehr lernen kann, als aus aller offiziellen Götter-Hymnik."[78] Tatsächlich sind die Hymnen mit Ausnahme von Echnatons Großem Sonnengesang kaum herangezogen worden[79] und ebensowenig die Totentexte, vermutlich, weil die ihre Fremdheit aufschließenden Übersetzungen und Kommentare von Jan Assmann und Erik Hornung noch nicht erschienen waren;[80] selbst der bewegende "Bericht von Mont-kaws bescheidenem Sterben"[81] mit seinen vielen Reminiszenzen des Totenkults ist vorwiegend aus der Sekundärliteratur gespeist. Bei all seiner Gelehrsamkeit aber gilt festzuhalten, daß Thomas Mann die ägyptischen Schriftquellen nicht historisierend, sondern oft unabhängig von ihrem jeweiligen Lebenszusammenhang verwertet hat, am deutlichsten sichtbar an den Sinuhe-Zitaten im ersten, sonst ganz auf das kanaanäische Ursprungsland und seine sumerisch-babylonische Umwelt ausgerichteten, lange vor Josephs Einzug in Ägypten spielenden Band der "Geschichten Jaakobs".

Nur breite oder auch tiefe Ägyptenkenntnisse? Jan Assmann und Friedrich Junge haben darauf aufmerksam gemacht, daß sich Thomas Mann im Stil der 20er Jahre das alte Ägypten als *civilisation*, in seinem kulturellen Erscheinungsbild angeeignet, aber sein Wesen nicht eigentlich erfaßt, sondern eher verzerrt habe.[82] Dem ist entgegenzuhalten, daß sich auch die zeitgenössische Forschung noch nicht darum bemühte, die ägyptische Kultur aus ihrer Eigengesetzlichkeit zu verstehen, ja, daß der Dichter seiner Zeit in manchen Einsichten erheblich voraus war.[83] Aber auch wenn er im kleinen wie im großen nach Wissenschaftlichkeit strebte, so ist er doch im vollen Bewußtsein über den Absolutheitsanspruch der Wissenschaft hinweggegangen und hat ihre Ergebnisse im Sinne dessen be- und verarbeitet, "was seiner Entelechie entsprach,"[84] humane Gegenwelten zu seiner inhumanen Gegenwart aufzubauen. Man mag seine kulturphilosophischen und religionswissenschaftlichen Voraussetzungen als zeitbedingt, überholt oder gar problematisch kritisieren, die angemessene Verwendung des geschichtlichen Rohstoffs könnte man nur bei einem "Professorenroman" einklagen.

---

[78] Thomas Mann, *Die Kunst des Romans.* Vortrag für Princeton-Studenten (1939) (BA XII S. 459).

[79] Vgl. Grimm, a.a.O. (Anm. 16) S. 274-281.

[80] J. Assmann, *Ägyptische Hymnen und Gebete,* Zürich/München 1975; E. Hornung, *Ägyptische Unterweltsbücher,* Zürich/München 1972, 2. Aufl. 1984; ders., *Das Totenbuch der Ägypter,* Zürich/München 1979, 2. Aufl. 1990.

[81] III (BA IV S. 314-340).

[82] J. Assmann, "'Zitathaftes Leben'. Thomas Mann und die Phänomenologie der kulturellen Erinnerung", *Thomas Mann Jahrbuch* 6, 1993, 133-158; Junge, a.a.O. (Anm. 75) S. 37-57.

[83] Hornung, a.a.O. (Anm. 19) S. 59-70.

[84] K. Kerényi, "Vorbetrachtungen", in: Thomas Mann/Karl Kerényi, *Gespräch in Briefen,* Zürich 1960, S. 16.

Ähnliches gilt von des Dichters Umgang mit dem schier unerschöpflichen Wissensreservoir, das er sich aus den Literaturen des Orients angeeignet hatte. Auch darüber hat er nach seinen Notwendigkeiten verfügt, die bei allem erzieherischen Eros letztlich künstlerische waren, sei es zu allgemeiner und spezieller Charakterisierung, sei es aus Freude am Spiel mit dem Bildungsgut, einem Spiel, das sich oft als Versteckspiel erweist und dessen Schätze seine Mitspieler, die Leser, noch längst nicht alle gehoben haben.

III

Die Zwecke, zu denen Thomas Mann das Netz seiner vielfältigen literarischen Beziehungen geknüpft hat, liegen keineswegs immer offen zutage. Gewiß brauchte er die Literatur für das kulturelle und interkulturelle Kolorit, genoß er Witz und Ironie, frönte er seinem Spaß am Assoziieren, Wiederholen, Variieren, Parodieren; auch das Vorzeigen der eigenen Belesenheit spielte eine Rolle und vielleicht auch der Stolz des Dilettanten auf die errungene Fachkompetenz[85] – kurz, man sollte sich davor hüten, jede Einzelheit aufs tiefsinnigste zu interpretieren. Doch andererseits ist das souveräne Schalten des großen Baumeisters mit diesem Material nicht als beliebig zu verstehen; es ist untrennbar mit seinen humanistischen Grundansichten verwachsen, und einzelne Anspielungen und ganze Texte dienen als Knotenpunkte im Gesamtgefüge. Was sich an Potiphars Büchern kaum zeigen ließ, ist bei anderen Schriften evident: Der Dichter wollte durch sie das gegenwärtige Geschehen "als höhere Wirklichkeit, als durchsichtig und urgeprägt"[86] erweisen. Für Josephs Erlebnisse mit Potiphars Weib spricht er diese Verschränkung von Literatur und Leben mehrfach aus, vor allem dort, wo Mai-Sachme, der Amtmann über Josephs Gefängnis, das Schicksal seines Schützlings in der Ehebruchsgeschichte des Papyrus d'Orbiney vorgebildet findet,[87] wo er ihn die Handschrift sorgsam kopieren läßt[88] und selbst, seinen belletristischen Neigungen folgend, Josephs Erlebnisse zu Papyrus zu bringen versucht, aber unversehens immer wieder in die literarische "Gußform des Lebens"[89] hineingerät. Die "musterhafte Geschichte" von dem Brüderpaar,[90] deren Handschrift Potiphar

---

[85] Den Hinweis verdanke ich A. Henkel; ähnlich auch Baskakov, a.a.O. (Anm. 17), S. 15.

[86] II "In der Höhle" (BA III S. 582).

[87] IV "Der Amtmann über das Gefängnis" (BA V S. 42).

[88] IV "Von Güte und Klugheit" (BA V S. 60).

[89] IV "Der Amtmann über das Gefängnis" (BA V S. 42).

[90] IV "Der Amtmann über das Gefängnis" (BA V S. 49); "Von Güte und Klugheit" (BA V S. 62). Übersetzungen bei Erman, a.a.O. (Anm. 7) S. 197-209; Steindorff, a.a.O. (Anm. 8) S. 97-114; Roeder, a.a.O. (Anm. 9) S. 89-101; vgl. ferner Berger, a.a.O. (Anm. 10), S. 182f., 264f.

übrigens nicht besaß,[91] ist aber bei Thomas Mann nicht erst präsent, als Mai-Sachme im Rückblick an die Parallelität erinnert. Sie wird bereits zitiert, ehe und während sie sich zwischen Mut-em-enet und dem hebräischen Sklaven tatsächlich wiederholt: in der Einladung "Komm, daß wir uns eine Stunde des Schlafens machen",[92] auch, als Joseph droht, sich "wie der Jüngling in einer eurer Geschichten" zum Beweis seiner Unschuld selbst zu entmannen,[93] schließlich, als er sich der Schönen mit der Begründung verweigert, Potiphar sei ihm wie ein Vater und Mut-em-enet wie eine Mutter gewesen.[94] Das neuägyptische Vorbild hatte sich bereits zuvor in Mut-em-enets Frage angedeutet: "Ist er so stark, daß er fünf Scheffel Saatkorn oder mehr aus dem Speicher tragen könnte?",[95] eine der Fragen, mit denen sie ihren Spion Dûdu über den Gegenstand ihrer geheimen Sehnsucht ausforschte; es klingt auch in dem Vorwurf eines Dieners von Potiphar nach, er bringe Joseph ins Gefängnis, weil der sich nicht von seiner Schuld habe weiß machen können.[96]

Von der Glaubwürdigkeit der an die Verführungsgeschichte angeschlossenen Metamorphosen Batas indessen hält Mai-Sachme nichts. Thomas Mann aber benutzt ihre "vorschaffende Einbildung"[97] zu neuen mythischen Verkettungen. Denn der Stier, in den sich Josephs Prototyp bei seiner Rückkehr nach Ägypten verwandelt hat, erscheint bei ihm als Chapi,[98] vielleicht angeregt von U. Steindorff, in dessen Nachdichtung an dieser Stelle von Apis die Rede ist.[99] Chapi als ägyptische Namensform des Apis-Stiers war dem Dichter seit Kindertagen vertraut; er berichtet, wie er als Knabe seinem Religionslehrer dieses Wissen voraus hatte.[100] Nun gab sie ihm die Möglichkeit, weit über die Intention der Mustergeschichte hinaus, "Joseph den Ernährer", den Helden seines vierten Bandes, über die Namensgleichheit als Verkörperung des lebenspendenden Nilgottes Chapi einzuführen und nach dem Vorbild des Bata-

---

[91] Baskakov, a.a.O. (Anm. 17) S. 14 erwägt, ob der Dichter den allzu frühen Hinweis auf das Schicksal des Helden habe vermeiden wollen.

[92] III "Süße Billetts" (BA IV S. 492).

[93] III "Die Bedrohung" (BA IV S. 543).

[94] III "Die schmerzliche Zunge (Spiel und Nachspiel)" (BA IV S. 513).

[95] III " Dreifacher Austausch" (BA S. 405).

[96] IV "Joseph kennt seine Tränen" (BA V S. 28). Die Metapher von Pap. d'Orbiney V 4 wird von den älteren Übersetzern so verstanden, denen Thomas Mann verpflichtet war. Nach W. Till, *ZÄS* 69, 1933, 115 ist aber für das wahrscheinlich zu postulierende *m ḥḏ* die Bedeutung "zum Schaden, zur Verleumdung" vorzuziehen.

[97] IV "Der Amtmann über das Gefängnis" (BA V S. 43).

[98] IV "Der Amtmann über das Gefängnis" (BA V S. 43).

[99] a.a.O. (Anm. 8) S. 110f.

[100] *Joseph und seine Brüder.* Ein Vortrag (1942) (BA XII S. 454); vgl. Grimm, a.a.O. (Anm. 16), S. 197-199; Hornung, a.a.O. (Anm. 23) S. 129.

Stiers bei seinem Einzug in Ägypten von dem entzückten Volk feiern zu lassen.[101]
Wenn er es gewollt und nötig gehabt hätte, konnte sich Thomas Mann für die Abhängigkeit der Versuchungsgeschichte des biblischen Joseph von der des Papyrus d'Orbiney auf die Erkenntnisse der alttestamentlichen Wissenschaft berufen; jedenfalls hat er von ihnen gewußt.[102]
In einem anderen Fall dagegen, wo er mythische Erzählungen zum Grundmuster und Handlungsvorbild für historische Ereignisse umfunktioniert hat, mußte er auch die Geschichte umschreiben. Gemeint ist die Haremsverschwörung unter Ramses III, die er vorverlegt und zur Todesursache Amenophis' III stilisiert hat. Dieser war längst der "Vergreisung des Rê"[103] verfallen, d.h. auf göttliche Art gealtert, so wie es das Buch von der Himmelskuh[104] und die Geschichte von der List der Isis[105] beschreiben, als sich eine Haremsdame "in ihrem von Ur-Kunde verwirrten Hirn"[106] dazu entschloß, "die Geschichte von Isis und Rê persönlich" zu nehmen[107] und den Aufstand anzuzetteln, so daß der arme König – nun wieder nach dem Kuhbuch – "bald darauf das himmlische Altenteil" wählte.[108] Doch will ich darauf nicht näher eingehen, weil wir dann Joseph verlassen müßten, in dessen Liebesaffäre der Isis-Re-Mythos nur am Rande hineinspielt,[109] und weil der Germanist Willy R. Berger und Erik Hornung sich dieser Episode bereits angenommen haben.[110]
Stattdessen soll noch eine letzte literarische Präfiguration aus den Kapiteln des vierten Bandes vorgestellt werden, die das große Religionsgespräch zwischen Echnaton und Joseph enthalten. Joseph war gerufen worden, um Pharaos Träume zu deuten, und dieser erkundigt sich nach seiner Kompetenz: "Bist du also ein prophetischer Jüngling, ein sogenanntes inspiriertes Lamm? [...] Es scheint, daß man dich in diese Ordnung einzureihen hat. Wirst du mit den letzten Worten tot umfallen, nachdem du dem König in Verzük-

---

[101] IV "Vom schelmischen Diener" (BA V S. 490). Zu der bereits in der Antike vollzogenen Verbindung der beiden Fruchtbarkeitsgötter vgl. E. Otto, *Beiträge zur Geschichte der Stierkulte in Aegypten* (UGAÄ 13), Leipzig 1938, S. 24f.

[102] *Die Kunst des Romans* (Anm. 78) (BA XI S. 458f.).

[103] IV "Von Licht und Schwärze" (BA V S. 105); IV "Vom stechenden Wurm" (BA V S. 77f.).

[104] Übersetzungen bei Erman, a.a.O. (Anm. 7) S. 77-79; Steindorff, a.a.O. (Anm. 8) S. 17-20.

[105] Dem Dichter aus Erman/Ranke, a.a.O. (Anm. 15) S. 300-304 bekannt.

[106] IV "Vom stechenden Wurm" (BA V S. 79).

[107] IV "Vom stechenden Wurm" (BA V S. 79).

[108] IV "Vom stechenden Wurm" (BA V S. 78).

[109] III "Süße Billetts" (BA IV S. 489), vielleicht auch III "Die schmerzliche Zunge (Spiel und Nachspiel)" (BA IV S. 514) und III "Von Josephs Keuschheit" (BA IV S. 477).

[110] Berger, a.a.O. (Anm. 10) S. 97f; Hornung, a.a.O. (Anm. 23) S. 135.

kung die Zukunft gekündet, daß er dich feierlich bestatte und deine Weissagungen aufzeichnen lasse, um sie der Nachwelt zu überliefern?"[111]

Die Rolle des weissagenden Lammes wird im folgenden präzisiert: Pharao legt dem Traumdeuter nahe, sich nicht an das vorgegebene Muster zu halten und etwa eine bevorstehende Unglückszeit anzukündigen, die aber der König gleich selbst – mit den Worten von Nefertis Prophezeiung – ausmalt.[112] Nachdem Joseph von den sieben fetten und den sieben mageren Jahren gesprochen hat, stellt sein Zuhörer erleichtert fest, daß der Seher nicht geschäumt hat und nicht tot umgefallen ist, und daß er das Schema umgekehrt und fürs erste eine Heilszeit in Aussicht gestellt hat,[113] anders als das "schäumende Lamm",[114] von dem sich Joseph als "persönliches Lamm",[115] "originelles Lamm",[116] "besonderes Lamm",[117] "verständig inspiriertes Lamm"[118] vorteilhaft unterscheidet. Echnatons Vorstellungen und Befürchtungen sind zweifellos in anachronistischem Vorgriff von den Weissagungen des sog. Lammes des Bokchoris genährt, die ein spätägyptischer Papyrus in demotischer Sprache überliefert. Im 6. Jahr des Königs Bokchoris, unter der 24. Dynastie, d.h. etwa 700 Jahre vor der Zeit der Aufzeichnung, hatte ein Lamm zu sprechen begonnen und großes Unheil für Ägypten und die Zerstörung aller seiner Städte, aber nach 900 Jahren eine Wende zum Guten prophezeit. Danach war es unverzüglich gestorben und von dem König, dem man alles hinterbracht hatte, mit hohen Ehren bestattet worden, nicht ohne daß er für die Aufzeichnung der Botschaft gesorgt hatte.[119]

Wenn überhaupt für den "schäumenden Jüngling", den Thomas Mann diesem Lamm aus gräko-ägyptischer Literaturtradition zugesellt hat,[120] eine ältere ägyptische Quelle benutzt worden ist, dürfte es der neuägyptische Reisebericht des Wenamun sein, in dem ein ekstatischer syrischer Knabe dem unglückseligen ägyptischen Gesandten mit seinen Visionen zu einer Audienz bei dem Stadtfürsten von Byblos verhalf;[121] allerdings lassen ihn die Übersetzer mehr

---

[111] IV "Das Kind der Höhle" (BA V S. 151).

[112] IV "Das Kind der Höhle" (BA V S. 152f.).

[113] IV "Pharao weissagt" (BA V S. 167f.,170).

[114] IV "Das Kind der Höhle" (BA V S. 152f).

[115] IV "Pharao weissagt" (BA V S. 170).

[116] IV "Das Kind der Höhle" (BA V S. 163).

[117] IV "Das Kind der Höhle" (BA V S. 154).

[118] IV "Das Kind der Höhle" (BA V S. 156).

[119] Nach Berger, a.a.O. (Anm. 10) S. 165f. kannte Thomas Mann die Überlieferung von E. Meyer, *Die Israeliten und ihre Nachbarstämme*, Halle 1906, S. 451f. und M. Weber, *Gesammelte Aufsätze zur Religionssoziologie*, Bd. 3: Das antike Judentum, Tübingen 1921, S. 249, Anm. 1.

[120] IV "Das Kind der Höhle" (BA V S. 157. 159); "Pharao weissagt" (BA V S. 165).

[121] Übersetzungen bei Erman, a.a.O. (Anm. 7) S. 225-237; Steindorff, a.a.O. (Anm. 8)

"rasen" als "schäumen".[122] Daß es unserem Dichter bei dieser "spielenden Identifikation"[123] nicht nur darum zu tun war, die prophetische Gabe seines Helden in der ägyptischen Literatur zu verankern, geht aus Josephs Antwort auf die oben zitierte Erkundigung des Pharao hervor: "Nicht leicht", sprach er, "ist die Frage des Großen Hauses (*pr ꜥ꜍* – "großes Haus" = Pharao. E.Bl.) zu beantworten, nicht mit ja, nicht mit nein, höchstens mit beidem. Deinen Knecht erstaunt es und trifft ihn rührend ins Herz, daß du geruhst, ein Lamm, nämlich das inspirierte, in ihm zu sehen. Denn ich bin dieses Namens kindlich gewohnt von meinem Vater, dem Gottesfreunde, her, der mich 'das Lamm' zu nennen pflegte, und zwar, weil meine liebliche Mutter, um die er diente zu Sinear überm verkehrt Fließenden (im ägyptischen Sprachgebrauch der Euphrat. E.Bl.), die Sternenmagd, die mich gebar im Zeichen der Jungfrau, Rahel hieß, das ist: Mutterschaf. Dies aber berechtigt mich nicht, deiner Annahme, Großer Herr, unbedingt zuzustimmen und zu sprechen: 'Ich bin's'; denn ich bin's und bin's nicht.'"[124] Damit ordnet sich Joseph selbst in die Bedeutungslinie ein, die den zweiten Band "Der junge Joseph" durchzieht: daß er als Sohn der Rachel, des Mutterschafs, ein Lamm von Geburt und als langerwartetes und alsbald als nachgelassenes Kind der Lieblingsfrau von Jaakob mit abgöttischer Liebe geliebt wird. Als Jaakobs Lamm, ausgezeichnet vor den Brüdern und vom eigenen Hochmut verführt, wird er früh zum Gegenstand neidischer Anschläge, zum Opferlamm, das vor seinem Scherer verstummt,[125] und damit zum Träger messianischer Heilserwartung, in die sich die von Jesus als dem Gotteslamm einmischt. In Jesus ist aber auch das prophetische Lamm aufgehoben, denn kein anderer als er ist mit dem Lamm der Offenbarung Johannis gemeint, das die sieben Siegel des göttlichen Heilsplans löst.[126]
Es ist nicht unsere Aufgabe, weitere Andeutungen von Josephs Jesushaftigkeit hinzuzufügen, zumal sie schon weitgehend aufgespürt worden sind.[127] Seit

S. 123-139; Roeder, a.a.O. (Anm. 9) S. 74-84; vom Dichter wahrgenommen und glossiert: Lehnert, a.a.O. 1963 (Anm. 10) S. 518.

[122] Nach Berger, a.a.O. (Anm. 10) S. 165f. hat der Dichter Josephs mögliche prophetische Ekstase nach dem Vorbild von Max Webers Beschreibung israelitischer Propheten geschildert: a.a.O. (Anm. 119) S. 300f. Doch beruht auch Echnatons apokalyptische Vision, die das traditionelle Unheil-Heil-Schema im Sinne der Träume von den sieben vollen und den sieben mageren Ähren bzw. Jahren umkehren, nicht nur auf Meyer, a.a.O. (Anm. 119) und Weber, a.a.O. (Anm. 119), sondern auch auf ägyptischen Originalquellen, hier der Prophezeiung des Neferti; so auch Baskakov, a.a.O. (Anm. 17) S. 11f.

[123] Thomas Mann nach Lehnert, a.a.O. 1963 (Anm. 10) S. 500.

[124] IV "Das Kind der Höhle" (BA V S. 151).

[125] Jes 53,7: II "Der Verkauf" (BA III S. 607); Weiteres bei Berger, a.a.O. (Anm. 10) S. 164f.

[126] Apk 5 und 6.

[127] Lehnert, a.a.O. 1963 (Anm. 10) S. 469f., 500-502 u.ö.; Berger, a.a.O. (Anm. 10) S. 146-176; H. Jendreiek, *Thomas Mann. Der demokratische Roman*, Düsseldorf 1977, S. 146-176.

Beginn des Romans leuchten sie in zunehmender Dichte auf, oft vermischt mit mythischen Prototypen des Vorderen Orients: Dumuzi/Tammuz, Adonis, Osiris. Für die bereits von der mittelalterlichen Theologie formulierte Typologie Joseph – Jesus sei nur noch an Josephs verrräterisches "Ich bin's"[128] erinnert. Obwohl sich auch andere bedeutungsvolle Personen mit dieser Formel zu erkennen geben,[129] ist in dem Zwiegespräch zwischen Joseph und Echnaton die Primärquelle, der johanneische Passionsbericht, unmittelbar gegenwärtig, aber Joseph zitiert nicht nur Jesu Bekenntnis, sondern auch den Widerruf des verleugnenden Petrus "Ich bin's nicht."[130] Nur mit der Dialektik des "Ja und nein", so erfährt der König im weiteren Verlauf, ist Josephs geheimnisvolles Wesen zu erfassen: "Du bist der Schäumende Jüngling und bist es nicht, eben weil *du* es bist," weiß er schließlich selbst zu sagen.[131] Daß der Held nicht auf eine einzige Rolle festgelegt werden darf, geht nicht zuletzt daraus hervor, daß im selben Dialog auch Echnaton, er nun nach gut ägyptischem Verständnis einziger Sohn des Vatergottes, in wiederholten "Durchblicken zum Christentum"[132] an den Gottessohn Jesus angeglichen ist, Echnaton, der "vorzeitige Christ", wie ihn Thomas Mann in seinem Vortrag über den Josephroman 1942 genannt hat.[133]

Kein Zweifel, daß hier "die Mythologien der Welt ziemlich bunt durcheinander gehen,"[134] kein Zweifel auch, daß der Dichter unter seiner oft beschworenen Umfunktionierung des Mythos ins Humane[135] keine Rückkehr zum Naturmythos verstand, als der die Josephsgeschichte gelegentlich mißdeutet worden ist, sondern die psychologische Interpretation des allgemeinen Religiösen aus der Position der Hochreligionen. Kein Zweifel schließlich, daß "das eigentliche Ziel der mythologischen Montage in den Joseph-Romanen [...] das Christentum" ist[136] – zu seiner, des Christentums, Relativierung, wie die einen meinen, oder als Vorstufe zum Doktor Faustus, dem unter dem Eindruck des Grauens von Nationalsozialismus und Weltkrieg entstandenen Roman, der ohne mythische Einkleidung von Sünde, Tod und Erlösung handelt, so die anderen. Doch darüber zu urteilen ist die Ägyptologie nicht befugt.

[128] S.o.S. 331; von Jesus Joh 18,5. 6. 8.
[129] Vgl. Assmann, a.a.O. (Anm. 82) S. 149; von Joseph im Gespräch mit Mai-Sachme auch IV "Der Amtmann über das Gefängnis" (BA V S. 37f.).
[130] S.o.S. 331; Joh 18, 17. 25.
[131] IV "Das Kind der Höhle" (BA V S. 159).
[132] Lehnert, a.a.O. 1963 (Anm. 10) S. 500.
[133] *Joseph und seine Brüder* (Anm. 100) (BA XI S. 455).
[134] Brief an Wolfgang Schneditz vom 12.2.1949, zitiert nach Kurzke, a.a.O. (Anm. 20) S. 83, ähnlich schon in einem Brief an Karl Kerényi vom 7.9.1941, a.a.O. (Anm. 84) S. 100 und in *Joseph und seine Brüder* (Anm. 100) (BA XI S. 457).
[135] Brief an Karl Kerényi vom 7.9.1941, a.a.O. (Anm. 84) S. 100; zu ihrer Herkunft von Ernst Bloch vgl. Kurzke, a.a.O. (Anm. 20) S. 166f.
[136] Jendreiek, a.a.O. (Anm. 127) S. 364.

ERIK HORNUNG

HERMETISCHE WEISHEIT: UMRISSE EINER ÄGYPTOSOPHIE

In jüngster Zeit greift das Schlagwort "Ägyptomanie" wieder um sich, angeregt durch die große Ausstellung in Paris, Ottawa und Wien[1]. Dabei wird "Ägyptomanie" weitgehend mit Ägypten-Rezeption gleichgesetzt und führt damit zu einer allgemeinen Begriffsverwirrung. Durch die Einführung des neuen Begriffs "Ägyptosophie" möchte ich diese Begriffsverwirrung zunächst noch etwas vermehren, dann aber einen Beitrag zur Klärung leisten.
Zunächst sollte man unter "Ägypten-Rezeption" (englisch "Egyptian Revival", französisch keine Entsprechung) ausschließlich die Übernahme von Formen, Motiven und Gedanken aus der pharaonischen Zeit Ägyptens verstehen – nicht nur in der Architektur und bildenden Kunst, sondern ebenso in der Literatur, Musik und Religion. Wenn ein moderner Bildhauer wie Ludwig Stocker das Bild einer Pyramide mit der Zeit-Schlange aus der elften Nachtstunde des Amduat verbindet und "Überwindung der Pyramide" nennt, so ist das Ägypten-Rezeption, aber noch lange keine Ägyptomanie. Diesen sehr spezifischen Begriff sollte man für ausgesprochene Randgebiete reservieren, etwa um Erscheinungen des Tut-Fiebers in den 20er Jahren zu kennzeichnen, die teilweise tatsächlich manische Formen angenommen haben.
Mit Ägyptosophie möchte ich nun alles benennen, was sich mit ägyptischer Weisheit beschäftigt oder mit dem, was dafür gehalten wird. Ägyptologen haben ja immer mehr Hemmung, die pragmatische altägyptische Lebensweisheit, wie sie uns in den Lehren vorliegt, als "Weisheit" zu bezeichnen. Die Verlage tun es gerne, weil "Ägyptische Weisheit" ein Markenzeichen ist, von dem die Esoterik aller Zeiten und aller Schattierungen lebt. Es ist die Weisheit des Hermes Trismegistos.
Dabei handelt es sich um eine eigenständige Weisheit, die mit dem pharaonischen Ägypten nur sehr partiell zu tun hat, obwohl auch sie Erscheinungen echter Ägypten-Rezeption aufweisen kann. Es bleibt immer noch genauer zu untersuchen, was die Hermetik aus genuin altägyptischen Quellen geschöpft hat, nachdem sich Reitzenstein für vorwiegend iranische Herkunft, andere für die griechische Philosophie als Vorbild ausgesprochen haben[2]. Diese

---

[1] Katalog: *Egyptomania. L'Égypte dans l'art occidental 1730-1930*, Paris 1994.
[2] Die Hinweise auf ägyptische Quellen bei J.-P. Mahé, *Hermès en Haute-Égypte*, Quebec 1978-82, sind eher vage, etwas mehr findet man bei E. Iversen, *Egyptian and Hermetic Doctrine*, Kopenhagen 1984; vgl. auch G. Fowden, *The Egyptian Hermes. A Historical Approach to the Late Pagan Mind*, Cambridge 1986 (mit Ergänzungen als Princeton Paperback 1993), der u. a. auf die "ägyptischen" Titel von frühen alchemistischen Schriften hinweist (S. 90).

Weisheit ist immer esoterisch, aber es gibt neben ihr weitere Spielarten der Esoterik, die sich an anderen Vorbildern orientieren (etwa am *I Ging* oder anderer fernöstlicher Weisheit, neuerdings auch verstärkt an keltischer oder indianischer Weltschau).

Schon in der Antike entstanden, ist sie weit älter als die Wissenschaft der Ägyptologie und hebt sich dadurch von jener ab, daß sie die Entzifferung der Hieroglyphen nicht mitvollzogen hat, sondern auch weiterhin direkt an antike Weisheit oder an deren Erneuerung in der Renaissance anknüpft. Dabei ist seit der Renaissance eine Vielzahl von Motiven hinzugetreten, die der Antike noch fremd waren – so etwa, im Gefolge des Abbé Terrasson, die Idee der Einweihung in einer Pyramide[3], oder die noch jüngere Pyramidologie eines Piazzi Smyth und seiner Nachfolger[4]. Gerade die altägyptische Form der Pyramide hat durch die Jahrtausende immer neue Sinndeutungen erfahren, und die neuesten Verwendungen als Eingang des Louvre, als Hotel in Las Vegas und als Sportstadion in Memphis TE sind wohl weitgehend frei von hintergründiger Esoterik. Ähnlich hat sich die Form des Obelisken vom Sonnensymbol über den Hinweis auf Ägyptens Weisheit (Renaissance und Barock) bis zur profanen Brunnenzier, zum Schlachten- und Krieger-Denkmal oder allenfalls zu einem universalen Ausdruck des Denkmal-Charakters entwickelt.

Eigentlich ist die Ägyptosophie aus der Begegnung der noch jungen griechi-schen Kultur mit der so viel älteren ägyptischen entstanden, und wir dürfen auch mit einem starken Einfluß jüdisch-vorderasiatischer Geisteswelt rechnen, so wie sich Ägyptosophie später immer wieder gerne mit Kabbala verschwi-stert hat. Herodot kann man wohl noch nicht als Ägyptosophen bezeichnen, und schon Meiners (1775) weist auf sein nahezu völliges Stillschweigen über Thoth/Hermes hin[5]; aber er hat mit seiner Bewunderung für die so ganz andere und so viel ältere Kultur des Nillandes wesentliche Voraussetzungen geschaf-fen. Dazu kommen alle die griechischen Weisen, die wirklich oder angeblich Ägypten besucht haben.

Die eigentliche Herausbildung der Ägyptosophie geschieht aber erst in helle-nistischer Zeit, als man ägyptische "Weisheit" (wiederum das, was man dafür hielt) für ein griechisch und später römisch gebildetes Publikum aufbereiten wollte. Horapollo und Jamblich wären typische Vertreter dieser frühesten

---

[3] Dazu E. Staehelin, "Zum Motiv der Pyramiden als Prüfungs- und Einweihungsstätten", in: S. Israelit-Groll (Hrsg.), *Studies in Egyptology Presented to Miriam Lichtheim*, Jerusalem 1990, II, S. 889-932.

[4] Ein Überblick bei R. Stadelmann, *Die ägyptischen Pyramiden. Vom Ziegelbau zum Weltwunder*, 2. Aufl. Mainz 1991, S. 264-275.

[5] Ch. Meiners, *Versuch über die Religionsgeschichte der ältesten Völker besonders der Egyptier*, Göttingen 1775, S. 206.

Ägyptosophie. In Hermes Trismegistos, dieser ägyptischen Gottheit in helle-
nistischem Gewand und von wahrhaft ägyptischer Wandlungsfähigkeit, fand
man die Galionsfigur und den Kristallisationspunkt der neuen Ideen, die sich
zu einer eigentlichen Religion auswuchsen – einer Religion allerdings ohne
Tempel und Kult, doch gestützt auf viele von den vorhandenen Heiligtümern
Ägyptens, dieses "Tempels der Welt"; L. Kákosy hat vermutet, daß es in vielen
ägyptischen Tempeln der Spätantike hermetisch orientierte Kreise gab[6]. In
diesen Kreisen lebte auch die alte Verehrung des Imhotep (als Asklepios)
weiter, hier konnte man an einheimische memphitische Traditionen gegen
das fremde Alexandria anknüpfen. Im Grunde handelt es sich sogar um eine
Religion ohne Gott, denn Hermes Trismegistos galt für die meisten als göttlicher Mensch (so Thoth schon bei Platon), analog zu Moses und zu Zoroaster,
der manchmal in diesem Dreigestirn mit auftaucht. Nach Ephraim d. Syrer
suchte sich Mani an einem anderen Dreigestirn göttlicher Menschen, nämlich Hermes, Platon und Jesus, zu orientieren, damit zugleich ägyptische, griechische und jüdisch-christliche Geisteswelt verbindend.
Durch den Sieg des Christentums wurde diese Entwicklung mitten in ihrer
Entfaltung gehemmt, obgleich die frühen Kirchenlehrer, angefangen mit
Clemens und Tertullian, die Autorität des Hermes Trismegistos noch zu nutzen
suchen. Selbst für Augustinus ist "jener Ägypter" Hermes noch "ein weiser
Mann" (*De civitate dei* VIII 23 f.). Man nimmt an, daß bei der Zusammenstel-
lung hermetischer Schriften in byzantinischer Zeit eine negative Auswahl
getroffen und vieles ägyptisch-heidnische Gut ausgeschieden wurde, wodurch
es für uns verloren ist, und wodurch das *Corpus Hermeticum* wohl eine etwas
andere Färbung angenommen hat. Aber die hermetische Tradition blieb
trotzdem auch im Mittelalter durchaus lebendig, vor allem dank den arabischen
(daneben auch armenischen und syrischen) Autoren und der geduldeten, weil
stets interessanten und vielversprechenden Alchemie.
Im Rahmen der griechischen Renaissance des 15. Jahrhunderts erfolgte dann
eine höchst eindrucksvolle Wiederauferstehung, verkörpert durch Gestalten
wie Marsilio Ficino und Pico della Mirandola. Dabei tritt Hermes Trismegistos
als ganz offizieller Lehrmeister hervor, der sogar in der Kirche eine gewisse
Akzeptanz findet, augenfällig im berühmten Fußboden-Mosaik des Domes
von Siena von 1488. Seiner Gesellung mit Moses (wobei er in der Regel
zeitlich wie rangmäßig noch vor diesen gestellt wird) entspricht das Nebeneinander von hermetischer Philosophie und Magie mit jüdischer Kabbala bei
vielen Autoren der Renaissance. Für den hohen Rang des Hermes Trismegistos
spricht, daß man ihn sogar als Autorität für die Entscheidung von kirchlichen
Streitfragen ins Feld führte.

---

[6]   In: A. B. Lloyd (Hrsg.), *Studies in Pharaonic Religion and Society In Honour of J. Gwyn
Griffiths*, London 1992, S. 258f.

Ein Hort der Hermetik wurde neben Italien bald England. Thomas More schrieb nicht nur eine Biographie von Pico della Mirandola, er verleiht der Religion seiner Utopia ausgesprochen hermetische Züge und verkündet dort 1516 (ein Jahr vor Luthers Reformation!) volle Religionsfreiheit ohne jede Gewalt. Das 16. Jahrhundert mit seinen Glaubenskriegen und seiner Intoleranz ist erfüllt von einer Sehnsucht nach der ursprünglichen und "wahren" Religion, wie sie Hermes Trismegistos und sein Ägypten verkörpern – eine schöne Parallele zu Thomas Mann, der in seinem "Joseph" die wahre Menschlichkeit ebenso im alten Ägypten sucht und wiederum in der Kombination von Hebräischem und Ägyptischem findet! Für die Renaissance wurde Hermes Trismegistos, der ja in aller Regel nicht als heidnischer Gott, sondern wie Moses als großer Mensch der fernen Vergangenheit angesehen wurde, zur Integrationsfigur; in ihm ließen sich, völlig legitim, Heidentum und Christentum miteinander verbinden und versöhnen, denn er hatte ja mit seinen Lehren das Christentum vorweggenommen.

Trotz des starken Interesses an Theurgie und Magie (und natürlich auch an Alchemie und Astrologie) kann diese neuerblühte Ägyptosophie der Renaissance nicht in Bausch und Bogen als unwissenschaftlich und als Feind der modernen Wissenschaft abgetan werden. Das zeigt ihre Wirkung auf die moderne Naturwissenschaft, die ohne sie gar nicht denkbar ist, schuf doch die Legitimierung des antiken Heidentums im "heiligen" Hermes Trismegistos erst den Freiraum zur Entfaltung einer unabhängigen Wissenschaft neben den kirchlichen Lehren. Paracelsus und seine Jünger stehen tief in hermetischer Tradition, und dem Meister wurde immer wieder ein Aufenthalt in Ägypten zugeschrieben[7]. Selbst Kopernikus beruft sich an einer Stelle seiner Erklärung des neuen heliozentrischen Systems auf Trismegistos[8], wobei er an Stellen im *Asclepius* und im *Corpus Hermeticum* denkt, die der Sonne eine zentrale Stellung zuweisen, sie geradezu als "zweiten Gott" verklären. Das mußte in der schwierigen geistigen Situation seiner Zeit für Kopernikus eine willkommene Bestätigung sein, daß er sich trotz aller Bedenken und auch der Kirche gegenüber auf dem rechten Weg befand. Für ihn stand die neuplatonisch-hermetische Philosophie eher am Rande, aber wenig später haben Giordano Bruno und Johannes Kepler die neue heliozentrische Lehre mit reichem hermetischem Inhalt gefüllt.

---

[7] F. Ebeling verdanke ich den Hinweis auf den Aufsatz von A. Bartscherer, "War Paracelsus in Ägypten?", *Deutsches Ärzteblatt* 71, 1941, 329-331. Danach wurde "eine Hauptquelle seiner staunenswerten Kunst in Ägypten vermutet". Nach Johannes Colerus sei er kurz nach der Rückkehr aus Ägypten in Salzburg gestorben, während andere eine Reise in jungen Jahren vermutet haben.

[8] Hervorgehoben schon bei F. Yates, *Giordano Bruno and the Hermetic Tradition*, London 1964, S. 154.

Dieser Strang der Geistesgeschichte ist kennzeichnend: wir haben eine im Kern durchaus altägyptische Vorstellung von der zentralen Bedeutung der Sonne für alles Leben (wie sie Jan Assmann als "Neue Sonnen-Theologie" herausgearbeitet hat) — eine Lehre, die in den hermetischen Schriften der Spätantike und bei Macrobius ein fernes Echo findet und dort eingebettet wird in den neuen Glauben an die allgemeine Bedeutung der Gestirne, auch der Planeten, für die menschliche Existenz; dieser Glaube ist ja hellenistisch, nicht altägyptisch, aber er stützt sich u.a. auch auf das System der altägyptischen Dekane. Aus dieser Tradition, wenn auch letztlich mit den Mitteln der Mathematik gefunden, bricht dann strahlend die Sonne als neues Zentralgestirn bei Kopernikus, und bei Giordano Bruno kommen auch die anderen Gestirne wieder ins Spiel. So ist der Geist der Neuzeit Hermes Trismegistos und seinem Ägypten, damit aber indirekt auch dem alten Ägypten, zutiefst verpflichtet.

Weitere wissenschaftliche Weihen erhält die Ägyptosophie dann im Barock durch die Gelehrsamkeit eines Athanasius Kircher. In der Aula Leopoldina der Universität Breslau (von 1728/32) erscheint er als "deutscher Archimedes" unter den größten Gelehrten aller Zeiten. Umberto Eco macht ihn in seinem Werk über "Die Suche nach der vollkommenen Sprache" zum Begründer der Ägyptologie, und für Michel Butor ist er, was Vergil für Dante gewesen war: der ideale Jenseitsführer[9]. Bei allem wissenschaftlichen Interesse, das die inzwischen erschlossenen Räume des Fernen Ostens und Amerikas mit einbezieht, ist Kircher ein eifriger Adept des Hermes Trismegistos; er zitiert ihn immer wieder, schreibt ihm die Erfindung der Hieroglyphen zu – damit auch der abstrusen Texte, die Kircher als "Übersetzung" hieroglyphischer Inschriften gibt, und von denen uns A. Grimm jetzt einige Kostproben gegeben hat, von denen wenigstens ein Ausschnitt hier angeführt sei[10]:

"Von hier verteilt eine verborgene Betriebsamkeit des heiligen Fischteiches die Materie durch geheime Bewegung zur Empfängnis der Formen in der Natur der Dinge, durch die Bewegung des Sol, der seine sympathische Kraft ausgießt in die viergespaltene Gegend der Welt, wodurch das fruchtbare Reich des Momphta oder des canubischen Geistes gebunden wird an das der Welt zuzubilligende Leben durch die wohltätige Kraft der Feuchtigkeit, die das Zwölfturmgebiet ausgießt".

---

[9]   M. Butor, *Portrait de l'artiste en jeune singe*, Paris 1967, S. 106. Am Erker der Ratsapotheke von Lemgo, der von 1612 stammt, erscheint Hermes Trismegistos persönlich unter den zehn berühmtesten Naturforschern, neben Aristoteles, Hippokrates, Vesalius und Paracelsus!

[10] "Aegyptiaca aus dem königlichen Antiquarium", *Münchner Jahrb. der bildenden Kunst*, 3. Folge 45, 1994, 21, = *Theatrum Hieroglyphicum. Ägyptisierende Bildwerke des Barock* (Ausstellung München 1995), S. 21.

Das wäre die "Sprache der Götter", die Giordano Bruno in den Hieroglyphen sehen wollte (um damit zugleich die Bedeutung des Hebräischen als Gottessprache zu vermindern)?! Wenn Kircher Hermes Trismegistos immer noch in die Zeit Abrahams datiert, ignoriert er, wie Robert Fludd und die Rosencreutzer, die inzwischen erfolgte Spätdatierung der hermetischen Schriften und die nunmehr verbreitete Ansicht, es handele sich bei ihnen um eine Fälschung des frühen Christentums. Allerdings ist er hierin ein bewußter Vertreter der Gegenreformation.

1614 ist das Epochendatum, das die Geister scheidet. In diesem Jahre veröffentlicht Isaac Casaubon aus Genf im Rahmen seiner umfassenden Kritik an Kardinal Cesare Baronius' Kirchengeschichte seine Spätdatierung der Hermetica, und im gleichen Jahr wird in Kassel das erste Manifest der Rosencreutzer gedruckt, dem zwei Jahre später die *Chymische Hochzeit Christiani Rosencreutz* von Johann Valentin Andreae folgt. Übrigens: während das Manifest mit dem hochtrabenden Titel *Allgemeine und General Reformation der gantzen weiten Welt. Beneben der Fama Fraternitatis, dess Löblichen Ordens des Rosencreutzes, an alle Gelehrte und Haüpter Europas geschrieben* herauskam, schrieb Jacob Böhme bereits an seiner *Morgenröthe im Aufgang*, die sich allerdings nicht an der eigentlichen Hermetik, dafür aber stark an Alchemie, Astrologie und Paracelsus orientiert.

Während also die Wissenschaft sich auf den Weg machte, andere Zugänge zum altägyptischen Geist zu suchen, als über die Verfremdungen der Spätantike, blieb für die Rosencreutzer und für praktisch alle ihnen folgenden esoterischen Bewegungen Hermes Trismegistos die uralte und große Autorität. Daran haben weder die Aufklärung noch die Entzifferung der Hieroglyphen und die Geburt der Wissenschaft vom alten Ägypten irgendetwas geändert. Christoph Meiners in seinem *Versuch über die Religionsgeschichte der ältesten Völker besonders der Egyptier* (Göttingen 1775) folgt Casaubon und verweist den Hermes Trismegistos "aus dem Reiche der Geschichte [...] in das unermeßliche Reich alt seyn sollender egyptischer Schimären", aber er befindet sich doch in einer gewissen Aporie, denn er faßt die kontroversen Meinungen zu Hermes wie folgt zusammen (S. 205): "Wer alles dieses zusammen nimmt, wird mirs hoffentlich nicht übel nehmen, wenn ich aufrichtig erkläre, daß ich nichts davon weiß, was Hermes war, und that; daß ich daran zweifele, ob es jemahls jemand gewußt habe, und künftig entdecken werde, und daß ich dahero alle Untersuchungen über diesen Punct für den unverantwortlichsten Zeitverlust halte".

Das verbreitete Gefühl der Hermes-Treuen hat hingegen Johann Heinrich Jung-Stilling in seinem Roman *Das Heimweh* (1793) auf den Punkt gebracht: Die "großen Weisen des Abendlandes" haben sich nach Ägypten gewendet "und sich da mit den wenigen ächten Nachkommen der uralten Schüler des Hermes vereinigt"; er vermutet am Nil "eine verborgene Gesellschaft der Eingeweihten". Und Rudolf, der Held von Eichendorffs *Ahnung und Gegenwart* (1815 erschienen) reist "zu den Magiern nach Ägypten, um hier zum Wesen der Dinge vorzudringen". Dabei gibt es immer wieder typische Gedankenverbindungen von ägyptischer und anderer "Weisheit", namentlich mit indischer (wie schon bei Apollonios von Tyana). Für Cagliostro sind die Mitglieder der "Höchsten Loge" "Maurer, Alchimisten, Pythagoreer und Aegypter (d.h. Hermetiker)", und der engen Verbindung mit Indien begegnen wir noch bei Goethe in seinem "Großkophta" von 1791, der "so alt als die ägyptischen Priester, so erhaben als die indischen Weisen" ist und Ägypten wie Indien als seinen liebsten Aufenthalt betrachtet. Diese Kombination findet sich noch bei der Theosophin Blavatsky, deren Wirken mit einem neuen Aufschwung der Ägypten-Rezeption zusammenfällt; denn in den Jahrzehnten nach 1830 war Ägypten unter der Vorherrschaft "klassischer" Ideale etwas ins Exotische abgedriftet[11].

1877 erschien die erste Auflage von *Isis Unveiled: A Master-Key to the Mysteries of Ancient and Modern Science and Theology* der Helena Petrowna Blavatsky, der viele Auflagen folgten[12]. In diesem Werk der führenden Theosophin kann man immer noch lesen, daß Pythagoras und Platon alle ihre Philosophie aus den Büchern des Hermes Trismegistos gelernt haben (I, S. 444). Immerhin speist sich die theosophische Weisheit der Madame Blavatska auch aus der damaligen Ägyptologie: so ist der Papyrus Ebers für sie (wie für seinen ersten Herausgeber und Eponym) eines der hermetischen Bücher (I, S. 544), und Informationen über das Totenbuch bezieht sie aus dem 5. Band von Bunsens *Egypts Place in Universal History*, zu dem Samuel Birch die erste englische Übersetzung des Turiner Papyrus beigesteuert hatte. Das Totenbuch ist ja auch sonst in der Esoterik (und in der Dichtung) rezipiert worden, was weder für die Pyramidentexte noch für die Unterweltsbücher gilt. Sicher spielt die Verbreitung der populären Schriften von Budge dabei eine Rolle, aber es ist doch bezeichnend, daß sich nirgends Spuren einer esoterischen Nutzung der königlichen Jenseitstexte finden, obwohl sie ja inzwischen übersetzt und auch zum großen Teil erschlossen sind.

Auch für die Rosencreutzer unseres Jahrhunderts, die nach langer Pause wieder an Christian Rosencreutz anknüpfen, ist Hermes Trismegistos die Quelle aller Weisheit, wie man an jeder Einführungsveranstaltung lernen kann. Und in einem 1993 (!) erschienenen Buch über *Das Plocher Energie System* von Ernstfried Prade, an dem Diplomphysiker und Professoren mitgearbeitet haben, das also wissenschaftlichen Anspruch erhebt, kann man lesen: "Vom

---

[11]   Zu dieser Phase M. Kaiser, "Das exotische Ägypten", *ZÄS* 97, 1971, 78-94, wobei auch hier das antike Ägyptenbild weiterwirkt.

[12]   Ich habe die 6. von 1891 benutzt, eine deutsche erschien 1909 unter dem Titel *Isis entschleiert. Ein Meisterschlüssel zu den alten und modernen Mysterien.*

höchsten Logos des Alls bis hinunter in die dichteste Materie ist alles in Schwingung. Das weiß auch die heutige Physik. Vor tausenden von Jahren aber haben die alten ägyptischen Meister dieses Prinzip verkündet. Je materieller ein 'Stoff', umso langsamer schwingt er [...]" (S. 140). Dem Verfasser geht es um "die Wieder-Bewußtmachung eherner kosmischer Gesetzmäßigkeiten, die sog. 'hermetischen Prinzipien', in die früher nur ausgewählte Kreise durch mündliche Überlieferung eingeweiht wurden" (S. 136), und er erläutert diese "Prinzipien" als "zurückgehend auf die legendäre Gestalt des Hermes Trismegistos, [...] des 'Meisters aller Meister' [...], der im 3. Jahrtausend vor Chr. in Ägypten gelebt haben soll und dort auch Thot genannt wurde [...] und man darf annehmen, daß die hermetischen Lehren alle großen Philosophien und Religionen sowohl des Abend- wie des Morgenlandes ganz wesentlich beeinflußt haben. Von Hermes Trismegistos sind 7 hermetische Prinzipien überliefert, anhand derer wir uns dem Plocher Energie-System nähern wollen" (S. 148).

Damit sind wir, in einem Buch von 1993, wieder mitten in der Welt des 15./16. Jahrhunderts, und das ist keineswegs ein Einzelfall. Die meiste Esoterik und Lebenshilfe, die unsere Buchhandlungen überschwemmt, wurzelt in hermetischer Weisheit, und es dürfte nicht schwerfallen, ein Florilegium aus neuesten Publikationen zusammenzustellen. Dabei fällt einem immer wieder die Banalität, ja Primitivität der heutigen Esoterik auf, verglichen mit ihren Blütezeiten in früheren Jahrhunderten. Auf wieviel höherem Niveau stand die Geisteswelt der Alchimisten mit ihrem tiefen Eindringen in psychologische Prozesse, und das Gemenge aus Hermetik, Alchemie und Paracelsus' Heilkunst hat noch den jungen Goethe (im 8. Buch von *Dichtung und Wahrheit* beschwört er "das Hermetische, Mystische, Kabbalistische") und die Romantiker in seinen Bann geschlagen.

Aber wir dürfen das Kind nicht mit dem Bade ausschütten. Was in der modernen Esoterik wieder zutage tritt, sind ja unerfüllte Sehnsüchte und Bedürfnisse, die von der Wissenschaft nicht befriedigt werden. Es ist bezeichnend, daß in der gegenwärtigen Psychologie die alte, scheinbar längst entschiedene Kontroverse zwischen Robert Fludd und Johannes Kepler aus dem Anfang des 17. Jahrhunderts wieder neues Interesse findet[13]. Fludd, der Alchimist und Rosencreutzer, kämpft vehement, aber auf verlorenem Posten, gegen Kepler, der mit Galilei die siegreiche neue Naturwissenschaft verkörpert und, obwohl noch tief in Pythagoras und damit auch in Trismegistos verwurzelt (er selber sieht und betont die Verwandtschaft beider), nur das gelten läßt, was mathematisch beweisbar ist. Fludd wandte sich als Arzt übrigens auch

---

[13] Dazu der Sammelband H. Atmanspacher, H. Primas, E. Wertenschlag-Birkhäuser (Hrsg.), *Der Pauli-Jung-Dialog und seine Bedeutung für die moderne Wissenschaft*, Berlin-Heidelberg 1995.

gegen Galen, der seinerseits die medizinischen Schriften des Hermes verworfen hatte; und er gilt (laut Brockhaus) als "geistiger Vater der Freimaurerei". Wenn ein moderner Naturwissenschaftler wie Wolfgang Pauli (Nobelpreisträger für Physik 1945) den Blick wieder auf Fludd lenkt, dann deshalb, weil Fludd gegen Kepler "die Würde des Quaternariums" (*dignitatem quaternarii*) verteidigen will – das aber heißt nach Pauli "eine Vollständigkeit des Erlebens, die innerhalb der naturwissenschaftlichen Betrachtungsweise nicht möglich ist, und die der archaische Standpunkt (Hermes Trismegistos!), der auch die Emotionen und gefühlsmäßigen Wertungen der Seele mit seinen symbolischen Bildern auszudrücken versucht, vor dem wissenschaftlichen Standpunkt voraus hat"[14]. Für Fludd und die ganze hermetische Tradition sind die psychischen Bilder ebenso real wie die Außenwelt, daher die große Aktualität dieser Tradition, zu der auch die Alchemie gehört, für die heutige Tiefenpsychologie (Pauli war in engem Austausch mit C. G. Jung!), in der diese Überlieferungen auch wissenschaftlich wieder interessant werden.

Wenn Fludd und die späteren Ägyptosophen, zu denen ich auch Athanasius Kircher rechnen möchte, Casaubons Spätdatierung einfach ignorieren, so hat auch die Ägyptologie dazu beigetragen, diese Spätdatierung zumindest zu relativieren. Für die Wiener Totenbuchstudien ist das Totenbuch und vor allem sein erster Spruch hermetische Weisheit[15], wie für Madame Blavatska, und Jan Assmann bezeichnet neuerdings die Unterweltsbücher als hermetisch (sogar als Kabbala)[16], obwohl Thot in ihnen nur eine geringe Rolle spielt. Es geht sicher zu weit, wenn man "hermetisch" einfach mit "geheim" gleichsetzt, es braucht dazu noch die Autorität des Hermes Tris- oder Polymegistos! Weit bedeutender ist Thot ja im Zweiwegebuch des Mittleren Reiches, das uns zudem räumlich nach Hermopolis führt, und damit wären wir auch zeitlich wieder bei Abraham und jedenfalls lange vor Moses.

Eine schöne Übereinstimmung mit dem Geist der Renaissance bietet auch die Formulierung Jan Assmanns "Die Magie ist eine exakte Wissenschaft"[17]. Den Versuch, Magie und Naturwissenschaft zu verbinden, finden wir bei Weisen des 16. Jahrhunderts wie John Dee und Agrippa von Nettesheim, wiederum unter Berufung auf Hermes und Moses. In dieser Tradition steht noch der Faust des Volksbuches (wie Paracelsus soll auch er Ägypten, den Hort der Magie, besucht haben), während er bei Goethe die Magie lieber von seinem Pfad entfernen möchte.

[14] *Ibid.*, S. 299.
[15] Siehe W. Czermak, *ZÄS* 76, 1940, 10.
[16] In: A. Assmann (Hrsg.), *Weisheit*, München 1991 (Archäologie der literarischen Kommunikation, III), S. 254 ("hermetische Unterweltsbücher") bzw. S. 248, Anm. 13; ferner in: H. G. Kippenberg und G. G. Stroumsa (Hrsg.), *Secrecy and Concealment*, Leiden 1995, S. 52, Anm. 42 ("Staats-Kabbalah").
[17] So: In: Assmann, *ibid.* S. 247.

Man sieht: die Grenzen zwischen Ägyptosophie und Ägyptologie sind durchaus fließend, und es gibt viele Verbindungen herüber und hinüber. So wird die Wiedergeburt der Sonne in den Unterweltsbüchern zum "Stein der Weisen" in der Alchemie, und auch dort bedeutet der Tod Verwandlung in einen neuen Zustand. Die typisch altägyptische Idee vom Altern der Welt taucht im *Asclepius* wieder auf, und so ließen sich sicher noch viele andere Querverbindungen nachweisen. Entscheidend aber ist: es gibt, seit wann auch immer, doch jedenfalls noch auf unabsehbare Zeit, neben unserer Wissenschaft eine Ägyptosophie, die ein Phänomen unserer eigenen Geistesgeschichte darstellt. Eine Ägyptosophie, der es nicht um das Alte Ägypten der Fachwissenschaft geht, sondern ausschließlich um eine ägyptische "Weisheit", die auf antiken Traditionen beruht; unter diesem Blickwinkel ist es ganz unerheblich, wieviele Spielarten des sḏm.f oder Keramiktypen der Zweiten Zwischenzeit sich unterscheiden lassen, und ob es eine gemeinsame Regierung von Amenemhât I. und Sesostris I. gegeben hat oder nicht.

Auch wenn eine für die andere immer wieder ein Ärgernis bildet, sollten Ägyptologie und Ägyptosophie eigentlich keine feindlichen Geschwister sein, sondern in fruchtbarem Austausch nebeneinander bestehen, ähnlich wie Astronomie und Astrologie (die ja auch besser auf den Namen Astrosophie hören sollte!). Dabei kann die Einsicht eine Rolle spielen, daß es in der Ägyptosophie nicht um objektive Tatsachen geht, sondern um Nahrung für die Seele – und das Alte Ägypten ist dann die Baumgöttin, die beiden, dem erden- und faktenverbundenen Körper und dem schweifenden Ba, ihre Nahrung spendet.

Fig. 1: Baumgöttin auf einem Relief in Hannover

REGISTER

Zu den Quellen:

Werke, deren Verfasser namentlich bekannt sind, suche man über die Autoren im Namenregister.
Anonym erschienene Werke, solche mit nur zugeschriebenen Verfassernamen (worunter z.B. die altägpytischen fallen) und Werke mehrerer Autoren suche man im Sachregister.
Antike Textquellen mit Stellenangaben sind in einem separaten Quellenregister am Schluß aufgenommen.
Der Beitrag von Bertrand Jaeger ist nur nach Namen und Orten indiziert.
Fortgesetzt vorkommende Stichworte (wie z.B. Ägypten) sind nicht aufgenommen.

NAMENREGISTER

ORTSREGISTER

SACHREGISTER

QUELLENREGISTER

ÄGYPTISCHE QUELLEN

Amduat
  11. Stunde : 333

Amenemope
  1,9-10 : 46
  5,1-6 : 46
  19,22-20,6 : 47

Dendara, Krypta
  (Chassinat, Dendara V, S. 54, 6-8 und S.
  60,10-61,2 = Giveon, Bédouins Shosou,
  S. 168-171) : 33f .34[56+57]

Edfu
  I, 112,6 und pl. 19 : 100
  I, 522,12 und pl. 365 : 100
  III, 121,4 : 99
  IV, 92,11 : 99
  VI, 277,4 : 100

Karnak: P. Clère, Porte d'Evergète pl. 43 :
99

Kasr El-Agoûz: Mallet, S. 90 : 100

Papyri:

Pap. Insinger 28,4 : 30[49]

Pap. Harris I (Großer) 75,2-7 : 26[41]

Pap. Oxy. XXVII 2476,18 : 90[12]

Pap. Sallier I, 1,2-3 : 32[52]

Pap. Salt 825, VII,5 : 33[54]

Pfortenbuch
  5. Stunde 30. Szene : 71
  6. Stunde 35. Szene : 151
  6. Stunde 36. Szene : 151

Philae II, 42.50.62.166.172 : 99[5]

Totenbuch
  Kap. 125 : 15[14]
  Kap 183 : 29

Urkunden
  Urk IV, 2027,5-20 : 28[45]
  Urk VIII, 83 Nr. 98d : 99

BIBEL

Altes Testament

Genesis Gen				
4,20-22 :	62		18,12-15 :	42
10,6 :	72		20 :	321.322[55]
10,15f :	59		20,1-18 :	40
12 :	52.57.61		21,22-34 :	40
12,1-4 :	42		22,1-19 :	42
12,10-20 :	40.60		23,1-19 :	40
13,6-7 :	40		24 :	40
14,18-24 :	39		25,21 :	40
15 :	40		26,1-11 :	40
15,6 :	42		26,12-33 :	40
17 :	40		27-33 :	41
17,17-19 :	42		28,1-2 :	40
18,9-15 :	40		28,10-22 :	42
			29,1-30 :	40

KLASSISCHE QUELLEN

Achilleus Tatios, Isisroman III 6-8 : 90[15]
Aphtonios, Progym. 12 : 90[14]
Ap(p)uleius, Metamorphosen
    II,4-5 : 93
    VI,29 : 88
    XI,2 : 107[25]
    XI,3 : 115[54]
    XI,5 : 106[14].107[24].115[53]
    XI,16 : 101[10]
Augustinus, De Civitate Dei VIII, 23f : 335
Cassius Dio, Hist. Rom. 69,11,2-3 : 97
Cicero
    De leg. II,2 : 84[4]
    ad Quint. frat. II,7,7 : 84[4]
Clemens Alexandrinus, Strom I,21, 101,5: 21[30]
Diodor, Bibl. Hist.
    I,14 : 106[13].112[40]
    I,21,3ff : 119[70]
    I,23,8 : 95
    IV,17,4 : 119[69]
    XXXIV-XXXV,1,3 : 16[17].32[51]
    XL,3,4 : 17[18]
Euripides, Helena 769 : 90[13]
Firmicus Maternus, De errore profan. rel.
    2(6) : 106[19]
Heliodor, Aithiop. 9,9 : 106[17]
Herodot II,15 : 90[13]
Homer
    Illias 8,69ff : 162
    Odyssee 7,36 : 157
Isidor von Sevilla, Etymolog. 8,84 : 107[21]
Josephus Flavius, Contra Apionem
    I, 26 §250 : 16[16]
    I, 73-105 : 13
    I,105 : 25.26[39]
    I,228-252 : 14
    I,288-292 : 21[31]
    I,304-311 : 20[26]

II, 10-11 : 20[25]
II,79-80.89.91-96 : 32[51]
II,112-114 : 32[51]
II,148 : 16[17]
Justinus M. Junianus > Pompeius Trogus
Justinus (Christl. Philosoph)
    Apologie 1,32 : 78[101]
    Dialog 43,100,120 : 78[101]
Macrobius, Saturn.
    I 19 (8-11.16-17) : 157[25]
    I 20 (17) : 110[36]
    I 20 (18) : 107[23].110[37]
    I 21 (11) : 107[23]
    I 21 (11/12) : 110[35]
Manetho :
    Fragm. 42 (Joseph. C. Ap. I, 73-92) : 13f
    Fragm. 50 (Joseph. C. Ap. I, 93-105) : 13
    Frag. 54 (Joseph. C. Ap. I, 227-287) : 14ff
Origenes, Contr. Cels. 5,38 (607/608) : 106[18]
Ovid, Metam.
    I,583ff : 111
    IV 89-90 : 91[16]
Pausanias IV 35,9 : 89[11]
Plutarch
    De Iside
    9 : 121[80]
    31 : 33
    32 : 105[7]
    38 : 105[7]
    53 : 106[15]
    De orac. 12 : 164
    De def. orac. 419 : 179[8]
Pompeius Trogus, Hist. Philipp. (ap. Justin.), Epit.1,9-3,9 : 24[37]
Prudentius, Apoth. 435ff : 179[9]

Rufinus von Aquileia, Hist. eccl.
  II (XI), 26 : 256[87]
Servius, In Vergili Aen. 8,696 : 106[20]
Strabon, Geogr.
  IV 179,4 : 124
  XVI 2,34-36 : 18[21]
  XVI 2,35 : 19[23]
  XVII 1,18 (C801) : 90[13]

Tacitus
  V, 2-13 : 22[34]
  V, 3-5 : 22
  V, 5.4 : 18[19]
Tatianus, Or ad Graec. XXXVIII : 21[30]
Varro, M. Terentius
  De ling. Lat. 5,57 : 106[16]

ABBILDUNGSVERZEICHNIS

A. TAFELN

Othmar Keel, Rezeption ägyptischer Bilder

1   Beni Hassan (Grab Nr. 3), Darstellung der Aamu. Nach C.R. Lepsius, *Denkmäler aus Aegypten und Aethiopien* II, 131.

2   Stele Sesostris' I. Nach I. Rosellini, *Monumenti storici*, Tav. 25,4.

3   Florenz, Stele Sesostris' I., Archäologisches Museum Inv. Nr. 2540-A. Photo 800 des Museums. Mit freundlicher Erlaubnis der Soprintendenza alle Antichità d'Etruria, Firenze.

4   Theben, Tal der Könige, Grab Sethos' I. Die vier Menschentypen. Nach C.R. Lepsius, *Denkmäler aus Aegypten und Aethiopien* III, 136,a.

Reinhold Merkelbach, Ägyptische Deutung griechischer Mythen

5   Pompei, Narziss, Pyramos und Thisbe im Haus des Octavius Quartio. Photo Alinari.

6,1   Pompei, Garten hinter dem Haus des Octavius Quartio. Nach V. Spinazzola, *Pompei alla luce degli scavi nuovi di Via dell'Abbondanza (anni 1910-1923)* I, Roma 1953, S. 418, Fig. 481.

6,2   Pompei, Nilgott beim Haus des Octavius Quartio. Nach V. Spinazzola (wie Taf. 6,1) I, S. 400, Fig. 456 (3).

7,1   Pompei, Sphinx beim Haus des Octavius Quartio. Nach V. Spinazzola (wie Taf. 6,1) I, S. 398, Fig. 454 (3).

7,2   Pompei, Zeus-Dionysos-Sarapis beim Haus des Octavius Quartio. Nach V. Spinazzola (wie Taf. 6,1) I, S. 398, Fig. 454 (1).

8,1   Pompei, Isispriester im kleinen Heiligtum des Octavius Quartio. Nach V. Tran Tam Tinh, *Essai sur le culte d'Isis à Pompéi*, Paris 1964, pl. VII,4.

8,2   Pompei, Blick auf den oberen Nil beim Haus des Octavius Quartio. Photo Fototeca Unione pr. Accademia Americana, Roma.

9   Pompei, Blick auf den unteren Nil im Garten des Octavius Quartio. Nach V. Spinazzola (wie Taf. 6,1) I, S. 406, Fig. 463.

10   Pompei, Apis-Stier in der Casa del Frutteto. Photo Deutsches Archäologisches Institut Rom.

11   Pompei, Pharao in der Casa del Frutteto. Photo Deutsches Archäologisches Institut Rom.

12   Pompei, zweiter Apis in der Casa del Frutteto. Photo Deutsches Archäologisches Institut Rom.

13   Pompei, Ägyptische Szenen in der Casa del Frutteto. Photo Deutsches Archäologisches Institut Rom.

14 Pompei, Schnabelkanne in der Casa del Frutteto. Photo Deutsches Archäologisches Institut Rom.

15,1 Pompei, Fresco: Nilflut in der Casa dell'Efebo. Nach A. Maiuri, *Le pitture delle case di M. Fabio Amandio, del Sacerdos Amandus e di P. Cornelius Teges*, Roma 1938, tav. III 1.

15,2 Pompei, Isisprozession in der Casa degli Amorini dorati. Photo Deutsches Archäologisches Institut Rom.

16,1 Neapel, Horos mit Falkenkopf aus der Casa degli Amorini dorati, Pompei. Nach *La Collezione egiziana del Museo Archeologico Nazionale di Napoli*, 1989, 14.7. Fig. 20.2.

16,2 New York, Anbetung des Anubis aus der Villa der Julia zu Boscotrecase. The Metropolitan Museum of Art. Photo des Museums.

17 Io, Argos und Hermes, aus dem Iseum von Pompei. Nach O. Elia, Le pitture del tempio di Iside (Monumenti della pittura antica scoperti in Italia III, 4) Roma 1942, tav. 2.

18 Io in Ägypten, aus dem Iseum von Pompei. Nach O. Elia (wie Taf. 17), tav. 3.

19 Neapel, Io in Ägypten aus der Casa del Duca d'Aumale, Pompei. Museo Nazionale Napoli. Photo Anderson.

20,1 Pompei, Europa im Haus des Octavius Quartio. Nach V. Spinazzola (wie Taf. 6,1) I, S. 376, Fig. 423.

20,2 Hildesheim, Europa auf dem Stier, Gipsabguß einer Tonform aus Memphis. Roemer-Pelizaeus-Museum. Photo des Museums.

21,1 Karlsruhe, Lampe mit Sarapis und Europa auf dem Stier. Badisches Landesmuseum. Photo des Museums.

21,2 Perseus und Andromeda, Münze aus Alexandria. Photo Institut für Altertumskunde der Universität zu Köln.

22 New York, Perseus und Andromeda aus der Villa der Julia zu Boscotrecase. The Metropolitan Museum of Art. Photo des Museums.

23,1 Pompei, Perseus und Andromeda im Haus des Sacerdos Amandus. Photo Deutsches Archäologisches Institut Rom.

23,2 Harpokrates-Herakles aus Herculanum. Nach *Real Museo Borbonico*, Napoli 1824-57, XII, tav. 30.

24,1 Pompei, Herakliskos beim Haus des Octavius Quartio. Nach V. Spinazzola (wie Taf. 6,1) I, S. 400, Fig. 456 (1), links oben.

24,2 Neapel, Narziss aus dem Iseum von Pompei. Museo Nazionale Napoli. Nach Real Museo Borbonico, Napoli 1824-57, XII, tav. 7.

25,1 Pompei, Narziss und die Nymphe Echo aus der Casa dell'Efebo. Nach A. Maiuri (wie Taf. 15,1), S. 17, Fig. 12.

25,2 Pompei, Hylas und die Nymphen aus der Casa dell'Efebo. Nach A. Maiuri (wie Taf. 15,1), S. 30, Fig. 23.

26 Pompei, Aktaion und Artemis aus dem Haus des Octavius Quartio. Nach V. Spinazzola (wie Taf. 6,1) I, S. 384, Fig. 434.

27,1 Pompei, Artemis aus dem Haus des Octavius Quartio. Nach V. Spinazzola (wie Taf. 6,1) I, S. 392, Fig. 446.

27,2 Pompei, Aktaion aus dem Haus des Octavius Quartio. Nach V. Spinazzola (wie Taf. 6,1) I, S. 393, Fig. 447.

28 Pompei, Aktaion und Artemis beim "Wasserfall" im Haus des Octavius Quartio. Nach V. Spinazzola (wie Taf. 6,1) I, S. 410, Fig. 468.

46 Tivoli, Brunnen im Garten der Villa d'Este. Nach C. Lamb, *Die Villa d'Este in Tivoli*, München 1966, Taf. 15.

47,1 Johannes Sambucus, *Emblemata*[4], Leiden 1599. Nach H. Thiersch, *Artemis Ephesia*, Berlin 1935, Taf. LXII, 3.

47,2 Bühnenbild-Entwurf zur "Zauberflöte" von Carl Maurer, 1812. Nach J.St. Curl, *Egyptomania*, Manchester/New York 1994, Abb. 96. Mit freundlicher Erlaubnis des Autors.

48 Fontaine de la Régénération. Auf der Place de la Bastille zum 10.8.1793 errichtet. Nach *Médecine de France* 188, 1968, 37.

49,1 Déclaration des droits de l'homme et du citoyen 1795. Nach Dictionnaire *Le Petit Robert* 2, Paris 1985, S. 546.

49,2 B. Thorvaldsen, Widmungsblatt "An Göthe" aus A. von Humboldts *Ideen zu einer Geographie der Pflanzen*, 1807. Nach P. Hadot, *Zur Idee der Naturgeheimnisse* (AAWLM 8) Wiesbaden 1982, Taf. 1.

50 K. W. Wach, Allegorie der Natur. Nach *Studien zu Religion und Kultur Kleinasiens*, Bd. II (EPRO 66,2) Leiden 1978, Taf. CLXIX.

Hermann A. Schlögl, Einflüsse Altägyptens auf die europäische Malerei

51 Sevilla, Juan de Valdéz Leal, Finis gloriae mundi. Nach *Hochland. Monatsschrift für alle Gebiete des Wissens, der Literatur und der Kunst*, München 1921.

52 Pierre Loti in ägyptischem Kostüm. Nach *Der Querschnitt* VII, Berlin 1927, zwischen S. 390 und 391.

53 František Kupka, Der Beginn des Lebens. Nach M. Gibson, *The Symbolists*, New York 1988, S. 153.

54 František Kupka, Weg der Stille II. Norodni Galerie Prag.

55 Jan Toorop. Der Gesang der Zeiten. Nach *Symbolismus in Europa*. Ausstellungskatalog der Staatlichen Kunsthalle Baden-Baden, 1976, Abb. 246.

56 Emil Nolde, Blumen und Uschebti, Privatsammlung. Photo Regine Buxtorf, Basel.

57 Kurt Kocherscheidt, Ägyptisches Triptychon, Privatsammlung. Photo Kunstinstitut Morat, Freiburg.

58 David Hockney, Prozession von Würdenträgern. Privatsammlung. Photo Regine Buxtorf, Basel.

Bertrand Jaeger, Café Pedrocchi

59,1 Padua, Kaffee Pedrocchi, Erdgeschoß: Unterteil einer Säule. Photo B. Jaeger, Neg. 4461.

59,2 Padua, Kaffee Pedrocchi, Nordseite: ägyptisierender Löwe am Eingang. Photo B. Jaeger, Neg. 4841.

59,3 Rom, Kapitol, Inv. Musei Capitolini 28 (15): ptolemäischer Löwe am linken unteren Ende der Rampe («Cordonata»). Photo DAI Rom 60.685.

60 Padua, Biblioteca Civica R.I.P. XVIII 1479: A. Tosini, «Pedrocchi, Dalla strada cosidetta Turchia» (Stich). Photo Musei Civici di Padova, Gabinetto Fotografico.

61   Padua, Kaffee Pedrocchi, ägyptischer Raum: Südseite. Photo Musei Civici di Padova, Gabinetto Fotografico.

62   Padua, Kaffee Pedrocchi, ägyptischer Raum: Ostseite. Photo Musei Civici di Padova, Gabinetto Fotografico.

63   Padua, Kaffee Pedrocchi, ägyptischer Raum: Naos auf der Ostseite. Photo Musei Civici di Padova, Gabinetto Fotografico.

64,1   Padua, Kaffee Pedrocchi, ägyptischer Raum: Naos auf der Ostseite. Detailaufnahme, Photo B. Jaeger, Neg. 4885.

64,2   Padua, Kaffee Pedrocchi, ägyptischer Raum: Mattscheiben auf der Ostseite. Photo B. Jaeger, Neg. 4930.

65   Padua, Kaffee Pedrocchi, ägyptischer Raum: Naophor auf der Ostseite. Photo B. Jaeger, Neg. 4402.

66   Padua, Kaffee Pedrocchi, ägyptischer Raum: Südseite, ägyptisierende Tür. Photo Musei Civici di Padova, Gabinetto Fotografico.

67   Padua, Kaffee Pedrocchi, ägyptischer Raum: Nordseite, ägyptisierende Tür. Photo Musei Civici di Padova, Gabinetto Fotografico.

68,1   Padua, Kaffee Pedrocchi, ägyptischer Raum: Westseite, Detailaufnahme der Architrave. Photo Musei Civici di Padova, Gabinetto Fotografico.

68,2   Padua, Kaffee Pedrocchi, ägyptischer Raum: Ostseite, Detailaufnahme der Architrave. Photo Musei Civici di Padova, Gabinetto Fotografico.

69   Padua, Kaffee Pedrocchi, ägyptischer Raum: Nordseite, Detailaufnahme der Architrave. Photo Musei Civici di Padova, Gabinetto Fotografico.

70   Padua, Biblioteca Civica R.I.P. XVIII 1484: A. Tosini, «Pedrocchi, Sala egizia» (Stich). Photo Musei Civici di Padova, Gabinetto Fotografico 1542.

71   Padua, Kaffee Pedrocchi, ägyptischer Raum: Photographie von 1906. Original verschollen. Nach L. Puppi, *Il Caffè Pedrocchi di Padova*, Vicenza 1980, Abb. 144 (mit freundlicher Erlaubnis von L. Puppi).

72,1   Padua, Kaffee Pedrocchi, ägyptischer Raum, Südseite: ägyptisierende Tür. Detailaufnahme, Photo B. Jaeger, Neg. 4880.

72,2   Padua, Kaffee Pedrocchi, ägyptischer Raum, Südseite: linker Türpfosten. Detailaufnahme, Photo B. Jaeger, Neg. 4851.

73,1   Padua, Kaffee Pedrocchi, ägyptischer Raum, Südseite: rechter Türpfosten. Detailaufnahme, Photo B. Jaeger, Neg. 4859.

73,2   Padua, Kaffee Pedrocchi, ägyptischer Raum, Nordseite: linker Türpfosten. Detailaufnahme, Photo B. Jaeger, Neg. 4910.

74   Karnak, Tor des Euergetes: Relief der Innenseite. Nach *Description de l'Egypte, Antiquités (Planches)*, III, Paris 1812, Taf. 53. Photo Universitätsbibliothek Basel.

75,1   Padua, Kaffee Pedrocchi, ägyptischer Raum, Nordseite: linker Türpfosten. Detailaufnahme, Photo B. Jaeger, Neg. 4904.

75,2   Padua, Kaffee Pedrocchi, ägyptischer Raum, Nordseite: rechter Türpfosten. Detailaufnahme, Photo B. Jaeger, Neg. 5688.

76,1   Padua, Kaffee Pedrocchi, ägyptischer Raum, Nordseite: rechter Türpfosten. Detailaufnahme, Photo B. Jaeger, Neg. 4889.

76,2   Padua, Museo Bottacin, inv. serie veneta 22: L. Manfredini, Medaille zu Ehren von G.B. Belzoni. Photo Musei Civici di Padova, Gabinetto Fotografico 7222.

77 Padua, Museo Civico agli Eremitani, ohne Inv.-Nr.: Statue der Sachmet aus dem Muttempel von Karnak. Photo Musei Civici di Padova, Gabinetto Fotografico 8540

78 Vatikan, Museo Gregoriano Egizio 196: Naophore Statue des Udjahorresnet. Nach G. Winkelmann[sic], *Storia delle arti del disegno presso gli antichi*, 3 Bde, Rom 1783-1784 (ed. Carlo Fea), I, Taf. VII. Photo Guido Fini, Torino.

79 Ägyptische Grabkammer: M. Tesi, *Raccolta di disegni originali estratti da diverse collezioni pubblicata da Lodovico Inig Calcografo in Bologna*, [Bologna 1787], Taf. XXXI. Photo Bologna, Biblioteca dell'Archiginnasio.

80 Santa Maria Nova (Prov. Forlì), Villa Cavalli: Wandgemälde. Photo B. Jaeger, Neg. 3561.

81 Padua, Archivio di Stato, Atti Comunali, busta 1154/18 (Tavola V): G. Jappelli, Projekt für den Stadtfriedhof, Kapelle und Seiteneingang. Photo Archivio di Stato, Padova, 5027.

82,1 Conegliano (Prov. Treviso), Villa Gera, ägyptisches Tor: Außenansicht. Photo B. Jaeger, Neg. 4328.

82,2 Conegliano (Prov. Treviso), Villa Gera, ägyptisches Tor: Dekoration der Hohlkehle, Innenseite. Photo B. Jaeger, Neg. 4345.

83,1 Conegliano (Prov. Treviso), Villa Gera, ägyptisches Tor: Gitter. Photo B. Jaeger, Neg. 4335.

83,2 Conegliano (Prov. Treviso), Villa Gera, ägyptisches Tor: Relief am linken Türpfosten. Photo B. Jaeger, Neg. 5376.

84,1 Padua, Privatgarten, Springbrunnen: G. Jappelli, Uroboros. Photo B. Jaeger, Neg. 4967.

84,2 Padua, Privatgarten, Springbrunnen: G. Jappelli, Uroboros. Detailaufnahme, Photo B. Jaeger, Neg. 4968.

85 San Fortunato, Colle di Cavignano (Prov. Rimini), Villa Belvedere, ägyptischer Raum: M. Capizucchi, Deckenfresko («Die Begegnung von Cleopatra und Marc Anton»). Photo B. Jaeger, Neg. 5344.

86 San Fortunato, Colle di Cavignano (Prov. Rimini), Villa Belvedere, ägyptischer Raum: M. Capizucchi, Detailaufnahme der Freskendekoration. Photo B. Jaeger, Neg. 5350.

87 Mailand, Pinacoteca di Brera, Inv. A.C.15/110 (Dauerleihgabe bei der Procura Generale della Repubblica, Palazzo del Tribunale, Milano): P. Paoletti, «La morte de'primogeniti d'Egitto» (Ölbild). Nach S. Marinelli et al. (Hg.), *Il Veneto e l'Austria. Vita e cultura artistica nelle città venete 1814-1866* (Ausstellungskatalog), Mailand 1989, S. 189 Abb. 122.

88,1 Privatsammlung: P. Girometti, Medaille zur Eröffnung des Ägyptischen Museums im Vatikan. Nach Numismatica Ars Classica AG, *Auktion 1*, Zürich 29-30.3.1989, n° 96M.

88,2 Rom, Park der Villa Borghese: L. Canina, «Propileo egizio». Photo B. Jaeger, Neg. 3295.

89 Vaprio d'Adda (Prov. Mailand), Villa Castelbarco Albani, Kryptoportikus, ägyptischer Raum: Hauptwand. Photo B. Jaeger, Neg. 5356.

90.1 Vaprio d'Adda (Prov. Mailand), Villa Castelbarco Albani, Kryptoportikus, ägyptischer Raum: Detailaufnahme der Deckendekoration. Photo B. Jaeger, Neg. 5360.

90,2 Padua, Palazzo Papafava dei Carraresi: Konsole mit ägyptisierenden Beinen. Photo B. Jaeger, Neg. 336.

B. Figuren im Text

381

Reinhold Merkelbach, Ägyptische Deutung griechischer Mythen

1 Schematischer Grundriß und Schrägansicht des Gartens hinter dem Haus des Octavius Quartio. – S. 83

2 Perseus und Andromeda aus dem Iseum von Pompei. Nach Fr. Mazois, *Les ruines de Pompéi* IV (1838), pl. X (nach S. 24). – S. 89

Elisabeth Staehelin, Alma Mater Isis

1 Homonoia-Münze von Ephesos und Alexandria. Nach G. Hölbl, *Zeugnisse ägyptischer Religionsvorstellungen für Ephesus* (EPRO 73) Leiden 1978, Taf. XIV,1. – S. 109

2 Isis als Königin und Göttin Ägyptens. Boccaccio-Ausgabe, Louvain 1487. Nach J. Baltrušaitis, *La quête d'Isis*[2], Paris 1985, Abb. 38. – S. 111

3 *Inventione* aus *Iconologia di Cesare Ripa Perugino*, Venetia 1645, S. 292. Unser Bild stammt aus dieser späteren Ausgabe, weil die entsprechende Abbildung der Ausgabe von 1624/25 (vgl. Anm. 94) weniger deutlich ist. – S. 125

4 Isis Multimammia aus Athanasius Kircher, *Oedipus Aegyptiacus* I, Rom 1652, S. 190. – S. 127

5 Isis Multimammia aus *Note overo Memorie del Museo del Conte Lodovico Moscardo, nobile Veronese*, Verona 1672, S. 17. – S. 129

6 J.A. von Segner, *Einleitung in die Natur-Lehre*[3], Göttingen 1770. Titelvignette. – S. 139

7 Isis aus dem Fries des Museums an der Augustinergasse, Basel. Nach *Umrisse der Basreliefs am Museum zu Basel*, Schaffhausen 1850, Taf. B. – S. 141

Frank Teichmann, Entstehung des Entwicklungsgedankens

1 Götterfigur vom zweiten Tutanchamun-Schrein. Nach A. Piankoff, *The Shrines of Tut-Ankh-Amon*, New York 1955, Fig. 41 (Ausschnitt). – S. 149

2 Neheh und Djet als Himmelsträger. Vom äußersten Tutanchamun-Schrein. Nach A. Piankoff (wie Fig. 1), Fig. 47 (Ausschnitt). – S. 150

3 Zeit als gewundenes Seil, Pfortenbuch 36. Szene. Nach E. Hornung, *Das Buch von den Pforten des Jenseits* (AH 8) Genf 1984, S. 158. – S. 151

4 Zeit als Schlange, Pfortenbuch 35. Szene. Nach E. Hornung (wie Fig. 3), S. 155. – S. 151

Hermann A. Schlögl, Einflüsse Altägyptens auf die europäische Malerei

1 Jacques Callot. Der heilige Franziskus in der Lilie. Nach *Jacques Callot. Das gesamte Werk*, Bd. 2 Druckgraphik. Herrsching o.J., S. 1431. – S. 164

2 Philipp Otto Runge. Der Morgen. Federzeichnung 1803. Nach Chr.A. Jsermeyer, *Philipp Otto Runge*, Berlin 1940, Abb. 18. – S. 165

3 Max Slevogt. Beim Sphinx von Gizeh. Aus: J. Guthmann, *Bilder aus Ägypten*, Berlin 1925, Abb. gegenüber von S. 126. – S. 171

Bertrand Jaeger, Café Pedrocchi

1 Padua, Kaffee Pedrocchi, *Piano nobile*: Plan. Nach B. Mazza (Hg.), *Il Caffè Pedrocchi in Padova*, Padova 1984, S. 94. – S. 191

1:    Beni Hassan, Darstellung der Aamu, nach Lepsius (S. 58f.)

2: Stele Sesostris' I., nach Rosellini (S. 74)

3:     Stele Sesostris' I., Florenz (S. 74)

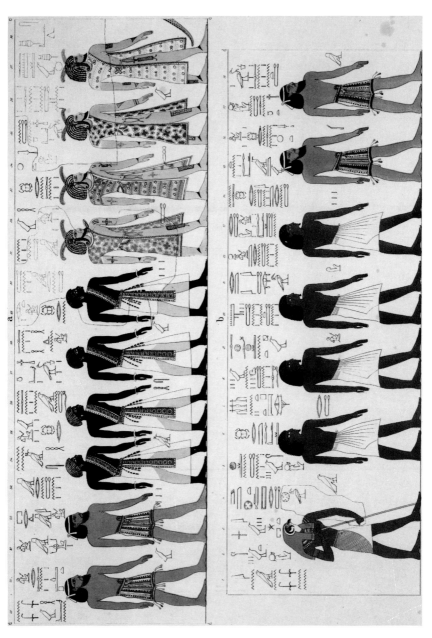

4:    Grab Sethos' I., Die vier Menschentypen, nach Lepsius (S. 70)

5:   Narziss, Pyramos und Thisbe, Haus des Octavius Quartio (S. 81)

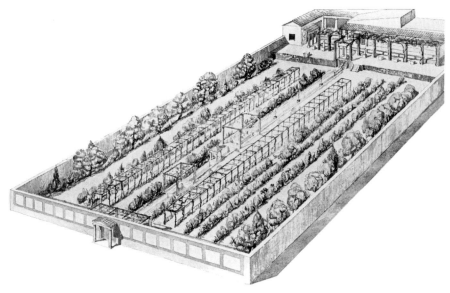

6,1:   Garten hinter dem Haus des Octavius Quartio (S. 82)

6,2:   Nilgott beim Haus des Octavius Quartio (S. 84)

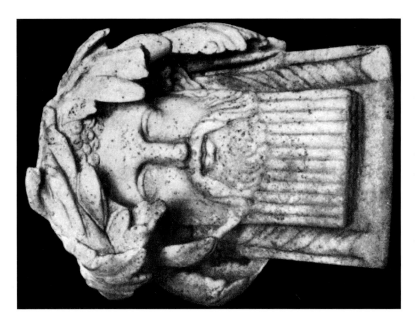

7,2: Zeus-Dionysos-Sarapis, ebenda (S. 84)

7,1: Sphinx beim Haus des Octavius Quartio (S. 84)

8,2: Blick auf den oberen Nil beim Haus des Octavius Quartio (S. 84)

8,1: Isispriester, Haus des Octavius Quartio (S. 84)

9:　　Blick auf den unteren Nil, Garten des Octavius Quartio (S. 84)

10: Apis-Stier in der Casa del Frutteto (S. 84)

11:    Pharao in der Casa del Frutteto (S. 84)

12:    Zweiter Apis in der Casa del Frutteto (S. 84)

13:    Ägyptische Szenen in der Casa del Frutteto (S. 84)

14: Schnabelkanne in der Casa del Frutteto (S. 84)

15,1: Nilflut in der Casa dell' Efebo (S. 85)

15,2: Isisprozession, Casa degli Amorini dorati (S. 85)

16,2: Anbetung des Anubis aus der Villa zu Boscotrecase (S. 85)

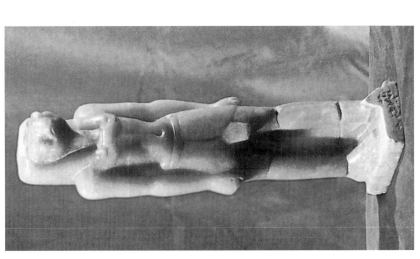

16,1: Horos, Casa Amorini dorati (S. 85)

17:     Io, Argos und Hermes aus dem Iseum von Pompei (S. 87)

18:    Io in Ägypten aus dem Iseum von Pompei (S. 87)

19: Io in Ägypten in der Casa del Duca d'Aumale (S. 88)

20,1: Europa, Haus des Octavius Quartio (S. 88)

20,2: Europa. Tonform aus Memphis (Gipsabguß) (S. 88)

21,2: Perseus und Andromeda, Alexandria (S. 89)

21,1: Lampe mit Sarapis und Europa auf dem Stier (S. 88)

22:    Perseus und Andromeda aus der Villa der Julia zu Boscotrecase (S. 88)

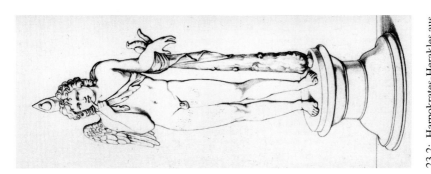

23.2: Harpokrates-Herakles aus Herculanum (S. 90)

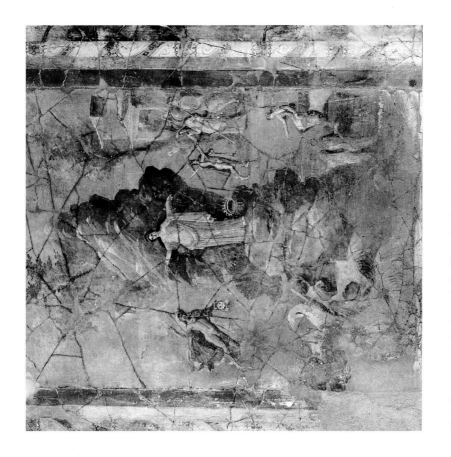

23,1: Perseus und Andromeda im Haus des Sacerdos Amandus (S. 90)

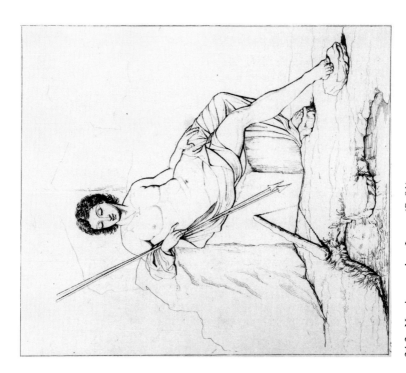

24,2: Narziss aus dem Iseum (S. 91)

24,1: Herakliskos beim Haus des Octavius Quartio (S. 91)

25.2: Hylas und die Nymphen aus der Casa dell'Efebo (S. 93)

25.1: Narziss und die Nymphe Echo aus der Casa dell'Efebo (S. 91)

26: Aktaion und Artemis aus dem Haus des Octavius Quartio (S. 93)

27.2: Aktaion aus dem Haus des Octavius Quartio (S. 93)

27.1: Artemis aus dem Haus des Octavius Quartio (S. 93)

28: Aktaion und Artemis beim "Wasserfall", Haus des Octavius Quartio (S. 93)

29: Aktaion und Artemis in der Casa del Frutteto (S. 93)

30:    Aktaion und Artemis im Haus der Amorini dorati (S. 93)

31:   Daidalos und Ikaros in der Casa del Frutteto (S. 94)

32: Daidalos und Ikaros im Haus des Sacerdos Amandus (S. 94)

33,1: Isis, Neuer Garten Potsdam (S. 103)

33,2: Deckenmalerei, Stift St. Florian (S. 103)

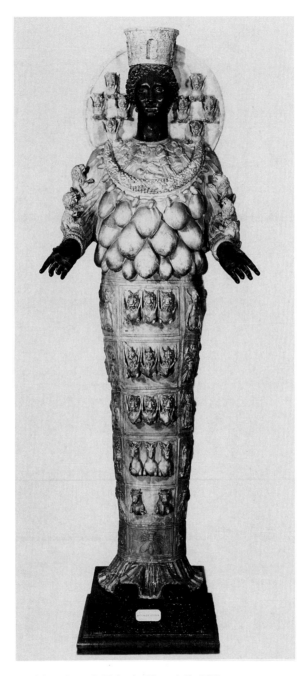

34:     Artemis Ephesia, Neapel (S. 107)

35:    Isis als Baumpflegerin bei Christine de Pisan (S. 113)

36: *Nature* im Livre des Echecs amoureux (S. 113)

37:    Raffaels *Philosophie*, Vatikan, Stanza della Segnatura (S. 114)

38:    Schule Raffaels, Loggien des Vatikan (S. 116)

39:   Illuminierte Seite aus dem Missale Colonna (S. 118)

40:    Benvenuto Cellini, Sockel des Perseo, Florenz (S. 119)

42:     Vincenzo Cartari, Illustration zu Claudian, 1571 (S. 122)

43.2: Druidengrotte von Chartres mit Isis Multimammia (S. 124)

43.1: Enea Vico, Imagini delle Donne Auguste, 1557 (S. 123)

44:    Athanasius Kircher, Mundus Subterraneus II, Titelkupfer (S. 128)

45:    Note [...] del Museo [...] Moscardo 1672, Frontispiz (S. 128)

46:    Brunnen in der Villa d'Este, Tivoli (S. 133f.)

47,1: Johannes Sambucus, Emblemata, 1599 (S. 134)

47,2: Carl Maurer, Bühnenbild zur Zauberflöte, 1812 (S. 134)

48:    Fontaine de la Régénération, Paris 1793 (S. 136)

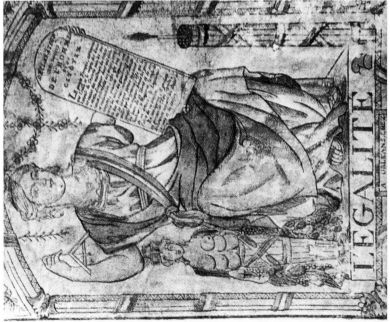

49,1: Déclaration des droits de l'homme et du citoyen 1795 (S. 137)   49,2: Thorvaldsen: Widmung "An Göthe" von A.v. Humboldt (S. 140)

50:    K.W. Wach, Allegorie der Natur (S. 140)

51:   Juan de Valdés Leal, Finis gloriae mundi (S. 162)

52: Pierre Loti in ägyptischem Kostüm (S. 167)

53:    František Kupka, Beginn des Lebens (S. 167)

54:    František Kupka, Weg der Stille II (S. 167)

55: 	Jan Toorop, Der Gesang der Zeiten (S. 168)

56:　　Emil Nolde, Blumen mit Uschebti (S. 169)

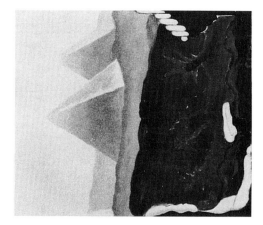

57: Kurt Kocherscheidt, Ägyptisches Triptychon (S. 172)

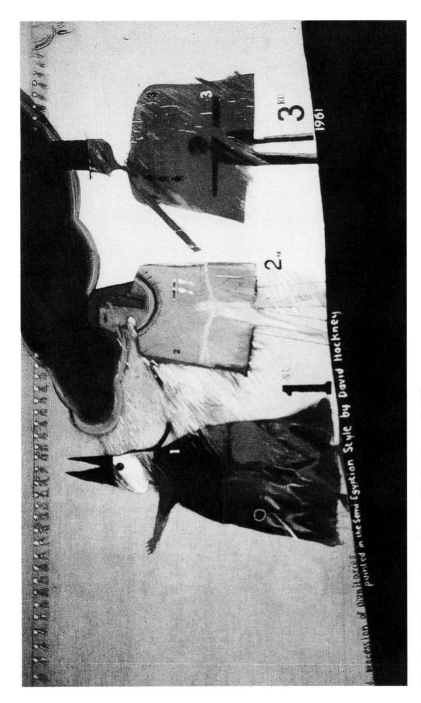

58:　David Hockney, Prozession von Würdenträgern (S. 172)

59,1: Café Pedrocchi: détail d'une colonne (S. 190)

59,2: Café Pedrocchi: lion de la façade nord (S. 190)

59,3: Rome, place du Capitole: lion de la «Cordonata» (S. 190)

60:    A. Tosini: façade nord du café Pedrocchi, gravure (S. 190)

61:　Café Pedrocchi, Salon égyptien: paroi sud (S. 192)

62:    Café Pedrocchi, Salon égyptien: paroi est (S. 192)

63:     Café Pedrocchi, Salon égyptien: naos de la paroi est (S. 192)

64,1: Café Pedrocchi, Salon égyptien: détail du naos de la paroi est (S. 192, 201)

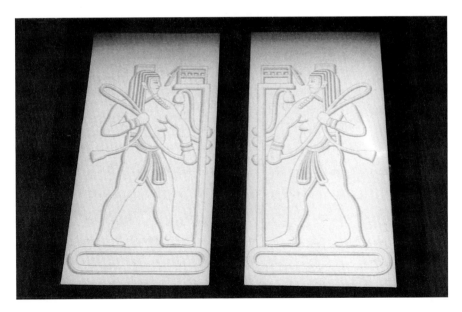

64,2: Café Pedrocchi, Salon égyptien: fenêtres en verre dépoli, paroi est (S. 194, 201)

65: Café Pedrocchi, Salon égyptien: naophore de la paroi est (S. 192)

66:    Café Pedrocchi, Salon égyptien: paroi sud, vue partielle (S. 194)

67:　Café Pedrocchi, Salon égyptien: paroi nord, vue partielle (S. 194)

68,1: Café Pedrocchi, Salon égyptien: paroi ouest, détail des architraves (S. 194)

68,2: Café Pedrocchi, Salon égyptien: paroi est, détail des architraves (S. 194)

69:   Café Pedrocchi, Salon égyptien: paroi nord, détail des architraves (S. 194)

70: A. Tosini: Salon égyptien du café Pedrocchi, gravure (S. 194)

71:   Café Pedrocchi, Salon égyptien: photographie de 1906 (S. 194)

72,1: Café Pedrocchi, Salon égyptien: détail de la porte sud (S. 195)

72,2: Café Pedrocchi, Salon égyptien: détail de la porte sud (S. 197)

73.2: Café Pedrocchi, Salon égyptien: détail de la porte nord (S. 198)

73.1: Café Pedrocchi, Salon égyptien: détail de la porte sud (S. 198)

74:     Karnak, porte d'Evergète: bas-reliefs intérieurs (S. 198)

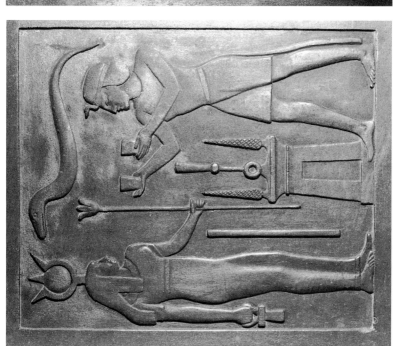

75.2: Café Pedrocchi, Salon égyptien: détail de la porte nord (S. 199)

75.1: Café Pedrocchi, Salon égyptien: détail de la porte nord (S. 198)

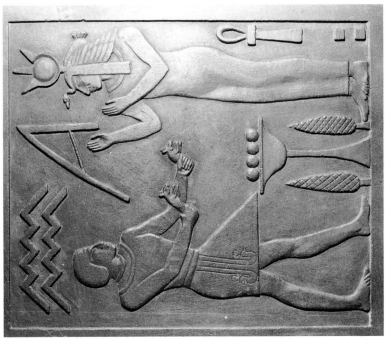

76,1: Café Pedrocchi, Salon égyptien: détail de la porte nord (S. 199)

77:    Padoue, Musei Civici: statue de Sakhmet offerte par G. B. Belzoni à la ville (S. 199)

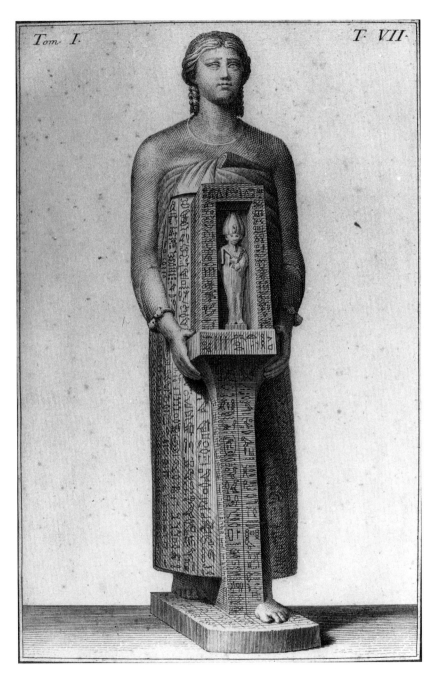

78:      Vatican, Musée égyptien, naophore de Oudjahorresné: gravure (S. 200)

Camera Sepulcrale Egizia

79:    M. Tesi: «Camera Sepulcrale Egizia», dessin (S. 206)

80:    Santa Maria Nova, villa Cavalli: peinture d'auteur inconnu (S. 206)

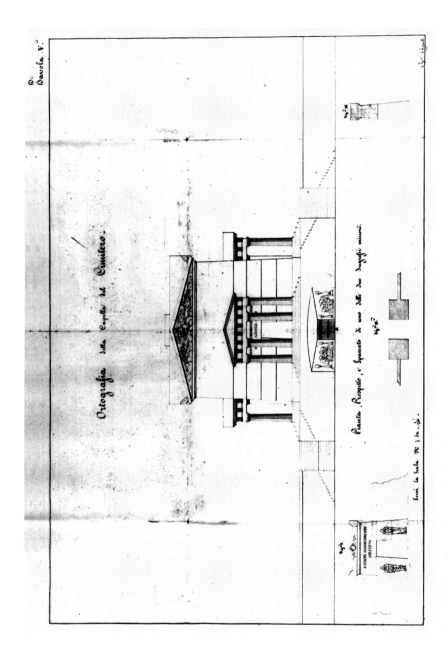

81: G. Jappelli: projet pour le cimetière de Padoue (S. 209)

82,1: Conegliano, villa Gera: Porte égyptienne (S. 209)

82,2: Conegliano, villa Gera: Porte égyptienne, décor de la corniche (S. 210)

83,2: Conegliano, villa Gera: relief à l'entrée de l'aile orientale (S. 210)

83,1: Conegliano, villa Gera: grille de la Porte égyptienne (S. 210)

84,1: Padoue, jardin privé, vasque de jet d'eau: G. Jappelli, ourobore (S. 211)

84,2: Détail de l'ourobore (S. 211)

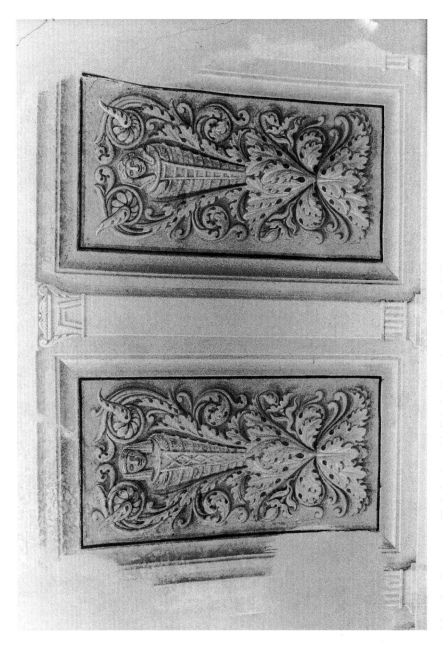

86:    San Fortunato, villa Belvedere: détail de la décoration murale (S. 214)

87:    P. Paoletti: *La morte de' primogeniti d'Egitto*, peinture à l'huile (S. 215)

88,1: P. Girometti: médaille commémorant l'ouverture du Musée égyptien du Vatican (S. 218)

88,2: Rome, parc de la villa Borghèse: L. Canina, «Propylée égyptien» (S. 218)

89:    Vaprio d'Adda, villa Castelbarco Albani: décor égyptisant (S. 219)

90,1: Vaprio d'Adda, villa Castelbarco Albani: détail du décor égyptisant (S. 220)

90,2: Padoue, Palazzo Papafava dei Carraresi: G. Manzoni, console égyptisante (S. 222)

91:     Stela of Pyiay, worshipping Khons Neferhotep, Deir el-Medina. XIX Dyn. (S. 305)

92:    Kingston Lacy House with the Philae obelisk in the foreground (S. 309)

93:   The sarcophagus of the king's scribe Amenemope (S. 309)

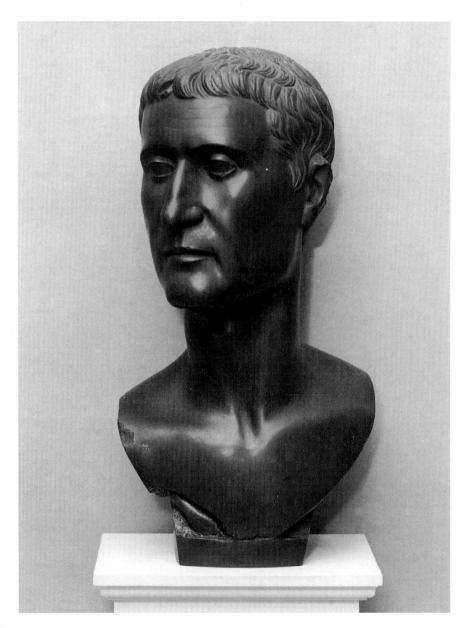

94:    Basalt bust of a Roman, formerly identified as Mark Antony. First century B.C. (S. 311)

95,1: Schist palette in the form of a fish, Predynastic Period (S. 311)

95,2: Wooden manacle in the form of a lion savaging a Nubian, New Kingdom (S. 312)

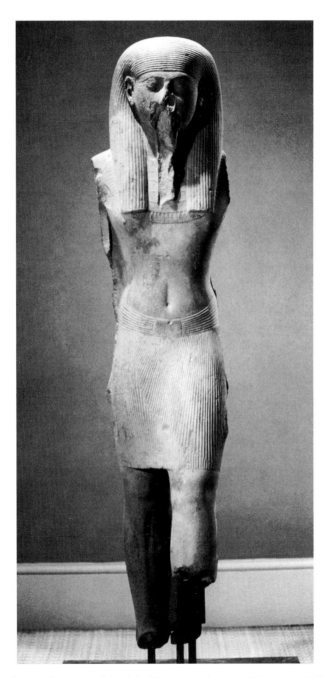

96:    Greywacke statue of the deity Hetep-baqef, reign of Ramesses II (S. 312)

Bd. 59   JAMES KARL HOFFMEIER: *Sacred in the Vocabulary of Ancient Egypt.* The Term DSR, with Special Reference to Dynasties I–XX. XXIV–281 pages, 24 figures. 1985.

Bd. 60   CHRISTIAN HERRMANN: *Formen für ägyptische Fayencen.* Katalog der Sammlung des Biblischen Instituts der Universität Freiburg Schweiz und einer Privatsammlung. XXVIII–199 Seiten. Mit zahlreichen Abbildungen im Text und 30 Tafeln. 1985.

Bd. 61   HELMUT ENGEL: *Die Susanna-Erzählung.* Einleitung, Übersetzung und Kommentar zum Septuaginta-Text und zur Theodition-Bearbeitung. 205 Seiten + Anhang 11 Seiten. 1985.

Bd. 62   ERNST KUTSCH: *Die chronologischen Daten des Ezechielbuches.* 82 Seiten. 1985.

Bd. 63   MANFRED HUTTER: *Altorientalische Vorstellungen von der Unterwelt.* Literar- und religions geschichtliche Überlegungen zu «Nergal und Ereškigal». VIII–187 Seiten. 1985.

Bd. 64   HELGA WEIPPERT / KLAUS SEYBOLD / MANFRED WEIPPERT: *Beiträge zur prophetischen Bildsprache in Israel und Assyrien.* IX–93 Seiten. 1985.

Bd. 65   ABDEL-AZIZ FAHMY SADEK: *Contribution à l'étude de l'Amdouat.* Les variantes tardives du Livre de l'Amdouat dans les papyrus du Musée du Caire. XVI–400 pages, 175 illustrations. 1985.

Bd. 66   HANS-PETER STÄHLI: *Solare Elemente im Jahweglauben des Alten Testamentes.* X–60 Seiten. 1985.

Bd. 67   OTHMAR KEEL / SILVIA SCHROER: *Studien zu den Stempelsiegeln aus Palästina/Israel.* Band I. 115 Seiten, 103 Abbildungen. 1985.

Bd. 68   WALTER BEYERLIN: *Weisheitliche Vergewisserung mit Bezug auf den Zionskult.* Studien zum 125. Psalm. 96 Seiten. 1985.

Bd. 69   RAPHAEL VENTURA: *Living in a City of the Dead.* A Selection of Topographical and Administrative Terms in the Documents of the Theban Necropolis. XII–232 pages. 1986.

Bd. 70   CLEMENS LOCHER: *Die Ehre einer Frau in Israel.* Exegetische und rechtsvergleichende Studien zu Dtn 22, 13-21. XVIII–464 Seiten. 1986.

Bd. 71   HANS-PETER MATHYS: *Liebe deinen Nächsten wie dich selbst.* Untersuchungen zum alttestamentlichen Gebot der Nächstenliebe (Lev 19,18). XII–204 Seiten. 1990. 2. verbesserte Auflage.

Bd. 72   FRIEDRICH ABITZ: *Ramses III. in den Gräbern seiner Söhne.* 156 Seiten, 31 Abbildungen. 1986

Bd. 73   DOMINIQUE BARTHÉLEMY / DAVID W. GOODING/JOHAN LUST/EMANUEL TOV: *The Story of David and Goliath.* 160 pages. 1986.

Bd. 74   SILVIA SCHROER: *In Israel gab es Bilder.* Nachrichten von darstellender Kunst im Alten Testament. XVI–553 Seiten, 146 Abbildungen. 1987.

Bd. 75   ALAN R. SCHULMAN: *Ceremonial Execution and Public Rewards.* Some Historical Scenes on New Kingdom Private Stelae. 296 pages, 41 figures. 1987.

Bd. 76   JOŽE KRAŠOVEC: *La justice (Sdq) de Dieu dans la Bible hébraïque et l'interprétation juive et chrétienne.* 456 pages. 1988.

Bd. 77   HELMUT UTZSCHNEIDER: *Das Heiligtum und das Gesetz.* Studien zur Bedeutung der sinaitischen Heiligtumstexte (Ez 25-40; Lev 8-9). XIV–326 Seiten. 1988.

Bd. 78   BERNARD GOSSE: *Isaïe 13,1-14,23.* Dans la tradition littéraire du livre d'Isaïe et dans la tradition des oracles contre les nations. 308 pages. 1988.

Bd. 79   INKE W. SCHUMACHER: *Der Gott Sopdu – Der Herr der Fremdländer.* XVl–364 Seiten, 6 Abbildungen. 1988.

Bd. 80 HELLMUT BRUNNER: *Das hörende Herz*. Kleine Schriften zur Religions- und Geistes geschichte Ägyptens. Herausgegeben von Wolfgang Röllig. 449 Seiten, 55 Abbildungen. 1988.

Bd. 81 WALTER BEYERLIN: *Bleilot, Brecheisen oder was sonst?* Revision einer Amos-Vision. 68 Seiten. 1988.

Bd. 82 MANFRED HUTTER: *Behexung, Entsühnung und Heilung*. Das Ritual der Tuunawiya für ein Königspaar aus mittelhethitischer Zeit (KBo XXI 1 – KUB IX 34 – KBo XXI 6). 186 Seiten. 1988.

Bd. 83 RAPHAEL GIVEON: *Scarabs from Recent Excavations in Israel*. 114 pages with numerous illustrations and 9 plates. 1988.

Bd. 84 MIRIAM LICHTHEIM: *Ancient Egyptian Autobiographies chiefly of the Middle Kingdom*. A Study and an Anthology. 200 pages, 10 pages with illustrations. 1988.

Bd. 85 ECKART OTTO: *Rechtsgeschichte der Redaktionen im Kodex Ešnunna und im «Bundesbuch»*. Eine redaktionsgeschichtliche und rechtsvergleichende Studie zu altbabylonischen und altisraelitischen Rechtsüberlieferungen. 220 Seiten. 1989.

Bd. 86 ANDRZEJ NIWINSKI: *Studies on the Illustrated Theban Funerary Papyri of the 11th and 10th Centuries B.C.* 488 pages, 80 plates. 1989.

Bd. 87 URSULA SEIDL: *Die babylonischen Kudurru-Reliefs*. Symbole mesopotamischer Gottheiten. 236 Seiten, 33 Tafeln und 2 Tabellen. 1989.

Bd. 88 OTHMAR KEEL / HILDI KEEL-LEU / SILVIA SCHROER: *Studien zu den Stempelsiegeln aus Palästina/Israel*. Band II. 364 Seiten, 652 Abbildungen. 1989.

Bd. 89 FRIEDRICH ABITZ: *Baugeschichte und Dekoration des Grabes Ramses' VI*. 202 Seiten, 39 Abbildungen. 1989.

Bd. 90 JOSEPH HENNINGER SVD: *Arabica varia*. Aufsätze zur Kulturgeschichte Arabiens und seiner Randgebiete. Contributions à l'histoire culturelle de l'Arabie et de ses régions limitrophes. 504 pages. 1989.

Bd. 91 GEORG FISCHER: *Jahwe unser Gott*. Sprache, Aufbau und Erzähltechnik in der Berufung des Mose (Ex. 3-4). 276 Seiten. 1989.

Bd. 92 MARK A. O'BRIEN: *The Deuteronomistic History Hypothesis: A Reassessment*. 340 pages. 1989.

Bd. 93 WALTER BEYERLIN: *Reflexe der Amosvisionen im Jeremiabuch*. 120 Seiten. 1989.

Bd. 94 ENZO CORTESE: *Josua 13–21*. Ein priesterschriftlicher Abschnitt im deuteronomistischen Geschichtswerk. 136 Seiten. 1990.

Bd. 96 ANDRÉ WIESE: *Zum Bild des Königs auf ägyptischen Siegelamuletten*. 264 Seiten. Mit zahlreichen Abbildungen im Text und 32 Tafeln. 1990.

Bd. 97 WOLFGANG ZWICKEL: *Räucherkult und Räuchergeräte*. Exegetische und archäologische Studien zum Räucheropfer im Alten Testament. 372 Seiten. Mit zahlreichen Abbildungen im Text. 1990

Bd. 98 AARON SCHART: *Mose und Israel im Konflikt*. Eine redaktionsgeschichtliche Studie zu den Wüstenerzählungen. 296 Seiten. 1990.

Bd. 99 THOMAS RÖMER: *Israels Väter*. Untersuchungen zur Väterthematik im Deuteronomium und in der deuteronomistischen Tradition. 664 Seiten. 1990.

Bd. 100 OTHMAR KEEL / MENAKHEM SHUVAL / CHRISTOPH UEHLINGER: *Studien zu den Stempelsiegeln aus Palästina / Israel* Band III. Die Frühe Eisenzeit. Ein Workshop. XIV–456 Seiten. Mit zahlreichen Abbildungen im Text und 22 Tafeln. 1990.

Bd. 101 CHRISTOPH UEHLINGER: *Weltreich und «eine Rede»*. Eine neue Deutung der sogenannten Turmbauerzählung (Gen 11,1–9). XVI–654 Seiten. 1990.

Bd. 102 BENJAMIN SASS: *Studia Alphabetica.* On the Origin and Early History of the Northwest Semitic, South Semitic and Greek Alphabets. X–120 pages. 16 pages with illustrations. 2 tables. 1991.

Bd. 103 ADRIAN SCHENKER: *Text und Sinn im Alten Testament.* Textgeschichtliche und bibel-theologische Studien. VIII–312 pages. 1991.

Bd. 104 DANIEL BODI: *The Book of Ezekiel and the Poem of Erra.* IV–332 pages. 1991.

Bd. 105 YUICHI OSUMI: *Die Kompositionsgeschichte des Bundesbuches Exodus 20,22b–23,33.* XII–284 Seiten. 1991.

Bd. 106 RUDOLF WERNER: *Kleine Einführung ins Hieroglyphen-Luwische.* XII–112 Seiten. 1991.

Bd. 107 THOMAS STAUBLI: *Das Image der Nomaden im Alten Israel und in der Ikonographie seiner sess-haften Nachbarn.* XII–408 Seiten. 145 Abb. und 3 Falttafeln. 1991.

Bd. 108 MOSHÉ ANBAR: *Les tribus amurrites de Mari.* VIII–256 pages. 1991.

Bd. 109 GÉRARD J. NORTON / STEPHEN PISANO (eds.): *Tradition of the Text.* Studies offered to Dominique Barthélemy in Celebration of his 70th Birthday. 336 pages. 1991.

Bd. 110 HILDI KEEL-LEU: *Vorderasiatische Stempelsiegel.* Die Sammlung des Biblischen Instituts der Universität Freiburg Schweiz. 180 Seiten. 24 Tafeln. 1991.

Bd. 111 NORBERT LOHFINK: *Die Väter Israels im Deuteronomium.* Mit einer Stellungnahme von Thomas Römer. 152 Seiten. 1991.

Bd. 113 CHARLES MAYSTRE: *Les grands prêtres de Ptah de Memphis.* XIV–474 pages, 2 planches. 1992.

Bd. 114 THOMAS SCHNEIDER: *Asiatische Personennamen in ägyptischen Quellen des Neuen Reiches.* 480 Seiten. 1992.

Bd. 115 ECKHARD VON NORDHEIM: *Die Selbstbehauptung Israels in der Welt des Alten Orients.* Religionsgeschichtlicher Vergleich anhand von Gen 15/22/28, dem Aufenthalt Israels in Ägypten, 2 Sam 7, 1 Kön 19 und Psalm 104. 240 Seiten. 1992.

Bd. 116 DONALD M. MATTHEWS: *The Kassite Glyptic of Nippur.* 208 pages. 210 figures. 1992.

Bd. 117 FIONA V. RICHARDS: *Scarab Seals from a Middle to Late Bronze Age Tomb at Pella in Jordan.* XII–152 pages, 16 plates. 1992.

Bd. 118 YOHANAN GOLDMAN: *Prophétie et royauté au retour de l'exil.* Les origines littéraires de la forme massorétique du livre de Jérémie. XIV–270 pages. 1992.

Bd. 119 THOMAS M. KRAPF: *Die Priesterschrift und die vorexilische Zeit.* Yehezkel Kaufmanns ver-nachlässigter Beitrag zur Geschichte der biblischen Religion. XX–364 Seiten. 1992.

Bd. 120 MIRIAM LICHTHEIM: *Maat in Egyptian Autobiographies and Related Studies.* 236 pages, 8 plates. 1992.

Bd. 121 ULRICH HÜBNER: *Spiele und Spielzeug im antiken Palästina.* 256 Seiten. 58 Abbildungen. 1992.

Bd. 122 OTHMAR KEEL: *Das Recht der Bilder, gesehen zu werden.* Drei Fallstudien zur Methode der Interpretation altorientalischer Bilder. 332 Seiten, 286 Abbildungen. 1992.

Bd. 123　WOLFGANG ZWICKEL (Hrsg.): *Biblische Welten*. Festschrift für Martin Metzger zu seinem 65. Geburtstag. 268 Seiten, 19 Abbildungen. 1993.

Bd. 125　BENJAMIN SASS / CHRISTOPH UEHLINGER (eds.): *Studies in the Iconography of Northwest Semitic Inscribed Seals*. Proceedings of a symposium held in Fribourg on April 17–20, 1991. 368 pages, 532 illustrations. 1993.

Bd. 126　RÜDIGER BARTELMUS / THOMAS KRÜGER / HELMUT UTZSCHNEIDER (Hrsg.): *Konsequente Traditionsgeschichte*. Festschrift für Klaus Baltzer zum 65. Geburtstag. 418 Seiten. 1993.

Bd. 127　ASKOLD I. IVANTCHIK: *Les Cimmériens au Proche-Orient*. 336 pages. 1993.

Bd. 128　JENS VOSS: *Die Menora*. Gestalt und Funktion des Leuchters im Tempel zu Jerusalem. 124 Seiten. 1993.

Bd. 129　BERND JANOWSKI / KLAUS KOCH / GERNOT WILHELM (Hrsg.): *Religionsgeschichtliche Beziehungen zwischen Kleinasien, Nordsyrien und dem Alten Testament*. Internationales Symposion Hamburg 17.–21. März 1990. 572 Seiten. 1993.

Bd. 130　NILI SHUPAK: *Where can Wisdom be found?* The Sage's Language in the Bible and in Ancient Egyptian Literature. XXXII–516 pages. 1993.

Bd. 131　WALTER BURKERT / FRITZ STOLZ (Hrsg.): *Hymnen der Alten Welt im Kulturvergleich*. 134 Seiten. 1994.

Bd. 132　HANS-PETER MATHYS: *Dichter und Beter*. Theologen aus spätalttestamentlicher Zeit. 392 Seiten. 1994.

Bd. 133　REINHARD G. LEHMANN: *Friedrich Delitzsch und der Babel-Bibel-Streit*. 472 Seiten, 13 Tafeln. 1994.

Bd. 134　SUSANNE BICKEL: *La cosmogonie égyptienne avant le Nouvel Empire*. 360 pages. 1994.

Bd. 135　OTHMAR KEEL: *Studien zu den Stempelsiegeln aus Palästina/Israel*. Band IV. Mit Registern zu den Bänden I–IV. XII–340 Seiten mit Abbildungen, 24 Seiten Tafeln. 1994.

Bd. 136　HERMANN-JOSEF STIPP: *Das masoretische und alexandrinische Sondergut des Jeremiabuches*. Textgeschichtlicher Rang, Eigenarten, Triebkräfte. VII–196 Seiten. 1994.

Bd. 137　PETER ESCHWEILER: *Bildzauber im alten Ägypten*. Die Verwendung von Bildern und Gegenständen in magischen Handlungen nach den Texten des Mittleren und Neuen Reiches. X–380 Seiten, 28 Seiten Tafeln. 1994.

Bd. 138　CHRISTIAN HERRMANN: *Ägyptische Amulette aus Palästina/Israel*. Mit einem Ausblick auf ihre Rezeption durch das Alte Testament. XXIV–1000 Seiten, 70 Seiten Bildtafeln. 1994.

Bd. 139　WALTER DIETRICH / MARTIN A. KLOPFENSTEIN (Hrsg.): *Ein Gott allein?* JHWH-Verehrung und biblischer Monotheismus im Kontext der israelitischen und altorientalischen Religionsgeschichte. 616 Seiten. 1994.

Bd. 140　IZAK CORNELIUS: *The Iconography of the Canaanite Gods Reshef and Ba'al*. Late Bronze and Iron Age I Periods (c 1500 – 1000 BCE). XII–326 pages with illustrations, 56 plates. 1994.

Bd. 141　JOACHIM FRIEDRICH QUACK: *Die Lehren des Ani*. Ein neuägyptischer Weisheitstext in seinem kulturellen Umfeld. X–344 Seiten, 2 Bildtafeln. 1994.

Bd. 142　ORLY GOLDWASSER: *From Icon to Metaphor*. Studies in the Semiotics of the Hieroglyphs. X–194 pages. 1995.

Bd. 143   KLAUS BIEBERSTEIN: *Josua-Jordan-Jericho*. Archäologie, Geschichte und Theologie der Landnahmeerzählungen Josua 1-6. XII–494 Seiten. 1995.

Bd. 144   CHRISTL MAIER: *Die «fremde Frau» in Proverbien 1-9*. Eine exegetische und sozialgeschichtliche Studie. XII–304 Seiten. 1995.

Bd. 145   HANS ULRICH STEYMANS: *Deuteronomium 28 und die* adê *zur Thronfolgeregelung Asarhaddons*. Segen und Fluch im Alten Orient und in Israel. XII–436 Seiten. 1995.

Bd. 146   FRIEDRICH ABITZ: *Pharao als Gott in den Unterweltsbüchern des Neuen Reiches*. VIII–228 Seiten. 1995.

Bd. 147   GILLES ROULIN: *Le Livre de la Nuit. Une composition égyptienne de l'au-delà*. Ire partie: traduction et commentaire. XX–420 pages. IIe partie: copie synoptique. X–169 pages, 21 cartes. 1996.

Bd. 148   MANUEL BACHMANN: *Die strukturalistische Artefakt- und Kunstanalyse*. Exposition der Grundlagen anhand der vorderorientalischen, ägyptischen und griechischen Kunst. 88 Seiten mit 40 Abbildungen. 1996.

Bd. 150   ELISABETH STAEHELIN / BERTRAND JAEGER (Hrsg.) *Ägypten-Bilder*. Akten des «Symposions zur Ägypten-Rezeption», Augst bei Basel, vom 9.–11. September 1993. 384 Seiten Text, 108 Seiten mit Abbildungen. 1997.

Bd. 151   DAVID A.WARBURTON: *State and Economy in Ancient Egypt*. Fiscal Vocabulary of the New Kingdom. 392 pages. 1996.

Bd. 152   FRANÇOIS ROSSIER SM: *L'intercession entre les hommes dans la Bible hébraïque*. L'intercession entre les hommes aux origines de l'intercession auprès de Dieu. 408 pages. 1996.

Bd. 153   REINHARD GREGOR KRATZ / THOMAS KRÜGER (Hrsg.).: *Rezeption und Auslegung im Alten Testament und in seinem Umfeld*. Ein Symposion aus Anlass des 60. Geburtstags von Odil Hannes Steck. 148 Seiten. 1997.

Bd. 154   ERICH BOSSHARD-NEPUSTIL: *Rezeptionen von Jesaja 1–39 im Zwölfprophetenbuch*. Untersuchungen zur literarischen Verbindung von Prophetenbüchern in babylonischer und persischer Zeit. XIV–534 Seiten. 1997.

UNIVERSITÄTSVERLAG FREIBURG SCHWEIZ

ORBIS BIBLICUS ET ORIENTALIS, SERIES ARCHAEOLOGICA

ÉDITIONS UNIVERSITAIRES FRIBOURG SUISSE
UNIVERSITÄTSVERLAG FREIBURG SCHWEIZ

INSTITUT BIBLIQUE DE L'UNIVERSITÉ DE FRIBOURG EN SUISSE

L'Institut biblique de l'Université de Fribourg en Suisse offre la possibilité d'acquérir un

certificat de spécialisation
CRITIQUE TEXTUELLE ET HISTOIRE DU TEXTE ET DE L'EXÉGÈSE DE L'ANCIEN TESTAMENT
(Spezialisierungszeugnis Textkritik und Geschichte des Textes und der Interpretation des Alten Testamentes)

en une année académique (octobre à juin). Toutes les personnes ayant obtenu une licence en théologie ou un grade académique équivalent peuvent en bénéficier.

Cette année d'études peut être organisée

☞ autour de la critique textuelle proprement dite (méthodes, histoire du texte, instruments de travail, édition critique de la Bible);

☞ autour des témoins principaux du texte biblique (texte masorétique et masore, textes bibliques de Qumran, Septante, traductions hexaplaires, Vulgate, Targoums) et leurs langues (hébreu, araméen, grec, latin, syriaque, copte), enseignées en collaboration avec les chaires de patrologie et d'histoire ancienne, ou

☞ autour de l'histoire de l'exégèse juive (en hébreu et en judéo-arabe) et chrétienne (en collaboration avec la patrologie et l'histoire de l'Eglise).

L'Institut biblique dispose d'une bibliothèque spécialisée dans ces domaines. Les deux chercheurs de l'Institut biblique consacrés à ces travaux sont Adrian Schenker et Yohanan Goldman.

Pour l'obtention du certificat, deux examens annuels, deux séminaires et un travail écrit équivalent à un article sont requis. Les personnes intéressées peuvent obtenir des informations supplémentaires auprès du Curateur de l'Institut biblique:

Prof. Dr. Max Küchler, Institut biblique, Université, Miséricorde
CH-1700 Fribourg / Suisse   Fax +41 – (0)26 – 300 9754

Nachdem Sie das Diplom oder Lizentiat in Theologie, Bibelwissenschaft, Altertumskunde Palästinas / Israels, Vorderasiatischer Archäologie oder einen gleichwertigen Leistungsausweis erworben haben, ermöglicht Ihnen ab Oktober 1997 ein Studienjahr (Oktober – Juni), am Biblischen Institut in Freiburg in der Schweiz ein

Spezialisierungszeugnis
BIBEL UND ARCHÄOLOGIE

(Elemente der Feldarchäologie, Ikonographie, Epigraphik,
Religionsgeschichte Palästinas/Israels)

zu erwerben.

Das Studienjahr wird in Verbindung mit der Universität Bern (25 Min. Fahrzeit) organisiert. Es bietet Ihnen die Möglichkeit,

☞ eine Auswahl einschlägiger Vorlesungen, Seminare und Übungen im Bereich "Bibel und Archäologie" bei Walter Dietrich, Othmar Keel, Ernst Axel Knauf, Max Küchler, Silvia Schroer und Christoph Uehlinger zu belegen;

☞ diese Veranstaltungen durch solche in Ägyptologie (Hermann A. Schlögl, Freiburg), Vorderasiatischer Archäologie (Markus Wäfler, Bern) und altorientalischer Philologie (Pascal Attinger, Esther Flückiger, beide Bern) zu ergänzen;

☞ die einschlägigen Dokumentationen des Biblischen Instituts zur palästinisch-israelischen Miniaturkunst aus wissenschaftlichen Grabungen (Photos, Abdrücke, Kartei) und die zugehörigen Fachbibliotheken zu benutzen;

☞ mit den großen Sammlungen (über 10'000 Stück) von Originalen altorientalischer Miniaturkunst des Biblischen Instituts (Rollsiegel, Skarabäen und andere Stempelsiegel, Amulette, Terrakotten, palästinische Keramik, Münzen usw.) zu arbeiten und sich eine eigene Dokumentation (Abdrücke, Dias) anzulegen;

☞ während der Sommerferien an einer Ausgrabung in Palästina / Israel teilzunehmen, wobei die Möglichkeit besteht, mindestens das Flugticket vergütet zu bekommen.

Um das Spezialisierungszeugnis zu erhalten, müssen zwei benotete Jahresexamen abgelegt, zwei Seminarscheine erworben und eine schriftliche wissenschaftliche Arbeit im Umfange eines Zeitschriftenartikels verfaßt werden.

Interessenten und Interessentinnen wenden sich bitte an den Curator des Instituts:

Prof. Dr. Max Küchler, Biblisches Institut, Universität, Miséricorde
CH-1700 Freiburg / Schweiz   Fax +41 – (0)26 – 300 9754

About this book

The present volume includes twelve lectures held in September 1993 during a symposium organised in honour of the Egyptologist Erik Hornung, who also contributed an article. The topic being Egyptian revival in antiquity as well as in modern times, the aim was to trace the influence of ancient Egypt upon the Old Testament and ancient Greece and Rome, as well as upon European cultures from the Renaissance and Baroque periods to the 19th century.

Some contributions pertain to problems which are relevant even today, such as the pre-christian roots of anti-semitism or the enigma of divine trials as transmitted, for instance, by the story of Joseph with its ancient Egyptian elements. One article deals with the misunderstandings caused by inappropriate interpretations of pictorial sources, the like of which occured during the 19th century when ancient Egyptian representations were consulted in order to explain events described in the Bible. Other topics relate to the Interpretatio aegyptiaca of Greek myths in Pompeii, the religious interpretation of Antinous' death and a concept of Isis as being a goddess of nature which was popular during the periods following Antiquity.

Further subjects dealt with in this volume concern the influence of pharaonic thoughts and conceptions on modern art and literature, as well as a possible Egyptian effect upon the theory of evolution prevalent at the time of Goethe. On the other hand ancient Egypt was sometimes considered to be a strange and menacing entity which thus was feared. Finally the continuous popularity of so-called Egyptian wisdom is questioned and hence determined as Egyptosophy as opposed to Egyptian revival and Egyptomania.

Zu diesem Buch

Der Band enthält zwölf überarbeitete Vorträge, die im September 1993 während eines Symposions zu Ehren des Ägyptologen Erik Hornung gehalten wurden, und zusätzlich einen Artikel aus dessen eigener Feder. Der Bogen war weit gespannt, entsprechend der Breite des Themas, das die zweifache Ägypten-Rezeption, sowohl im Altertum als auch in der Neuzeit, umgreift. So werden einerseits Wirkungen auf das Alte Testament und die griechisch-römische Antike, andererseits auf Europa von Renaissance und Barock bis ins 18. und 19. Jahrhundert hinein aufgezeigt.

Dabei kommen ganz aktuelle Fragen ins Gesichtsfeld, zum Beispiel nach vorchristlichen Wurzeln des Antisemitismus oder das Problem von göttlichem Erproben und Versuchen anhand der Josephs-Geschichte mit ihren altägyptischen Einflüssen. Ein Beitrag zeigt am Beispiel, wie im 19. Jahrhundert ägyptische Darstellungen zur Erklärung biblischer Ereignisgeschichte beigezogen wurden, die Problematik unsachgemässer Deutung von bildlichen Quellen auf. Weitere Artikel befassen sich mit der Interpretatio aegyptiaca griechischer Mythen in Pompei, mit der religiösen Deutung des Todes des Kaiserlieblings Antinoos und mit einer nachantiken Gestalt der Isis als Göttin der Natur. Es fehlt nicht die Beschäftigung mit Einflüssen pharaonischer Gedanken- und Formenwelt auf die neuzeitliche Kunst und Literatur und mit möglichen ägyptischen Einwirkungen auf den Entwicklungsgedanken der Goethezeit. Daneben kann Ägypten aber auch als das bedrohlich Fremde empfunden und gefürchtet werden.

Schliesslich wird nach der andauernden Konjunktur sogenannter ägyptischer Weisheit bis in unsere Zeit gefragt und diese als Ägyptosophie von Ägypten-Rezeption und Ägyptomanie abgesetzt.